本书系国家社科基金青年项目“强保护背景下知识产权刑事司法一体化研究”（项目批准号：18CFX067）最终成果

谢焱 闫淦 著

强保护背景下知识产权刑事司法一体化研究

QIANG BAOHU BEIJING XIA ZHISHI CHANQUAN XINGSHI SIFA YITIHUA YANJIU

法律出版社
LAW PRESS·CHINA
北京

图书在版编目（CIP）数据

强保护背景下知识产权刑事司法一体化研究 / 谢焱，闫淦著. -- 北京 : 法律出版社, 2024. -- ISBN 978 - 7 - 5197 - 9372 - 2

Ⅰ. D924. 334

中国国家版本馆 CIP 数据核字第 2024L80K60 号

强保护背景下知识产权刑事司法一体化研究
QIANG BAOHU BEIJING XIA ZHISHI CHANQUAN XINGSHI SIFA YITIHUA YANJIU

谢 焱 闫 淦 著

责任编辑 王 珊
装帧设计 臧晓飞

出版发行 法律出版社
编辑统筹 学术 · 对外出版分社
责任校对 王晓萍
责任印制 胡晓雅 宋万春
经　　销 新华书店

开本 710 毫米 × 1000 毫米 1/16
印张 31 **字数** 474 千
版本 2024 年 11 月第 1 版
印次 2024 年 11 月第 1 次印刷
印刷 北京新生代彩印制版有限公司

地址：北京市丰台区莲花池西里 7 号（100073）
网址：www. lawpress. com. cn
投稿邮箱：info@ lawpress. com. cn
举报盗版邮箱：jbwq@ lawpress. com. cn

销售电话：010 - 83938349
客服电话：010 - 83938350
咨询电话：010 - 63939796

书号：ISBN 978 - 7 - 5197 - 9372 - 2
定价：118. 00 元

凡购买本社图书，如有印装错误，我社负责退换。电话：010 - 83938349

序一　知识产权的刑事保护：一体化司法的新视角

在《强保护背景下知识产权刑事司法一体化研究》一书中，谢焱博士秉承“刑事一体化”的理念，为我们展开了一场关于知识产权刑事司法领域的深入探讨。作为刑法学界的一名研究者，我对知识产权保护的进展持续投以关注的目光。在今日社会，知识产权的保护已成为国家创新发展的基石，而对刑事司法保护的深入研究无疑是推动这一进程的关键动力。

本书在“强保护”的大背景下，先对知识产权保护与刑事司法的“一体化”进行了细致的梳理，并对知识产权刑事保护的演进路径进行了全面的分析，为读者提供了一个全面了解当前知识产权刑事司法保护现状及其未来发展趋势的平台。

创新是学术研究的灵魂。本书通过结合数据分析与问卷调研，为我们客观展示了中国知识产权刑事保护的实态，体现了坚实的实证研究基础和创新性。作者不仅深入剖析了知识产权刑事司法的理论根基与法律适用问题，更从实践的视角出发，挖掘了国内外的案例与典型问题，提供了极具实用价值的研究成果。书中对实体规则与理念的融合、司法流程的衔接等关键问题的探讨，使读者能够清晰把握我国知识产权刑事保护面临的挑战与问题，以及解决这些问题的关键性因素。在本书的四至七章中，作者专注于知识产权刑事司法一体化的实践路径，并针对商标犯罪、著作权犯罪、侵犯商业秘密罪等进行了深入的专题研究，为读者呈现了一幅全面且深入的知识产权刑事司法图景。

本书从多个维度——立场、实证、理论、方法、程序、实体——深入探讨了知识产权刑事保护的本土化意涵，系统阐述了在强保护背景下知识产权刑事司法的重要性、现状与未来发展趋势，汇聚了作者对知识产权刑事司法一体化的深刻思考与研究成果。作者之一谢焱博士，自北师大起步，经慕尼黑深造，至同济工作，始终对知识产权刑法保护问题抱有浓厚的兴趣，不断追求学术的深度与广度。作为她的导师，我对她取得的成就感到无比自豪。

作为一部前沿性研究著作，虽然书中的研究内容和结论可能存在一些争议，但我相信《强保护背景下知识产权刑事司法一体化研究》一书将吸引广大读者的关注和讨论。我期待本书能成为我们深入讨论知识产权刑事司法一体化的重要文献，并为推动我国知识产权保护事业的健康发展做出贡献。同时，我也期待作者未来能带来更多的学术成果。

谨以此序，表达我的赞许与期待。

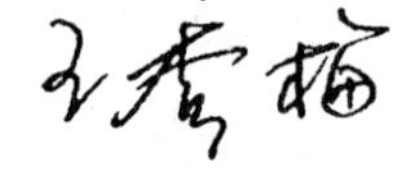

二〇二四年四月于北京师范大学

序二(自序)

在这个知识经济的时代,知识产权的保护显得尤为重要。它不仅是创新驱动发展的基石,也是维护公平竞争的市场秩序的关键。在全球经济一体化和知识经济快速发展的背景下,各国政府和国际组织越来越重视知识产权的保护,采取了一系列立法、执法、司法和行政措施,以确保知识产权得到更全面、更有效的保护。在这样的背景下,知识产权的刑事司法保护也受到了更多的关注。刑事手段作为保护知识产权的最后防线,其在打击严重侵权行为、维护市场秩序方面发挥着不可替代的作用。因此,如何在强保护的背景下构建一个既严格又公正的知识产权刑事司法体系,成为一个重要且紧迫的议题。

在此背景下,笔者有幸主持了 2018 年国家社科基金青年项目“强保护背景下知识产权刑事司法一体化”的研究工作,本书是该项目的研究成果,记录了笔者在知识产权刑事司法保护领域的思考与探索,旨在全面展现笔者在刑事一体化理念的指导下对这一议题的见解与洞察。本书以“刑事一体化”这一基本理念为指引,尽力为读者呈现一幅不一样的知识产权刑事保护图景,并尝试勾勒出知识产权刑事保护的应然面貌。

一、缘起:“刑事一体化”的种子生根发芽

研究的起点最早可追溯至笔者在求学与工作期间逐渐对“刑事一体化”产生的兴趣。“刑事一体化”作为一种强调刑事法律制度内部协调一致、刑事司法实践中各环节紧密衔接的理念,承载着笔者对于实现刑事法治中公平正义的崇高理想。在国内求学期间,笔者就对储槐植教授提出的“刑事一体化”理念深有兴趣;在慕尼黑大学学习期间,又“碰巧”能够在发源地对德国的“整体刑法学”(Gesamtes Strafrecht)进行较为深入的研究。两种法学思想不仅在学术理念上有一定的相似性,并且都与笔者目前对于刑法学发展的理念契合。由此,(在某一具体领域)深入研究并尝试在学术研究乃至司法实践中贯彻“刑事一体化”的想法就一直萦绕在笔者的脑海中。“刑事一体化”理念也成了本书的理论基础与根本出发点。

彼时,笔者对“刑事一体化”的初步理解尚属宏观且概括。笔者希望能够在具体的领域具体思考“刑事一体化”,于是将目光投向了“知识产权犯罪”这一领域。这一转变出于两方面考虑:一是由于长期对经济犯罪保持兴趣,知识产权犯罪作为经济犯罪的一个子类目,自然也在笔者的研究视野之下;二是当时认为因人类智力活动的归属而产生的利益之争可能会是未来一段时间内的焦点。知识产权法的发展本质上是一场利益的较量,它与国家的政治经济体制紧密相连。这一点,通过知识产权犯罪的行政犯属性也可进一步佐证。因此,从这一领域入手,以“刑事一体化”理念为指引,就成为笔者一直以来的愿望。

二、展开:“知识产权刑事司法保护”的主题充满挑战

确定研究主题后,笔者便开始了具体的研究。但在开始写作时需要确定该从什么样的具体问题入手,并且不得不面临这样一个问题:动用刑事手段保护知识产权为什么需要“一体化”?知识产权犯罪只是经

济犯罪一章之下的一类“不起眼”的罪名。可以说,知识产权民事、行政案件不仅在数量上远超刑事案件,而且从某种程度上比刑事案件更受关注。在这种情况下研究知识产权刑事案件,并且用“刑事一体化”的理念和方法,是否还有意义?

答案是肯定的。一方面,对于知识产权刑事司法的研究大多由刑法学者展开。原因是知识产权犯罪仅仅是我国《刑法》分则中的一节,按照分则体现总则的理念,对具体犯罪的研究也离不开总则的指导。另一方面,目前对知识产权刑事司法的研究大多较为抽象或简单,知识产权法领域的发展较快,有很多因新技术引发的新问题往往在刑事案件中没有得到较好的回应。此外,对自然犯与法定犯的区分也在一定程度上提示我们要注意刑事手段介入的动机。

刑事保护手段具有其独特的双重性:一方面,它展现出显著的威慑力,刑事制裁带来的直接痛苦和后续影响是强制的、明显的;另一方面,刑事手段的强制性也可以成为商业竞争中的工具。这种特征是否有利于当前经济的发展,暂时很难下定论,有待通过实践进一步检验。尤其是在我国的商业环境下,刑事司法程序、刑事执行手段是否会对生产力发展产生负面影响,刑事手段是否完全替知识产权发展清理障碍等具体问题无法回避。在打击知识产权犯罪的力度愈渐强劲之时,一方面应排除查办知识产权刑事案件的困难,即借助司法解释理解抽象条款、发展界定具体知识产权案件所涉民刑交叉问题的技术;另一方面也应警惕知识产权案件的泛刑化,厘清私权利与国家安全利益保护的边界,以防以严苛的刑事手段造成过度打击,从而导致对创新的不合理抑制。

三、回答:“刑事一体化”理念如何运用于知识产权刑事司法保护

“折中”是“刑事一体化”理念最为重要的特征。一起案件的背后涉及多方力量的博弈,想要平衡并非易事。从表面上看,法律为刑事手段介入知识产权保护设置了门槛。但纸面上的表达更多是在特定立法技术下进行“妥协”后的结果。事实上,知识产权案件的复杂性并非单

纯进行文义解释就能解决的。这一点在知识产权法的发展历程中也可发现。规则背后的力量往往比规则本身更隐蔽,却也更接近规则背后的"真相"。因此,相较于技术层面的解释,"刑事一体化"作为可以指导司法的理念也不容忽视。

知识产权法是在技术与商业发展有一定优势的环境下产生的一种制度,而刑事法律在中国又是最为严厉的法律制裁手段。我们共同向往一个文艺兴盛、科技先进、经济繁荣的社会环境。有时出于特别的法感情,也很难接受因某种侵犯知识产权的行为而使人锒铛入狱;有时又会因为某些"搭便车"的行为,而觉得"不能太便宜他了"。这种复杂情绪的背后就是知识产权规则下赤裸裸的利益博弈。刑事手段足够严厉,但也应当思考,强有力的刑事手段究竟能否促进实现上述目标,抑或促成对优势者利益的维护。具体而言,一件作品、一个商标、一条商业秘密、一份专利的背后是权利人、获利人、消费者之间各自的利益;一起案件的背后又涉及诉讼流程、部门沟通、司法力量、部门政绩的配置与计算。本书在写作过程中尽可能从不同角度、不同层面、不同深度去讨论上述利益博弈,而不是将这些隐藏在法条文字之下,成为"黑箱"中的"秘密"。刑事手段严厉有效,但究竟是"一劳永逸"还是"饮鸩止渴",这些都要通过实践去判断。

在研究期间,笔者很幸运地遇到了一群"战友"跟笔者一起探讨,为笔者出谋划策。在慕尼黑大学留学期间相识的刘昶师妹多次与笔者讨论了知识产权刑事案件在诉讼方面的问题,也直接撰写了本书第四章第一节内容。在几年研究中,笔者带的几届硕士生均不同程度地参与到了研究过程中,笔者主持的这个课题也伴随他们的求学之旅同步开展。除本书作者之一闫淦外,兰东晴、李凡、马凯旋等均为研究作出了贡献。李凡与马凯旋、兰东晴与闫淦分别参与了前期与后期的调研工作,通过实地走访收集、整理了许多一手资料。在本书的写作过程中,提供了许多有益的想法。其中,兰东晴为研究的数据分析作出了不小的贡献,让本书的实证研究部分得以成型。在这种教学与研究相融的过程中,他们也逐渐了解、明晰了自己未来的志向。我们彼此学习、相互进步、共享收获。在“内卷”的大环境下形成了不做无谓“内卷”、关注个人成长的学研氛围与环境。电影《老师 · 好》中的苗宛秋老师曾说:“我不是在最好的时光遇见了你们,而是遇见了你们,才有了这段最好的时光。”笔者深以为然,我们在共同的学术成长的过程中形成了无数美好的回忆和真挚情感。

最后,本书的研究只是笔者研究生涯的节点之一,它仅代表着过去一段时间笔者对这一问题的学习与看法,本书的内容并非完美无缺,研究结论也并非不可推翻或就此盖棺定论。正如“过往皆序章”,笔者的观点仅是探索的起点,未来充满无限可能。笔者更期待这本书的出版能为笔者今后与本书的读者、本领域的学者以及有着好奇与兴趣的你们开启更多对话与交流。

谢　焱

二〇二四年三月于上海浦东

闫　淦

二〇二四年三月于北京海淀

目　录

第一章 知识产权刑事司法保护的背景和趋势

我国《刑法》(2023 年修正)第二编第三章第七节规定了知识产权犯罪的 8 条罪名,属于破坏社会主义市场经济秩序罪中的一类。这是知识产权犯罪在我国刑法体系中的定位。知识产权犯罪涉及"知识产权法律保护"与"刑事法律"两部分。因此,为周全考虑,在讨论"知识产权刑事司法保护"时,应当保持"目光流转于两者之间"。无论是站在知识产权司法角度评价刑事保护,还是站在刑事司法研究领域内审视知识产权问题,都离不开两个领域之间的沟通与理解。基于上述前提,本章将从"司法一体化"与"司法保护"两个主线入手梳理当前知识产权刑事保护的发展趋势,并从"一体化"与"司法保护"的角度解读如何理解知识产权"强保护",最终回答在"一体化"与"司法保护为主"的大背景下知识产权刑事司法保护所要面对的基本问题。

第一节　问题与抉择:知识产权刑事司法保护为何要“一体化”

一、对知识产权保护与刑事“一体化”的重视

此处的“一体化”一词援引了“刑事一体化”这一“观念”和“方法”的内涵,主张“融通学科联系(或曰淡化学科界限),解决现实问题”①。而通常情况下,成熟的法律体系与司法运作应当是“融贯的”“协调的”,其基本要求是立法规定、司法实践以及相互之间无明显的冲突与矛盾。法律规则与司法活动能够“一般性”地发挥作用,解决法律问题,并尽可能减少无意义的矛盾。这是一种理想的司法状态。

同时,“一体化”一词也并非刑事领域专属。在知识产权法律研究中也存在类似话题的讨论,但似乎很少有人将两者共同探讨。因此,有必要对“一体化”在两个领域的适用进行比较,并提炼出有关“一体化”理念的基本共识。这一共识既是这一课题的核心,也是“知识产权刑事司法保护一体化”这一议题的讨论起点。

在开始讨论前,应明确两个基本观点:(1)知识产权司法保护是知识产权保护中的环节之一;从“知识产权保护”到“知识产权司法保护”,再到“知识产权刑事司法保护”,三类概念分属于不同层次。(2)知识产权保护也是法治问题。上述论断已在官方表态中得到一定程度上的承认。②

---

① 储槐植、闫雨:《刑事一体化践行》,载《中国法学》2013 年第 2 期。

② 这两个观点分别对应以下表述:(1)“知识产权保护是一个系统工程,覆盖领域广、涉及方面多,要综合运用法律、行政、经济、技术、社会治理等多种手段,从审查授权、行政执法、司法保护、仲裁调解、行业自律、公民诚信等环节完善保护体系,加强协同配合,构建大保护工作格局”;(2)“随着新技术新业态蓬勃发展,知识产权保护法治化仍然跟不上”;(3)“……第二,提高知识产权保护工作法治化水平。完备的知识产权法律法规体系、高效的执法司法体系,是强化知识产权保护的重要保障”。习近平:《全面加强知识产权保护工作　激发创新活力推动构建新发展格局》,载求是网,http://www.qstheory.cn/dukan/qs/2021-01/31/c_1127044345.htm。

(一)因何是"司法一体化"?——一个间接的回应

司法保护是知识产权保护的一部分。在知识产权保护的框架下,应当承认,选择"一体化"更多是出于一种实用主义立场,即解决司法实践中的问题,提升司法效率与质量,以发挥知识产权这一制度工具的效用。在我国,知识产权保护被定位为一种"激发创新活力""规范市场秩序"①的制度工具,也被赋予"完善产权制度""提高中国经济竞争力的激励"等期许。② 这也证明,选择加强知识产权保护制度也是本国经济发展过程中的一次决策,其有着对本国利益的考量。但"非原生"的"知识产权(法律)制度"要想在我国落地生根,离不开移植者的用心培养。

进一步而言,如果承认知识产权保护也是一个法治问题,那么就必然接受并运用与"法治"有关的概念、方法进行分析并解决问题。在这一层面上,本书更多关注的是司法过程中对于知识产权刑事法律的适用问题,而非对立法形式(如采用单行刑法或附属刑法的模式)的探讨。无论是当前司法实践更关注条文解释与适用的现实,还是知识产权法律规则更依赖解释的特点,都在突出司法适用过程对知识产权司法保护的影响。

具体而言,知识产权制度与目标的关系涉及知识产权保护的基本理念问题,而知识产权案件司法适用的特点则侧重知识产权保护的具体时间。对于上述两个问题,不同的研究视角存在不同的分析路径。

路径一:法律文化、法律历史。这是法律移植问题最常见的分析角度。较早期的分析会从法律文化、法律历史等偏重社会学的角度出发展开分析并给出建议,如"传统文化影响的历史惰性、社会认同法律移

---

① 习近平:《全面加强知识产权保护工作　激发创新活力推动构建新发展格局》,载求是网,http://www.qstheory.cn/dukan/qs/2021-01/31/c_1127044345.htm。此外还有以下表述:"知识权保护是激励创新的基本手段,是创新原动力的基本保障,是国际竞争力的核心要素。人民法院知识产权审判工作,事关创新驱动发展战略实施,事关经济社会文化发展繁荣,事关国内国际两个大局,对于建设知识产权强国和世界科技强国具有重要意义。"《关于加强知识产权审判领域改革创新若干问题的意见》,载中华人民共和国最高人民法院网,https://www.court.gov.cn/zixun-xiangqing-82522.html。

② 参见《习近平在博鳌亚洲论坛2018年年会开幕式上的主旨演讲(全文)》,载中国政府网,http://www.gov.cn/xinwen/2018-04/10/content_5281320.htm。

植的现实障碍等,对中国知识产权法律的本土化产生了消极影响”①,“公众知识产权素质的养成应作为良好知识产权制度运行系统的最基础环节”②,等等。而有的观点也指出了“看似先进的法律移植,由于没有实现法律精神的融合和认同,在实践中并没有收到预期的良好效果”,同时把效果欠佳的原因归结为“在移植外国的法律制度或条文的同时,还必须同时进行法律观念的移植”③。上述观念揭示了知识产权制度与各国的文化、经济差异密切相关,对理解知识产权制度的产生、发展大有裨益。这种研究方法通过分析制度产生的社会背景与历史演进,一方面能够很好地帮助我们理解知识产权制度本身的功能与意义,④另一方面也能够说明为什么我们引入了“高标准”“高水平”的规则,但可能并没有达到预期的效果。从而有助于达成一个基本共识:一国的知识产权制度应与本国的经济发展状况、文化观念等相适应。但这种研究方法存在两点局限:其一,如何理解“适合的”经济发展状况?如何理解经济发展要与知识产权制度“相匹配”?适当与否的判断标准是立法还是司法,抑或二者兼具?所谓的恰当的、合适的知识产权制度往往很难进行具体、单一的解释,由此也没有为制度设计提出相对具体的方案。其二,激励创新与知识产权保护的关系如何?事实上,创作者从事创造性活动的动机是多样的,从激励论的角度出发不能完全解读知识产权制度的合理性,进而无法有效指导司法实践。

路径二:利益衡量。有观点指出,“利益衡量”是知识产权立法与司法都应当遵循的原则。同时,“利益衡量”也是民事司法与刑事司法都会适用的法律解释方法。所谓利益衡量,是指知识产权法可以被看成在知识产权人的垄断利益与社会公共利益之间的一种利益分配、法律选择和整合。知识产权法本身是为平衡知识产权人的垄断利益与社会

① 吴汉东:《知识产权法律构造与移植的文化解释》,载《中国法学》2007 年第 6 期。

② 孟奇勋、李昌钰:《知识产权文化建设问题探讨》,载《知识产权》2006 年第 3 期。

③ 宋志国:《我国知识产权法律移植中的递减效应原因探析》,载《政治与法律》2006 年第 5 期。

④ 例如,李明德教授通过比较两大法系商标注册和注册商标保护的制度,指出商标权作为一种财产权,来自商标的实际使用,以及由此而产生的商誉。商标作为一种智力活动成果,商标权作为一种财产权,永远不可能来自行政机关的商标注册。参见李明德:《两大法系背景下的商标保护制度》,载《知识产权》2021 年第 8 期。

公共利益而作出的制度设计，旨在激励知识创造和对知识产品需求的社会利益之间实现理想的平衡。[①] 而在刑法学研究中，法益理论的引入也会直接或间接地将对犯罪本质的讨论引向利益衡量的方法场域中。而具体到知识产权刑事保护中，利益衡量也是应当被考虑的问题。在此试举一反例：在美国《经济间谍法案》（Economic Espionage Act，EEA）制定过程中，并没有充分考虑商业秘密刑事保护的平衡问题。[②]

鉴于"利益衡量"作为知识产权基本原则争议较少，本书对此不过多展开论述。这种分析方法的优点是，将知识产权问题转化为不同主体之间的利益问题，从而避免在知识产权的制度价值、道德目标等抽象问题上过分纠缠，用一种较为明确、理性的方式审视知识产权的制度功能，并将各方利益"平衡"作为知识产权制度的理想状态。此外，"衡量"一词也从侧面表明知识产权法律问题很难说有万用的"公式"或"规则"，尤其当讨论范畴上升至理论讨论时，"衡量"有时是弥补确定案件"利益"过程中的重要的甚至是无可替代的补充。

不过该观点亦有缺陷。运用利益衡量的方法大多是对规则本身进行分析，分析或批判失衡的制度设计与权利行使方式，且其常用的分析的前提是将知识产权制度要实现的利益分为权利人的私人利益与社会公共利益这种"二分法"。但该观点所提出的"社会公共利益"的抽象性导致其对司法实践难以形成明确的指导。尤其在刑事案件中，虽然知识产权犯罪在《刑法》第二编第三章"破坏社会主义市场经济秩序罪"中，理论上所有构成知识产权犯罪的行为都破坏了"社会主义市场经济秩序"，但司法实践中很少对犯罪行为如何有损于这一抽象利益进行论述。拥有司法权的司法人员事实上是个案中进行"利益衡量"的主体，他们依据法律规则和双方提供的证据按照相应的诉讼程序一步步推进，通过司法程序解决具体的知识产权案件时，往往不会特别在意私

---

① 参见冯晓青：《利益平衡论：知识产权法的理论基础》，载《知识产权》2003 年第 6 期。

② 美国国会于 1996 年颁布《经济间谍法案》，其首要目标在于保护美国的商业发展免受外国经济间谍的破坏。其中，有关（美国）国内商业秘密保护的部分被匆忙添加进法案。并且，在起草该部分时，国会并没有充分考虑如何平衡知识产权的过度保护与保护不足问题。See Adam Cohen, *Securing Trade Secrets in the Information Age: Upgrading the Economic Espionage Act After United States v. Aleynikov*, 30 Yale Journal in Regulation 189, 192 – 93 (2013).

人利益与社会利益的二分。进而,如果“利益衡量”下的二分法忽视了司法人员的介入,有时会缺乏现实意义。因为“执法者的实际能力决定了法律规则体系能否被接受并顺利地执行”①。此外,国家的刑法实践是一种负担性的权力实践,国家要动用公共资源对犯罪行为加以调查、公诉和审判,最后将痛苦施加于犯罪行为人。② 但二分视角事实上使知识产权刑事案件成为利益权衡活动,利益衡量的作用在刑事司法中并不明确,且公诉方代表的所谓“社会公共利益”不仅有时会显得含混不清,③无法与民事司法与行政司法所保护的利益进行有效界分,而且在道德评价方面往往天然优位于私人利益,尤其是被告人利益。

路径三:规范研究(法教义学)。这也是最为典型和广泛适用的研究方法,无论是研究者还是司法人员都十分常用。这一研究方法的意义是立足于法律规范与案件事实,能够对案件事实作出十分明确、清晰的分析。但这种方式因聚焦于规范解读,忽视了司法过程本身在案件中所起到的作用,往往会演变成在规则引导下,各主体站在各自立场上划定规则边界。其中,较为常见的现象是,针对同一规则或要件,不同机关的解释往往都是合理的。这种研究方法缺乏必要的现实关照。一方面,尽管各种解释方法都有道理,但司法实践只能从中选择一个。如果无法在司法实践中实践,也无法真正地影响有关利益主体。换言之,正是司法赋予了各种解释以实践效力。另一方面,如果规则本身就存在诸多分歧,那么意味着各司法主体(尤其是不同司法领域)之间的关系可能因规则的多义性而由合作变为竞争,上述主体间的适当对立有可能产生积极意义,但如果过度竞争,则可能分散司法力量、降低司法

① 左卫民:《刑事诉讼中的“人”:一种主体性研究》,载《中国法学》2021年第5期。

② 参见郑玉双:《为犯罪化寻找道德根基——评范伯格的〈刑法的道德根基〉》,载《政法论坛》2016年第2期。

③ 例如,有观点认为,在刑事审判中,对“利益”作过于宽泛的理解,不仅无助于指导裁判规则的构建,反而会使司法者应接不暇、顾此失彼而无所措。由此,只有将“利益”限定在明确可查的范围内,才能使利益衡量原则成为一种具有可操作性的实体性裁判规则。换言之,这种利益应当是能够具体化的、可衡量的。至于社会公共利益,其实际上是一种法正义直觉,仅仅是一种基础性利益,是一种检验裁判结果正当与否的最直观依据,而并非能直接将之视为参与衡量的利益。参见崔志伟:《法益识别与“情节”评定:利益衡量作用于构罪判断之另种路径》,载《中国刑事法杂志》2020年第5期。

效率、有损司法权威。

上述三种研究进路是较为典型的对知识产权制度的分析方法，其分别从各自的视角按照既定的研究方法拓展对知识产权法治保护的认知，各有意义，但也难免存在些许局限。同时值得注意的是，在实际研究过程中，上述三种研究进路并非彼此独立，有可能被综合运用。

本书认为，既然知识产权保护是法治问题，那么一方面，对知识产权的理解需要回归到"法治"，即法律规则、司法过程、司法措施等与"法治"有关的要素上。另一方面，也要关注司法实践中对待知识产权案件的具体方式与真实态度。实现知识产权的制度目标需要关注具体的制度设计，关注知识产权制度的实际运行过程。尤其是不同的司法机关如何在现行司法与行政体制下理解、适用知识产权法律规范。同一规范在不同的司法机关之间能够被理解吗？应对知识产权案件的司法措施能够彼此兼顾协调吗？知识产权案件在司法机关之间以及司法机关与行政机关之间能够有效地转移吗？对同一知识产权案件不同的司法机关能做到（或者在何种程度上能做到）"同案同判""罚当其罪"吗？等等。显然，这些问题对知识产权保护的法治化建设十分重要，对其进行讨论也十分必要。

（二）作为"共识"的"一体化"

提出"一体化"并非毫无根据。虽然在知识产权法与刑法两个不同领域中都会使用"一体化"一词，但其所指代的内涵有些许差异。因此，在展开对知识产权刑事司法一体化的讨论之前，需要对"一体化"这一概念在两部门法中的产生和发展进行简要对比，并指出二者所指"一体化"概念的共性与个性。

在制度移植早期，我国对于知识产权制度的认识并不成熟，也缺乏较为明晰的培养方向，以致在制度构建、实施、评价等过程中难免出现各种问题。其中，较为突出的问题表现为知识产权制度在实体法规定、程序法规定、司法行政组织机构等方面的散乱甚至冲突。例如，知识产权行政管理机关直接执法是我国知识产权制度的一大特色，其在知识产权普及、推广和保护等方面取得了显著的成绩。但是，由于针对不同种类的知识产权，我们设置了不同的行政管理执法机关造成管理机关设置的分散及它们之间职能交叉和权力冲突的局面。[①] 又如，改革开放以来我国知识产权审判体系大规模扩张形成了分散化、地域化的知识产权审判组织布局，并存在案件裁判标准不统一等问题；审判机制比照传统民事诉讼、行政诉讼而言缺乏对知识产权审判特性的充分考量，对技术问题缺少有力解决途径、行政确权案件循环诉讼、民事侵权与行政确权衔接不畅。[②] 再如，对知识产权刑事保护力度增大，既会带来司法保护本身的协调性问题，也对发挥民事保护的主导作用提出了挑战。知识产权毕竟是民事权利和财产性权利，更适合以民事保护为保护的主渠道。因为，财产性损害最好以财产方式解决，不要轻易动用刑罚。而且，知识产权保护政策性强，尤其涉及创新政策和创新空间，刑事保护应当严格控制范围和界限，以免损害具有生机活力的创新机制。刑事司法保护以其极大的威慑性，确实对知识产权保护发挥着独特的作用。但是，刑事司法具有较大的局限性，如果民事保护不力，在其固有的领域没有充分发挥应有的作用，自然就会激发人们努力寻求刑事保护。当前知识产权刑事保护不断有突破性进展，也折射了民事保护的不足和缺位。[③] 上述现象与讨论能够很好地说明对知识产权的保护，尤其是法律保护，如果缺乏必要的"一体性"会导致的问题。

可见，法律移植并非易事，既然选择引入并实施知识产权法律制度，就必然要明确其发展方向。在多年的探索中，我国选择了将"一体化"作为知识产权（法律）制度的发展方向，要在一体化的基础上构建适合本土国情的法律体系和政策体系，以此达至知识产权强国的战略性目标。[④] 对一体化的追求，可以在官方文件中找到一些影子。例如，2021 年出台的《知识产权强国建设纲要（2021—2035 年）》在司法保护体制和行政执法措施"双轨制"之外，提出了"协同保护格局"和"协同

---

① 参见武善学：《健全中国特色知识产权行政管理和执法体制》，载《法学杂志》2010 年第 4 期。

② 参见马一德：《知识产权司法现代化演进下的知识产权法院体系建设》，载《法律适用》2019 年第 3 期。

③ 参见孔祥俊：《当前我国知识产权司法保护几个问题的探讨——关于知识产权司法政策及其走向的再思考》，载《知识产权》2015 年第 1 期。

④ 参见吴汉东：《试论知识产权制度建设的法治观和发展观》，载《知识产权》2019 年第 6 期。

保护体系”的概念，实际与此前所用“大保护格局(体系)”一体，这里更强调了彼此的“协同性”。这一提法，与 2008 年编制并发布的《国家知识产权战略纲要》所提出的“发挥司法保护知识产权的主导作用”就有很大的不同了。[①] 可见，司法保护也应当追求体系性、协调性而非各种措施“一枝独秀”，这是“一体化”的基本要求。在各自发挥严格保护作用的基础上，知识产权强国建设面临的重要问题是协同各种保护机制，发挥各种保护机制的各自优势，形成保护机制之间的共同合力。例如，《知识产权强国建设纲要(2021—2035 年)》提出的“探索依当事人申请的知识产权纠纷行政调解协议司法确认制度”，旨在协调行政保护的快捷性和便利性优势、司法保护的权威性和终局性优势，力图提高知识产权保护综合效能。[②] 知识产权法治现代化的一个基本面向，就是司法专门化和一体化，在知识产权法治体系中即专门法院及其上诉法院的设置。[③] 从宏观层面而言，此种对一体化的追求乃是法的最高价值——正义的体现，服务于法对平等、人权的守护，也是对法的合目的性、法的安定性的维护。同时，对一体化的追求也是出于实现行政效率最大化的考量，使分散的力量能够形成保护合力。可见，从零散走向一致，从无序转为有序，必然是知识产权制度未来的发展方向。

---

① 参见易继明：《知识产权强国建设的基本思路和主要任务》，载《知识产权》2021 年第 10 期。

② 参见张鹏：《知识产权强国建设思想形成、理论构成与实践证成研究》，载《知识产权》2021 年第 10 期。

③ 对此问题，吴汉东教授已有详细论述：司法现代化的机构设置和诉讼管辖在两个层面展开：一是司法专门化。专门化司法，就是把本来属于普通法院管辖的事务提取出来，交给特设的法院管辖；或是将新的法律案件交给普通法院以外的法院管辖，即成立专门法院。专门法院也称为特别法院，是指法律明确规定授予某类案件管辖权，即管辖范围仅限于某一类或某几类案件的法院。专门法院是相对普通法院而言的，其设立目的或是为减轻一般管辖权法院的工作量并满足某类案件对于程序的特殊要求，或是在于规范审判人员的特定资质并统一各类案件的司法标准。专门化管辖是司法现代化可行而又简便的方式，也是对特定司法体系进行现代化改造的重要措施，由此可以提升专业审判的效率和质量，进而促进法律适用的统一和公正。二是司法一体化。一体化司法，不仅意味着专门法院是一个独立设置而不依附合成法院的司法单位，而且往往在诉讼管辖方面具有统一性，即上诉案件由同类专门法院受理。总体而言，专门法院对行政、商事等现代诉讼具有专门性、统一性的诸多优势，因而为不同法律传统的现代法治国家采用，从而在各自国家构建了专门法院与普通法院有机结合的法院系统。参见吴汉东：《论知识产权一体化的国家治理体系——关于立法模式、管理体制与司法体系的研究》，载《知识产权》2017 年第 6 期。

除在组织上的协调外,“一体化”还体现在对知识产权制度的理解方面。经过几十年的探索,我国知识产权理论逐步从“公开换取垄断”等功利主义价值观转变为平衡协同的系统发展观,强调创新创造者、传播者、使用者与社会公众等多方利益的平衡保护,强化知识产权运用与知识产权保护的平衡运行,加强知识产权战略规划等公共政策与法律制度的内在协同,加大执法部门严格监管、司法机关公正司法、市场主体规范管理、行业组织自律自治、社会公众诚信守法的知识产权协同保护力度,通过知识产权生态系统的平衡协同促进创新发展。①

无独有偶,在刑法学的研究中,存在一种“刑事一体化理论”。所谓刑事一体化,其概念可以界定为治理犯罪的相关事项深度融通形成的和谐整体,是一个开放性的概念。刑事一体化思想有两层意思,即作为研究方法的刑事一体化和作为刑法运作的刑事一体化。作为刑法学研究方法的刑事一体化,重在“化”字,即深度融通作为刑法运作的刑事一体化,旨在建造结构合理和机制顺畅的实践刑法形态。② 刑事一体化的要义很简单,即融通学科联系(或淡化学科界限),解决现实问题。③ 可见,试图弥合学科界限,沟通理论与实践、实体与程序作为一种理想早已被提及。但是,这种基于“事物普遍联系”(储槐植教授语)所构建起的刑事观念需要更加具体地被表述以使其能够被实操。

简言之,刑事一体化所要强调的就是法律规范、司法制度之间以及彼此的内在关系。对司法应当一体看待,避免“一刀切”。例如,在“刑事一体化”中,刑事实体法与刑事政策的关系是关键问题之一。刑事一体化强调刑事实体法与刑事政策的关系,但绝对不是将二者简单叠加,而是要真正地运用现行规范、政策等进行理论研究并指导司法实践。例如,通过把刑事政策的考量纳入刑法理论体系,使之成为犯罪论体系的一部分,传统上在刑法体系之外运行的刑事政策的诉求就借由体系

---

① 参见张鹏:《知识产权强国建设思想形成、理论构成与实践证成研究》,载《知识产权》2021 年第 10 期。

② 参见储槐植、闫雨:《刑事一体化司法适用若干问题探讨》,载《刑法论丛》2013 年第 2 卷。

③ 参见储槐植、闫雨:《刑事一体化践行》,载《中国法学》2013 年第 2 期。

化,实现了与罪刑法定和刑法理论逻辑的完全贯通与融通。[①] 除此之外,还要考虑如何运用刑法教义学对泛滥的刑事政策进行制约的问题,怎么来控制刑事政策过于泛滥。[②] 而刑事一体化思想对于司法实践中的一些理论探索和探讨也有重要的指导意义。例如,定罪问题,这就不是一个单纯的刑法学问题,它会受到很多其他因素的影响。又如,关于公诉政策的探讨、诉讼制度改革、刑事政策等,刑事一体化的思想始终发挥着理论上的指导作用。对于有些轻伤害案件,《刑事诉讼法》专门规定了当事人和解程序,而当事人之间达成和解需要一个过程,因此检察官在办理轻罪案件时不能为了片面追求"快",而不做或不尽力做和解工作。[③] 实现以上目标,需要认真考虑司法实践与理论研究之间的关系,尊重司法规律。而在知识产权领域,相关主体正在推进一些有益的尝试,如《中国知识产权司法保护纲要(2016—2020)》提到要"努力造就一支能够驾驭三大诉讼的复合型法官队伍",该纲要试图打破以往刑事法、民商法的学科界限以处理知识产权案件。《最高人民检察院　国家知识产权局关于强化知识产权协同保护的意见》提出要建立会商机制、信息共享机制、线索双向移送机制;[④]国家知识产权局、公安部《关于加强协作配合强化知识产权保护的意见》中提到国家知识产权局和公安部要加强知识产权保护工作的协作配合,包括情况交流、专业支撑、

---

① 参见梁根林:《刑事一体化与罪刑法定、刑事政策与刑法体系的深度融通》,载《中国检察官》2018 年第 1 期。

② 参见劳东燕:《刑事一体化思想下的学术研究所感》,载《中国检察官》2018 年第 3 期。

③ 参见苗生明:《刑事一体化思想的检察实践》,载《中国检察官》2018 年第 3 期。

④ 各级知识产权管理部门在工作中发现涉嫌犯罪的案件线索,在向公安机关移送案件线索的同时抄送同级检察机关。对于公安机关应当立案侦查而不立案侦查的,可建议检察机关依法进行刑事立案监督。检察机关对知识产权管理部门提出的立案监督建议,应当依法受理和审查并及时反馈案件处理情况。各级检察机关对于作出不起诉决定但应予行政处罚的案件,应当移送同级负责专利商标执法的部门,相关部门及时将处理结果反馈同级检察机关。各级知识产权管理部门对人民法院生效的行政判决、裁定、调解书不服的,可依据行政诉讼法等有关法律规定向检察机关申请监督或提供线索,检察机关应依法审查并及时反馈。对于确有错误的,应当依法进行监督。参见《最高人民检察院　国家知识产权局关于强化知识产权协同保护的意见》,载中华人民共和国人民检察院网,https://www.spp.gov.cn/xwfbh/wsfbt/202204/t20220425_555135.shtml#1。

基础建设、法律研究、业务培训、宣传教育和国际交流等事项[①]等，均是试图打破机关界限，整合现有力量提升办案质效。

知识产权法与刑事法同时追求实现的“一体化”虽具体内涵各异，但这一现象貌似并不能仅用“巧合”进行解释。当前法律研究与司法实践受制于学科分工、机构分工等而缺乏必要的整合。因“分化”导致的各种问题产生了对“一体化”的需求。追溯我国“刑事一体化”诞生之初的社会环境，储槐植教授指出，20 世纪 80 年代出现的犯罪长刑加重，犯罪再长刑再加重，循环往复，刑法难以为继。这就是《建立刑事一体化思想》成文的宏大时空背景。“刑事一体化”这个观念试图从罪刑关系和刑法机制（尚未深入到刑法结构）解释这种社会现象。[②]

知识产权与刑事法学在追求“一体化”方面的默契对双方而言都是一次契机。客观而言，我国对于知识产权刑事保护的研究较为薄弱，进而使司法难免疏于规范。随着近年对知识产权制度的日益重视，我国逐渐将知识产权保护提上议程，并逐渐加强对知识产权的刑事司法保护，保护水平与力度总体与美国持平。同时，中国处在产业转型的关键阶段，而知识产权制度因作为产业转型与升级过程中最为相关的法律制度而备受关注。然而，在知识产权制度从被动移植到主动接受的过程中，我们也应当对知识产权制度的本土化建设提出相应建议。目前，虽然各方都在下大力气加强对知识产权的保护与研究，但对知识产权刑事司法保护如何对接、实现知识产权与刑事法中的“一体化”却少有研究。

知识产权犯罪虽仅是整部刑法中的一小部分，在实践中案件量相对较低，但也不应成为刑事司法与知识产权司法发展过程中的“漏网之鱼”。毕竟，对知识产权的保护要与本国经济、科技发展水平相适应。在对知识产权司法保护日益重视的大背景下，应当对知识产权刑事司法保护展开研究。以往相关研究大多在具体罪名的构成要件上展开，这可被视为“一体化”的良好开端。但以往的研究对刑事司法与刑事诉

---

① 参见《国家知识产权局　公安部印发〈关于加强协作配合强化知识产权保护的意见〉的通知》，载中国政府网，http://www.gov.cn/zhengce/zhengceku/2021-05/24/content_5611192.htm。

② 参见储槐植：《刑事“三化”述要》，载《中国检察官》2018 年第 1 期。

讼、知识产权制度的独特性、刑事司法的独立性以及刑事司法与知识产权制度的关系却少有提及。并且,对知识产权犯罪各罪名的构成要件、罪与非罪、入罪门槛等的讨论仍有继续深入的余地。

至此,可以对"一体化"达成一个基本的共识:知识产权法中的一体化强调"资源协调"与"观念协同";刑法学研究中的"一体化"追求刑法学在知识、方法等方面的融通并应在司法实践中实现,是对刑法学内部研究思路与研究方法的内省。二者的共同点均是要基于组织、制度、理念、利益等的共同特点打破"事物"之间分散孤立现状、整合资源以提高效率,维持司法公正。"一体化"的重点在于强调法律理念、司法过程的协调,这种协调性表现为实体规则与司法程序能够衔接或顺畅而不至于出现基本的冲突,要考虑知识产权案件作为一类在民、刑、行审判中具有特殊性的案件,对其要尽可能兼顾不同审判的特征。简言之,基于共性、打破隔断、疏通衔接。

二、对知识产权"司法保护"的重视

除"一体化"外,对知识产权"司法保护"的重视是在我国知识产权双轨制的保护模式下做出的另一选择。2008 年印发的《国家知识产权战略纲要》提出要加强司法保护体系和行政执法体系建设,发挥司法保护知识产权的主导作用,提高执法效率和水平,强化公共服务。[①] 自此"司法"在知识产权保护中的主导作用被正式且明确地提出了。

与行政保护相比,司法应在知识产权保护中占主导地位。作出这一选择的理由有二:其一,"知识产权为私权"的权利属性决定了知识产权既是"私人"的权利,也是"私有"的权利;决定了知识产权的权利保护和救济手段适用民法的基本原则和基本制度。民法的基本理念,要求国家不应对知识产权的保护问题随意插手。其二,知识产权司法保护具有程序公正、裁判权威、透明度高等制度优势,可以有效克服行政保护体制的弊端,更加有利于从实体和程序上维护权利人的正当利益,

① 参见《国务院关于印发国家知识产权战略纲要的通知》,载中国政府网,http://www.gov.cn/zwgk/2008-06/10/content_1012269.htm。

进而充分实现知识产权侵权纠纷解决中的公平正义。“司法保护起主导作用”的含义有二:其一,司法保护具有优先性。司法保护的优先性理念是指在知识产权侵权打击和纠纷解决的过程中,司法机关应处于优先地位,司法保护应发挥主要作用。其二,司法保护具有全面性。在知识产权侵权打击和纠纷解决的过程中,司法机关应为知识产权权利人提供全方位的、系统的、充分有效的保护。司法保护的全面性理念体现出司法在知识产权保护体制中的权威性,对解决“双轨制”模式中保护标准不统一的弊端有重要作用。① 以上对司法保护优先性的理解并不仅仅是强调“因为司法保护很重要所以要加强司法”,其关键在于应遵循知识产权的制度特点并利用司法相较于行政保护的优势。申言之,重视知识产权司法保护并不意味着司法包办一切,更不意味着司法全能或万能。其一,知识产权问题首先是法律问题。我国于20世纪末制定实施《著作权法》《专利法》《商标法》《反不正当竞争法》等知识产权主要及相关法律,刑事法律与行政法律、法规中也对知识产权保护问题作出了相关规定。在司法过程中,基于当前的立法现状,如何协调不同部门法之间的规定,避免产生规范冲突、理念冲突等问题是司法的关键,也是知识产权司法保护的核心问题。强调“是法律问题”有两个层面的考量:一方面应防止司法的任意性②,将法律问题完全变成政治问题从而忽视法律规定;另一方面要让司法回归法律、重视法律,尤其是知识产权法律制度,让司法立足于客观现实与形式规范。其二,知识产权问题也是经济问题和社会问题。由于知识产权制度客观上与我国经济、文化、科技、外交等问题相关联,所以对知识产权案件的审理,尤其是对社会密切关注的、疑难的或者涉及国家利益的案件的审理也会直接或间接影响上述问题的发展。

然而,强调司法的重要性仅仅是对发展方向的方向性规定,仅强调“重视司法”“司法主导”,却没有回答如何重视、如何主导。因此只宣示司法的地位对司法实践而言尚缺乏可操作性。如欲落实这一理念,

---

① 参见吴汉东、锁福涛:《中国知识产权司法保护的理念与政策》,载《当代法学》2013年第6期。关于知识产权行政保护与司法保护的优缺点比较,知识产权司法保护的理念阐释等问题此文也有论述,本书不再赘述。

② 此处“司法的任意性”不同于“自由裁量权”。

仍需要具体的方法论作为指导，否则很容易造成多措并举却又逻辑混乱的局面，或造成司法保护力度加大了、确实重视了，但又事倍功半、收效甚微的局面。以三审合一为例，客观上，知识产权民事、行政和刑事案件分别交给民事、行政和刑事审判庭审理，虽然符合中国相应法律法规的规定和司法审判机构整体分工设计的总原则，但在知识产权民事、行政和刑事审判发展不平衡，其中民事审判为知识产权司法保护主渠道的情况下，极易造成知识产权行政、刑事审判的不专业和不准确，以及知识产权民事、行政和刑事交叉案件在管辖机关、证据规则和裁判标准上的不统一，难以形成司法保护合力并获得知识产权相关各方较为满意的保护效果。①

对司法保护形成合力的强调、对审判专业化的要求、对审判标准保持一致的希望都是对知识产权司法保护的希望，也都可统归于上述“一体化”理念。

第二节　“强保护”背景下知识产权刑事保护的发展路径分析

一、如何理解“强保护”

在讨论知识产权司法保护时，“强保护”常被提及，但具体究竟何为“强保护”，对知识产权该如何“强保护”仍不甚明确。对“强保护”的解读涉及知识产权的保护目的。本书认为，在知识产权制度需根据特定时期的经济发展状况进行调整这一前提下，单纯地强调“强保护”或“弱保护”意义有限。对知识产权“强保护”是必要的，但强保护不当然等同于“加强对知识产权的刑事司法保护”。刑事手段特有的严厉性很容易与“强保护”字面上的“加强/强化保护力度”之意联系在一起。但刑法作为公法，其对私权的保障之合宪性需要论证。从无到有、从有到完

① 参见管荣齐、李明德:《中国知识产权司法保护体系改革研究》，载《学术论坛》2017年第1期。

善、从单一手段到“多管齐下”都属于“加强保护”，但三者的意义与具体表现并不相同。例如，强化民事司法保护的举措是研究制定符合知识产权案件规律的诉讼规范；加大刑事打击力度的措施是完善刑事法律和司法解释；加大行政执法力度的措施是对群众反映强烈、社会舆论关注、侵权假冒多发的重点领域和区域，要重拳出击、整治到底、震慑到位。同时，要促进知识产权行政执法标准和司法裁判标准统一，完善行政执法和司法衔接机制。①

通过梳理相关文件可以发现，“强保护”不等同于“加大保护力度”或“加大打击力度”，这一理念的具体含义也并非一成不变。2008 年《国家知识产权战略纲要》指出要修订惩处侵犯知识产权行为的法律法规，加大司法惩处力度。要加大行政执法机关向刑事司法机关移送知识产权刑事案件和刑事司法机关受理知识产权刑事案件的力度。②2015 年国务院印发的《新形势下加快知识产权强国建设的若干意见》中提到要加大知识产权犯罪打击力度。依法严厉打击侵犯知识产权的犯罪行为，重点打击链条式、产业化知识产权犯罪网络。③

而到了 2017 年，“协作配合”等表述开始出现。2017 年发布的《“十三五”国家知识产权保护和运用规划的通知》中，虽然重申了强化知识产权刑事保护，但此时提出了刑事保护与其他机制的协调、配合，提出了常态化打防、优化全程打击、全链条惩治犯罪、深化行政执法部门间的协作配合、完善与电子商务企业协作机制、深化国际执法合作④等措施。2019 年印发的《关于强化知识产权保护的意见》则同时提出了“知识产权严保护政策导向”与“优化协作衔接机制”两个目标，具体表现为：要加大侵权假冒行为惩戒力度，加大刑事打击力度，研究降低侵犯知识产权犯罪入罪标准，提高量刑处罚力度，推进行政执法和

① 参见习近平：《全面加强知识产权保护工作 激发创新活力推动构建新发展格局》，载求是网，http://www.qstheory.cn/dukan/qs/2021-01/31/c_1127044345.htm。

② 参见《国务院关于印发国家知识产权战略纲要的通知》，载中国政府网，http://www.gov.cn/zwgk/2008-06/10/content_1012269.htm。

③ 参见《国务院关于新形势下加快知识产权强国建设的若干意见》，载中国政府网，http://www.gov.cn/zhengce/content/2015-12/22/content_10468.htm。

④ 参见《国务院关于印发“十三五”国家知识产权保护和运用规划的通知》，载中国政府网，http://www.gov.cn/zhengce/content/2017-01/13/content_5159483.htm。

刑事司法立案标准衔接,完善案件移送要求和证据标准,制定证据指引,顺畅行政执法和刑事司法衔接。[①] 该意见较为明确地提出了行政与刑事相衔接的问题。2021 年《"十四五"国家知识产权保护和运用规划的通知》中提到,强化民事司法保护,研究制定符合知识产权案件规律的诉讼规范;完善刑事法律和司法解释,加大刑事打击力度,准确适用知识产权领域行政执法移送刑事司法标准和刑事案件立案追诉标准,规范刑罚适用。加强知识产权行政保护。[②] 此时的"加强保护"不限于刑事保护,民事、行政保护都要强化。总而言之,对知识产权的保护既要通过各种方式加强,又要做到(民事、刑事)司法保护与行政保护衔接或协调。这便是知识产权"强保护"的政策含义的基本演变过程。

知识产权法律规则与一国的政治经济文化等实际情况相关,知识产权保护也是一个法治问题,因此,脱离法律制度背景单纯讨论所谓的"加强"并无实际意义。由于司法保护最终还是要依法行动,而法律规范是司法的必要依据,所以在展开对"强保护"的讨论之前应对我国知识产权法律法规有所了解。目前,在论及"强保护"时,最严重的误区就是将"强保护"直接等同于"严厉惩罚"。事实证明,如果不顾司法手段的协调性而一味地动用严厉的刑事手段解决知识产权保护问题,只会出现更多问题,并且会有损司法权威。这种对司法有害、对促进激励创新有害的严厉惩罚论就是不好的"强保护"。而为了保持司法过程不存在基本的矛盾,进而实现激励创新的目的,我们就需要好的"强保护"。那么所谓好的"强保护"又该如何表现呢?本书认为,好的"强保护"是以法治为基础,并兼顾考虑道德衡量(价值判断)与利益衡平形成的规范治理行为。

(一)"强保护"的重点在于司法实践

刑事司法过程由选定法律规范与适用法律两部分组成,即运用大

---

① 参见《中共中央办公厅 国务院办公厅印发〈关于强化知识产权保护的意见〉》,载中国政府网,http://www.gov.cn/xinwen/2019-11/24/content_5455070.htm。

② 参见《国务院关于印发"十四五"国家知识产权保护和运用规划的通知》,载中国政府网,http://www.gov.cn/zhengce/content/2021-10/28/content_5647274.htm。

前提小前提得出结论。在法律规范部分,做到“强保护”的手段就是降低入刑标准,尽可能扩大犯罪圈。这一点在2019年发布的强化知识产权保护的意见中也已明确提出。① 以《刑法修正案(十一)》为例,该修正案对知识产权的刑事法律作出了较大修改,总体上呈扩大保护的趋势,如扩大罪名保护对象、将更多侵权行为纳入犯罪行为中、降低作为“违法所得”“情节严重”等的具体的数额标准、提高法定刑等方式,从而加强刑事保护力度。从法律文本上来看,刑事立法能加强保护的措施仅限于以全有或全无的方式将某种行为纳入其中或排除在外,或概括性地指出犯罪行为特征,或以列举式的方式列举严重的侵权行为方式。知识产权刑事法律在许多方面与对应的前置法的差异越来越小,部分条款甚至仅在结果(常见如数额)上存在区别。因此,加强保护的重点就落在了适用法律,即狭义的“司法(过程)”上。刑法法条关系与刑法解释理论具有密切的关系。从某种程度上说,依据什么原则、以何种方法对刑法法条进行解释,直接决定了法条的内涵与外延,进而关涉相当一部分刑法法条之间是否具有关系,以及具有何种关系。②

一般来说,完整的法律推理必然同时包含法律规则与道德权衡,法律规则必定以充当裁判基础的方式为法律推理提供正当化依据,道德权衡将只会以结果导向的方式发挥限定结果的作用。③ 知识产权规则的特殊性导致在对一些行为进行评价时(尤其是疑难案件)需要更多的利益衡量介入。对知识产权案件而言,在不同利益主体的思考下常常会得出形式上合法但结果完全不同的结果。这一点在知识产权刑事案件中也不例外。对此其实并不难理解,因为千百年来法律人关于法律的追问与研究,走的是一条法律普适化的路线,它试图一劳永逸地解决

---

① 加强刑事司法保护,推进刑事法律和司法解释的修订完善。加大刑事打击力度,研究降低侵犯知识产权犯罪入罪标准,提高量刑处罚力度,修改罪状表述,推动解决涉案侵权物品处置等问题。强化打击侵权假冒犯罪制度建设,探索完善数据化打假情报导侦工作机制,开展常态化专项打击行动,持续保持高压严打态势。参见《中共中央办公厅　国务院办公厅印发〈关于强化知识产权保护的意见〉》,载中国政府网,http://www.gov.cn/xinwen/2019-11/24/content_5455070.htm。

② 参见龚培华:《刑法法条关系的理论基础》,载《东方法学》2009年第1期。

③ 参见陈景辉:《规则、道德衡量与法律推理》,载《中国法学》2008年第5期。

衡量纠纷事实的统一标准。但从哲学上看,这种努力不会有最终的结果。若法律人试图拿一个固定的标准衡量纷繁复杂、不断变化的事实,则其不可能找到针对每一个案件的实质公正。法治只能维护有限的公正。① 并且,就激励创新而言,知识产权法的制度设计绝非狭隘地局限于仅为第一次创新提供激励,而是要为后续创新、持续创新提供持久的激励。国内知识产权法的立法和司法通常不会忽视持续创新的重要性,但在知识产权国际博弈中,在利益集团的游说下,发达国家往往只关注对既有权利人在外国利益的保护,而不顾持续创新的重要意义,这一偏颇亟待纠正。② 但这并不意味着司法应无所作为,事实上,虽然无法追求终极的完美的公正,但司法过程运用一般的司法方法也可以对大部分案件作出决断,只是相较于其他类型的案件,单纯的"法条主义""机械司法"可能并不足以论证裁判的合理性甚至合法性。我们常说知识产权案件具有特殊性,其特殊性之一就体现在法律规则的模糊性上。进而,知识产权案件的司法过程呈现出一种相对活跃的态势。有学者指出,知识产权研究需要从"法条主义""规则中心主义"转变到以解决实际问题为核心的法学思维和法律解释模式上来;应当对当下社会关于知识产权的需求、矛盾等实际问题进行实证研究,而不应局限于对具体的知识产权概念、逻辑、命题的分析。实际上,我国知识产权案例指导制度、知识产权法院的建立等司法改革举措已经表明,我国知识产权

---

① 参见陈金钊:《司法过程中的法律方法论》,载《法制与社会发展》2002 年第 4 期。此外,舒国滢教授曾提出"司法的广场化"现象,具体是指不同利益团体、机关和个人都在"追求正义"的信念支持下把过高的期待寄予司法的活动过程:各级政府可能会把消解社会危机和进行社会整合的负担交由司法机关承受,新闻媒体通过张某案件事实中的潸然泪下的细节和判决理由的争点来介入对司法公正的解释和判断,普通的民众则企望司法官员扮演"青天老爷"或"上帝之手"来拯救他们所遭受的社会冤苦。这些不同的初始期待使人们在朦胧的"正义"观念的驱动下对司法过程产生积极参与的热情,而更愿意选择一种人人直接照面的、没有身份和空间间隔、能够自由表达意见和情绪的司法活动方式。而这种现象有可能使人们轻视"法律的书写(本本上的法律)",同时使包括司法官员在内的参与者偏好"实质公正"。参见舒国滢:《从司法的广场化到司法的剧场化——一个符号学的视角》,载《政法论坛》1993 年第 3 期。

② 参见吕炳斌:《知识产权国际博弈与中国话语的价值取向》,载《法学研究》2022 年第 1 期。

法从“规则中心主义”向解决实际问题的思路转变。[①] 这对于司法而言无疑是有益的。

(二)从单向“加强保护”到多线“协调”

或许很少有其他部门法能够像知识产权法这样如此强调“利益平衡”。2021 年最高人民法院时任院长周强在最高人民法院《关于人民法院知识产权审判工作情况的报告》中提出了知识产权案件中利益平衡的复杂性:知识产权涉及利益关系复杂,且与社会公共利益息息相关。平衡保护个人权利和公共利益,准确把握多层次价值取向,稳妥处理发展和安全的关系,都对知识产权审判提出了更高要求。[②] 而知识产权人的私权利益与公共利益之间的利益平衡,是知识产权法律制度的基石。[③] 在司法过程中,要践行“利益平衡”原则,即私人利益与公共利益的平衡与协调。这种协调,主要体现在司法措施、司法结果等方面。

目前,刑事司法对于知识产权案件在司法过程中保持协调的理念已有所体现。2021 年 2 月 8 日,最高人民检察院下发的《关于开展侵犯知识产权刑事案件权利人诉讼权利义务告知工作的通知》规定,对于侵犯知识产权犯罪案件,以及涉嫌同时构成侵犯知识产权犯罪和生产、销售伪劣商品犯罪,而按照生产、销售伪劣商品犯罪定罪处罚的案件,以及涉嫌同时构成侵犯知识产权犯罪和非法经营犯罪,而按照非法经营罪定罪处罚的案件,检察机关在受理审查起诉之日起 10 日内,应当主动向权利人告知审查起诉阶段其享有的诉讼权利和应承担的诉讼义务。[④] 此举可通过将被害人即知识产权权利人纳入刑事诉讼的过程,发

---

① 参见何鹏:《知识产权立法的法理解释——从功利主义到实用主义》,载《法制与社会发展》2019 年第 4 期。

② 参见周强:《最高人民法院关于人民法院知识产权审判工作情况的报告》,载中国人大网,http://www. npc. gov. cn/npc/c30834/202110/2adb18d160c945e989bc20df3641cffc. shtml。

③ 参见冯晓青:《利益平衡论:知识产权法的理论基础》,载《知识产权》2003 年第 6 期。

④ 参见于潇、单鸽:《知识产权刑事案件权利人诉讼权利义务告知制度已全面推开》,载中华人民共和国最高人民检察院网,https://www. spp. gov. cn/spp/zdgz/202203/t20220304_546916. shtml。

挥知识产权权利人的作用,及时修补因侵权而造成的损失。有观点称,知识产权案件的审判质量有赖于侦查质量以及公诉机关在审查起诉中的把关。允许对相关犯罪更为了解的知识产权权利人参与刑事诉讼,既是落实被害人诉讼参与权的要求,也是刑事案件妥适侦查、审理的重要路径。[①] 允许知识产权权利人适度参与刑事诉讼,可以在一定程度上协调民事与刑事责任认定,实现法秩序统一下责任认定协调的目标。[②] 推广这一制度从某种程度上来说可以看作对知识产权刑事司法保护定位的一次调整。处理知识产权案件时,刑事司法保护不仅能起到打击犯罪,使罪犯得到应有"报应"的作用,还能从制度的设计上更加尊重权利人的选择与要求,追求解决问题而非单纯的道德评价。

如前文所述,近年来知识产权司法保护的重点是"既有全面强化,又有彼此协调"。其中,"彼此协调"在制度上表现为多措并举,即行刑衔接,民刑衔接,执法标准与立案标准、司法保护与行政保护相协调等。流程衔接的背后是法秩序统一的理念,而这种衔接的最终目的是更加合理地办理知识产权案件,保障知识产权权利人的合法权益与公共利益。司法权实际上进行着利益衡量。具体来说,法院的作用是监督某一项知识产权在被授予之后是如何发挥作用的,以确保根据该权利所获得的经济回报,跟它所作出的原初贡献相比并没有不匹配。换言之,法院所保护的是,反对在某些情况下的过度回报。法院这么做,是在努力维持在授权阶段体现在知识产权上的分配平衡。[③] 可见,"协调""避免过度"等确实是处理知识产权相关案件应当考量的因素。例如,前些年曾出现的在刑事审判后被认定为犯罪,但在民事审判中却不被认定为侵权的"民刑倒挂"现象。或许仅就刑事司法部门而言,其按照刑法规定处理案件并无任何问题,其不应也无义务超过其职权范围,过多考虑刑事司法之外的诸多因素(哪怕有可能是合理的)。可当案件出现明

---

① 参见林秀芹、陈俊凯:《知识产权刑事诉讼中权利人参与的制度检视及完善》,载《知识产权》2021 年第 11 期。

② 参见林秀芹、陈俊凯:《知识产权刑事诉讼中权利人参与的制度检视及完善》,载《知识产权》2021 年第 11 期。

③ 参见[美]罗伯特 · P. 莫杰思:《知识产权正当性解释》,金海军等译,商务印书馆 2019 年版,第 262 页。

显不合理时，这种基于部门职责、部门法之间关系形成的专业鸿沟是否依然合理则明显存疑。上述现象终究需要被解决。2021 年国家知识产权局与公安部印发的《关于加强协作配合强化知识产权保护的意见》中对深化知识产权管理部门与公安机关在保护知识产权工作中的协作配合作出了一些规定。其中包括：会商机制、通报机制、信息共享机制、征求答复机制、信息核实机制等。2022 年，为促进知识产权行政执法标准和司法裁判标准统一，完善行政执法和司法衔接机制，最高人民检察院与国家知识产权局印发了《关于强化知识产权协同保护的意见》，其中也包括建立常态化联络机制、建立健全信息共享机制、加强业务协助、加大办案协作力度等。① 上述种种协作机制的本意是尽可能打破部门间的障碍，促进沟通，以更合理地保证司法。所谓"促进司法裁判标准统一"也证明部门沟通是手段，最终的落脚点依然在司法，在具体的裁判过程中，也即为了避免司法过程出现各种失衡。

（三）如何理解来自域外的"强保护"需求

科学经济时代，知识产权对国家经济发展和国际竞争力的影响日益显著。在这一背景下，各国对知识产权的刑事保护总体上呈现增强趋势，具体表现为通过国际条约、多边协议等扩大知识产权刑事保护范围、严厉刑事处罚措施。国际层面的知识产权刑事保护可大致分为两个阶段。

第一阶段，国际层面知识产权刑事保护机制的建立与兴起。从 20 世纪后期开始，发达国家将知识产权与贸易捆绑在一起，于 1994 年主导制定了《与贸易有关的知识产权协定》（TRIPS）。TRIPS 第 61 条规定，各成员至少应将刑事处罚适用于具有商业规模的蓄意假冒商标或盗版案件。这是世界范围内对商标侵权适用刑事制裁的开端，在此基础上，知识产权的刑事保护水平也一直不断提升。然而，由于不同国家经济社会发展水平的差异，国际层面的刑事保护条约内在地存在冲突。发达国家与发展中国家对知识产权保护的需求各不相同。前者在国际

① 参见《最高人民检察院　国家知识产权局关于强化知识产权协同保护的意见》，载《检察日报》2022 年 4 月 26 日，第 2 版。

贸易中处于优势，其掌握大量的知识产权，因此倾向于通过强化知识产权保护来实现经济效益的最大化；后者在短期内则倾向于通过降低知识产权保护水平来实现经济利益的最大化。

第二阶段，后 TRIPS 时代，知识产权刑事保护机制的多元化、区域化发展。在国际统一的知识产权刑事保护机制难以建立的情况下，国际知识产权规则从世界贸易组织（WTO）和世界知识产权组织（WIPO）两大框架体系转向区域性的自由贸易协定。以美国为首的发达国家为追求更高标准的知识产权保护，在既有的多边机制之外，通过复边协议建立起新的知识产权保护标准和贸易圈：《反假冒贸易协定》（ACTA）通过对"商业规模"的扩大解释降低了刑事处罚的门槛；《跨太平洋伙伴关系协定》（TPP）进一步去除了主观要件要求，把非故意侵犯知识产权的行为纳入刑事处罚范围；《全面与进步跨太平洋伙伴关系协定》（CPTPP）降低了知识产权侵权行为入罪的"商业规模"认定标准，对应受刑事处罚的行为进行了列举说明，并增加了有关商业秘密刑事保护的规定。为保障国际贸易的开展以及维护国内发展利益，发展中国家采取了两方面的策略：（1）不断提高本国知识产权保护水平，以积极地融入国际贸易。在这一过程中，立足本土化的知识产权构建进程被部分地打破，追赶发达国家成为一种常态。[①] 知识产权保护水平的提升并不意味着损害国内利益，而是在遵循经济发展规律的前提下，保持国际贸易收益与国内利益损失之间的均衡。（2）挖掘传统知识产权资源，构建具有地方特色的知识产权保护体系。由于历史原因，发展中国家往往具有较为丰富的文化资源；由于现有的知识产权保护机制是由发达国家构建的，因此发展中国家的传统文化资源往往不能受到足够保护。强化传统知识产权资源的保护，可以为直接为经济发展提供动力，也可以作为国际知识产权谈判中的筹码，缩小与发达国家之间的差距。

可以预见的是，在全球化背景下，世界各国知识产权保护立法与政策将会不断产生碰撞与交流。在这一交流过程中，知识产权保护机制既需要趋同化以发展国际贸易，也需要尊重地方特色以协调不同区域

---

① 参见易继明、初萌：《后 TRIPS 时代知识产权国际保护的新发展及我国的应对》，载《知识产权》2020 年第 2 期。

的发展状况。中国应顺应世界知识产权强保护的整体趋势，逐步地提高知识产权保护标准，实施积极的对外开放战略，促进与各国的经济交流与合作；同时，中国应充分发掘历史资源，为知识产权国际刑事保护机制的构建贡献中国智慧。

刑事问题依然是知识产权谈判过程中无法回避的话题。站在国际视角下讨论知识产权刑事保护需要再明确以下几个观点：

1. 应再次强调，保护水平要与本国经济、科技发展状况相符。

美国坚持"知识产权强保护与强司法"（strong protection and enforcement of IP rights）的关键理由就是要尽力维持美国创新创意产业在国际上的竞争力，并且强保护对美国的经济增长和就业至关重要。[①]在美国政府看来，知识产权强保护能够保证数字时代下的经济增长与创新。美国政府将会继续鼓励建立一个全球的知识产权体系，通过知识产权保护为创新提供激励。[②] 显然，这是出于自利的角度作出的选择。但"知识产权保护水平要与经济发展状况相适应"是基本的原理。例如，当人均收入处于较低水平时，保护强度与经济增长成反比，只有当人均收入达到一定水平时，"强保护"的正向作用才会充分体现出来。因此，保护强度也好，保护力度也好，并不是保护越强、力度越大越好，而是必须与其技术实力、科技与经济发展水平相适应。尤其是在美国外部环境的高压下，超阶段、超速度的发展会给中国的经济发展和科技进步带来较大的负面影响。[③] 知识产权国际规则制定的正当化理由在于协调，但不断强化的趋势已经背离了这一基调。[④] 而美国选择对知识产权采取强保护措施并不必然推论出在别国也要采取同美国一样的所谓"强保护"措施。

---

① See Auunal Intellectual Property Report to Congress（2022），https://www.whitehouse.gov/wp-content/uploads/2022/04/FY21 – IPEC-Annual-Report-Final.pdf，p. 148.

② See White House，National Cyber Strategy of the United States of America（September 2018）（page 16）– https://www.whitehouse.gov/wp-content/uploads/2018/09/National-Cyber-Strategy.pdf.

③ 参见李晓明：《从中美 IP/WTO 第一诉谈我国的轻罪体系建构——重在两国 IP 保护力度的分析》，载《中国法学》2007 年第 6 期。

④ 参见吕炳斌：《知识产权国际博弈与中国话语的价值取向》，载《法学研究》2022 年第 1 期。

2. 在锚定知识产权保护力度要与经济科技水平相适应这一前提下，需要进一步回答“一体化”与“强保护”的关系。

美国司法部（DOJ）发布的《起诉知识产权犯罪手册》（Prosecuting Intellectual Property Crimes）中曾要求公诉方在决定是否提起犯罪时，应考虑使用私人民事救济手段的有效性。[①] 该手册的第四版中，几乎所有具体的罪名都提到了刑事手段与民事手段的衔接问题。例如，在侵犯著作权罪一章中提到，大量的版权案件都是民事案件而不是刑事案件。并且，在通常情况下，民事案件是刑事指控唯一的司法依据。在这种情况下，民事案件作为先例通常对版权刑事法规有指导借鉴意义。[②] 该手册虽然没有列举十分具体的措施，但也表明了其尽力使司法手段保持协调的倾向。可见，尽管所谓“强保护”已成为不可避免的趋势，但知识产权司法保护作为法律问题依然要遵循基本的规律。（尽力）保持司法的协调性是无论如何也不能偏废的，存在诸多不一致的司法保护手段始终于己有损。我国对知识产权刑事司法保护建设的重点依然要放在如何构建协调有效的司法措施上。

3. 应对国际条约的不断加强刑事救济措施趋势仍应关注手段与目的的协调。

从 TPP、ACTA、CPTPP 与 RCEP（《区域全面经济伙伴关系协定》）的具体内容中皆可看出国际知识产权保护均呈现全面、高标准的特点，知识产权保护逐渐走上泛刑化道路，刑事犯罪门槛一再降低，刑事处罚范围一再扩充，对知识产权加强保护已在全球达成共识。与此同时，知识产权国际条约呈现出区域化、碎片化的态势，打破了 TRIPS 协定框架下原有的国际平衡，对我国经济发展构成新挑战。

具体而言，无论是 ACTA 还是 TPP，都规定了超 TRIPS 协定的知识产权保护标准。ACTA 在 TRIPS 协定的基础上，对民事侵权的禁令救济、损害赔偿、销毁侵权产品、海关边境措施以及刑事责任等方面提出了更具体和更严格的要求。在刑事处罚方面，ACTA 通过将“商业规

---

① See Mark Cohen, *The Criminal Bias in U. S. Intellectual Property Diplomacy*, https://www.nbr.org/publication/the-criminal-bias-in-u-s-intellectual-property-diplomacy/#footnote1.

② See *Prosecuting Intellectual Property Crimes* (Fourth Edition), https://www.justice.gov/file/442151/download.

模”的范围扩大为至少包括为了直接或间接的经济或商业利益而从事的商业活动降低了刑事处罚的门槛。TPP 则更是 ACTA 的加强版,进一步删去了主观要件,将非故意侵犯知识产权的行为也纳入刑事处罚范围。如果说 TPP 是从实体规范的层面提高了知识产权国际保护的标准,ACTA 则主要从权利实现机制的角度降低权利实现成本,提高侵权民事救济和刑事处罚力度,从而保障知识产权保护规范的有效实施。CPTPP 降低了知识产权侵权行为入罪的“商业规模”认定标准,对应受刑事处罚的行为进行了列举说明,并增加了有关商业秘密刑事保护的规定。在知识产权刑事保护上,RCEP 规定,每一缔约方应当规定至少对具有商业规模的故意的著作权或相关权利盗版或商标侵权的情况适用刑事程序和刑罚。例如,未经授权以商业规模从电影院放映的电影作品中进行复制,从而在市场上对该作品的权利持有人造成重大损害的问题,应当采取或维持措施,其中应当至少包括适当的刑事程序和刑事处罚。上述种种规定都是单方面地运用刑事手段加强保护,在引入上述刑事救济时,有必要进行必要性与有效性论证。

从大趋势来看,超 TRIPS 保护的标准化不可避免。但如果片面地理解“强保护”,忽视“强保护”之外的规则限制,不顾现实地拔高当前的制度水平,很可能会妨碍本国的创新与市场竞争环境,反而得不偿失。

二、迈向新阶段:“知识产权刑事司法一体化”应被认真对待

行文至此,已经对“知识产权刑事司法一体化”这一议题的提出与发展背景进行了基本的梳理。但仅从正面论述司法一体化的重要性仍不足以作为对这一话题较为完整的诠释。讨论问题要尽可能落脚到实际层面。因此有必要以“司法”作为基点简要回答司法实践中不得不面对的两个问题,在回应以下问题的过程中进一步深化对“知识产权刑事司法一体化”的认知。

(一)知识产权刑事司法保护承诺什么?

当提出“保护知识产权就是保护创新”这句口号时,激励创新就成

为保护创新的最终目标，而保护知识产权的各种措施则成为了手段。因此，在这一语境下，司法保护对激励创新而言仅具有工具意义。但这种观点架空了司法的独立意义，忽视了司法作为一种独立的解决纠纷的机制其本身有着自身的措施、目标与局限性。

一方面，应当承认的是，一国或一地区的司法状况确实会在宏观上影响当地经济发展状况（如对外贸易、生产交易流程等）。然而这并不意味着司法的直接目的是解决经济发展问题。司法的首要目标是解决纠纷。那种寄希望于司法能够包管一切的愿望不只是一厢情愿，也与“司法只是知识产权保护环节之一”的大保护格局不符。因此，当制度目标并不明确，甚至诸多政策目标混杂在一起时，事实上会阻碍解决问题的过程与效率。另一方面，这种激励论的思路确实曾遭受合理的质疑乃至批判，因而无法成为司法措施的直接目标：(1)知识产权是一种奖励，更精确地说，是在市场中获得某种奖励的机会。这种奖励可以激励个人去生产有益于社会（如果这些信息被传播给他人）的新信息。这个条件或许不能得以满足，或仅有部分得以满足，因为知识财产的持有者被赋予限制他人接触这些信息的权利。这限制了知识财产持有者对所生产的信息的最佳利用。因此，这种特别的鼓励生产的保护同时又阻碍了实施保护的目标，即阻碍了知识的传播。鼓励创造信息的规则不一定有助于信息的传播。[①] (2)从创造伦理来看，有知识产权未必胜过无知识产权。纯粹地从文化角度分析，发达国家通过创造伦理指责发展中国家不尊重知识产权，理由是不充分的。允许自由模仿，同样符合创造伦理，如果市场允许完全的自由模仿，为了占据市场优势，人们仍然不会丧失创新的动力。知识产权制度的功能，和物权没有本质区别，只在于分配一种财产的归属。[②] (3)在一种民主制度中，如果信息生产中生产者和消费者的利益都得到很好的代表，这些利益都具有大致相同的影响力，人们可以期望建立一套有效的知识产权规则。消费者愿意承认为了获得不断增长的效率，某种程度的知识产权规则

---

① 参见［澳］彼得·德霍斯：《知识财产法哲学》，周林译，商务印书馆2017年版，第176～177页。

② 参见李琛：《论知识产权法的体系化》，北京大学出版社2005年版，第140页。

是必要的,但并不愿意接受那些不适当地限制市场上信息传播或竞争的规则。① 这也是知识产权制度必然会面临的道德诘难。可见,各利益团体为了支持知识产权而提出的种种价值目标或存在冲突,或难以实现。当知识产权制度的正当性理由不明确且制度价值混乱时,“保护就是激励”的大方向往往会因缺乏现实的可操作性而无法为司法实践提供足够具体、有效的信息。对刑事司法而言,究竟能否通过各种刑事司法手段达到激励创新的效果仍不明确。

进而,在直接目标不够明确时,实践中常见的应对方法就是将现行的措施用到极致。其表现之一就是集中式执法。例如 2017 年国务院印发的《2017 年全国打击侵犯知识产权和制售假冒伪劣商品工作要点的通知》,其中对“加强刑事打击与司法保护”的理解是:以情报导侦带动全面打假,完善集群战役发起和组织模式以及“一体化”作战机制,强化集群战役攻势,对侵权假冒犯罪行为实施全链条打击;充分履行检察职能。重点办理一批情节严重、影响恶劣的侵权假冒犯罪案件。不应否认专项行动的积极意义,但集中式执法并不能成为常态,也不能取代常规的司法治理手段。更为重要的是,即使是法治保护中的刑事司法保护也有很多司法手段。刑事司法手段不仅有判处徒刑,在我国《刑事诉讼法》的框架下,解决刑事案件除狭义的刑事诉讼外还有刑事自诉、刑事附带民事诉讼、刑事和解②等制度。此外,针对知识产权案件,还有刑事司法与民事司法的联动机制。《2017 年全国打击侵犯知识产权和制售假冒伪劣商品工作要点的通知》提出要推进知识产权民事、刑事、行政案件审判“三合一”改革,推进跨区域知识产权法庭建设。2021 年施行的最高人民法院《关于在审理经济纠纷案件中涉及经济犯罪嫌疑若干问题的规定》对经济犯罪案件的民刑交叉问题

① 参见[澳]彼得·达沃豪斯、约翰·布雷斯韦特:《信息封建主义》,刘雪涛译,知识产权出版社 2005 年版,第 13 页。

② 在一起侵犯著作权罪的案件中,犯罪嫌疑人的非法经营数额达 1500 余万元,为及时挽回权利人经济损失,案件办理过程中瓯海区人民检察院借助知识产权调解室平台,多次对犯罪嫌疑人开展释法说理,通过沟通对接积极促成双方当事人刑事和解,最终由犯罪嫌疑人家属向著作权权利人赔偿 150 万元,并取得权利人的谅解。参见《开“游戏私服”狂赚 1500 余万元　因侵犯著作权罪获刑》,载中国打击侵权假冒工作网,http://www.ipraction.gov.cn/article/gzdt/dxal/bq/202204/376170.html。

作出了规定。① 2020年施行的最高人民法院《关于审理侵犯商业秘密民事案件适用法律若干问题的规定》就商业秘密案件有关刑民交叉问题,如证据采信、证据收集、判决认定、案件中止等问题作出了规定。②在此基础上,本书认为应当在平衡各制度的目的的前提下妥善适用上述司法制度。例如,前述“侵犯知识产权刑事案件权利人诉讼权利义务告知制度”就是试图在刑事诉讼法的框架下尽可能运用更多制度解决问题而采取的一次尝试。而能够保持司法手段能被有效运用,才是更加现实的应对措施,也是司法保护对“知识产权保护法治化”这一命题所作出的最有意义、最为现实的承诺。对司法而言,查明案情并依法运用司法手段解决问题才是核心任务,至于对司法后果及对司法与其他社会利益的关系的考量可能事实上并不是司法人员能够过多干涉的。③因为知识产权制度究竟能否激励创新本质上是一个涉及多个学科领域的问题,不直接属于司法问题。且无论是在法的发现还是在法的证立

---

① 最高人民法院《关于在审理经济纠纷案件中涉及经济犯罪嫌疑若干问题的规定》第10条规定,人民法院在审理经济纠纷案件中,发现与本案有牵连,但与本案不是同一法律关系的经济犯罪嫌疑线索、材料,应将犯罪嫌疑线索、材料移送有关公安机关或检察机关查处,经济纠纷案件继续审理。第11条规定,人民法院作为经济纠纷受理的案件,经审理认为不属经济纠纷案件而有经济犯罪嫌疑的,应当裁定驳回起诉,将有关材料移送公安机关或检察机关。第12条规定,人民法院已立案审理的经济纠纷案件,公安机关或检察机关认为有经济犯罪嫌疑,并说明理由附有关材料函告受理该案的人民法院的,有关人民法院应当认真审查。经过审查,认为确有经济犯罪嫌疑的,应当将案件移送公安机关或检察机关,并书面通知当事人,退还案件受理费;如认为确属经济纠纷案件的,应当依法继续审理,并将结果函告有关公安机关或检察机关。

② 最高人民法院《关于审理侵犯商业秘密民事案件适用法律若干问题的规定》第22条规定,人民法院审理侵犯商业秘密民事案件时,对在侵犯商业秘密犯罪刑事诉讼程序中形成的证据,应当按照法定程序,全面、客观地审查。由公安机关、检察机关或者人民法院保存的与被诉侵权行为具有关联性的证据,侵犯商业秘密民事案件的当事人及其诉讼代理人因客观原因不能自行收集,申请调查收集的,人民法院应当准许,但可能影响正在进行的刑事诉讼程序的除外。第23条规定,当事人主张依据生效刑事裁判认定的实际损失或者违法所得确定涉及同一侵犯商业秘密行为的民事案件赔偿数额的,人民法院应予支持。第25条规定,当事人以涉及同一被诉侵犯商业秘密行为的刑事案件尚未审结为由,请求中止审理侵犯商业秘密民事案件,人民法院在听取当事人意见后认为必须以该刑事案件的审理结果为依据的,应予支持。

③ 例如,有观点指出,司法、执法就是把一般法律转为具体裁断。然而,在这需要处理法律与道德、价值、情理、民间法、习惯法、意识形态、社会情势、政策等之间的关系纠缠。一般法律定义所割舍的特殊性及拟制定义的不周延性,在法律实施中又会重新回到语境之中。这时不能把法律外的其他社会规范放置到前台,而是要在奉行文义解释有限,通过论证吸收其他社会规范来消除矛盾、实现法律与其他社会规范之间的协同。参见陈金钊:《法源的拟制性及其功能——以法之名的统合及整饬》,载《清华法学》2021年第1期。

层面，后果主义都无法一般性地成立，而后果论证可以为既有的法学方法所蕴含，至多只能在客观目的论证的框架内具有有限的独立性。① 因而关注司法是否能够激励创新反而是本末倒置。

在明确司法对“知识产权保护法治化”这一命题作出的承诺后，接下来应该回答刑事司法一体化如何有助于处理知识产权案件。

(二)知识产权刑事司法需要什么样的司法依据?

按照后文将要展开论述的“司法一体化”思路，存在矛盾冲突的价值目标会因缺乏系统性给司法带来许多问题。至少，彼此无矛盾的价值目标才能给司法实践带来积极意义，进而会尽可能保证在司法过程中对如何裁判以实现上述价值作出论证。但显然，目前对这一问题既没有系统性的讨论，又缺少必要的讨论框架。概言之，这些困惑主要存在于应然性与实然性两个方面。在应然层面上，对刑事司法而言，是否能够在刑事司法目标的基础上进一步接纳并实现复杂的知识产权制度目标；在实然层面上，司法实践应如何在知识产权刑事案件中实现上述诸多目标。

国家设立刑罚的目的有二：保护法益和保障行为规范的效力。在此，刑罚只能以间接的方式，即通过保障行为规范效力的方法，来实现法益保护。刑法的作用在于保障规范的效力，而规范的目的则在于保护法益。② 虽然对具体案件的司法判决，尤其是社会关注度或业内关注度高的案件确实会对行业有所影响，但究竟影响几何，却很少被关注。换言之，如果仅因为司法会影响社会经济的走向或态势就要尽力在司法论证过程中注入诸多倾向性内容(如过分强化、过分偏袒)以试图影

---

① 此处提到了“后果主义”与“后果论证”两个概念，其具体内涵如下：司法裁判中的后果主义指的是将裁判的后果视为判断裁判正确性的唯一标准：只要裁判的后果是(最)好的，那么裁判就是正确的。当然，要强调的是，裁判理论上的后果主义，与作为实质道德观点的后果主义之间并没有逻辑上或其他方面的必然联系。法律经济学者一般会主张法官在裁决案件时应当使社会福利或财富最大化。这既是一种裁判理论上的后果主义立场，即要求法官将他们的判决建立在后果(它们对于社会福利的影响)之基础上，也是一种伦理学上的后果主义立场，即福利最大化。后果论证，或者称“基于后果的论证”(consequence-based arguments)，指的仅是在司法裁判或法律论证过程中，采用依据后果来证立特定主张或观点的论证方法。它并不意图将后果作为评断裁判正确与否的终极性标准，而只要求至少在某些案件中将对后果的考量作为法律论证的方法之一。参见雷磊：《反思司法裁判中的后果考量》，载《法学家》2019 年第 4 期。

② 参见[德]乌尔斯·金德霍伊泽尔、陈璇：《法益保护与规范效力的保障　论刑法的目的》，载《中外法学》2015 年第 2 期。

响裁决，则实在是得不偿失。司法的目的在于依法裁判，如果法律文本本身不能很好地体现立法的目的，或司法制度的设计本身不利于实现司法目的，而仅寄希望于单纯凭借司法过程中的一些方法，会给司法带来不切实际的负担，这或许并不是司法的问题而是立法或制度设计过程中的遗憾。在知识产权刑事案件中，很少出现对犯罪行为如何破坏了"社会主义市场经济秩序"的论证，或者仅仅是宣示性地提到犯罪嫌疑人的行为破坏了社会主义市场经济秩序，尽管知识产权犯罪位于经济犯罪这一章中。事实上，仅对抽象的秩序进行论述也无法说明刑事司法介入知识产权保护的必要性，因为违法性共同存在于民事违法与刑事犯罪中，我们无法否认当事人通过提起民事诉讼使行为人承担民事责任就不是对"社会主义市场经济秩序"的一种维护，尤其在知识产权侵权责任中引入了"惩罚性赔偿"后，民事责任力度不断加大，更使刑事司法的威慑性意义被削弱。强调社会利益不等于加强国家权力干预①，不能仅凭对刑事司法手段存在依赖、刑事司法威慑力大、为回应其他国家要求等理由就试图单方面地用刑事司法解决一切知识产权问题，这不仅是因为知识产权不完全属于公法或公权范畴，而且也是法秩序统一的基本要求。刑事司法与民事司法在保护知识产权时存在的不平衡与不协调在其他国家同样被质疑。② 刑法以规范的形式使某些行

① 参见孙笑侠：《论法律与社会利益——对市场经济中公平问题的另一种思考》，载《中国法学》1995 年第 4 期。

② 对这一问题，美国加利福尼亚大学伯克利分校的教授 Mark Allen Cohen 曾质疑美国知识产权刑事司法保护策略，其认为美国的商业外交策略关注日益增强的知识产权刑事司法保护，但这与美国国内将刑事手段作为民事手段不充分（inadequate）时才使用，以及美国将知识产权视为私人财产权并将其作为激励市场的机制的国际目标并不相符。See Mark Allen Cohen, *Rethinking US IP Diplomacy*: *The Role of Civil Remedies*, https://chinaipr.com/2021/07/22/rethinking-us-ip-diplomacy-the-role-of-civil-remedies/. 此外，他还提出，一个有效的知识产权司法系统需要一系列有力的措施能够与权利类型和侵权行为相适应。商业政策中对刑事手段的过分关注导致了某种失衡，并且显露出刑事手段是一种偏好（bias），其对民事手段在司法中的优先地位（leading role）造成了不利。而这似乎就是当前美国的形势。See Mark Allen Cohen, *The Criminal Bias in U. S. Intellectual Property Diplomacy*, https://www.nbr.org/publication/the-criminal-bias-in-u-s-intellectual-property-diplomacy/#footnote1. 也有研究指出，由美国和欧盟公司主导的知识产权一体化进程，一旦在世界范围内获得成功，发展中国家通过反向工程和模仿进行学习的能力将受到限制，这将给发展中国家的经济增长带来极大的危险。参见［澳］彼得·达沃豪斯、约翰·布雷斯韦特：《信息封建主义》，刘雪涛译，知识产权出版社 2005 年版，第 2 页。

为得到谴责、审查和刑罚等公共回应，从而使得罪行、罪过和刑罚这三个概念区别于侵权、赔偿损失和行政强制等法律现象。①

立法的有限性、(司法行政)制度的设计与协调、司法权的抉择之间的张力在知识产权案件中尤为突出。“保护知识产权就是保护创新”“以保护促进激励”等价值目标对司法实践而言可能仅提供了一定程度上的道德背书。因为冲突的、混乱的价值目标无法有效地指导司法实践。如果在知识产权刑事案件中过分纠缠价值判断问题，反而会使司法过程无限地对道德问题作出讨论，影响司法的稳定性。应当明确的是，知识产权犯罪是法定犯，而判断一个人是否犯罪的重要依据就是分析其行为是否符合犯罪构成要件。为了充分发挥罪刑法定原则的人权保障机能，考虑到法定犯与自然犯之不同，从法秩序统一性原理出发，强调法定犯构成要件符合性判断应结合行政管理法规进行，才能全面而充分地判断法定犯构成要件符合性。② 从这一点来看，或许我们能够理解为什么知识产权局要与公安部、检察院联合发文强调要加强会商、协调，而非单纯强调“加强刑事司法保护的力度”。单纯的价值考量因缺少必要的一致与指导意义而无法成为刑事司法处理知识产权案件的依据。

如上所述，单纯的价值导向在知识产权案件中无法直接作为司法的正当性依据。当排除了这一问题后，问题就变为什么样的司法实践才是知识产权案件需要的。刑法评价本身蕴含着明显的道德元素，体现了社会群体对某一行为的负面评价。但知识产权犯罪本身存在诸多利益导向，一种行为不同主体站在不同的角度来看可能结论并不相同。这种在具体规范之外的多义性也是知识产权刑事案件不得不面对的问题。此时，如何处理由规范所引起的冲突就是司法的核心任务。对这一问题，不同的人会有不同的解决办法：(1)承认司法的“准立法”机能。自由法论者认为法学并非纯属纯粹理论认识的学科，而系兼具实践评价的性格在内。纯粹法学者亦认为在上位规范的“框”内，法官犹

---

① 参见郑玉双：《犯罪的本质与刑罚的证成：基于共同善的重构》，载《比较法研究》2016年第5期。

② 参见刘艳红：《法定犯与罪刑法定原则的坚守》，载《中国刑事法杂志》2018年第6期。

如立法者有相对之造法权,个人可以为价值判断或政策衡量。威廉斯亦承认在法文边缘的“模糊”之地,法官应作划界工作,并赋予判断。[①] (2)比较事实与规范之间的关系。如果某种规范本身存在不明确,存在固定含义与边缘含义,解释者无法判断该规范是否能够涵摄立法事实时,则需要通过事实还原,看该种事实与规范之固定含义所涵摄的其他事实之间是否具有相同类型的同质性,以确定有无法益保护的必要性、价值性。[②] 无论方法如何,都无法避免“人”的主观判断介入其中,无非冠之以“利益衡量”“利益平衡”“比例原则”之名。在此并非否定上述方法、原则的价值,而仅仅是对试图脱离基本规范的价值评价提出疑问。

当我们明确司法过程中个人主观因素介入不可避免后,又要面对下一问题:有人的主观因素是否意味着恣意?或许有人会觉得悲观,对此作出肯定回答,此种怀疑虽貌似符合直觉,但关注点存在偏差。法治的重点在于法律具备指引人们行动的能力,这首先就指向一些形式化的条件。一旦法律具备这样的能力,那么就意味着一切与法律有关的主体(包括政府和政府治下的人们),受到同样一套公共标准的拘束;未经法律本身规定的或者容许的方式,这套公共判断标准不能被随意改变,无论这种改变是由政府还是由人民发起的。[③] 这意味着,我们对法律问题的探讨应当在一种“公共标准”下进行,这种公共标准可以是实体法、程序法,也可以包括司法解释、指导案例甚至习惯法等正式与非正式法律渊源。甚至,如果我们肯认法律体系并非完全是由立法的结果所构成的刚性的规则集合的话,那么我们看到,法官的法律推理活动的副产品,即对法律规范的诠释与具体化,同样是法律体系的构成要素。[④] 或许有人会觉得十分混乱,但在知识产权案件中,这种特质尤为明显。法律通常以成熟的社会经验为基础[⑤],而知识产权法所介入的社

① 参见杨仁寿:《法学方法论》,中国政法大学出版社 2013 年版,第 114 页。

② 参见姜涛:《法益衡量中的事实还原运用——刑法解释的视角》,载《法律科学(西北政法大学学报)》2021 年第 2 期。

③ 参见陈景辉:《法治必然承诺特定价值吗?》,载《清华法学》2017 年第 1 期。

④ 参见雷磊:《融贯性与法律体系的建构——兼论当代中国法律体系的融贯化》,载《法学家》2012 年第 2 期。

⑤ 参见陈柏峰:《中国法治社会的结构及其运行机制》,载《中国社会科学》2019 年第 1 期。

会生活正是一个“不够成熟”的社会领域。一方面，知识产权法的发展与技术发展、利益集团的形成密切相关。对知识产权法的理解、解释与特定的保护对象和解释方法密切相关。换言之，正是基于对一个个具体案例的研究才形成了知识产权法的规则。这个过程主要是归纳，而非演绎。另一方面，在知识产权法领域内，尽管人们普遍同意，存在着对于智力劳动赋予财产权这样的一般性法律范畴，而且该法律范畴被同意在一个共同的创造性概念之下，但是，除此之外，并没有出现任何一个起主导作用的模式或者概念，来准确地表述该法律。[①] 缺少了唯一定论的知识产权法自然会在特定的时代背景下受制于不同的利益团体。这种不成熟的社会实践如果遇到不成体系的法律运作过程，最终体现出的司法结果往往也难免混乱。

总之，如果要运用司法手段对知识产权进行保护，则要保证案件的一切讨论均应以公开的、被承认的法律规范为前提。同时，这一系列公共标准应当是成体系的、无基本矛盾的。因为法律推理总是在有效法律体系框架内活动，法律体系的融贯性越强，推理的融贯性越强。[②] 知识产权问题的复杂性就体现在其与太多社会领域挂钩，如法律、经济（商贸）、文化（教育）、健康（公共卫生）、技术（技术进步）、管理、外交（国家竞争）等，而上述问题背后又涉及公平、效率、正义等基本问题，且法律讨论似乎又没有天然地、断然地拒绝上述问题介入司法领域。本书主张，如果在法律框架下讨论知识产权保护问题，则要与其他问题（及其所指向的社会事实）做好必要的切割以免它们一股脑涌入司法环节，并应尽力保持法律作为解决纠纷的手段的一致性。对融贯性、一致性的追求，正是法治能够作为解决纠纷的手段的基本意义之一。在法治的框架下讨论、建构知识产权司法保护制度，也是知识产权司法实践应当追求的目标。

---

① 参见[澳]布拉德·谢尔曼、[英]莱昂内尔·本特利：《现代知识产权法的演进：英国的历程（1760—1911）》，金海军译，北京大学出版社2012年版，第114页。

② 参见雷磊：《融贯性与法律体系的建构——兼论当代中国法律体系的融贯化》，载《法学家》2012年第2期。

第二章 我国知识产权刑事保护现状实证分析

完善我国知识产权刑事保护制度,形成科学、完善的知识产权制度保护体系,切实发挥知识产权刑事保护实效的必要基础和前提是了解并掌握我国知识产权刑事保护的现实状况及实务难题。本章通过数据分析与问卷调查两种形式尝试对知识产权刑事司法保护的现状进行实证分析,从数据角度直观地展示目前我国知识产权刑事司法的状况。

第一节通过收集并汇总官方公布的相关知识产权刑事保护数据并对数据进行处理,以通过新收数量、审结数量、各具体罪名的数量、批捕率、判决基本情况等数据来对知识产权刑事案件的整体状况、变化趋势、分布情况和保护倾向等进行尽可能翔实的描述和分析,从而为后续知识产权刑事保护一体化的分析和研究结论提供参考。第二节以李克特量表形式对实务专家进行问卷调查,针对刑事保护的必要性、是否增强保护力度以及未来知识产权刑事强保护的发展完善方向等问题,以现有研究确定的多重因素划分维度对司法实务专家进行调研,并结合后续研究内容对调研结果进行系统分析和解读,进而为后续研究结论提供依据和支撑。值得注意的是,由于司法案件数据依然仅是当前刑事现状的较为片面的客观呈现,其虽能在一定程度上反映当前知识产权刑事保护的整体状况,但不能完全反映该现实情况呈现的内在逻辑及导致案件变化的现实原因,也无法直接给出完善改进的制度建议,因而,在掌握数据反映的现实情况的基础上提出具有针对性的科学建议,需要结合司法实务人员基于长期实践经验总结的问题与建议。

第一节　知识产权刑事保护的数据分析

一、我国知识产权刑事案件的数据情况

(一)数据来源

由于“强保护”与“一体化”两个概念较为抽象,其能够被分解为许多基本要素,因此本书主要运用定量分析和定性分析的方法。在研究思路上,选取公开的司法数据以进行总体性的描述,进而针对不同的数据进行具体分析,由“面”到“点”,在保证数据具备一定的代表性的基础上不失聚焦。考虑到收集数据的现实状况,且为尽可能详细、完整地运用数据说明我国知识产权刑事司法保护的状况,对于不同的问题,本章在数据收集的口径上尽可能保持一致,并将误差缩小在两年之内。

本次分析的数据来源主要包括2015~2021年度《中国知识产权保护状况》(以下简称《保护白皮书》)、《中国法院知识产权司法保护状况》(以下简称《司法白皮书》)、裁判文书网公布的数据以及部分公开发布的上海、山东等地的知识产权检察白皮书。《保护白皮书》由国家知识产权局组织,与最高人民法院及最高人民检察院等知识产权相关部门共同撰写,《司法白皮书》由最高人民法院编写和发布,各地《知识产权检察白皮书》由各地检察院官方网站及官方公众号公开发布,数据来源均权威、可信,可以在一定程度上反映我国现阶段刑事司法一体化的保护现状及总体变化趋势。

本研究提炼总结了2015年至2021年《保护白皮书》、《司法白皮书》以及多地《知识产权检察白皮书》中的全国各级人民法院审结各类侵犯知识产权案件数量、全国各级人民检察院一审新收刑事案件及批

准逮捕和提起公诉的各类侵犯知识产权案件数量等数据，分析总结出近几年全国侵犯知识产权犯罪分布规律、变化趋势、刑事司法保护走向以及不同机关对于知识产权刑事保护的态度及差异。

(二)数据局限及分析设计

由于本研究的数据范围为官方公开发布的权威数据，无法覆盖现实存在的全部犯罪数据，在收集的范围和内容上有所缺憾，仅能在现有的公开数据的客观状况上进行分析并得出合乎逻辑的推断和结论。

以下数据分析和结果解读主要分为四个板块：一是通过2016年至2021年全国法院的一审、二审案件的新收和审结数量以及提起公诉数量来总结知识产权案件的整体状况和发展趋势，并结合一审、二审比重总结知识产权案件的基本特点；二是梳理各具体罪名的知识产权刑事犯罪数量，分析知识产权刑事案件的罪名分布情况，总结知识产权刑事犯罪的高发领域和变化情况，同时可以借助不同罪名的行为特征分析市场经济活动中较易诱发犯罪的地方和保护较为薄弱的地方；三是结合检察机关的批准逮捕情况和公诉情况分析总结检察机关对于知识产权刑事强保护的态度倾向；四是通过数据库检索情况总结全国知识产权刑事案件的基本判决情况和法院对于知识产权犯罪处罚的态度倾向，进而为后续知识产权刑事保护一体化的分析和研究结论提供参考。

二、2016～2021年知识产权刑事案件数据解读

(一)知识产权刑事案件年审数量及变化情况

从2016年到2021年，我国知识产权刑事案件共提起公诉30,047件，知识产权刑事一审审结案件28,250件，知识产权刑事新收一审案件28,801件。无论从提起公诉案件量、新收数量还是从审结数量看，我国知识产权刑事案件自2017年后均实现了4年连续增长，且在2021年达到顶峰。虽然2017年与2016年相比有所降低，但降低的幅度不大。自2018年后我国知识产权刑事案件的数量明显增加。由此可得出，随着我国市场经济的发展和对知识产权保护力度的加强，知识产权刑事案件正在

逐年增加,并将持续保持增长态势(见表2-1和图2-1)。

表2-1　2016~2021年全国知识产权犯罪案件数量汇总

单位:件

年份	知识产权刑事公诉案件量	知识产权刑事新收一审案件量	知识产权刑事一审审结案件量
2021	6565	6276	6046
2020	5848	5544	5520
2019	5433	5242	5075
2018	4458	4319	4064
2017	3880	3621	3642
2016	3863	3799	3903

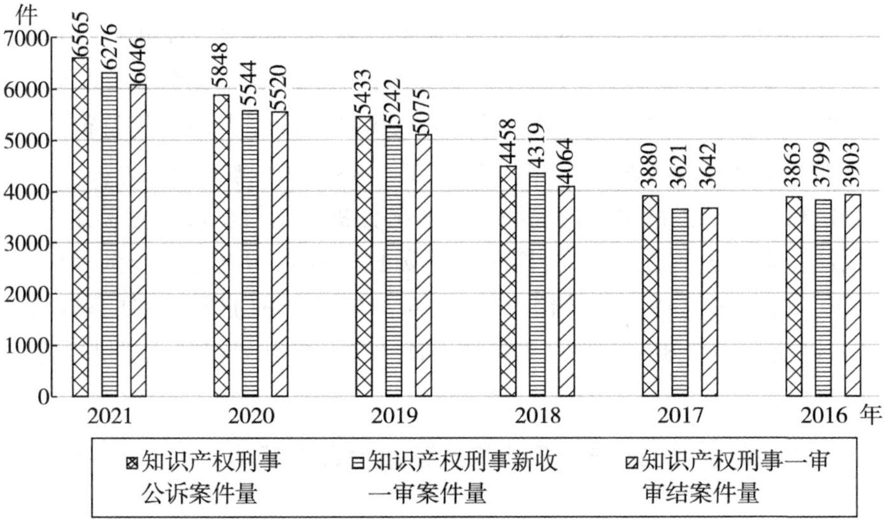

图2-1　2016~2021年全国知识产权犯罪案件数量汇总

如表2-2所示,2016~2021年,我国知识产权犯罪刑事二审新收案件数量在500~1050件,二审审结案件数量的分布区间为500~1000件。两数据随一审数量在2017年出现大幅下降后便逐年增加,同时除2020年增速较缓外,各年均保持100~200件的增长。从一审、二审审结数量的变化看,如表2-3所示,知识产权刑事二审案件审结数量主要随着一审审结数量的增加或减少而对应增加和减少,但在增速上,整体上,二审的变动幅度显然更强烈，如在一审审结数量增加的情况下，二审的增长幅度往往会相对更大，这能在一定程度上反映在知识产权保护的法规或政策调整的情况下，对知识产权刑事犯罪的打击程度会反映在刑事司法活动的全过程中。最后，从表2－4全国法院审结知识产权犯罪案件数量的一二审比例看，尽管事实上知识产权案件随着市场经济的发展越发复杂，但经过二审的比例保持在15%～21%，变化幅度并不大。值得注意的是，虽然大多数知识产权刑事案件并未经过二审，但是从全国法院刑事案件的一二审审结数量比来看（如表2－5所示），知识产权案件的二审占比很高。这一方面说明，基于知识产权本身的特殊性和知识产权犯罪的智能化及专业化，知识产权案件往往更复杂、争议点更多，很多案件要经过两次审理才能对事实、法律问题作出更为准确的判断；另一方面，受知识产权专业性的影响，一审判决结果的认同率相对较低，需要审判等级更高的法院对判决进行较为充分的说理。

表2－2　2016～2021年全国法院知识产权犯罪案件二审新收与审结数量

单位：件

年份	知识产权刑事二审新收案件量	知识产权刑事二审审结案件量
2021	1050	997
2020	869	854
2019	807	808
2018	683	668
2017	533	540
2016	787	812

表2－3　2016～2021年全国法院知识产权犯罪案件一审、二审审结数量及年度增长比

年份	知识产权刑事一审审结案件量/件	同比上升/%	知识产权刑事二审审结案件量/件	同比上升/%
2021	6046	9	997	17
2020	5520	9	854	6
2019	5075	20	808	21
2018	4064	10	668	24
2017	3642	－7	540	－34
2016	3903	10	812	4

表2－4　2016～2021年全国法院知识产权犯罪案件一审、二审审结数量及二审比例

年份	知识产权刑事一审案件审结量/件	知识产权刑事二审案件审结量/件	二审占比/%
2021	6046	997	16.5
2020	5520	854	15.7
2019	5075	808	15.9
2018	4064	668	16.4
2017	3642	540	14.8
2016	3903	812	20.8

表2－5　2016～2021年全国法院刑事一审、二审审结案件数量及二审比例

年份	全国刑事一审案件审结量/件	全国刑事二审案件审结量/件	二审占比/%
2021	401,536	3249	1
2020	814,966	9040	1
2019	957,884	12,498	1
2018	893,265	13,336	1
2017	898,187	15,046	2
2016	401,536	3249	1

(二)各类知识产权刑事案件的分布及变化情况

本章的实证分析涉及的知识产权刑事案件的罪名包括：假冒注册商标罪，销售假冒注册商标的商品罪，非法制造、销售非法制造的注册商标标识罪，假冒专利罪，侵犯著作权罪，销售侵权复制品罪，侵犯商业秘密罪等。通过对2015～2021年度《保护白皮书》所公示的数据信息进行整理，我们得出表2－6。

表 2－6　2015～2021 年一审法院审结知识产权犯罪各具体罪名案件数量汇总

单位:件

年份	假冒注册商标罪	销售假冒注册商标的商品罪	非法制造、销售非法制造的注册商标标识罪	假冒专利罪	侵犯著作权罪	销售侵权复制品罪	侵犯商业秘密罪	合计
2021	2558	2623	476	0	313	15	61	6046
2020	2260	2528	395	2	273	17	45	5520
2019	2134	2279	423	1	191	8	39	5075
2018	1852	1724	305	2	136	6	39	4064
2017	1687	1494	260	1	170	4	26	3642
2016	1793	1543	311	5	207	4	40	3903
2015	1497	1352	256	0	414	3	20	3542

结合我国一审审结该七项知识产权刑事案件数量表,同时编制出各年度各犯罪占比图(如图 2－2 所示)。虽然知识产权刑事审结数量整体呈现上升趋势,但在侵犯的知识产权的具体罪名之间则存在着较大差异,知识产权犯罪主要集中在商标类犯罪,假冒专利罪仅以零星个案的形式出现。

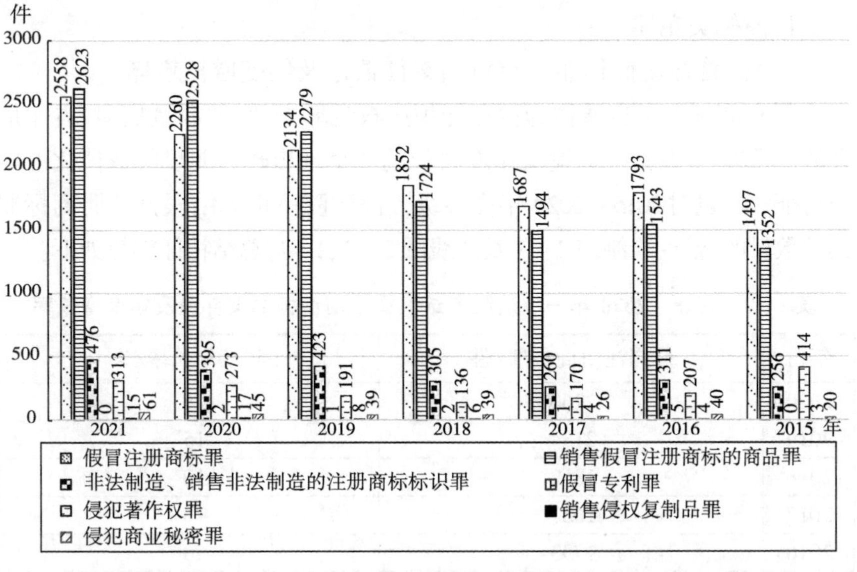

图 2－2　2015～2021 年一审法院审结知识产权犯罪各具体罪名案件数量汇总

在商标类犯罪中,假冒注册商标罪、销售假冒注册商标的商品罪两个罪名一审审结案件数额较多,总体上呈现逐年增加的趋势,并在2019年超过了2000件。非法制造、销售非法制造的注册商标标识罪与其他两个商标类犯罪相比较少,但总体上也呈现上升趋势。在侵犯商标权犯罪内部,2018年度及以前,假冒注册商标罪的案件数量均大于销售假冒注册商标的商品罪,而在2019年和2020年,销售假冒注册商标的商品罪的案件数量一度超过假冒注册商标罪,成为侵犯知识产权犯罪中的第一大罪名。

著作权犯罪中,侵犯著作权罪较多,该罪案件数量呈现出一个先降低再升高的趋势,2018年数量最少,仅为136件。销售侵权复制品罪案件数量较少,2020年才首次达到两位数。这体现出侵犯著作权的表现形式是多种多样的,上下游犯罪的联系也更为密切,单独的销售侵权复制品的行为并不多见。

侵犯商业秘密罪作为单独一类知识产权犯罪,与其他罪名相比,案件审结数量较少,虽总体上呈现出上升趋势,但案件审结数量有明显波动。

与其他知识产权犯罪不同,假冒专利罪针对的并非侵犯专利权的情形,而是假冒他人专利的行为,其在整个知识产权犯罪中数量最少,仅为个位数。

1. 商标类犯罪

(1)假冒注册商标罪一审审结案件数量及年度增长趋势

侵犯商标权类犯罪作为侵犯知识产权犯罪中,案件数量最多、占比最大的一项罪名,其案件数量及年度增长趋势呈现出较为明显的数值化的增长特征。通过对2015~2020年度各级人民法院一审审结假冒注册商标罪案件数量的统计,绘制表2-7及曲线图2-3、2-4,总结特征趋势如下:

表2-7　2015~2020年一审法院审结假冒注册商标罪案件量及年度增长率

年份	假冒注册商标罪/件	年度增长率/%
2020	2260	6
2019	2134	15
2018	1852	10
2017	1687	-6
2016	1793	20
2015	1497	—

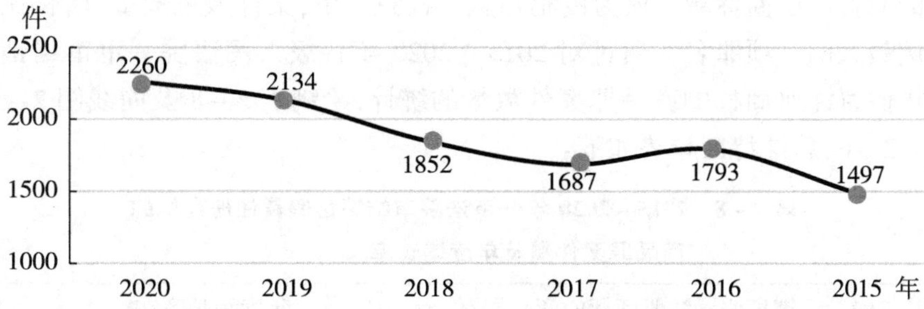

图 2－3　2015～2020 年一审法院审结假冒注册商标罪案件量

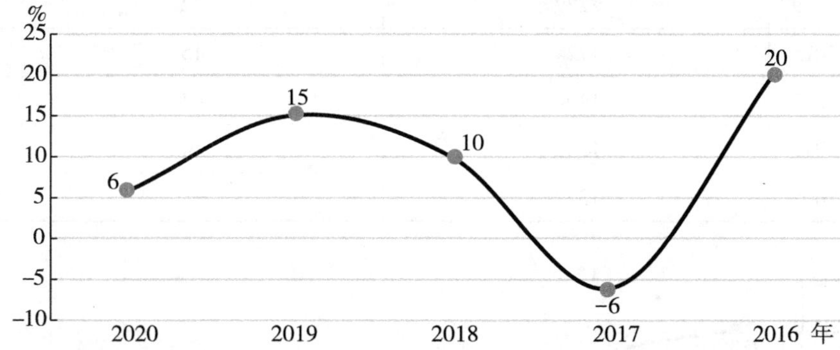

图 2－4　2016～2020 年一审法院审结假冒注册商标罪案件量年度增长率

由表 2－7 和图 2－3、2－4 可知，假冒注册商标罪的案件数量自 2015 年起逐年增加，虽于 2017 年实现了负增长，但减少幅度有限，并不具有减少的趋势，且于 2018、2019 年快速上涨。这一方面体现了我国打击商标权侵权行为的决心，另一方面也展示出知识产权刑事司法保护在整体知识产权保护中越发重要。在罪刑法定原则框架内，运用刑事司法资源打击侵犯商标权的行为更有利于知识产权整体保护。

（2）销售假冒注册商标的商品罪一审审结案件数量及年度增长趋势

销售假冒注册商标的商品罪的行为模式表现为销售假冒的注册商标的商品的行为，构成本罪要求实施销售行为。随着经济发展，电商平台崛起，市场经济活跃，销售假冒注册商标的商品的平台逐渐增多，该罪犯罪成本变小，案件数量也于 2018 年后超过同为侵犯商标权类犯罪的假冒注册商标罪。成为侵犯知识产权犯罪中，案件数量最多、增长比例最大的一项罪名。通过对 2015～2020 年各级人民法院一审审结销售假冒注册商标的商品罪案件数量的统计，绘制表 2－8 及曲线图 2－5、2－6，总结特征趋势如下：

表 2－8　2015～2020 年一审法院审结销售假冒注册商标的商品罪案件量及年度增长率

年份	销售假冒注册商标的商品罪/件	年度增长率/%
2020	2528	11
2019	2279	32
2018	1724	15
2017	1494	－3
2016	1543	14
2015	1352	—

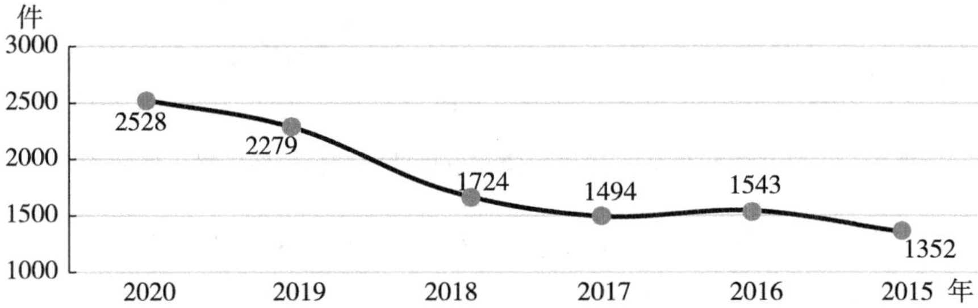

图 2－5　2015～2020 年一审法院审结销售假冒注册商标的商品罪案件量

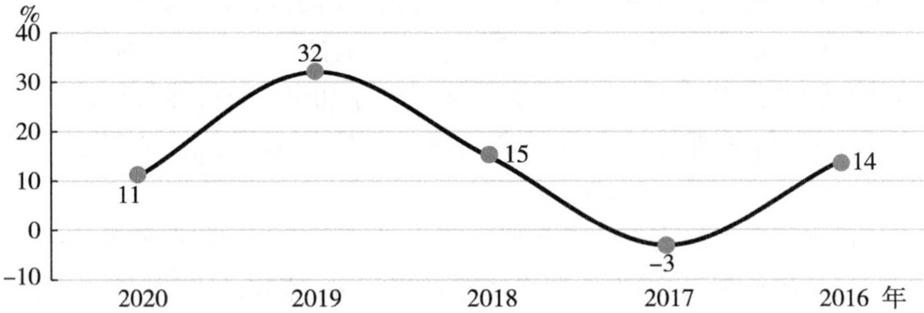

图 2－6　2016～2020 年一审法院审结销售假冒注册商标的商品罪案件量年度增长率

由表2－8、图2－5、图2－6可知，自2015年至2020年，销售假冒注册商标的商品罪案件数量近乎增长了一倍，年度增长率虽呈现出“N”形曲线的大致走向，但通过观察2015～2020年一审法院审结销售假冒注册商标的商品罪案件量年度增长率曲线图，我们不难看出案件增长的幅度远远超过部分年限案件减少的幅度。由此可知，虽然销售假冒注册商标的商品罪在2015～2020年整体的案件数量上呈现出稳步上涨的趋势，但2020年度的增长率有所回落，这也体现出2020年后相关司法机关对于销售假冒注册商标的商品罪的打击力度加大，司法效果较为明显，案件数量的增长幅度有所下降。

(3)非法制造、销售非法制造的注册商标标识罪一审审结案件数量及年度增长趋势

非法制造、销售非法制造的注册商标标识罪是指伪造、擅自制造他人注册商标标识或者销售伪造、擅自制造的注册商标标识的行为。与其他侵犯商标权类犯罪不同，其行为对象主要针对的是注册商标标识。本罪案件数量变化趋势在大体上与假冒注册商标罪、销售假冒注册商标的商品罪一致，但在案件数量上少于上述两罪。通过对2015～2020年各级人民法院一审审结非法制造、销售非法制造的注册商标标识罪案件数量的统计，绘制表2－9及曲线图2－7、2－8，总结特征趋势如下：

表2－9　2015～2020年一审法院审结非法制造、销售非法制造的注册商标标识罪案件量及年度增长率

年份	非法制造、销售非法制造的注册商标标识罪/件	年度增长率/%
2020	395	－6
2019	423	39
2018	305	17
2017	260	－16
2016	311	21
2015	256	—

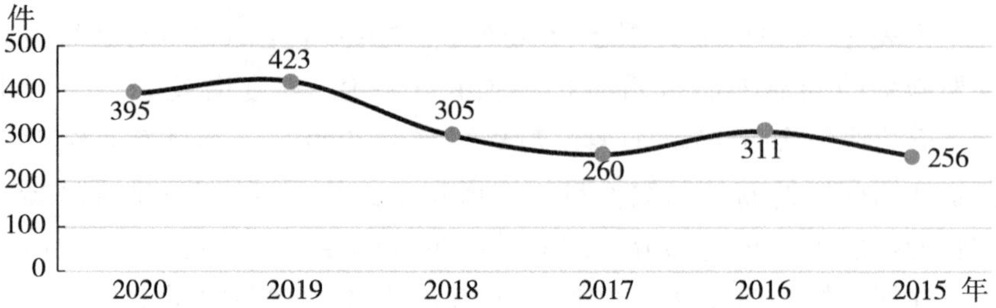

图2－7　2015～2020年一审法院审结非法制造、销售非法制造的注册商标标识罪案件量

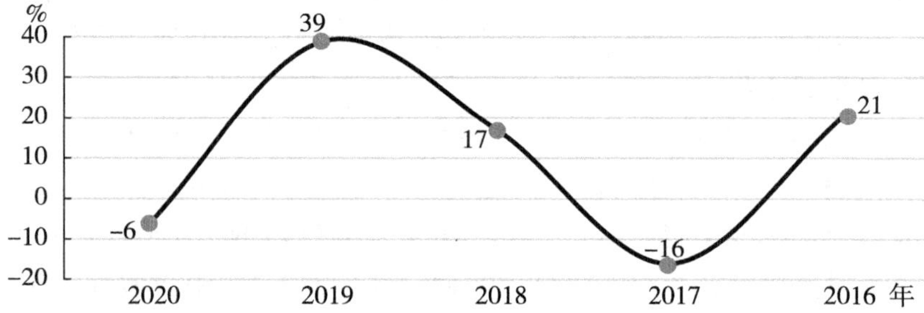

图2－8　2016～2020年一审法院审结非法制造、销售非法制造的注册商标标识罪案件量年度增长率

由表2－9和图2－7、图2－8可知，2015～2020年非法制造、销售非法制造的注册商标标识罪的总体案件数量在250～430件，2015～2018年的数量在250～310件。然而该罪数量在2019年骤增，达到该罪案件数量的峰值423件。虽然2020年该罪的案件数量有所下降，但仍保持在400件左右。由图2－7、图2－8可知，与其他涉商标权犯罪相似，非法制造、销售非法制造的注册商标标识罪案件的年度增长率也总体呈现出“N”形曲线的趋势，并且由于案件数量基数相对较少，历年的增长率变化较大，并且在2017年、2020年出现了两次负增长，总体案件变化呈现出阶段性波浪上涨的趋势。这一趋势在一定程度上与前述“突快突慢”相对应，这反映出该罪名的适用相对不够稳定，在司法实践中具有选择性执法等倾向。

2. 假冒专利罪一审审结案件数量及年度增长趋势

假冒专利罪作为侵犯知识产权犯罪中唯一涉专利权的罪名，自

1992 年 9 月 4 日修正的《专利法》规定假冒专利罪起，该罪的案件数量都较少，案件数量常年稳定在个位数。这主要是由专利权的性质和该罪的构成要件规则所决定的。通过对 2015 ~ 2020 年各级人民法院一审审结假冒专利罪案件数量的统计，绘制表 2 – 10 及图 2 – 9、图 2 – 10，总结特征趋势如下：

表 2 – 10　2015 ~ 2020 年一审法院审结假冒专利罪案件量及年度增长率

年份	假冒专利罪/件	年度增长率/%
2020	2	100
2019	1	–50
2018	2	100
2017	1	–80
2016	5	100
2015	0	—

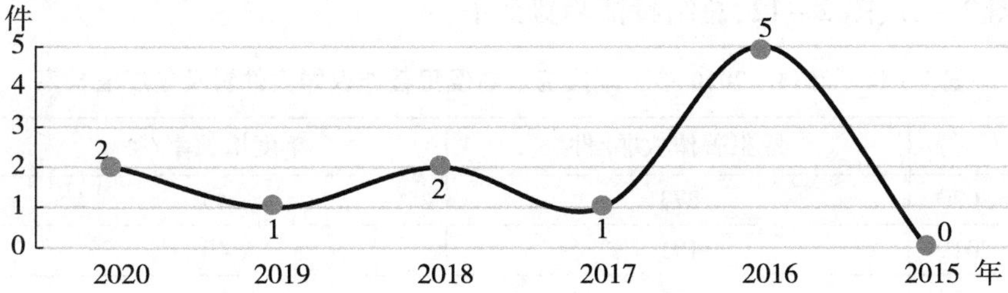

图 2 – 9　2015 ~ 2020 年一审法院审结假冒专利罪案件量

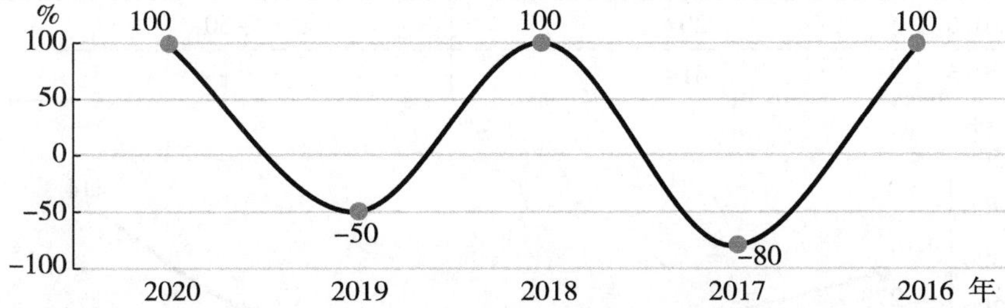

图 2 – 10　2016 ~ 2020 年一审法院审结假冒专利罪案件量年度增长率

从表 2 – 10，图 2 – 9、图 2 – 10 可知，假冒专利罪的案件数量总体较少，除 2016 年外，每年数量约为 1 ~ 2 件。根据罪刑法定原则，目前假冒专利罪的适用范围仅限于专利法所规定的假冒他人专利的行为，而冒充专利行为和专利侵权行为则完全被排除在刑罚处罚之外。与此同时，侵犯专利权的行为主要表现为冒充专利行为和专利侵权行为。因此大部分的侵犯权利人专利权的行为被排除在假冒专利罪的保护范围外，导致此罪名下的案件数量极少。

3. 著作权犯罪

（1）侵犯著作权罪一审审结案件数量及年度增长趋势

侵犯著作权罪，是指以营利为目的，未经著作权人许可复制发行其文字、音像、计算机软件等作品，出版他人享有独占出版权的图书，未经制作者许可复制发行其制作的音像制品，制作、展览假冒他人署名的美术作品，违法所得数额较大或者有其他严重情节的行为。作为侵犯知识产权犯罪中涉著作权的主要罪名之一，本罪的案件数量相对较多。案件的年度增长量也展现出较为明显的变化趋势。通过对 2015 ~ 2020 年各级人民法院一审审结侵犯著作权罪案件数量的统计，绘制表 2－11 及图 2－11、图 2－12，总结特征趋势如下：

表 2－11　2015 ~ 2020 年一审法院审结侵犯著作权罪案件量及年度增长率

年份	侵犯著作权罪/件	年度增长率/%
2020	273	43
2019	191	40
2018	136	－20
2017	170	－18
2016	207	－50
2015	414	—

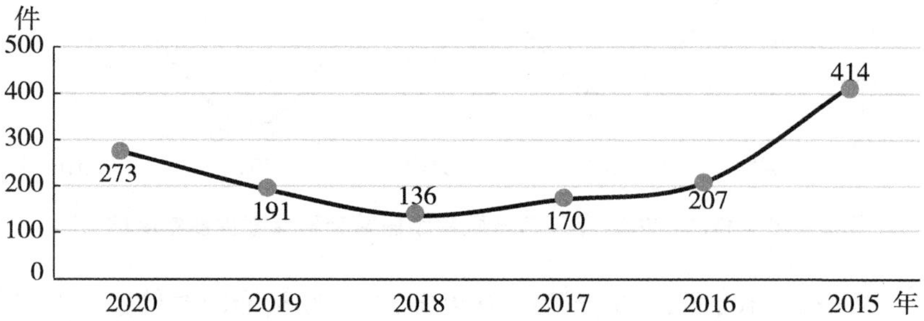

图 2－11　2015 ~ 2020 年一审法院审结侵犯著作权罪案件量

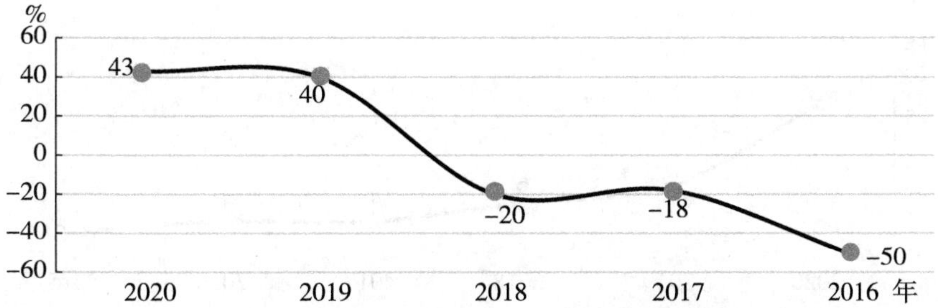

图 2-12　2016~2020 年一审法院审结侵犯著作权罪案件量年度增长率

由表 2-11 和图 2-11、图 2-12 可知,侵犯著作权罪的案件数量除 2015 年达到峰值 414 件外,其他年份的案件数量总体在 200 件上下浮动。从增长率看,自 2015 年至 2020 年,侵犯著作权犯罪呈现出一种阶段式上涨趋势,2020 年的案件数量增长率高达 43%。出现这一现象的原因,与相关年度司法解释的出台导致的司法政策变化,以及司法机关对侵犯著作权行为的打击力度逐渐加大息息相关。由于涉案数量基数较小,侵犯著作权犯罪的年度增长百分比的绝对值相对其他犯罪来讲较大,案件数量变化的起伏也较大。

(2)销售侵权复制品罪一审审结案件数量及年度增长趋势

销售侵权复制品罪,是指以营利为目的,销售明知是侵犯他人著作权、专有出版权的文字作品、音乐、电影、电视、录像、计算机软件、图书及其他作品以及假冒他人署名的美术作品,违法所得数额巨大的行为。作为侵犯知识产权犯罪中另一涉著作权犯罪,与侵犯著作权罪相比,本罪的案件数量相对较少。案件的年度增长量也呈现出明显的变化趋势。通过对 2015~2020 年各级人民法院一审审结销售侵权复制品罪案件数量的统计,绘制表 2-12 及图 2-13、图 2-14,总结特征趋势如下。

表 2-12　2015~2020 年一审法院审结销售侵权复制品罪案件量及年度增长率

年份	销售侵权复制品罪/件	年度增长率/%
2020	17	113
2019	8	33
2018	6	50
2017	4	0
2016	4	33
2015	3	—

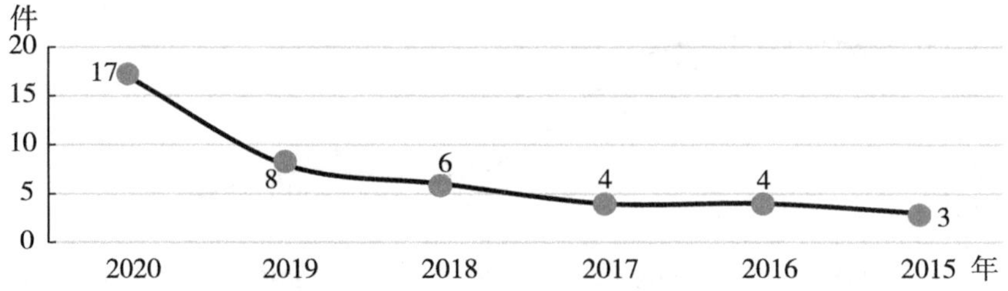

图 2-13　2015~2020 年一审法院审结销售侵权复制品罪案件量

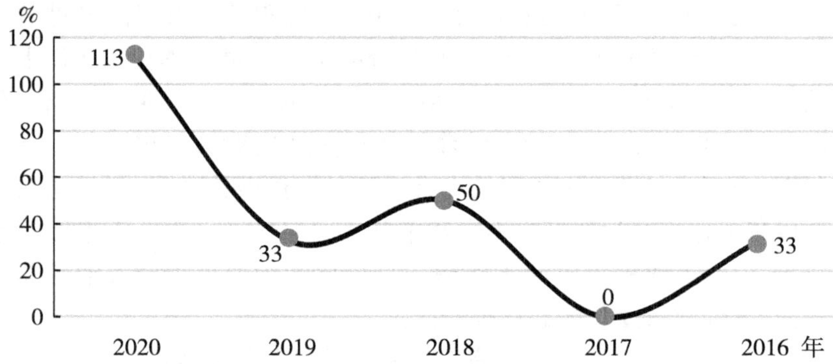

图 2-14　2016~2020 年一审法院审结销售侵权复制品罪案件量年度增长率

销售侵权复制品罪的构成要件为以营利为目的，销售明知是《刑法》第 217 条规定的侵权复制品，违法所得数额巨大的行为。根据罪刑法定原则，涉案的销售额或货值应当符合法律规定的数额要求。因此，对于销售侵权复制品的行为，大多通过民事责任或行政责任加以规制，这导致了本罪的总体案件数量相对较少。除 2020 年达到 17 件外，本罪其他年份的案件数量均为个位数。结合 2015~2020 年度一审法院审结销售侵权复制品罪案件量曲线图和相关表格我们可知，本罪的案件数量呈现逐年上涨的趋势，并且是所有罪名中，唯一没有负增长趋势的。由此可知，销售侵权复制品罪的案件数量虽然相对较少，但逐年上涨，这也体现了保护著作权、打击销售侵权复制品行为的重要性。本罪的总体数量较少，在司法实践中本罪的适用范围较小，这也在一定程度上体现出，对于著作权类犯罪，司法适用主要以侵犯著作权为主，而基本不适用本罪。这不得不引发思考:本罪的适用范围是否需要作出相应调整,有无必要继续保留本罪?

4. 侵犯商业秘密罪一审审结案件数量及年度增长趋势

侵犯商业秘密罪是指以盗窃、利诱、胁迫、披露、擅自使用等不正当手段,侵犯商业秘密,给商业秘密的权利人造成重大损失的行为。本罪与一般商业秘密侵权行为的区别主要在于对权利人所造成的损害是否达到《刑法》(2017 年修正)第 219 条规定的“给商业秘密的权利人造成重大损失”的标准。与其他侵犯知识产权犯罪相比,本罪整体的案件数量较少。通过对 2015 ~ 2020 年各级人民法院一审审结侵犯商业秘密罪案件数量的统计,绘制表 2 – 13 及图 2 – 15、图 2 – 16,总结特征趋势如下:

表 2 – 13　2015 ~ 2020 年一审法院审结侵犯商业秘密罪案件量及年度增长率

年份	侵犯商业秘密罪/件	年度增长率%
2020	45	15
2019	39	0
2018	39	50
2017	26	–35
2016	40	100
2015	20	—

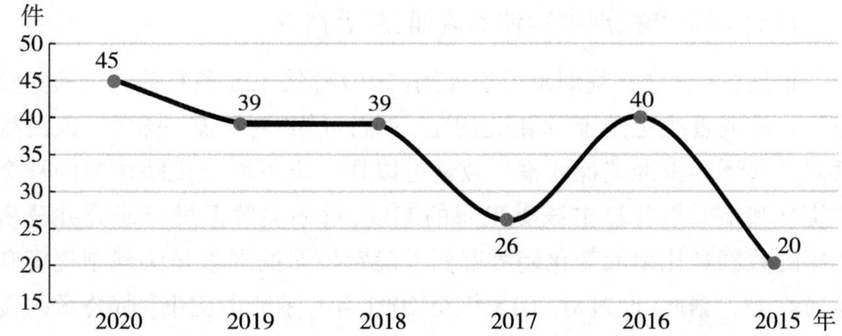

图 2 – 15　2015 ~ 2020 年一审法院审结侵犯商业秘密罪案件量

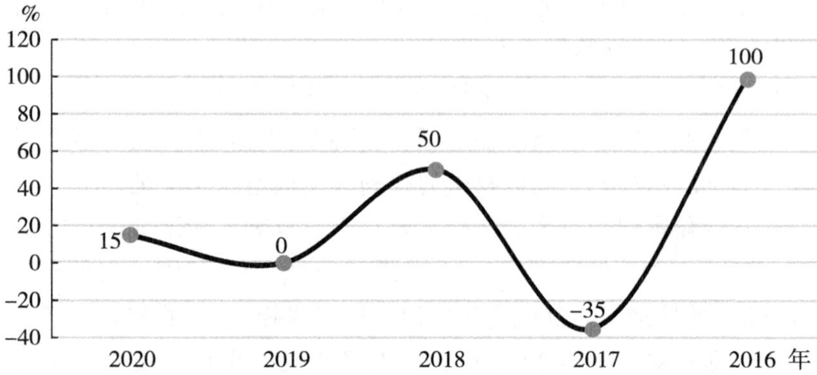

图 2-16　2016～2020 年一审法院审结侵犯商业秘密罪案件量年度增长率

侵犯商业秘密罪作为侵犯知识产权类犯罪中唯一与商业秘密有关的犯罪，其总体的案件数量与侵犯商标权、著作权相比较少，本罪案件数量在 2015 年至 2020 年保持在 20 件至 50 件的区间内。且除 2015 年、2017 年外，案件数量大体变化不大，均为 40 件左右，与其他罪名相比，本罪的总体案件数量的变化趋势相对较小。而本罪同样由于案件数额基数较小，逐年的案件增长率的绝对值相对较大，此特征在 2016～2018 年尤为明显。这在一定程度上显示出本罪的案件数量变动幅度较大，例如在 2020 年本罪的案件数量较 2019 年显著增加，这可能是因为在 2019 年签订了中美经贸协议，进而降低了本罪的入罪门槛，案件数量有所增多。

(三)知识产权刑事案件的逮捕、起诉情况

根据《人民检察院刑事诉讼规则(2019)》第 128 条有关人民检察院应当批准或者决定逮捕的相关规定，我们可知，对于某一犯罪，人民检察院的起诉和批准逮捕的案件数量可以在一定程度上反映该罪的社会危害性和检察机关打击该类犯罪的态度，对相关数据进行研究并分析逐年的数额和比率的变化趋势有利于确定该罪的刑事司法规制程度和横向趋势。据此，通过对 2016 年至 2021 年《保护白皮书》所公示的侵犯知识产权犯罪各项犯罪人民检察院批准逮捕和起诉的数据信息进行整理，汇总出如下数据(见表 2-14)。

表 2－14　2016～2021 年人民检察院批准逮捕和起诉知识产权犯罪案件数量汇总

年份	假冒注册商标罪			销售假冒注册商标的商品罪			非法制造、销售非法制造的注册商标标识罪			假冒专利罪			侵犯著作权罪			销售侵权复制品罪			侵犯商业秘密罪			数罪或他罪中含侵犯知识产权犯罪			合计		
	批准逮捕/件	起诉/件	逮捕率/%	批准逮捕/件	起诉/件	逮捕率/%	批准逮捕/件	起诉/件	逮捕率/%	批准逮捕/件	起诉/件	逮捕率/%	批准逮捕/件	起诉/件	逮捕率/%	批准逮捕/件	起诉/件	逮捕率/%	批准逮捕/件	起诉/件	逮捕率/%	批准逮捕/件	起诉/件	逮捕率/%	批准逮捕/件	起诉/件	逮捕率/%
2021年	1874	2729	69	1837	2541	72	312	479	65	1	1	100	186	297	63	17	15	113	55	57	96	308	446	69	4590	6565	70
2020年	1509	2290	66	1745	2496	70	270	403	67	0	1	0	203	274	74	12	16	75	30	30	100	161	338	48	3930	5848	67
2019年	1779	2244	79	1825	2273	80	321	402	80	0	0	0	255	215	119	11	11	100	44	41	107	111	247	45	4346	5433	80
2018年	1407	1977	71	1424	1835	78	269	324	83	1	3	33	102	140	73	5	5	100	28	27	104	70	147	48	3306	4458	74
2017年	1131	1703	66	1022	1532	67	194	253	77	3	1	300	67	156	43	4	5	80	32	24	133	48	161	30	2510	3880	65
2016年	1037	1684	62	873	1486	59	167	294	57	0	0	0	66	182	36	4	2	200	22	25	88	17	18	94	2251	3863	58

从表2－14我们可知,自2016年至2021年,知识产权刑事案件的起诉量逐年上涨,且自2017年后增速加快。与此相对应,知识产权刑事案件的总体批准逮捕数量除2020年有所下降外,自2016年后也在逐年上涨,且于2021年达到历年批准逮捕案件数量的最高值4590件。就逮捕率而言,可以看出知识产权刑事案件的逮捕率是非常高的,在2016年到2021年,知识产权刑事案件逮捕率最低的时候也超过了50%并接近60%,这一方面可能是由于知识产权本身的无形性、价值难以估算和知识产权案件的专业性、隐蔽性而给案件侦查与审查带来巨大困难,另一方面可能是由知识产权刑事强保护的司法政策和环境导致的,如2019年逮捕率最高,达到了80%,而2019年刚好受中美贸易协定的影响,刑事强保护力度大大加强。虽然逮捕率一直维持在一个较高的水平,且自2016年到2019年一直保持10%左右的增速,但自2019年较高的逮捕情况出现后进行了相应调整,2020年逮捕率下降逐渐放缓增速,2021年逮捕率仅增长3%。逮捕作为最严厉的刑事强制措施在一定程度上可以反映检察机关对该犯罪的打击力度和态度倾向,结合以上数据反映的较高的逮捕率和增速,可以看出检察机关对于知识产权犯罪的打击力度是非常大的,整体上倾向对知识产权提供刑事强保护。

针对知识产权犯罪的各项具体罪名来说,假冒注册商标罪的批准逮捕、起诉量最多,这一情况与假冒注册商标罪总体案件数量的变化趋势相同。至2019年销售假冒注册商标的商品罪的批准逮捕和起诉的数量超过假冒注册商标罪,成为侵犯知识产权犯罪中数量最多的犯罪。由于假冒专利罪打击的只能是假冒他人专利或专利产品,其与实质上实施专利的侵权行为有本质区别,因而其本身的体量就小,因此2016～2021年假冒专利罪的批准逮捕的案件数量总和仅为5件,起诉的案件数量为6件。侵犯著作权犯罪的逮捕率于2017～2019年骤然增加,其批准逮捕的案件数也于2019年达到255件,同年逮捕数超过了起诉数,逮捕率超过100%,基于犯罪数量增长的基本规律,起诉量的增加和极高的逮捕率在一定程度上反映出2019年知识产权检察机关对知识产权犯罪的强有力的打击力度和重视程度。与侵犯著作权犯罪逮捕率上涨的情况相比，尽管销售侵权复制品罪也存在部分年度的变化，但其一直处于高逮捕率的状态，除2017年和2020年外，其余年份案件的逮捕率均在100%及以上。侵犯商业秘密罪也存在相同的特点，逮捕率极高，该罪的逮捕率从2017年起连续4年超过100%，在逮捕率最低的2016年，也达到了88%。该逮捕率一方面反映出侵犯商业秘密罪和销售侵权复制品罪本身的社会危害性、经济价值、犯罪的隐蔽性和专业性等犯罪特征对检察机关采取逮捕这种最严厉的强制措施的影响，另一方面也反映了检察机关对这该两种犯罪类型的重视程度和打击强度与力度。

1. 假冒注册商标罪批准逮捕和起诉案件量及年度增长率分析

假冒注册商标罪为侵犯知识产权犯罪中，案件数量较大的一项罪名，其批准逮捕和起诉的案件数量也相对较大。研究人民检察院对该罪的批准逮捕、起诉的数量有利于研究该罪的刑事司法进程和保护力度。通过对2015至2020年《保护白皮书》上公示的检察院批准逮捕和起诉假冒注册商标罪的案件量进行汇总，并统计其年度增长百分比，我们得出表2-15、图2-17、图2-18：

表2-15　2015~2020年人民检察院批准逮捕和起诉假冒注册商标罪案件量及年度增长率

年份	检察职能			
	批准逮捕/件	年度增长率/%	起诉/件	年度增长率/%
2020	1509	-15	2290	2
2019	1779	26	2244	14
2018	1407	24	1977	16
2017	1131	9	1703	1
2016	1037	-15	1684	-16
2015	1213	—	2007	—

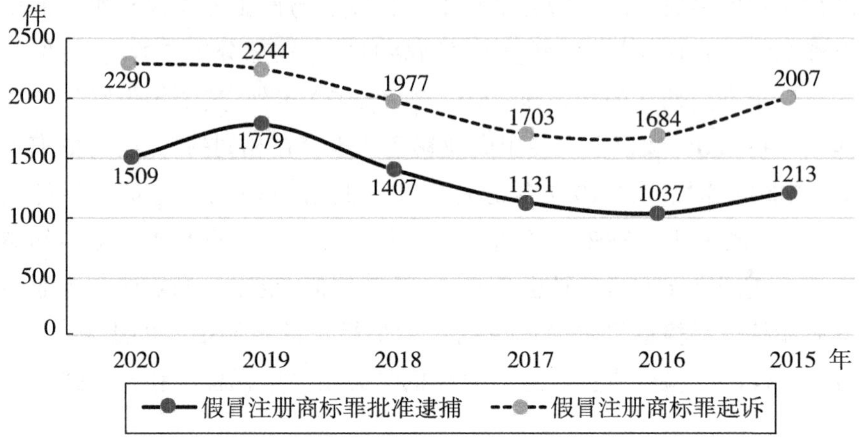

图 2－17　2015～2020 年人民检察院批准逮捕和起诉假冒注册商标罪案件量

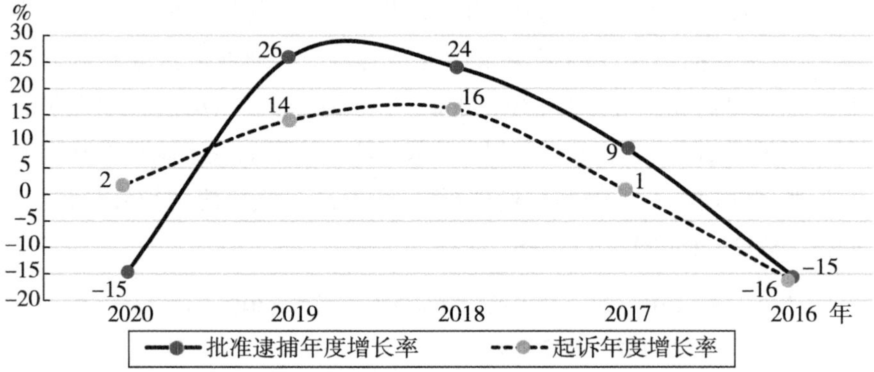

图 2－18　2016～2020 年人民检察院批准逮捕和起诉假冒注册商标罪案件量年度增长率

从表 2－15 和图 2－17、图 2－18 的具体数值来看，人民检察院批准逮捕的假冒注册商标罪的案件数量自 2016 年至 2019 年逐年上涨，并于 2019 年达到 1779 件。2020 年对比 2019 年案件量有所下降，但仍相对较高，总体高于其他年份的案件量。通过分析其批准逮捕案件的年度增长率曲线，我们可知，假冒注册商标罪 2018 年、2019 年的批准逮捕的案件数量显著上涨，年度增长率为 20% 以上，而该数值在 2020 年有所下降，具有阶段性显著上涨、变化波动较大的特征。这在一定程度上反映出检察院对于假冒注册商标罪的批准逮捕的意见不稳定、公安机关与检察院在这一问题上意见分歧较大的现实情况。

经人民检察院起诉的假冒注册商标罪的案件数量与人民检察院审查逮捕的案件变化趋势大致相同。这说明检察院起诉案件的来源基本上就是公安移送的案件，对于知识产权这一私权利，相关刑事自诉、刑事和解的制度还不够发达和完善，而具体案件数量自 2016 年至 2020 年逐年上涨，并于 2020 年达到 2290 件。其审查起诉案件年度增长率的变化趋势与批准逮捕的变化趋势大体相同，但绝对值相对较小，总体低于批准逮捕的增长率数值，进而体现出假冒注册商标罪经审查起诉的案件变化量相对较小，且近年来有持续上涨的趋势。

2. 销售假冒注册商标的商品罪批准逮捕和起诉案件量及年度增长率分析

作为侵犯商标权犯罪中另一案件量占比较大的罪名，销售假冒注册商标的商品罪批准逮捕和起诉的案件数量也相对较多，且总体案件数量与假冒注册商标罪相近。销售假冒注册商标的商品罪已经成为侵犯知识产权犯罪中案件数量最多的一项罪名，对本罪的人民检察院批准逮捕和起诉的案件量进行研究有利于对总体侵犯知识产权犯罪的刑事司法进程进行确认。通过对 2015 年至 2020 年《保护白皮书》上公示的检察院批准逮捕和起诉销售假冒注册商标的商品罪的案件量进行汇总，并统计其年度增长率，我们得出表 2－16、图 2－19、图 2－20：

表 2－16　2015～2020 年人民检察院批准逮捕和起诉销售假冒注册商标的商品罪案件量及年度增长率

年份	检察职能			
	批准逮捕/件	年度增长率/%	起诉/件	年度增长率/%
2020	1745	－4	2496	10
2019	1825	28	2273	24
2018	1424	39	1835	20
2017	1022	17	1532	3
2016	873	－17	1486	－12
2015	1046	—	1695	—

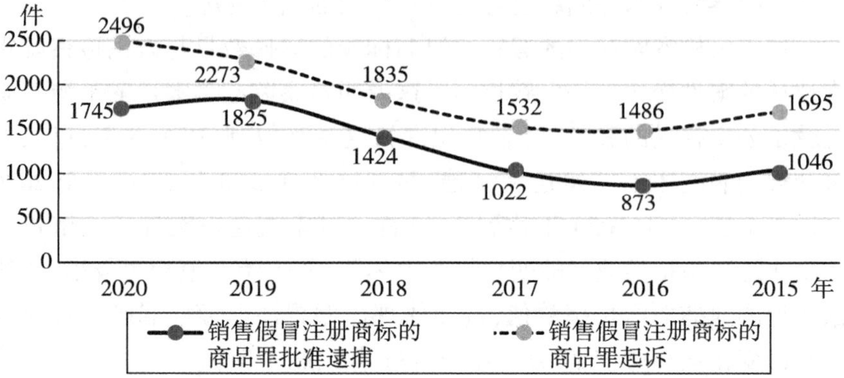

图 2－19　2015～2020 年人民检察院批准逮捕和起诉销售假冒注册商标的商品罪案件量

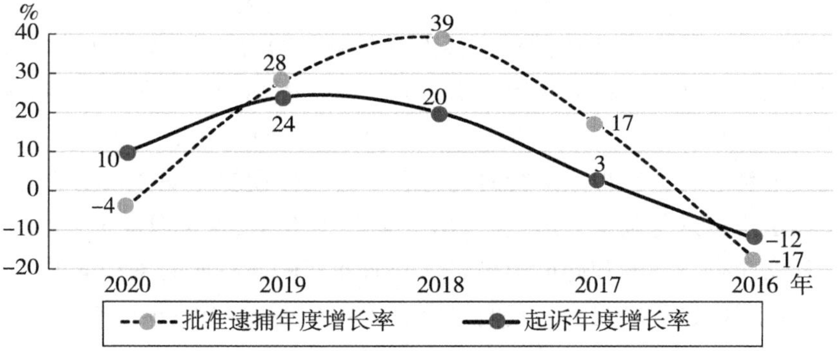

图 2－20　2016～2020 年人民检察院批准逮捕和起诉销售假冒注册商标的商品罪案件量年度增长率

由表 2－16 和图 2－19、图 2－20 可知，销售假冒注册商标的商品罪经人民检察院审查逮捕的案件量变化趋势与假冒注册商标罪的变化趋势大体相同。从具体数值来看，经人民检察院批准逮捕的销售假冒注册商标的商品罪的批准逮捕数量自 2018 年至 2020 年超过假冒注册商标罪，成为侵犯知识产权犯罪中案件量最大的一项罪名，并且自 2016 年以来逐年上涨，并于 2019 年达到 1825 件，该数值超过了假冒注册商标罪的最大值 1779 件。与 2019 年相比，该罪 2020 年的案件量有所下降，但下降幅度有限，总体数量依然相对较多。与此同时，对批准逮捕案件的年度增长率曲线进行分析，我们可知，销售假冒注册商标的商品罪2018年、2019年的批准逮捕的案件数量显著上涨,2019年增长率在30%左右,并且在2018年高达39%,具有更加明显的阶段性上涨特征。

通过分析人民检察院批准逮捕和起诉销售假冒注册商标的商品罪案件量年度增长率,我们可知,该罪由人民检察院起诉的案件年度增长率总体变化趋势与经批准逮捕的案件变化趋势大体相同,总体表现为自2016年至2020年逐年上涨,并于2020年达到2496件。与假冒注册商标罪相比,该罪经人民检察院起诉的案件年度增长率的绝对数值相对较大,并且2019年该罪的年度增长率为24%,与其他侵犯知识产权犯罪相比,该数值也相对较高。这体现出销售假冒注册商标的商品罪的起诉案件具有数量多、变化大等特征。

3. 非法制造、销售非法制造的注册商标标识罪批准逮捕和起诉案件量及年度增长率分析

与假冒注册商标罪、销售假冒注册商标的商品罪相比,非法制造、销售非法制造的注册商标标识罪的案件数量虽相对较少,但其总体案件数量在侵犯知识产权犯罪中居于中位。通过对2015年至2020年《保护白皮书》上公示的检察院批准逮捕和起诉非法制造、销售非法制造的注册商标标识罪的案件量进行汇总,并统计其年度增长率,我们得出表2-17、图2-21、图2-22:

表2-17　2015~2020年人民检察院批准逮捕和起诉非法制造、销售非法制造的注册商标标识罪案件量及年度增长率

年份	检察职能			
	批准逮捕/件	年度增长率/%	起诉/件	年度增长率/%
2020	270	-16	403	0.24
2019	321	19	402	24
2018	269	39	324	28
2017	194	16	253	-14
2016	167	-25	294	-7
2015	222	—	315	—

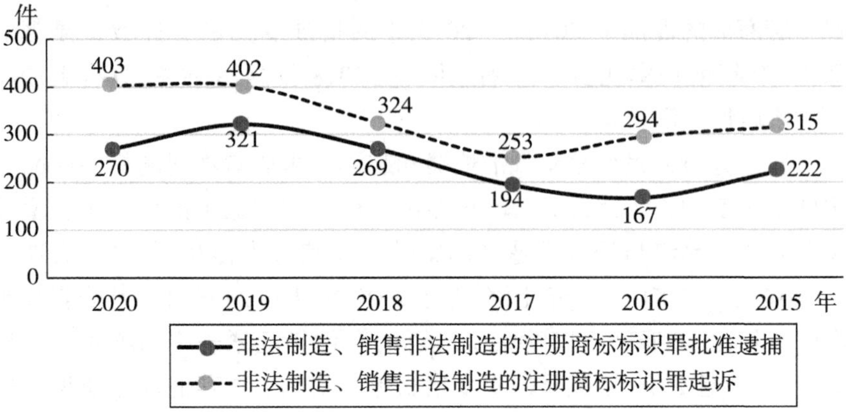

图 2－21　2015～2020 年人民检察院批准逮捕和起诉非法制造、销售非法制造的注册商标标识罪案件量

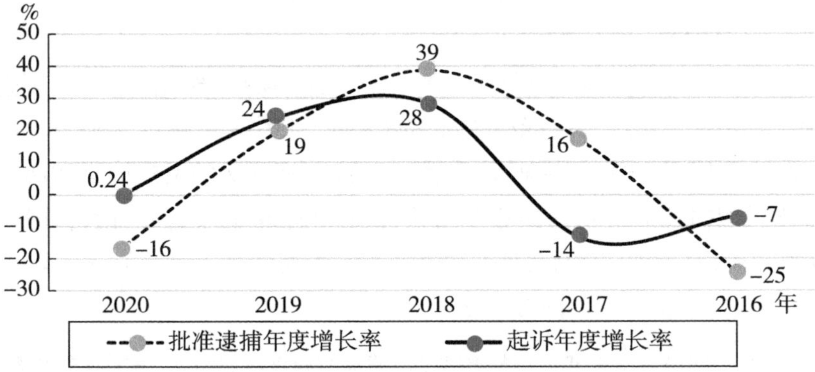

图 2－22　2016～2020 年人民检察院批准逮捕和起诉非法制造、销售非法制造的注册商标标识罪案件量年度增长率

非法制造、销售非法制造的注册商标标识罪作为侵犯商标权类犯罪的最后一项罪名，其总体案件量相对较少。通过分析其批准逮捕的案件量数据，我们可以发现其总体变化趋势和假冒注册商标罪、销售假冒注册商标的商品罪大体相同，都呈现出小“U”形状，但在年度增长率这个数值上，三个罪的变化曲线则略有不同，具有拱形曲线的特征。具体表现为在 2016 年该罪的批准逮捕年度增长率大幅下降了 25%，该年的批准逮捕量为最小值 167 件。而 2017、2018、2019 年相关数据大规模上涨，并于 2019 年达到峰值 321 件。2020 年非法制造、销售非法制造的注册商标标识罪经批准逮捕的案件量有所降低,基本与2018年度的数值趋平,具有阶段性回归的特征。

与此同时,由表2-17和图2-21、图2-22可知,非法制造、销售非法制造的注册商标标识罪经人民检察院起诉的案件量呈现出近"U"形曲线的总体变化趋势。通过分析可得,自2015年至2017年相关案件量逐年减少,并于2017年达到最低值253件。自2017年开始逐年上涨,并于2020年达到403件。结合年度增长率曲线进行分析,非法制造、销售非法制造的注册商标标识罪起诉案件的逐年变化趋势具体呈现出近"Z"形曲线的模型趋势。从2015年开始,非法制造、销售非法制造的注册商标标识罪起诉案件连续两年减少,自2018年起大规模上涨。与2019年相比,2020年非法制造、销售非法制造的注册商标标识罪的起诉案件量虽然有所增加,但上涨幅度极小,相关案件仅增加了一件。

4. 假冒专利罪批准逮捕和起诉案件量及年度增长率分析

假冒专利罪为侵犯知识产权犯罪中案件数量最少的一项罪名,其批准逮捕和起诉的案件数量较少,较多年份的案件数量为0。其年度增长率也具有绝对值大、起伏变化明显等现象。其案件数量虽然较少,但假冒专利罪具有涉案金额大、案件典型等特征,分析近些年其批准逮捕、起诉的案件变化量,也有助于分析我国刑事司法专利侵权行为的打击力度和趋势。通过对2015年至2020年《保护白皮书》上公示的检察院批准逮捕和起诉假冒专利罪的案件量进行汇总,并统计其年度增长率,我们得出表2-18、图2-23、图2-24:

表2-18 2015~2020年人民检察院批准逮捕和起诉假冒专利罪案件量及年度增长率

年份	检察职能			
	批准逮捕/件	年度增长率/%	起诉/件	年度增长率/%
2020	0	0	1	100
2019	0	-100	0	-100
2018	1	-133	3	200
2017	3	100	1	100
2016	0	-100	0	-100
2015	1	—	1	—

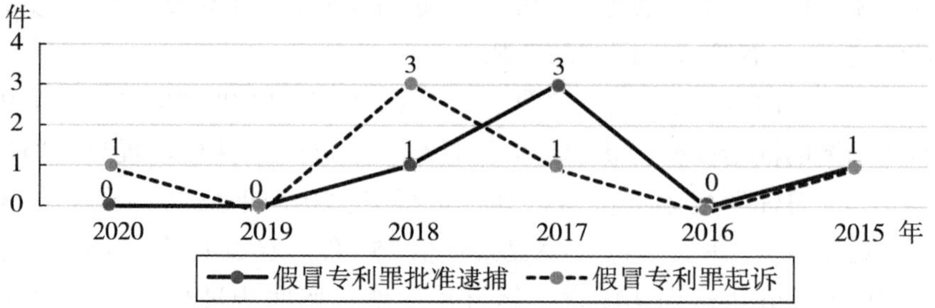

图 2－23　2015～2020 年人民检察院批准逮捕和起诉假冒专利罪案件量

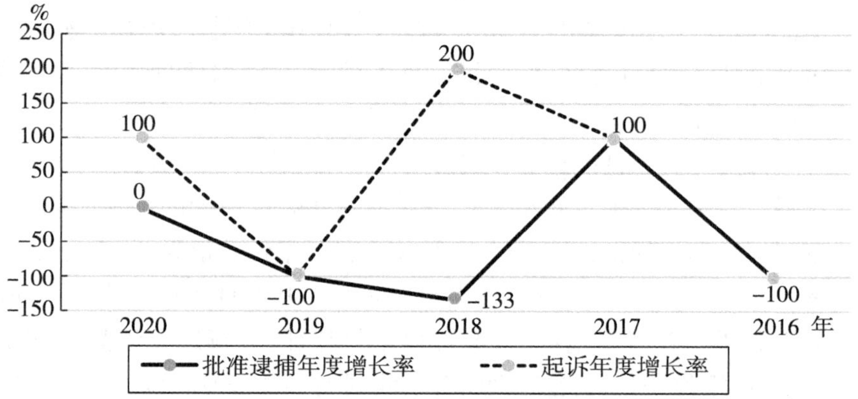

图 2－24　2016～2020 年人民检察院批准逮捕和起诉假冒专利罪案件量年度增长率

由表 2－18 和图 2－23、图 2－24 可知，假冒专利罪经人民检察院批准逮捕的案件量相对较少，并且 2016、2019、2020 年的案件量均为 0 件。2015、2018 年为 1 件，2017 年的案件量相对较多，不过也仅为 3 件。由于案件量的基数较小，假冒专利罪的批准逮捕案件的年度增长率数值相对较大，仅从增长率数值来看，具有波动明显的特征，但实际上每年增长或者减少的案件数量并不多，这也是由假冒专利罪整体案件量相对较少所决定的。

与经人民检察院批准逮捕的案件量变化趋势相同，经起诉的案件量也相对较少。该罪在 2016、2019 年的起诉案件量为 0 件，并且有 3 年的起诉案件量为 1 件，2018 年达到 3 件。同样由于案件量基数较少，假冒专利罪经起诉的案件年度增长率数值也相对较大，但总体的案件数值变化不大。

5. 著作权犯罪

(1)侵犯著作权罪批准逮捕和起诉案件量及年度增长率分析

侵犯著作权罪的总体案件数量仅2020年在200件左右。通过对2015年至2020年《保护白皮书》上公示的检察院批准逮捕和起诉侵犯著作权罪的案件量进行汇总，并统计其年度增长率，我们得出表2－19、图2－25、图2－26：

表2－19　2015～2020年人民检察院批准逮捕和起诉侵犯著作权罪案件量及年度增长率

年份	检察职能			
	批准逮捕/件	年度增长率/%	起诉/件	年度增长率/%
2020	203	－20	274	27
2019	255	150	215	54
2018	102	52	140	－10
2017	67	2	156	－14
2016	66	－38	182	－57
2015	106	—	425	—

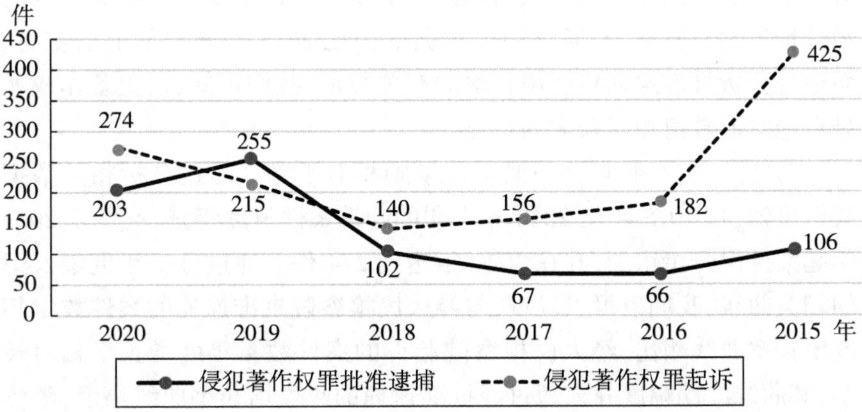

图2－25　2015～2020年人民检察院批准逮捕和起诉侵犯著作权罪案件量

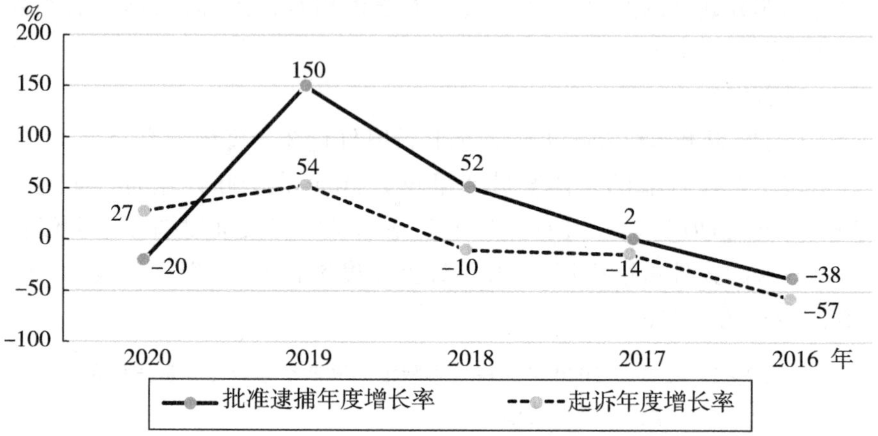

图 2 - 26　2016 ~ 2020 年人民检察院批准逮捕和起诉侵犯著作权罪案件量年度增长率

由表 2 - 19 和图 2 - 25、图 2 - 26 可知，经人民检察院批准逮捕的侵犯著作权罪案件数量自 2016 年至 2019 年持续上涨，与 2016 年相比，2019 年的经人民检察院批准逮捕的案件数量增加了约 3 倍；而由于批准逮捕的标准调整后较为宽松，与 2018 年相比，2019 年的相关案件数量也增加了 1.5 倍。这体现出，近些年侵犯知识产权犯罪中，侵犯著作权罪经检察院批准逮捕的案件数量明显增加，相关刑事司法保护也相对严格，相关行为的社会危害性显著增加。2020 年该罪的批准逮捕的案件量虽然有所减少，但是相关数据依旧比 2018 年增加了 1 倍左右。而通过分析批准逮捕年度增长率的有关数值，我们可知，侵犯著作权罪具有绝对值数值相对较大的特点。

与此同时，本罪起诉的案件数量则相对平稳。通过分析相关数据我们可知，自 2015 年至 2018 年本罪的起诉案件量逐年减少，但于 2019 年起案件量开始增加，并在 2020 年达到 274 件。通过分析年度增长率的相关曲线，我们也可以发现，与经人民检察院批准逮捕的案件数量年度增长率曲线相比，经人民检察院起诉的案件数量年度增长率相对较小，其曲线波动幅度并未超过经批准逮捕的年度增长率曲线幅度，整体趋势较缓。

(2)销售侵权复制品罪批准逮捕和起诉案件量及年度增长率分析

与侵犯著作权罪相比,销售侵权复制品罪虽为另一侵犯知识产权犯罪中涉著作权的犯罪,但其案件数量相对较少。由此可知,人民检察院批准逮捕和起诉的本罪的案件数量也总体较少。但该罪名具有起刑标准高、社会危害性大等特征,其案件经逮捕起诉率也相对较高。通过对2015年至2020年《保护白皮书》上公示的检察院批准逮捕和起诉销售侵权复制品罪的案件量进行汇总,并统计其年度增长率,我们得出表2－20、图2－27、图2－28:

表2－20　2015～2020年人民检察院批准逮捕和起诉销售侵权复制品罪案件量及年度增长率

年份	检察职能			
	批准逮捕/件	年度增长率/%	起诉/件	年度增长率/%
2020	12	9	16	45
2019	11	120	11	120
2018	5	25	5	0
2017	4	0	5	150
2016	4	100	2	－71
2015	0	—	7	—

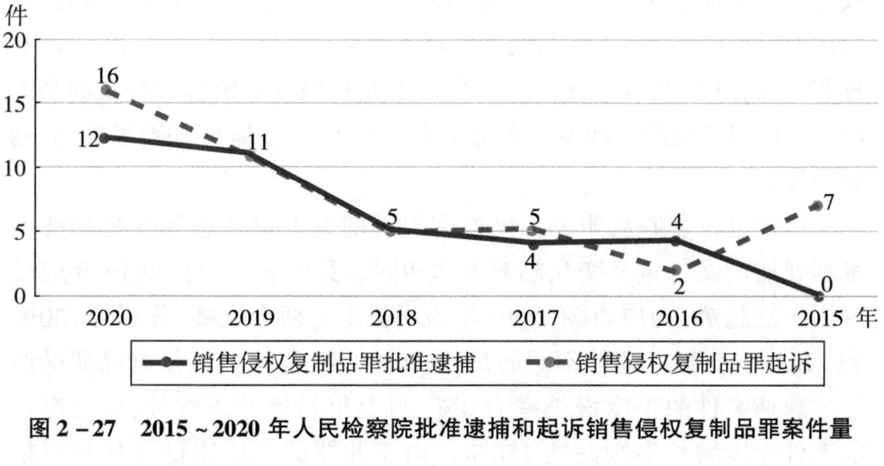

图2－27　2015～2020年人民检察院批准逮捕和起诉销售侵权复制品罪案件量

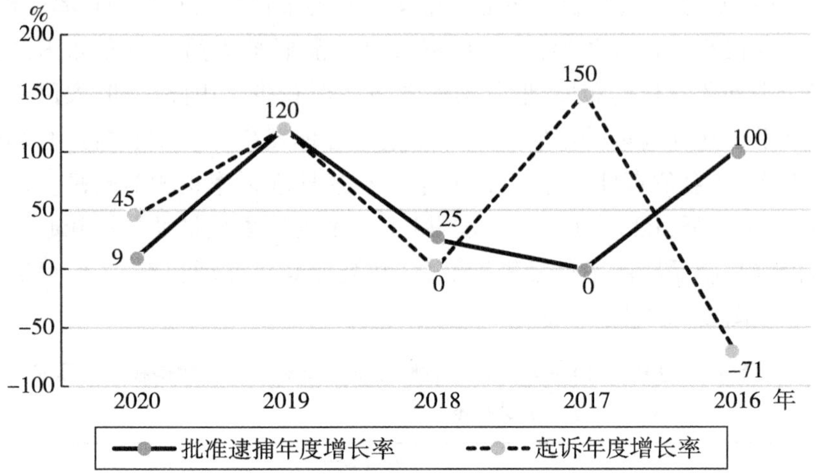

图 2-28　2016~2020 年人民检察院批准逮捕和起诉销售侵权复制品罪案件量年度增长率

与侵犯著作权犯罪相比,销售侵权复制品罪的总体案件数量较少。经人民检察院批准逮捕的案件数量在 2018 年前始终不超过 5 件。而相关数值自 2019 年起则显著增加,与 2018 年相比,其具体表现为增加了 1 倍多,这一变化趋势在销售侵权复制品罪的总体案件数量上也有所体现。但通过分析表 2-20 和图 2-27、图 2-28 我们可知,销售侵权复制品罪批准逮捕案件数量相对较少,其年度增长幅度也相对较小,2016 年、2017 年、2018 年其案件数量始终稳定在 4~5 件;2019 年虽有显著增加,但 2020 年仅增加了一件。由此我们可知销售侵权复制品罪经人民检察院批准逮捕案件数量呈增长趋势,且受案件基数影响,波动频率较大。

销售侵权复制品罪经人民检察起诉的案件量及总体变化趋势与批准逮捕的案件量及变化趋势大体相同。具体表现为自 2016 年起呈现出上涨趋势,2017 年和 2019 年为增长率的两个波峰,分别为 150% 和 120%。与批准逮捕不同的是,在 2017 年,销售侵权复制品罪的经批准逮捕案件的年度增长率为 0%,与上年相比并未增长,而经起诉的案件年度增长率则高达 150%。由于此罪的总体案件数量相对较少,其增长的案件数量与其他罪相比较少,但与侵犯著作权罪相同,本罪经人民检察院起诉的案件数量也具有缓慢增多、阶段性上涨的特征。

6. 侵犯商业秘密罪批准逮捕和起诉案件量及年度增长率分析

侵犯商业秘密罪作为侵犯知识产权犯罪中唯一广义上的知识产权刑事保护的范畴，其案件数量虽然不多，但经逮捕起诉率总体较高，案件相对重要，具有案件事实复杂、社会影响力大的特征。研究人民检察院对其批准逮捕、起诉的案件量，对该罪的刑事司法一体化研究也同样具有深刻意义。通过对 2015 年至 2020 年《保护白皮书》上公示的检察院批准逮捕和起诉侵犯商业秘密罪的案件量进行汇总，并统计其年度增长率，我们得出表 2－21、图 2－29、图 2－30：

表 2－21 2015～2020 年人民检察院批准逮捕和起诉侵犯商业秘密罪案件量及年度增长率

年份	检察职能			
	批准逮捕/件	年度增长率/%	起诉/件	年度增长率/%
2020	30	－32	30	－27
2019	44	57	41	52
2018	28	－13	27	13
2017	32	45	24	－4
2016	22	－19	25	－26
2015	27	—	34	—

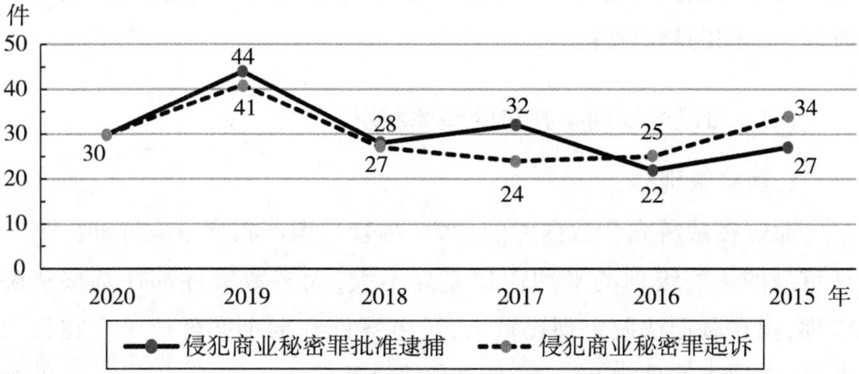

图 2－29 2015～2020 年人民检察院批准逮捕和起诉侵犯商业秘密罪案件量

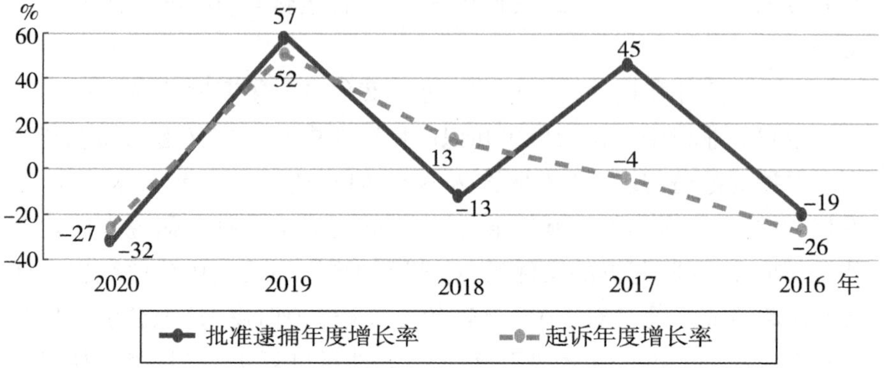

图 2－30　2016～2020 年人民检察院批准逮捕和起诉侵犯商业秘密罪案件量年度增长率

从表 2－21 和图 2－29、图 2－30 可知，侵犯商业秘密罪批准逮捕的案件数量总体较少，呈现出阶段性上涨的趋势。具体表现为自 2016 年开始至 2019 年总体呈上涨趋势，并且相较 2016 年，2019 年的案件量总体翻了一番。至 2020 年本罪经人民检察院批准逮捕的案件量有所下降，但总体数量仍相对较高。但本罪的案件基数较小，导致本罪的年度增长率数值波动相对较大。通过观察曲线图我们可知，该罪的批准逮捕年度增长率的曲线呈现"M"状波浪形曲线的趋势。

与此同时，侵犯商业秘密罪经人民检察院起诉案件量的年度变化趋势与批准逮捕的趋势总体相近。且年度增长率变化趋势较大，具有阶段性上涨的趋势特征。

（四）知识产权刑事判决的整体状况

1. 法院级别

通过在威科先行数据库的检索，尽管知识产权刑事案件和民事案件审理的法院级别的平均占比差异不大，大多数案件都在基层法院审理，但在基层法院审理比重上，民事案件和刑事案件还是存在较大差异，在刑事案件中 88% 左右的案件由基层法院审理，而民事案件则仅有 51% 左右由基层法院审理（见图 2－31、图 2－32）。虽然民事案件基数较大，中级人民法院不仅是更高专业度案件的承接者，还是基层法院一审案件压力的分担者，但是刑事案件较民事案件而言有着较高的证明要求，其判决结果也承担着更为沉重的意义，从这个维度看，知识产权刑事案件和民事案件的审理法院级别存在不平衡、不对应的情况。

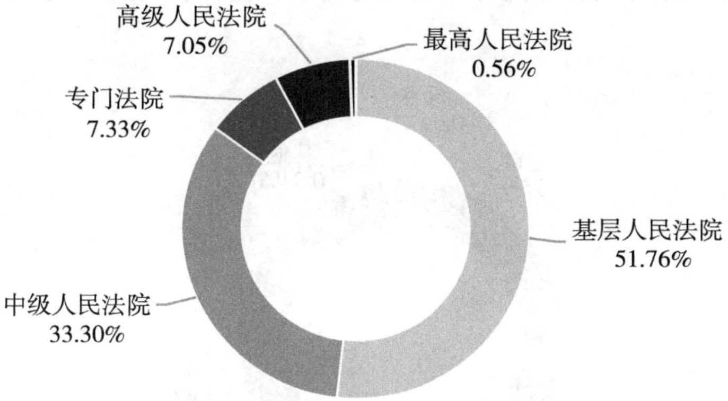

图 2-31　近五年(2018.7~2022.7)知识产权刑事案件审理的法院级别分布

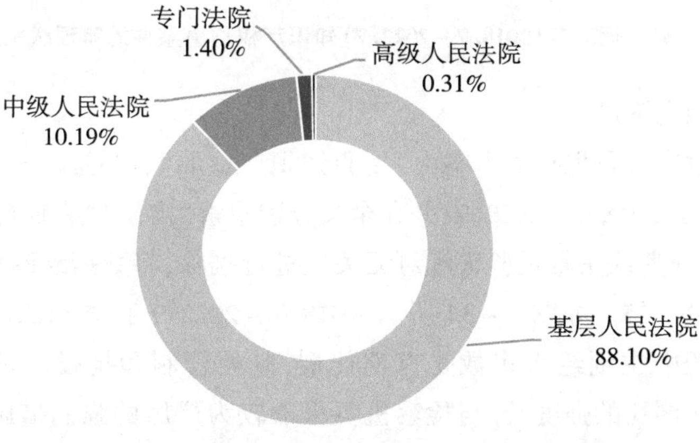

图 2-32　近五年(2018.7~2022.7)审理知识产权权属、侵权纠纷的法院级别分布

2. 审理级别

如图 2-33 所示，在审理级别上，近五年(2018.7~2022.7)知识产权刑事案件的一审占比为97.62%，仅2.25%经过二审，如前文所述，2016年至2021年知识产权刑事案件二审的比率保持在15%～21%，虽然整体上看该比重并不大，但从全国刑事案件的一审、二审审结数量比来看，知识产权案件的二审占比可以说是比较高的，这主要是由知识产权案件的专业性和复杂度所决定的，有时需要经过两次审理才能对事实、法律问题作出更为充分和准确的判断和提供较为充分的说理，提升认同度。

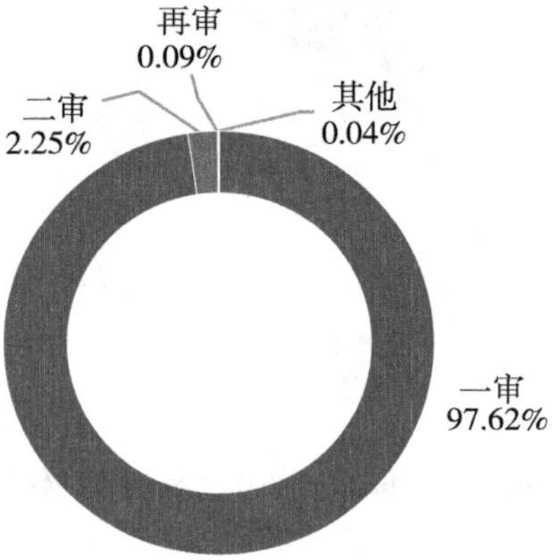

图2－33　近五年(2018.7～2022.7)知识产权刑事案件的审理级别分布

3. 刑罚强度

通过在威科先行输入案由“侵犯知识产权罪”，筛选文书类型为判决书，显示2018.7～2022.7，并在全文分别检索“拘役”“有期徒刑”“管制”并对应判决书辅助验证和对无关项进行剔除，将数据绘制成图2－34和图2－35。如图2－34所示，2018.7～2022.7我国知识产权案件刑事处罚中主刑绝大多数是有期徒刑，判处管制和拘役的情况仅占12%。从刑罚的强度看，与检察机关采取较为严厉的强制措施以及建议重刑的情况大不相同，知识产权刑事案件整体判决情况体现出极高的轻刑倾向，如图2－35所示，2018.7～2022.7全国知识产权刑事案件中，判处有期徒刑3年以上的知识产权刑事案件仅为33%。同时，检索显示在2018.7～2022.7的知识产权刑事案件中，有10,819件适用缓刑，占总数的74%。尽管造成该情况的部分原因为知识产权刑事案件的认罪认罚率较高,根据检索结果,知识产权刑事案件的认罪认罚比重达到了48%,但这也反映出法院对于知识产权刑事案件的态度更为谨慎,其更倾向较轻的刑事处罚,并主张采用缓刑处罚,其对知识产权犯罪的危害性的认知和打击力度呈现出和检察机关不同的态度。该点也可以通过《司法白皮书》《保护白皮书》以及各地人民法院、检察院官方网站、公众号披露的数据和信息得到验证,审判机关对知识产权刑事案件的轻刑倾向是较为明显的,以北京市、上海市、广东省和知识产权刑事案件较多的山东省为例,知识产权刑事数量约占全国半数的广东省,其被告人判决结果为有期徒刑三年以上的比重为12.30%;[①]北京市2019年至2021年判处被告人有期徒刑三年以上的比重为19.10%;[②]上海市2017年至2021年判处有期徒刑三年以上的比重分别为18.50%、10.60%、8.91%、10.00%、1.70%。[③]值得注意的是,不同地域对于知识产权刑事犯罪的判罚力度存在一些差异,如全国知识产权刑事案件量占比较大的山东省就区别于以上三省,其轻刑率较低,2019年到2021年其判处三年以上有期徒刑的比重分别为33.79%、30.42%和31.15%。[④]

就附加刑而言,知识产权刑事案件基本都判处了罚金,受检索范围限制,本研究对此仅以上海和山东两地罚金的适用率和平均判罚金额为例。2019~2021年上海地区的罚金适用率分别为95.54%、79.17%和99.20%,罚金平均为18.1万元、19.55万元和25.85万元。山东省2019~2021年的罚金适用率分别为99.72%、97.63%、99.18%,2019年和2020年的罚金平均为19万元和12.3万元。可以看出法院整体上倾向于对知识产权犯罪的被告人进行经济性的制裁,这正好与知识产权犯罪的高收益性和经济破坏性这种社会危害性相对应。

---

① 数据来自广东省高级人民法院发布的《广东法院知识产权司法保护状况(2021年度)》。

② 数据来自高文律师事务所发布的《2019—2021年中国知识产权刑事案件研究报告》。

③ 数据上海市检察院发布的各年度《上海知识产权检察白皮书》,部分来自上海市检察系统的内部统计信息。

④ 数据来自山东省人民检察院发布的各年度《山东省检察机关知识产权白皮书》。

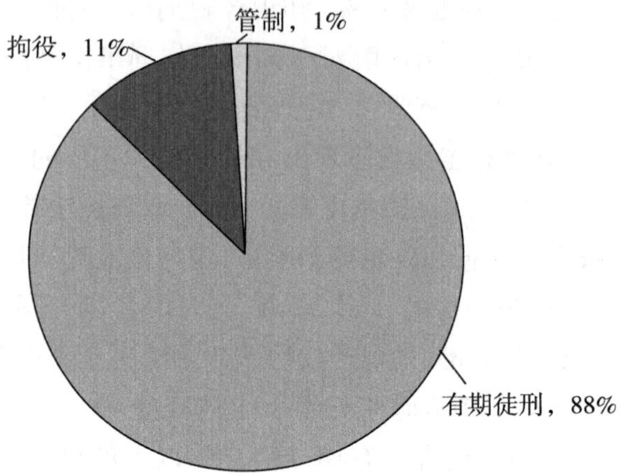

图 2－34　近五年(2018.7～2022.7)知识产权刑事案件主刑判罚类型占比

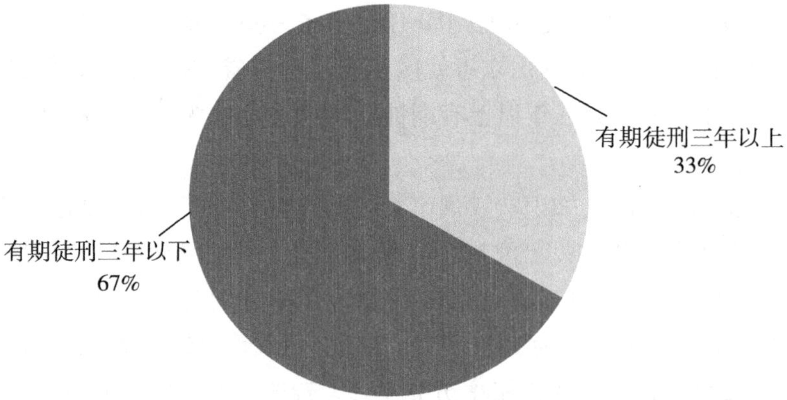

图 2－35　近五年(2018.7～2022.7)全国知识产权刑事案件刑罚比重

4. 刑事自诉与附带民事诉讼

通过威科先行数据库,选择案由“侵犯知识产权犯罪”“最近五年”(2018.7～2022.7),输入“自诉”“判决”等关键词检索得出,在这五年中,仅有1件知识产权刑事自诉案件,而19件提起自诉的案件被驳回。知识经济时代,知识产权的市场经济价值越来越高,权利人运用多种手段维护自身权益的需求越来越高,积极性也越来越强,在此情况下,知识产权刑事自诉案件数量依然极少,显然这体现出一些矛盾。结合19

份判决书,可以看出驳回刑事自诉的主要原因并非刑事自诉本身不符合法律规定,而主要是证据不足导致的,这与知识产权犯罪本身的隐蔽性和智能化特征有关,也和刑事证据标准有关,知识产权犯罪证据的获取往往更依赖公权力机关。

通过在裁判文书网输入“刑事案件”“附带民事诉讼”“侵犯知识产权罪”“判决书”等关键词,汇总数据如表 2－22 所示,在 2015～2021 年全国法院在知识产权刑事案件中提起刑事附带民事诉讼的数量都非常少,除 2016 年和 2020 年外,几乎没有刑事附带民事诉讼的判决,而 2016 年最多的时候也仅为 12 件。通过梳理相关裁定文书汇总得出的表 2－23,可以看出法院不支持在知识产权刑事案件中附带民事诉讼的主要依据是最高人民法院《关于适用〈中华人民共和国刑事诉讼法〉的解释》第 138 条,即“被害人因人身权利受到犯罪侵犯或者财物被犯罪分子毁坏而遭受物质损失的,有权在刑事诉讼过程中提起附带民事诉讼,被害人死亡或者丧失行为能力的,其法定代理人、近亲属有权提起附带民事诉讼”,其包括人身损害和财产损害,但限定条件较多,被害人需因人身权利受到犯罪侵犯或者财物被犯罪分子毁坏而遭受损失,该损失还需为物质损失才有权提起附带民事诉讼,而知识产权案件一方面主体多为单位,另一方面知识产权为无形财产,价值难以评估。

表 2－22 2015～2021 年提起刑事附带民事诉讼的数量

年份	附带民事诉讼数量/件
2021	0
2020	5
2019	0
2018	0
2017	0
2016	12
2015	2

表 2-23　法院不支持知识产权刑事案件附带民事诉讼的理由汇总

年份	案号	不能提起刑事附带民事诉讼的理由
2014	(2014)三刑初字第 6 号之一	撤诉
2014	(2014)三刑初字第 6 号之二	撤诉
2014	(2014)苏中知刑初字第 00001 号	自诉案件证据不足,附带民事诉讼亦不符合法定起诉条件
2016	(2016)沪 03 刑初 82 号	附带民事诉讼原告人刘某明所受财产损失并非因被告人侵犯其人身权利或因其财物被二被告人毁坏而造成
2016	(2016)内 07 刑初 58 号	以另行提起民事诉讼为由,书面申请撤回附带民事起诉的请求
2016	(2016)鲁 08 刑终 120 号	本案中的被害人系单位,因此不存在人身受到犯罪侵犯的情形;本案系因假冒注册商标而引起的犯罪,也不存在因财物被犯罪分子毁坏而遭受物质损失的情形
2017	(2017)津 01 刑终 779 号	属于商标侵权纠纷,对本案不予受理符合法律规定
2017	(2017)津 0113 刑初 462 号	本案附带民事诉讼属于商标侵权纠纷,不属于本院管辖
2018	(2018)辽 04 刑终 351 号	被告人庞某乙因假冒专利犯罪致其损失,既不属于因人身权利受到犯罪侵犯,也不属于其财物被犯罪分子毁坏而遭受物质损失
2019	(2019)皖 1522 刑初 457 号	其主张的损失不属于财物被犯罪分子毁坏而遭受的物质损失
2019	(2019)冀 0929 刑初 251 号	撤诉
2020	(2020)闽 07 刑终 174 号	上诉人系法人单位,既不存在人身权利受到犯罪侵犯的情形,又无因财物被犯罪分子毁坏而遭受物质损失的情形
2021	(2021)苏刑终 115 号	不存在因被上诉人潘某勇毁坏而遭受物质损失的情形

第二节　我国知识产权刑事保护情况的问卷调研

一、研究的目的与方法

司法案件数据是对我国当下知识产权刑事保护现状的较为直接的体现,而我国知识产权刑事强保护的必要性、是否增强保护力度以及未来知识产权刑事保护的发展完善方向等问题则需要从直接面对和处理知识产权刑事案件的实务专家的工作经验和感悟中寻找答案。据此,本次调研以李克特量表形式进行问卷调查,针对刑事保护的必要性、是否增强保护力度以及未来知识产权刑事保护的发展完善方向等问题,以现有研究确定的划分维度,对司法实务专家进行调研。

二、研究内容与设计

(一)问卷内容的设计

问卷分为三部分,第一部分是对问卷填写者基本信息的收集,作为人口学变量进行基本描述。第二部分是在阅读和参考大量成熟文献的基础上编制的李克特量表,以肯定陈述形式对研究问题进行不同角度的描述,设置 5 个等级对每一陈述进行 1 ~ 5 分的评分,1 分、2 分、3 分、4 分、5 分分别对应"非常不同意""不同意""难以判断""同意""非常同意"5 种回答,每个被调查者的态度总分就是其对研究问题的态度强弱或认同程度,量表的具体问题见表 2 – 24。第三部分则是对以上研究问题中不适合采用李克特量表形式的问题与现状进行的调查,具体包括知识产权刑事保护完善方向的侧重点和实体政策对知识产权刑事保护的影响。

表 2-24　问卷设计内容

问题		问题描述	1分 非常不同意	2分 不同意	3分 难以判断	4分 同意	5分 非常同意
强保护必要性		知识产权犯罪本身的社会危害性和影响性高于一般的有形财产侵权,需要更为严厉的刑事保护					
		知识产权作为无形财产,其本身的特殊性需要强劲的刑事保护					
		从国际趋势和其他国家的保护现状看,知识产权刑事强保护是有必要的					
		在知识产权的民事保护和行政保护不足时,需要强劲的刑事保护介入					
		知识产权的保护主要在预防侵权和犯罪,需要强劲的刑事保护					
加强当前保护力度		为和国际标准接轨,我国当前应提高知识产权的刑事保护水平					
		我国当前知识产权刑事犯罪的打击力度还不够,应加大保护力度					
		我国当前知识产权犯罪的入罪门槛比较高,应该降低打击标准					
		我国当前知识产权刑事案件的证明难度更大,应设置特殊程序与规则降低证明难度					
		知识产权犯罪圈过小,很多新形势下出现的其他知识产权无法获得刑事保护,应设置兜底罪名将其纳入打击范围					
完善发展方向	实体维度	现行知识产权犯罪的相关法律法规和司法解释不够细致,需要更为明确、详尽的解释					
		现行关于知识产权犯罪的民刑交叉、行刑衔接案件的办理及衔接机制存在不合理、不清晰之处,需要在立法上进一步调整、明确					
		现行知识产权犯罪的既未遂认定缺乏统一标准,需要相关法律法规、司法解释进行协调统一					
		现行民事侵权、行政违法和刑事犯罪界限过于模糊,应在立法上进行完善					

续表

问题		问题描述	1分 非常 不同意	2分 不同意	3分 难以 判断	4分 同意	5分 非常 同意
完善发展方向	实体维度	现行刑事、民事、行政法律法规、司法解释之间不符合法制协调，在实际案件中对同一事实的认定存在刑事标准低于民事标准的矛盾和冲突，应在立法上进行完善					
		当前对商业秘密与对专利的刑事保护措施不协调（在保护对象、惩罚力度方面），应当在立法上进行调整					
		应该对已注册的驰名商标跨类别提供刑事保护					
		应将在类似商品上使用近似商标侵权行为纳入刑事保护					
		应将侵犯著作权人广播权（利用互联网技术但不属于信息网络传播权所指的范畴，如网络直播）的行为纳入刑事保护					
		侵犯商业秘密罪中所指的“保密义务”不仅包括法定义务，而且应包括约定义务与推定义务					
	程序维度	《刑法》第219条侵犯商业秘密罪未规定直接侵权人的主观构成要件，因此在具体案件中无需讨论					
		现行关于知识产权犯罪的民刑交叉、行刑衔接案件的办理及衔接机制存在不合理、不清晰之处，需要在程序上进行调整和设计					
		刑、民案件不同的证明难度、证据标准是影响知识产权刑民交叉案件审判的难题					
		民事重基础权利，刑事重犯罪构成，行政重形式合法的审查重点、审查要求、判定规则的不同和法官审判思维的差异是影响知识产权民刑交叉案件审判的难题					

续表

问题		问题描述	1分 非常 不同意	2分 不同意	3分 难以 判断	4分 同意	5分 非常 同意
完善发展方向	程序维度	应当针对知识产权类案件设计独特的诉讼规则，解决知识产权刑民交叉、行刑衔接案件的不同证据标准、审查重点和思维差异等难题					
		知识产权权利状态需等待行政主管部门的审查结论是知识产权刑事案件审判中存在的难题					
		应当赋予法院在刑事案件中同时就权利归属等民事问题或其有效性等行政问题作出裁断的权利					
		对知识产权类刑事案件应允许提起刑事附带民事诉讼以解决权利人因侵权受到的损失					
		应当允许对知识产权犯罪案件提起自诉					
		应当集中管辖知识产权民事、行政、刑事案件，解决知识产权刑民交叉、行刑衔接案件管辖分离的问题					
		应当配套体系化的知识产权法院建制以处理知识产权刑民交叉、行刑衔接案件					
		“三合一”审判模式有效解决了知识产权案件中刑民交叉和行刑衔接的难题					

（二）问卷的发放与回收

本次调查共发出问卷250份，收回有效调查问卷240份，有效回收率为96%。问卷人口学统计分析表明（如表2－25所示），除因特殊行政管理要求而较少参与调查的公安机关外，接受调研的实务专家在检察机关、审判机关、知识产权行政执法机关、企事业单位、律所、高校研究机构等的分布状况大致相当，能够代表和反映当前各机关对于知识产权刑事保护的态度倾向；性别占比为男性53.33%，女性46.67%，基于中国人口分布的整体状况本次调研性别分布均匀，不存在调研对象的选择偏倚；被调研对象学历主要为“硕士”，本科的比例是 32.92%；年龄主要分布在“31 ~40 岁”，分布符合现实情况。

表 2 –25　问卷调查对象情况

基本信息	选项	人数	百分比/%
单位性质	公安机关	21	8.75
	检察机关	39	16.25
	审判机关	26	10.83
	知识产权行政执法机关	46	19.17
	企事业单位	36	15.00
	律所	32	13.33
	高校/政策研究机构	40	16.67
性别	男	128	53.33
	女	112	46.67
学历	专科	8	3.33
	本科	79	32.92
	硕士	122	50.83
	博士	31	12.92
年龄	30 岁以下	68	28.33
	31 ~40 岁	90	37.50
	41 ~50 岁	59	24.58
	50 岁以上	23	9.58

(三)问卷的信度与效度

本次问卷的主体部分采用李克特量表形式，由于量表需经信度(reliability)和效度(validity)检验来确定调查结果的可靠性和可信性，在分析问卷调查结果之前需要对量表的信度和效度进行分析。

1. 信度分析

信度是可靠性，是指采用同样的方法对同一对象重复测量时所得结果的一致性程度。信度分析用于测量样本回答结果是否可靠，即样本有没有真实作答量表类题项。信度检通常采用克隆巴赫信度系数（以下简称 Cronbach α 系数），如果 Cronbach α 系数值在 0.8 以上，则该量表的信度非常好；如果 Cronbach α 系数值在 0.7 以上，则信度较好；如果 Cronbach α 系数值在 0.6 以上，则应对该量表进行修订，但其仍有价值；如果 Cronbach α 系数值低于 0.6，那么表示量表内部一致性较差，需要重新设计量表题项。

从本次问卷量表信度分析的汇总表格（表 2 – 26）可知，量表不同维度和整体的 Cronbach α 系数值均大于 0.8，因此，本次研究数据信度质量高，可用于进一步分析。

表 2 – 26　问卷量表信度

维度	Cronbach α 系数	项数/项	样本量/个
强保护的必要性	0.915	5	240
加强当前保护力度	0.853	5	240
完善发展方向—实体	0.871	11	240
完善发展方向—程序	0.902	11	240
量表整体	0.954	32	240

2. 效度分析

效度分析方法主要包括内容效度、结构效度分析。其中，对于维度未知的量表，主要采用探索性因子分析法进行结构效度验证，对于维度划分已知的量表，一般采用验证因子分析法验证聚合效度和区分效度。本研究设计的量表维度已知，因此采用探索因子分析法进行验证。

如表 2 – 27 所示，在去除测量关系较弱（具体罪名部分）的问题后，量表中的每个题项的标准化载荷系绝对值均大于 0.6 且呈现出显著性，意味着有较好的测量关系，说明每个题项都是具有效度的。4 个维度对应的 AVE 值均大于 0.5，且 CR 值均高于 0.7，意味着分析数据具有良好的聚合效度。

表 2-27　因子载荷系数与模型 AVE 和 CR 指标汇总

潜变量	测量项(显变量)	标准载荷系数	平均方差萃取 AVE 值	组合信度 CR 值
强保护的必要性	知识产权犯罪本身的社会危害性和影响性高于一般有形财产侵权,需要更为严厉的刑事保护	0.840	0.683	0.915
	知识产权作为无形财产,其本身的特殊性需要强劲的刑事保护	0.807		
	从国际趋势和其他国家的保护现状看,知识产权刑事强保护是有必要的	0.774		
	知识产权民事保护和行政保护不足,需要强劲的刑事保护介入	0.848		
	知识产权的保护主要在预防侵权和犯罪,需要强劲的刑事保护	0.859		
加强当前保护力度	为和国际标准接轨,我国当前应提高刑事保护水平	0.808	0.538	0.851
	当前知识产权刑事犯罪的打击力度还不够,应加大保护力度	0.864		
	我国当前知识产权犯罪的入罪门槛比较高,应该降低打击标准	0.659		
	我国当前知识产权刑事案件的证明难度更大,应设置特殊程序与规则降低证明难度	0.640		
	知识产权犯罪圈过小,很多新形势下出现的其他知识产权无法获得刑事保护,应当设置兜底罪名将其纳入打击范围	0.667		
完善发展方向—实体	现行知识产权犯罪的相关法律法规和司法解释不够细致,需要更为明确、详尽的解释	0.762	0.682	0.928
	现行关于知识产权犯罪民刑交叉、行刑衔接案件的办理及衔接机制存在不合理、不清晰之处,需在立法上进一步调整、明确	0.806		
	现行知识产权犯罪的既未遂认定缺乏统一标准,需要相关法律法规、司法解释进行协调统一	0.878		

续表

潜变量	测量项(显变量)	标准载荷系数	平均方差萃取AVE值	组合信度CR值
完善发展方向—实体	现行民事侵权、行政违法和刑事犯罪界限过于模糊,应在立法上进行完善	0.878	0.682	0.928
	现行刑事、民事、行政法律法规、司法解释之间不符合法制协调,在实际案件中对同一事实的认定存在刑事标准低于民事标准的矛盾和冲突,应在立法上完善	0.801		
	当前对商业秘密与对专利的刑事保护措施不协调(在保护对象、惩罚力度方面),应当在立法上进行调整	0.822		
完善发展方向—程序	现行关于知识产权犯罪的民刑交叉、行刑衔接案件的办理及衔接机制存在不合理、不清晰之处,需要在程序上进行调整设计	0.825	0.529	0.899
	应当赋予法院在刑事案件中同时就权利归属等民事问题或其有效性等行政问题作出裁断的权利	0.676		
	应当集中管辖知识产权民事、行政、刑事案件,解决知识产权刑民交叉、行刑衔接案件管辖分离的问题	0.713		
	应当配套体系化的知识产权法院建制以处理知识产权刑民交叉、行刑衔接案件	0.705		
	应当对知识产权类案件设计独特的诉讼规则,解决刑民交叉、行刑衔接案件的不同证据标准、审查重点和思维差异等难题	0.677		
	对知识产权类刑事案件应允许提起刑事附带民事诉讼以解决权利人因侵权受到的损失	0.707		
	刑、民的不同的证明难度、证据标准是影响知识产权刑民交叉案件审判的难题	0.733		

续表

潜变量	测量项(显变量)	标准载荷系数	平均方差萃取 AVE 值	组合信度 CR 值
完善发展方向—程序	民事重基础权利,刑事重犯罪构成,行政重形式合法的审查重点、审查要求、判定规则的不同和法官审判思维的差异是知识产权民刑交叉案件审判的难题	0.768	0.529	0.899

此外,问卷各题项的设置均和研究问题具有一致性,有大量相关文献和刑事判决文书支撑,并经高校教授和实务专家指导把关后修改、预测试修正,设计内容具有适当性和相符性,具备内容效度。

(四)数据分析与结论

1.强保护的必要性

问卷对强保护的必要性的考察主要通过知识产权本身的特殊性、知识产权犯罪的社会危害性和影响性、国际趋势、刑事保护的补充性以及对知识产权整体进行保护的效果进行设问,最终得分见表2-28。

表2-28　知识产权刑事强保护必要性总维度与各小问描述

问题	样本量/个	最小值	最大值	平均值	标准差
知识产权犯罪本身的社会危害性和影响性高于一般的有形财产侵权,需要更为严厉的刑事保护	240	1.000	5.000	3.754	1.190
知识产权作为无形财产,其本身的特殊性需要强劲的刑事保护	240	1.000	5.000	3.921	1.058
从国际趋势和其他国家的保护现状看,知识产权刑事强保护是有必要的	240	1.000	5.000	4.150	0.948
在知识产权的民事保护和行政保护不足时,需要强劲的刑事保护介入	240	1.000	5.000	3.725	1.124
知识产权的保护主要在预防侵权和犯罪,需要强劲的刑事保护	240	1.000	5.000	3.821	1.089
总维度	240	1.000	5.000	3.874	0.937

由于当前数据中并没有异常值,因此可直接针对平均值进行描述分析。如表2-28所示,对于知识产权刑事强保护的必要性这一总维度,实务专家的整体打分的平均值为3.874,处于3偏向4的区间,对应3分"难以判断"和4分"同意"的分值意义,可以看出当前实务专家普遍认为我国知识产权刑事强保护具有其内在的必要性。针对该维度下的具体问题,可以看到实务专家较认同基于知识产权本身的特殊性和国际发展趋势而有必要进行知识产权刑事强保护。

由表2-29可知,利用单因素方差分析(以下简称方差分析)去研究单位性质对于强保护的必要性的差异性,可以看出,不同单位性质样本对于强保护的必要性均呈现出显著性($p<0.05$),意味着不同单位性质样本对于强保护的必要性均有差异。

表2-29 单位性质与知识产权刑事强保护必要性方差分析结果

	单位性质(平均值±标准差)							F	p
	公安机关($n=21$)	检察机关($n=39$)	审判机关($n=26$)	知识产权行政执法机关($n=46$)	企事业单位($n=36$)	律所($n=32$)	高校/政策研究机构($n=40$)		
强保护的必要性	4.10±0.87	3.77±0.88	3.52±0.84	4.31±0.80	4.20±0.88	3.74±0.97	3.39±0.94	5.82	0.00**
$p<0.05$ * *, $p<0.01$									

具体对比不同单位的平均打分,如图2-36所示,平均打分由高到低的排序为知识产权行政执法机关>企事业单位>公安机关>检察机关>律所>审判机关>高校/政策研究机构。高分组的知识产权执法机关、企事业单位和公安机关和低分组的审判机关、高校/政策研究机构的平均打分有着较为明显的差异。基于样本的代表性,该差异对比一定程度上反映了不同职业的实务专家基于其工作性质和立场所体现的对知识产权刑事强保护的不同倾向,如参与问卷调研的企事业单位是拥有自主知识产权的企业,其更倾向加大知识产权保护的力度。而

知识产权行政执法机关和公安机关则可能基于其单位性质及知识产权刑事案件的移送而更倾向知识产权的刑事强保护。

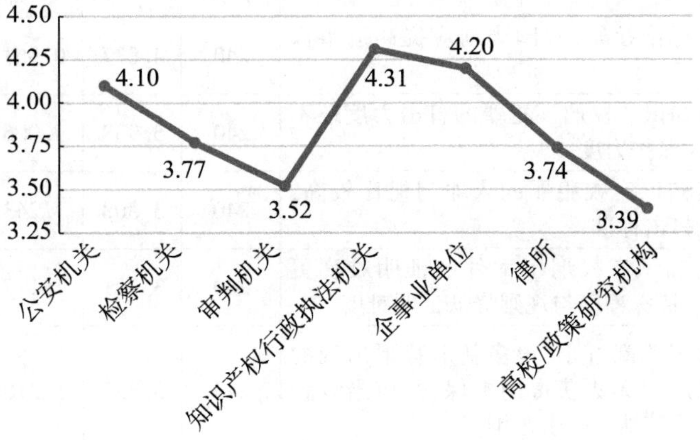

图 2-36　单位性质与知识产权刑事强保护必要性方差分析对比

2. 加强当前保护力度

(1)整体倾向

关于是否应当加强当前知识产权的刑事保护力度,实务专家的总维度评分。如表 2-30 所示,当前实务专家对加强当前的刑事保护力度的平均打分为 3.6,整体加强保护倾向并不显著,处于 3 分"难以判断"以上倾向 4 分"同意"之间,说明当前实务专家们普遍认为当前的刑事保护力度还有待提高,但大幅提高刑事保护的意愿并不强烈。

表 2-30　加强当前保护力度得分描述

维度	样本量/个	最小值	最大值	平均值	标准差	中位数
加强当前保护力度	240	1.400	5.000	3.600	0.841	3.500

(2)整体维度的具体方面

关于加强当前知识产权的刑事保护力度的具体方面,参与调研的实务专家评分如表 2-31 所示。由于当前数据中并没有异常值,标准差不大,因而直接针对平均值进行描述分析。为直观呈现具体数值,故将以上数据情况绘制条形图(见图 2-37)。

表2－31　加强当前保护力度整体维度具体方面的得分描述

加强保护力度—整体维度具体问题描述	样本量/个	平均值	标准差	中位数
为和国际标准接轨，我国当前应提高刑事保护水平	240	4.037	0.961	4.000
我国当前知识产权刑事犯罪的打击力度还不够，应加大保护力度	240	3.938	1.006	4.000
我国当前知识产权犯罪的入罪门槛比较高，应该降低打击标准	240	3.308	1.243	3.000
我国当前知识产权刑事案件的证明难度更大，应设置特殊程序与规则降低证明难度	240	3.721	1.117	4.000
知识产权犯罪圈过小，很多新形势下出现的其他知识产权无法获得刑事保护，应当设置兜底罪名将其纳入打击范围	240	3.333	1.318	3.000

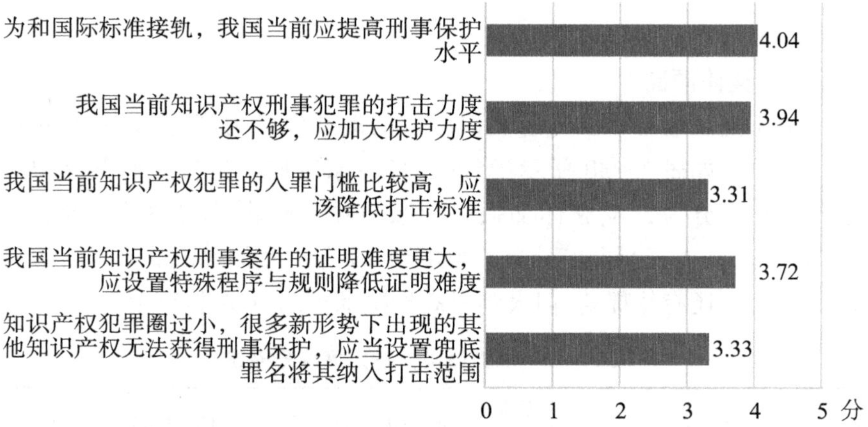

图2－37　加强当前保护力度各具体方面平均分对比

结合分值意义看，针对加强刑事保护的综合方面，实务专家们就当前国际标准和国内打击力度不够的现状下应该加大当前刑事保护的力度的意愿明显且强烈。针对入罪门槛、打击难度和犯罪圈大小，参与调研的实务专家对知识产权犯罪入罪门槛和犯罪圈方面加强保护的评分较低，尽管他们整体上支持降低打击标准和设置兜底罪名扩大犯罪圈以加强知识产权刑事保护的观点较多，但意见分歧较大。而实务专家就当前知识产权案件的证明难度大，需要从程序方面去降低难度的评分较高，整体的态度倾向明显，赞同通过设置特殊程序与规则降低证明难度的人占到了62.50%（见图2－38、图2－39和图2－40）。

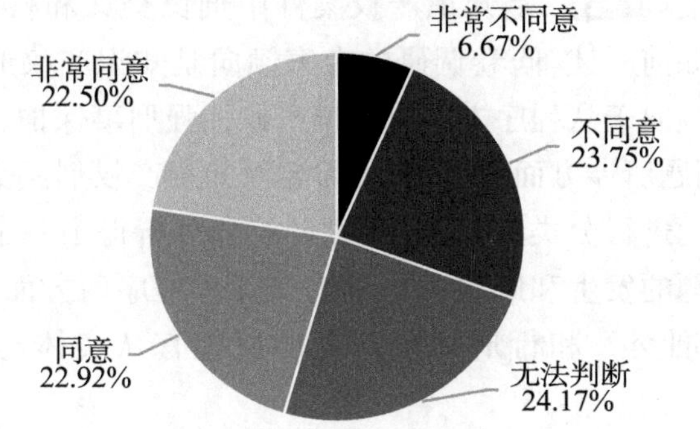

图2－38　针对入罪门槛和打击标准的态度分布

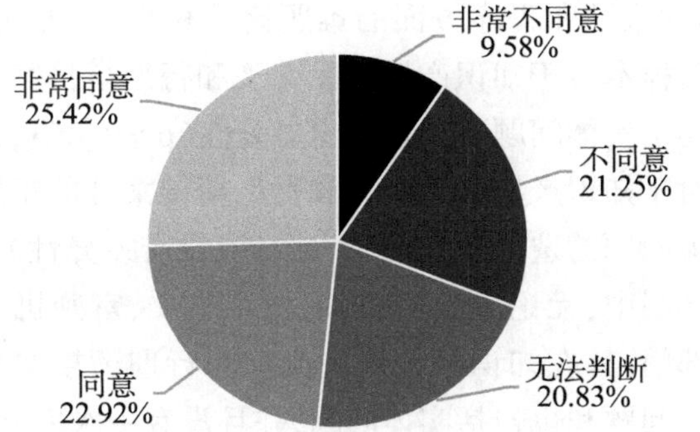

图2－39　针对犯罪圈和兜底罪名设置的态度分布

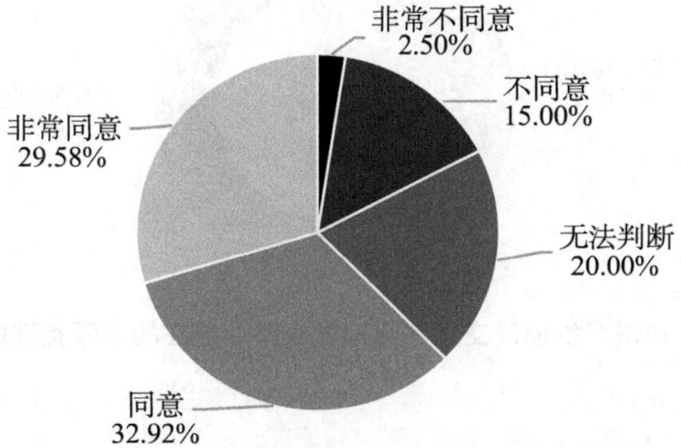

图2－40　设置特殊程序与规则降低知识产权刑事案件证明难度的态度分布

3. 知识产权刑事保护的方向选择

知识产权刑事保护所面临的主要问题主要有二:一是知识产权刑事保护的强度问题;二是知识产权案件中刑民交叉和行刑衔接问题。第一个问题如前所述,问卷调研的专家倾向是知识产权刑事保护具有必要性且更倾向于从程序方面对知识产权加强刑事保护。关于第二个问题,由于问题所涉方面纷繁复杂,需要对知识产权刑民交叉和行刑衔接的具体问题进行分类和梳理,通过调查和分析得出一个系统性的结论。由于问题的发生和解决均可分为实体和程序两方面,对知识产权案件中的民刑交叉和行刑衔接问题的梳理宜从实体与程序两方面入手。

在刑民交叉和行刑衔接案件存在的难题上,如图 2 -41 所示,参与调研的实务专家对于问题具体是在程序上还是在实体上的意见并不统一,实体方面的难题和程序方面的难题比重相当时,如表 2 -32 所示,不同单位性质样本对于知识产权刑民交叉和行刑衔接案件的难题主要是程序问题还是实体问题不会表现出显著性($p > 0.05$),意味着不同单位性质样本对于知识产权刑民交叉和行刑衔接案件的难题主要是程序问题还是实体问题的选择均表现出一致性,没有差异性。因此,可以反映出在实务部门中,无论是公安机关、检察机关、审判机关还是知识产权行政执法部门,其在知识产权刑民交叉和行刑衔接案件中遇到的难题既包括程序问题和也包括实体问题,并且没有主次之分。

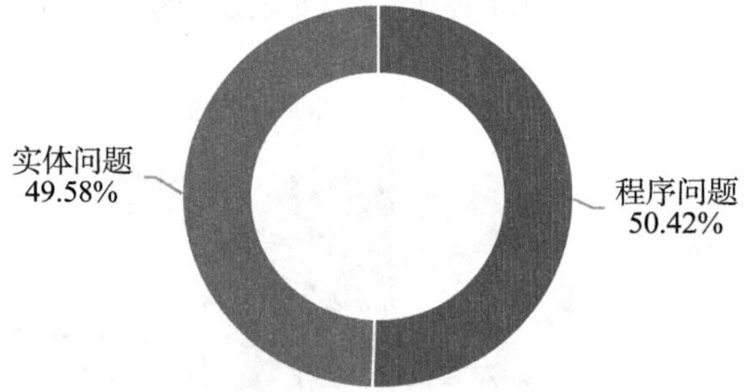

图 2 -41 知识产权刑民交叉和行刑衔接案件存在的难题类别的选择情况

表2－32　单位性质与问题选择的交叉(卡方)分析结果

题目	名称	单位性质								χ^2	p
		公安机关/%	检察机关/%	审判机关/%	知识产权行政执法机关/%	企事业单位/%	律所/%	高校/政策研究机构/%	总计		
知识产权刑民交叉和行刑衔接案件的难题	程序问题	42.86	41.03	42.31	43.48	61.11	56.25	62.50	50.42	7.85	0.25
	实体问题	57.14	58.97	57.69	56.52	38.89	43.75	37.50	49.58		

针对知识产权案件中刑民交叉和行刑衔接难题应该从实体上调整还是在程序上调整,由于司法实践中既存在程序上的难题也存在实体上的难题,无法让调研对象简单地选择应该在程序上调整还是在实体上调整。对此,本次研究通过比较实务专家对刑民交叉、行刑衔接案件的办理及衔接机制在实体上进行调整与在程序上进行调整的不同评分来分析未来应对知识产权案件刑民交叉和行刑衔接问题的方向和选择。如表2－33所示,对于知识产权犯罪的刑民交叉、行刑衔接案件的办理及衔接机制,实务专家对于在实体上进行调整、明确的评分更高,但二者差异不大。对比图2－41和表2－32可以发现,实务专家认为当前知识产权刑民交叉、行刑衔接的主要难题主要是程序问题,但在解决这一难题的选择上,却又更偏重实体。这一似乎略有矛盾的原因或许是程序上的问题较难在实践中达成共识且基于不同的案件阶段标准不一,因而需要在立法上进行明确与完善。

表2－33　知识产权犯罪的刑民交叉、行刑衔接案件的办理及衔接机制程序方面与实体方面的专家评分结果

具体问题描述	样本量/个	最小值	最大值	平均值	标准差	中位数
现行关于知识产权犯罪的刑民交叉、行刑衔接案件的办理及衔接机制存在不合理、不清晰之处,需要在立法上进一步调整、明确	240	1.000	5.000	4.358	0.724	4.000

续表

具体问题描述	样本量/个	最小值	最大值	平均值	标准差	中位数
现行关于知识产权犯罪的刑民交叉、行刑衔接案件的办理及衔接机制存在不合理、不清晰之处,需要在程序上进行调整和设计	240	2.000	5.000	4.338	0.690	4.000

4. 实体上完善发展的具体方面

(1)法律规定的明确与细化

当前知识产权刑事保护存在的现实问题包括相关法律法规和司法解释不够细致,不能为案件处理或裁判说理提供充分的依据,在实践中难以直接适用;现行关于知识产权犯罪的民刑交叉、行刑衔接案件的办理及衔接机制不清晰;知识产权犯罪的既遂、未遂标准不明确、不统一,知识产权刑事案件办理的各环节较难把控。如表2－34和表2－35所示,在知识产权刑事保护的完善发展中,参与调研的对象意向倾向具有明显一致性,其对在立法上进一步细化和明确知识产权犯罪各构成要件的具体内容,制定更明确、详尽、具有针对性的司法解释,调整和制定具体明确的知识产权犯罪的民刑交叉、行刑衔接案件的办理及衔接机制,以及明确、统一知识产权犯罪的既未遂标准方面的整体评分很高,赞同倾向明显,对法律规定的明确与细化需求强烈。

表2－34 法律规定的明确和细化等具体问题的描述分析

具体问题描述	样本量/个	最小值	最大值	平均值	标准差
现行知识产权犯罪的相关法律法规和司法解释不够细致,需要更为明确、详尽的解释	240	1.000	5.000	4.321	0.721
现行关于知识产权犯罪的民刑交叉、行刑衔接案件的办理及衔接机制存在不合理、不清晰之处,需要在立法上进一步调整、明确	240	1.000	5.000	4.358	0.724
现行知识产权犯罪的既未遂认定缺乏统一标准,需要相关法律法规、司法解释进行协调统一	240	1.000	5.000	4.308	0.763

表 2－35　法律规定的明确和细化等具体问题的频数分析

具体问题描述	选项	频数	百分比/%
现行知识产权犯罪的相关法律法规和司法解释不够细致,需要更为明确、详尽的解释	非常不同意	1	0.42
	不同意	2	0.83
	无法判断	24	10.00
	同意	105	43.75
	非常同意	108	45.00
现行关于知识产权犯罪的民刑交叉、行刑衔接案件的办理及衔接机制存在不合理、不清晰之处,需要在立法上进一步调整、明确	非常不同意	1	0.42
	不同意	5	2.08
	无法判断	14	5.83
	同意	107	44.58
	非常同意	113	47.08
现行知识产权犯罪的既未遂认定缺乏统一标准,需要相关法律法规、司法解释进行协调统一	非常不同意	1	0.42
	不同意	6	2.50
	无法判断	20	8.33
	同意	104	43.33
	非常同意	109	45.42

(2)法律体系的协调统一

如表 2－36 和表 2－37 所示,针对当前刑民交叉、行刑衔接案件中存在的民事、行政和刑事界限模糊,存在部分民刑倒挂现象,各具体罪名之间不协调等问题,参与调研的实务专家对于该问题存在和需要在立法上进行完善的打分较高,处于“同意”到“非常同意”的区间,在立法上进行完善的赞同度同样很高,反映出实务专家对于未来在法律体系内部对知识产权民事侵权、行政违法和刑事犯罪做出协调清晰的划分以及在刑事法律体系内部对具体罪名之间(具体指具有同质性的商业秘密与对专利的保护)进行调整协调的强烈意愿。

表 2－36　法律体系的协调统一等具体问题的描述分析

具体问题描述	样本量/个	最小值	最大值	平均值	标准差
现行民事侵权、行政违法和刑事犯罪界限过于模糊，应在立法上进行完善	240	1.000	5.000	4.287	0.785
现行刑事、民事、行政法律法规、司法解释之间不符合法制协调，在实际案件中对同一事实的认定存在刑事标准低于民事标准的矛盾和冲突，应在立法上进行完善	240	1.000	5.000	4.271	0.769
当前对商业秘密与对专利的刑事保护措施不协调（在保护对象、惩罚力度方面），应当在立法上进行调整	240	2.000	5.000	4.242	0.737

表 2－37　法律体系的协调统一等具体问题的频数分析

具体问题描述	选项	频数	百分比/%
现行民事侵权、行政违法和刑事犯罪界限过于模糊，应在立法上进行完善	非常不同意	1	0.42
	不同意	8	3.33
	无法判断	19	7.92
	同意	105	43.75
	非常同意	107	44.58
现行刑事、民事、行政法律法规、司法解释之间不符合法制协调，在实际案件中对同一事实的认定存在刑事标准低于民事标准的矛盾和冲突，应在立法上进行完善	非常不同意	1	0.42
	不同意	5	2.08
	无法判断	26	10.83
	同意	104	43.33
	非常同意	104	43.33
当前对商业秘密与对专利的刑事保护措施不协调（在保护对象、惩罚力度方面），应当在立法上进行调整	不同意	5	2.08
	无法判断	28	11.67
	同意	111	46.25
	非常同意	96	40.00

（3）具体罪名的设置

如图 2－42 和表 2－38 所示，针对现有研究提及的在知识产权各具体罪名方面的建议,商标领域的实务专家对为驰名商标提供跨类保护的评分较高,支持人数占绝大多数,但对将在类似商品上使用近似商标的侵权行为纳入刑事保护这一方面,尽管整体评分偏向赞同(包括同意和非常同意)但存在一定意见分歧。著作权方面,整体评分较高,实务专家倾向将侵犯广播权这一侵权情形纳入刑事保护。商业秘密方面,就"保密义务"这一客观要件的解释,实务专家明显赞同对"保密义务"进行一个更为宽泛的解释,而对于侵犯商业秘密罪未规定主观构成要件因而在具体案件中无需讨论这一观点,评分体现出实务专家之间存在观点分歧,虽持赞同(包括同意和非常同意)观点和反对观点(包括不同意和非常不同意)的比例相差不大,但多数观点持反对意见,认为主观要件是必须考虑的。

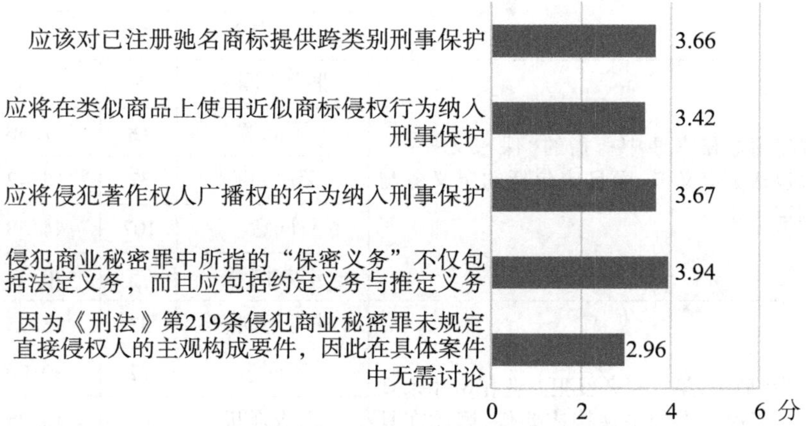

图2-42　具体罪名调整的评分情况

表2-38　加强当前保护力度整体维度具体罪名维度的得分描述

具体罪名维度问题描述	选项	频数	百分比/%
应该对已注册驰名商标提供跨类别刑事保护	非常不同意	13	5.42
	不同意	31	12.92
	无法判断	45	18.75
	同意	87	36.25
	非常同意	64	26.67

续表

具体罪名维度问题描述	选项	频数	百分比/%
应将在类似商品上使用近似商标侵权行为纳入刑事保护	非常不同意	17	7.08
	不同意	47	19.58
	无法判断	46	19.17
	同意	77	32.08
	非常同意	53	22.08
应将侵犯著作权人广播权的行为纳入刑事保护	非常不同意	5	2.08
	不同意	35	14.58
	无法判断	50	20.83
	同意	93	38.75
	非常同意	57	23.75
侵犯商业秘密罪中所指的"保密义务"不仅包括法定义务,而且应包括约定义务与推定义务	非常不同意	5	2.08
	不同意	18	7.50
	无法判断	37	15.42
	同意	107	44.58
	非常同意	73	30.42
因为《刑法》第219条侵犯商业秘密罪未规定直接侵权人的主观构成要件,因此在具体案件中无需讨论	非常不同意	33	13.75
	不同意	72	30.00
	无法判断	45	18.75
	同意	51	21.25
	非常同意	39	16.25

5.程序上完善发展的具体方面

(1)诉讼规则问题

针对现有研究提及的知识产权刑民交叉案件中不同证据标准、证明难度而产生的刑民判定不一、对同一事实不能借鉴采用等问题(如不能将民事赔偿金额直接作为刑事判决认定中的违法所得),以及刑民交叉案件中因刑事和民事的不同审查重点、审查要求、判定规则和法官审判思维而产生的认定差异等程序性问题,如表2-39所示,参与调研的实务专家对于上述问题的评分大多在4分("同意")至5分("非常同意")范围内,体现出其对当前知识产权刑民交叉案件基于不同的证明难度、证据标准、审查重点、审查要求和审查思维等程序性问题而产生较多难题的较为一致的认同。针对以上问题,如图2－43所示,有86.67%的实务专家赞同(包括同意和非常同意)应该从程序上设计独特的诉讼规则解决。

表2－39　知识产权刑事案件诉讼程序问题的描述分析

名称	样本量/个	平均值	标准差	中位数
刑事、民事的不同的证明难度、证据标准是影响知识产权刑民交叉案件审判的难题	240	4.279	0.750	4.000
民事重基础权利,刑事重犯罪构成,行政重形式合法的审查重点、审查要求、判定规则的不同和法官审判思维差异是影响知识产权民刑交叉案件审判的难题	240	4.271	0.736	4.000

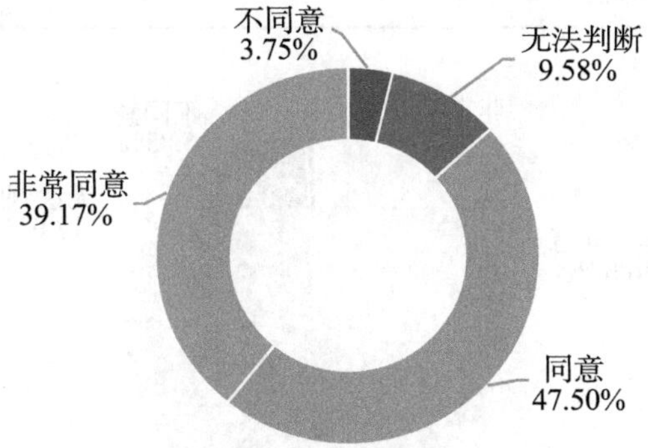

图2－43　设计独特诉讼规则解决程序性难题不同观点所占的比例

(2)知识产权权利状态问题

针对现有研究提及的知识产权刑事案件中知识产权权利状态不稳定需等待行政主管部门审查确定的难题,参与调研的实务专家对于该问题存在较为一致的意见,79.58%的实务专家认为知识产权权利状态需等待行政主管部门的实质审查结论是知识产权刑事案件审判的难题,整体评分为4分"同意"。同时,针对现有研究提出的赋予法院在具体的刑事个案中就知识产权权利归属等民事问题或知识产权有效性等行政问题进行判断而无需等待漫长的行政程序并避免侵权人利用行政程序拖延时间、恶意诉讼的解决方案，参与调研的实务专家给予了4分以上的评分，整体倾向"同意"。从参与调研的实务专家的具体态度看，76.25%的专家赞同赋予法院对知识产权效力进行判断的权力，17.08%的专家表示无法判断，仅有极小部分专家表示不同意或非常不同意，整体倾向明显而确定（见表2-40和图2-44）。

表2-40 知识产权权利状态待确定问题的现状与解决办法结果的描述分析

名称	样本量/个	平均值	标准差	中位数
知识产权权利状态需等待行政主管部门的审查结论是知识产权刑事案件审判中存在的难题	240	4.000	0.877	4.000
应当赋予法院在刑事案件中同时就知识产权权利归属等民事问题或知识产权有效性等行政问题作出裁断的权力	240	4.054	0.920	4.000

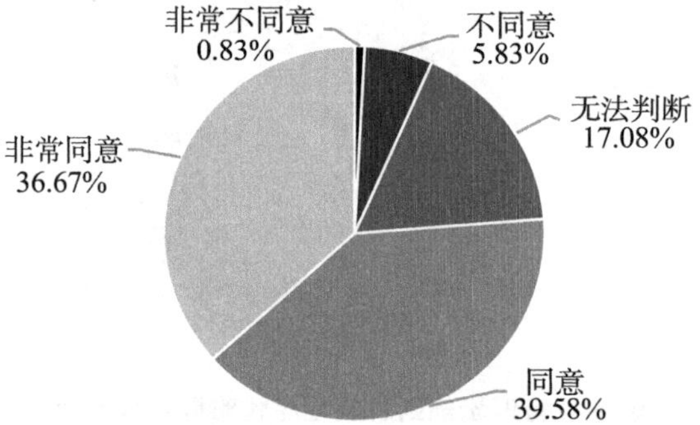

图2-44 赋予法院对知识产权权利性质进行判断的态度分布

（3）权利人救济问题

与民事保护侧重私权救济不同，知识产权刑事保护更侧重对犯罪行为的惩罚和预防，同时知识产权犯罪设置在《刑法》第二编第三章"破坏社会主义市场经济秩序罪"中，因而在知识产权刑事案件中，知识产权权利人处于一个较为尴尬的地位，较难对其提供足够的保护。例如，对于知识产权权利人是否可以提起刑事自诉和在知识产权刑事诉讼中附带民事诉讼,无论在理论上还是实践中均存在问题和争议。对于知识产权刑事案件是否可以提起附带民事诉讼,实践中有不同观点,2016年浙江省高级人民法院刑事审判第二庭在《关于审理侵犯知识产权刑事案件若干问题的解答》第12条中明确了知识产权刑事案件不能提起刑事附带民事诉讼。但2021年1月,浙江省高级人民法院发布的《浙江省高级人民法院关于全面加强知识产权司法保护工作的实施意见》,要求“加大刑事打击力度……引导权利人依法提起刑事附带民事诉讼”,同时部分法院也在实行知识产权刑事附带民事诉讼,如2022年5月12日温州市中级人民法院发布的温州十大典型案例之一的巢乐假冒注册商标案。此外,还有知识产权刑事附带民事公益诉讼案件,如(2021)粤03刑终362号刘某干假冒注册商标刑事附带民事公益诉讼案。对于知识产权人提起自诉这一问题,尽管《刑事诉讼法》第210条和最高人民法院《关于适用〈中华人民共和国刑事诉讼法〉的解释》第1条规定,非严重危害社会秩序和国家利益的知识产权犯罪属于可以自诉的轻微刑事案件,但在实践中鲜见知识产权刑事自诉的案件,这或许是因为知识产权刑事自诉在实践中难以实现,也或许是因为权利人难以通过刑事案件获得权利救济。针对该问题,如图2－45和图2－46所示,参与课题调研的实务专家对上述两个问题整体倾向于支持知识产权案件中刑事附带民事诉讼,并且支持权利人提起自诉。

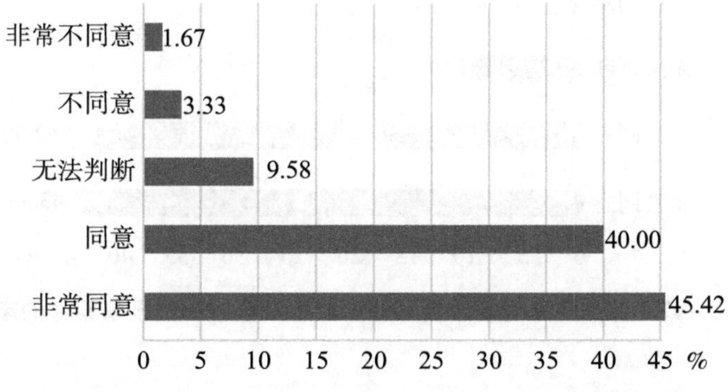

图2－45　实务专家对知识产权刑事附带民事诉讼的态度

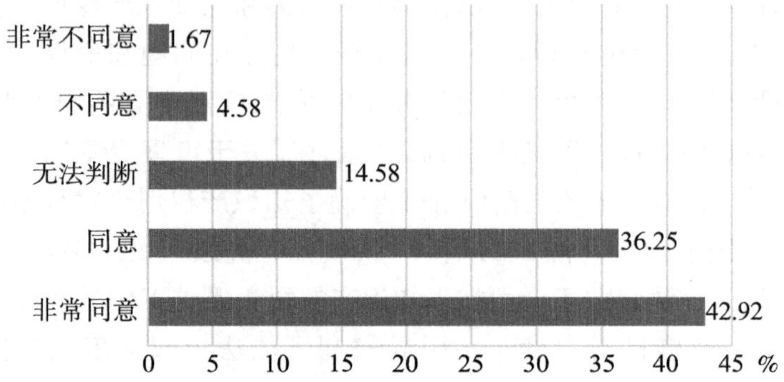

图 2－46　实务专家对知识产权犯罪提起自诉的态度

(4)管辖与法院建制

基于知识产权的特殊性,当前知识产权案件面对的不仅包括民刑交叉和行刑衔接中不同审理部门的思维差异、规则差异,还包括知识产权的专业性、地域性等问题。针对该问题,当前研究提出可以对知识产权案件进行集中管理并配套体系化的知识产权法院建制。如图 2－47 和图 2－48 所示,大部分参与调研的实务专家不仅支持集中管辖知识产权民事、行政、刑事案件来解决知识产权刑民交叉、行刑衔接案件管辖分离的问题,而且支持配套体系化的知识产权法院建制。

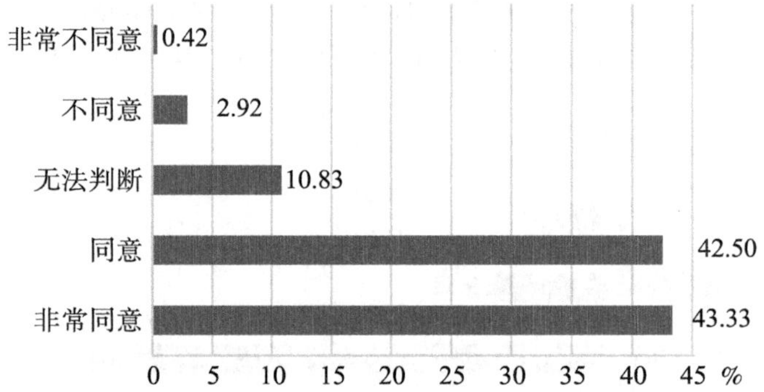

图 2－47　实务专家对集中管辖知识产权民事、行政、刑事案件的态度

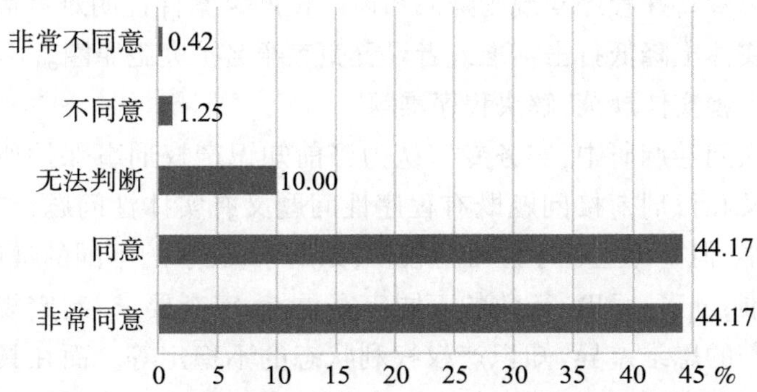

图2－48　实务专家对配套体系化知识产权法院建制的态度

此外，针对上述知识产权刑事、民事、行政案件分离的系列问题，当前实践中多家法院推行试点知识产权“三合一”审判模式，由知识产权审判庭统一处理知识产权民事、行政、刑事案件。“三合一”审判模式的推行无疑是一次意义深远的科学尝试，但“三合一”审判模式的实效需要验证。如表2－41所示，在本次调研中，实务专家对于“三合一”审判模式的实效给予了肯定评价，整体评分为4.025，说明其普遍认同“三合一”审判模式能够并且现实有效地解决了知识产权案件中刑民交叉和行刑衔接的难题。

表2－41　“三合一”审判模式实效的态度描述

态度描述	样本量/个	平均值	标准差	中位数
“三合一”审判模式有效解决了知识产权案件中刑民交叉和行刑衔接的难题	240	4.025	0.863	4.000

（五）总结

1.加强刑事保护，完善程序规则

如前所述，问卷的调研结果表明无论是基于知识产权本身的特殊性，知识产权犯罪的特征，当前的民事、行政保护现状还是国际发展趋势，知识产权刑事强保护均具有必要性和必然性。同时，从外部环境和内部需求的各方面看，我国当下的知识产权刑事保护存在不足，仍需要加强保护。在加强知识产权刑事保护的具体方面，实务专家整体倾向于通过设置特殊程序与规则降低知识产权刑事案件证明难度而并不倾向于在实体上降低打击标准或者设置兜底罪名扩大犯罪圈。

2. 完善实体规范，解决程序难题

本次问卷调研中，实务专家认为当前知识产权刑事保护所面临的民刑交叉和行刑衔接问题既有程序性问题又有实体性问题，二者几乎各占一半，但整体上程序性难题较多，如刑事、民事的不同的证明难度、证据标准，刑事、民事、行政的不同审查重点、审查要求、判定规则以及法官审判的思维差异，知识产权权利状态的不稳定等。而在具体的知识产权民刑交叉、行刑衔接案件的办理及衔接上，实务专家更倾向于在立法上进行明确而非仅在程序流程的设置上进行改变。这意味着，在实际的知识产权民刑交叉、行刑衔接案件的办理上，较难依靠各机关自发在流程上进行联动和配合，更依赖实体或程序性的法律文件的明确和指引。

3. 细化法律规范，体系内部协调

本次调研结果反映了司法实践中相关法律法规和司法解释不够细致，知识产权犯罪的既遂、未遂标准不明确、不统一，较难在案件处理或裁判说理中直接适用。同时具有同质性的具体罪名设置不协调，如对商业秘密与对专利在保护对象、惩罚力度方面的刑事保护措施不协调。同时现行关于知识产权民事侵权、行政违法和刑事犯罪界限过于模糊，衔接机制缺失，一些规定和解释的模糊导致在具体个案中不符合法制协调的理念，在实际案件中对同一事实的认定存在刑事标准低于民事标准的矛盾和冲突，出现刑民倒挂等现象。对此，实务专家几乎一致性地倾向于对当前法律规范进行细化完善，清晰明确地解释客观构成要件的具体要求并划定民事、行政、刑事界限，同时在整体法律体系和刑法整个部门法律规定内调整知识产权犯罪的相关规定以保证法律体系的协调统一。

4. 谨慎扩大行为范围，合理解释构成要件

针对现有研究就扩发犯罪行为范围和构成要件解释的建议。调研结果表明对于是否对“单相同”商标侵权进行保护，即在相同或类似商品上使用相同或近似商标提供刑事保护，因实务专家存在意见分歧而并未呈现一致性的倾向。就驰名商标的特殊保护而言，基于当前商标

刑事保护设置于《刑法》第二编第三章“侵害社会主义市场经济秩序罪”中，其包含的法益包括国家商标管理秩序（注册与保护），且当前的商标犯罪亦针对注册商标，因而对于未注册驰名商标的问题并未进行调研。而对已注册驰名商标提供跨类的特殊保护，大多数实务专家较为赞同但仍存在较多争议。在著作权的刑事保护中，就是否将侵犯著作广播权行为纳入刑事保护，与对驰名商标提供跨类保护的态度一样，大多数实务专家较为赞同但仍存在争议。最后，就具体罪名维度的评分看，在增强知识产权刑事保护这一方向上，实务专家并没有对具体罪名规定的犯罪行为进行扩大的较高倾向和意愿，其态度更多地反映在对具体罪名的解释中，如对侵犯商业秘密罪中“商业秘密”的解释，其更倾向于将“保密义务”扩大至与民事解释差不多的程度。但这种对具体罪名构成要件要素相对扩大的解释并不包括在传统构成要件上进行让步，如尽管侵犯商业秘密罪未规定主观构成要件，但在具体案件中主观要件仍是必须考虑的。

5. 优化诉讼规则，推进“三合一”审判

本次调研显示当前知识产权案件审判中主要的刑民交叉、行刑衔接难题主要体现在程序上，具体表现为在案件办理中不同职能部门的职责范围不一，案件办理互补不涉，难以衔接；在案件审理中存在民事、行政、刑事的不同证明难度、证据标准、审查重点、审查要求、判定规则、法官思维。基于此，实务专家整体倾向于设置独特的诉讼规则以解决该差异带来的难题。同时除以上问题外，知识产权案件还存在专业性、地域性等问题，因此实务专家对于集中管辖知识产权民事、行政、刑事案件并配套体系化的知识产权法院建制具有一致同意的倾向。“三合一”审判模式作为以上问题解决办法的一种形式已在实践中试点推行，就调研结果看，“三合一”审判模式发挥了实效，有效解决了知识产权案件中刑民交叉和行刑衔接的诸多难题，因此，在未来知识产权刑事司法实践中，“三合一”审判模式应作为一种积极尝试在各地推进运行并不断完善。

6. 畅通救济渠道，加强权利保障

如前所述，在当前司法实践中，权利人运用刑事手段保护自身权利较难实现，一是知识产权刑事自诉虽无法律限制但在司法实践中难以实现；二是知识产权案件刑事附带民事诉讼既存在理论上的限制（刑事附带民事诉讼仅针对实际的直接物质损害，而知识产权是一种无形资产）也存在实践中的限制（部分法院不支持），这一问题同时涉及知识产权刑事判决之后另行提起民事诉讼问题（根据《刑事诉讼法》第 104 条，在刑事判决之后单独提起民事赔偿的，原则上应由同一审判组织审理）。这些问题不仅影响权利人积极参与刑事案件的侦查和审理的积极性，还影响权利人维护自身权利的正当诉求。而以上问题并不存在难以克服的现实困境，调研结果也表明实务专家几乎一致赞同知识产权权利人可以提起自诉以及可以在知识产权刑事案件中附带民事诉讼，因此，在未来知识产权的刑事保护中，应当进一步畅通权利人的刑事救济渠道，加强对其权利的保障。

第三章　知识产权刑事司法一体化的理论构建

近年来,我国在知识产权司法保护领域开展了一系列措施。宏观上,提出加强知识产权司法保护,明确司法保护在知识产权保护中的主导作用;微观上,逐步推出具体的司法保护政策,如引入惩罚性赔偿、强调刑事司法保护、完善诉讼证据制度、建立指导性案例制度等。各类司法措施多管齐下,助力知识产权司法保护。以《刑法修正案(十一)》为例,有观点指出该次修正案对刑法条文的修改背后的理念与“严而不厉”的刑法理念不同。《刑法修正案(十一)》在司法解释已大幅降低知识产权犯罪罪量标准的情况下,进一步深化强保护理念,大幅提升了相应的法定刑幅度。①

而在司法实践中,通过分析多年来的司法经验可以发现,知识产权刑事司法保护不仅遵循刑事司法的共性,更具备其余种类刑事案件所不具备的特点。当我们在讨论知识产权的刑事保护时,不应忽视该类案件的独特性。在真实的司法过程中,面对知识产权案件时,一般存在解释困难、司法操作难、缺少明确法律依据等问题。显然,有必要对司法过程中出现的上述问题加以解决。

---

① 参见《聚焦刑法修正案(十一)》,载中华人民共和国最高人民检察院官网,https://www.spp.gov.cn/spp/llyj/202101/t20210106_505651.shtml。

第一节 知识产权刑事司法一体化概念的提出

刑事司法一体化是刑事一体化的下位概念。刑事法律活动主要包括刑事立法、刑事司法和刑事执法等环节。刑事实体法和程序法的立法必须分开，刑事执法是基于已决案件的执法，相对被动。刑事司法一体化是践行刑事一体化的最重要环节，也是具有实践意义的部分。

当前，虽然刑事一体化理念已成为共识，但实体法与程序法领域学者对相关问题的研究依然是“各自繁荣”。因此，将刑事实体法与程序法进行交叉研究，改变上述局面，对司法实践具有非常重要的意义。

一、“刑事司法”及相关概念的含义澄清

在给出知识产权刑事司法一体化的概念之前，有必要简要阐述“刑事司法”指涉的内容。“刑事司法”一词常见于各种书面、口头与官方、非官方的表达中。虽常见但使用混乱，进而使得这一概念的内涵并不明确，即“刑事司法”这一概念自身存在一定的模糊性。有研究指出，司法的概念具有多元性、复合性、开放性等特质，①由此导致不同的人在提到“（刑事）司法”一词时基于自身的观念与实践经验的差异导致其所指并不一定相同。

目前对刑事司法的理解可以分为广义与狭义两种：

广义的刑事司法，也可称为“大刑事司法观”，这一观点的特点是将刑事司法作为以“犯罪”为核心的概念。具体而言，刑事司法是司法的重要组成部分，是预防犯罪、打击犯罪（追诉、惩治犯罪）、改造犯罪的专门活动。它包括刑事侦查、刑事检察、刑事审判、刑事执行的法律制度、机构设置以及运行过程等方面。从法律依据上看，刑事司法有刑法、刑事诉讼法、监狱法和其他罪犯改造法律等，即实体法、程序法、执行法三大法律体系和制度。从目标功能上看，刑事司法起到预防犯罪、打击犯

---

① 参见卞建林等：《司法规律研究》，中国人民公安大学出版社 2019 年版，第 6 ~ 7 页。

罪、改造罪犯的作用。[①] 进而，有观点指出，在现代法治体系中，为了预防、发现、侦查、起诉、审判犯罪以及对已经被确定为实施了犯罪的人施加惩罚并促使其重新回归社会的活动都属于刑事司法活动，参与其中的国家机关都属于国家的刑事司法机关。虽然不同法域和国家的刑事司法制度之间存在差别，但现代刑事司法无疑是围绕"犯罪"这一由国家法律所确定的核心概念而构筑起来的。[②] 简言之，广义的刑事司法认为刑事司法本身是一个围绕"犯罪"这一社会现象，为应对犯罪而使用的一个概念。应对的方式包括防控、处理等。

狭义的刑事司法认为"司法"一词的实质内涵都与处理具体案件相关，是有权国家机关依法解决具体法律争议的活动。司法不单是法院的活动，特别是在刑事诉讼中，它涉及公安机关、人民检察院、人民法院以及司法行政部门等国家有关专门机关，其职能包括侦查、起诉、审判、执行等方面。[③] 这一观点将刑事司法的内涵限制为在刑事诉讼中公检法等司法机关的司法活动。

本书的讨论范围限制在狭义的"刑事司法"活动中：(1)刑事司法所具有的预防、教育目的在知识产权保护过程中面临无法自圆其说的困境；(2)目前对知识产权刑事司法保护的讨论过多集中在刑事司法的功能上，却较少关注相关概念本身的合逻辑性以及特有理论的建构。因此，从相对微观的角度看，有必要对知识产权刑事司法过程中的具体问题进行分析，并总结规律，进而提出相应的知识产权刑事保护理论。

此外，有必要区分"刑事司法"与"刑事诉讼"两个概念。虽然刑事诉讼是刑事司法的重中之重，但刑事司法不以刑事诉讼为限，前者的内涵要丰富许多。一般而言，刑事诉讼是指司法机关在当事人和其他诉讼参与人的参加下，依照法定的诉讼程序，处理刑事案件的全部活动。广义的刑事诉讼是指法院的审判、公诉机关的起诉和侦查机关的侦查等一系列诉讼活动的总称；狭义的刑事诉讼仅指法院的审判活动。刑事诉讼所要解决的实体问题是犯罪和刑法，核心是犯罪嫌疑人、被告人

---

① 参见陈和华、叶利芳：《刑事司法学》，中国方正出版社2004年版，第2~3页。

② 参见何挺：《刑事司法改革中的实验研究》，法律出版社2020年版，第69~70页。

③ 参见卞建林等：《司法规律研究》，中国人民公安大学出版社2019年版，第6~7页。

的刑事责任。[①] 可见，刑事司法与刑事诉讼均是与“犯罪”相关的概念，但刑事诉讼仅是刑事司法在程序上的表现，通过刑事诉讼能够实现刑事司法处理犯罪和部分实现刑事司法防控犯罪的目标。

二、刑事一体化简述

（一）“刑事一体化”的内涵

“刑事一体化”的概念在我国由储槐植教授首倡。其指出，刑事一体化的基本点是指当刑法和刑法运行处于内外协调状态时才能实现最佳社会效益。实现刑法最佳效益是刑事一体化的目的，刑事一体化的内涵是刑法和刑法运行内外协调，即刑法内部结构合理（横向协调）与刑法运行，前后制约（纵向协调）。[②] 在此之后，储槐植教授又对“刑事一体化”理念作出了具体说明：所谓内部协调主要指刑法结构合理，外部协调实质为刑法运作机制顺畅。刑事一体化观念倚重动态关系中的刑法实践。刑事一体化作为方法，强调“化”（即深度融合），刑法学研究应当与有关刑事学科知识相结合，疏通学科隔阂，彼此促进。[③] 这是一种较为宏观且内涵极为丰富的概念。

“刑事一体化”是一种观念，也是一种方法（观察方法）。作为观念的刑事一体化与刑事政策的关系极为密切。[④] 但作为方法的刑事一体化却少有提及。有学者直言，当下的“刑事一体化研究”常用一种“居高临下”的姿态审视法律，在刑事诉讼制度和刑法制度的改革中，往往局限于向“刑事法律之外”的刑事政策乃至社会政策求索方案，而很少在刑事法律“之间”追根溯源并“对症下药”。[⑤] 可见，在相对宏观的政策考量与理念指引之下，更加真切的问题则是如何使刑事实体法与刑事程序法、刑事法与其他部门法之间的互动关系更加畅通以及如何将刑

---

① 参见程荣斌、王新清主编：《刑事诉讼法》，中国人民大学出版社 2021 年版，第 4 页。

② 参见储槐植：《建立刑事一体化思想》，载《中外法学》1989 年第 1 期。

③ 参见储槐植：《再说刑事一体化》，载《法学》2004 年第 3 期。

④ 参见储槐植、闫雨：《刑事一体化践行》，载《中国法学》2013 年第 2 期。

⑤ 参见康怀宇：《“刑事一体化”视野中的刑事容隐法律体系研究》，法律出版社 2018 年版，第 8 页。

事一体化这一理念性的指引落实在刑事司法的具体过程中。

(二)“整体刑法学”

运用整体的、系统的视角审视犯罪问题的观念并非我国首创,德国刑法学家李斯特在百年前就提出了“整体刑法学”的概念。具体而言,其提出的“整体刑法学”倡导刑法的刑事政策化,主张将刑法学研究从狭窄的法律概念中解放出来,以科学主义的实证研究方法来研究作为一种自然和社会现象(而不仅仅是作为法律现象)的犯罪,并提出了建立包括刑事政策学、犯罪学、刑罚学和行刑学等在内的“整体刑法学”的主张。同时,李斯特指出,作为实用性很强的科学,为了适应刑事司法的需要,并从司法实践中汲取更多的营养,刑法学必须自成体系,因为,只有将体系中的知识系统化,才能保证有一个站得住脚的统一的学说,否则,法律的运用只能停留在“半瓶醋”的水平上。① 李斯特把犯罪原因分为个人的原因与社会的原因。消除社会原因必须主要依靠社会政策,所以,“最好的社会政策就是最好的刑事政策”;刑罚主要消除个人原因,所以,“应受刑罚处罚的不是行为而是行为人”。② 可见,李斯特的“整体刑法学”是将刑法(学)自身当作一个整体的概念,从刑法的内部发展出完整的刑法规范体系,将犯罪(行为)、刑罚、刑事政策等共同纳入刑法研究与发展的参考因素。德国刑法理论上的刑法学现代学派(新派)经由安塞尔及其社会防卫论思想下的刑事一体化的法国化拓展,我国学者甘雨沛教授在其《外国刑法学》(1984 年)中也提出了“全体刑法学”,这是刑事一体化在中国本土的萌芽。③

(三)“刑事一体化”的实现路径

储槐植教授在介绍“刑事一体化”概念的背景时曾提出,要解释犯

---

① 参见[德]弗兰茨·冯·李斯特著,[德]埃贝哈德·施密特修订:《李斯特德国刑法教科书》,徐久生译,北京大学出版社 2021 年版,第 3 ~ 4 页。

② 参见张明楷:《外国刑法纲要》,法律出版社 2020 年版,第 10 页。

③ 参见蔡桂生:《刑事一体化的知识生产——〈刑事法评论〉前 20 卷之研究》,载《刑事法律评论》2008 年第 1 期。

罪数与刑罚量同步增长的现象,必须建立刑事一体化思想。[①] 可见,提出刑事一体化是为了认真审视犯罪与刑法的关系以及刑法与刑罚的功用,尤其是对于社会治理的作用。具体而言:不能把刑罚理想化,对犯罪原因的理解不能简单化;承认犯罪是多种因素综合作用的结果,全面地深入到社会基本结构即生产力因素本身以及经济基础与上层建筑的矛盾关系中去探索犯罪原因,把刑罚思想建立在犯罪规律的基础上。[②] 而与刑事一体化相对的是孤立地认知犯罪、运用刑罚的观念。刑事一体化是一种打破认知藩篱,要求全面看待犯罪现象与刑罚功能的观念。这种全面的、联系的观点是对刑事司法的发展提出的构想,是对刑事法律运行的一种较高层次的期许。淡化学科界限重在理解并融贯,这是一个难以量化且需要长期投入的过程,更多依靠司法人员的认知与制度的逐渐更新以及制度的逐渐改善。而提到学科融通,最容易联想到的就是培养对各学科能够融会贯通的司法人员,在知识产权审判领域即为审理知识产权案件的法官能够对知识产权的基本规则,以及对民事规则、刑事司法规则、行政规则都有基本的了解。这样的目标会使法官们在不同的思维中反复转换,实质上加大了法官及其他司法人员的工作难度。虽然在理论上我们希望能够培养出这样的法官,但现实是,同时能够掌握甚至精通多门学科的司法人员仍少之又少。目前,仅刑事实体法与刑事程序法的联动、刑民交叉、行刑衔接等法学学科内部的问题就已经难倒了一大批法律人。我们应当承认,在当前的法学培养模式下,司法人员的知识结构可能难以应对现实问题,[③]进而对司法人员提出更高的要求。因此,上述期许能够在何种程度上达到尚不可知。

由此,更为现实的调整方向是注重司法过程中组织与人员的配合。实现刑事一体化,离不开人员与体制的一体化。对于知识产权司法体

---

① 参见储槐植:《刑事一体化》,法律出版社 2004 年版,第 187 页。

② 参见储槐植:《刑事一体化》,法律出版社 2004 年版,第 188 页。

③ 例如,有研究从教学角度入手,指出中国的五所政法大学在刑法学学术硕士的培养上未能"疏通学科藩篱",课程的上下关系(以政治课为代表的社会类课程与刑法学课程)、前后关系(犯罪与刑法、刑法与行刑)、左右关系(刑法与其他部门法和程序法,刑法与其他学科如社会学、经济学、统计学等)均有一定问题,进而导致理论研究存在局限、司法判断较为片面等问题。参见王鹏飞:《刑事一体化视野下高校刑法学研究生课程的体系建构——基于五所政法院校的实证考察》,载《法学教育研究》2021 年第 2 期。

制建设，不能忽视对司法人员的筛选与培养。但是，如果希望通过设立本地区的知识产权法院，在人员配置、经费额度、干部职数、办公场所等方面予以扩张，或者是通过知识产权法院的设立来缓解当地法院资源配置不足的问题，那么可以肯定地说，这种知识产权司法体制改革的思路最终会招致失败。① 知识产权案件涉及大量专业问题，因此在制度建设过程中必然离不开专业人员，并且要建立技术调查、技术鉴定、专家咨询、专家证人等技术事实查明的综合体系。知识产权法院设立技术调查官一职，已成为最高人民法院及知识产权专门法院尽力推行的一种主流模式。② 任何宏观的体制机制都需要具体人的行动。在知识产权刑事司法体制中，应该引入具备相应司法技能的人为案件办理提质增效。同时，作为行政体制的一部分，司法体制应建立合理有效的激励机制，否则会导致刑事司法系统运作缺乏活力，降低办事效率。同时，对司法人员要有严格的规束，否则为刑事一体化做出的努力都将徒劳。

此外，司法过程中另一个重要的问题是法律规范的融通。由于知识产权刑事保护属于跨部门法的领域，在司法过程中必然会遇到法律规范的矛盾，如法规范价值、法规范目的、法规范内涵、法规范解释等，具体而言，则是刑民交叉、行刑衔接等问题，是刑事手段介入的必要性和正当性等问题。如上所述，“刑事一体化”的目的是打破学科藩篱。因此，有必要考虑刑法基本理论对于知识产权案件的适配程度如何，是否会存在矛盾、如何选择理论工具、如何做到解释自洽等。

三、知识产权刑事司法一体化

刑事司法一体化是刑事一体化理念在刑事司法活动中的践行，既具有科学研究方法论上的积极意义，又能够对刑事司法实践中出现的问题进行全局性的保护，从而较好地解决理论和实践层面出现的诸多问题。刑事司法一体化并不仅仅是两种概念或理论的简单叠加，还有

---

① 参见易继明：《构建知识产权大司法体制》，载《中外法学》2018 年第 5 期。

② 参见易继明：《国家治理现代化进程中的知识产权体制改革》，载《法商研究》2017 年第 1 期。

着现实基础与必然性：作为刑事司法系统运行的必要前提，公、检、法机关必须遵循统一、协调的实体法规范和程序规范（无论是制定法还是非制定法）。刑事司法系统的同质性和统一性，必然使该系统在不同程度上带有"一体化"倾向，即具有相似的价值取向，共同认可特定的行为方式，因而能对案件作有效的工序性处理而不致发生太多障碍。① 仅从这一概念出发，可以看出这一理论的两个关键点：其一，刑事司法一体化将"司法"作为切入知识产权保护的一个核心；其二，对于司法的要求是通过"一体化"应对目前知识产权刑事案件的司法碎片化的状况。

在知识产权案件中，对法律规范的理解与适用往往基于司法实践形成、变化、确定。由此，对知识产权司法的讨论从具体的司法过程切入更具有实际意义。应当承认我国对知识产权的刑事司法保护仍处于较初级的阶段，在一些规则的理解与适用上不够成熟，如与民事司法相抵触、在刑事理论中不能做到自洽等。由此，本书针对知识产权刑事司法存在的问题，提出知识产权刑事司法一体化这一概念。

所谓知识产权刑事司法一体化，是指基于知识产权制度的特点，构建适合知识产权刑事司法特征的司法理念与方法。知识产权刑事司法一体化最终要达到的目标是，在知识产权刑事案件的司法流程中，最大限度地做到实体法、程序法之间的衔接流畅。在此过程中，厘清知识产权的制度特性、知识产权与"强保护"的关系等问题是知识产权刑事司法一体化的前提。其中最为重要的是知识产权的制度特性。首先，知识产权有别于传统物权，具有相对个性化的特征。其次，知识产权刑事司法中的关键问题是如何理解、适用相关法律规范。这里的法律规范包括实体法规范与程序法规范。再次，对实体法与程序法，以及两者之间关系的讨论以要件事实为基础。最后，实现知识产权刑事司法一体化的同时也应注重民刑关系与行刑关系。

---

① 参见龙宗智：《刑事程序论》，法律出版社 2021 年版，第 9 页。

第二节　知识产权刑事司法一体化的理论依据

2008年6月5日颁布的《国家知识产权战略纲要》确立了“以司法保护为主导”的知识产权治理体系。以司法为主导，更加符合知识产权的私权属性、竞争属性和市场属性，更利于发挥司法的终局权威和规则治理优势。[①] 2018年8月28日，中共中央办公厅、国务院办公厅联合发文，强调加强知识产权审判领域的改革与创新，提出“改革完善知识产权司法保护体制机制”，目标是“以完善知识产权诉讼制度为基础，以加强知识产权法院体系建设为重点”[②]。2020年11月6日，最高人民检察院以内部综合办案组织的形式组建了知识产权检察办公室，并以此整合刑事、民事、行政检察职能，推动形成检察办案、监督合力，统筹加强检察机关知识产权保护的制度设计和研究指导，加强知识产权全方位综合性司法保护。最高人民检察院时任检察长张军指出，不仅要用好自由刑，也要重视用好财产刑。在证据收集上，要探索适合知识产权办案的取证方式，有效克服举证难问题，最大限度降低获取证据成本，提高办案质效。2021年，中共中央、国务院印发的《知识产权强国建设纲要(2021—2035年)》中提出要构建门类齐全、结构严密、内外协调的法律体系。开展知识产权基础性法律研究，做好专门法律法规之间的衔接，增强法律法规的适用性和统一性。结合有关诉讼法的修改及贯彻落实，研究建立健全符合知识产权审判规律的特别程序法律制度。

由此可见，知识产权司法保护仍有许多功课要完成。尤其在缺少刑事保护的本土理论的背景下，如果仅靠移植或继受规则，很容易导致规则适用“水土不服”。“以司法保护为主”“完善司法保护”“完善诉讼制度”“综合司法保护”“提高办案质效”“结构严密”“内外协调”等关键词在政策文件中的出现，或许能够代表知识产权(刑事)司法未来的

① 参见陶凯元:《充分发挥司法保护知识产权的主导作用》，载《民主》2016年第4期。

② 《中办国办印发〈关于加强知识产权审判领域改革创新若干问题的意见〉》，载《人民日报》2018年2月28日，第1版。

努力方向，但知识产权规则的特殊性、司法制度上的现实困境都给司法上的“一体化”目标带来了困难。从宏观层面上讲，知识产权司法的制度设计、法律适用、诉讼机制等方面需要进一步地统筹整合，以提升司法效率，减少司法阻碍，进而符合知识产权案件的司法规律。

一、规则融合与流程衔接

（一）实体规则与理念的融合问题

如果站在刑法学的领域去审视知识产权保护，那么作为经济犯罪的一类，其应当遵循整个刑事司法运作的规律，符合刑事司法运作的现实。但从知识产权司法的角度去看刑事保护，后者仅是知识产权司法保护的方式之一。事实上，这种理念、视角上的差异是潜伏在知识产权（刑事）司法保护中的一对潜在矛盾。如上所述，在审判标准、权属认定、损失计算依据等方面，民事与刑事保护的思路并不相同。这种差异来自刑事案件的办案思路与知识产权民事案件在规则设计与认定思路上的差异。

一方面，有观点认为刑法的命题是“只要……就……”，即“只要实施某种行为，就应科以某种刑罚”。① 这是从个人角度对处罚正当化进行的论述。另一方面，刑法的目的是保护法益。而上述行为主义的思路与刑法的法益保护目的又彼此关联，因为要保护法益，通常情况下，只要禁止实际引起法益侵害或危险的行为即可。可以说，行为主义中的“行为”必须是“造成法益侵害或危险的行为”，这也是法益保护主义的体现。② 面对知识产权类案件，法官需要在法律规定与司法弹性之间寻求平衡，因为知识产权法律法规大多以利益平衡为导向。具体而言，知识产权有别于传统的“权利”，其涉及创造者、投资者、传播者、享用者

① 皮艺军：《刑事一体化的方法论解析——对一个注释范本的检视》，载《刑事法评论》2007 年第 1 期。

② 参见［日］松原芳博：《刑法总论重要问题》，王昭武译，中国政法大学出版社 2014 年版，第 15 页。

等主体之间的利益分配，不应仅仅因侵权就必然认定违法。[①] 此时，上述两种思维产生矛盾也就不足为奇，尤其当遇到新技术、新商业模式以及非典型"犯罪行为"等带来的新问题时，如果不加检视地套用既定规则、忽视对罪与非罪的讨论，极易导致民刑倒挂等问题。例如，对于深度链接侵权行为，有学者认为民事裁判长期过度依赖和有所误读所谓的"服务器"标准，或许对有些侵权行为过于宽容，而刑事裁判另辟蹊径，不受一些僵化思维框框的束缚，有时会达到出其不意的效果，值得民事保护在司法理念和法律标准上借鉴。[②] 相反，对其他网站中未经授权传播的作品提供"深层链接"是否构成《著作权法》中的"信息网络传播"，知识产权法学界还有不同见解，法院在民事诉讼中也有不同判法。在民事侵权认定存在争议的情况下，认定该行为构成侵犯著作权罪是否违反刑法的谦抑原则是一个值得讨论的问题。[③] 又如，对于商标犯罪，有观点指出存在忽略了是否存在商标侵权、认为任意类型的商标侵权均可成为商标犯罪的成立前提、忽略了所侵犯商标的实际使用状态的现象，进而导致民刑倒挂等问题。[④] 这种规则乃至理念上的差异带来的矛盾在许多具体的案件中都有体现。

进一步思考，虽大体上都可称之为知识产权类案件，但由于民事与刑事领域在规则设计、司法理念等方面的差异，导致有关概念、规则的"一体化""融贯化"过程并不容易。以"三合一"为例，知识产权审理"三合一"是我国推动知识产权司法走向一体化的重要举措之一，"三合

① 事实上，从知识产权保护中受益的主体并不限于创造者，投资者作为主要的利益分享者，往往不考虑创造的伦理，只是一味地希望将自己获得的权利扩张到极限。因此，我们应当更多地从分配的角度促进符号的生产，思考利益产生之后，创造者、传播者、投资者、社会公众应在何种程度上参与分配，不能简单地认为"保护知识产权"就等于"鼓励创造"。对社会公众利益的保护，不应被视为"鼓励创造"的例外，这种保护本身就是鼓励创造的一个要素。参见李琛：《论知识产权法的体系化》，北京大学出版社 2005 年版，第 147 页。

② 参见孔祥俊：《当前我国知识产权司法保护几个问题的探讨——关于知识产权司法政策及其走向的再思考》，载《知识产权》2015 年第 1 期。

③ 参见王迁：《论著作权保护刑民衔接的正当性》，载《法学》2021 年第 8 期。此外，王迁教授曾指出：深层链接通常只是为用户提供了从"同一传播源"获得作品的不同途径，并未形成新的"传播源"，因此不构成"信息网络传播行为"。王迁：《论提供"深层链接"行为的法律定性及其规制》，载《法学》2016 年第 10 期。

④ 参见刘铁光：《论商标保护民刑之间的衔接》，载《环球法律评论》2023 年第 4 期。

一”的建设实质上是改变原有司法模式、重新分配资源、协调司法适用的过程。按照“三合一”的理想设定,受理知识产权案件的法官理论上应当对刑事、民事、行政实体法与程序法的相关规定都十分熟悉,即需要法官为配合不同的案件类型不断切换思维,以往对民事、刑事、行政的司法分配可能无法适应知识产权的新变化,加之部分知识产权类案件涉及技术问题,由此又需要法官将各个领域的技术问题转化为法律问题。这对于法官的司法能力而言是一个挑战,尤其在“案多人少”的现实下,此种审理模式对法官的能力是极大的挑战。另外,仅就刑事案件而言,“三合一”的广泛推行,能否有效追究知识产权罪犯的刑事责任,对于加大惩戒力度、提升审判效率至为关键。同时,“三合一”之刑事审判改革,需要检察院与行政部门如公安、市场监督、文化稽查等部门配合,非审判机构一家能够独立完成。①

可见,如果“一体化”仅仅是在审理案件时兼顾民事与刑事的审判思路,在实际操作时也不算特别难以实现。但在此基础上又叠加知识产权这一制度时,会导致审理案件时所要考虑的实际问题更为复杂。知识产权制度的一大特征为虽然知识产权的法律规范内容变动(整体)较小,但规范内涵的稳定性较差、合理解释较多样。由于知识产权与技术的联系非常紧密,而技术又不断地飞速发展,使得知识产权法律规则中原有的体系化成果不断被质疑,更加剧了知识产权法学范式的脆弱性。回顾知识产权发展史,几乎每一次重大的技术进步,都会引起理论的争议。录制技术与无线电技术,引发邻接权的保护问题;摄影技术出现之后,引起“照片是不是作品”的讨论;网络技术与生物技术更是给著作权、专利权、商标权诸领域都带来了理论问题。因此,知识产权理论被迫不断地调适,削弱了体系的稳定性,②进而导致知识产权刑事案件也要应对这种灵活性。

(二)司法流程的衔接问题

实体法之间、实体法与程序法之间缺少必要的沟通是一个常论常

① 参见易继明:《司法体制改革中的知识产权法庭》,载《法律适用》2019 年第 3 期。

② 参见李琛:《论知识产权法的体系化》,北京大学出版社 2005 年版,第 95 页。

新的问题，知识产权刑事类案件也不例外。知识产权司法体制建设是我国应对知识产权司法保护的一项重要举措，也是司法应对知识产权案件特殊性所做出的必要改变。在知识产权司法保护体系改革之前，我国知识产权的司法保护存在一些问题：知识产权司法审判体制不够完善导致案件审理不协调；知识产权民事、行政和刑事“三审分离”的司法审判模式不尽合理致使无法做到“同案同判”；知识产权诉讼证据制度不完善，举证责任分配不合理；知识产权侵权纠纷面临行政处理和司法审判的竞合与衔接；知识产权侵权诉讼程序与无效宣告程序各自分立等。① 知识产权案件的分散处理与规则适用不完善等问题会降低知识产权保护的效率。

总体而言，知识产权类案件的司法过程表现得较为分散，未聚合成统一有效的合力。为此，针对知识产权案件，应探索建设符合知识产权类案件特征的司法运行体制。虽然我国知识产权刑事保护进入了新的发展层次，但知识产权刑事司法保护的理论研究却后劲不足且较为被动，较少存在有意识地针对知识产权的刑事保护理论研究。知识产权刑事保护仍处在发展阶段，这并非知识产权刑事司法的独有现象。就司法运作而言，刑事程序法与刑事实体法应协调发展，共同服务于整个知识产权制度的公平合理保护，维护司法正义。但刑事程序并不自洽，从外部来看，刑事司法系统是一个社会系统，系统中的每个阶段都是主体和程序之间复杂的相互作用的结果，对此需要建立刑事司法内部与外部运行相协调的机制。

然而，在刑事一体化理念已经基本达成共识的学术环境下，对司法案件的研究基本上是实体法学者在进行，较缺乏程序法学者的积极参与，刑事程序法领域展开的各种卓有成效的有关证据制度和司法制度的改革研究中，也较缺少实体法学者的声音。刑事实体法学和刑事程序法学研究“各自繁荣”的局面亟待改观。塑造完整的刑事系统是一项艰深的工作，刑事一体化的走势虽是必然，但刑事系统涉及自由、人权，维护与打击以及机关、部门的权力分配等问题，因此，将刑事实体法与

---

①　参见管荣齐、李明德：《中国知识产权司法保护体系改革研究》，载《学术论坛》2017年第1期。

程序法的交叉结合研究从理念推向具体和深入，对司法实践具有非常重要的意义。司法实践的经验表明，中国法律制度的主要问题恰恰发生在不同法律学科的交叉地带。对于这些交叉性问题，规范法学几乎提不出创新的观点。① 此外，现实中无论是司法人员还是行政人员，如果仅站在刑事实体法角度研究刑事诉讼法，都很容易出现"理论与实践脱节"、理论与实践"自说自话"等老生常谈的问题。刑事诉讼法学是一门实践性、操作性很强的学科，其规定的制度、规则和程序都与诉讼活动密切相关。将刑事诉讼法适用于各类刑事案件时常常会衍生出各种现实性问题。长期以来，刑事诉讼法学的研究大多以价值分析、比较研究为主线，关注模式、主义的建构与重塑，强调域外制度、规则的引入和借鉴。这种理论研究固然有其自身价值，但相关成果对于办案一线的司法人员而言似乎过于"高大上"，以致最终因不接地气、话语隔阂而被视为"假大空"的无用论。② 刑事程序法与刑事实体法应协调发展，共同服务于知识产权的公平合理保护，维护司法正义。但刑事程序并不是自洽的，从外部来看，刑事司法系统是一个社会系统，系统中的每个阶段都是主体和程序之间复杂的相互作用的结果，对此需要建立刑事司法内部与外部运行相协调的机制。刑事法律活动主要包括刑事立法、刑事司法和刑事执法等环节。

事实上，随着各种问题逐渐浮现以及理念的转变，目前已有地方针对知识产权的刑事司法保护问题积极采取对策，探索适合知识产权制度特征的司法运作模式，如上述提到的于 2020 年组建的知识产权检察办公室。除此之外，各地也在积极探索知识产权刑事保护的一体化方式。例如，山东省以检察机关内设机构改革为契机，组建知识产权犯罪办案组或指定专人办理知识产权犯罪案件，同时在全省范围内整合专业化办案资源，设立专业人才库，成立了专门研究小组，试行涉知识产权重大疑难案件团队化办案模式，成立了十余支知识产权专业办案团队。③ 上

① 参见陈瑞华：《法学研究方法的若干反思》，载《中外法学》2015 年第 1 期。

② 参见董坤：《刑事诉讼法解释学：范式转型与体系建构》，载《比较法研究》2021 年第 4 期。

③ 参见《山东检察机关实行"三合一"审查模式实现捕、诉、研、防一体化打击和服务》，载齐鲁网，http://news.iqilu.com/shandong/yaowen/2020/0422/4526511.shtml。

海市检察院第三分院立足跨行政区划检察改革特点，基于知识产权保护的专业性特质，创新探索知识产权刑事、民事和行政检察“三合一”办案机制，由第六检察部集中办理全市重大疑难复杂知识产权案件，对上海知识产权法院民事、行政案件同步开展检察监督，并对全市基层检察院进行个案指导，形成“捕诉一体”、二审集中管辖、“刑、民、行”归口管辖的“捕、诉、研、防、监”一体化办案机制。[①] 当然，在制度建设的过程中一些问题也逐渐出现，如在多年前曾提出的法官将面临超负荷的工作量、缺少专门化的上诉法院、刑事案件未纳入审理范围[②]等问题，以及在“三合一”逐步推行后，知识产权案件中出现的民事与刑事关于权属认定标准不一、保护客体的审判标准不一致、计算损失所依据的标准不同等问题。[③] 虽然在组织上能够将需要的人员分配在一起，但更为重要的制度与理念的一体化需要逐步探索。

在知识产权司法制度改革的大背景下，“整合”“一体”“综合”“协调”等成为知识产权司法制度建设中的“关键词”，但相较于空间上、物理上的聚集，针对知识产权的司法制度，甚至包括理念上的“一体化”往往更加重要也更加困难，后者是前者的更高层次的发展阶段。在明确一体化的目的与意义后，仍有许多问题需要展开分析。

【案例】嘉兴市中华化工有限责任公司、上海欣晨新技术有限公司与王龙集团有限公司、宁波王龙科技股份有限公司、喜孚狮王龙香料（宁波）有限公司、傅某根、王某军侵害技术秘密纠纷案（以下简称香兰素案）[④]

【裁判观点】侵犯商业秘密案件也可按照“先民后刑”的顺序审理。

【案情节选】

嘉兴中华化工公司与上海欣晨公司共同研发出生产香兰素的新工

---

① 参见徐燕平：《知识产权司法保护的检察路径》，载微信公众号“上海检察三分院”2021年4月26日。

② 参见杜营、章可：《中国知识产权专门法院的建构》，载《财经法学》2016年第6期。

③ 参见杨德嘉：《海淀法院知识产权“三合一”审判工作情况介绍》，载微信公众号“人大版权”2021年6月24日。

④ 最高人民法院（2020）最高法知民终1667号民事判决书。

艺，并作为技术秘密加以保护。王龙集团公司、王龙科技公司非法获取技术秘密后，从2011年6月开始生产香兰素，导致嘉兴中华化工公司全球市场份额从60%滑落到50%。

浙江省高级人民法院一审认定王龙集团公司等被告构成侵犯部分技术秘密，判令停止侵权、赔偿损失。同时，在诉中裁定停止使用涉案技术秘密，但被告实际并未停止。最高人民法院二审认定，王龙集团公司等被告侵犯全部技术秘密，判决撤销一审判决，改判各侵权人连带赔偿技术秘密权利人1.59亿元。

该案中，商业秘密持有人针对被告侵犯商业秘密的行为提起过多次诉讼：

2010年6月14日，嘉兴中华化工公司向浙江省嘉兴市南湖区人民法院起诉冯某某侵害其商业秘密，王龙集团公司为该案第三人；

2010年11月12日，嘉兴中华化工公司以“本案可能涉及刑事案件”为由撤回起诉；

2016年1月5日，嘉兴中华化工公司向浙江省嘉兴市南湖区人民法院起诉王龙科技公司、王某军、傅某根侵害其商业秘密，指控以王某军为发明人、王龙科技公司为申请人的“一种香兰素的乙醛酸法生产工艺”发明专利申请侵害了嘉兴中华化工公司关于香兰素制造方法的商业秘密，其在该案中主张的秘密点为乙醛酸法制备香兰素生产工艺中的缩合技术、氧化技术、脱羧技术。浙江省嘉兴市南湖区人民法院经审理认定王龙科技公司、王某军、傅某根构成对嘉兴中华化工公司商业秘密的侵害，于2016年11月3日作出(2016)浙0402民初45号民事判决，判令王龙科技公司、王某军、傅某根停止侵害行为，共同赔偿嘉兴中华化工公司损失50万元。该案二审期间，冯某某向浙江省嘉兴市南湖区公安分局大桥派出所反映情况，并提交了U盘和香兰素设备图、工艺管道和仪表流程图、香兰素技术合作协议、银行汇票等材料。浙江省嘉兴市中级人民法院认为有新证据显示案件涉及经济犯罪嫌疑，遂作出(2016)浙04民终2304号民事裁定，裁定撤销该案一审判决，驳回嘉兴中华化工公司的起诉，将案件移送公安机关处理；

2017年6月14日，浙江省嘉兴市南湖区公安分局作出嘉南公(大刑)立字[2017]11823号立案决定书，对嘉兴中华化工公司被侵害商业秘密案予以立案侦查；

2020年1月7日，浙江省嘉兴市南湖区公安分局以“对犯罪嫌疑人未采取强制措施，自立案之日起二年内仍然不能移送审查起诉或者依法作其他处理”为由，决定撤销该案。

最高人民法院认为，从查明的事实和嘉兴中华化工公司维权过程来看，香兰素生产技术内容较为复杂，包含诸多技术信息，嘉兴中华化工公司与上海欣晨公司对于其技术秘密受到侵害的范围、途径和具体侵权主体的认知实际上存在一个渐进的过程。虽然嘉兴中华化工公司曾于2010年提起诉讼，但该案的被告和所依据的事实均与本案不同，没有证据表明嘉兴中华化工公司当时知道或者应当知道涉案设备图、工艺流程图已经被非法获取、披露或者使用且本案各原审被告为该侵权行为的实施者。虽然嘉兴中华化工公司在该案中撤诉，但是其撤诉理由是“本案可能涉及刑事案件”，且浙江省嘉兴市南湖区公安分局大桥派出所随后对相关情况进行过调查，表明该撤诉行为并不意味着嘉兴中华化工公司对其商业秘密被侵害采取放任态度。同理，嘉兴中华化工公司2016年1月提起诉讼针对的被告与本案原审被告亦不相同，所涉及的技术秘密的具体内容及相关诉讼主张亦不相同。直到冯某某于2016年12月向公安机关反映情况并提交图纸等证据后，嘉兴中华化工公司才基本掌握初步证据，明确其可能被侵害的技术秘密内容、可能的侵害人及侵害行为等。嘉兴中华化工公司两次提起诉讼及公安机关的介入都表明，嘉兴中华化工公司的维权行动一直在持续，只是基于侵害技术秘密案件中普遍存在的确定和证明侵害人、侵害行为、被侵害的技术秘密范围较为困难，嘉兴中华化工公司与上海欣晨公司才无法准确针对王龙集团公司、王龙科技公司、喜孚狮王龙公司、傅某根、王某军更早提起侵害涉案技术秘密的诉讼。

最终，最高人民法院在裁判文书中提到：“本案被诉侵权行为已涉嫌侵犯商业秘密犯罪，本院将依法将相关线索移送公安机关处理。”

虽然“先刑后民”的审判顺序作为司法实践中长期遵循的一项“原则”较为持久地影响着刑事审判实践，但“先刑后民”原则往往会给知识产权类案件的司法带来一些问题。例如，在先刑后民模式中，刑事程序更为关注的是犯罪数额、犯罪情节等影响罪与非罪的重要因素，而知识产权的认定又具有很强的专业性，刑事法官很可能忽略这一部分，或者简化处理，而将审判重点放在犯罪数额的认定上。[①] 可见，单纯的“先刑后民”、“先民后刑”抑或“刑民并进”似乎并不能很好地概括知识产权类案件审理流程的应然状态。有学者从被害人的救济体系、刑事判决的预决效力、司法人员的风险与责任意识三个方面分析，指出先刑后民的审理思路并非简单的观念问题，而是一个基于制度设计而产生的“趋利避害”的理性选择的结果。[②] 在此基础上，如欲推进知识产权司法上的“一体化”，需要对上述三个问题分别展开讨论，以说明“一体化”对知识产权类案件的积极意义。

其一，从被害人的角度入手，可以发现，虽然我国刑法规定了知识产权类犯罪，但从立案到审判的诉讼流程规定有些许模糊。从最高人民检察院、公安部《关于公安机关管辖的刑事案件立案追诉标准的规定》对知识产权类犯罪给出的立案标准来看，大多数规定是对刑法相关规定的简单重复，且立案标准大多以各种“数额”，如违法所得数额、非法经营数额、复制发行量等较为直观、可操作性较强的内容作为是否可以立案的判断标准。因此，在某种程度上这种规定会引导公安机关关注权利人的损失如何以及较为直观的案件事实。矛盾的是，在部分案件中权利人往往难以证明对方因侵权的实际获利，或用不同的算法标准计算后得出一个所谓的“损失”。而对于知识产权相关案件事实，如客体、权利归属、是否侵权等，往往需要经过一系列的调查才能得出。此时，公安机关要么会选择不予立案（包括立案后不侦查等情形），要么寻求检察院的帮助，请求后者给出具体的立案要求，但检察院因并无此种具体要求而只能选择给出一定的案件类型。因此，目前对于知识产权类案件，理顺刑事诉讼流程仍有可供探索的空间。

其二，刑事判决的预决力也会影响到知识产权类案件的司法逻辑。在上述香兰素案中，最高人民法院决定将案件移送公安机关处理，此后便会涉及民事诉讼的证据能否在刑事诉讼中被采信等问题。例如，刑

---

① 参见徐家力、张军强：《对知识产权案件先刑后民模式的反思与完善》，载《中国刑事法杂志》2018 年第 4 期。

② 参见纪格非：《论刑民交叉案件的审理顺序》，载《法学家》2018 年第 6 期。

法和民法虽然都保护商业秘密，但是二者的规范目的存在明显差异。民事案件关注损害赔偿，刑事案件则聚焦惩罚和预防。商业秘密的刑法保护考量的更多是惩罚所带来的社会成本收益问题，此种社会利益考量主要体现为对犯罪人的报应效用、矫正争议的社会效用、维护公平竞争秩序的公共利益等。因此，商业秘密刑事保护的正当性基础偏向公共利益的综合性法益保护，如社会整体科技创新环境、诚信创业的激励机制。[①] 因此，受制于不同的审理模式、裁判思路，二者仍有可能在裁判结果（包括裁判理由）上各有侧重。司法流程变化的背后有着更本质的需求与目的，上述香兰素案的意义绝不仅仅是将“先刑后民”改为“先民后刑”，而是在现有的司法制度下实现了较为合理的分工与配合。在商业秘密持有人报案无路的前提下，可通过原被告双方举证质证、法院最终审判的方式确定商业秘密是否存在、被告是否侵权、被告相关侵权情节等在刑事审判中比较容易忽略的问题。

可以发现，当前对于知识产权案件的刑事司法，虽然存在相关规定，但往往因为不够明确、不具可操作性等问题而被抛弃。正如陈兴良教授所言，确定“先刑”的背景是要打击经济犯罪，但当事人权利受到侵害时，法律的根本目的是保护当事人的合法权利。实践中经济犯罪的罪与非罪的界限有时难以划清，因此应尊重当事人的选择权，公权力要尊重私权利，“先刑后民”原则体现了公权张扬、私权压抑，不符合现代司法理念。[②] 而对刑民关系的讨论则体现了对法律规范合理性的更加深入的追求。

二、知识产权的制度特性

追求一体化是因为法律规范在逻辑上存在问题，如重叠、重复、矛盾、空白等，这些问题实质上会影响知识产权司法保护的发展，并且，从规范目的角度而言，要区别刑事司法在知识产权保护中的规范目的。

---

① 参见冯晓青、马彪：《民刑交叉视野下侵犯商业秘密罪边界的检视与厘清》，载《法治社会》2021 年第 3 期。

② 参见陈兴良等：《关于“先刑后民”司法原则的反思》，载《北京市政法管理干部学院学报》2004 年第 2 期。

在现代法律体系中,刑法以惩罚与预防犯罪为基本功能。作为私法的侵权法,其重心依然是损害的填补与预防,不能因侵权法给侵权人施加侵权责任具有强制性和不利性就认为侵权法以惩罚或制裁为目的并能够发挥惩罚的作用。① 从刑事司法角度而言,要关注知识产权刑事司法的独特规律。

此外,将"刑事保护"落脚在刑事司法是因为相较于纯立法探讨而言,对司法的关注更具有实际意义,也更符合当前对知识产权司法制度建设的重视。在此基础上,对知识产权司法保护的关注则是因为在不同规范意义下,知识产权规则的地位并不相同。我国的知识产权刑事规则被规定在《刑法》中,由此必然涉及刑法与前置法的衔接问题,且知识产权规则与刑法理论的衔接尚有改进空间。因此,在概念上,"知识产权刑事司法一体化"并非三个名词的简单组合,其内涵有着自身的逻辑性。在价值体系上,"知识产权刑事司法一体化"强调刑事司法应关注知识产权案件的特殊性,并考察以往的刑法理论是否,以及在多大程度上能够理解、接受甚至引入、转化知识产权法律规则的特殊性,进而弥补因部门法的差异导致的司法困境。

(一)知识产权的权利性质

1. 知识产权的权利性质简述

知识产权的性质并不明确,其财产权性质尚存争议。司法过程中,有形财产与知识产权的细微差别极易被忽视,容易导致对知识产权的理解出现偏差。由于知识产权理论偏抽象且自身(相较于物权等)仍处于发展阶段,而司法实践需要及时应对各类复杂案件,以及刑事司法处理刑事案件的认定思路与知识产权民事、行政案件的出发点不同,种种因素叠加后可能导致对知识产权案件的理解存在诸多差异。

知识产权的财产权隐喻并没有完整地说明知识产权的制度属性。财产权原理多被运用于知识产权领域,但有形财产权与知识产权的不一致性却甚少被提及。对此问题,不可不察。② 套用有形财产的理论去

---

① 参见程啸:《侵权责任法》,法律出版社 2021 年版,第 39 页。

② 参见杨涛:《知识产权专有性特质的理论阐释》,载《法制与社会发展》2020 年第 3 期。

分析、研究知识产权问题并处理知识产权类案件会给刑事司法带来困惑，也会面临理论上的麻烦。通过对知识产权制度本身进行分析，可以发现学界对“知识产权是什么”的讨论成果比较丰富：(1)对于知识产权的本质，有学者分析了知识产权的三个面向，即在私人层面，它是知识财产私有的权利形态；在国家层面，它是政府公共政策的制度选择；在国际层面，它是世界贸易体制的基本规则。① (2)对于知识产权的财产权性质的讨论最具争议。有学者通过“无形/无体财产说”“智力成果说”的局限性，指出了作品、技术方案等具有智力含量的财产与非智力性的商业标记之间存在客观的、无法抹杀的区别，它们之所以能在第二性上得到统一，是因为外观形态的相似导致利用方式的相似，从而能够适用类似的行为规则。② (3)对于知识产权与公共利益的关系，有观点认为，知识产权所保护的智力成果，无论是技术方案还是作品，本身都是一种信息。而法律之所以要将“自由”的信息转变为属于创造者的财产，是出于实现特定公共政策，如推动科技发展、社会进步和保护特定利益的需要。③ 在权利最终价值上，智力成果属于公共产品，所以知识产权具有工具性质，是国家激励创新的公共政策。虽然知识产权具有私权性，但是其最终价值是促进智力成果的传播和繁荣，这说明知识产权是一种非自用权。④ (4)对于知识产权的权利保护边界，有学者指出针对知识产权对象的各种“使用”行为，并非均落入知识产权的保护范围，知识产权的“使用权能”只规制“知识产权法意义上的使用”。⑤ (5)也有学者从经济学分析的角度指出，知识产权的“去产权化”有时在经济学上可能是最好的政策。⑥ 可以发现，“知识产权”内涵的复杂

① 参见吴汉东：《知识产权本质的多维度解读》，载《中国法学》2006 年第 5 期。

② 参见李琛：《法的第二性原理与知识产权概念》，载《中国人民大学学报》2004 年第 1 期。

③ 参见王迁：《知识产权法教程》，中国人民大学出版社 2021 年版，第 2 ~ 3 页。

④ 参见何松威：《论〈民法典〉中知识产权专有的体系功能》，载《现代法学》2021 年第 3 期。

⑤ 参见何鹏：《漫谈知识产权的权利边界：缺乏目的性变形的使用权能》，载《知识产权》2018 年第 6 期。

⑥ 参见［美］威廉·M. 兰德斯、理查德·A. 波斯纳：《知识产权法的经济结构》，金海军译，北京大学出版社 2005 年版，第 17 页。

程度较高。从“制度目标”角度看,知识产权的最终目的是激励创新,但激励创新的具体方法却有很多。从“利益”角度看,知识产权涉及的是多方利益而不仅是知识产品持有人单方的权利,利益平衡原则尤为重要。从“权利边界”角度看,知识产权制度更多关注行为性质。

以上分析仅仅是知识产权制度特殊性的一个侧面,当具体到著作权、专利权、商标权、商业秘密等制度时又会存在诸多方向不同的理论与分析,其中又可能会涉及知识产权制度与物权、合同、侵权责任以及诉讼等相关的制度的结合,部分案件还会关联技术、行业发展动向。例如,著作权作为知识产权的一种,其虽在理论上是“私权”,但因其调整对象较为特殊,也具有公共属性。这一特征便将著作权这种私权与带有公共属性的文化权利联系在了一起。不仅著作权和文化权利具有共同的规范领域,而且公民文化权利实现的基础——文化资源——大多是受著作权保护的作品,著作权法通过调整文化成果的利益关系,引导文化创作、传播与利用行为,为公民文化权利保障提供了坚实的基础。① 对于商标,英国、德国等部分发达国家的商标刑事立法不局限于对假冒注册商标行为的打击,但对商标侵权行为与商标犯罪行为进行严格区分仍然是世界各国立法的主流趋势。② 对于商业秘密的保护,其并不单纯局限在对财产的保护和对个人利益的保护,从更广泛的意义上讲,它是具有维护竞争秩序的共同原理。③ 除此之外,专利保护力度达到了新的高度,表现为建立惩罚性赔偿制度和全方位保护等。但专利保护本身并不是最终目的,最终目的是要造福社会。为此,立法者还需要更多地站在公众立场上采取措施,增进专利保护给社会带来的福利。④ 甚至有学者指出:从公共领域的角度可以看出,知识产权的日益扩张已危及公共领域的繁荣,而那些构成了公共领域的信息在相当大的程度上构成了我们的社会和文化。知识产权制度的重要宗旨就是鼓励个人向社

---

① 参见杨利华:《从应然权利到实然权利:文化权利的著作权法保障机制研究》,载《比较法研究》2021 年第 4 期。

② 参见张耕、黄国赛:《民刑交叉视角下商标刑事保护边界研究》,载《知识产权》2020 年第 12 期。

③ 参见谢晓尧:《论商业秘密的道德维度》,载《法律科学(西北政法大学学报)》2002 年第 3 期。

④ 参见吴欣望:《对价视角下的专利制度》,载《知识产权》2021 年第 3 期。

会提供更多有用的知识和信息,以繁荣我们的科学和文化。对公共领域的削减会威胁到我们的科学和文化建立的基础。[①] 可以看出,传统的公权—私权“二分法”在界定知识产权的性质时产生了理论困难,由“知识产权”(intellectual property)一词带来的财产隐喻与财产类比显然不能很好地概括知识产权的制度属性。知识产权与其他类型的财产权最多只是表面的相似,因为知识产权的特征不只是排他性,还有阻止性功能,即在某种意义上限制竞争。[②] 最后,商标权作为知识产权制度中的一个特殊存在,其本身不完全等同于著作权和专利权。从表面上看,商标能够区别产品与服务的提供者,一方面使消费者通过商标承载的商誉、商品质量等信息降低检索成本;另一方面使经营者能够通过稳定的商标权维持自身的竞争优势,激励其投入必要资源开发产品。这是一个间接激励创新的制度设计。但在某些方面,商标法更接近于侵权法(事实上,从一个专业的法律视角看,商标法就是侵权法的分支,即众所周知的“反不正当竞争”的组成部分),而非财产法,尽管它与后者存在相当的重合。[③] 商标法在“激励创新”这一知识产权的“初心”之下,却有意无意地行竞争法之实。同时,因为商标要与商品密切联系,商标法制度有时会起到产品质量法、食品安全法等法律的作用。显然,传统的产权分析思路无法应对现实中的商标权制度。上述内容可以进一步说明知识产权体系显然有别于以规范有形财产为中心的传统财产权体系。即便知识产权与有形财产权存在一定的联系,二者在哲学基础、经济基础和政治基础等方面也存在诸多差异。[④]

2. 法益理论的困境

刑法的目的是保护“法益”,直观上来看,法益理论是最容易与知识产权保护对接的理论之一。法益作为大陆法系,尤其是德国法中常用的概念,具有立法批判、解释等功能。从刑法学研究角度来看,法益理

---

① 参见冯晓青:《知识产权法的公共领域理论》,载《知识产权》2007 年第 3 期。

② 参见邓志红、余翔:《再论知识产权的性质——一种权利结构的视角》,载《知识产权》2018 年第 2 期。

③ 参见[美]威廉·M. 兰德斯、理查德·A. 波斯纳:《知识产权法的经济结构》,金海军译,北京大学出版社 2005 年版,第 203 页。

④ 参见杨涛:《知识产权专有性特质的理论阐释》,载《法制与社会发展》2020 年第 3 期。

论大多未逃离“抽象”与“具体”、“应然”与“实然”、应然性与可能性之争。尤其在经济刑法中，大多未能脱离抽象—具体二分的窠臼，在此基础上的集体法益的“一元论”“二元论”“折中说”[①]等也是在上述二分理论前提下的进一步发展。

(1)抽象—具体二分无法区分民刑界限

例如，以竞争秩序作为侵犯商业秘密罪的保护法益并不能区分商业秘密民事保护与刑事保护的界限，市场竞争秩序并非刑法保护的“专利”。这种法益观陷入了一个误区：民事法律保护私人利益，刑事法律(在私人利益的基础上)保护相对抽象的社会利益。但在民事案件中，法官也会考量竞争利益的诸要素，如信赖利益秩序、交易主体对正常商业秩序的信任、潜在市场份额等。[②] 商业秘密的制度法益并非此法益(个人法益)与彼法益(集体法益)，而是法益的内部价值层次问题。

可以发现，无论是具体的经济损失还是抽象的竞争秩序，都把损失的表现形式作为侵犯商业秘密后的利益损失，进而使前者对应民事保护，后者对应刑事保护。即使是承认了竞争秩序法益的独立价值，也并没有起到对民事与刑事违法性的界分作用，反而导致商业秘密的民事保护与刑事保护更加混乱。因此，单一的竞争秩序或个人损失均无法阐明商业秘密侵权与犯罪的真正内涵。

(2)二元论与还原论存在逻辑缺陷

一元论者强调集体法益、秩序法益等超个人法益的存在价值。这一观点遭到了大规模的批判。首先，在“秩序”的界定上，持秩序法益观者大多将其界定为“经济管理秩序”但“管理秩序”该如何理解并明确；其次，所谓“秩序法益”因标准模糊反而无法起到解释、论证的作用。“秩序法益观”要求简化犯罪标准，只要违反经济秩序，便可归入经济刑法，而忽略秩序违反的后果与性质，以及主要法益与次要法益损害之关系，导致经济刑法与刑法其他法域的关系紊乱。[③] 而在更早之前，储槐

---

① 简单来说，所谓一元论是指集体法益自身具有单独的价值而不必还原为个人法益。二元论是指集体法益应当被还原为个人法益。

② 参见青岛市公用建筑设计研究院有限公司与北京大成华智软件技术有限公司等侵害计算机软件著作权纠纷案，北京知识产权法院(2018)京73民终1249号民事判决书。

③ 参见魏昌东：《中国经济刑法法益追问与立法选择》，载《政法论坛》2016年第6期。

植教授曾经指出，通过经济刑法维护市场秩序有很大问题，因为无法否认有市场经济就有犯罪。但这样的反思很快就被湮没了。[①] 此外，针对知识产权犯罪，有观点认为侵犯知识产权犯罪是直接侵犯个人法益、间接侵犯市场经济法益的犯罪，属于广义的经济犯罪。这些罪名与诈骗罪、盗窃罪、侵占罪等在本质上是一致的，只不过前者伴随经济社会的发展改变了其犯罪形态，导致这些犯罪与市场经济产生了间接的关联性。而广义的经济犯罪实质上侵犯的只是个人法益，双重法益论的观点混淆了不同类型经济犯罪的区别，导致立法、司法对于部分罪名法益保护重心存在误解，影响了部分案件的合理认定。[②] 另有观点指出，集体法益具有政治功能，因而有沦落为纯粹政治工具的潜在危险。集体法益使立法者以保护抽象的社会秩序为名扩张刑法处罚范围变得轻而易举，从而弱化了法益的犯罪化限制机能。尤其是在中国的社会环境下，特别强调个人与他人及社会的相互依赖，存在滋生集体法益的肥沃土壤，如果又缺乏立法的自我约束机制，集体法益非常容易“野蛮生长”。因此，刑法保护的集体法益应当以人的利益为基础和目标，这是防止集体法益刑法保护变异的最主要门槛。[③] 也就是说，所谓集体法益也应当依附个人法益，二者的关系表现为“此消彼长”。可以说，上述反对意见尖锐地指出了“秩序法益”独立存在的意义，并点明了“秩序法益”最终依然要通过具体的个人利益来解释的窘境。

“秩序法益”的独立性意义无法因此全然否定。在知识产权刑事保护中，“抽象法益”的发展方向不应当是调和抽象与具体的界限，而应起到准确定位抽象法益的功能。对此，黄荣坚教授认为，所谓超个人法益应该可以被还原为个人法益的诉求，乃在于其立法必须符合一般人民的具体感觉，即是否忠实地反映了一般人民痛苦与快乐的情绪，而不仅仅是建立在文字上的幻觉或是少数利益的需求。例如，基于《著作权法》第1条，保障著作权人著作权权益，调和社会公共利益，促进国家文

① 参见车浩：《刑法教义的本土塑性》，法律出版社2017年版，第101页。

② 参见马春晓：《中国经济刑法法益：认知、反思与建构》，载《政治与法律》2020年第3期。

③ 参见孙国祥：《集体法益的刑法保护及其边界》，载《法学研究》2018年第6期。

化发展而建构起来的刑罚规定就是值得商榷的法益概念。① 如果循此思路，并结合上述对知识产权内涵的分析，就可以发现，“秩序法益”的抽象性否定了上述否定观点背后的一元的利益保护观，并从刑事保护角度拓展了知识产权的法益内涵。尤其在知识产权问题上，利益平衡十分重要，单纯保护权利人的观点并不具备天然的正当性，但知识产权保护涉及多方利益是必然的，一些具有社会影响力的案件大多也涉及多方利益的平衡。多元利益如果进入刑事司法，是否应过滤掉其他利益仅保留权利人（被害人）利益，仍值得讨论。② 单纯通过还原论简化抽象法益，有时可能仅为了方便操作，但在理论层面，不应回避关键问题。一方面，刑法介入保护必须要回答介入的正当性问题。从刑事保护层面而言，缺少保护正当性造成的诸如司法权威、司法正当性质疑等社会损害不比权利人因侵权受到的利益损失要小，长期忽视对社会利益、社会情感的关注会逐渐偏离刑事保护的目的。此时，刑事保护层面应当在二者中仔细权衡而并非用“还原论”一概否定抽象法益的价值。另一方面，依然要界分知识产权民事保护与刑事保护的界限。“还原论”的思路实质上是将知识产权刑事法律作为民事侵权的特殊法。知识产权作为具有独特价值的私权化产物，其专有性特质具有诸种个性元素、专属理论蕴含与多元社会目标。③ 从静态的侵权—损失角度入手理解知识产权依然距离知识产权的本质尚远。事实上，从相对宏观的、动态的角度出发，知识产品作为流通要素，既是上一轮生产过程的结果，又（可能）会成为下一轮生产的原料。

通过上述内容可以发现，知识产权的权利性质决定了它与其他刑法保护对象不同。因此，知识产权的刑事政策原则和刑事保护规律也应遵循知识产权制度的特殊性，而知识产权的专业性决定了刑事司法

---

① 参见黄荣坚：《基础刑法学》（上），中国人民大学出版社 2009 年版，第 17 页。

② 例如，有观点认为，利益平衡原则是商业秘密的刑法保护中关键性的原则和机制。近年来，网络环境下商业秘密的刑法保护过于偏袒商业秘密权益人一方，以致公众合理使用的利益连带地受到了不恰当的限制。因此，法律应当确立社会公益优先的原则，在个人商业秘密权与社会公共利益发生冲突时，对商业秘密权作出适当限制。参见付玉明、姜盼盼：《商业秘密刑法保护的制度困境与应对方案——以侵犯商业秘密罪的法益保护为视角》，载《刑罚论丛》2015 年第 4 期。

③ 参见杨涛：《知识产权专有性特质的理论阐释》，载《法制与社会发展》2020 年第 3 期。

也要加强专业化建设。所谓知识产权的制度理性是指知识产权制度并非孤立的体系，它的构建与运行受多种因素相互影响。① 同样地，刑法在运作中存在和发展，刑法的本性也是动态的和实践的。② 在制度理念上，知识产权制度侧重利益平衡；在制度设计上，知识产权制度受国际法规则与国家间利益博弈的影响较为明显，同时又应兼顾经济与商业发展规律。发轫于英美法系国家的知识产权制度本就是各利益集团通过游说、博弈划分利益的结果，具有很强的实践色彩。同时，包括中国在内的许多发展中国家大多迫于贸易对手的压力被动建立了知识产权法律体系，加之司法实践经验不足，在制度设计上基本依靠移植国际规则或他国经验，缺少足够的本土经验。这种继受有余但特性不足的法律制度建设方式对我国知识产权司法实践的发展提出了新的问题与挑战。知识产权的制度理性进一步要求司法实践应对知识产权犯罪发展出一套完整的、有别于其他犯罪（尤其是财产犯罪）的司法实践理念。一方面，知识产权制度承诺的激励创新效用作为一种制度道德要求司法实践应从促进创新出发，不能忽视后果考量，并在此基础上思考司法实践怎样实现激励创新这一制度要求。另一方面，知识产权司法保护的边界应当明晰，刑事手段不宜过分介入知识产权司法保护。

（二）制度特性的司法体现：以谷歌公司诉甲骨文公司案（Google LLC v. Oracle America, Inc.）与美国诉希娅案（United States v. Shiah）为例

虽然对知识产权制度性质的种种讨论带来了学术繁荣，但这给司法实践带来了诸多难题。尤其对于长期专门研究、从事刑事司法的“外行”而言，如此复杂的理论一般需要一定时间的消化吸收才可在司法实践中体现出来。知识产权领域有着特殊的法律现象与法律理论，财产权的认知思路、手段与知识产权法律性质并不完全兼容。这种制度特性会给司法带来新的挑战。对刑事司法实践而言应当承认知识产权制度的特殊性，尤其是有别于有形财产的特殊性，并从制度设计层面应对

① 参见滕丽：《知识产权制度的嬗变及其法律理性》，载《理论探索》2006 年第 3 期。

② 参见储槐植：《再说刑事一体化》，载《法学》2004 年第 3 期。

这一特殊性带来的新问题，避免同一制度在不同的司法程序中出现过程与结果完全不同的现象。美国作为判例法国家，司法判例尤其是最高法院的判例是其重要的正式法律渊源，对其立法和产业发展具有极其重要的作用。① 因此，这一部分以 Google LLC v. Oracle America, Inc. 与 United States v. Shiah 两个案例为例，对知识产权司法过程中的特殊性作出说明。前一案例虽然是民事案例，但法官对著作权制度（合理使用制度）的思考以及对行业利益与消费者利益的衡量很符合知识产权案件会考量多方利益的特点，该案的审理思路作为一种思维方式是有值得被司法借鉴之处的；后一案例是刑事案件，本案中法院对控方未能成功证明被告具有犯罪主观目的的论述体现出法院对知识产权刑事案件的审慎态度。

1. 知识产权案件审理要紧扣法律规则，并注重规则目的与个案情形

本案涉及谷歌公司、甲骨文公司两方主体，甲骨文公司收购的太阳计算机系统有限公司（Sun Microsystems）开发的 Java 编程语言（包括 Java 语言、Java 虚拟机、Java 类库），以及应用程序接口（API）。其中，API 是一种定义程序或库如何进行交互的函数。用户可以通过 API 向程序发送请求，并接收程序返回的响应。程序员可以通过 API 来访问库并实现某些功能，而无需知道库的内容以及库是如何运行的。谷歌公司于 2005 年收购安卓公司，随后，谷歌公司为了吸引相当一部分程序员开发基于安卓平台并能用于智能手机上的应用程序，曾与太阳计算机系统有限公司协商使用其开发的 Java 编程语言中的 API，但协商未果，之后谷歌公司决定自己独立开发安卓平台。但谷歌公司在开发过程中从 Java 语言中的 API 复制了约 11，500 行代码。甲骨文公司于 2010 年收购太阳计算机系统有限公司后，对谷歌公司提起了著作权与专利诉讼。

该案核心问题有二：(1) 涉案 API 是否受著作权法保护；(2) 如果受著作权保护，未经许可复制 API 能否构成合理使用。第一个问题涉

---

① 参见金海军：《美国最高法院 2020 年度知识产权判例解析》，载《知识产权》2021 年第 12 期。

及对著作权法制度目的的理解；第二个问题是司法过程中最为重要的内容，也是整个案件的讨论重心。因为其涉及著作权的保护范畴，即对知识产权保护对象怎样“使用”才算侵权，而对这一问题的讨论又可能上升到对著作权法乃至整个知识产权保护制度的制度目的分析。

法官基于著作权法保护创新并促进公共利益的角度出发，认为谷歌公司的程序员在安卓 APP 开发工具中使用了大量 Java 的函数接口(API)，原告甲骨文公司主张软件应当受到著作权保护，而 API 又是软件的重要组成部分，因此 API 应当受到版权保护。但事实上，美国最高法院最终从著作权的制度目的出发，考虑到程序员在学习 Java API 上的投入成本，如果允许甲骨文公司对 API 的版权保护请求将有损于公共利益。① 显然，美国最高法院并没有基于法律的规定简单认定谷歌公司侵权（原告甲骨文公司的诉请），而是从著作权法的制度目的、技术细节、行业发展的细节入手审视整个案件，使著作权抽象的制度本意体现在具体的判决中。对软件的著作权保护不同于文学作品，正如美国最高法院判例所明确的，计算机程序往往具有功能性目的(functional purpose)，而合理使用制度本身是十分复杂的，应考虑到其在技术领域的变化。由于存在差异，合理使用制度对计算机程序而言具有重要的作用，通过基于案件事实的审查，计算机程序的版权垄断在其合法范围内。② 法院扩张性地理解合理使用制度中的转换性理解对作者的演绎权作出了进一步的限制，从而使得合理使用制度能被更广泛地应用以实现著作权推动创新的目标。③

2. 判断被告是否构成侵犯商业秘密罪不能忽视对被告主观目的的证明④

美国诉希娅案涉及科胜讯系统公司(Conexant)、博通公司(Broadcom)、美满电子科技公司(Marvell)三家原告公司与被告员工廷·希娅(Tien Shiah)。Broadcom 公司于 2003 年 9 月 10 日，向助理检察官詹姆

① Google LLC v. Oracle America, INC., 141 S. Ct. 1183(2021).

② Google LLC v. Oracle America, INC., 141 S. Ct. 1183(2021).

③ *Copyright Act of* 1976—*Intellectual Property—Fair Use—Google LLC* v. *Oracle America, Inc.*, 135Harvard Law Review 431, p. 437(2021).

④ United States of America v. Tien Shiah, 2008 WL 11230384.

斯·W.斯珀图斯(James W. Spertus)提交了一份备忘录,列出了它认为构成违反《美国法典》第1832条和其他联邦法规的可能理由的事实。

被告员工曾先后在Conexant、Broadcom和Marvell公司工作过,其在后两家公司的工作职位分别是产品经理(Product Line Manager)、产品营销主任(Direct of Product Marketing)。被告大学毕业后入职Conexant公司,随后离职。其在离职时收集了许多在该公司工作时收到过的文件。在被告看来,这些文件是一个用来记录其之前工作的"工具盒/工具包"(toolkit),被告认为这种做法符合行业的普遍做法,也与其以前在学习时的习惯相符。Shiah也意识到,在其离职时,有些信息会被Conexant公司作为机密。Shiah从Conexant公司获得的"工具包"包括一台其之前在公司使用过的笔记本电脑,电脑里面包含了Shiah拿到这台电脑之后收到的所有文件。

随后,被告入职Broadcom公司并于2001年1月12日开始在Broadcom公司工作时,签署了一份文件,题为"关于保密性和发明转让协议的声明"。随后被告称其没有被告知这份协议内容的具体含义,其也没有在公司接受过任何有关什么秘密是商业秘密的培训。在被告工作过程中,部门主管Young曾告诉被告可以在工作情况下带走笔记本电脑。2003年春,Broadcom公司指出被告在工作中的一些问题,希望其在销售产品时能更积极主动一些。但之后被告产生了离职想法,并投简历至Marvell公司,在2003年7月21日,Marvell为被告提供了产品营销主任的职位。2003年7月14日,被告提交了辞职申请,并购买了外接硬盘,意图制作一个工具包,里面包含了其在Broadcom公司工作时收到的文件,并且在其制作工具包的过程中,又陆续收到一些文件。其中,被告从7月14日到8月初通过邮件陆续收到含有涉案商业秘密的文件。上述9项文件成为公诉方起诉的关键证据。

被告在Marvell公司工作期间,曾多次访问其复制在外部硬盘上的一些文件。被告在来到Marvell公司后,有5个已知的日期从外部硬盘上访问了Broadcom公司的文件。被告声称,其无意使用所访问的文件中包含的任何信息,在被告看来,Broadcom公司会认为这些信息是保密的。下文将讨论被告在Marvell公司工作后访问的文件以及与这些文件有关的情况。此外还查明,Broadcom公司已经采取了合理的保密措施。

公诉方依据《美国法典》第 1832 条起诉被告窃取、复制、占有商业秘密的行为构成侵犯商业秘密罪。法院首先指出了保护商业秘密的目的:尽管国会确实打算将雇员使用“关于特定产品或工艺的知识,以便为自己或新雇主复制这些产品或开发类似商品,从而与先前的雇主竞争”定为犯罪,但国会在保护信息和允许思想自由流动之间取得了微妙的平衡。国会明确表示,《经济间谍法案》并不打算用来起诉那些更换雇主的雇员(使用在职期间开发的一般知识和技能)。鉴于国会颁布该法规的原因,对于国会认为目前针对被告的诉讼有多大的说服力,存在一些疑问。起诉书中许多所谓的商业秘密信息并不是 Broadcom 公司花费大量资金独立开发的信息,相反,它是定价和营销信息。被告并不是一个针对 Broadcom 公司的局外人,其他并未攻击 Broadcom 公司或系统地渗透到 Broadcom 公司。此外,没有迹象表明被告是一个心怀不满或为自己谋利的雇员。虽然公诉方辩称,被告试图通过接受更多的薪水来满足自己的需求,但政府也承认,Marvell 公司并没有参与任何被指控的行为。

接着,法院提出,为了证明被告犯罪,应证明以下几个要件:(1)挪用、未经授权复制和拥有包含信息的计算机数据文件与 Broadcom 公司的州际和国外业务相关的信息;(2)含有构成一项或多项商业秘密的信息的计算机数据文件;(3)明知计算机数据文件含有构成一项或多项商业秘密的信息;(4)意图将一项或多项商业秘密转化为除所有者之外的任何人的经济利益,并且故意或明知所有者会受到伤害。其中,争议点为第(4)项。该案因公诉方未能成功证明被告(排除合理怀疑)具有利用上述 9 项文件获利的故意,法院最终判定被告无罪。法院对该问题的论述十分细致:

首先,被告的解释足以对 9 份文件产生合理的怀疑。被告复制了大约 4700 个文件,以便拥有一个完整的与他在 Boradcom 公司的工作有关的文件和信息库,这是被告的“工具箱”,他的行为与他过去的工作和经验相一致。被告声称,他并不打算使用 Broadcom 公司认为机密的文件中的任何信息。他获取的文件中包含商业机密信息以及非机密信息的事实,造成了对于在查看文件时获取了哪些信息,存在合理的怀疑。法院不能期望雇员在查阅文件前了解每份文件的内容,以避免打开那些包含一些商业秘密信息的文件,从而避免承担责任。为了认定责任,必须有证据表明该文件是以转换商业秘密信息为目的而获取的。如果没有强有力的证据表明被告打算使用文件中的商业秘密信息,法院不能认定其有罪。

其次,被告依靠他自己的内部过滤器来确定哪些信息是保密的,哪些信息是他可以访问的并在离开博通公司后使用。在博通公司工作期间,他还需要依靠自己的判断力来哪些信息是保密的,哪些信息可以披露。此外,他还被要求在离开博通公司后,他也需要对他所记得的信息做同样的处理。鉴于被告在博通的工作和被告在 Marvell 公司的工作之间的短暂时间,被告还在他的记忆中保留了许多他在博通公司工作时学到的信息。在博通公司工作时学到的许多信息。被告同样需要对他记忆中的信息作出判断,依据是他对该信息是否属于博通公司的机密信息的评估。换句话说,被告在他复制的文件和他的记忆中都拥有商业秘密信息。被告声称,对于这两类信息,他依靠的是他对哪些信息是保密的理解,以便只使用那些不被认为是保密或商业秘密的信息。

再次,公诉方提出两点质疑,但均被法院否定:其一,围绕被告在离开博通公司之前试图获得文件的总体情况表明,他有意将起诉书文件中的商业秘密转换为自己的利益。被告收集文件的努力与他在离开博通公司之前试图收集尽可能多的商业秘密的解释是一致的。然而,被告的行为也符合另一种解释,即他试图确保将所有可能与他在博通公司的工作有关的潜在信息纳入他的"工具包",以便他最终能够利用他的自由裁量权来决定在未来使用哪些非保密信息。此外,还有其他潜在的解释来支持被告获取文件的行为。其二,可以从整体情况推断出意图,而不仅仅是与上述 9 项文件有关的情况。在 Marvell 公司工作期间,围绕被告在外部硬盘上的数据访问,可以推断出他的意图,而不仅仅是与起诉书有关的情况。然而,法院还必须考虑围绕这些起诉书的情况。正如上文所讨论的,法院已经发现,围绕被告获取起诉书文件的情况存在合理的怀疑。此外,被告对他查阅的每份文件都提出了解释,如果情况属实,则表明他没有为转换商业秘密信息而访问文件的意图。

即使围绕被告访问其他非起诉文件的一些情况是可疑的，法院也认为这些情况不能否定被告转换起诉文件中的商业秘密信息的意图。没有证据表明被告在 Marvell 工作期间传播商业秘密信息。例如，在 2003 年 9 月 22 日访问戴尔公司有关被告访问戴尔相关文件的证据表明，被告在访问这些文件后与 O’Connor 分享的唯一信息是所要求的联系信息。尽管这些文件包含了更多的信息，包括机密信息，但被告在访问这些文件后与 O’Connor 分享的唯一信息是要求的联系信息，这表明被告访问这些文件的意图仍不确定，而且他向 Marvell 其他员工传播的信息也只是部分。

最后，法院得出结论，公诉方未能证明被告有转换商业秘密的意图。同时，法院明确表示，被告的行为是错误的，是不被允许的。被告的行为很可能使他承担民事责任。法院认为，被告的行为不会使他承担 EEA 规定的刑事责任。当涉及生命和自由时，必须要排除合理怀疑的证据。合理的怀疑是有意义的，它是一个沉重的责任，政府承担的沉重责任，使民事诉讼与刑事诉讼有所区别。考虑到围绕本案的所有情况，对被告的意图存在合理的怀疑，因此需要作出无罪的判决。相反的裁决不仅会剥夺被告的自由而不使政府承担高额的责任，而且还会对雇员从一个地方自由流动的能力产生寒蝉效应。如果法院在没有更多的证据支持他的意图的情况下判定被告有罪，雇员可能会避免在公司之间流动，因为他们可能会因为他们携带的信息而被起诉，无论是在他们的头脑中还是在实物中。这样的结果将违背国会的意图，即 EEA 不被用来起诉那些利用受雇期间积累的一般知识和技能并且更换雇主的雇员。

3. 可以借鉴的经验

（1）司法权的核心虽然是判断权，但无法回避对知识产权的制度目的的探讨。在谷歌诉甲骨文案中，最高法院通过扩大解释“合理使用”进一步限缩了著作权人的权利，而没有作出有利于权利人的判决。在长达 60 多页的判决书中，美国联邦最高法院的立论基础依然落在了著作权的制度目的上，以著作权激励创新的目的为起点，围绕具体案情展开具体的讨论。可见，知识产权的制度目的仍然是司法过程中，尤其是在处理一些疑难案件时，无法忽视的问题。对刑事保护而言，知识产权的制度目的应通过一般预防、特殊预防刑罚目的进一步被表征。

(2)在知识产权案件中,存在具体的利益不等于存在法律救济,甚至不等于存在合法诉权。这一点对于避免“刑民倒挂”等现象尤其重要。无法否认上述两案中知识产权的权利人/所有人因知识产品存在相应的利益,但这种利益是否是知识产权相关法律所保护的利益,进而是否可以提起诉讼、是否会得到裁判的支持都是未知。从具有事实上的利益到该利益受损,再到因该利益受损而获得法律救济,其中的每一环节都并不一定能因前一环节直接得出。

(3)对刑事司法而言,单纯的权利人保护导向无法作为论证刑事保护介入具有正当性的充分依据。通过上述 United States v. Shiah 案可以发现,在刑事案件中,法院对公诉方的证明责任作出了明确的规定,并结合具体案情分析被告人是否具有犯罪的主观意图。主观要件是最难证明的一个要件,最常见的证明方式是通过行为人的行为推断其是否有主观意图。该案中,被告确实复制了大量含有商业秘密的文件,被告确实知道其复制的文件中有商业秘密。但法院在此基础上,根据复制文件数量、被告工作习惯、被告工作情况等案情综合地推断出被告并没有利用商业秘密获利的意图,并依据“排除合理怀疑”这一证明标准的限制,否定了控方的证明。此外,法院兼顾考虑 EEA 的最终目的不是惩罚、限制信息与员工流动,而是合理合法地促进知识信息交流,对离职员工不应科以过高的注意义务。可见,知识产权案件,无论是在民事规则还是刑事规则下,都应考虑知识产权案件的特性,不应完全偏向权利人一方。刑事案件也会考虑知识产权案件的特点与知识产权规则的最终目的。由此对加重刑罚,甚至减少构成要件(进而会减少证明责任)以“加强保护”的强保护方式难免会产生一定的怀疑。

(三)制度理性下对知识产权刑事司法“强保护”的再解读

以《中美经贸协议》为节点,中国对知识产权的刑事保护力度在整体上加强了很多,刑事责任门槛明显降低、刑事保护范围明显扩张。同时,我国也越发重视对知识产权的保护,“强保护”几乎已成趋势,多重措施“多管齐下、各显神通”。但应如何理解知识产权领域的“强保护”却少有人提及。“强保护”是一种理念还是一个方法,抑或一项政策,以及所谓的"强保护"如何有效地落实到立法与司法中,都不甚明确。目前对"强保护"的理解往往侧重于如何加重惩罚,却忽视了知识产权制度的制度目的这一基本要素。应该思考,在"加强""加重"之外是否还有别的需求应被满足。

我国知识产权刑事立法较为完备,主要包括《刑法》第二编第三章"破坏社会主义市场经济犯罪"第七节"侵犯知识产权犯罪"中的 8 个罪名,以及多个司法解释。我国不仅对 TRIPS 要求的商标权和著作权给予刑事保护,还将保护范围扩大到了专利权、商业秘密的保护。同时,我国知识产权刑事司法保护逐渐步入良性发展,犯罪侦办力度加强,刑事审判水平日益提高。但这并不意味着我国知识产权刑事保护不存在任何问题。作为知识产权制度建设的后发国家,我国对知识产权的关注大多是被动移植的,缺少必要的主动探索。近年来,我国对知识产权的保护,尤其是刑法保护,呈越发强烈之势。然而,国与国之间的高规格知识产权保护战并不意味着国内企业可以因此受益。在国内高水平企业较少、整体行业技术水平较低的现实背景下,降低知识产权刑事保护门槛可能存在诸多弊端。

以商业秘密保护为例,我国刑法在侵犯商业秘密罪中将违约行为犯罪化虽然看似对企业的商业秘密提供了更强的刑事保护手段,有助于促进企业的创新,但从实践效果来看,却并不尽如人意,甚至起到了反作用,出现了动辄以刑事手段解决与保密协议和竞业禁止协议有关的商业秘密纠纷的趋势。① 至于这种保护水平是否真的与我国经济发展水平相适应,却没有得到足够的关注。制度水平与发展水平脱节并非我国的独有问题。② 过于粗略的规范设计与重刑传统共同作用于知

① 参见唐稷尧:《扩张与限缩:论我国商业秘密刑法保护的基本立场与实现路径》,载《政治与法律》2020 年第 7 期。

② 在亚洲,包括新加坡等普通法辖区,主要由贸易或工业部门和知识产权局的知识产权技术专家起草和控制的成文法推动知识产权法。这种模式的缺点在于,知识产权技术专家经常受到利益集团或游说团体的影响,导致同样的知识产权法制度在不同知识产权法领域受到不相同的规制(如权利用尽、合理使用和强制许可)。同时,在优化知识产权制度的过程中,公共利益经常被迫让步于利益团体的发展需求,或在与其他国际贸易考虑的权衡中被牺牲。知识产权似乎超越其他所有权利,有时甚至超越基本人权和消费者保护。参见刘孔中:《亚洲知识产权法——美丽新世界》,载《清华知识产权评论》2020 年第 00 期。

识产权刑事保护的整体认知，极易导致对知识产权的“强保护”被解读为单方面加强刑法惩罚力度。将我国漠视知识产权的“问题”全部或主要归结为知识产权的打击力度较弱的思路实质上有违知识产权制度的基本目的。

商业秘密所指代的信息并不公之于众，即使一项有生产力的技术秘密确实存在，公众也无法直接感受到这项信息是如何有助于生产，进而增进社会总体利益的。因此，在司法实践中，理想的状态应当是说明商业秘密被公开后所造成的社会利益损失要远大于侵权者窃取商业秘密后从事相关生产获得的社会公共利益。因为对于生产者，其不希望自己的技术信息被泄露，同时又希望尽可能多地获取更多的行业信息。对于同一项技术，如果我们把获得专利与保持商业秘密这两者之间在成本上的所有差别放一边，那么，发明人需要作出的选择就是，要么为了获得更强的保护而对其发明申请专利，要么希望得到更长时间的保护而将其发明保持为商业秘密。[①] 换言之，保护力度与保护时长应成反比。但事实上，发明者选择通过商业秘密保护技术能够加大竞争者重新发明的难度，从而证明其他竞争者无法独立发明，进而证明该发明值得法律去保护。显然，这种思路将知识产权的保护焦点转移到了商业信息的价值上，以一种类似财产的类比引导司法保护使用财产权的思维对待知识产权，却又有意或无意地忽略了知识产权带有的公共属性。事实上，司法实践中很容易在这种观点的影响下形成商业秘密更值得保护的判断。但通过比较假冒专利罪与侵犯商业秘密罪后可以发现，同为保护一项技术，选择专利保护反而要比选择商业秘密保护获得的刑事保护还要少，因为假冒专利罪划定的犯罪圈要远小于侵犯商业秘密罪，且后者在司法实践中已经有演变为抽象危险犯的倾向，因此，后者在事实上更有利于经营者。对于经营者而言，如果一项技术的商业秘密能够做到既不公开又被刑法强保护支持，商业秘密保护无疑比申请专利更具诱惑力。

由此，我们应重新思考知识产权的刑事保护的功能定位与“强保

---

① 参见[美]威廉·M.兰德斯、理查德·A.波斯纳：《知识产权法的经济结构》，金海军译，北京大学出版社2005年版，第433页。

护”的真正含义。应当承认的一个事实是,大量关键技术信息是以商业秘密的形式存在的,这表明知识产权推动知识公开的效果是有限的。[①]通过单向地加大惩罚力度以激励创新的想法可能过于理想化和简单化。尤其在法律规范缺乏梯度性以及司法体制仍处于建设时期、人才缺乏的背景下,知识产权刑事司法保护更要守住底线。社会转型中的刑事司法改革与制度创新必须立足于中国本土法治的具体实践,深入分析、全面总结我国刑事司法的特殊个性,结合法治发达国家刑事司法制度的先进经验、共同做法及普遍规律,提出合理的改革意见,推动我国刑事司法制度的持续完善。[②] 对于知识产权审判,更重要的是更新审判思路,考量知识产权刑事司法审判的特点与现实,这对司法审判人员提出了较高的要求。在当前某些情况下,知识产权裁判中会见到义正词严的谴责性说理,甚至动辄给特定行为贴标签或者将其“污名化”,然后以诚实信用、净化环境、促进创新、发展品牌等宏大语言给出结论,有时反而让人觉得判决缺乏法律推理上的精细分析和严谨论证。[③] 这说明当前司法机关仍缺少对知识产权制度的深层次认知,或囿于事实,或没有厘清思路,或碍于其他因素,总之,我国知识产权司法制度建设仍需要长足发展,并尽可能充分了解知识产权的制度理性,从而调整制度安排。

【案例】刘某干等假冒注册商标,非法制造、销售非法制造的注册商标标识案[④]

【裁判观点】在同一商品上使用两个商标,虽共同起到识别一个商品的作用,但由于两商标系分别独立注册且差异明显,应算作两个商标。

【案情节选】

2020 年 2 月 13 日,刘某干联系了黄某燕,要求购买 20,000 个印有

---

① 参见宁立志:《论知识产权法学研究范式的转换》,载《上海交通大学学报(哲学社会科学版)》2021 年第 3 期。

② 参见张能全:《社会转型中的刑事司法改革与制度创新研究》,中国政法大学出版社 2017 年版,第 7 页。

③ 参见孔祥俊:《论知识产权的公共政策性》,载《上海交通大学学报(哲学社会科学版)》2021 年第 3 期。

④ 参见刘某干等假冒注册商标、非法制造、销售、非法制造的注册商标标识案,广东省深圳市中级人民法院(2021)粤 03 刑终 362 号刑事判决书。

“稳健医疗”“winner”注册商标标识的口罩包装袋。黄某燕随后按刘某干提供的样品与宁某信联系，订制上述“稳健医疗”品牌的口罩包装袋。2020 年 3 月初，黄某燕实际向刘某干邮寄交付了 24,600 个假冒的“稳健医疗”品牌的包装袋，刘某干按约定价格向黄某燕支付了 5640 元货款。2020 年 3 月 8 日，刘某干从李某湘处购买了 46,000 个无任何标识的一般防护口罩后，在深圳市坪山区龙田街道大窝村一民房内将上述部分防护口罩每 10 个一包，装入购入的假冒“稳健医疗”品牌包装袋中并进行封口，然后假冒“稳健医疗”品牌的医用护理口罩通过微信朋友圈对外进行销售牟利。

一审法院认为，被告人刘某干未经注册商标所有权人许可，在同一种商品上使用与其注册商标相同的商标，情节严重，其行为已构成假冒注册商标罪。被告人黄某燕委托他人伪造注册商标标识并进行销售，数量在 2 万件以上，情节严重，其行为已构成非法制造、销售非法制造的注册商标标识罪。

关于被告人刘某干、黄某燕涉案注册商标或标识的数量，“稳健医疗”“winner”虽为两个注册商标，但该两个商标共同使用在同一个口罩包装袋上，共同起到识别同一商品的作用，因此该两个注册商标应当按照一种商标或一件商标标识予以认定。

一审宣判后，广东省深圳市龙华区人民检察院提出一审判决认定刘某干、黄某燕侵犯一种商标事实有误的抗诉意见，具体如下：第一，涉案“稳健医疗”“winner”两个商标为权利人稳健医疗用品股份有限公司分别在国家商标局独立注册的两个商标。第二，侵权包装袋上的“稳健医疗”“winner”均为完整的商标图样，且两者之间在字体、形态上存在明显差异，各自均具备独立的显著性特征，一般公众不会将该两个注册商标混淆为同一种商标。经核实，上述两个商标所涉文字也不存在组合的注册商标，也不会使公众误认为是一个组合商标。第三，相关司法解释明确指出，将同种商品上出现假冒两种以上注册商标（标识）的情形，认定为一种商标，实质是提高了追诉标准，既不符合立法原意，也与当前严格保护知识产权的司法政策相悖。第四，任何合法注册的商标都应当受到平等保护，权利人对于每种注册商标的申请注册、使用均投入了一定的精力、金钱，注册商标均在一定程度上体现了商事主体的商誉。商标法对于同一种商品上同时使用数个不同种注册商标并未禁止,实践中,同一商品上使用数种注册商标的情形也较为普遍,如果只作为一种注册商标保护,不利于维护商标注册制度,不利于维护商标管理秩序。第五,在同一件商品上假冒数个不同商标较假冒一个商标所造成的社会危害性更大。数种商标标注在同一件商品上,对公众而言,商标的显著性特征更强,而侵权行为人的违法认知也更为明晰,主观恶性更大,更应予以从重评价。

广东省深圳市人民检察院审查后,认为广东省深圳市龙华区人民检察院针对刘某干的抗诉正确,予以支持。

二审法院认为黄某燕接受刘某干的订购要求后,销售给刘某干的口罩包装袋上均使用了“稳健医疗”“winner”两个与注册商标相同的标识;刘某干所实际销售的口罩、现场查获的口罩、退还给李某湘的口罩均由使用了“稳健医疗”“winner”两个与注册商标相同标识的包装袋包装。也就是说,本案所涉假冒注册商标行为,以及非法制造、销售非法制造的注册商标标识的行为均涉及两个完整的注册商标,二者之间相互独立,差异明显,各自具备商标的显著性特征。此外,并不存在由该两个商标组合而成的一个注册商标。因此,本案所涉注册商标数量为两个。

该案值得讨论的一个争议是,被告刘某干使用的印有两个商标的包装袋究竟应算作一个商标还是两个商标。对该问题的回答影响着对犯罪行为的社会危害性的认定,进而间接影响量刑。对于这一问题,一审法院与检察院给出了相反的意见:一审法院从商标指示商品(商标的识别功能)的角度指出两个商标共同指向一个商品,因此应算作一个商标;检察院抗诉意见从商标注册、严格保护知识产权的司法政策等指出虽是同一家公司注册的商标,也应平等对待,且使用多个商标的社会危害性更大。

这一分歧的背后是对“商标使用”的不同理解以及商标使用与对商标侵权的关系的论述。其一,商标法意义上的商标使用的本质属性是标识商品来源,单纯的商标标志的使用,只是符号学意义上的使用,并不产生标示商品来源的作用。[①] 也就是说,在商标法意义上,商标使用是以能否起到识别商品来源的作用为判断依据的。其二,在商标司法实践中,被诉标志必须被用于识别商品来源时,即构成商标法意义上的使用时,才具有构成侵权使用的可能性。[②] 对于他人在相同商品或服务上使用近似商标,或在类似的商品或服务上使用相同或近似商标的行为,只有在商标权人举证证明存在混淆可能时,才能认定他人的行为构成侵权。[③] 混淆可能性是商标侵权构成的核心要件。[④] 而混淆可能性问题的解决,不存在固定不变的共识,应当根据不同案件的具体情形作出裁量。[⑤] 上述理念在我国《商标法》中均有所体现,如《商标法》第 57 条规定了商标假冒与商标仿冒行为。对于假冒行为,法律直接推定混淆可能性已经存在,以商标侵权论;对于仿冒行为,法律则规定了"容易导致混淆"的要件,权利人必须证明混淆的存在,才能构成商标侵权。[⑥]《商标法》第 48 条指出商标的使用,是指将商标用于商品、商品包装或者容器以及商品交易文书上,或者将商标用于广告宣传、展览以及其他商业活动中,用于识别商品来源的行为。"商标性使用"与"混淆可能性"是判定商标侵权的两个独立条件,且存在着先后判断顺序,某行为不符合其中任何一个条件,就不可能构成商标侵权。[⑦]

对比上述案例中司法机关的意见与商标法的侵权认定规则后可以发现二者的思路并不相同。商标侵权的判断核心在于对商标的适用是否导致消费者"混淆"。而商标性使用又不同于对商标标识的使用,这是商标法的一项基本原理,这一原理又与商标的识别功能密切相关。而上述案例中,基层检察院将重点放在了侵权商标的个数上,并得出"在同一件商品上假冒数个不同商标较假冒一个商标所造成社会危害性更大"这一结论,显然,二者存在差异。至于商标使用的个数是否与

---

① 参见吴汉东:《知识产权法》,法律出版社 2021 年版,第 588 ~ 589 页。

② 参见孔祥俊:《商标法适用的基本问题》,中国法制出版社 2014 年版,第 78 ~ 79 页。

③ 参见王迁:《知识产权法教程》,中国人民大学出版社 2021 年版,第 585 页。

④ 参见吴汉东:《知识产权法》,法律出版社 2021 年版,第 610 页。

⑤ 参见吴汉东:《知识产权法》,法律出版社 2021 年版,第 615 页。

⑥ 参见吴汉东:《知识产权法》,法律出版社 2021 年版,第 626 页。

⑦ 参见祝建军:《判定商标侵权应以成立"商标性使用"为前提——苹果公司商标案引发的思考》,载《知识产权》2014 年第 1 期。

商标侵权有必然联系，则几乎无人提及。这并非研究商标法的学者和从事相关法律实践的人员的疏忽，本质上，这是刑事司法与民事司法在知识产权犯罪与侵权的认定思路上存在的差异。

通过总结《刑法》及相关司法解释对知识产权犯罪的规定可以发现，“数量”（“数额”）判断在罪与非罪、罪轻罪重的判断过程中占比极大，甚至能够完全代替犯罪行为是否“情节严重”的判断。“情节”与“数额”虽同为定量因素，但司法解释以及司法实践常用数额说明情节。这种对定量要素的重视可以说是刑事司法的特征之一。有学者指出，仅仅认定行为符合犯罪构成，并不能确定犯罪最终能否成立，只有进一步考察行为的社会危害性是否达到了刑法上的“量”的要求，才能最终确定行为的性质。司法机关在认定犯罪时，特别是在认定那些危害程度处于犯罪和一般违法行为两者的临界点上的行为的性质时，均要对社会危害性的“量”的要求予以确证。① 在知识产权犯罪中，这种“量”的要求就具体体现为“情节严重”，如“非法数额”“销售量”“违法所得”等。

这种通过数量表现情节严重与否的思路较贴合司法实践，也因更具实际操作性而容易被接受。但这种认定方式是否更具合理性则值得商榷。尤其对知识产权类案件而言，或许刑事司法还有可以进步的空间。有观点认为，某种要素能否被规定为具体定量依据，取决于根据该要素定量能否实现规范目的，即是否有利于保护法益。只有当目的是保护法益时，才有可能制定罪刑规范。这就要求刑法对个罪规定的具体定量依据，能够揭示法益侵害程度。② 在稳健医疗公司案中，检察院以注册商标的数量为依据得出侵权行为的社会危害性更大的结论值得商榷。如上所述，商标法意义上的商标使用以能否实际指示商品的来源为判断依据。而商标法立法目的决定了混淆可能性是商标侵权判断

---

① 参见王政勋：《定量因素在犯罪成立条件中的地位——兼论犯罪构成理论的完善》，载《政法论坛》2007 年第 4 期。

② 参见彭文华：《我国刑法中的犯罪定量及其合理化规制与运用》，载《法学论坛》2022 年第 2 期。

的基本标准。[①] 虽然稳健医疗注册了两个商标,但两商标同时在一件产品上发挥作用,即共同指向一个产品,由此便属于对商标的功能性使用。而检方的抗诉意见中提到稳健医疗在两个独立的商标上都付出了精力,值得被平等保护。这一抗辩意见虽从表面上来看极有说服力,但实际上是误解了商标法乃至知识产权的制度目的。因付出某种劳动而占有知识财产的思维属于"劳动(占有)论"的体现。但劳动根本不能成为一个决定性的或完整论证财产合理性的基点。[②] 同时,这一观点又受到有形财产理论的影响,其潜在的认定思路是,商标只要注册了就是商标权人的一项财产,一个商标就像一个有体物,具有单独的价值。但商标的独占使用仅仅与已经使用该商标的产品的使用相联系。有观点曾经明确指出,商标不能以其本身的权利作为一种实体获得保护。[③] 两种观念互相证立,为以量为据的商标犯罪认定打下了基础。但这种思路却与商标法的基本目的以及知识产权制度的根本目的相悖,如果刑事司法不能证立刑事保护在此处具有特殊性以至于要与商标法基本原理相悖,则有违法秩序统一,进而导致司法实践出现"两张皮"的问题。

当然,这一意外并不能完全归咎于该案中提起抗诉的检察院。商标是一项财产,知识产权就是财产的观念实在深入人心也更为直观明了,以至于对知识产权的特殊性的讨论反而显得无足轻重。但一个成熟的司法体系还是应关注对法律制度的基本原理的理解,而非盲目追求集中式导向。对刑事司法而言,这种跨部门的法律问题或许会给司法实践带来一些困惑,或许暂时无法培养出"全能式"的人才,但并不代表司法实践无所作为。在司法过程中各机关应协调配合以尽量弥补观念差异导致的缺陷。

在刑事司法一体化理论之下,本书认为所谓的"强保护"并非加大惩罚力度,如降低门槛、延长徒刑时间等威慑,而是编织更为严密的"法网"。

---

① 参见王太平:《商标侵权的判断标准:相似性与混淆可能性之关系》,载《法学研究》2014年第6期。

② 参见[澳]彼得·德霍斯:《知识财产法哲学》,周林译,商务印书馆2017年版,第76页。

③ 参见[澳]彼得·德霍斯:《知识财产法哲学》,周林译,商务印书馆2017年版,第283页。

第三节　知识产权刑事司法一体化的关系职能

除理念协调外，刑事司法一体化需要纵向协调司法机制的内外关系。对外，厘清知识产权民事保护、刑事保护、行政保护三者之间的关系，建构金字塔式的侵权—违法—犯罪模式。其包括民事救济与刑事处罚的关系、（司法过程中的）法律解释与罪刑法定原则的潜在矛盾以及严格保护与宽严适度的关系等。对内，根据“公、检、法”的职能，建构理性的知识产权侦查、检察、审判之间的梯度关系。

一、外部关系：刑事、民事司法与行政手段各司其职

知识产权犯罪是法定犯（行政犯）。在我国司法实践中，存在一种明显的倾向，那就是将行政不法等同于行政犯，在行政不法行为与犯罪的认定之间不设定任何实质性的法律界限。[①] 应当承认，在处理知识产权类案件时，民事侵权、行政违法与刑事犯罪的界限是相对模糊的。因此，应明确三者的差异，构建侵权—违法—犯罪的金字塔式法律运作模式，厘清层次。在此基础上才能正确地评价不法行为究竟是侵权还是犯罪。刑法作为其他部门法的“保障法”，虽有别于其他部门法，但并不意味着刑事法律规范能够完全忽视前置法的规定自成一体。尤其对于行政犯的认定问题，无论是犯罪圈的划定还是刑事责任的追究，既要在形式上受制于其保障的前置法之保护性规则的规定，更要在实质上受制于其与前置法之保护性规则共同保障的调整性规则的规定。[②] 对此，有观点指出：《刑法》中有关著作权犯罪的条款，在使用与《著作权法》相同的术语时，应使其含义与《著作权法》保持一致，这样才能做到对著

① 参见陈瑞华：《行政不法事实与犯罪事实的层次性理论　兼论行政不法行为向犯罪转化的事实认定问题》，载《中外法学》2019 年第 1 期。

② 参见田宏杰：《行政犯的法律属性及其责任——兼及定罪机制的重构》，载《法学家》2013 年第 3 期。

作权的民事保护与刑事保护相衔接。[①] 这一要求是站在知识产权属于"法定权利"的基础上提出的,即知识产权作为由法律规定的权利,对知识产权相关规则的解释应当以各知识产权具体法律法规为准。

在知识产权领域,民事侵权、行政违法与刑事犯罪之间应仍存在必要的边界。例如,从事实认定、证明标准、证据提出、救济方式、制裁手段等方面入手,具体地分析司法手段与行政手段的边界。在知识产权民事侵权案件中,平等的民事主体之间寻求具有公信力的司法机关定分止争,法院在民事诉讼中确定是否存在侵权行为,进而认定被告是否需要承担法律责任。而对于知识产权刑事案件,通常要经被害人报案,公安机关立案调查,后经检察院提起公诉,在刑事审判中认定被告是否构成知识产权犯罪并对其量刑。在此过程中,检察机关有权在审判前限制公民人身自由(如逮捕);且刑事案件的事实认定与证明标准要严于、高于其余两者。至于知识产权行政保护,则是受害方借助政府的公信力与执行力停止对方的侵害,维护自身知识产权的方式之一。目前我国对知识产权的行政保护主要通过管制惩处进行。[②] 因此,较为理想的状态是,从外部视角入手,将刑事司法视为一个单独的体系,建构起知识产权民事、行政与刑事保护的统一法秩序,从而为刑事司法一体化提供较为良好的外部法律环境而不至于使三者抵牾。从行政违法/不法向行政犯转化,需要具备特定的构成要件。行政犯的刑法属性,决定了行政犯虽然对行政法具有依附性,但又相对独立于行政法规,而不从属于行政法规。行政法规的目的在于促进行政职能的履行,而行政权具有主动性,价值取向具有效率优先性,因而更注重权利结果的实质性;刑事法规的目的在于打击犯罪和保障人权,刑事司法具有被动性和谦抑性,价值取向具有公平优先性,因而更注重权利过程的形式性。作为刑法范畴内的行政犯立法,自然具有与行政法规不同的目的、规制对

① 参见王迁:《知识产权法教程》,中国人民大学出版社 2021 年版,第 335 页。

② 参见资琳:《数字时代知识产权与新兴权利的法理论证——"知识产权与相关权利的法理"学术研讨会暨"法理研究行动计划"第八次例会评述》,载《法制与社会发展》2019 年第 5 期。

象和价值取向。[①] 良性运转的法律体系有益于体系中的各要素的积极融合。

我国在知识产权领域受到拿来主义与实用主义的哲学基调的影响。许多错综复杂的因素没有在法律规定与司法实践中显现出来，从长远来看可能会损害整个法律体系，因为很多时候它们之间没有建立起价值上的积极关联。[②] 比如，知识产权上的"刑民倒挂"现象仍然比较突出；刑事保护与民事保护界限不明导致"同案同判"难以被贯彻等。其次，对内应根据公、检、法的职能，建构理性的知识产权侦查、检察、审判之间的梯度关系。在刑事诉讼程序内部，知识产权犯罪案件仍存在一些问题，主要表现为案件受理标准不统一、追诉标准难以一致、鉴定意见审查适用较为粗略等。同时，侦查与诉讼脱节、案件质量不一等现象在知识产权犯罪案件中也存在。刑事司法衔接不畅这一结构性问题在部分类型的案件中表现十分明显。公、检、法三部门作为刑事诉讼制度的主体有时无法按照预先设计的刑事诉讼流程独自运行。立案标准、起诉标准是经济违法与经济犯罪的临界点，也就是刑法条文中最低刑的量化标准问题；而定罪标准除了要解决第一个量刑幅度量化之外，还要解决其他几个量刑幅度的量化问题。[③]《刑法》中的知识产权犯罪条款大多使用"情节严重"一词或采用"情节严重 + 定罪数额"的模式，如此模糊的表述显然无法使司法人员从理论上区分民事侵权与刑事犯罪的差别。如果缺少具体的指导或者足够的理论支撑，司法人员很难根据具体案情作出判断。

在立法技术上，由于侵犯知识产权犯罪的后果无法一一列举，为避免冗长的表述，使立法更加简洁，因此使用"情节严重"一词概括后果。但这并不意味着司法审判也应将这一要件省略，作为破坏社会主义市场经济犯罪的一种，理应在审判时论述侵权行为造成的犯罪后果。如果省略相关论证，会模糊刑事司法保护知识产权的真正意义，并有可能

---

① 参见张绍谦：《试论行政犯中行政法规与刑事法规的关系——从著作权犯罪的"复制发行"说起》，载《政治与法律》2011 年第 8 期。

② 参见雷磊：《融贯性与法律体系的建构——兼论当代中国法律体系的融贯化》，载《法学家》2012 年第 2 期。

③ 参见郑洪广：《经济犯罪案件入刑标准研究》，载《法治论坛》2020 年第 2 期。

使刑法的保护法益被无限制扩大,如实质降低刑事保护门槛,或在侵犯知识产权犯罪中加入其他因素考量等。如此一来,刑事司法的说服力可能远不如民事裁判。在刑法理论中,并非任何法益都应用刑法保护,也并非任何侵犯法益的行为都可被规定为犯罪。只有那些对法益的侵害性非常严重,大多数人主张以刑法进行规制;适用其他制裁方法不足以抑制这种行为,不足以保护法益;运用刑法处罚这种行为能够获得预防或抑制该行为的效果等的行为才能被规定为犯罪。[①] 这种观点从抽象的角度为刑法保护规定了边界。违法行为是对受法律保护的个人或集体的重要利益的侵害,有时是对一种法益的破坏或危害。对重要利益的保护是法律的首要任务。只有当其违反规定共同生活目的之法秩序时,破坏或危害法益才在实质上违法。[②]

二、内部关系:明确司法理念、协调司法流程

在知识产权刑事司法体系性不足的背景下,应当注意知识产权特殊的制度理性,在建构刑事实体法规则的同时,搭建起梯度的违法性认定层次以尽可能划定民事、行政与刑事保护的边界。最终为司法实践提供必要且充分的理论依据。

(一)实体规则应注重宽严相济

总的来说,"宽严相济"作为刑事政策是对彼时"严打"思路的矫正。宽严相济之"宽",当然来自惩办与宽大相结合的"宽大",其确切含义应当是轻缓。宽严相济中的"严",当然包括严格之意,即该作为犯罪处理的一定要作为犯罪处理,该受到刑罚处罚的一定要受到刑罚处理,这也就是司法上的犯罪化与刑罚化。与此同时,宽严相济之"严"还含有严厉之意。这里的严厉主要是指判处较重刑罚,当然是指该重而重,而不是指不该重而重,当然也不是指刑罚过重。[③]

---

① 参见张明楷:《刑法学》,法律出版社 2016 年版,第 54 页。

② 参见[德]弗兰茨·冯·李斯特著,[德]埃贝哈德·施密特修订:《李斯特德国刑法教科书》,徐久生译,北京大学出版社 2021 年版,第 162 页。

③ 参见陈兴良:《宽严相济刑事政策研究》,载《法学研究》2006 年第 2 期。

一方面,刑事严打并不必然能实现知识资本领域的井然有序。作为知识产权客体的非物质智力成果表现为原本可以自由流动的信息,创设知识产权这一财产权是公共政策的产物。公共政策虽通过创设知识产权来刺激和鼓励人们投身于创作和创造活动中,但只对其进行有限保护,以使社会公众能够合理地利用。① 明确了知识产权司法保护的有限性后,刑事保护不应大包大揽地将所有不必要的侵权行为纳入。另一方面,知识产权犯罪的重刑化举措效果有待检验。以著作权犯罪为例,重刑与监禁刑对减少犯罪的作用效果并不理想,并且犯罪行为是在我国打击网络盗版专项行动中被发现并移送司法的,在这种情况下,由于刑罚的及早介入要依靠其他手段的实施,因而其刑罚属性的发挥是十分受限的。② 侵犯著作权罪的规定无法区别不同类型行为的社会危害性,进而导致实践中网络著作权犯罪的处罚存在罪刑失衡、法官"就低""压线"判罚等问题。③

(二)坚守罪刑法定原则与知识产权制度理性

罪刑法定原则的提出是为了限制国家权力的不当扩张、强调保障人权,是一种明显带有偏向性的原则。目前我国对于知识产权的犯罪规定较为全面,著作权、专利权、商标权、商业秘密均有涉及。但对于何种行为应为罪,何种行为应处罚还需要运用法解释学的方法加以明确。成文刑法受制于立法局限无法面面俱到,此时,运用法解释学的方法对犯罪构成要件的含义进行解释显得更加具有意义。罪刑法定原则下的解释为实质解释,即对构成要件的解释必须以法条的保护法益为指导,而不能仅停留在法条的字面含义上,并且对构成要件的解释必须使行为的违法性达到值得科处刑罚的程度,必须将符合构成要件的字面含义但实质上不具有可罚性的行为排除于构成要件之外。④ 在法解释学

① 参见王迁:《知识产权法教程》,中国人民大学出版社 2021 年版,第 9 页。

② 参见李芳芳:《网络著作权犯罪刑罚威慑效能实证研究——以〈刑法修正案(十一)〉对侵犯著作权罪的修改为背景》,载《山东大学学报(哲学社会科学版)》2021 年第 3 期。

③ 参见李芳芳:《网络著作权犯罪刑罚威慑效能实证研究——以〈刑法修正案(十一)〉对侵犯著作权罪的修改为背景》,载《山东大学学报(哲学社会科学版)》2021 年第 3 期。

④ 参见张明楷:《刑法学》,法律出版社 2017 年版,第 56 页。

中，依据文义解释与体系解释关系，须将每个法条放在一部法律甚至在整个法秩序的规制结构内，依其位置及功能加以理解。[①] 事实上，对知识产权犯罪中各个罪名、各个罪名的构成要件的讨论比较丰富。总的来说，无论是学术研究还是司法实践，均应当在解释中体现知识产权制度的制度理性，这与司法裁判的特征相关。事实上，法官在依据法律规定作出裁判之前，心中已经有了依据人情事理作出的实质判断。[②] 但是当前对法律相关的研究与审判实践不宜仅局限于对现象本身进行描述，这一点在本节第一部分中已有论述。事实上，整个刑事司法一体化无法完全脱离知识产权的制度目的。知识产权本是私权，但某些行为会破坏市场秩序、扰乱经营秩序，有损于公共利益，为此，才需要动用公权力，规定知识产权的刑事责任。因此，在司法实践中应将解释重心放在行为的社会危害性上，除对行为性质本身作出全面的描述外，更要考量行为的后果如何。这是知识产权刑事司法一时的热度褪去之后应当考虑的未来走向。

知识产权保护应以司法保护为主，这不仅要求完善制度设计，更要建设健康良好的知识产权司法模式。有效的司法模式必然是当重则重、当轻则轻、当放则放、衔接流畅的，并且要避免集中式执法。

一方面，关于何种程度的案件属于刑事犯罪进而应当进入刑事司法程序并值得刑法处罚的标准较为宽泛。上述的司法实践也说明法官在作出裁判时事实上心有顾虑。而美方长期指责中国知识产权犯罪门槛过高的所谓“问题”有偷换概念的嫌疑。由于我国采“违法—犯罪”二元主义而美国采“犯罪”一元主义的立法体例，故美国的“犯罪”概念大致相当于我国的“犯罪”与“违法”之和，即我国的“犯罪”实质上只相当于美国的“重罪”。[③] 另一方面，知识产权刑事司法存在较高成本的问题，单纯依靠增加人力、物力等资源来加大刑事司法保护力度，不是

---

① 参见[德]赖因哈特·齐默尔曼：《德国法学方法论》，毕经纬译，载《比较法研究》2021 年第 2 期。

② 参见梁慧星：《裁判的方法》(第 3 版)，法律出版社 2017 年版，第 292 页。

③ 参见贺志军：《我国知识产权刑事司法运行之反思与重构》，载《知识产权》2016 年第 7 期。

长久之策。[①] 集中式执法虽运用打破常规的方法能在短期内快速做出反应,但这并不是司法建设的真正目标。在社会治理中倡导法治有助于将集中式治理置于最低的必要限度内,使参与治理的各类主体能够在稳定的预期基础上采取长期性行动,并使社会整体运行更加活跃有序。[②] 我国知识产权的刑事司法保护应注重宽严相济,这不仅与长期的刑事政策有关,更是建设健康的知识产权保护模式的必然要求。在受侵权指责和国外压力的环境下,我们的知识产权保护曾经动辄得咎,致使形成了知识产权保护的"道德劣势心理",对于国外对国内企业侵害知识产权的指责更容易理所当然地接受,对于一些知识产权问题的定性和处理甚至脱离历史条件和忽视发展过程,对于一些知识产权的保护扩张有余和过度自觉而自信不足。[③] 事实上,良好的司法保护模式可以适当关注知识产权案件的创新意义、竞争意义、市场意义甚至是社会意义。尤其在强保护的大背景下更要审慎思考究竟应当以何种力度处罚不同的案件。这并不意味着一味纵容侵权、收窄刑事司法的作用,而是要严格限制刑事司法的作用力度。对于符合构成要件、达到特定危害程度,确能证明扰乱市场竞争的侵权行为必然要严格惩处。而并非将所有侵权案件纳入司法保护中,让大量低质量案件涌入司法程序。

(三)明确现阶段知识产权案件的"捕诉关系"

在司法实践中,面对知识产权这类存在定性困难、取证困难、证据易灭失等特点的案件,为改变过去侦查监督部门引导效果多止于"逮捕的需要"的问题,可以通过派驻的检察官第一时间对证据收集、提取、固定及侦查方向提出符合起诉条件的法律意见,引导和规范公安机关侦

---

① 参见贺志军:《我国知识产权刑事司法运行之反思与重构》,载《知识产权》2016 年第 7 期。

② 参见江必新、王红霞:《社会治理的法治依赖及法治的回应》,载《法制与社会发展》2014 年第 4 期。

③ 参见孔祥俊:《我国知识产权保护的反思与展望——基于制度和理念的若干思考》,载《知识产权》2018 年第 9 期。

查取证,提出具有法律效力的意见或建议,提升指控质量。[①] 在这一过程中,侦查机关与检察机关应发挥各自优势,合理公正地处理知识产权类案件。应当明确的是,检察机关介入公安机关的侦查活动的核心目的在于帮助后者正确理解知识产权案件的定性、法律适用等问题,从而避免侦查机关处理此类案件或无从下手,或将大量案件移送起诉。由知识产权制度理性衍生出的司法理性同样应作用于司法实践。现实中,公安机关为了快速、高效地处理大量刑事案件,提升办案效率,往往信奉“最低的证据标准”,即刑事案件移交审查起诉所需要的证据以能够顺利提起公诉并成功判决的最低要求为限。[②] 且事实上,在刑事诉讼中,移送审查起诉与有罪判决的证明标准完全一致,与提起公诉的证明标准高度一致;本应层层推进、梯度展开的诉讼环节却有着相同的证明标准。我国很多学者认为,出现这种悖论的原因是侦查任务和证明标准被混淆,这或许只是表述上的失误。侦查的任务被确立为“案件事实清楚,证据确实、充分”是非常正确的,因为只有在侦查任务的引导下,侦查阶段才能认真收集和审查证据,查明案件事实,才能保证法律的正当性。但是要求侦查应该做到“案件事实清楚,证据确实、充分”并不等于在侦查终结时实际上就能做到。[③] 这显然有违知识产权刑事司法一体化的初衷。

诚然,“检警一体化”“捕诉一体化”存在诸如角色混同、起诉权控制侦查权等问题,但受制于认知能力与行为能力以及法律的滞后性,司法实践无法及时应对日趋复杂的司法事实。而知识产权作为发展速度较快但司法体系完整性较弱的法律领域,更多情况下需要鼓励司法实践在正确的指导下与合法的范围内积极开展有益探索,从而为形成有效的司法模式与理论提供丰富的实践素材。通过“目光流转于事实与法律、司法与立法之间”的方式完成整个刑事法律系统的建构,这是知

① 参见周新:《检察引导侦查的双重检视与改革进路》,载《法律科学(西北政法大学学报)》2020 年第 2 期。

② 参见周文寅:《“检警一体化”思路下的诉前主导制度之完善》,载《中国检察官》2018 年第 3 期。

③ 参见李丽峰:《刑、民诉讼证明制度比较研究》,法律出版社 2016 年版,第 127 ~ 128 页。

识产权刑事司法一体化的内循环建构流程。

对外，由于加强知识产权保护这一动力与知识产权保护的现实需求存在矛盾，知识产权刑事保护的"拿来主义"无法直接应对我国独特的保护现实，这更要求我们重视国内的司法实践，同时从宏观视角看待每个要素在刑事司法保护体系中的作用。通过宏观目标与微观操作的对比调适完成我国知识产权刑事司法一体化的建构。进而推动我国知识产权刑事实体法和程序法具体的案件类型、证据制度、案例研究方法等领域的深入展开。

(四)优化知识产权刑事诉讼机制

在宽严相济的刑事政策下，知识产权刑事公诉应实行从"严厉"追诉到"突出重点"的转变。[①] 通过立案、侦查、起诉、审判的层层筛选，过滤掉社会危害性不足的案件，避免大量案件涌入司法系统。判断一个案件是否值得刑法处罚的标准即为证据，但我国刑事诉讼流程以及证明标准并不能很好地适配知识产权案件的特点。

具体而言，在刑事诉讼的不同环节有不同的证明标准，见表3-1。

表3-1　刑事诉讼不同环节的证明标准

环节	法律依据(《刑事诉讼法》)	证明标准
立案	第一百一十二条　人民法院、人民检察院或者公安机关对于报案、控告、举报和自首的材料，应当按照管辖范围，迅速进行审查，认为有犯罪事实需要追究刑事责任的时候，应当立案；认为没有犯罪事实，或者犯罪事实显著轻微，不需要追究刑事责任的时候，不予立案，并且将不立案的原因通知控告人。控告人如果不服，可以申请复议。	事实条件：有证据证明犯罪事实发生 法律条件：需要追究刑事责任
侦查	第一百六十二条　公安机关侦查终结的案件，应当做到犯罪事实清楚，证据确实、充分，并且写出起诉意见书，连同案卷材料、证据一并移送同级人民检察院审查决定；同时将案件移送情况告知犯罪嫌疑人及其辩护律师。 犯罪嫌疑人自愿认罪的，应当记录在案，随案移送，并在起诉意见书中写明有关情况。	犯罪事实清楚，证据确实、充分

① 参见贺志军：《我国知识产权刑事司法运行之反思与重构》，载《知识产权》2016年第7期。

续表

环节	法律依据(《刑事诉讼法》)	证明标准
逮捕	第八十一条　对有证据证明有犯罪事实,可能判处徒刑以上刑罚的犯罪嫌疑人、被告人,采取取保候审尚不足以防止发生下列社会危险性的,应当予以逮捕: (一)可能实施新的犯罪的; (二)有危害国家安全、公共安全或者社会秩序的现实危险的; (三)可能毁灭、伪造证据,干扰证人作证或者串供的; (四)可能对被害人、举报人、控告人实施打击报复的; (五)企图自杀或者逃跑的。 批准或者决定逮捕,应当将犯罪嫌疑人、被告人涉嫌犯罪的性质、情节,认罪认罚等情况,作为是否可能发生社会危险性的考虑因素。 对有证据证明有犯罪事实,可能判处十年有期徒刑以上刑罚的,或者有证据证明有犯罪事实,可能判处徒刑以上刑罚,曾经故意犯罪或者身份不明的,应当予以逮捕。 被取保候审、监视居住的犯罪嫌疑人、被告人违反取保候审、监视居住规定,情节严重的,可以予以逮捕。	证据条件:有证据证明有犯罪事实发生 徒刑条件:可能判处徒刑以上刑罚,包括有期徒刑、无期徒刑和死刑 社会危害性条件:采取取保候审尚不足以防止发生社会危险性,确有逮捕必要
移送审查起诉	第一百六十二条　公安机关侦查终结的案件,应当做到犯罪事实清楚,证据确实、充分,并且写出起诉意见书,连同案卷材料、证据一并移送同级人民检察院审查决定;同时将案件移送情况告知犯罪嫌疑人及其辩护律师。	案件事实清楚,证据确实、充分
起诉(公诉)	第一百七十六条　人民检察院认为犯罪嫌疑人的犯罪事实已经查清,证据确实、充分,依法应当追究刑事责任的,应当作出起诉决定,按照审判管辖的规定,向人民法院提起公诉,并将案卷材料、证据移送人民法院。	犯罪事实清楚,证据确实、充分
起诉(自诉)	第二百一十一条　人民法院对于自诉案件进行审查后,按照下列情形分别处理: (一)犯罪事实清楚,有足够证据的案件,应当开庭审判; (二)缺乏罪证的自诉案件,如果自诉人提不出补充证据,应当说服自诉人撤回自诉,或者裁定驳回。	犯罪事实清楚,有足够证据
有罪判决	第二百条　在被告人最后陈述后,审判长宣布休庭,合议庭进行评议,根据已经查明的事实、证据和有关的法律规定,分别作出以下判决: (一)案件事实清楚,证据确实、充分,依据法律认定被告人有罪的,应当作出有罪判决; (二)依据法律认定被告人无罪的,应当作出无罪判决; (三)证据不足,不能认定被告人有罪的,应当作出证据不足、指控的犯罪不能成立的无罪判决。	案件事实清楚,证据确实、充分

立案是启动刑事诉讼程序的环节，直接决定了犯罪事实能否作为刑事案件进行侦查或者审判。从理论上讲，严格遵守立案程序有利于保障公民的合法权益不受非法侵犯。然而，原则性条款难以直接应对具体复杂的案情，这一点在知识产权犯罪案件中有着较为明显的表现。例如，目前各地公安机关在判断是否对侵犯商业秘密案件立案时并无统一的标准。浙江省杭州市、宁波市公安机关将"三性"鉴定作为侵犯商业秘密犯罪案件立案的强制性门槛；湖州市、绍兴市公安机关对"三性"鉴定是否作为立案的必要条件会根据个案情况作出不同要求；温州市、台州市公安机关则未将"三性"鉴定作为侵犯商业秘密犯罪案件立案的强制性条件。[①] 显然，目前缺少办理知识产权类案件的具体且明确的指引，在受理条件、立案标准、办案流程等方面也没有达成一定程度的共识。造成这一现象的原因包括各地司法人员认知水平不一，知识产权案件相较其他类型案件较为少见，以及实体法规定存在无规定或规定不明的问题。对比《反不正当竞争法》和《刑法》有关商业秘密的条款不难发现，后者除增加"造成权利人重大损失"的要件外，几乎全文沿用前法规定。这就在法律条文上造成了商业秘密案件的民刑交叉，由于案件性质难定，在发生商业秘密纠纷时，权利人往往首先向刑侦机关举报，借助刑事司法机关迫使侵权人处于极端不利的诉讼地位。由此造成的后果是许多民事侵权行为或行政违法行为错被当作刑事犯罪行为予以打击，客观上增加了商业秘密刑事案件数量，浪费了宝贵的刑事司法资源。[②] 实践中，近似的法律规范与模糊的认知导致这种民刑混同的现象十分常见。财产犯罪大都有明确的数额标准，侵犯财产达到一定数额即可认定为犯罪，而侵犯知识产权犯罪并不是简单地比较数额大小，其核心在于对市场竞争秩序的扰乱。侵犯知识产权犯罪在不同的计算标准下会得出不同的数额，即使能够算出数额，侵犯知识产权的后果也绝非数额能够简单概括。从理论上讲，智力成果与知识产品

---

① 参见浙江省商业秘密保护联合调研组：《侵犯商业秘密犯罪打防研究——基于浙江相关罪案的调研》，载《公安学刊（浙江警察学院学报）》2021 年第 1 期。

② 参见黄亮：《商业秘密刑民交叉案件处理模式的困境及其破解》，载《时代法学》2015 年第 3 期。

的公共属性都会影响侵权行为的后果判断。

知识产权的权利保护意识增强的同时也要保证权利受损的认定与计算方式能够跟上。换言之,损害认定才是认定是否构成侵权、违法、犯罪的重要标准,而且权利受损并不必然构成犯罪。可以肯定的是,目前在侵犯知识产权案件中,无论是民事案件还是刑事案件,都有降低被害方的证据标准与证明的倾向。立案程序的功能是决定是否作为刑事案件进行侦查和提交审判,并不是定罪量刑。如果审判环节的证据证明标准前置到立案环节,会导致很多案件无法进入侦查、起诉程序,进而会将很多案件分流到民事领域。然而如果标准过低,又会导致很多案件一股脑涌入刑事程序。《刑事诉讼法》第112条规定,人民法院、人民检察院或者公安机关对于报案、控告、举报和自首的材料,应当按照管辖范围,迅速进行审查,认为有犯罪事实需要追究刑事责任的时候,应当立案;认为没有犯罪事实,或者犯罪事实显著轻微,不需要追究刑事责任的时候,不予立案。由此可见,刑事案件立案必须同时具备两个条件:有犯罪事实且需要追究刑事责任。但是,《刑事诉讼法》规定的立案条件,只是原则性、概括性的规定,各类刑事案件的具体情况十分复杂,构成要件各不相同。① 对于司法工作人员而言,概括性的规定不具备操作性,这就为司法实践留下了相应的灵活解释空间。定罪量刑应是法院在审判活动中的主要任务,对于立案环节似乎并无较高的要求。但是立案作为开启刑事诉讼的第一关,往往因各种原因而被赋予了过高的期待。② 对于知识产权犯罪而言,由于无明确具体的权利外观,加之侵权行为取证难,以及会发生不可预料的程序问题,目前对于如何办理此类案件,各地依然处在积极的探索之中。

刑案现场类似一盘打散的拼图,其中有许多拼片已经散佚,再也找不回来。刑事诉讼就是用这些不完整的碎片去拼图,重构事实。理论

---

① 参见孙长永主编:《刑事诉讼法学》(第4版),法律出版社2019年版,第256页。

② 如认为立案程序能够保证司法机关及时、准确地同犯罪行为作斗争。对于已经发生的犯罪行为,司法机关只有及时、准确地予以立案追究,才能不失时机地沿着正确的方向进行侦查、起诉和审判活动,及时、准确地揭露犯罪,证实犯罪,惩罚犯罪。参见程荣斌、王新清主编:《刑事诉讼法》,中国人民大学出版社2019年版,第252页。然而现实是,并非所有类型的案件都能做到及时且准确地查明案件事实,不同类型的案件调查取证难度不尽相同。用一种期待要求所有类型的案件显然不合逻辑、也与现实相悖。

上，拼图越是完整，就越是接近真相。但事实上，许多拼片散失了，有时还会混入其他杂物，干扰拼图，有时甚至导向错误的拼接。拼图的比喻还有一个警醒：不难理解，小孩子如果在拼图前知道最后要拼成什么样子，就更容易完成这一游戏。但破获案件不同，预先知道或者假定自己知道最终的案情，可能导致错误的侦查方向，直至错误的终审判决。① 对于知识产权犯罪案件而言，各环节之间的证据与证明标准衔接问题十分突出。刑事审判的高标准与报案人举证难的矛盾最终指向了一点：证据与证明标准。“在司法实践中，不同诉讼阶段的司法工作人员在适用证明标准时往往高于或低于本应适用的证明标准，特别是在案件侦查终结移送审查起诉、提起公诉和有罪判决阶段的证明标准文字表述相同或近似的情况下，对证明标准的适用更是混乱，很难进行实质性的区分。”②

知识产权犯罪案件大多具备相当程度的专业性，因此较为依赖报案人提供的材料以及专家出具的检验报告、咨询意见等，且需要将专业知识结合案情转化为法律问题，这一步要求双方有效沟通、相互理解，对办案人员提出了较高的要求。侵犯知识产权不同于侵犯人身、财产案件，后者大多较为直观，而前者所涉及的抄袭、盗用、借用、模仿、借鉴、创造、创新之间本身就存在着说不清道不明的界限。同时，商业秘密案件又十分依赖证人证言、被害人陈述、被告人供述和辩解以及鉴定意见等证据，审判时大多依赖推定。《刑事诉讼法》第 210 条规定，知识产权自诉案件成立的前提条件是“被害人有证据证明”。而第 211 条规定，“犯罪事实清楚，有足够证据的案件，应当开庭审判”。根据上述规定，自诉案件立案的证据条件是“有足够的证据”，对于侵犯商业秘密案件而言，即要求自诉人有足够的证据证明侵犯商业秘密的事实存在。这样的自诉标准对于这类案件而言实在较高。侵犯商业秘密案件首先需要证明商业秘密的存在，即符合“三性”标准，仅这一项证明内容就对被害方提出了很高的要求。“不为公众所知悉”这一消极事实的证明责任落在了被告的头上。即使报案人确能证明商业秘密存在，但对于侵

① 参见邓子滨：《刑事诉讼原理》，北京大学出版社 2019 年版，第 281 页。

② 李丽峰：《刑、民诉讼证明制度比较研究》，法律出版社 2016 年版，第 134 页。

权事实及后果的证明也几乎不可能。因为欲证明侵权人存在侵权事实及侵权后果,必须要提供侵权人侵权的事实与侵权一方的销售发票、会计账簿、财务账簿等,事实上被害人基本无法拿到这些内部材料。

各个环节的证据量化标准可以相同,但证明标准不能也不应没有差别。考虑到民事案件降低了原告举证责任要求,是否可以在刑事诉讼的立案环节适当降低报案人的证明责任,或同民事案件一样,仅要求有初步证据证明侵犯商业秘密的事实存在即可。对于知识产权犯罪案件,司法实践中被害人提起自诉的案件极少,很多轻微刑事案件还是通过公诉的方式追究行为人的刑事责任,导致知识产权犯罪的自诉方式被束之高阁,被害人的自诉权被虚置。① 然而实际情况是,知识产权案件证据收集难问题由来已久,许多报案人想自诉却无能为力,这一情况在一些运用新技术手段的案件与技术类案件中比较突出。从法理上讲,公诉与自诉适用同一立案标准并无问题。但我国提起公诉标准和定罪标准是统一的,自诉、公诉案件立案标准的同一化,使得我国自诉案件立案标准过高,不利于被害人通过自诉维护自己的合法权益。② 例如,2020 年 9 月,最高人民检察院、公安部《关于印发〈关于修改侵犯商业秘密刑事案件立案追诉标准的决定〉的通知》,修改了侵犯商业秘密案件的追诉标准,这一标准对于公安、检察院同时适用。然而,公安机关与检察院在刑事诉讼中位于不同的环节,立案、侦查、起诉适用同一标准显然不妥。修改后的追诉标准将"给商业秘密权利人造成损失数额在三十万元以上"、"因侵犯商业秘密违法所得数额在三十万元以上"、"直接导致商业秘密的权利人因重大经营困难而破产、倒闭"以及"其他给商业秘密权利人造成重大损失的情形"作为追诉标准。满足任一项,"公、检"即可追诉。一方面,仅有 30 万元的认定标准将侵犯商业秘密罪的后果变成了类似盗窃罪的数额认定,并没有很好地评价侵犯商业秘密罪所保护的真正法益。许多案件是否真的需要动用刑事手段仍值得深究。另一方面,30 万元的标准实际上并没有起到门槛作用。

① 参见魏晓蓓:《知识产权犯罪追诉的相关制度完善》,载《山东警察学院学报》2017 年第 1 期。

② 参见高通:《知识产权犯罪自诉制度研究——基于相关数据的实证分析》,载《知识产权》2017 年第 6 期。

相较于其他知识产权犯罪案件,侵犯商业秘密案件虽占知识产权案件总量的比例不高,但涉案金额相对较大。以浙江省为例,2008～2017年,浙江省各级公安机关受理的192个商业秘密刑事案件涉案总金额约2.5亿元。民事案件中原告主张的标的额较大,法院最终判决赔偿数额高的案件也较多,并呈逐年上升趋势。例如,杭州英迈克电子有限公司诉杭州广数电机有限公司、周某、颜某等侵害商业秘密纠纷一案,原告起诉主张的赔偿额为455.9万元,法院判决赔偿金额为273.6万元。又如,温州市东瓯微孔过滤有限公司诉胡某、阮某等侵害商业秘密纠纷一案,原告起诉主张的赔偿额为498.6万元,法院判决赔偿金额为179万元。① 显然,动辄百万元的判赔额与30万元的追诉门槛相差过大。

第四节　知识产权刑事司法一体化的价值目标

知识产权刑事保护应严格把握保护力度。笔者认为,知识产权刑事司法政策应“严而不厉”,并且还要解决“严格保护”和“宽严适度”的关系。在整个知识产权保护体系中建立递进式的司法保护体系,即先从民事司法到行政处罚再到刑法评价。在民事司法领域,通过加大赔偿力度来减轻行政处罚和刑罚评价的压力;在行政领域只将损害公共利益的情况纳入行政处罚的范畴;只对社会危害性严重的情况进行刑罚评价,位于最顶端的是刑事司法,其威慑力最强但是数量最少,不能轻易动用。

在此基础上,本章对知识产权刑事保护的“一体化”提出了三点粗浅的目标:

1. 明确刑事司法保护在知识产权保护与司法保护中的地位。其一,刑事司法保护与激励创新并无普遍的、直接的关系,刑事保护的介入正当性应立足于对其“威慑”功能的诠释。其二,刑事“威慑”的作用也是有限的。因此,需要为刑法谦抑性注入更为具体的内涵,在否定刑

① 参见浙江省商业秘密保护联合调研组:《侵犯商业秘密犯罪打防研究——基于浙江相关罪案的调研》,载《公安学刊(浙江警察学院学报)》2021年第1期。

法万能的基础上准确定位刑事司法保护在知识产权保护中的地位,通过刑事政策明确刑事保护的方向。一个应当被认真考虑的问题是,既然知识产权刑事保护同时涉及知识产权与刑事法两大领域,就应对二者同时保持必要的关注。

2. 立法与司法应明确未来要面对知识产权法律规则的"不确定性"特征。所谓的"不确定性"是指知识产权制度是体系化较弱、存在较多不确定性的法律规范。复杂的技术手段、多元的利益主体都会影响对法律规则的理解。例如,需要对"法秩序统一"原理作出更进一步的诠释,所谓的"统一"究竟是在何种层面上的统一,又该如何明确统一的标准。除此之外,由于刑事诉讼是解决犯罪嫌疑人、被告人刑事责任问题的程序、步骤和方法,因此在以往环境下成长出来的刑事司法人员对于相关的知识产权规则可能并不十分了解,进而可能在整个司法过程中忽视一些对知识产权司法而言较为重要的问题。

3. 以"有机的一体化"为更高层次的目标。本书在知识产权保护的问题上否定刑事法只是侵权责任法的特殊法这一观点。虽然刑事保护不能完全放弃对知识产权民事侵权的规则的参照,但这种意义上的"参照前置法"不能抛弃刑事保护的特殊性。此外,由于侵权责任法与刑法的目的不同,故二者无法采用相同的侵权认定思路,进而在讨论诸如对相关法律概念的解释、违法性、侵权构成要件与犯罪构成要件的关系等问题时都需要区别对待。因此,对知识产权的刑事保护提出"一体化"更为重要的意义是在重视知识产权规则的特殊性的基础上,尽可能地调整现有司法逻辑,以解决司法保护内部以及与行政保护之间存在矛盾的问题。这就要求摆脱机械的一体化思维,追求有机的一体化。后者是最为理想的司法状态。

一、明确刑事司法对知识产权保护的意义

在刑事保护与知识产权激励创新脱钩的情况下,需要对刑事手段介入知识产权保护的正当性作进一步说明。知识产权规则的利益分配、利益衡量特征与刑法的威慑功能可以替代激励目标作为刑事手段介入的正当性依据。但强调威慑不能等同于重刑主义。通过前文对

“强保护”的解读可以发现,对知识产权刑事强保护总是有限制的,因此谦抑性、罪刑法定等理念与原则同样不可偏废。

1. 威慑理论的正当性被削弱

简单来说,刑法加强保护的直接目的是希望通过威慑减少知识产权侵权行为。但其与法益理论面临的同样困境是,“威慑”并不是刑事保护的独特手段。尽管传统的部门法理论通常强调刑罚和民事侵权责任之间的区别和界限,但在实现行为威慑意义上,两者背后有共通的效率逻辑;民事赔偿同样是实现威慑的政策工具,因为,它也影响行动者微观层面理性选择的行动后果。① 而在现代刑事政策研究方面的一个重大成就是,最终达成了这样一个共识:在与犯罪作斗争时,刑罚既非唯一的,也非最安全的措施。对刑罚的效能必须批判性地进行评估。②威慑理论作为刑事介入的正当性又被进一步削弱。因此,在威慑之外,需要寻找其他原则作为补充以证成刑法的威慑性对知识产权保护是有意义的。

2. 谦抑性应被重视

谦抑性理论的提出并不是盲目的,也并非为了抑制刑事手段的介入。更准确地说,谦抑性是为了保证刑事司法保护知识产权的正当性而被提及的。如前文所述,知识产权刑事保护并不能直接激励知识产权创新,强保护本身的威慑效应带来的直接效果就是尽可能减少侵权,营造一个少侵权的氛围。但在知识产权问题上,上述一般预防目的又不总能实现。这又进一步否定了刑法万能的观点,因此,刑事保护有必要遵循谦抑性原则,明确当前可用的各种刑事手段的意义。而刑法谦抑性在我国刑法现代化进程中的实现之路在于刑事立法扩张与刑事司法限缩的并行不悖和张弛有度。③

在立法层面,由于我国要遵循国际条约的规定,因此,对于高标准的国际条约的转化不可避免,并且,因法律规则无法频繁变动,司法的意义尤为凸显。而在司法层面,需要关注的是司法政策的引导意义以

① 参见戴昕:《威慑补充与“赔偿减刑”》,载《中国社会科学》2010 年第 3 期。

② 参见[德]弗兰茨·冯·李斯特著,[德]埃贝哈德·施密特修订:《李斯特德国刑法教科书》,徐久生译,北京大学出版社 2021 年版,第 18 页。

③ 参见田宏杰:《立法扩张与司法限缩:刑法谦抑性的展开》,载《中国法学》2020 年第 1 期。

及法律规范的适用问题。其一,囿于知识产权权利形态的特点,知识产权司法保护需要政策上的考量与利益平衡的空间较大,自由裁量的可能性更多。① 政策对司法的此种关系可能在多年从事刑事司法的人员看来是难以理解或认同的。尤其综观刑法理论界热衷的犯罪论体系建构,繁芜丛杂的体系设计中,大都崇尚用封闭和自洽的体系解决社会生活中形形色色的刑法问题,而具有一定开放性的刑事政策内容则无容身之处。② 对知识产权类案件而言,司法政策的意义是规范司法、为司法提供指引、弥补法律漏洞与空白。通过行政机关为达成特定目的在一定时期内对特定领域的干预,司法政策以其灵活及时、弹性强、针对性强等特点而对知识产权司法而言具有积极意义。具体而言,其承认了知识产权法规有限的抽象性与概括性,转而运用司法政策作为司法的非正式渊源,使司法政策与具体法律规范共同发挥作用。可见,知识产权司法政策会真实地影响到具体的司法裁判。其二,我国知识产权犯罪大多遵循"定性 + 定量"的评价模式。因此,在司法适用过程中,于具体的司法实践中发挥"定性 + 定量"模式的作用,才是我国知识产权刑事保护的独特性所在。

二、明确如何应对知识产权规则的不确定性

"知识产权规则的不确定性"③事实上也会对司法带来困扰。在此

① 参见宫小汀、陈聪:《知识产权司法政策对法官自由裁量权的引导》,载《人民司法》2014 年第 23 期。

② 参见孙国祥:《论司法中刑事政策与刑法的关系》,载《法学论坛》2013 年第 6 期。

③ 对于如何理解知识产权制度的"不确定性",崔国斌教授曾有论述区分"知识产权部门法内部的固有的不确定性"与"整个知识产权制度框架的不确定性":在谈到法律确定性时,有学者强调知识产权法领域本来就存在很多不确定性的问题需要法官裁量,如专利技术的创造性、商标的描述性、作品的原创性、作品思想和表达的二分等。因此,知识产权法似乎没有必要刻意强调法律的确定性。这实际上是以知识产权部门法内部制度中固有的不确定性为维持知识产权法整个制度框架的不确定性辩护。本书认为,确立无形财产权之后围绕权利所产生的不确定性与是否存在无形财产的不确定性有着质的差别。如果无视这一差别,法律似乎就没有必要维护所谓的确定性的基本价值了。参见崔国斌:《知识产权法官造法批判》,载《中国法学》2006 年第 1 期。本书所指的"不确定性"是指"知识产权法内部的固有的不确定性"。

基础上,现有的法律适用方法往往会陷入解释学之争。此时,需要处理的是立法与司法上该如何解决这一问题。对于如何避免法律方法论沦为判决合理化的工具,有两种可能的出路:一种是主张法官在所有案件中都应当坚持一种法律方法,比如,在所有案件中都坚持文义解释;另一种主张是法官并不需要在所有案件中都运用同一种法律方法,但存在一个统一的元规则来决定他在个案中应当运用哪种方法。①

《民法典》(第123条)实行严格的知识产权法定主义,知识产权客体及权利类型缺乏弹性。但科技的变动不居和权利的生长是一个必然趋势,这就意味着在知识产权司法过程中要推行先例制度,要创新地解释与适用法律。② 不同的行业或产业对知识产权相关法律的需求以及相关的法律效果并不相同。例如,专利法中一些激励措施对制药产业而言是必需的,但对软件或半导体产业而言并非必需;同理,对成熟的软件产业有益的激励也许对初期的软件产业尚不必要。只有动态地解释法律才可能满足不同产业的需求。③ 因此,不宜在知识产权案件中统一适用同一种法律方法,并且,事实上即使适用同一种法律方法,在知识产权案件的处理过程中也会出现不同的结果。因此,第一种主张被排除。

在上文对知识产权刑法法益问题的讨论中,我们否认了权利人单向保护的法益保护论,指出"抽象法益"概念在功能上能够指向多方主体利益,进而能够为知识产权刑事案件的处理引入不同的价值判断。而在法律适用这一问题上,上述理念也为法律适用元规则的引入提供了可能性,即法官应当适用何种法律方法解决个案,取决于对争议所涉及的法律方法背后价值内涵的诠释以及这些价值之间关系的处理。④知识产权司法具有注重具体事实、依赖司法判断的特征,并且从长远来看知识产权法律概念会发生变动,其内涵一直在变化发展。严格的法定主义意味着知识产权保护的客体范围缺乏一定的弹性,因此,对于现

① 参见王琳:《法律方法是法官对判决的合理化手段吗》,载《政治与法律》2019年第2期。

② 参见易继明:《知识产权司法保护这十年》,载《私法》2018年第2期。

③ See Dan L. Burk & Mark A. Lemley, *The Patent Crisis and How the Courts Can Solve It*, The University of Chicago Press, 2009, p. 103.

④ 参见王琳:《法律方法是法官对判决的合理化手段吗》,载《政治与法律》2019年第2期。

行各知识产权具体立法,在司法救济过程中,要配合先例制度,充分理解现行法律法规、司法解释的精神实质,针对新技术、新业态创新地解释现行法律法规。例如,司法机关有必要基于法律的基本原则和知识产权的前述内涵,尽量在现有法律框架下将所谓"新"的客体形式和"新"的权能形式纳入司法保护。① 刑事司法受到"罪刑法定"②原则的影响,其对成文规则十分依赖。二者完全不同的理念使知识产权的刑事保护产生了新的问题。

当明确刑事保护的定位、法律适用的价值取向后,更为具体的问题就是如何处理好刑事、民事法律规范的适用与衔接。这涉及如何理解"法秩序统一"理念以及如何处理好刑法与前置法的关系,二者之间的关系极富争议。所谓"机械的一体化"是指在知识产权案件审理中,刑事司法完全按照前置法的规范理解、处理案件,其基本的表述为"因为知识产权法律③规定了 A,所以刑事法律也应依此理解 A";所谓"有机的一体化"是指"知识产权法律规定了 A,但刑事法律可以选择 A 或选择 B"。二者并非非此即彼,而是包含与被包含的关系,后者包含了前者。提出所谓"有机的一体化"概念是强调刑事判断在知识产权案件中的可选择性而非绝对独立性,强调刑法保护也应当有其自身的利益判断、价值判断过程。此外,"有机的一体化"也为刑事保护留下了余地,使刑事保护不至于对前置法亦步亦趋。

加强刑事保护的常见理由是现在个人需要更强有力的保护,而民

---

① 参见易继明:《我国知识产权司法保护的现状和方向》,载《西北大学学报(哲学社会科学版)》2018 年第 5 期。

② 有学者曾指出"罪刑法定"原则的局限:对于摆脱封建社会中法官罪刑擅断的噩梦的大多数国家而言,通过确立"罪刑法定"原则使司法者随意出入人罪的噩梦不再重演,是一种历史的选择。但随着历史的发展,政治实践的丰富,对人的理性局限性的反思和人的恶性的警惕,"罪刑法定"原则所潜在的立法万能的理念所导致的一些不那么乐观的后果也逐渐凸显出来。我们就应该对立法机关可能在新情形下出现的种种问题有足够的准备,也正是这个意义上,在刑法领域只有罪刑法定原则是远远不够的。参见车浩:《刑法教义的本土塑性》,法律出版社 2017 年版,第 115 页。

③ 这里的"知识产权法律"不仅指我国的《著作权法》《专利法》《商标法》《反不正当竞争法》等法律规范,还包括国际条约,如 TRIPS、《罗马公约》、《巴黎公约》、《视听表演北京条约》等我国加入的与知识产权有关的国际协定。

事制裁跟不上保护需求。① 但是否需要因此就将刑事法的保障作用调整为替代作用,仍值得讨论。一种行为的犯罪化要依据损害原则获得完全的正当性辩护,就必须要考虑损害的道德重要性、犯罪化成本及刑事保护的可执行性。② 因此,在知识产权保护问题上,个人的保护需求只是刑法介入的正当化理由之一。

三、小结

通过前述章节的分析,我们可以试着得出以下结论:

1.“强保护”作为一种手段如果只是单纯降低门槛、扩大犯罪圈,最终可能导致司法的不协调进而背离制度目的,因此在“强保护”之外还有“一体化”的发展目标。知识产权司法保护并非多种毫不相干的措施多管齐下,仅知道或想要“加强保护”远远不够,最终依然要实现司法的有序与协调。因此,需要考虑每种司法手段的目的以及如何实现司法救济目的。

2.如欲避免刑法在知识产权保护问题上仅仅是侵权责任法的“特殊法”,就有必要在被害人单向保护的基础上考虑其他社会群体的利益。对知识产权保护而言,多元利益平衡是非常常见且无法避免的问题,但具体到刑事保护,又该如何做出改变?抽象法益是一个可用的理论工具;对构成要件的严格解释和证明也是应被明确的司法目标。

3.在多元利益考量的前提下,需要对刑法的“威慑”作用做出进一步的诠释。需要明确,是否能够通过短期的、大量的刑事介入减少知识产权侵权行为,如果可以,是否意味着刑事介入的目标仅限于此?

4.如果对上述问题的回答是否定的,则需要考虑刑事介入的独特

---

① 现代社会,刑法介入传统私法保护领域的情况越来越多。其中一个很重要的原因是,个人企业的发展要求国家给予强有力的保护,而民事制裁制度又不能有效地发挥其作用,民事诉讼保护跟不上财产保护的需要。因此,刑事制裁作为民事救济的替代,发挥着保护经济活动的作用。这在一定程度上放弃了刑法的补充性。参见孙国祥:《刑法教义学与刑事一体化关系论要》,载《法治现代化研究》2017 年第 4 期。

② 参见郑玉双:《为犯罪化寻找道德根基——评范伯格的〈刑法的道德界限〉》,载《政法论坛》2016 年第 2 期。

目标,以及是否有必要对“威慑”作出必要的限制。刑法是其他前置法的保障法,其介入前提是其他法律对法益保护的不充分性。因此,在“威慑”之外需要重新提起并重视谦抑性原则。

第四章 知识产权刑事司法一体化的程序实践：交叉、衔接、权利人参与程序

知识产权刑事司法一体化的重要体现之一为知识产权案件在不同程序之间以及同类程序中的程序交叉、程序衔接以及刑事诉讼其他制度的适用。其中，交叉主要体现为民刑、刑行交叉；衔接主要包括行政与刑事衔接；知识产权权利人参与程序主要包括刑事附带民事诉讼、刑事自诉、刑事和解等。本章将对这三个问题分别作出讨论。

知识产权案件民、刑、行交叉与衔接是司法实践中比较常见的问题。本书在讨论过程中区分了“交叉”与“衔接”的概念。二者在程序法以及司法实践层面并不能一概而论。所谓“交叉”，即除了从法律事实的角度理解（“法律事实的交叉”[①]），还需要考虑各类知识产权案件在不同类型的诉讼程序中的具体处理方式，因此在程序上应主要关注管辖、前后诉关系等问题；所谓“衔接”更偏向同一案件在不同的司法程序之间流转、协调的过程，此时主要涉及案件标准、证据移送、监督等制度的建设等问题。而同类程序中的贯通，则指刑事程

---

① 王充：《刑民交叉三论》，载《华东政法大学学报》2021年第6期。

序中的几种特殊制度。

据此,本章第一节主要讨论知识产权确权诉讼与侵权诉讼、犯罪案件的关系以及知识产权民事、刑事、行政诉讼之间的关系。第二节主要讨论知识产权的行刑衔接。此外,在知识产权案件中,存在制度设计不完善、证据移送标准不明确、实体规则缺乏区分度等问题,因此,本书第二节在我国"双轨制"的建设基础上对上述问题作出了进一步的分析并提供了可供借鉴的实践方案。第三节主要讨论知识产权刑事附带民事诉讼与刑事自诉制度。作为刑事诉讼制度的一部分,上述两制度在知识产权案件处理过程中的意义与作用需要进一步被明确。

第一节　知识产权案件民、刑、行交叉

知识产权案件民、刑、行交叉在制度上主要体现为知识产权"三合一"审判。本节也将从知识产权"三合一"审判开始,引出目前知识产权案件民、刑、行程序交叉的经验与问题。

为贯彻落实《国民经济和社会发展第十四个五年规划和 2035 年远景目标纲要》,2021 年 4 月,最高人民法院印发《人民法院知识产权司法保护规划(2021—2025 年)》,计划深化知识产权审判"三合一"改革。具体措施包括推动完善知识产权刑事案件管辖布局,积极构建与知识产权"三合一"审判机制相适应的管辖制度,推动知识产权法院审理知识产权刑事案件;加强与公安机关、检察机关在知识产权刑事司法程序方面沟通协调,建立和完善联络机制;完善知识产权民事、行政和刑事诉讼程序衔接,确保裁判结果内在协调统一;优化知识产权刑事自诉程序,充分保障知识产权权利人合法权益。2021 年 9 月 22 日,中共中央、国务院印发《知识产权强国建设纲要(2021—2035 年)》,提出健全公正高效、管辖科学、权界清晰、系统完备的司法保护体制,为此需要深入推进知识产权民事、刑事、行政案件"三合一"审判机制改革,构建案件审理专门化、管辖集中化和程序集约化的审判体系。同年 10 月 9 日,国务院印发的《"十四五"国家知识产权保护和运用规划》同样提及了"三合一"审判机制。2022 年 1 月,国务院知识产权战略实施工作部际联席

会议办公室《关于印发〈知识产权强国建设纲要和"十四五"规划实施年度推进计划〉的通知》，再次要求持续推进知识产权审判"三合一"改革工作。

而知识产权审判"三合一"可以有三层含义。第一层是突破民事诉讼法、刑事诉讼法和行政诉讼法中关于管辖的一般规定，由一家法院审理某一区域内的所有知识产权案件，可以称为法院层面的三合一。第二层是在这一法院内突破一般的民庭、刑庭、行政庭划分，由一个法庭审理有关联的知识产权民事、刑事和行政案件，可以称为法庭层面的三合一。第三层是这一法庭审理案件时突破民事、刑事和行政诉讼间的界限，在一个融合的程序中审理相互关联但性质不同的案件，再分别作出裁判，可以称为程序层面的三合一。三个层面的知识产权审判"三合一"都可以提升诉讼效率，法院层面的三合一还能促进审判队伍和审判工作的专业化，落实类案类判的要求，法庭和程序层面的三合一则有助于协调关联知识产权案件的裁判，避免出现刑民倒挂等情况。

一、知识产权"三合一"审判的背景

（一）知识产权审判"三合一"改革的三个层面

我国的知识产权审判"三合一"改革始于 1996 年。1995 年，与中美合资企业上海吉利有限公司生产的"飞鹰"牌刀片相关的三起案件分别被诉至浦东法院，即一起组织生产假冒商标产品的刑事案件，一起不服对销售假冒商标产品处罚的行政案件，一起仿冒外包装进行不正当竞争的民事案件。浦东法院知识产权庭联手刑庭、行政庭一起审理这三起案件，取得了较好的法律和社会效果。案件办理过程中有两个问题引起了法官们的思考，一是刑庭、行政庭由于受业务范围所限，缺乏审理知识产权案件必备的专业知识，二是三起案件源于相同的基本事实，由不同审判庭分别审理既造成审判资源浪费，也增加了当事人的诉讼成本，还容易导致裁判标准不统一。为解决这些问题，浦东法院经上海高级人民法院批准从 1996 年起尝试由知识产权审判庭统一审理知识产权民事、行政、刑事案件,这是我国最早的“三合一”审判机制。①

“浦东模式”带动了各地知识产权审判“三合一”的尝试。例如,西安市中级人民法院首先要求知识产权刑事、行政案件由包含两名知识产权民事法官的五人合议庭审理,逐渐过渡到由知识产权审判庭统一审理全部知识产权案件。又如,广东省高级人民法院在辖区内几个基层人民法院设立知识产权“三合一”审判方式改革试点,选拔富有经验的各领域审判人员,将原有的知识产权民事审判庭改组为专门的知识产权审判庭,统一审理知识产权民事、刑事、行政案件。②

各地各级法院的探索和尝试最终引起了国家层面的关注,并获得了国家持续且强力的支持。2008 年国务院印发《国家知识产权战略纲要》,提出要完善知识产权审判体制,优化审判资源配置,研究设置统一受理知识产权民事、行政和刑事案件的专门知识产权法庭,研究适当集中专利等技术性较强案件的审理管辖权问题等。次年,最高人民法院印发《关于贯彻实施国家知识产权战略若干问题的意见》,提出要在地方已有经验的基础上积极探索符合知识产权特点的审判组织模式。按照纲要要求,研究设置统一受理知识产权民事、行政和刑事案件的专门知识产权审判庭,尽快统一专利和商标等知识产权授权确权案件的审理分工,优化知识产权审判资源配置,实现知识产权司法的统一高效。2016 年,最高人民法院公布了《关于在全国法院推进知识产权民事、行政和刑事案件审判“三合一”工作的意见》,要求继续推进由知识产权审判庭统一审理知识产权民事、行政和刑事案件。

除在法庭层面的“三合一”之外,政策还指向了法院层面的“三合一”这一新方向,各地纷纷探索适应自身需要的知识产权案件管辖新模式。例如,“宜昌模式”中,基层人民法院不再管辖知识产权案件,改由中级人民法院统一管辖。又如,根据“武汉模式”,基层人民法院和中级人民法院分别管辖普通知识产权案件和专利等专业性强的知识产权案

① 参见《上海记忆:浦东开发往事》,载澎湃新闻网 2018 年 11 月 8 日,https://www.thepaper.cn/newsDetail_forward_2614276;《知识产权“三合一”审判机制全国推行》,载人民网,http://ip.people.com.cn/n1/2016/0617/c136655-28452640.html。

② 参见沈强:《从“三审合一”到知识产权专门法院——兼论知识产权审判模式和体制的改革》,载《电子知识产权》2010 年第 8 期。

件，不过并非所有基层人民法院都有管辖权，而是由特定几家法院跨行政区域集中管辖知识产权民事、刑事和行政案件。[①] 2014 年年底，北京、上海、广州三家知识产权法院成立，集中管辖三个城市中专业性强的第一审知识产权民事、行政案件，以及审理对基层人民法院作出的第一审知识产权民事和行政裁判提起的上诉案件。2020 年成立的海南自由贸易港知识产权法院更进一步，集中管辖海南省知识产权民事、刑事和行政案件。2017 年起，最高人民法院批复同意南京等 27 个城市的中级人民法院内设知识产权专门审判机构，跨区域管辖专业性较强的知识产权案件，还先后批准近 200 家基层人民法院集中管辖相应区域的商标、著作权等普通知识产权案件。2022 年，最高人民法院又发布了《关于第一审知识产权民事、行政案件管辖的若干规定》和《基层人民法院管辖第一审知识产权民事、行政案件标准》，在全国范围固化了两级法院的知识产权案件管辖格局，即由知识产权法院和特定中级人民法院管辖专业性强、重大复杂的知识产权民事、行政案件，由特定基层人民法院管辖普通知识产权民事、行政案件。虽然对知识产权刑事案件的管辖未有明确规定，但原则上通过提级管辖等方式做到与知识产权民事、行政案件一致，从而为法院层面三合一改革的深入做好铺垫。[②] 2019 年，最高人民法院设立知识产权法庭，集中审理专业性强的知识产权民事和行政二审、再审案件以及管辖专业性强且在全国范围内属重大复杂的第一审知识产权民事和行政案件，以避免不同高级法院之间裁判标准的分歧。

相比法庭和法院层面的三合一，对程序层面三合一的探索非常谨慎。我国现行《刑事诉讼法》和《行政诉讼法》中都有附带民事诉讼的规定。1979 年《刑事诉讼法》中就有刑事附带民事诉讼的规定，一直沿用至今，即被害人由于被告人的犯罪行为而遭受物质损失的，在刑事诉讼过程中，有权提起附带民事诉讼。但是正由于法条规定了物质损失这一条件，多数法院认为知识产权侵权案件不属于刑事附带民事诉讼

① 参见李光曼、赵兴：《关于知识产权审判“三合一”的反思与建言——以知识产权法院设立为背景》，载《江西警察学院学报》2015 年第 1 期。

② 参见林广海、李剑、许常海：《〈关于第一审知识产权民事、行政案件管辖的若干规定〉的理解与适用》，载《人民司法》2022 年第 16 期。

的受案范围。[①] 但是近年来法院的态度有所松动，如 2021 年浙江省余姚市人民法院判决了宁波某锯链科技有限公司及鲁某甲等人假冒注册商标刑事附带民事诉讼案。[②]《行政诉讼法》中有关行政附带民事诉讼的规定为 2014 年新增，据此，在涉及行政许可、登记、征收、征用和行政机关对民事争议所作的裁决的行政诉讼中，当事人申请一并解决相关民事争议的，人民法院可以一并审理。行政机关对民事争议所作的裁决也包括行政机关对知识产权侵权纠纷作出的行政裁决，[③]因此知识产权行政附带民事诉讼理论上可行，然而司法实践中却非常少见。除了利用上述现有机制外，法官们并没有提出程序合并方面的新设想，[④]而是致力于探索单一案件的新审理思路，如借鉴"权利审查—侵权判断—侵权责任与赔偿"这一知识产权民事审判的思维，确立"权利审查—犯罪构成要件审查—定罪量刑"的知识产权刑事审判思路，即先审查权利的存在与归属，以及是否存在侵权，在确认侵权的基础上进一步审查该种侵权行为是否已经满足犯罪构成要件，以及案件中可能影响定罪量刑的各种因素。新的审理思路辅之以对不同诉讼中具体法律适用规则的整合，帮助法官们在审理刑事案件时按照有关民事确权和侵权的规定来界定行为性质，在此基础上准确定罪量刑，在审理民事案件时参考有关刑事法律的规定，权衡侵权行为的情节以准确适用法律。[⑤]

（二）知识产权审判"三合一"改革中的老问题和新问题

回顾完知识产权审判"三合一"改革的历程，可以看出，有一些老问题尚未被改革触及，同时改革还带来了一些新的问题有待解决。

---

① 如北京市高级人民法院《关于印发〈北京市高级人民法院关于审理刑事附带民事诉讼案件若干问题的解答（试行）〉的通知》（京高法发〔2009〕226 号）；陈小芳、陈文芳、元俊假冒注册商标案，福建省南平市中级人民法院（2020）闽 07 刑终 174 号刑事裁定书；刘某某销售假冒注册商标的商品案，贵州省遵义市中级人民法院（2020）黔 03 刑初 79 号刑事判决书。

② 参见《浙江省检察机关保护知识产权典型案例发布》，载腾讯网，https://new.qq.com/omn/20210425/20210425A0AY9000.html。

③ 参见梁凤云：《新行政诉讼法讲义》，人民法院出版社 2015 年版，第 350～351 页。

④ 参见江波、喻湜：《知识产权刑民交叉案件审理问题研究——以侵犯商业秘密案件为视角》，载《知识产权》2008 年第 6 期。

⑤ 参见叶若思、祝建军、叶艳：《质的融合：深圳知识产权"三审合一"》，载《人民司法》2013 年第 11 期。

1. 侵权案件的“三合一”有待落实

法院层面,知识产权民事、行政案件在基层人民法院、中级人民法院和最高人民法院的集中管辖已经有了制度上的保障,知识产权刑事案件由于还牵涉公安机关和检察机关,如何从制度上实现“三合一”尚待探索,但这并不意味着当下无法善用刑事诉讼中的现有机制实现事实上的“三合一”。根据《刑事诉讼法》第 24 条和第 27 条的规定,在级别管辖方面,上级人民法院在必要的时候,可以审判下级人民法院管辖的第一审刑事案件;下级人民法院认为案情重大、复杂需要由上级人民法院审判的第一审刑事案件,可以请求移送上一级人民法院审判。在地域管辖方面,上级人民法院可以指定下级人民法院将案件移送其他人民法院审判。因此通过提级管辖和指定管辖,完全可以实现知识产权刑事案件的集中审理。除了法院,检察院也可以利用其调整不同机关间管辖错位的职权,推进知识产权刑事案件的集中审理。根据《人民检察院刑事诉讼规则》第 240 条与第 328 条的规定,各级人民检察院提起公诉,应当与人民法院审判管辖相适应。具体而言,在级别管辖方面,属于上级人民法院管辖的第一审案件,应当报送上级人民检察院,同时通知移送起诉的公安机关;上级人民检察院受理同级公安机关移送起诉的案件,认为属于下级人民法院管辖的,可以由下级人民检察院向同级人民法院提起公诉,同时通知移送起诉的公安机关。在地域管辖方面,属于同级其他人民法院管辖的第一审案件,应当移送有管辖权的人民检察院或者报送共同的上级人民检察院指定管辖,同时通知移送起诉的公安机关。由于最高人民法院的司法解释明确限定了北京、上海、广州三家知识产权法院的管辖范围,实现事实上“三合一”的调节机制对它们不能适用。然而这个问题同样可以经由新的司法解释解决。2020 年设立的海南自由贸易港知识产权法院集中管辖海南省知识产权民事、刑事和行政案件,可以看作为知识产权法院全面实现“三合一”探路,积累足够经验后即可推广。因此,法院层面的“二合一”已经基本确立,“三合一”虽然尚未实现,但其实现并不存在法理上的障碍,只有技术上、操作上的问题有待回答,比如,如何在各个法院之间相对均衡地分配案件负担,需要不同机关相互配合,审慎地徐徐图之。

2. 知识产权确权案件可否管辖仍有待确定

真正的问题在于,知识产权确权案件是否可由法院系统管辖,如果可以的话,法院系统内要如何分配管辖。这一问题早在 10 多年前就由数起知名的专利循环诉讼抛出。专利循环诉讼指的是,专利侵权诉讼的被告请求国家知识产权局专利局复审和无效审理部(原国家知识产权局专利局复审委)宣告专利无效,国家知识产权局专利局复审和无效审理部(以下简称复审和无效审理部)作出决定后,侵权案件原告或被告不服,以复审和无效审理部为被告提起行政诉讼。撇开行政诉讼的两审终审、发回重审、审判监督机制不谈,法院最终认定复审和无效审理部的决定不合法,但只能判决撤销或者部分撤销该决定,并要求重新作出行政行为。复审和无效审理部再次作出决定,引发新的行政诉讼,开启另一个循环。例如,上海胜狮冷冻货柜有限公司与德国瓦工堡埃尔策两合公司、上海中集冷藏箱有限公司专利无效案中,3 年内原国家知识产权局专利局复审委做了两次行政决定、法院做了 4 次行政判决,而相关的侵权案件一直处于中止状态,等待专利无效的结论。[①] 在安增基与重庆铜梁县精细化工厂专利无效案中,9 年内原国家知识产权局专利局复审委和两级人民法院分别作了 3 次审查,历经 9 道程序,专利最终被宣告无效,与之相关的侵权案件因此持续了 11 年。[②] 专利循环诉讼出现的背景是,我国对于部分知识产权将关于其效力的纠纷与侵权等其他纠纷分别交由国务院部门与法院处理,其目的在于一方面保障知识产权效力判定的专业性,另一方面保障其他知识产权纠纷得到高效率、低成本的解决,国务院部门对知识产权效力的判断虽然也受到司法审查,但法院只能在认定行政行为违法时全部或部分撤销之,最多可以要求国务院部门作出新的行政行为,而无权自行判断知识产权的有效性。

根据北京市高级人民法院的统计,2003 年该院终审判决撤销原国家知识产权局专利局复审委决定 41 件,原国家知识产权局专利局复审

---

① 参见马骏:《由案说法——浅论专利无效制度》,载《电子知识产权》2010 年第 11 期。

② 参见郃中林:《知识产权授权确权程序的改革与完善》,载《人民司法》2010 年第 19 期。

委针对同一当事人及同一专利权重新作出无效决定后再次进入诉讼程序的就有 11 件。也就是说，当年法院判决撤销原国家知识产权局专利局复审委决定的案件中，发生循环诉讼的比例达到了 26.8% 。[①] 新的实证研究则表明，至少近几年中，专利循环诉讼并非普遍现象。2010 年 1 月 1 日至 2017 年 3 月 6 日，原国家知识产权局专利局复审委处理后形成多轮行政诉讼的无效案件总数为 34 件，占所有进入行政诉讼程序的无效案件的 0.77%（34/4424），占全部无效案件的 0.14%（34/24593）。[②] 此外，中止侵权诉讼审理等待无效案件结果的情况也不普遍，全国各地 13 家法院 2011 ~ 2015 年度内审结的 5983 件专利侵权案件中，法院裁定中止的仅为 74 件，占 1.2% 。2016 年最高人民法院《关于审理侵犯专利权纠纷案件应用法律若干问题的解释（二）》更是从制度层面避免了无效案件过度拖累侵权诉讼，其第 2 条明确规定，侵权案件审理法院可以基于原国家知识产权局专利局复审委的无效宣告驳回权利人基于该无效权利要求的起诉，有证据证明复审委的决定被生效的行政判决撤销的，权利人可以另行起诉。根据 2016 年至 2018 年的数据，复审委处理无效案件的平均结案周期为 5.1 ~ 5.2 个月，因此即使法院裁定中止诉讼，也不需要为复审委的决定等待太长时间。[③] 不过，专利循环诉讼数量较少，一旦出现就会造成很大影响。权利的稳定性和利害关系人行为的合法性长期不能得到确认，对于仅在一定期限内受法律保护的知识产权而言极大削减了其意义，进而打击到相关主体创新的积极性，同时会损害交易安全与竞争秩序。虽侵权诉讼不受确权循环诉讼的拖累，但也不意味着后者就不会对前者产生其他不利影响，若法院在侵权之诉中做出了有利原告的判决，确权案件历经漫长程序后却以专利被宣告无效告终，侵权之诉的被告必然会申请再审推翻之前的判决，但这也无法弥补之前判决给被告市场份额造成的损失。因此，专利循环诉

① 参见邰中林：《知识产权授权确权程序的改革与完善》，载《人民司法》2010 年第 19 期。

② 参见董涛、王天星：《正确认识专利权效力认定中的“行政/司法”职权二分法》，载《知识产权》2019 年第 3 期。

③ 参见董涛、王天星：《正确认识专利权效力认定中的“行政/司法”职权二分法》，载《知识产权》2019 年第 3 期。

讼仍然是一个有必要解决的问题，学者们的“解题思路”之一是将知识产权确权案件定性为民事纠纷，赋予法院对此作出最终判断的权力，由此打断案件在行政与司法机关间的循环往复。[①] 已经开展的知识产权审判“三合一”改革并未触及知识产权确权案件的法院管辖这个老问题，然而对其回答却影响到法院层面三合一的今后发展。

3. 知识产权“三合一”审判的其他问题

法庭层面，既然在有管辖权的法院内由一个法庭审理有关联的知识产权民事、刑事和行政案件，那么关联案件同时被诉至法院时，法庭应该先审理哪起、后审理哪起就成为一个问题。以民刑交叉案件为例，传统观点以先审理刑事案件为原则，即先刑后民[②]，近年来出现的新观点则主张基于先决关系和诉讼效率的民事案件优先，即先民后刑[③]，两种观点目前还在对峙之中。审理顺序的确定离不开对两个前提问题的回答，其一，前诉生效判决对后诉认定基本事实或者法律关系有无影响、有什么影响。根据最高人民法院《关于适用〈中华人民共和国民事诉讼法〉的解释》第 93 条的规定，已为人民法院发生法律效力的裁判所确认的事实无需当事人举证证明，但当事人可以举出相反证据推翻之。有学者因此认为，我国民事诉讼建立了生效裁判事实认定预决效力机制或者说“免证事实”机制，但规定还比较笼统粗疏，还需要进一步细化。[④] 刑事诉讼法和行政诉讼法的司法解释中也存在同类规定，因此“免证事实”机制不只存在于民事诉讼法中。“免证事实”机制之外，前诉裁判对后诉是否还有其他影响，也值得思考。其二，前后诉对侵权人科以不同责任，责任之间有无影响、有什么影响，特别是惩罚性赔偿和罚金刑之间应有怎样的联动关系，才能避免过度惩罚侵权人，以及由此导致的权利人无法得到足额赔偿，侵权人从经营和创新

---

① 参见马骏：《由案说法——浅论专利无效制度》，载《电子知识产权》2010 年第 11 期；于馨淼：《德国专利确权制度体系化研究》，载《德国研究》2021 年第 4 期。

② 参见龙宗智：《刑民交叉案件中的事实认定与证据使用》，载《法学研究》2018 年第 6 期。

③ 参见张卫平：《民刑交叉诉讼关系处理的规则与法理》，载《法学研究》2018 年第 3 期。

④ 参见龙宗智：《刑民交叉案件中的事实认定与证据使用》，载《法学研究》2018 年第 6 期。

活动中彻底退出。[①] 具体而言,考虑到惩罚性赔偿的惩罚与威慑功能与刑罚的功能定位实际上类似,如果已经对知识产权侵权人判处了惩罚性赔偿且侵权人已经履行,那么在认定其构成犯罪后的量刑过程中是否应将之作为酌定从轻减轻情节,特别是罚金的数额应否酌减,甚至不再适用。出于同样理由,如果已经认定侵权行为构成犯罪并判处了相应刑罚尤其是罚金刑,那么惩罚性赔偿的数额是否应该酌减,甚至不判处惩罚性赔偿。对以上三个问题的回答彼此紧密相关。

程序层面,在已有的刑事附带民事诉讼、行政附带民事诉讼之外,至今未出现在一个融合程序中审理关联的知识产权民事、刑事和行政案件的新探索,这不是没有原因的。一方面,法庭层面的三合一已经能保障关联民事、刑事和行政诉讼的协调和衔接,这种协调和衔接不要求案件审理必须得出相同结果,如不是所有的侵权都构成犯罪,因此程序层面的三合一并非必需。另一方面,程序层面的三合一会遇到诉讼法上的障碍,民事、行政和刑事诉讼程序有各自特点,运用的规则和制度都有差异,难以融合。[②] 而即使是现有的刑事附带民事诉讼、行政附带民事诉讼机制,其对知识产权案件的适用性以及其本身的合理性也一直受到质疑。[③]《知识产权强国建设纲要(2021—2035 年)》提出构建案件审理专门化、管辖集中化和程序集约化的审判体系后,程序合并成为一个新的研究热点,有学者就此提出了一些富有创造力的设想。[④] 在这一背景下,有必要重新讨论程序层面三合一的必要性、可行性。

---

① 参见李会彬:《刑事和解制度的理论基础新探——以刑、民事责任转化原理为视角》,载《法商研究》2015 年第 4 期;朱理:《专利侵权惩罚性赔偿制度的司法适用政策》,载《知识产权》2020 年第 8 期。

② 参见沈强:《从“三审合一”到知识产权专门法院——兼论知识产权审判模式和体制的改革》,载《电子知识产权》2010 年第 8 期。

③ 参见谢佑平、江涌:《质疑与废止:刑事附带民事诉讼》,载《法学论坛》2006 年第 2 期;段厚省:《我国刑事附带民事诉讼拒斥精神损害赔偿的立场批判与制度重构》,载《政治与法律》2021 年第 12 期。

④ 参见张璇、覃波:《论知识产权审判方式改革下审判权综合运行机制的构建——以“三合一”审判模式的刑民并轨为主线》,载《电子知识产权》2019 年第 9 期。

二、法院层面的三合一：知识产权确权案件的法院管辖

（一）专利循环诉讼问题的解决

十多年前，上海胜狮冷冻货柜有限公司与德国瓦工堡埃尔策两合公司、上海中集冷藏箱有限公司专利无效案，安增基与重庆铜梁县精细化工厂专利无效案等持续数年的专利循环诉讼就提出了知识产权确权案件法院管辖的问题，但这一问题至今未得到妥善解决。这一问题涉及知识产权确权与侵权如何在诉讼程序中被有效处理。

根据《专利法》第45、46条，《专利法实施细则》第65～76条，《专利审查指南》第四部分第三、四章，《行政诉讼法》第70、71条和最高人民法院《关于适用〈中华人民共和国行政诉讼法〉的解释》第62、90条，任何单位或者个人认为专利权的授予不符合有关规定的，可以向国家知识产权局专利局复审和无效审理部提交专利权无效宣告请求书和必要的证据，请求宣告该专利权无效。复审和无效审理部经形式审查合格受理案件后，应组成3～5人的合议组处理案件，并将专利权无效宣告请求书和有关文件的副本送交专利权人，要求其在指定的期限内陈述意见。根据当事人的请求或者案情需要，复审和无效审理部可以决定对无效宣告请求进行口头审理，并向当事人发出口头审理通知书，告知举行口头审理的日期和地点。复审和无效审理部作出决定后应通知请求人和专利权人，并对宣告专利权无效的决定进行登记和公告。专利无效纠纷的当事人对宣告专利权无效或者维持专利权的决定不服的，可以自收到通知之日起3个月内向北京知识产权法院提起行政诉讼。北京知识产权法院应当通知无效宣告请求程序的对方当事人作为第三人参加诉讼。如果专利确权行政案件的原告或被告对北京知识产权法院的一审裁判不服，还可以向最高人民法院知识产权法庭提起上诉开启第二审程序。若法院认为复审和无效审理部的决定有事实、法律、程序、职权上的错误或明显不当因而不合法，则判决撤销或者部分撤销该行政行为，并可以判决复审和无效审理部重新作出决定。除了违反法定程序被撤销的情形，后者不得以同样的事实和理由作出与原行政行

为基本相同的行政行为，重新作出的行政行为与原行政行为的结果相同，但主要事实或者主要理由有改变的，不在此列。如果专利无效纠纷的当事人对复审和无效审理部重新作出的决定不服又向北京知识产权法院起诉的，法院应当依法立案审理，但最终结果不外乎撤销复审和无效审理部的决定并要求后者重新作出决定，专利无效纠纷的当事人又可以对该新决定提起行政诉讼。

2020 年最高人民法院公布了《关于审理专利授权确权行政案件适用法律若干问题的规定（一）》，试图在现有法律框架内用四项措施有效缓解专利循环诉讼问题。其一，只要被诉决定对专利授权确权的认定结论是正确的，法院可以在纠正相关事实查明和法律适用的基础上判决驳回原告的诉讼请求，如此可避免新的行政决定以及由其开启的新一轮诉讼。其二，若被诉决定中存在可以区分的部分，法院可以仅对被诉决定中的错误部分予以撤销，而维持被诉决定中的正确部分，以避免全部撤销被诉决定后被告全部重新审查。其三，如果被诉决定对当事人主张的全部无效理由和证据均已评述并宣告权利要求无效，法院认为被诉决定认定该权利要求无效的理由均不能成立的，在判决撤销或者部分撤销该决定的同时可以不判决被告就该权利要求重新作出审查决定。彼时，最高人民法院的法官们认为，此时无效决定被生效判决撤销，专利权自然处于合法有效的状态，新的行政决定并无意义，只会导致循环诉讼。其四，法院撤销被诉决定并判决被告重新作出行政行为的，如果其新的审查决定系直接依据生效裁判重新作出且未引入新的事实和理由，当事人对该决定提起诉讼的，法院依法裁定不予受理或驳回起诉。法官们认为，在新作出的决定直接依据生效裁判作出，并未引入新的事实和理由，与前案的当事人、事实和理由等均相同的情况下，当事人再次对新的决定提起的行政诉讼与之前的行政诉讼构成“一事”，适用“一事不再理”原则。[①]

然而，最高人民法院的努力并不能达到目的。首先，第一项措施与现行法不相容。从文义来看，《行政诉讼法》第 69 条为“驳回原告诉讼

---

① 参见林广海、李剑等：《系列解读之二〈最高人民法院关于审理专利授权确权行政案件适用法律若干问题的规定（一）〉的理解与适用》，载《法律适用》2021 年第 4 期。

请求”，这类判决明确规定了前提，即行政行为证据确凿，适用法律、法规正确，符合法定程序，或者原告申请被告履行法定职责或者给付义务理由不成立。第 70 条要求法院在列举情形出现时判决撤销或者部分撤销被诉行政行为，同时授权法院考量个案情形决定是否判决被告重新作出行政行为，换句话说，在是否判决撤销被诉行政行为上法院没有选择权，其只能选择是否判决被告重新作出行政行为。从体系来看，《行政诉讼法》第 1 条规定了该法整体上的立法目的，监督行政机关依法行使职权为其中之一，第 6 条根据这一目的要求法院在审理行政案件时对行政行为是否合法进行审查。第 69 条和第 70 条为“驳回原告诉讼请求”判决和“撤销或者部分撤销行政行为”判决规定的前提与总则中的这两个条款相符合。从历史来看，立法机关也认为第 69 条和第 70 条是互斥关系，不出现第 70 条列举情形的行政行为才符合第 69 条，超越职权、滥用职权、明显不当即适用法律、法规不正确。[①] 因此，如果被诉决定认定事实或适用法律存在错误，就出现了《行政诉讼法》第 70 条列举的情形，该行政行为就是不合法的，即便被诉决定对专利授权确权的认定结论正确也不能改变这一判断，此时法院应该判决撤销或者部分撤销被诉决定，而不能驳回原告诉讼请求，否则就是违背立法者的明确意图进行法律续造，不但在方法论上是不可取的，而且违背了《立法法》第 119 条司法解释应当符合立法目的、原则和原意的要求。

其次，第二项和第三项措施只是重申了《行政诉讼法》第 70 条已经赋予法院的权力，并未有新的突破，对循环诉讼问题只能缓解却谈不上解决。特别值得深思的是，第三项措施通过不要求复审和无效审理部重新作出维持专利权有效的决定来避免循环诉讼，其实是承认法院，具体而言是北京知识产权法院和最高人民法院知识产权法庭，具备对专利有效性做出专业判断的能力，因此就当下来看，复审和无效审理部独占判断专利效力的权力并不能说是出于专业性上的理由。

最后，第四项措施属于对“一事不再理”原则的误读。禁止重复诉讼和生效判决的既判力两种制度都可以产生一事不再理的规范效果，以防止矛盾裁判的产生，兼顾诉讼经济和减少当事人讼累。两种制度

---

① 参见梁凤云：《新行政诉讼法讲义》，人民法院出版社 2015 年版，第 418 页。

之间虽然有诸多联系但各自的重点和制度构成不同，前者指的是前诉已经系属但判决尚未确定时禁止提起后诉，后者指的是前诉判决已经确定时禁止提起后诉。[①] 由此观之，第四项措施主张的“一事不再理”的法理基础只能是生效判决的既判力。不过我国民事和行政司法并不明确区分禁止重复诉讼和生效判决的既判力，[②]并将二者都纳入了“一事不再理”原则来理解，因此产生了具有我国特色的禁止重复起诉制度。根据最高人民法院《关于适用〈中华人民共和国行政诉讼法〉的解释》第106条，如果当事人就已经提起诉讼的事项在诉讼过程中或者裁判生效后再次起诉，后诉与前诉的当事人与诉讼标的相同，且后诉与前诉的诉讼请求相同，或者后诉的诉讼请求被前诉裁判包含，则构成重复起诉。当事人重复起诉的，法院裁定不予受理或驳回起诉。判断重复起诉的三个标准框定了前诉案件与后诉案件在主体和客体两个方面的同一性，主体的同一即当事人的同一，客体的同一即诉讼标的的同一与诉讼请求的同一或包含。[③]

如果暂时抛开理论界与实务界在客体同一性的判断标准以及每个标准的内涵上的分歧以及理论界内部的争论不谈，仅仅根据《关于适用〈中华人民共和国行政诉讼法〉的解释》第106条提供的三项标准来看，第四项措施并没有正确适用该条司法解释，也误读了其背后的“一事不再理”原则。前一个行政诉讼中法院撤销被诉决定并判决复审和无效审理部重新作出决定，后者直接依据生效裁判作出新的审查决定且未引入新的事实和理由，当事人对新决定提起后一个行政诉讼，此时并不当然满足主体同一的标准。专利无效纠纷有两方当事人，后一个行政诉讼的原告未必是前一个行政诉讼的原告，而可能是专利无效纠纷的另一方当事人，其一般经法院通知作为无独立请求权第三人参加了前一个诉讼。我国的无独立请求权第三人没有当事人的诉讼权利，无法

---

① 参见张卫平：《重复诉讼规制研究：兼论“一事不再理”》，载《中国法学》2015年第2期。

② 参见马立群：《行政诉讼一事不再理原则及重复起诉的判断标准》，载《法学评论》2021年第5期。

③ 参见张卫平：《重复诉讼规制研究：兼论“一事不再理”》，载《中国法学》2015年第2期。

独立提出诉讼主张以及相应的证据。[①] 仅当法院判决该第三人承担义务或者减损其权益时，其才获得当事人的诉讼权利，并有权提起上诉。在此种情况下给无独立请求权第三人套上诉讼当事人的身份，将其置于生效判决既判力的约束之下，有违保障利害关系人实体权利和程序权利这一设立第三人制度的初衷，也不符合程序正义。德国行政诉讼中生效判决拘束原被告之外的参加诉讼第三人的前提是，该第三人有权独立使用各种攻击和防御手段以及做出各种诉讼行为，必要参加诉讼的第三人甚至可以提出不同于原被告的诉讼请求。[②] 专利无效纠纷的另一方当事人作为无独立请求权第三人，在没有被判决承担义务或者减损权益时，不应被当作前一个行政诉讼的当事人，因此由其提起后一个行政诉讼也不构成前后诉的主体同一。

上述情形下也无法认定前后诉的客体同一。认定客体同一需要同时满足两个条件，即诉讼标的的同一与诉讼请求的同一或包含。民事和行政诉讼领域，同为大陆法系的德国在诉讼标的的判断上有实体法学说和程序法学说两种理论，前者以实体法上的权利主张或法律关系为基准，每一个实体请求权构成一个诉讼标的，不过新旧学说对实体请求权的理解有所差别。后者放弃以实体法作为标准而代之以程序法基准，如二分支说利用原告在诉状中提出的诉讼请求及事实理由来识别诉讼标的，一分支说则认为单独依据诉讼请求来判断即可，但也承认事实关系可以起到辅助判断的作用。[③] 目前，德国民事和行政诉讼理论和实务中都主要采用程序法学说来识别诉讼标的，二分支说占主导地位。[④] 从最高人民法院《关于适用〈中华人民共和国民事诉讼法〉的解释》第 247 条和《关于适用〈中华人民共和国行政诉讼法〉的解释》第

---

① 参见张卫平：《我国民事诉讼第三人制度的结构调整与重塑》，载《当代法学》2020 年第 4 期。

② SchochKoVwGO/Bier/Steinbeiß – Winkelmann VwGO § 66 Rn. 2 – 8；黄先雄：《我国行政诉讼中必要参加诉讼第三人制度之构建》，载《法商研究》2018 年第 4 期。

③ 参见张卫平：《重复诉讼规制研究：兼论“一事不再理”》，载《中国法学》2015 年第 2 期；曹志勋：《德国诉讼标的的实体法说的发展——关注对请求权竞合的程序处理》，载《交大法学》2018 年第 1 期；SchochKoVwGO/Clausing/Kimmel VwGO § 121 Rn. 56.

④ 参见曹志勋：《德国诉讼标的的实体法说的发展》，载《交大法学》2018 年第 1 期；SchochKoVwGO/Clausing/Kimmel VwGO § 121 Rn. 56.

106 条将诉讼标的和诉讼请求分开规定的做法来看，我国司法实践采用实体法标准判断诉讼标的，但这一路径在行政诉讼中是否如在民事诉讼中那样适宜，尚待讨论。[①] 目前在最高人民法院裁判文书中普遍使用的观点是，撤销诉讼的诉讼标的是被诉行政行为，[②]这是由于我国继受德国诉讼法理论时术语转译不准确，导致混淆了程序标的和诉讼标的两个概念。[③] 在吕某华诉湖北省武汉市武昌区人民政府征收案再审裁定书中，最高人民法院认定撤销诉讼的诉讼标的是“行政行为违法并损害原告权利这样一个原告的权利主张”，[④]体现了其在诉讼标的判断上的真正观点。值得注意的是，该案中采用了程序法标准来识别诉讼标的，与《关于适用〈中华人民共和国行政诉讼法〉的解释》第 106 条不无矛盾。不过，无论最高人民法院是采用实体法还是程序法标准来识别撤销诉讼中的诉讼标的，对复审和无效审理部的前后两个行政行为分别提起行政诉讼，都不可能构成诉讼标的上的同一。同样的，因为前后两个诉讼的原告请求撤销的是不同的行政行为，诉讼请求上的同一也是不可能的。既然没有同时满足《关于适用〈中华人民共和国行政诉讼法〉的解释》第 106 条规定的三项前提条件，就不适用该条，既然不存在“一事”，就不适用“一事不再理”原则。法院裁定不予受理或驳回起诉是缺乏根据的。

最高人民法院试图在现有法律框架内缓解专利循环诉讼问题的四项措施或者不能达到其目的，或者会产生和现行法律与司法解释的冲突，充分说明了同类尝试的徒劳。专利循环诉讼现象的症结在于，当前只有复审和无效审理部有权判断专利的效力，而法院并不掌握这一权力，因此不能借助生效判决的既判力给围绕专利效力的争论画上句号。专利循环诉讼就是相关争论不断持续的外在表现。要彻底解决这一问题，只能靠授予法院判断专利有效性的权力。这也是来自司法实务的

---

① 参见梁君瑜：《论行政诉讼中的重复起诉》，载《法制与社会发展》2020 年第 5 期。

② 参见马立群：《行政诉讼一事不再理原则及重复起诉的判断标准》，载《法学评论》2021 年第 5 期。

③ 参见朱可安：《行政诉讼中“一行为一诉”规则的证成与适用——马生忠与固原市人民政府等房屋拆迁补偿纠纷案评析》，载《行政法学研究》2022 年第 5 期。

④ 吕某华与湖北省武汉市武昌区人民政府城建行政征收案，最高人民法院（2017）最高法行申 429 号行政裁定书。

观点,早在十多年前北京市第一中级人民法院就在某些案件中采取了直接对涉案知识产权的效力进行认定的做法以破解循环诉讼难题,如在本田技研工业株式会社诉国家知识产权局专利复审委员会第6890号无效宣告请求审查决定行政纠纷案中,法院判决撤销了被告所作的无效决定,并直接判决该专利权有效。①

(二)法院管辖知识产权确权案件的正当性

我国建立知识产权的司法确权模式并没有专业上的障碍。1984年我国第一部《专利法》之所以选择专利行政确权而非司法确权模式,并非认为法院不可能具备判断专利有效性的能力,而是考虑到我国在建立专利制度的初期,法院专利审判力量不能立即适应需要,作为一个过渡办法由原国家知识产权局专利局专利复审委处理无效案件,而且复审委的工作方式类似法院。② 经过了近40年的制度建设、人才培养和经验积累,复审和无效审理部处理专利无效案件的高质量和高效率得到了数据的有力证明。③ 行政确权的道路走通了、走好了,但不意味着只存在这一路径,反而可以为司法确权机制的建立和完善提供宝贵借鉴。

实务经验方面,法院并不逊色于复审和无效审理部太多。1984年,北京市中级人民法院开始审理发明专利确权行政案件。2000年,北京市第一中级人民法院开始管辖所有种类专利权及注册商标专用权确权行政案件,次年又开始管辖集成电路布图设计确权的行政案件,北京市第二中级人民法院则于2000年开始审理农林部门关于植物新品种权利的决定引起的行政诉讼。2014年,北京知识产权法院开始管辖不服国务院部门作出的有关专利、商标、植物新品种、集成电路布图设计等知识产权的授权确权裁定或者决定的行政案件。总体来看,知识产权

① 参见张广良:《入世五周年中国知识产权司法保护现状研究——以北京市第一中级人民法院为视角》,载《科技与法律》2007年第5期。

② 参见赵元果:《中国专利法的孕育与诞生》,知识产权出版社2003年版,第240~275页;朱飞宇:《我国专利确权程序改革研究》,载《科技与法律》2020年第6期。

③ 参见董涛、王天星:《正确认识专利权效力认定中的"行政/司法"职权二分法》,载《知识产权》2019年第3期。

行政确权的历史有多久，对其司法审查的历史就有多久，当然不同知识产权种类间还有差别。而且随着时间流逝，司法与行政在知识产权实务经验上的差别可逐渐被拉平。

关于有效制度和专业人才方面，法院与复审和无效审理部间的明显差距已经由知识产权审判“三合一”改革拉近，并且可以预见，随着改革的持续深入，这一差距最终将消弭。1993 年，北京市中级和高级人民法院分别成立了专门的知识产权审判庭，引上海、广东等地纷纷效仿，连最高人民法院也在 1996 年成立了知识产权审判庭。后来的北京市第一、第二、第三中级人民法院继承了这一制度，各自设置了知识产权审判庭。中级人民法院、高级人民法院和最高人民法院的知识产权审判庭在 20 多年间培养了很多优秀的知识产权法官，也迈出了专家陪审员等制度探索的第一步，然而受限于知识产权审判资源的相对分散，在制度建设上难以再前进，也影响到了审判人才专业化水平的进一步提升。作为知识产权审判“三合一”改革的成果之一，拥有三个专业审判庭的北京知识产权法院成立，取代了原本分散于不同中级人民法院的知识产权审判庭，集中管辖不服国务院部门有关专利、商标、植物新品种、集成电路布图设计等知识产权授权确权行政行为的行政案件。司法资源的整合和专门审判机构的建立为符合知识产权审判特点的制度创新和人才培养奠定了基础。北京知识产权法院目前“已初步形成以由具有技术背景的法官和专业人民陪审员组成的技术类案件专业化审判团队为核心，技术调查官为合议庭技术助手，专家辅助人为当事人技术助手，技术鉴定为有益补充，专家咨询为备选途径的技术事实查明机制”。其一，法院在遴选法官时就注重对其法律和科技专业素养和专业经历的要求，[①]目前 44 名员额制法官中有 8 名具有理工科背景，其他 36 名法官中的一些长期从事技术类案件的审理，已经具备丰富经验。法院以这样的知识产权法官为核心组建了 12 支专门审理技术类案件的专业法官团队，一方面提升技术类案件审理的质效，另一方面促进法官的专业化发展。其二，法院的 123 名人民陪审员来自不同的专业领域，在生产、科研、教学一线从事相关工作的人员占 40%，还有约 7% 的人

---

① 参见吴汉东：《中国知识产权法院建设的理论与实践》，载《知识产权》2018 年第 3 期。

民陪审员在企业工作并具有法律专业背景，对企业技术研发、管理、运营及保护有直接经验。其三，法院首批任命了 37 名交流制及聘用制技术调查官，还制定了《北京知识产权法院技术调查官管理办法（试行）》和《北京知识产权法院技术调查官工作规则（试行）》。实践中，主审法官会根据案件涉及的技术领域向技术调查室申请指派技术调查官参与审理案件，技术调查官会在开庭前整理和汇总相关技术问题，并结合当事人的诉讼主张、理由及被诉决定认定的理由归纳出庭审焦点及需要查清的技术问题，并向法官讲解。其四，法院以专家咨询作为技术问题的最后解决路径，必要时法官团队从个案或类案的实际问题出发，就案件相关技术问题向专家进行咨询，主要针对根据当事人证据尚不足以查清且根据该法院技术调查官制度无法查清的技术问题、标准问题、公知常识问题等。① 这些新制度比德国专利法院的技术法官制度②走得更远，若能得到良好贯彻，知识产权确权案件审判的专业性将会得到极大提升。此外，最高人民法院在北京知识产权法院设立了知识产权案例指导研究（北京）基地，探索建立中国特色知识产权案例指导制度，以推动知识产权司法裁判理念、尺度和标准的统一，③知识产权确权案件的审判人员、审判工作的专业性无疑会因此得到进一步提升。

即使不改变现行法，我国建立知识产权的司法确权模式也是可行的。根据我国《行政诉讼法》第 61 条规定，在涉及行政许可、登记、征收、征用和行政机关对民事争议所作的裁决的行政诉讼中，当事人申请一并解决相关民事争议的，人民法院可以一并审理。最高人民法院《关于适用〈中华人民共和国行政诉讼法〉的解释》第 137 ~ 144 条还对此作了细化规定。设置这一机制的目的在于避免在关联案件中出现矛盾判决，从而保障判决的确定性和严肃性，以及节约人力、财力、物力，从而实现诉讼经济。④ 司法实践中目前这一条款用得非常少，不过其对于知识产权确权纠纷的司法解决意义重大。

---

① 参见张玲玲：《我国知识产权诉讼中多元化技术事实查明机制的构建——以北京知识产权法院司法实践为切入点》，载《知识产权》2016 年第 12 期。

② 参见于馨淼：《德国专利确权制度体系化研究》，载《德国研究》2021 年第 4 期。

③ 参见吴汉东：《中国知识产权法院建设的理论与实践》，载《知识产权》2018 年第 3 期。

④ 参见梁凤云：《新行政诉讼法讲义》，人民法院出版社 2015 年版，第 343 页。

关于知识产权行政授权确权行为的性质，目前主要有三种学说：行政许可、行政确认、行政裁决。根据我国《行政许可法》第 2 条规定，行政许可指的是行政机关根据公民、法人或者其他组织的申请，经过依法审查，准许其从事特定活动的行为。我国的主流观点认为，行政许可的前提是对特定活动存在法律上的一般性的禁止，因此只有向行政机关申请并得到许可后，才能从事该特定活动。认为知识产权行政授权确权为行政许可的观点占据当下主流，其相信，非注册商标持有者或者非专利持有者禁止别人使用自己已使用的商标或技术方案，是为法律一般性禁止的，而完成商标注册和获得专利授权者就可以禁止他人使用该商标或技术方案。这种排他权利的获得以申请人的申请与行政机关的自由裁量为前提，后者在其中扮演着重要角色，而不仅仅是一个图章。① 行政确认指的是行政主体依法对相对人既定的法律、关系事实、行为及有法律意义的文书等予以确定、认可或证明，并不创设新的权利义务或者法律关系。持行政确认说的学者认为，即使技术没有获得专利，拥有者也可以使用，即使商标没有获得注册，商品依然可以进入市场，行政授权确权只是确认了已有的法律关系。② 行政裁决是指行政机关依照法律授权，对平等主体之间发生的与行政管理活动密切相关的民事纠纷进行审查并作出裁决。有的学者认为知识产权授权确权属于行政裁决，如专利授权行为就确认了专利权和社会公众自由利用行为之间的限度，是对民事利益归属争议的裁决，③而专利无效复审中行政机关以中立者的角色，运用准司法程序对民事纠纷作出的裁决。④ 三种学说的共性在于都承认知识产权授权确权是影响公民、法人和其他组织民事权利的行政行为。其中，首先可以排除的是行政确认说，因为知识产权行政授权确实创设了新的法律关系，即专利权和注册商标专用权为代表的排他性的知识产权。财产权与生命权、健康权、人身自由等

---

① 参见姜明安主编：《行政法与行政诉讼法（第七版）》，北京大学出版社、高等教育出版社 2019 年版，第 221 页；唐艳、王烈琦：《对知识产权行政授权行为性质的再探讨》，载《知识产权》2015 年第 1 期。

② 参见杜颖、王国立：《知识产权行政授权及确权行为的性质解析》，载《法学》2011 年第 8 期。

③ 参见梁志文：《专利授权行为的法律性质》，载《行政法学研究》2009 年第 2 期。

④ 参见易玲：《对专利确权行为性质的再思考》，载《国家行政学院学报》2012 年第 3 期。

不同,后者只需要法律的确认,前者则离不开法律的塑造。[①] 在财产权的各种类别中,知识产权的法定性尤其突出,智力成果因无形而容易为他人获得、使用,公民、法人或其他组织想要对其创造的智力成果享有独占权利,离不开行政机关根据法律所作的授权与确权。行政确认说并未认识到这点所以缺乏说服力。行政裁决说可以为知识产权确权提供解释,却并不适用于知识产权授权,以专利授权为例,此时并不存在两方之间的民事纠纷,而只有单方做出的申请,行政机关自然不会拥有中立角色,也不会存在所谓准司法程序。知识产权授权确权理应是同一性质的行为,如果一种理论只能解释其中之一,那么它的解释力值得商榷,至少不是最佳选择。所以行政裁决论也不值得支持。与之相反,行政许可论可以同时解释知识产权授权确权,授权行为是允许申请人对某项智力成果享有独占权利,排斥他人处分的行政许可,而确权行为可以看作行政许可的延续或者行政许可的撤销。这也是行政许可论成为学界主流观点的原因。

既然知识产权确权是一种设立民事权利的行政许可或者此种行政许可的撤销,该行政行为的相对人以及其他与之有利害关系的公民、法人或者其他组织就有权对此提起行政诉讼,不过他们的最终目标显然不指向行政行为本身,而指向由其设立或消灭的民事权利。因此,行政诉讼的原告完全可以根据《行政诉讼法》第 61 条的规定,申请一并解决与行政行为紧密相关的关于知识产权效力的民事争议,由法院对行政争议和民事争议一并审理,但适用不同的诉讼程序,最后根据个案情况一并或分别判决。对知识产权效力做出的民事判决一旦生效就有既判力,可以阻止当事人寻求"一事再理",阻断循环诉讼,同时民事判决的既判力有主观范围,并不妨碍他人挑战知识产权有效性,足以平衡专利权人与社会公众的利益。

有观点认为,知识产权无效纠纷是公民、法人和其他组织之间的民事争议,知识产权确权不是行政行为而是行政机关作为裁判者的"民事确权",不服"民事确权"的应该以对方为被告提起民事诉讼,而非以行

① Vgl. BeckOK GG/Axer,51. Ed. 15. 5. 2022,GG Art. 14 Rn. 7 – 11.

政机关为被告提起行政诉讼。[①] 这一观点对知识产权确权的认识与本书不同，且在当下缺乏实在法基础。即使认可知识产权确权是一种行政裁决，我国立法的原则是，行政机关依照法律授权，对平等主体之间发生的与行政管理活动密切相关的民事纠纷进行审查并作出行政裁决，对此不服的应该提起行政诉讼而非民事诉讼。例如，根据《专利法》第 65 条的规定，管理专利工作的部门应专利权人或者利害关系人请求处理侵权纠纷时，认定侵权行为成立的，可以责令侵权人立即停止侵权行为，当事人不服的，可以提起行政诉讼。这也是为了实现《行政诉讼法》“监督行政机关依法行使职权”的立法目的。在立法者决定通过民事诉讼来处理部分甚至所有行政裁决引起的纠纷之前，上述建议是无法影响司法实践的，而目前还看不到立法者对现行法做大幅改动的可能。与之相比，本书建议的方案可操作性更强，不需要对现行法做大幅改动即可实施，也契合我国当下的行政诉讼法体系。

另外，我国建立知识产权的司法确权模式并不意味着要抛弃已经成熟的行政确权模式，而是要确立知识产权确权的双轨制。如学者所言，无论在理论上还是实际上，行政确权相比司法确权都有着独特优势。理论上，行政确权对行政机关而言，可以自我纠错、提高审查质量；对公众而言，可以高效率、低成本地挑战知识产权的垄断以维护自身利益；对权利人本身而言，在面对他人挑战时有机会修改专利文件、维持专利有效，还有机会主动限缩权利要求保护范围、修补瑕疵专利。[②] 实际上，我国的行政确权同时做到了高效率和高质量，2016 年至 2018 年，无效案件的平均结案周期已经缩短到了 5. 1 个月，2014 年至 2018 年受理的 20, 914 件无效宣告请求案件中，引起行政诉讼和上诉的案件共计 2770 件，约占 13%。这一成绩离不开近 40 年发展积累的充足人力和专业人才。目前，复审和无效审理部从事审查的业务人员已有 250 余人，在全国设有 11 个巡回审理庭，而管辖对其确权决定不服的行政诉讼的北京知识产权法院到 2019 年 6 月才拥有 46 名员额法官，且这些法

---

① 参见邰中林：《知识产权授权确权程序的改革与完善》，载《人民司法》2010 年第 19 期；于馨淼：《德国专利确权制度体系化研究》，载《德国研究》2021 年第 4 期。

② 参见李晓鸣：《我国专利无效宣告制度的不足及其完善》，载《法律科学（西北政法大学学报）》2021 年第 1 期。

官还要处理其他知识产权案件。[①] 行政确权模式解决不了专利循环诉讼问题，而司法确权模式恰恰为此提供了解决方案。因此，确立行政确权为主、司法确权为辅的双轨制，即在行政确权引发行政诉讼时经当事人申请一并解决关于知识产权有效性的民事争议，既保留了有独特优势又行之有效的行政确权制度，又针对其不足打上了大小适中的补丁，可以集两种模式之长而避开其短处，应该是我国知识产权确权今后的发展方向。

知识产权确权从单轨制到双轨制的历程也可见于其他国家和地区。美国传统上是由法院在侵权诉讼中对专利效力作出裁判，建立专利局之后司法确权的模式也未改变，只是增加了由联邦法院管辖的撤销诉讼这一制度。随着专利授权以及相关民事诉讼数量暴增，司法确权时间长、成本高的缺点凸显出来，1980 年起美国开始探索行政确权之路，先后设置专利商标局内的单方复审、双方复审程序，2011 年又在专利商标局内设立了专利审查与上诉委员会，负责包括单方复审、双方复审、授权后复审在内的案件，进一步提升了行政确权的重要性。[②] 德国传统上采行政确权模式，由专利局的审查处和专利部判断专利有效性，对该决定可以申诉，但是由专利局的申诉庭处理，而申诉庭的决定并不接受司法审查。1949 年《德国基本法》生效后，其第 19 条第 4 款要求确保任何人的权利受到公权力侵害时都可向法院提起诉讼，只有司法确权才能满足这一要求。因此，德国于 1961 年设立联邦专利法院，该法院目前受理针对德国专利商标局审查处或者专利部裁定的申诉，和对专利等提起的无效宣告诉讼，例外情况下受理对专利的异议。值得注意的是，德国联邦专利法院和专利商标局的人员结构、资格等规定近似或者相同，两者之间存在频繁的人员交换。[③] 这种共性印证了双轨制相对于单轨制的优势，值得我国参考。

---

① 参见李晓鸣：《我国专利无效宣告制度的不足及其完善》，载《法律科学（西北政法大学学报）》2021 年第 1 期。

② 参见张怀印：《美国专利确权双轨制的分殊与协调》，载《电子知识产权》2018 年第 5 期；李雨峰：《专利确权的属性重释与模式选择》，载《中外法学》2022 年第 3 期。

③ 参见于馨淼：《德国专利确权制度体系化研究》，载《德国研究》2021 年第 4 期。

(三)法院管辖知识产权确权案件的具体安排

证成法院管辖知识产权确权案件的正当性后,还需要回答法院系统内如何分配管辖的问题。在此进行简要阐述。

理论上存在两种可能:一种是法院都可以对知识产权的效力作出判断,如美国;另一种是只有特定法院才能进行知识产权的司法确权,如德国。我国和德国一样,分别对知识产权效力的纠纷与侵权等其他知识产权纠纷进行处理,从而一方面保障知识产权效力判定的专业性,另一方面保障其他知识产权纠纷得到高效率、低成本的解决,因此可以直接排除不区隔侵权和确权的美国模式。

此外,如上所述,我国固然应该选择知识产权确权的双轨制,但两轨之间应有主次之分,即行政确权为主、司法确权为辅,只有当事人不服行政确权时,才启动司法确权。这也就意味着司法确权案件不会太多,由一个法院处理即可,不需要由多个法院分担。

我国知识产权确权案件的管辖权目前只能归属北京知识产权法院。

首先,北京知识产权法院拥有判断知识产权效力所需的专业性,这点是其他法院难以比拟的。即使仅讨论知识产权法院,在我国目前的4所知识产权法院中,北京知识产权法院在相关制度建设、人才培养和经验积累方面也是最为突出的。由于集中管辖不服国务院部门有关专利、商标、植物新品种、集成电路布图设计等知识产权授权确权行政行为的行政案件,北京知识产权法院尤其注重技术事实查明,已经初步形成了以有技术背景的法官和专业人民陪审员为核心、技术调查官和专家辅助人为助手、技术鉴定为补充、专家咨询为后备方案的技术事实查明机制,并且正在延揽各个专业领域的人才参与、运作这一机制。1984年由北京市中级人民法院开始积累的知识产权行政确权案件审判经验也在北京知识产权法院得到了很好的传承。

其次,北京知识产权法院既然集中管辖不服国务院部门有关专利、商标、植物新品种、集成电路布图设计等知识产权授权确权行政行为的行政案件,那么根据《行政诉讼法》第61条的规定,北京知识产权法院在当事人申请的前提下一并解决关于知识产权有效性的民事争议也是顺理成章的。其他知识产权法院和普通法院既然不管辖行政确权案件,就无法适用《行政诉讼法》第61条。

三、法庭层面的三合一:知识产权交叉诉讼的关系处理

知识产权交叉诉讼可能呈现如下几种形态。首先,民事诉讼与行政诉讼交叉。最为典型的是在知识产权侵权诉讼中,被告人申请国务院部门宣告知识产权无效,国务院部门的决定又引发行政诉讼。但也存在其他可能,如权利人请求行政机关对侵权问题作出处理后,相对人不服提起行政诉讼,同时提起确认不侵权民事诉讼,或者同时权利人就侵权赔偿问题提起民事诉讼。[①] 其次,民事诉讼与刑事诉讼交叉,知识产权侵权情节严重则构成犯罪,司法实践中常见权利人向公安机关报案后再提起民事诉讼的情形,但也存在民事诉讼中发现违法所得数额较大,法院将线索移交公安机关的可能。

行政诉讼与刑事诉讼并不交叉,因为一旦发现可能成立侵犯知识产权犯罪,行政机关就应当将案件移交公安机关而不是自行作出行政裁决或者行政处罚,此种情况下不可能出现行政诉讼,而只会有刑事诉讼。刑事诉讼一旦开启,仅当嫌疑人、被告人没有受到刑事处罚时,才有作出行政处罚并引发行政诉讼的余地。这是因为虽然我国法律、行政法规、最高人民法院批复以及国务院(原)法制办复函分别主张不同程度的一事不再罚原则,但其在不对一事施加同种类的行政处罚与刑事处罚方面达成了共识。也就是说,刑事罚金不能和行政罚款并存,但可以和吊销营业执照的行政处罚并存。[②] 对知识产权犯罪必处罚金刑,而对知识产权侵权的行政处罚只有罚款一种,两者属于同种类处罚,因此不得重复施加。

---

① 参见谢黎伟:《专利侵权行政裁决与司法审查的冲突与协调》,载《太原理工大学学报(社会科学版)》2019年第6期。

② 参见练育强:《行刑衔接视野下的一事不再罚原则反思》,载《政治与法律》2017年第3期;江必新、胡云腾、王轶:《刑行民交叉疑难问题研究》,载《中国法律评论》2021年第6期。

(一)知识产权交叉诉讼关系处理的基本理论

为了更好地审理知识产权交叉诉讼，需要确定民事、行政、刑事案件的审理顺序，而确定顺序的前提是查明前诉裁判对后诉的影响，包括前诉生效判决对后诉认定法律关系和事实的影响，以及前后诉对侵权人科以不同责任时责任承担方式之间的关系。探讨这些问题时固然要考虑到知识产权审判工作的特殊性，但最终不能脱离三大诉讼各自的目的、原理和制度。

我国《民事诉讼法》第 2 条，《行政诉讼法》第 1 条，《刑事诉讼法》第 1 条和第 2 条的规定表明，实体正义、程序正义和诉讼效率为三大诉讼法共同追求的目标。实体正义指的是查明案件事实，以便准确适用实体法。程序正义指的是平等对待诉讼当事人，尊重其主体地位，使其能够实质性地参与影响其利益的判决形成的过程之中。① 诉讼效率指的是避免诉讼过程中不必要的迟延，以尽快结束法律关系不明的状态，以及减少当事人讼累和司法系统负担。不过，这三个目标的具体内涵和权重在三大诉讼法中是不同的，原因在于三大诉讼法要解决的纠纷不同。

民事诉讼旨在解决平等主体间关于财产关系、人身关系的民事争议，实体法上意思自治原则的渗透形成了诉讼法上的处分原则和辩论原则，原则上由双方当事人负责查明案件事实，在此过程中当事人可以做出自认或者说承认对方主张，②法庭仅在涉及国家利益、社会公共利益和他人合法权益时才会依职权调查。而在当事人之间，根据主张法律关系存在、变更、消灭或者权利受到妨害的情况分配要件事实的举证证明责任，一般由原告承担，也存在法律规定证明责任倒置因而由被告承担的情形，用尽一切证明手段后要件事实仍处于真伪不明状态时，由负有举证证明责任的一方承担不利后果。一般而言，达到高度盖然性的标准，才能说要件事实得到了证明，对口头遗嘱等事项的证明则例外

---

① 参见李浩：《民事证据法的目的》，载《法学研究》2004 年第 5 期。

② 但在我国现行法下，自认对法庭的拘束力存疑。参见张卫平：《民事证据法》，法律出版社 2017 年版，第 119 ~ 121 页。

地要求达到排除合理怀疑的程度。民事诉讼的原被告本就是平等主体,还负责从实体和程序上推进诉讼,法庭只要给予双方平等的机会即可实现程序正义的要求,仅当双方之间存在明显的强弱对比时,才需要法庭积极介入以实现两者的实质平等。民事纠纷多涉及财产利益,长时间的诉讼将产生高昂成本,对当事人而言得不偿失,更有利的选择反而是放松对案件事实的追寻换取民事法律关系尽快尘埃落定,因此诉讼效率相当重要,于是立法者为民事诉讼规定了6个月的常规审限。

行政诉讼要解决的是行政机关和行政相对人对行政行为是否合法、是否侵犯后者合法权益的行政争议,《行政诉讼法》在两者中选择将行政行为合法性作为制度设计的基点。① 行政机关依法作出行政行为并非为了当事人的私人权益,不可以此对其作出处分,从大陆法系的视角看,不应直接移植民事诉讼中的处分原则和辩论原则;相反,法庭应该依职权调查案件事实,不受当事人诉讼行为的拘束。② 不过现行法仍然以双方当事人为主查明案件事实,也允许自认,法庭依职权调查的范围和民事诉讼基本相同,但不得为证明行政行为的合法性调取被告作出行政行为时未收集的证据。双方当事人中,原告可以提供证明行政行为违法的证据,但这并非义务,其仅在法律规定的几种情形下承担举证证明责任,如在起诉被告不履行法定职责的案件中原则上应当提供其向被告提出申请的证据,被告对行政行为的合法性负有举证证明责任,应当提供作出该行政行为的证据和所依据的规范性文件,并于要件事实处于真伪不明状态时承担不利后果。与民事诉讼不同的是,我国行政诉讼中的证明标准为何是一个存在争议的问题,持三层标准说的学者占多数,但其对三层标准的内涵和适用范围并未达成一致,有限的共识在于,行政诉讼的一般证明标准为高度盖然性,行政裁决案件中适用更低标准,而对相对人人身、财产权益产生重大影响的行政处罚等案

① 参见马怀德:《保护公民、法人和其他组织的权益应成为行政诉讼的根本目的》,载《行政法学研究》2012年第2期。

② 参见马立群:《德国行政诉讼证据调查与客观证明责任的分配规则——兼评对我国的借鉴价值》,载《比较法研究》2020年第5期;江必新:《完善行政诉讼制度的若干思考》,载《中国法学》2013年第1期。

件应适用排除合理怀疑标准。[①] 行政诉讼“民告官”的特点导致了程序正义方面的特殊要求，为了平衡原被告之间知识、资源上的巨大差距，法庭需要通过诉讼指挥、释明等方式更积极地介入，为原告补上被告不存在的短板，以实现两者的实质平等。相比财产利益在平等主体间的分配，依法行政及对其监督无疑具有更强的公共性和更高的重要性。对诉讼效率的追求因此受到两方面的影响，一方面，需要尽快结束行政行为合法性不明的状态，以稳定社会秩序；另一方面，值得通过更长时间的诉讼来查明行政行为的合法性，以做出最恰当的处理。立法者权衡上述两种考量后为我国行政诉讼规定了与民事诉讼相同的常规审限，但延长审限的条件更为严格，体现出对前一种考量的重视。

刑事诉讼旨在解决国家和个人、单位因犯罪行为产生的刑事纠纷。犯罪行为即国家用刑罚处罚的行为，国家之所以动用刑罚这一最为严厉的制裁措施，是为了在其他更轻缓措施无能为力时，处罚侵害个人自由发展和国家正常运作的必要条件所以特别值得谴责的行为，以预防其再次发生。[②] 正因为犯罪与刑罚事关重大，才有罪刑法定原则及罪责刑相适应原则，即法无明文规定不为罪、法无明文规定不处罚，以及刑罚的轻重应当与犯罪分子所犯罪行和承担的刑事责任相适应。换句话说，国家不能因为个人或单位同意甚至希望被处罚而对其施加刑罚，只能因为其犯罪行为和刑事责任而对其施加刑罚，两者还必须相适应。因此，查明案件事实是刑事诉讼的核心，比在民事诉讼和行政诉讼中拥有更重要的地位。为了更好查明真相，刑事诉讼中法庭职权调查的范围比其他两大诉讼大得多，法庭审理过程中合议庭对证据有疑问的，可以宣布休庭，通过勘验、检查等方式对证据进行调查核实。不过我国到底还是选择了当事人主义和职权主义混合的模式，控辩双方在查明案件事实过程中也扮演了重要角色。需要注意的是，2018 年我国正式引入认罪认罚从宽制度，但这与其他两大诉讼中的自认并不是一回事，后者对法庭完全没有拘束力，相反，法庭有义务审查被告人认罪认罚的自愿性、合法性和真实性。在控辩之间，根据未经人民法院依法判决，对

---

① 参见邓楚开：《行政诉讼证明标准再思考》，载《法治论丛》2010 年第 3 期。

② Roxin / Greco, Strafrecht Allgemeiner Teil Band I, 5. Aufl., 2020, § 2 Rn. 1i, 7, 97.

任何人都不得确定有罪原则，被告人被视为无辜直到被判决有罪，因此其无需证明自己无罪，当然这不妨碍其提出对自己有利的证据，公诉人则负有义务证明被告人有罪，并且只有达到排除合理怀疑的标准才算是完成了此项证明，否则法庭就会根据存疑时有利被告人的裁判规则判决被告人无罪。与行政诉讼相比，刑事诉讼中控辩双方之间的差距更为悬殊，因为控方可以命令各种限制、剥夺嫌疑人、被告人人身自由的强制措施，而人身自由受限的嫌疑人、被告人难以行使自己的权利、维护自己的利益。此外，控方还可以对嫌疑人、被告人及第三人运用讯问，询问，勘验，检查，搜查，扣押，技术侦查等侦查措施，嫌疑人、被告人应容忍这些侦查措施，有时甚至需要配合。因此，为了实现程序正义，不但需要拉平控辩双方在知识、资源上的差距，还需要给辩方优于控方的待遇，如嫌疑人、被告人有获得律师帮助的权利。律师是法律专业人士，且人身自由不受限制，可以调查取证，某些情形下“公、检、法”甚至有义务确保嫌疑人、被告人得到律师帮助，如律师自检察院对案件审查起诉之日起可以查阅、摘抄、复制本案的案卷材料，了解控方的底牌，而律师自行调查所得的有利证据原则上并不需要向控方公开。庭审中，法庭应对辩方作出特别的诉讼关照，尤其是在被告人没有辩护人的情形下。具体而言，法庭应向被告人告知、提示、解释其各项基本诉讼权利，并协助其合法、充分、恰当地行使相应权利，当被告人的主张不合法、举证不充分、表达不明确时，法庭应当作出必要的提示、启发，帮助被告人修正、补充、澄清。[①] 诉讼效率方面，行政诉讼中存在的矛盾在刑事诉讼中也存在，一方面，只要犯罪存在与否及其制裁尚不明朗，相关主体就难以从犯罪嫌疑引起的不安中恢复平静。如果确实存在犯罪，应受刑罚处罚，犯罪和刑罚之间间隔的时间越短，刑罚预防今后犯罪的效果越好。这两种考量都要求诉讼尽快结束。另一方面，对查明案件事实的高要求以及对被告人诉讼主体地位的切实保障不可避免地会牺牲诉讼效率。立法者在两种矛盾的要求中更加重视前者，因此我国刑事诉讼的常规审限为 2～3 个月，比民事诉讼和行政诉讼的 6 个月缩水了至少一半，可能判处死刑的案件，附带民事诉讼的案件以及几类重大

① 参见龙宗智、孙末非：《法官澄清义务研究》，载《南京大学法律评论》2014 年第 1 期。

复杂的案件可以延长审限至6个月。不过,这一安排仍值得商榷,两种矛盾要求有各自的正当性,两者之间的权衡不应该过于偏向一端。较为理想的制度设计是,犯罪越严重、案件越复杂,实体正义和程序正义就越重要,诉讼效率就越有理由退让,只要没有不必要的迟延,超过3个月、6个月的审理都应容许,而对于大量发生的轻罪案件、简单案件,即使不适用简易程序和速裁程序而适用普通程序,也可以稍微放松对实体正义和程序正义的要求,以实现更高的诉讼效率。

(二)知识产权交叉诉讼的前后诉关系

如前文所述,知识产权交叉诉讼可分为三种表现形式:(1)侵权民事诉讼与确权行政诉讼的交叉;(2)(不)侵权民事诉讼和不服行政裁决、行政处罚的行政诉讼交叉两种情况;(3)民事诉讼与刑事诉讼交叉,即侵权行为违法所得数额较大或者有其他严重情节足以构成犯罪时,权利人提起民事诉讼之外,检察机关还会提起刑事公诉。对于这三种交叉诉讼,都需要探讨前后诉之间的关系,即前诉生效判决对后诉认定法律关系或事实的影响。对于第二种和第三种交叉诉讼,由于前后诉可能对侵权人科以不同责任,还需探讨前一种责任的承担对后一种的影响。

1. 前诉生效判决对后诉的影响

在对每一种交叉诉讼的情况做具体探讨前,需要先对生效判决效力的一般理论作简要介绍。

不同种类诉讼和诉讼不同阶段的判决书内容大同小异。以民事一审判决书为例,其主要内容包括当事人信息,案件经审理确定的案由和案件审理程序中特殊的情形,原告的诉讼请求及其事实与理由和被告的答辩意见,双方争议的事实和理由,以“经审理查明”为引言的法院认定的事实和证据,以“本院认为”为引言的裁判理由和法律依据,判决结果(又称判决主文)和诉讼费用的分担,以及上诉期间和上诉法院。[①]不得上诉或者没有在法定期间内上诉的一审判决和二审判决是生效判决,非经审判监督程序等特殊途径不能撤销或变更。

---

① 参见曹志勋:《对民事判决书结构与说理的重塑》,载《中国法学》2015年第4期。

生效判决都有既判力，指的是法院在判决主文中对诉讼标的所做的裁判拘束当事人和法院，当事人不得再就同一个诉讼标的提起诉讼，即使提起诉讼，法院也会以违反“一事不再理”原则为由不予受理或驳回起诉，当事人也不得在后续的其他诉讼中提出与该判决内容不一致的主张，即使提出主张，法院也不得考虑，准确地说，法院根本不得将前诉判决的事项再次作为审理对象，而需直接在其基础上作出裁判，更不用说作出不同的判断了。① 这种法律上的拘束力有其范围，包括客观、主观和时间三个维度。

既判力的客观范围限于前诉判决主文，而不及于判决的理由及其中的判断事项，这体现了在实体正义与诉讼经济之间倾向前者的选择。两个判决的主文发生矛盾时将直接影响实体权利的归属判定，并且妨碍给付判决的执行，因此不可接受，两个判决的理由发生矛盾则不会产生这样的后果，此时存在权衡的空间。若更重视统一裁判与司法权威，以及一次性纠纷解决与诉讼经济，则赋予判决理由与判决主文同样的拘束力，若更重视实体正义，则为当事人保留在后续诉讼中再次争议的权利，容许在不同的事实发现程度和争议重心下得出不同的结论，考虑到我国民事诉讼和行政诉讼中的辩论原则，这一点就显得更为重要。② 不过，赋予判决理由拘束力也可能导致案件审理内容变得更多更复杂，以及增加当事人寻求非常规救济，如申请再审的概率，因此是否真的有利于诉讼经济尚难以定论。③ 大陆法系对既判力客观范围的传统限定体现出其他价值对实体正义的退让，但这种退让并非没有值得商榷与调整之处。意思关联理论、矛盾关系扩张理论等都旨在扩张既判力的客观范围，使之包括部分判决理由。④ 日本的争点效理论则提出另一种思路，即不变动既判力的客观范围，而是基于诚实信用原则和公平原则赋予判决理由中对经过充分辩论的焦点的判断以拘束力，不允许当事

---

① 参见王亚新、陈晓彤：《前诉裁判对后诉的影响——〈民诉法解释〉第 93 条和第 247 条解析》，载《华东政法大学学报》2015 年第 6 期；张卫平：《民事诉讼法》，法律出版社 2019 年版，第 443 页。

② 参见曹志勋：《反思事实预决效力》，载《现代法学》2015 年第 1 期。

③ Vgl. MüKoZPO/Gottwald, 6. Aufl. 2020, ZPO § 322 Rn. 85.

④ 参见丁宝同：《论争点效之比较法源流与本土归化》，载《比较法研究》2016 年第 3 期。

人在今后的诉讼中对此再行争议,不允许法院对此再作判断。[①] 不过这些理论都未获得实务支持。[②] 目前唯一得到立法司法认可的在不同价值间再平衡的方法是德国的中间确认之诉,即在言词辩论终结前原被告都可以申请法院对诉讼中有争议的、为做出本诉裁判必须先行确定的法律关系做出中间确认判决,本诉诉讼标的之外的先决事项成为中间确认之诉的诉讼标的,法院对此的判断载入中间确认判决主文,由此获得既判力。[③] 中间确认之诉给当事人提供了优先选择诉讼经济的机会,为其提供足够的程序保障后法院才扩大解决纠纷的范围,这种精巧的价值平衡技术值得学习。[④]

既判力的主观范围限于诉讼当事人属于共识。至于参加诉讼的第三人受到判决主文拘束而不得对此再行争议,到底是源于主观范围、客观范围和法律后果都不同于既判力的参加效,还是说参加效与既判力间可以建立起体系性联系,甚至将前者作为后者的一种特殊形式来理解,还存在争议。[⑤] 为了尽量保持概念清晰,本书还是对生效判决的参加效与既判力做出了区分。两者的共同之处在于,判决的拘束力只及于获取信息的权利、表达意见的权利和意见被考虑的权利都得到充分保障的诉讼参加人,如此才能避免损害案外第三人的实体和程序权利,体现了实体正义、程序正义相对于统一裁判和一次性纠纷解决的优先性。[⑥] 例外情形下,既判力的主观范围可以扩张,生效判决的既判力也可以拘束案外第三人。受拘束的第三人可能是具体、特定的,如代位权

---

① 参见张卫平:《民事诉讼法》,法律出版社 2019 年版,第 447 ~ 448 页;丁宝同:《论争点效之比较法源流与本土归化》,载《比较法研究》2016 年第 3 期;曹志勋:《反思事实预决效力》,载《现代法学》2015 年第 1 期。

② 参见丁宝同:《论争点效之比较法源流与本土归化》,载《比较法研究》2016 年第 3 期;曹志勋:《反思事实预决效力》,载《现代法学》2015 年第 1 期。

③ § 256 Abs. 2 ZPO.

④ 参见曹志勋:《反思事实预决效力》,载《现代法学》2015 年第 1 期。

⑤ 参见陈晓彤:《民事诉讼中第三人权责不对称问题研究——以我国参加效制度的缺失与构建为中心》,载《苏州大学学报(法学版)》2019 年第 1 期;MüKoZPO/Schultes,6. Aufl. 2020,ZPO § 68 Rn. 1,6; Schoch/Schneider/Clausing/Kimmel,42. EL Februar 2022,VwGO § 121 Rn. 97 ff.

⑥ Vgl. Burmann/Greve/Jahnke: Entscheidungen in anderweitigen Verfahren: Auswirkungen auf ivilrechtliche Ansprüche-Bindungswirkung fürzivilrechtliche Schadenersatz-und Ausgleichsforderungen?,2022,121,126.

诉讼情形下的债务人，也可能是一般、不特定的，如股东大会无效诉讼情形下的股东。①

既判力的时间范围或者说其作用的时间界限为诉讼的言词辩论终结之时，生效判决确认的只是这个时间点上的权利义务关系。在此之前发生的与争议法律关系有关的事实，当事人没有在已经终结的诉讼中提出的，不得在今后的诉讼中主张，不得通过动摇判决的事实基础来挑战判决本身，否则既判力会被架空。在此之后发生的事实，当事人可以在后诉中作为新事由主张。②

生效判决的形成力指的是形成判决特有的效力，即法院在判决主文中所作裁判使原有法律关系消灭或变更的效力，与既判力不同，其拘束的不仅是诉讼当事人，而是所有人。如若一个生效判决撤销了行政机关对相对人甲作出的行政行为，那么任何人不得再对甲主张该行政行为有效，如果该行政行为有多个相对人，其他相对人未对之提起行政诉讼，那么该行政行为对他们仍然有效。③

上述关于生效判决既判力和形成力的理论表明，民事诉讼所作生效判决的既判力一般不能拘束行政诉讼和刑事诉讼的裁判，反之亦然，因为诉讼当事人不一致，超出了既判力的主观范围。生效判决的形成力则因为可以拘束所有人，而具有跨诉讼法的效力。④

在我国，生效判决的效力还不止上述大陆法系的共识。最高人民法院《关于适用〈中华人民共和国民事诉讼法〉的解释》第 93 条规定，已为人民法院发生法律效力的裁判所确认的事实，当事人无需举证证明，当事人有相反证据足以推翻的除外。最高人民法院《关于民事诉讼证据的若干规定》第 10 条规定，已为人民法院发生法律效力的裁判所确认的基本事实当事人无须举证证明，当事人有相反证据足以推翻的除外。根据最高人民法院《关于行政诉讼证据若干问题的规定》第 68

---

① 参见张卫平：《民事诉讼法》，法律出版社 2019 年版，第 453 ~ 454 页。

② 参见张卫平：《民事诉讼法》，法律出版社 2019 年版，第 454 ~ 455 页；MüKoZPO/Gottwald, 6. Aufl. 2020, ZPO § 322 Rn. 139, 142.

③ Schoch/Schneider/Clausing/Kimmel, 42. EL Februar 2022, VwGO § 121 Rn. 37; MüKoZPO/Gottwald, 6. Aufl. 2020, ZPO § 322 Rn. 19.

④ Vgl. Musielak/Voit/Musielak, 19. Aufl. 2022, ZPO § 322 Rn. 13; Schoch/Schneider/Clausing/Kimmel, 42. EL Februar 2022, VwGO § 121 Rn. 41.

条规定,已经依法证明的事实法庭可以直接认定,当事人有相反证据足以推翻的除外。《人民检察院刑事诉讼规则》第 401 条规定,在法庭审理中,人民法院生效裁判所确认并且未依审判监督程序重新审理的事实不必提出证据进行证明。有学者将之称为生效裁判确认事实的预决效力。[①] 赋予已决事实这一效力的目的之一是实现诉讼经济,人民法院经正当证明程序查明的事实没有再次证明的必要,之二是实现法的安定性,人民法院的裁判具有法律约束力,此种约束力包括对事实认定的不可更改性。[②] 不少学者反对这一制度安排,理由是:第一,使后诉法官的审判活动过度受前诉裁判影响,违反了法官独立审判的原则。第二,构成经验规则与逻辑法则之外的一种法定证据规则,违反了自由心证原则。第三,没有认识到前诉法院对事实的查明是特定诉讼环境下的产物,具有相对性,不应该具有法律上的约束力。第四,不当限定了后诉当事人之间的攻击防御活动,缩减了其程序保障,可能助长虚假诉讼。[③] 这些批评都很中肯,但在短期内无法修改司法解释取消这一制度安排的现实下,更有意义的讨论是,如何将法律解释与续造的技术应用于司法解释的规定,以尽量避免上述弊端。

由于司法解释的规定较为简单,事实预决效力的客观范围尚有不明之处。

第一,生效裁判确认的事实中裁判的范围需要界定。

首先,裁判类型,包括判决书但不应包括裁定书和调解书。裁定是法院对程序问题以及例外情况下对与诉讼标的无关的一些实体问题做出的判定,大陆法系的共识是,对诉讼中不同事项的广义的证明活动有

---

① 参见王亚新、陈晓彤:《前诉裁判对后诉的影响——〈民诉法解释〉第 93 条和第 247 条解析》,载《华东政法大学学报》2015 年第 6 期;任重:《论中国民事诉讼的理论共识》,载《当代法学》2016 年第 3 期。也有预决事实效力等其他提法,详见李蔚、吴英姿:《预决事实效力类型化构筑》,载《甘肃政法大学学报》2022 年第 3 期。

② 参见最高人民法院民事审判第一庭编著:《最高人民法院新民事诉讼证据规定理解与适用》(下),人民法院出版社 2020 年版,第 155 页。

③ 参见段文波:《预决力批判与事实性证明效展开:已决事实效力论》,载《法律科学(西北政法大学学报)》2015 年第 5 期;张卫平:《"民事证据裁判原则"辨识》,载《比较法研究》2021 年第 2 期;曹志勋:《论公文书实质证明力推定规则的限缩》,载《国家检察官学院学报》2020 年第 2 期。

不同的标准,如狭义的证明和疏明之分,前者要求达到法官对事实存在与否形成确信的程度,后者只需要使法官对事实存在与否大致相信即可,适用于一般程序事项。证明又可以分为严格证明和自由证明,前者指的是对作为法院判决基础的事实只能使用特定的证据形式和特定的证明程序加以证明,后者指的是对于诉讼要件等重要程序事项的证明无需受到前述限制。[①] 我国虽然未认可证明、疏明等概念,但司法实践中对实体事项和程序事项的查明肯定还是有所区别的,因此裁定确认的事实的可靠性和判决确认的事实还是有较为明显的差别的,赋予其预决效力对实体正义的实现会造成过大威胁。法院调解的三原则中,查明事实、分清是非原则要放在自愿原则的框架内理解,即法院努力把握案件的基本事实和当事人之间的权利义务所在是为了给当事人形成主观合意提供客观基础,为了说服当事人在合理范围内相互妥协。[②] 因此,调解书确认的事实与其说是查明的事实,不如说是当事人相互妥协、认可的事实,可靠性存疑,多数意见认为调解书确认的事实没有预决效力,[③]是值得赞同的。

其次,裁判做出的过程,经普通程序审理后做出的对席判决所确认的事实才有预决效力。民事诉讼有普通程序、简易程序和小额程序之分,刑事诉讼有普通程序、简易程序和速裁程序之分,行政诉讼也区分普通和简易程序,非普通程序适用于简单案件,证据调查相应简化,法院经过这种程序认定的事实的可靠性很难与经过普通程序确认的事实相比。而且,如果赋予经过非普通程序所作判决认定的事实以预决效力,很可能导致当事人为避免今后的不利益而在诉讼中积极争辩案件事实、拖累诉讼效率,反而违背了非普通程序设立的初衷。此外,适用普通程序审理的案件中,如果一方当事人经合法传唤,无正当理由拒不到庭或者未经法庭许可中途退庭,法庭就会作出缺席判决。法庭作出缺席判决时虽然仍以当事人的陈述和提供的证据为基础,但是由于一

---

① Muthorst: Der Beweis im Zivilprozess, JuS 2014, 686, 688 f.; 张卫平:《民事诉讼法》,法律出版社 2019 年版,第 245 ~ 246 页。

② 参见王亚新、陈杭平、刘君博:《中国民事诉讼法重点讲义》(第 2 版),高等教育出版社 2021 年版,第 322 ~ 323 页。

③ 例如,参见江伟、常廷彬:《论已确认事实的预决力》,载《中国法学》2008 年第 3 期。

方当事人的缺席,举证质证无疑是不充分的,甚至可能根本没有质证,严重影响事实认定的可靠性。另外,不能认为一方当事人不出席庭审就等于放弃在其他场合和机会下就特定争点进行争辩的权利。[①]

第二,生效裁判确认的事实中确认事实的范围需要界定。

首先,事实的种类,只有被确认的要件事实才有预决效力。案件事实可以分为要件事实、间接事实和辅助事实三类,要件事实指的是可以直接被涵摄于法律规范构成要件之下的事实,间接事实指的是可在经验法则帮助下据以对要件事实存在与否得出结论的事实,辅助事实指的是影响证据的证据能力和证明力的事实。[②] 多数学者认为,只有要件事实才具备预决效力,否则一方面可能赋予当事人认为不重要且未就此展开攻击防御的事实以预决效力,成为对当事人的诉讼突袭;另一方面是当事人为避免诉讼突袭可能会对任何事实问题都不遗余力地争议,使诉讼不能围绕重点迅速而顺利地展开,妨碍争议解决以及诉讼效率。[③] 此外,不同诉讼中的证明标准都是针对要件事实的证明而言的,对间接事实和辅助事实的证明并不需要也并不能达到同样的可靠程度,赋予其预决效力是不科学的。[④] 这一理解得到了《关于民事诉讼证据的若干规定》第 10 条中的"已为人民法院发生法律效力的裁判所确认的基本事实"这一表述的支持。根据《关于适用〈中华人民共和国民事诉讼法〉的解释》第 333 条,基本事实是指用以确定当事人主体资格、案件性质、民事权利义务等对判决、裁定的结果有实质性影响的事实。考虑到法体系的融贯性,民事、行政和刑事诉讼领域的司法解释对于事实预决效力的规定应该是一致的,所以即使其他司法解释中未使用"基本事实"这一表述,"事实"也应被理解为基本事实或者说要件事实。

其次,认定事实的途径,当事人自认的事实与法院推定的事实不具有预决效力。有学者把法院认定案件事实的途径分成了 4 种,即当事人自认、法院推定、当事人证明和法院自己调查认定,其中当事人自认

---

① 参见江伟、常廷彬:《论已确认事实的预决力》,载《中国法学》2008 年第 3 期。相反观点参见纪格非:《"争点"法律效力的西方样本与中国路径》,载《中国法学》2013 年第 3 期。

② Muthorst: Der Beweis im Zivilprozess, JuS 2014, 686, 687.

③ 参见江伟、常廷彬:《论已确认事实的预决力》,载《中国法学》2008 年第 3 期。

④ 参见纪格非:《论刑民交叉案件的审理顺序》,载《法学家》2018 年第 6 期。

属于其诉讼处分权的行使，和是否真的存在该事实无关，而且如果赋予自认的事实以预决效力，将严重降低当事人的自认意愿，大大削弱这一制度的适用和意义。法院的事实推定由已经被证明的基础事实和一定的经验法则共同支撑，经验法则有盖然性，自然会影响事实推定的可靠性，赋予其预决效力并不恰当。① 这一观点得到了《关于行政诉讼证据若干问题的规定》第68条规定中“已经依法证明的事实”这一表述的印证，考虑到法体系的融贯性，对其他司法解释中的“确认的事实”应该做同样理解。“依法证明”的措辞除了“证明”应该被理解为对事实认定可靠性的要求之外，“依法”应该被理解为对事实认定合法性的要求，也就是当事人享有充分的程序保障，经过了充分的举证质证，且已经排除了应排除的非法证据。②

除此之外，学者们提出，事实预决效力的主观范围也需要界定，也就是限定谁可以主张生效裁判确认事实的预决效力以及向谁主张。目前司法解释中对此未置一词，也就是说包括前诉的当事人和案外人在内的任何人都可以援引生效裁判而免于为自己的事实主张举证，转由对方当事人举证证明相反事实成立，无论其是前诉的当事人还是案外人。前后诉双方当事人相同时，双方在前诉中已经享受了充分程序保障，那么也应该承担诉讼的不利后果，对于经过充分攻击防御后认定的前诉判决主文的事实基础原则上不应再行争议，一方主张事实预决效力时，给予另一方举证推翻前诉判决确认的基本事实的机会对实体正义无益，对程序正义和诉讼效率则有害。前后诉当事人完全不同时，双方都没有在前诉中行使诉讼权利影响裁判对基本事实认定的机会，自然也不应受其不利影响，无论哪一方援引生效判决将本应由自己承担的举证证明责任转移给对方，降低其胜诉可能，都是不符合实体正义和程序正义要求的。前后诉仅一方当事人相同时，如果前诉案外人向前诉当事人主张事实预决效力，那么考虑到一方面后者在前诉中获得了充分程序保障，参与形塑了案件事实，基于诚信原则和公平原则应该限

① 参见张卫平：《民事诉讼法》，法律出版社2019年版，第443页；江伟、常廷彬：《论已确认事实的预决力》，载《中国法学》2008年第3期。

② 参见江伟、常廷彬：《论已确认事实的预决力》，载《中国法学》2008年第3期。

制其对生效裁判确认事实的争辩，另一方面前后诉发生的场域不同、当事人间力量对比不同，做出不同事实认定也有其正当性，且前者没有参与过前诉，不应和前诉的另一方当事人一样程度地从前诉中得利，适当的安排是对前诉当事人科以在后诉中证明相反事实的义务也是给其反证的权利。如果前诉当事人向前诉案外人主张事实预决效力，那么鉴于后者没有参与前诉也无从维护自己的各项权利，让其承受前诉的不利影响是违背正当程序的，还可能显著增加前诉制造虚假诉讼损害案外人利益的风险。①

在不修改司法解释的前提下，可以通过法律解释和续造技术对事实预决效力的主观范围做出限定。首先，在“已经依法证明”这一事实预决效力的前提中限制可以向谁主张该效力。如前文所述，法体系的融贯性要求司法解释中“生效裁判确认的事实”“已经依法证明的事实”两种表述具有同样含义，因此“已经依法证明”应该构成事实预决效力的一般前提，而非仅仅是行政诉讼中事实预决效力的前提。这一前提在限定事实预决效力的客观范围时指的是事实认定的过程中当事人享有充分的程序保障，经过了充分的举证质证，且已经排除了应排除的非法证据，但其内涵并不穷尽于此，其也可以对限定事实预决效力的主观范围发挥作用，即在对之主张事实预决效力者充分参与下认定的案件事实才属于“已经依法证明的事实”，此时“依法”指的不仅是符合诉讼法的具体规则，而且还包括符合其重要原则的正当程序、自我责任，以及实体正义、程序正义和诉讼效率这三大目标。据此，后诉中只能向前诉的当事人主张事实预决效力，而不能向前诉的案外人主张。其次，应根据主张事实预决效力的不同主体对“当事人有相反证据足以推翻”做出不同理解。后诉中前诉的一方当事人向另一方当事人主张事实预决效力的，后者需要对其挑战前诉认定的基本事实不违反诚信原则和公平原则做出证明后才能获得反证机会，双方当事人可以就此展开攻击防御。后诉中前诉案外人向前诉当事人主张事实预决效力的，则不

---

①　参见江伟、常廷彬：《论已确认事实的预决力》，载《中国法学》2008 年第 3 期；王亚新、陈晓彤：《前诉裁判对后诉的影响——〈民诉法解释〉第 93 条和第 247 条解析》，载《华东政法大学学报》2015 年第 6 期；李蔚、吴英姿：《预决事实效力类型化构筑》，载《甘肃政法大学学报》2022 年第 3 期。

需要这一前置环节，后者可以直接对相反事实成立举证。

和既判力一样，生效裁判确认事实的预决效力也有时间范围，该时间范围截至诉讼的言词辩论终结之时，在此之后发生的事实，当事人可以用于相反事实的证明。①

确定了事实预决效力的客观、主观及时间范围后，还需要考虑的是，这一效力能否跨越不同的诉讼法。最高人民法院的司法解释规定民事诉讼和行政诉讼中的事实预决效力时并未限定事实由哪种诉讼的生效裁判确认，或者在哪种诉讼中得到依法证明，刑事诉讼中的事实预决效力规定仅见于最高人民检察院的司法解释，其中也没有对生效裁判经何种诉讼产生做出限定。仅从司法解释的规定来看，无论前诉与后诉分属民事诉讼、行政诉讼、刑事诉讼中的哪两种，前诉生效判决确认的基本事实都可对后诉产生预决效力。然而在一些实务工作者与学者眼中，情况并非如此。由于不同诉讼中查明事实的手段和证明标准不同，具言之，民事诉讼不及行政诉讼，行政诉讼又不及刑事诉讼，不同诉讼中生效裁判确认的事实的可靠程度不同，预决效力也应有所不同，即在其他诉讼中，生效刑事判决确认的基本事实免证且不可被挑战，生效行政判决确认的基本事实免证但可被推翻，生效民事判决确认的基本事实无预决效力。② 不过有学者同时指出，跨诉讼法的事实预决效力不能动摇民事、行政与刑事法体系及司法各自的独立性。首先，刑事法与民事法在目的、原则、概念等方面的差异会导致对同一事实的法律评价不同，生效刑事判决确认的基本事实有预决效力不意味着民事诉讼中不能对这一事实做出独立的、与刑事诉讼中不同的法律评价。其次，刑事法和民事法规范的差异导致规范涵摄的、裁判中考虑的事实也有差异，如刑事诉讼围绕着犯罪行为展开，不构成犯罪的行为即使与损害发生有因果关系也不在法官考虑之列，民事诉讼则关注所有和损害发

---

① 参见纪格非：《我国刑事判决在民事诉讼中预决力规则的反思与重构》，载《法学杂志》2017 年第 3 期。

② 参见江伟、常廷彬：《论已确认事实的预决力》，载《中国法学》2008 年第 3 期；邵明：《论法院民事预决事实的效力及其采用规则》，载《人民司法》2009 年第 15 期；纪格非：《“争点”法律效力的西方样本与中国路径》，载《中国法学》2013 年第 3 期；纪格非：《我国刑事判决在民事诉讼中预决力规则的反思与重构》，载《法学杂志》2017 年第 3 期。

生有因果关系的行为,并根据行为对损害发生的作用力的大小,区分责任的类型和责任的承担方式,生效刑事判决确认的基本事实有预决效力不意味着民事诉讼中不能考虑其他行为人的其他行为,并在此基础上确认案件的基本事实。①

本书认为,考虑到不同诉讼中对证明的不同规定及由此导致的生效裁判确认事实的不同可靠程度,确实应该对经过不同诉讼做出的生效判决确认的基本事实的预决效力做出区分,但这一区分不能突破事实预决效力的界限。事实预决效力不同于既判力,后者是生效裁判中法律关系认定的效力,不同裁判对法律关系做出矛盾认定非但不能通过诉讼解决纠纷,反而会制造更多纠纷,直接违背诉讼法初衷,必须绝对避免,因此哪怕该认定有错误的可能,既判力也不容挑战,前者是生效裁判中事实认定的效力,不同裁判对事实做出矛盾认定不会造成那么严重的后果,那么实体正义的考量就显得重要了,所以事实预决效力是可以被挑战的。1992 年最高人民法院《关于适用〈中华人民共和国民事诉讼法〉若干问题的意见》第 75 条首次规定事实预决效力时,并未给后诉当事人挑战该效力的机会,2001 年最高人民法院《关于民事诉讼证据的若干规定》第 9 条才规定,当事人可以提出相反证据推翻已为人民法院发生法律效力的裁判所确认的事实,该意见于 2015 年废止,该规定中的规则沿用至今,且为最高人民法院《关于行政诉讼证据若干问题的规定》《关于适用〈中华人民共和国民事诉讼法〉的解释》所采纳,成为通行规定,可见司法解释是基于清醒认识限定了事实预决效力的边界的。事实预决效力不能被挑战,与民事诉讼中一般较难成功挑战生效刑事判决确认的基本事实是两回事。

如前文所述,在辩论原则和职权调查原则的选择上、在收集证据的手段上、在证明标准上,刑事诉讼和民事诉讼、行政诉讼都有明显差距,而后两者之间的差别不大,这影响到不同诉讼中生效裁判确认的事实的可靠程度,进一步影响到其是否能跨越诉讼法产生预决效力。具体而言,生效刑事判决确认的基本事实在民事和行政诉讼中都有预决效

① 参见纪格非:《我国刑事判决在民事诉讼中预决力规则的反思与重构》,载《法学杂志》2017 年第 3 期。

力，反之则不然；生效民事判决确认的基本事实在行政诉讼中有预决效力，反之亦然。

不过，生效裁判的主文没有既判力、形成力，其确认的基本事实没有预决效力，并不代表该裁判对后诉就没有任何影响了，其作为一种证明力较高的书证可以影响后诉法官关于案件事实的心证形成。生效判决作为直接证据，能够证明前案审理中提出的各方观点及其提出者，作为间接证据则能够展示前诉法官心证的形成过程，即其考虑过的因素与证明材料及对此利用或排除的理由，使后诉法官能够在此基础上自主形成关于案件事实的心证。如果生效判决确认的基本事实由法庭在双方当事人充分攻击防御乃至自身职权调查的基础上合理认定，具有较高的可靠性，且未在后诉中遇到相反证据的有力挑战，后诉法官完全可能做出和前诉判决同样的事实认定。[①] 生效裁判的这种影响力不取决于前后诉当事人是否同一，也不因前后诉属于不同诉讼而变化。

梳理了生效裁判的各种效力后，可以对知识产权交叉诉讼中前诉生效判决对后诉的影响做出具体分析了。

侵权民事诉讼与确权行政诉讼交叉时，生效行政判决可能拘束侵权民事诉讼中法官对法律关系的认定，生效民事判决则对确权行政诉讼不发生影响。本节第二部分分析认为，国务院部门的知识产权确权是一种设立民事权利的行政许可或者此种行政许可的撤销。确权行政诉讼做出的生效判决有三种可能：其一，无论国务院部门做出还是撤销行政许可，并由此导致知识产权有效或无效，若法院认定该行政行为合法，则应驳回原告诉讼请求。其二，国务院部门作出行政许可，则知识产权有效，若法院认定该行政行为违法，因此撤销之，并要求国务院部门作出新的行政行为，后者应作出新的行政行为。其三，国务院部门撤销行政许可，则知识产权无效，若法院认定该行政行为违法，因此撤销之，但并不要求国务院部门作出新的行政行为，后者便不需做出新的行政行为。在第一种和第二种情形下，按照行政法的一般理论，国务院部

① 参见段文波：《预决力批判与事实性证明效展开：已决事实效力论》，载《法律科学（西北政法大学学报）》2015 年第 5 期；曹志勋：《论公文书实质证明力推定规则的限缩》，载《国家检察官学院学报》2020 年第 2 期。

门做出或撤销设立民事权利的行政许可这一形成性行政行为，只要该行为超过救济期限或者穷尽救济途径等原因不可再被改变而具备形式确定力，就对其自身、相对人以及其他国家机关有拘束力，除非其存在重大且明显的违法情形因而导致行政行为无效，如此才能保证行政和司法各司其职，共同完成国家的任务。[①] 这种拘束力与最高人民法院《关于知识产权民事诉讼证据的若干规定》第 6 条赋予行政行为的效力不同，后者指的是，对于合法性不能再被质疑的行政行为所认定的基本事实，当事人在知识产权民事诉讼中无须再证明，有相反证据足以推翻的除外。两者的差别可以类比生效判决的形成力与事实预决效力。[②] 在后的侵权民事诉讼中，知识产权的效力构成先决事项，必须先行确定才能在此基础上做出本诉裁判，在这一先决事项的认定上，法院受到形成性行政行为的拘束，必须以此为裁判基础，而不得自己作出判断。生效判决对行政行为合法性的确认并不在行政行为自身的拘束力之外赋予其更多效力，也不会因为判决效力的主观范围限制而缩减行政行为范围更广的拘束力，仅仅限制同一个相对人反复质疑其合法性。[③] 在第三种情形下，生效形成判决撤销了国务院部门撤销行政许可的行政行为，使行政和民事法律关系回到撤销行政许可前，也就是存在行政许可、知识产权有效的状态，后续侵权民事诉讼中法院必须以此为基础作出裁判。行政诉讼外的第三人固然不能主张被撤销的行政行为有效并以此为由质疑知识产权效力，但完全可以基于其他理由挑战知识产权的有效性。

为了阻断专利循环诉讼，上文还建议由确权行政诉讼的原告根据《行政诉讼法》第 61 条申请一并解决与行政行为紧密相关的关于知识产权效力的民事争议，由法院对行政争议和民事争议一并审理，根据个案情况一并或分别判决。此种情形下，民事判决一旦生效，法院对知识产权效力的判断就因既判力而拘束诉讼当事人，同样的当事人间又发

---

① 参见章剑生：《行政行为对法院的拘束效力——基于民事、行政诉讼的交叉视角》，载姜明安主编：《行政法论丛》第 14 卷，法律出版社 2011 年版。

② 参见张海燕：《知识产权行政行为所认定事实在民事诉讼中的效力》，载《法学论坛》2022 年第 3 期。

③ Schoch/Schneider/Clausing/Kimmel, 42. EL Februar 2022, VwGO § 121 Rn. 27.

生侵权民事诉讼的,后诉法院不得自行判断知识产权效力,而要受前诉判断的拘束。如果法院作出了知识产权无效的形成判决,那么诉讼外的第三人也受此拘束,也就是说,无论在后的侵权民事诉讼的当事人为何,后诉法院都必须以知识产权无效为出发点作出裁判。[①]

(不)侵权民事诉讼和不服行政裁决、行政处罚的行政诉讼交叉时,由于交叉案件的具体形式更多样,前诉生效判决对后诉的影响也有各种不同情形。

以注册商标专用权侵权纠纷为例,权利人请求工商行政管理部门(现为市场监督管理部门)处理,工商行政管理部门认定侵权行为成立,责令立即停止侵权行为,没收、销毁侵权商品和主要用于制造侵权商品、伪造注册商标标识的工具,并根据违法经营额对相对人处以罚款。此时存在两种案件交叉的可能。其一,相对人不服,提起行政诉讼请求撤销行政裁决、行政处罚,又提起确认不侵权的民事诉讼。[②] 其二,相对人不服,提起行政诉讼请求撤销行政裁决、行政处罚,同时权利人因为对侵权赔偿数额协商不成而向法院提起民事诉讼。

无论是针对商标侵权还是针对侵权赔偿数额做出的生效民事判决,对后续的行政诉讼都仅在有限情形下发生事实预决效力,一般只发生书证的证明效力。首先,虽然对于行政诉讼而言,商标侵权与否是判断行政裁决、行政处罚合法性的先决事项,然而民事判决主文中对侵权法律关系的判定由于当事人不同在行政诉讼中并没有既判力,其也非形成判决没有对世的形成力,在判决理由中对侵权法律关系的判定更不必提。其次,民事判决认定的基本事实在行政诉讼中的预决效力也有主观范围,后诉中,前诉当事人不得对前诉案外人主张,反之则可以,也就是说原告行政相对人不能对被告行政机关主张事实预决效力,唯有被告可以对原告主张,但是根据《行政诉讼法》的规定,被告只能提供作出行政行为时依据的证据和规范性文件来证明行政行为的合法性,仅当原告或者第三人提出了其在行政处理程序中没有提出的理由或者

---

① Vgl. Ann, Patentrecht, 8. Aufl., § 26 Rn. 242 ff.

② 参见谢绍静:《知识产权确认不侵权诉讼与行政处理及行政诉讼的关系之厘定》,载《科技管理研究》2013 年第 5 期。

证据，且经人民法院准许，被告才可以补充证据，即仅当原告或者第三人提出了新的理由或者证据，被告才有主张生效民事判决事实预决效力的空间，否则生效民事判决只能作为证明力较高的书证影响行政诉讼中法官对事实的认定。

生效行政判决对后续民事诉讼的影响取决于其内容。行政判决撤销被诉行政行为的，属于形成判决，具有形成力，后续民事诉讼受其拘束，任一方不得主张行政行为有效，法庭也不得作此认定，权利人因为对侵权赔偿数额协商不成而向法院提起民事诉讼的情形尤其受此影响，但法庭可对商标侵权与否做出自己的判断。因为，最高人民法院《关于审理专利纠纷案件适用法律问题的若干规定》第 25 条早就规定了，法院受理权利人就赔偿问题提出的民事侵权诉讼后，不受管理专利工作的部门侵权认定的拘束，仍应当就当事人的诉讼请求进行全面审查。[①] 因此，就算不存在撤销判决，法庭也可能参照适用该条而自行判断商标侵权与否。除此之外，撤销判决确认的基本事实对在后的民事诉讼有预决效力，当然，只有前诉案外人可以对前诉当事人主张这一效力。

行政判决驳回原告诉讼请求的，没有形成力，因为当事人不同对在后的民事诉讼也不发生既判力，但是有事实预决效力。2020 年最高人民法院《关于知识产权民事诉讼证据的若干规定》第 6 条规定，对于未在法定期限内提起行政诉讼的行政行为所认定的基本事实，或者行政行为认定的基本事实已为生效裁判所确认的部分，当事人在知识产权民事诉讼中无须再证明，但有相反证据足以推翻的除外。其提及的第二种情况不过是对生效裁判事实预决效力的复述。

此外值得探讨的是，合法性受到生效行政判决确认的裁决性行政行为对在后的民事诉讼是否应有拘束力。前文提及，按照行政法的一般理论，国务院部门的形成性行政行为只要因为超过救济期限或者穷尽救济途径等原因不可再被改变而具备形式确定力，就对其自身、相对人以及其他国家机关有拘束力，除非其存在重大且明显的违法情形因

---

① 参见蒋志培、张辉：《认真贯彻实施专利法，依法公正审理专利案件——对专利法适用方面两个司法解释的理解与适用》，载《法律适用（国家法官学院学报）》2001 年第 8 期。

而导致行政行为无效。知识产权执法部门作出的认定商标侵权的裁决性行政行为也具有这种拘束力,民事诉讼中法庭应以此为基础作出裁判。① 不过最高人民法院有不同看法,如《关于审理专利纠纷案件适用法律问题的若干规定》第25条规定,法院受理案件后,不受管理专利工作的部门侵权认定的拘束,仍应当就当事人的诉讼请求进行全面审查。② 该规定并未考虑行政裁决是否由于超过救济期限或者穷尽救济途径等原因不可再被改变而具备形式确定力,而是一概否认行政行为的拘束力。该司法解释于2001年公布,2013年和2015年经历两次修改,但第25条未有任何变动,可见最高人民法院在这一点上的态度之坚决。这种坚定有其原因,我国第一部《专利法》就确定了专利权保护的“双轨制”,解决专利侵权纠纷时行政和司法两条路径不分主次,我国加入世界贸易组织后,顺应知识产权保护的国际公约要求,在保留“双轨制”的前提下确立了司法保护的主导地位。③《关于审理专利纠纷案件适用法律问题的若干规定》第25条正是旨在确立司法保护的主导地位。然而完全否认具备形式确定力的行政行为的拘束力,既缺乏行政法理论上的支持,也会导致实践中专利行政执法的意义被严重削弱,“双轨制”的一轨在很大程度上被另一轨架空,名义上的“双轨制”接近实际上的“单轨制”,如果这种否认从知识产权领域蔓延到其他领域,甚至可能威胁到行政行为的一般效力。

作为落实司法保护主导地位的新举措之一,2019年中共中央办公厅和国务院办公厅印发《关于健全行政裁决制度加强行政裁决工作的意见》,提出要健全行政裁决救济程序的衔接机制。司法部负责人就该意见回答记者提问时对此做了细致解读,即当事人不服行政机关对民事纠纷作出的行政裁决的,在法定期限内,既可以以民事争议的对方当事人为被告提起民事诉讼,也可以对行政裁决行为提起行政诉讼,并申

---

① 参见汪旭东、刘玉、高鹏友:《专利侵权纠纷行政处理机制的发展和完善》,载《知识产权》2017年第8期;张飞虎:《专利侵权纠纷救济“双轨制”下行政裁决与司法裁判程序衔接相关问题的探讨》,载《电子知识产权》2020年第12期。

② 参见蒋志培、张辉:《认真贯彻实施专利法,依法公正审理专利案件——对专利法适用方面两个司法解释的理解与适用》,载《法律适用(国家法官学院学报)》2001年第8期。

③ 参见汪旭东、刘玉、高鹏友:《专利侵权纠纷行政处理机制的发展和完善》,载《知识产权》2017年第8期。

请法院一并解决相关民事争议。法律另有规定的,依照其规定。[①] 有观点建议,为了更好更快地解决纠纷,可在行政裁决的救济方面借鉴日本"公法上的当事人诉讼"机制中"形式当事人诉讼"的部分,[②]即对确认或形成当事人之间法律关系的行政处分或裁决不服时,以该法律关系的另一方当事人为被告向法院提起给付、确认或形成之诉,做出行政处分或裁决的行政机关作为第三人参加诉讼,法院主要适用民事诉讼程序审理案件,作出给付、确认或变更判决,实际上撤销或变更了行政行为。[③] 该意见选择的路径与此有相似之处,但有两点重要不同。第一,日本的当事人诉讼仍然属于行政诉讼,而该意见希望给行政裁决的救济开辟民事诉讼的道路。第二,日本的形式当事人诉讼中,做出行政行为的行政机关作为第三人参与,该意见提议的民事诉讼中却未提及行政机关是否应该作为第三人参与。那么,行政相对人根据该意见提起的民事诉讼所作判决和行政行为之间是何种关系?不服行政裁决的相对人作为原告以民事争议的对方当事人为被告提起民事诉讼,请求法院对民事争议作出裁判,法院仅能认定两者之间的民事法律关系,却无法审查行政行为合法性与在此基础上确定其效力,那么等到通过行政诉讼对行政行为寻求救济的期限过去,行政行为是否会具备形式确定力呢?具备形式确定力的行政裁决和生效民事判决对法律关系做出相反认定要如何处理?即使认为民事判决实际上撤销或变更了行政行为,但是由于行政机关根本没有参与过民事诉讼,没有影响诉讼进程和结果的机会,这种撤销或变更对其的拘束力是存疑的。因此,在现行法框架内更稳妥的做法还是在民事诉讼后再提起行政诉讼撤销行政裁决。

---

① 参见《司法部负责人就〈关于健全行政裁决制度加强行政裁决的工作的意见〉答记者问》,载中国政府网,http://www.gov.cn/zhengce/2019-06/02/content_5396933.htm。

② 参见张飞虎:《专利侵权纠纷救济"双轨制"下行政裁决与司法裁判程序衔接相关问题的探讨》,载《电子知识产权》2020年第12期;建议借鉴日本"形式当事人诉讼"制度解决专利循环诉讼的如渠滢:《论专利无效诉讼中的"循环诉讼"问题》,载《行政法学研究》2009年第1期。

③ 参见王天华:《日本的"公法上的当事人诉讼"——脱离传统行政诉讼模式的一个路径》,载《比较法研究》2008年第3期;汤捷:《行政裁决诉讼研究》,中国政法大学2006年硕士学位论文,第40页以下。

侵权民事诉讼与刑事诉讼交叉时，生效民事判决没有形成力，对在后的刑事诉讼没有既判力，如此前的分析所示，生效民事判决也没有事实预决效力，但是可以作为重要书证影响刑事法官的自由心证，考虑到民事法官处理知识产权纠纷的专业性更是如此。生效刑事判决也没有形成力，对在后的民事诉讼没有既判力，但是有事实预决效力。

2. 前诉中的责任承担对后诉的影响

在侵权民事诉讼和不服行政处罚的行政诉讼交叉，以及侵权民事诉讼和刑事诉讼交叉的情形下，侵权人可能需要同时承担民事责任和行政责任，或者民事责任和刑事责任，此时就有了不同责任之间的关系问题。鉴于同为公法责任的行政责任和刑事责任都是为了制裁、遏制对公共利益的损害而有相似性，[①]本部分只对侵权人同时承担民事责任和刑事责任的情况进行详细分析，将同一分析框架适用于侵权人同时承担民事责任和行政责任的情形后直接得出结论。

同一不法行为承担民事和刑事双重责任在传统上并不受质疑，原因在于，两者在责任产生前提、责任承担方式、责任设定目的等方面都存在质的差异，作为截然不同的法律责任互相不能转化、抵消，只能并存。[②] 在责任产生的前提下，民事责任由违反民事义务、损害私人利益的行为所引起，刑事责任由刑法明确规定为犯罪的、损害公共利益的行为所引起。在责任承担方式上，承担民事责任的方式主要有停止侵害、排除妨碍、返还财产、恢复原状、赔偿损失、赔礼道歉等，即支付一定金钱与为或不为一定行为，承担刑事责任的方式主要是限制、剥夺各种权利的、体现对犯罪行为严厉责难的刑罚，刑罚以自由刑为主，也包括罚金等附加刑。在责任设定目的上，法律责任的三项主要功能为补偿、惩罚和预防，民事责任和刑事责任各有侧重。具体而言，民事责任重在补偿违反民事义务给他人造成的损失，赔偿也能起到惩罚和预防义务违反的效果，但并非其目的。刑事责任则重在惩罚已经发生的犯罪和预

① 参见金福海：《论惩罚性赔偿责任的性质》，载《法学论坛》2004 年第 3 期。

② 参见杨忠民：《刑事责任与民事责任不可转换——对一项司法解释的质疑》，载《法学研究》2002 年第 4 期；张旭：《民事责任、行政责任和刑事责任——三者关系的梳理与探究》，载《吉林大学社会科学学报》2012 年第 2 期；王承堂：《论惩罚性赔偿与罚金的司法适用关系》，载《法学》2021 年第 9 期。

防今后的犯罪,公正的罪责抵偿体现义务论考虑;积极和消极、一般和特殊的预防则体现后果论考量,[①]同时附带微弱的补偿效果,我国(曾经)的通行观念就认为,对被告人判处适当的刑罚可以为被害人提供相应的精神抚慰,[②]这一观点有值得商榷之处但并非全无道理。同一不法行为不但损害私人利益还损害公共利益,所以不但要考虑私人损失的补偿还要考虑惩罚和预防以维护公共秩序,因此行为人以不同方式同时承担民事和刑事责任,自然是顺理成章之事。

不过,民事责任和刑事责任的并存并不意味着两者之间没有联系。首先,行为人无力同时承担两种责任时,民事责任优先。《民法典》第 187 条规定,民事主体因同一行为应当承担民事责任、行政责任和刑事责任的,承担行政责任或者刑事责任不影响承担民事责任;民事主体的财产不足以支付的,优先用于承担民事责任。《刑法》第 36 条规定,由于犯罪行为而使被害人遭受经济损失的,对犯罪分子除依法给予刑事处罚外,并应根据情况判处赔偿经济损失。承担民事赔偿责任的犯罪分子,同时被判处罚金,其财产不足以全部支付的,或者被判处没收财产的,应当先承担对被害人的民事赔偿责任。正是因为两种责任的承担方式虽然相似,都是支付一定金钱,但由于责任性质不同,不能抵消只能并存,在行为人财产有限的情形下才会发生冲突,只能择一实现,此时,从有利于公民的私权保护的角度出发,赋予民事责任承担优先于刑事责任承担的地位。[③] 其次,积极承担民事责任影响对犯罪人刑事责任的评估,进而影响到量刑。《刑法》第 5 条规定了罪责刑相适应原则,即刑罚的轻重应当与犯罪分子所犯罪行和承担的刑事责任相适应,其中"罪行"应该理解为有责的不法,"刑事责任"应该理解为其撇除了罪行的部分,即犯罪人再犯的可能性。也就是说,决定刑罚轻重的犯罪人的刑事责任轻重主要基于犯罪的主客观

---

① 参见刘昶:《刑事诉讼的目的、限制与正当性——德国刑事诉讼正当性理论及其启示》,载《西部法学评论》2016 年第 6 期。

② 参见段厚省:《我国刑事附带民事诉讼拒斥精神损害赔偿的立场批判与制度重构》,载《政治与法律》2021 年第 12 期。

③ 参见杨忠民:《刑事责任与民事责任不可转换——对一项司法解释的质疑》,载《法学研究》2002 年第 4 期.

事实确定,同时考虑案件外的表明犯罪人再犯可能性的事实或情节做出调整,如自首与立功。刑罚既要与罪行的轻重相适应,又要与犯罪人的再犯可能大小相适应,一方面是防止为了追求预防目的科处畸轻畸重的刑罚,另一方面是防止为了追求报应科处不必要的刑罚。[①] 这与刑事责任惩罚和预防的双重功能是一致的,对这两个功能要从限制刑罚的角度理解。虽然《刑法》第61条规定,对于犯罪分子决定刑罚的时候,应当根据犯罪的事实、犯罪的性质、情节和对于社会的危害程度,依照刑法的有关规定判处,其中并未提及犯罪人的再犯可能性或者说其人身危险性,仅"依照本法的有关规定判处"可以联系《刑法》分则中关于行为人人身危险性的量刑情节,然而从《刑法》的体系来看,第5条规定的是量刑的根本指导方针,第61条规定的是量刑的基本原则,对后者的理解必须服从前者。[②] 犯罪分子积极承担民事责任,对被害人作出赔偿,体现出其真诚悔过之心和回归社会的意愿,虽然不能减轻其已经犯下的罪行,却可以降低其再犯可能性,虽然不影响定罪,却可以成为有利犯罪人的量刑情节。[③] 2012年修正的《刑事诉讼法》引入的"当事人和解的公诉案件诉讼程序"对民事责任和刑事责任的这一联系并没有做出实质性改变。[④]

值得注意的是,2018年修正的《刑事诉讼法》在第15条确立了认罪认罚从宽制度。据此,犯罪嫌疑人、被告人自愿如实供述自己的罪行,承认指控的犯罪事实,愿意接受处罚的,可以依法从宽处理。根据最高人民法院、最高人民检察院、公安部、国家安全部、司法部制定的《关于适用认罪认罚从宽制度的指导意见》第16、18条的规定,犯罪嫌疑人、被告人是否与被害方达成和解协议、调解协议或者赔偿被害方损失,取得被害方谅解,不影响认罪认罚从宽制度的适用,但构成确定从

---

① 参见张明楷:《刑法学(上)》(第5版),法律出版社2016年版,第544页;周光权:《论刑法与认罪认罚从宽制度的衔接》,载《清华法学》2019年第3期。

② 参见赵廷光:《论量刑原则与量刑公正——关于修改完善我国量刑原则的立法建议》,载《法学家》2007年第4期。

③ 参见高铭暄、张海梅:《论赔偿损失对刑事责任的影响》,载《现代法学》2014年第4期;陈瑞华:《刑事附带民事诉讼的三种模式》,载《法学研究》2009年第1期。

④ 参见孙远:《当事人和解的公诉案件诉讼程序之立法论批判》,载《政治与法律》2016年第6期。

宽力度的重要考虑因素。犯罪嫌疑人、被告人认罪认罚，但没有退赃退赔、赔偿损失，未能与被害方达成调解或者和解协议的，从宽时应当予以酌减。犯罪嫌疑人、被告人自愿认罪并且愿意积极赔偿损失，但由于被害方赔偿请求明显不合理，未能达成调解或者和解协议的，一般不影响对犯罪嫌疑人、被告人从宽处理。有学者将犯罪嫌疑人、被告人积极承担民事责任称为“广义认罚”，以区别于其对检察机关量刑建议没有异议的“狭义认罚”，也是认罪认罚从宽制度的组成部分。积极承担民事责任除了导致审判阶段的从宽量刑，还可引发其他从宽处理措施的适用，如刑事诉讼各阶段可以适用的非羁押性强制措施，刑事诉讼相应阶段可以适用的从简的诉讼程序，侦查阶段或审查起诉阶段可以适用的停止追诉，分别为特别撤销案件、特别不起诉，审查起诉阶段可以适用的相对不起诉。① 这意味着积极承担民事责任对刑事诉讼的影响目前已经超出了犯罪人刑责和刑罚这一范围。

因此，根据传统观点，因为同一个知识产权侵权行为承担民事责任和刑事责任并无问题，如果侵权人无力同时承担两种责任，应优先承担民事责任，如果侵权人积极承担民事责任，可以减轻其刑事责任与刑罚。确立认罪认罚从宽制度后，侵权人若积极承担民事责任，能在刑事诉讼中得到更多实体和程序上的利益。

然而立法者对知识产权惩罚性赔偿的认可提出了新的问题。《商标法》（2013 年修正），第 63 条第 1 款规定了，恶意侵犯商标专用权情节严重的，可以按照确定赔偿数额的 1～3 倍给予惩罚性赔偿，2019 年修正时进一步将惩罚性赔偿的上限提高到确定赔偿数额的 5 倍。《种子法》（2015 年修订），第 73 条第 3 款规定了，侵犯植物新品种权情节严重的，可以科以最高为确定赔偿数额 3 倍的惩罚性赔偿。《反不正当竞争法》（2019 年修正），第 17 条第 3 款规定，经营者恶意实施侵犯商业秘密行为情节严重的，可以按照确定赔偿数额的 1～5 倍给予惩罚性赔偿。2020 年《专利法》和《著作权法》先后修正，前者的第 71 条第 1 款和后者的第 54 条第 1 款分别对故意侵犯专利权且情节严重和故意侵犯著作权或者与著作权有关的权利且情节严重的情形规定了最高 5

① 参见黄京平：《认罪认罚从宽制度的若干实体法问题》，载《中国法学》2017 年第 5 期。

倍的惩罚性赔偿。其他知识产权法律中没有对惩罚性赔偿作出明文规定的,适用民事基本法《民法典》中的一般规定。[①]《民法典》总则编的第 179 条规定了承担民事责任的方式,其第 2 款特意明确了,"法律规定惩罚性赔偿的,依照其规定",侵权责任编中共有 3 个条款规定了惩罚性赔偿的具体适用,其中第 1185 条规定:"故意侵害他人知识产权,情节严重的,被侵权人有权请求相应的惩罚性赔偿。"可以说,我国知识产权法领域已经普遍确立了惩罚性赔偿制度。惩罚性赔偿虽然是一种民事责任的承担方式,但其主要目的与功能与其说是补偿知识产权侵权给权利人造成的损失,不如说是惩罚和预防故意的、严重的知识产权侵权行为,与其他民事责任的承担方式迥异,倒是与刑事责任的承担方式有异曲同工之处。那么惩罚性赔偿与刑罚特别是罚金刑之间是否存在不同于传统的转化、抵消关系呢?

最高人民法院《关于审理侵害知识产权民事案件适用惩罚性赔偿的解释》第 6 条部分回答了这一问题。该条规定,人民法院依法确定惩罚性赔偿的倍数时,应当综合考虑被告主观过错程度、侵权行为的情节严重程度等因素。因同一侵权行为已经被处以行政罚款或者刑事罚金且执行完毕,被告主张减免惩罚性赔偿责任的,人民法院不予支持,但在确定前款所称倍数时可以综合考虑。一方面,最高人民法院考虑到惩罚性赔偿与行政罚款、刑事罚金不同的价值取向,《民法典》第 187 条关于民事主体因同一行为承担行政责任或者刑事责任不影响承担民事责任的规定,以及对知识产权侵权的有力制裁,拒绝因为已经执行的行政罚款或者刑事罚金而减免惩罚性赔偿责任。另一方面,最高人民法院为了避免侵权纠纷的当事人利益严重失衡,允许法院确定惩罚性赔偿倍数时考虑侵权人已经被处以行政罚款和刑事罚金的情形,如果先期的行政罚款和刑事罚金已经足以起到惩罚和预防效果,则相应减轻惩罚性赔偿的数额。[②] 也就是说,已经执行完毕的刑事罚金不排除惩罚性赔偿的科处,只能减少其

① 参见王利明:《论我国民法典中侵害知识产权惩罚性赔偿的规则》,载《政治与法律》2019 年第 8 期。

② 参见林广海、李剑、秦元明:《〈关于审理侵害知识产权民事案件适用惩罚性赔偿的解释〉的理解和适用》,载《人民司法》2021 年第 10 期;倪朱亮:《比例原则在知识产权惩罚性赔偿金量定中的运用》,载《知识产权》2021 年第 7 期。

数额。那么已经执行完毕的惩罚性赔偿是否会反过来影响罚金刑的科处或者其数额呢?最高人民法院尚未对此表明态度。

惩罚性赔偿制度可以追溯至18世纪中期的英国,当时侵权法上的实际损害赔偿仅仅是对“有形损害”作出赔偿,而作为“无形损害”的精神痛苦、尊严受损和情感伤害等无法得到赔偿,因此陪审团作出超过原告实际损害的赔偿裁决既是为了补偿原告遭受的无形损害,也是为了惩罚被告的不当行为,且威慑其今后不再如此行事。自19世纪开始,无论是在美国还是在英国,实际损害赔偿都覆盖了有形与无形损害两者,惩罚性赔偿的补偿功能失去了基础,报应和威慑功能成为其存在的支柱,具体而言,即惩罚与预防故意、恶意、严重的不当行为或不计后果地漠视他人权利与安全的行为。不过,鉴于侵权法仍然无法类型化所有的损失,原告的有些损害难免无法被当下的实际损害概念纳入而无法获得赔偿,惩罚性赔偿的补偿功能虽然没落但未完全失去意义。由于知识产权客体的非物质性特点,侵权案件中存在损害行为认定难、损害数额计算难等诸多问题,在补偿性赔偿不及之处,惩罚性赔偿完全补偿被侵权人损失的功能显得尤其重要。① 所以说,当今的惩罚性赔偿以惩罚和预防功能为主,补偿功能为辅。② 大陆法系一直严格区分公法和私法,前者(如刑法、行政法)负责制裁和遏制犯罪与不法行为,维护社会公共利益,后者(民法)负责协调私人之间的利益纷争,为受损害者提供救济,惩罚性赔偿虽然性质属于私法但具有公法功能,与大陆法系的二分体系格格不入,因此为后者所拒绝。③ 这印证了惩罚性赔偿和刑罚在惩罚和预防功能上的相似性。

惩罚性赔偿与刑罚在目的和功能上的相似并不影响两者分属民事责任和刑事责任的承担方式,民事责任由违反民事义务、损害私人利益的行为所引起,需要向私人承担,亦由私人追究,刑事责任由刑法明确

① 参见王利明:《论我国民法典中侵害知识产权惩罚性赔偿的规则》,载《政治与法律》2019年第8期;吴汉东:《知识产权惩罚性赔偿的私法基础与司法适用》,载《法学评论》2021年第3期。

② 参见王承堂:《论惩罚性赔偿与罚金的司法适用关系》,载《法学》2021年第9期。

③ 参见金福海:《论惩罚性赔偿责任的性质》,载《法学论坛》2004年第3期;吴汉东:《知识产权惩罚性赔偿的私法基础与司法适用》,载《法学评论》2021年第3期。

规定为犯罪的、损害公共利益的行为所引起,需要向国家承担,亦由国家追究。因此,两者并存也不违反大陆法系的一事不再罚原则或者英美法系的禁止双重危险原则,前者禁止对同一行为重复追究公法责任,后者禁止对同一行为重复追究刑事责任。[①] 我国对一事不再罚原则作相比大陆法系更加宽松的理解,共识是不对同一行为重复施加同种类的公法处罚,例如,刑事罚金不能和行政罚款并存,但可以和吊销营业执照的行政处罚并存,[②]那么惩罚性赔偿与刑罚的并存更不会违反该原则。《民法典》第187条和《关于审理侵害知识产权民事案件适用惩罚性赔偿的解释》第6条正是在这个意义上规定行政责任或者刑事责任的承担不影响民事责任的承担,这种不影响指的是"质"上的不影响,却不意味着不能因为其他原因产生"量"上的相互影响。

虽然惩罚性赔偿与刑罚分属民事责任和刑事责任的承担方式,但不影响它们作为实现相似目的的不同手段存在此消彼长的关系。也就是说,如果惩罚性赔偿已经足以制裁故意的、严重的知识产权侵权行为,且威慑行为人和其他人不再为同样行为,那么再对行为人施加刑罚特别是罚金,就变得多余,因为后者想要追求的目标已经通过其他途径实现了。仅当惩罚性赔偿对知识产权侵权行为的惩罚和预防作用存在不足时,才有施加刑罚的必要,刑罚的启用才真正服务于制裁和威慑。反过来也一样。[③] 为了判断两者之间的消长关系,需要比较知识产权惩罚性赔偿和知识产权犯罪的刑罚。根据《专利法》《商标法》《著作权法》《反不正当竞争法》中的相关规定,侵权赔偿数额首先按照权利人因被侵权所受到的实际损失确定,其次按照侵权人因侵权所获得的利益确定,最后的计算方法参照权利使用费(的倍数)合理确定。故意侵权情节严重的,可以在按照上述方法确定数额的1倍以上5倍以下给予惩罚性赔偿。如果权利人的实际损失、侵权人获得的利益和权利使用费均难以确定,法

① 参见王承堂:《论惩罚性赔偿与罚金的司法适用关系》,载《法学》2021年第9期。

② 参见练育强:《行刑衔接视野下的一事不再罚原则反思》,载《政治与法律》2017年第3期;江必新、胡云腾、王轶:《刑行民交叉疑难问题研究》,载《中国法律评论》2021年第6期。

③ 参见王承堂:《论惩罚性赔偿与罚金的司法适用关系》,载《法学》2021年第9期;朱广新:《惩罚性赔偿制度的演进与适用》,载《中国社会科学》2014年第3期;曹柯、段胜宝:《〈民法典〉背景下知识产权惩罚性赔偿制度的路径选择——从国家治理现代化的视角切入》,载《电子知识产权》2021年第3期。

院可以根据侵权行为的情节等因素判决给予500万元以下的赔偿。根据《刑法》第213～220条的规定,侵犯知识产权犯罪的刑罚可以是单处罚金,也可以是自由刑并处罚金,自由刑最高不超过10年有期徒刑。最高人民法院、最高人民检察院《关于办理侵犯知识产权刑事案件具体应用法律若干问题的解释(三)》第10条对罚金数额的确定作了详细规定,即对于侵犯知识产权犯罪的,应当综合考虑犯罪违法所得数额、非法经营数额、给权利人造成的损失数额、侵权假冒物品数量及社会危害性等情节,依法判处罚金。罚金数额一般在违法所得数额的1倍以上5倍以下。违法所得数额无法查清的,罚金数额一般按照非法经营数额的50%以上1倍以下。违法所得数额和非法经营数额均无法查清,判处3年以下有期徒刑、拘役、管制或者单处罚金的,一般在3万元以上100万元以下确定罚金数额;判处3年以上有期徒刑的,一般在15万元以上500万元以下确定罚金数额。虽然只涉及金钱的惩罚性赔偿在制裁和威慑效果上明显难以匹敌限制、剥夺人身自由的自由刑,但实现惩罚和预防功能的不同途径仍有其存在的意义,惩罚性赔偿直接针对知识产权侵权的营利目的发挥打击作用,还能剥夺侵权人继续不法行为的资本,从客观上防止其再次侵权,这是自由刑无法实现的。惩罚性赔偿和罚金刑都不涉及人身自由,两者在惩罚和预防方面各有所长:一方面,罚金作为刑罚之一种,其包含的国家对行为的极端严厉的否定评价和对行为人的最为严重的谴责,以及由此对行为人生活和名誉造成的不利影响,①是惩罚性赔偿所不具备的;另一方面,虽然两者的计算方式接近,甚至共享违法所得数额的1倍以上5倍以下这一计算方法,但是由于民事诉讼和刑事诉讼中的证明标准不同,高度盖然性标准下认定的违法所得数额必然会高于排除合理怀疑标准下认定的数额,因此惩罚性赔偿在数额上会大大超过罚金。从知识产权侵权行为的惩罚和预防角度看,在惩罚性赔偿与自由刑之间,若先判处惩罚性赔偿,其虽然有效但无法企及自由刑的效果,对于严重侵权,随后施加自由刑仍有必要,但惩罚和预防的总力度可以根据个案需要下调,由于金钱与自由之间的异质性使惩罚性赔偿与自由刑之间无法直接折算,惩罚性赔偿的

---

① 参见张明楷:《刑法学(上)》(第5版),法律出版社2016年版,第501～502页。

承担只能构成法官量刑时的一个酌定从宽情节。若先判处自由刑，惩罚性赔偿作为发挥惩罚和预防作用的特殊路径并不因此失去意义，但制裁和威慑知识产权侵权行为的需要确实因为自由刑的施加而得到了部分满足，确定惩罚性赔偿的数额或者说其倍数的时候不能不对此做出考虑，适当下调。在惩罚性赔偿与罚金刑之间，若先判处惩罚性赔偿，那么仅当不对侵权人判处自由刑而单处罚金刑，后者因此成为国家对行为的否定评价和对行为人的谴责的唯一体现时，罚金刑对实现侵权行为的惩罚和预防而言才是必要的。[①] 此时其贡献在于包含的非难，而非支付金钱的要求，后一方面罚金刑比不上惩罚性赔偿。确定罚金数额时，需要考虑到制裁和威慑的需要已经被惩罚性赔偿部分满足，应根据惩罚性赔偿的数额酌减罚金。若先判处罚金刑，由于罚金数额明显低于惩罚性赔偿数额，判决后者对有效惩罚和预防知识产权侵权是必要的，不过这种必要性限于补足差额，判决的惩罚性赔偿数额应该根据罚金数额酌减。[②] 为了完全补偿被侵权人损失而给予惩罚性赔偿需要另行计算。

还要考虑到，惩罚和预防知识产权侵权行为的需要与保障交易和创新的需要之间应有利益衡量。以专利为例，由于专利范围的模糊性以及专利侵权标准的复杂性，处于“灰色地带”的某些行为可能实现对现有技术的累积创新，包括规避设计或窄化、优化现有专利等。如果惩罚和预防侵权过了头，就有可能产生“寒蝉效应”，遏制上述“边际合法行为”，其结果是影响科技信息传播和初创企业、小微企业的创新发展。[③] 保障交易和创新的考量可能要求对知识产权侵权的制裁和威慑

---

① 惩罚性赔偿与自由刑的组合正好满足制裁和威慑需要，但是可能遇到实在法上的障碍，即《刑法》为知识产权犯罪规定的刑罚只有单处罚金和自由刑并处罚金两种，没有单处自由刑的选项。但是这个问题可以通过法律续造来解决，刑法中只禁止不利行为人的法律续造，却不禁止有利的法律续造，当然考虑到法官受法律拘束，进行法律续造时必须负担较重的说理义务。

② 参见朱广新：《惩罚性赔偿制度的演进与适用》，载《中国社会科学》2014 年第 3 期；曹柯、段胜宝：《〈民法典〉背景下知识产权惩罚性赔偿制度的路径选择——从国家治理现代化的视角切入》，载《电子知识产权》2021 年第 3 期。

③ 参见吴汉东：《知识产权惩罚性赔偿的私法基础与司法适用》，载《法学评论》2021 年第 3 期；朱理：《专利侵权惩罚性赔偿制度的司法适用政策》，载《知识产权》2020 年第 8 期。

做出让步，此时应弱化惩罚性赔偿和刑罚共同产生的惩罚和预防的总效果，但不影响上文所述两者之间在“量”上相互影响的关系。

因为同一不法行为承担民事和行政双重责任在传统上也不受质疑，行为人无力同时承担两种责任时，民事责任优先。惩罚性赔偿与行政罚款分属民事责任和行政责任的承担方式，因此可以并存，但是两者作为实现制裁和威慑知识产权侵权行为这一目的的不同手段有时没有并存的必要。以商标侵权案件为例，《商标法》第 60 条第 2 款规定，工商行政管理部门认定商标侵权成立的，对违法经营额 5 万元以上的，可以处违法经营额 5 倍以下的罚款，没有违法经营额或者违法经营额不足 5 万元的，可以处 25 万元以下的罚款。对 5 年内实施两次以上商标侵权行为或者有其他严重情节的，应当从重处罚。《商标法》第 63 条第 1 款则规定了，恶意侵犯商标专用权，情节严重的，可以按照确定赔偿数额的 1 至 5 倍给予惩罚性赔偿。行政罚款和罚金不同，其不包含国家对行为的否定评价和对行为人的谴责，也不会因此给行为人的生活和名誉造成不利影响，罚金相对惩罚性赔偿在惩罚和预防方面的优势是行政罚款所不具备的。所以行政罚款和惩罚性赔偿作为实现制裁和威慑目的的不同手段两者之间没有质的差别，只有量的差别。行政罚款数额不得超过违法经营额的 5 倍，违法经营额 5 倍不足 25 万元的以 25 万元为准，惩罚性赔偿数额不超过权利人的实际损失、侵权人获得的利益和权利使用费（的倍数）中某一项的 5 倍，从计算方式看，行政罚款的数额应该会高于惩罚性赔偿的数额。加之，民事诉讼中对权利人的实际损失、侵权人获得的利益和权利使用费的证明标准为高度盖然性，行政执法中可能采取更低的标准认定违法经营额。因此，从知识产权侵权行为的惩罚和预防角度看，若先判处惩罚性赔偿，那么由于其数额低于行政罚款，后者仍能起到一些制裁和威慑作用，但数额应该考虑到惩罚性赔偿的数额酌减。若先科处行政罚款，惩罚和预防的需要已经得到满足，再判处惩罚性赔偿就多余了。当然这不排除出于补偿目的给予惩罚性赔偿的可能。如前文所述，考虑到知识产权侵权的特殊性，补偿性赔偿不及之处还要依靠惩罚性赔偿实现对被侵权人损失的完全补偿。

(三)知识产权交叉诉讼的审理顺序

知识产权交叉诉讼的表现形式之一为民事诉讼与行政诉讼交叉,其又可分为侵权民事诉讼与确权行政诉讼的交叉,以及(不)侵权民事诉讼和不服行政裁决、行政处罚的行政诉讼交叉两种情况,表现形式之二为民事诉讼与刑事诉讼交叉。本部分将基于此前对知识产权交叉诉讼前后诉关系的分析探讨每种交叉诉讼的审理顺序。

1. 侵权民事诉讼与确权行政诉讼交叉

侵权民事诉讼与确权行政诉讼交叉时,过去审理侵权民事诉讼的法庭常裁定中止诉讼,等待确权行政诉讼结果。然而,宣告知识产权无效的请求一般由侵权民事诉讼被告人在诉讼中提出,作为一种反制原告的诉讼策略,复审和无效审理部作出决定的平均时间是 5 个多月,不服此决定才会产生行政诉讼,所以说确权行政诉讼一般要比侵权民事诉讼晚开始几个月。而确权行政诉讼需要间接处理知识产权存在与否的专业问题,本就比侵权民事诉讼更为复杂漫长,还因为法院不能直接判断知识产权有效性而导致专利循环诉讼现象。因此,等待确权行政诉讼结果会严重拖累侵权民事诉讼的审理或者诉讼效率。我国选择双轨制,将关于知识产权效力的纠纷与侵权等其他知识产权纠纷分开处理,目的在于一方面保障知识产权效力判定的专业性,另一方面保障其他知识产权纠纷得到高效率、低成本的解决。中止侵权民事诉讼的审理等待确权行政诉讼结果的做法与后者存在明显冲突,削弱了我国双轨制的意义和正当性。

为解决这一问题,最高人民法院《关于审理侵犯专利权纠纷案件应用法律若干问题的解释(二)》第 2 条设计了先行裁定驳回、另行起诉的制度,即虽然侵权案件审理法院原则上不质疑专利权的有效性,但复审和无效审理部做出无效宣告后,法院可以据此驳回权利人基于该无效权利要求的起诉,而不用等待可能的行政诉讼的结果。考虑到有些案件中专利权的效力确实可疑,该司法解释第 3 条还规定,明显违反《专利法》对说明书、附图、权利要求书的要求,构成技术方案实质上的矛盾,导致说明书无法用于解释权利要求,且本领域普通技术人员无法得出唯一理解,专利权因此被请求宣告无效的,侵权案件审理法院一般应当裁定中止诉讼，等待关于专利权效力的判断。① 因此，目前侵权民事诉讼与确权行政诉讼交叉情形下的审理顺序是，如果复审和无效审理部作出维持专利权的决定，那么侵权民事诉讼如常进行，如果复审和无效审理部宣告专利权无效，那么法院驳回起诉，侵权民事诉讼终结，两种情形都不等待确权行政诉讼的结果，不同诉讼各自进行。仅在权利要求与说明书“风马牛不相及”导致技术方案有实质上的矛盾，且矛盾无法排除，因此，在专利权的效力极为可疑的情形下，法院方才中止侵权民事诉讼的审理，等待专利权效力的判断结果。

司法解释指明的路径是综合考虑两起诉讼之间的关系、诉讼效率及知识产权案件特点后的选择。如上一部分所述，前诉生效裁判对后诉的影响有很多种，既判力和形成力是法律上的影响力，事实预决效力和证明效力则是事实上的影响力。有学者将两者统称为先决关系，其表现形式之一是另案将就一法律关系做出认定，而本案如何判决完全或部分取决于该法律关系的存在与否，如确认动产所有权的民事诉讼和扣押该动产引起的行政诉讼；表现形式之二是另案的审理结果将影响本案的证据调查和证据评价，最终影响本案的事实认定，如要求偿还借款的民事诉讼和民事诉讼被告被控妨害作证罪的刑事诉讼。存在先决关系时原则上作为前提的诉讼应当先行，与此交叉的另一诉讼予以中止或停止。② 与之相反，德国严格区分前诉生效判决对后诉的法律和事实影响，若存在法律上的影响力则一般允许法庭中止后诉审理等待前诉结果，若存在事实上的影响力则在少数情况下才允许中止后诉审理。③ 这种区分考虑到了前诉生效裁判对后诉在法律上和事实上的影响力之间质的不同。为了避免对同一法律关系做出矛盾裁判以至于制造更多纠纷，为了保障裁判的严肃性、权威性以及公民权利义务的明晰

---

① 参见宋晓明、王闯、李剑：《〈关于审理侵犯专利权纠纷案件应用法律若干问题的解释（二）〉的理解与适用》，载《人民司法（应用）》2016 年第 10 期。

② 参见张卫平：《民刑交叉诉讼关系处理的规则与法理》，载《法学研究》2018 年第 3 期；夏伟：《刑民交叉案件的理论构造》，法律出版社 2020 年版，第 25～28 页。

③ Musielak/Voit/Stadler, 19. Aufl. 2022, ZPO § 148 Rn. 5; MüKoZPO/Fritsche, 6. Aufl. 2020, ZPO § 149 Rn. 1, 5; MüKoStPO/Miebach, 1. Aufl. 2016, StPO § 262 Rn. 5 f.; BeckOK VwGO/Garloff, 61. Ed. 01. 01. 2022, VwGO § 94 Rn. 1.

和行为后果的可预期性,[①]前诉生效判决的既判力和形成力必须得到保证,这也是其成为不可推翻的法律上的影响力的原因,前诉生效判决的事实预决效力和证明效力对于实现前述目的则并非必要,因此构成可被推翻的事实上的影响力。既然前诉裁判对后诉的影响力不同,中止后诉审理等待前诉裁判结果的需要也不同,前诉裁判将产生既判力或者形成力的,中止后诉审理的需要较强,前诉裁判只会产生事实预决效力或者证明效力的,中止后诉审理的需要较弱。对后一种情况还需要进一步区分,首先,若前诉将就一法律关系做出认定,而后诉如何判决完全或部分取决于该法律关系的存在与否,也就是前诉将对后诉中的先决问题作出判断,但是由于当事人不同,前诉裁判对后诉没有既判力,只有事实预决效力或证明效力的,中止后诉审理等待前诉裁判结果的需要相对强一些。其次,事实认定的复杂程度越高,就越应该尊重前诉做出的专业判断,证据调查手段越多、证明标准越高,就越应该信赖前诉事实认定的可靠性,[②]此时中止后诉审理的需要相对强一些。

对于诉讼效率这个三大诉讼法共同追求的目标,中止一案审理等待另一案裁判结果将产生两方面的影响。一方面,中止一案审理无疑会导致诉讼迟延,其程度取决于另案审结所需的时间。另一方面,前诉生效裁判对后诉的法律上或事实上的影响可以避免就同一法律关系或同一事实进行重复的证据调查,对提高诉讼效率有利。两种影响中何者占优取决于个案的情况,不同案件中需解决纠纷的重要程度和紧急程度不同,诉讼效率的重要性也不同。[③] 如前文所述,一般规律是刑事纠纷的解决最为重要和紧急,民事纠纷的解决则最不重要和紧急,对同一类纠纷还可以做出更细致的区分,如解决特定刑事纠纷的重要和紧急程度取决于指控罪行的严重程度、被告人是否处于羁押中等标准。需解决的纠纷越是重要和紧急,诉讼效率就越重要,就越是要避免中止

① Musielak/Voit/Stadler,19. Aufl. 2022,ZPO § 148 Rn. 1; MüKoZPO/Fritsche,6. Aufl. 2020,ZPO § 149 Rn. 1 f.; MüKoStPO/Miebach,1. Aufl. 2016,StPO § 262 Rn. 2; BeckOK VwGO/Garloff,61. Ed. 1. 1. 2022,VwGO § 94 Rn. 1; 张卫平:《民刑交叉诉讼关系处理的规则与法理》,载《法学研究》2018 年第 3 期。

② Vgl. BeckOK StPO/Eschelbach,43. Ed. 01. 04. 2022,StPO § 262 Rn. 2.

③ Vgl. BeckOK ZPO/Vorwerk/Wolf,45. Ed. 01. 07. 2022,ZPO § 148 Rn. 13.

审理等待另案的裁判结果。

如前文所述，确权行政诉讼的生效判决在先则可能拘束侵权民事诉讼中法官对法律关系的认定。也就是说，如果国务院部门撤销行政许可，知识产权无效，法院认定该行政行为违法，因此撤销之，但并不要求国务院部门做出新的行政行为，后者也没有做出新的行政行为，那么生效形成判决撤销了国务院部门撤销行政许可的行政行为，使行政和民事法律关系回到了撤销行政许可前，也就是存在行政许可、知识产权有效的状态，后续侵权民事诉讼中法院必须以此为基础作出裁判。此外，无论国务院部门做出还是撤销行政许可，导致知识产权有效或无效，只要法院认定该行政行为合法，因此驳回原告诉讼请求，那么国务院部门做出的形成性行政行为就具备了形式确定力，在在后的侵权民事诉讼中，对知识产权效力的认定上，法院受到形成性行政行为的拘束，必须以此为裁判基础，而不得自己作出判断。若像本书建议的那样由确权行政诉讼的原告申请一并解决与行政行为紧密相关的关于知识产权效力的民事争议，那么认定知识产权有效的民事判决一旦生效，同样的当事人间又发生侵权民事诉讼的，后诉法院不得自行判断知识产权效力，而要受前诉判断的拘束。如果法院作出了知识产权无效的形成判决，那么无论在后的侵权民事诉讼的当事人为何，后诉法院都必须以知识产权无效为出发点作出裁判。不过，从实际效果来看，知识产权侵权民事诉讼中，法官总是以国务院部门对知识产权有效性的判断为出发点作出裁判，因此仅当知识产权确权行政诉讼撤销国务院部门的行政行为且后者没有做出新的行政行为，行政判决的形成力拘束民事诉讼的法官才会导致后者做出与之前不同的裁判，此时中止民事案件的审理等待行政诉讼的裁判结果才是最有意义的。因此，对于是否中止审理的决定而言，确权行政诉讼做出与复审和无效审理部不同判断的概率很重要。虽然误判的风险永远存在，但是国务院部门经过授权与确权两次审查后对知识产权效力所作的判断总体还是值得信赖的，所以在多数情况下，等待或者不等待行政诉讼的裁判结果对民事裁判的影响并不大，中止民事诉讼的意义也不大。《关于审理侵犯专利权纠纷案件应用法律若干问题的解释（二）》第 3 条提及的，权利要求与说明书“风马牛不相及”导致技术方案有实质上的矛盾，且矛盾无法排除，因此，在专利权的效力极为可疑的情形下，确权行政诉讼做出与复审和无效审理部不同判断的概率大增，此时才有必要中止民事案件的审理。

确权行政诉讼一般比侵权民事诉讼晚开始几个月，且需要间接处理知识产权存在与否的专业问题，本就比侵权民事诉讼更为复杂漫长，因此等待确权行政诉讼结果会严重拖累侵权民事诉讼的审理。侵权民事诉讼中本就不判断知识产权有效性、不就此展开证据调查，而是依赖国务院部门对权利存在与否的判断，所以就算等待确权行政诉讼结果，对民事诉讼的诉讼效率也无多大助益。更重要的是，多数知识产权仅在法定期限内受到保护，超出此期限则进入公有领域，如果在法定期限内的保护可以被对权利有效性的任意挑战而拖延、架空，那么知识产权对权利人的意义将大打折扣，其通过回报权利人而激励创新的作用也会大受影响。

所以，侵权民事诉讼与确权行政诉讼交叉时，一般不必要中止民事诉讼审理，等待行政诉讼结果，除非权利的有效性极为可疑。《民事诉讼法》第 153 条第 5 项规定，本案必须以另一案的审理结果为依据，而另一案尚未审结的，中止诉讼，乍一看似乎没有给本案法官留下选择是否中止诉讼的余地，其实"本案必须以另一案的审理结果为依据"这一前提提供了很大的解释与续造余地，完全可以容纳从两起诉讼之间的关系和诉讼效率这两个角度对个案情况做综合考量与利益权衡。[①] 因不中止诉讼而导致的判决之间的矛盾之处，由确权行政诉讼尘埃落定后民事诉讼中的联动机制来解决。例如，《关于审理侵犯专利权纠纷案件应用法律若干问题的解释（二）》第 2 条规定，法院基于复审和无效审理部的无效宣告驳回权利人基于该无效权利要求的起诉后，有证据证明复审和无效审理部的决定被生效的行政判决撤销的，权利人可以另行起诉。该解释第 29 条和第 30 条规定，当事人可以依据尚未被司法审查的无效决定，或者未启动司法审查或经司法审查终结的无效决定申请再审，请求撤销专利权无效宣告前法院作出但未执行的专利侵权的判决、调解书，法院视情况中止原判决、调解书的执行或

---

① 参见郝振江：《存在关联程序下的诉讼中止》，载《人民司法》2010 年第 2 期。探索"必要性"内涵的努力，如纪格非：《论刑民交叉案件的审理顺序》，载《法学家》2018 年第 6 期。

终结执行。①

2.（不）侵权民事诉讼和不服行政裁决、行政处罚的行政诉讼交叉

（不）侵权民事诉讼和不服行政裁决、行政处罚的行政诉讼交叉时，两起诉讼之间的关系有两个维度。在前诉生效判决对后诉中法律关系和事实认定的影响上，如前文所述，无论是针对商标侵权与否还是针对侵权赔偿数额做出的生效民事判决，对后续的行政诉讼都仅在有限情形下发生事实预决效力，即仅当原告或者第三人提出了新的理由或者证据，被告才能主张生效民事判决的事实预决效力，除此之外的大多数情形下，生效民事判决对行政诉讼只具备证明效力。生效行政判决对后续民事诉讼的影响取决于其内容。行政判决撤销被诉行政行为的，具有形成力，后续民事诉讼受其拘束，任一方不得主张行政行为有效，法庭也不得作此认定。此外，撤销判决确认的基本事实对在后的民事诉讼有预决效力，不过只有前诉案外人可以对前诉当事人主张这一效力。行政判决驳回原告诉讼请求的，没有形成力，因为当事人不同对在后的民事诉讼也不发生既判力，但是有事实预决效力。不过因行政判决而具备形式确定力的裁决性行政行为应对做出行政行为的机构自身、相对人以及其他国家机关有拘束力，民事诉讼中应以此为基础作出裁判。比较民事诉讼在前和行政诉讼在前对后诉的影响力时，似乎中止民事诉讼、由行政诉讼先行的理由更为充分，然而司法实践中生效行政判决对后续民事诉讼的影响并没有理论上那么大。根据《关于审理专利纠纷案件适用法律问题的若干规定》（2020 年修正）第 19 条，法院受理权利人就赔偿问题提出的民事侵权诉讼后，不受管理专利工作的部门侵权认定的拘束，仍应当就当事人的诉讼请求进行全面审查。因此，一方面，行政撤销判决做出之前，法庭就不依赖行政裁决，而是自行判断专利侵权与否，撤销行政行为一般不会改变法院裁判；另一方面，具备形式确定力的行政裁决行为的拘束力并未得到普遍承认，《关于知识产权民事诉讼证据的若干规定》第 6 条只赋予未在法定期限内提起行政诉讼的行政行为所认定的基本事实以预决效力。所以，司法实践

① 参见宋晓明、王闯、李剑：《〈关于审理侵犯专利权纠纷案件应用法律若干问题的解释（二）〉的理解与适用》，载《人民司法》2016 年第 10 期。

中民事诉讼在前和行政诉讼在前时对后诉的影响力都表现为事实预决效力,那么考虑到知识产权侵权的存在与否和具体情形是判断行政行为合法性的先决问题,行政行为合法性却并非判断知识产权侵权与其严重程度的先决问题,民事诉讼判断知识产权侵权问题的专业性,以及民事和行政诉讼中基本相同的证明标准,应该认为民事诉讼在前时前诉对后诉的影响更大,给中止诉讼提供了更好的理由。

在前诉中的责任承担对后诉的影响上,行为人的民事责任和行政责任可以并存,补偿性赔偿和行政罚款互不干涉。惩罚性赔偿和通常数额更大的行政罚款之间存在折抵关系,若先判处惩罚性赔偿,那么行政罚款的数额应该考虑到惩罚性赔偿的数额酌减,若先科处行政罚款,惩罚和预防的需要已经得到满足,再判处惩罚性赔偿就多余了。当然这不排除出于补偿目的给予惩罚性赔偿的可能。行为人无力同时承担两种责任时,民事责任优先,惩罚性赔偿作为一种民事责任的承担方式也享受这一优先地位。民事责任优先的最佳实现途径是民事诉讼先行,不过,即使行政诉讼先行,也可以通过执行上的特殊安排保障行为人的民事责任承担。在这一维度上未发现中止一案审理等待另一案审理结果的强力理由。

从诉讼效率的角度看,中止诉讼无疑会导致诉讼迟延,不过与此同时前诉生效裁判的事实预决效力可以便利后诉裁判,提高后诉的诉讼效率,前诉对后诉的先决问题作出裁判时尤其如此。比如,要判断行政机关作出认定知识产权侵权和责令停止侵权行为的行政裁决时是否证据确凿,适用法律、法规正确,符合法定程序,需要先查明是否存在知识产权侵权,如果生效民事判决确认了与此相关的基本事实,行政诉讼中法官就可以参考民事诉讼中的事实认定,而不需要自行重复调查。还需要考虑的是,无论民事还是行政诉讼中需解决纠纷的重要程度和紧急程度都不太高,对知识产权侵权所作的行政裁决、行政处罚只涉及被侵权人和侵权人,不影响其他人,更不用说不特定多数人。因此,中止诉讼也许不会对诉讼效率造成太大妨碍,甚至可能有益。

《民事诉讼法》第 153 条第 5 项规定,本案必须以另一案的审理结果为依据,而另一案尚未审结的,中止诉讼。《行政诉讼法》第 61 条第 2 款规定,在行政诉讼中,法院认为行政案件的审理需以民事诉讼的裁判为依据的,可以裁定中止行政诉讼。最高人民法院《关于适用〈中华人民共和国行政诉讼法〉的解释》第87条进一步规定,如果案件的审判必须以相关民事、刑事或者其他行政案件的审理结果为依据,而相关案件尚未审结的,应当中止诉讼。如上文所述,(不)侵权民事诉讼和不服行政裁决、行政处罚的行政诉讼之间的关系是否属于“本案必须以另一案的审理结果为依据”,需要由法官根据个案情况判断,主要是考虑另一案生效裁判确认事实的预决效力及其带来的诉讼效率上的好处,若认定有必要性则裁定中止本案审理,等待另一案件审结。笔者认为,依据《关于适用〈中华人民共和国行政诉讼法〉的解释》第138条的规定,如果法院审理涉及行政许可、登记、征收、征用和行政机关对民事争议所作的裁决的行政案件的过程中发现民事争议为解决行政争议的基础,当事人没有请求人民法院一并审理相关民事争议的,法院应当告知当事人依法提出申请。当事人已经或者选择另行提起民事诉讼并已立案的,法院应当中止行政诉讼的审理,等待民事诉讼的结果。这项规定在特定种类的案件中直接把先决问题与中止诉讼画上了等号,且不容许任何例外,值得商榷。如果严格遵循这一思路,那么刑法作为民法和行政法的后置法,刑事诉讼中会遇到各种民事和行政的先决问题,是否永远要中止审理等待民事和行政诉讼的审理结果呢?对此只能说先决问题是中止一案审理等待另一案审理结果的重要理由,但是否中止诉讼还受到其他因素影响,即使存在先决问题,也不必然导致中止诉讼的结果。所以,(不)侵权民事诉讼和不服行政裁决、行政处罚的行政诉讼交叉时,根据个案情况可以中止行政诉讼等待民事案件审结。

在法院层面和法庭层面的二合一全面实现的背景下,由集中管辖知识产权民、行案件的法院的同一个知识产权审判庭审理辖区内有关联的知识产权民事、行政案件,此时,因为法官们分身乏术,无法同时处理两个案件,审理知识产权民行交叉诉讼时必然有个先后,那么先民后行就会成为一般的审理顺序。

3. 民事诉讼与刑事诉讼交叉

民事诉讼与刑事诉讼交叉时的审理顺序是知识产权交叉诉讼中最受争议的。对此存在两种相反看法。

一种观点认为原则上应该先刑后民。因为其一,民事诉讼主要保护个体法益,刑事诉讼则重在保护社会法益,后者更为重要,理应优先。其二,刑事责任涉及财产、人身自由乃至生命的限制与剥夺,显然比民事责任更为重大。刑事责任的落实还可能附带解决民事责任的问题,至少辅助关联民事责任的认定,反之则不然。其三,刑事诉讼采用更高的证明标准,并通过公权力介入、扩张证明手段,相比民事诉讼能更好查明案件事实。但即使此种观点也承认,对知识产权等法律关系较为复杂、法律事实判断专业性较强的民事案件,民事上的权利确认及法律关系判断构成刑事程序推动的前提,应例外地容许先民后刑。①

另一种观点则主张先民后刑。其一,应该遵循"先决原则"来确定交叉诉讼的审理顺序,如果两个诉讼间不存在法律关系或前提事实导致的先决关系,那么审理时就无需考虑另一个诉讼,民刑分立即可,如果存在先决关系,那么就要根据这一关系决定审理顺序,既可能出现先刑后民,也可能出现先民后刑。例如,当犯罪行为导致了财产或人身损害时,损害赔偿民事争议的解决必须以刑事案件的审理结果为前提,那么应该以先刑后民的顺序审理两起案件。侵占财产案中发现被告人可能对涉案财产享有所有权时,财产所有权民事争议的处理结果决定了被告人的行为是否构成犯罪,此时应该先审理民事案件再审理刑事案件。其二,先民后刑更有利于保障诉讼效率。首先,由于两种诉讼存在证明标准的差别,刑事诉讼中不能认定的事实或者法律关系完全可能在民事诉讼中得到认定,如刑事诉讼中不能认定犯罪不妨碍在民事诉讼中认定侵权,因此即使根据先决关系确定了先刑后民的审理顺序,刑事案件的审理结果也可能无法对民事争议的解决产生实际影响,此时中止民事诉讼等待刑事诉讼结果就仅仅牺牲了诉讼效率而无任何收益。其次,在被告人未归案又不满足缺席审判程序适用条件的情形下,刑事诉讼无法继续进行,但民事诉讼可以缺席判决。最后,诉讼实践中存在民事诉讼的被告启动刑事程序以中止民事诉讼,通过拖延诉讼逃避民事责任的情形。②

① 参见龙宗智:《刑民交叉案件中的事实认定与证据使用》,载《法学研究》2018 年第 6 期。

② 参见张卫平:《民刑交叉诉讼关系处理的规则与法理》,载《法学研究》2018 年第 3 期。

虽然两种观点都认为知识产权民刑交叉诉讼的审理顺序应该是先民后刑,但理由不同。先刑后民支持者只是因为知识产权案件的复杂性、专业性才容许先刑后民原则的例外,希望由专业知识更丰富、专业能力更强的民事法官先对案件中的民事法律关系作出判断,刑事法官以此为基础可以更准确地回答定罪量刑问题。也就是说,作为例外的先民后刑是为了弥补刑事法官知识产权相关知识和能力的不足,一旦这一需要消失,还是应该回到先刑后民的原则上去,回到社会法益相对个体法益、刑事责任相对民事责任、刑事证明标准相对民事证明标准的优先上去。那么,等到法庭层面的三合一彻底实现,由专业人士组成的知识产权法庭统一审理有关联的知识产权民事、刑事和行政案件时,这种观点还是会选择先刑后民。先民后刑的支持者考虑的是先决关系和诉讼效率,即使全面落实了法庭层面的三合一,对上述两个理由也没有影响,因此其对先民后刑的支持不会动摇。

从两起诉讼之间的关系来看,在前诉生效判决对后诉中法律关系和事实认定的影响上,如前文所述,生效民事判决非形成判决,不具备形成力,因为当事人不同对后续的刑事诉讼也没有既判力。由于在辩论原则和职权调查原则的选择上、在收集证据的手段上、在证明标准上民事和刑事诉讼之间有明显差距,生效裁判确认的事实的可靠程度因此不同,所以生效民事判决确认的基本事实在刑事诉讼中没有预决效力。不过,生效民事判决可以作为证明力较高的书证影响刑事法官关于案件事实的自由心证。生效刑事判决没有形成力,对在后的民事诉讼也没有既判力,但是有事实预决效力,不过只有前诉案外人可以对前诉当事人主张这一效力。对于知识产权民刑交叉诉讼而言,知识产权存在与否[①]、侵权与否和严重程度是两个诉讼都需要回答的问题,民事诉讼在对知识产权纠纷的法律判断上更为专业,刑事诉讼的证据调查手段多、证明标准高,事实认定的可靠性也较高,可见,判断民事诉讼在前和刑事诉讼在前时,对后诉的影响力哪个更大的关键变量或者说关键考虑因素是民事和刑事诉讼应对知识产权纠纷的专业性的差距。当这一差距较小甚至不存在时,刑事诉讼在前时对后诉的影响力更大;反

① 如商业秘密是否存在,专利等需要国务院部门确权的知识产权不在此列。

之则民事诉讼在前时对后诉的影响力更大。目前法庭层面的三合一还未彻底实现,知识产权刑事案件还未统一由专业人士组成的知识产权法庭审理,刑事诉讼应对知识产权纠纷存在专业性不足的问题,此时先刑后民的审理顺序导致了司法实践中的刑民倒挂现象,即对于同一行为,刑事诉讼认定构成侵犯知识产权的犯罪或者说情节严重的侵权,民事诉讼却认为根本不构成知识产权侵权,甚至否认知识产权的存在。知识产权纠纷越复杂,这一问题越突出,目前刑民倒挂的重灾区在商业秘密领域。如果采用先民后刑的审理顺序,在后刑事诉讼中法官参考前诉法官的心证形成过程,有助于弥补自身专业性不足,在先民事判决认为行为不构成知识产权侵权的,除非相反证据确实充分,可以排除合理怀疑地认为民事裁判有误,被告人确实实施了犯罪,否则不会出现有罪的刑事判决。所以当下属于民事诉讼在前时对后诉的影响力更大的情形,知识产权纠纷越复杂这一影响越大,先民后刑的审理顺序也越合理。等到法庭层面的三合一彻底实现,则采用先刑后民的顺序审理知识产权交叉诉讼更为合理。

在前诉中的责任承担对后诉的影响上,行为人的民事责任和刑事责任可以并存,补偿性赔偿和刑罚互不干涉,惩罚性赔偿和刑罚在“量”上相互影响。具体而言,若先判处惩罚性赔偿,那么不影响自由刑的科处,只是构成量刑时的一个酌定从宽情节,但是不应并处罚金刑,因惩罚性赔偿和自由刑的组合已经足以达到惩罚和预防知识产权侵权的目的,再判决数额明显低于惩罚性赔偿的罚金便失去了必要性。若判处惩罚性赔偿后单处罚金刑的,确定罚金数额时,需要考虑到制裁和威慑的需要已经被惩罚性赔偿部分满足,应根据惩罚性赔偿的数额酌减罚金。若自由刑并处罚金刑或者单处罚金刑在先,那么应该根据制裁和威慑知识产权侵权行为的需要得到刑罚满足的程度来酌减惩罚性赔偿的数额。不过,这不影响为了完全补偿被侵权人损失而给予的惩罚性赔偿。行为人无力同时承担两种责任时,民事责任优先,惩罚性赔偿作为一种民事责任的承担方式也享受这一优先地位。如前文所述,无论哪种诉讼先行,都可以通过执行上的特殊安排保障行为人的民事责任承担。因此,并不存在中止一案审理等待另一案审理结果的特别需要。

从诉讼效率来看,一方面,中止一案审理等待另一案的审理结果会导致诉讼迟延,其程度取决于另一案审结所需的时间。民事诉讼的常规审限是6个月,刑事诉讼为2~3个月,即使考虑刑事诉讼中侦查环节和审查起诉环节所需的时间,中止民事诉讼造成的诉讼迟延也很可能比中止刑事诉讼要短。另一方面,前诉生效裁判的事实预决效力或者证明效力可以便利后诉的事实认定,提高后诉的诉讼效率。无论民事诉讼在先还是刑事诉讼在先,其对知识产权存在与否、侵权与否和严重程度作出的判断对后诉的诉讼效率都有贡献,当然事实预决效力的贡献更大一些。除此之外,还需要看到,民事诉讼先行的话,如果认定不侵权,可能刑事诉讼就无需继续进行下去,先审理刑事案件的话,无论是否定罪,民事诉讼都还要进行。因为,若判决被告有罪,意味着存在民事侵权,需要解决赔偿问题,若判决被告无罪,考虑到刑事定罪的条件比认定民事侵权更高,且刑事诉讼的证明标准也比民事诉讼高,不能排除成立民事侵权的可能。如此看来,先民后刑更有利于整体诉讼效率。不过不能忘记的是,刑事诉讼中需解决纠纷的重要程度和紧急程度明显高于民事诉讼,特别是当被告人处于羁押中时,因此应该尽量避免中止刑事诉讼。综合考虑如上因素,中止民事诉讼等待刑事诉讼结果似乎更为可取一些。

综合考量两起诉讼之间的关系和诉讼效率,本书认为,在法庭层面的三合一彻底实现之前,越是复杂的知识产权纠纷,先民后刑的审理顺序就有越大的现实合理性;法庭层面的三合一彻底实现之后,则采用先刑后民的顺序审理知识产权民刑交叉诉讼更为适宜,当然最终需要法官根据个案情况做出是否中止一案审理等待另一案审理结果的判断。根据《民事诉讼法》第153条第5项的规定,本案必须以另一案的审理结果为依据,而另一案尚未审结的,中止诉讼。如前文所述,“本案必须以另一案的审理结果为依据”这一前提提供了很大的解释与续造余地,完全可以容纳对个案情况的综合考量与利益权衡,而不限于前诉裁判对后诉有形成力和既判力的情形。该条完全可以担当先刑后民审理顺序的法律基础。根据《刑事诉讼法》第206条的规定,被告人患有严重疾病无法出庭、被告人脱逃、自诉人患有严重疾病无法出庭又未委托诉讼代理人出庭、出现不能抗拒的原因,这4类情况致使案件在较长时间内无法继续审理的,可以中止审理。该条第4项为兜底规定,即条文明确列举的3种情况之外不能抗拒的原因致使案件在较长时间内无法继续审理的,也可以中止审理。使用“不能抗拒的原因”这一不确定的法律概念意味着立法者特意在此留了一个“法律漏洞”,授权司法者根据需要规范的个案的具体情形进行填补,或者说创设规则。① 1979年和1996年《刑事诉讼法》中都没有中止审理的规定,但实践中存在案件应当中止审理的情形,因此1998年最高人民法院《关于执行〈中华人民共和国刑事诉讼法〉若干问题的解释》第181条对中止审理作了规定,即在审判过程中,自诉人或者被告人患精神病或者其他严重疾病,以及案件起诉到人民法院后被告人脱逃,致使案件在较长时间内无法继续审理的,法院应当裁定中止审理。由于其他不能抗拒的原因,使案件无法继续审理的,可以裁定中止审理。2012年修正《刑事诉讼法》时在此基础上完成了中止审理制度的立法,该规定沿用至今。② 从这一法制发展过程也可以看出,立法者预期到了今后可能出现未列举但同样需要中止审理的情形,制定兜底条款就是为了让法官可以灵活应对这些情形,在必要时中止审理。填补“法律漏洞”的方法有多种,包括类推、反面推论、目的性限缩等。涉及知识产权交叉诉讼中中止刑事案件审理的可能性时,恰当的做法是类推适用《民事诉讼法》第153条第5项。《民事诉讼法》第153条第5项旨在于有法律和事实上先决关系的两起诉讼中制造先后审理的顺序以及前诉影响后诉的机会,避免两个诉讼分别进行导致各自的裁判主文之间,有时也包括裁判理由之间和裁判主文与理由之间相互矛盾,以及重复进行证据调查产生不必要的诉讼成本。对于这一立法目的而言,两起诉讼都是民事诉讼,都是刑事诉讼,或者一为民事诉讼一为刑事诉讼,都不产生实质影响,那么根据相似事态相似处理的正义原则,也不应影响其法律评价与法律后果。因此完全可以将知识产权民刑交叉诉讼中当下民事判决因其专业性优势对刑事裁判产生的明显事实影响力,以及由此产生的先后审理以避免裁判矛盾和提高诉讼效率的必要,视为《刑事诉讼法》第206条第4项所述不能

① Rüthers/Fischer/Birk: Rechtstheorie, 11. Auflage, München 2020, Rn. 836 ff.

② 参见黄太云:《刑事诉讼法修改释义》,载《人民检察》2012年第8期。

抗拒的原因的一种。[①] 如此，先民后刑的审理顺序便找到了程序法上的依据。当然，更好的选择是今后修改《刑事诉讼法》时对先决关系导致的中止审理作出明确规定。

在法院层面和法庭层面的三合一全面实现的背景下，由集中管辖知识产权案件的法院的同一个知识产权审判庭审理辖区内有关联的知识产权民事、行政和刑事案件时，因为客观上的原因，法官们无法同时处理两个案件而必须依照一定的先后顺序审理知识产权民刑交叉诉讼，那么先刑后民就会成为一般的审理顺序。

第二节　知识产权刑事司法与行政执法的衔接问题

一、行刑衔接在知识产权领域的基础与问题

（一）中国特色的双轨保护

目前，我国知识产权保护采取的是行政与司法并行运作的双轨保护模式。我国行刑衔接机制发轫于中国特色的知识产权侵权救济“双轨制”结构。“行刑联动”成为近年来应对侵权假冒违法犯罪行为的有力武器。通过行政和司法双轨并行保护，打击知识产权违法犯罪，也由此衍生了行政程序与司法程序之间的衔接问题。

我国知识产权行政机关普遍享有行政执法权，包括依申请的“被动型”行政救济和依职权的“主动型”行政执法。从实践看，在我国知识产权行政机关处理的案件中，依照职权主动查处的案件占很大比例。知识产权为私权，侵犯知识产权的行为损害的主要是权利人的利益，因此侵权者的法律责任主要应当是民事责任，但由于知识产权民事司法不告不理，政府不会主动救济，故政府打击知识产权违法犯罪靠的主要是行政执法和刑事司法之“双轨”。因此，本书中的行刑衔接机制所涉及的双轨保护是指“违法”和“犯罪”二元处理领域的双轨，即国家运用行

① 类似观点参见夏伟：《刑民交叉的理论构造》，法律出版社2020年版，第215页。

政执法和刑事司法两类程序来对知识产权提供法律保护。①

行政执法与司法双轨并行保护知识产权是我国特色。中国众多的知识产权行政管理机关普遍拥有广泛的执法权力,执法对象与法院司法处理对象几乎相同,这在其他国家是罕见的。我国最高人民法院曾指出:"知识产权的行政执法是我国特有的做法,其他国家一般对违法行为仅有民事制裁和刑事制裁措施,并无行政责任的概念,有关在我国法上应当承担行政责任的行为一般作犯罪处理。"②

纵观国外知识产权行政执法,其执法权一般由与知识产权有关的行政机关所享有,而非知识产权行政机关。虽然大多数国家也存在知识产权行政执法的概念,但这主要指海关、警察等有行政执法权的机关应依注册登记的权利人的请求采取扣押等临时的执法措施。也就是说,这些国家和地区为权利人提供的行政救济并不是知识产权管理机关主动、亲自去查处侵权案件,这种保护知识产权的行政责任有别于我国的行政处罚权。还有些国家的行政机关设立或委托仲裁机构,依法对知识产权侵权纠纷进行调处,其实质还是对民事纠纷的一种调解方式。例如,日本文化厅下设的"著作权纠纷调解委员会"、德国司法部指定的"著作权纠纷仲裁委员会"、美国的"国际贸易委员会"(ITC)等。在大多数国家的知识产权执法体制中,法院发挥着主导作用,除了权利人采取各种合法手段进行自力救济外,国家为知识产权权利人提供的公力救济保护主要由法院完成,即追究侵权者的民事和刑事责任。③

因此,行政机关行使执法权,与司法机关合力对知识产权进行双轨保护是我国的特色。在我国轻行为适用行政制裁,重行为才适用刑事制裁,因此,我国的行政执法包含两部分:一部分作为对民事诉讼的补充,另一部分则是分担刑事保护职能。这种行政和刑事的两分法在实践中促成了我国知识产权保护的两法衔接(行政执法与刑事司法衔接)机制。

---

① 参见贺志军、袁艳霞:《知识产权刑事司法:中国特色实证研究》,北京大学出版社2016年版,第193~194页。

② 贺志军、袁艳霞:《知识产权刑事司法:中国特色实证研究》,北京大学出版社2016年版,第195页。

③ 参见管育鹰:《小议知识产权行政执法体制的完善》,"中国法学会知识产权法研究会2006年会暨完善知识产权执法体制学术研讨会"会议论文,2006年11月于北京。

(二)双轨制的理论基础和利弊分析

双轨制的理论基础是最优执法理论：行政处罚与刑事司法并存。20世纪60年代，学者卡迪什(Kadish)就提出要用刑事措施强化经济规制①；90年代，学者谢弗尔(Shavell)和农诺·加鲁帕(Nuno Garoupa)等又进一步提出"最优执法理论"(optimal law enforcement theory)，核心论点就是"行政处罚与刑事司法并存"可实现更优的执法效果。该理论认为：一方面，行政处罚一般来说比刑罚效率更高。因为它更"廉价"，处罚的可能性更高；举证责任较轻，不考虑主观或其他条件；可以事前制裁，事前督促监管者更有效率地执法；事后可通过司法救济矫正错误。另一方面，在有些情况下，两者同时使用效果最好。因为在某些案件中违法者很富有，监禁刑至为必要。由于行政执法中的委托代理、法律错误及监管者与被监管者之间的共谋等原因，在一定条件下，行政处罚加上刑罚威慑的"执法二分法"(legal dichotomy)是合理的。② 这正好与我国双轨保护制度相映照。

我国知识产权行政执法与刑事司法双轨运行有利于实现最优执法。它是由目前的整体法律框架所决定的。国内存在一种"补充论"观点，认为鉴于我国司法体制中的刑事救济力量还比较单薄，以长期以来颇有经验的行政执法作为知识产权司法保护的补充，是历史的必然选择。③ 囿于招录和遴选机制，我国现阶段公检法机关司法资源缺乏问题难以在短期内解决，废除行政执法、取消执法权，对执法人员的工作安置将是一个庞大的社会工程，法律缺乏行政法规等配套措施，也难以切实执行，故宜充分利用现有的行政执法人员从事知识产权行政保护。④ 以著

---

① See S. A. Kadish, *Some Observations on the Use of Criminal Sactions in Enforcing Economic Regulation*, 30 University of Chicargo Law Review, p. 423 – 49 (1963).

② See S. Shavell, *The Optimal Structure of Law Enforcement*, 36 Journal of Law and Economics, p. 255 – 87 (1993); Nuno Garoupa & F. Gomez, *Punish Once or Punish Twice: A Theory of the Use of Criminal Sactions in Addition to Rugulatory Penalties*, UPF School of Law (mimeograph), 2002.

③ 参见管育鹰：《中国知识产权执法体系相关问题探讨》，载中国社会科学院知识产权研究中心编：《中国知识产权保护体系改革研究》，知识产权出版社2008年版，第81～84页。

④ 参见罗正红：《商标权刑事保护的正当性及适度性探析》，载《知识产权》2008年第1期。

作权行政执法为例，仅靠司法救济不足以有效实施著作权法。大量在市场上存在的侵权盗版行为，如果都通过司法途径解决，几乎很难实现。① 就权利人和救济制度各自的成本效益来看，对情况简单、易于判断的侵权案件，适用行政救济程序效率更高；对于情况复杂，难以判断的侵权案件，适用司法救济程序效率更高。②

但看似完美的"双轨模式"在全面保护知识产权的同时也存在一些明显的弊端：当一种知识产权违法行为既受到行政主体监督，又受到司法权力制约时，行政权力与司法权力在权力领域内发生了重叠，容易产生矛盾和冲突。这些权力划界不明晰带来的问题成为司法和行政机关开展工作的阻碍，降低了公权力的公信力和权威性，浪费了司法行政资源，降低了保护效率，也使部分知识产权犯罪行为逃脱了刑事制裁。

总结起来，双轨保护可谓利弊兼有：利的是知识产权行政机关的专业优势和组织优势有利于在民事案件的行政处理情形下知识产权的司法分流，在刑事案件移送情形下完成前期基础工作，也能确保在民事案件行政处理后进入民事司法或行政诉讼情形下的司法最终解决原则，理想的保护状态应该是"适得其所"的。弊的是可能出现"罚不当行"的"错轨"，后者需要一种程序上的"转轨"机制予以避免。"错轨"发生的原因，既有行政机关和刑事司法机关消极对待，导致案件本应移送却没有移送或无法移送，本应受刑事处罚的犯罪行为被当作一般行政违法行为予以处理，构成行政与司法的隐形冲突③；也有"行政之轨"被滥用以达到某些不法目的，即行政机关对涉嫌犯罪案件不移送司法机关而"以罚代刑"，导致"刑案行处"（个别情形下也可能将本未涉嫌犯罪的案件"拔高"移送以期"行案刑处"）。我国实践中，"以罚代刑"成为一个在国家层面长期被关注的重大问题，也是双轨保护可能弊端之主要所在。对此，党的十八届三中全会通过的《中共中央关于全面深化改

---

① 参见阎晓宏：《改革开放 30 年伟大进程中的版权事业》，载《知识产权与改革开放 30 年》编委会编：《知识产权与改革开放 30 年》，知识产权出版社 2008 年版，第 65 页。

② 参见刘峰：《我国知识产权侵权救济"双轨制"的正当性——一种经济分析法学的诠释》，载《知识产权》2008 年第 2 期。

③ 参见姜芳蕊：《知识产权行政保护与司法保护的冲突与协调》，载《知识产权》2014 年第 2 期。

革若干重大问题的决定》第31点提出了“完善行政执法与刑事司法衔接机制”，党的十八届四中全会通过的《中共中央关于全面推进依法治国若干重大问题的决定》提出健全行政执法和刑事司法衔接机制，完善案件移送标准和程序，建立行政执法机关、公安机关、检察机关、审判机关信息共享、案情通报、案件移送制度，坚决克服有案不移、有案难移、以罚代刑现象，实现行政处罚和刑事处罚无缝对接。国务院《关于进一步做好打击侵犯知识产权和制售假冒伪劣商品工作的意见》（国发〔2011〕37号）所确立的长效机制主要内容之一是“加强行政执法与刑事司法有效衔接”。① 因此，杜绝“以罚代刑”现象的办法是监督“行政之轨”，强化“司法之轨”，建立和运行“行政执法——刑事司法”两轨之间制度化的行刑衔接机制。

知识产权行政执法与司法衔接的落脚点在于行政与刑事司法衔接。原因在于：一方面，平等民商事主体间所关涉的知识产权侵权问题通过《民法典》《商标法》等法律法规得到较为全面的解决，民法救济性功能与行政法惩罚性功能之区别已为二者构筑了明晰的边界；另一方面，“行政不法与刑事不法虽然存在社会危害性程度上的根本差别，但两者又有着不可分割的内在联系，这主要是指刑事不法中的行政犯，这种犯罪是一种禁止恶，其恶性系源自法律的禁止规定，因而不同于自体恶的自然犯，因此，行政犯实际上是由行政不法转化为刑事不法，它具有行政不法与刑事不法的双重属性”。② 知识产权作为典型的行政犯，其行政不法与刑事不法在违法责任的来源和构成上有着相似之处，因此在司法实践中，行政与刑事司法的衔接上易于遭遇脱节或是重叠的困境。因此试图从基础理论入手，从刑法保护与行政保护的价值定位以及功能的不同，厘清行政执法与刑事处罚的内在纠葛，澄清二者的分界线，以此为依托探讨知识产权案件两法衔接所要遵循的原则以及需要完善的路径。

---

① 参见《中国政府建立打击侵权假冒常态化工作机制》，载中国网，http://www.china.com.cn/zhibo/zhuanti/ch-xinwen/2011-12/13/content_24140675.htm。

② 陈兴良：《论行政处罚与刑罚处罚的关系》，载《中国法学》1992年第4期。

(三)知识产权刑事司法保护与行政保护的界分标准

知识产权两法衔接中的诸多实践性问题源自行政违法与刑事违法理论上的交错不清。正确区分行政违法与刑事违法,才能划定行政处罚与刑事处罚的边界,此为两法衔接的依据和指导,也是两法衔接的核心和关键。而对于二者关系的厘清,“这是一个令法学者陷入绝望的问题”,德国学者克斯特林如是评价。[①]

在宪法的权力构造上,司法权和行政权相互独立并在一定程度上相互制约,但是刑事司法权和行政权又有极为类似之处,二者都属于公权力,在对严重危害社会且妨碍社会管理秩序的行为进行干预所发挥的功能和价值取向上是相当一致的,因此,在对待刑事违法性和行政违法性时,二者也难以把握自身的权力界限。一方面,以知识产权犯罪为代表的法定犯,事实上也是一种禁止恶。不同于自体恶的自然犯,这种恶源自法律的禁止性规定,因此与行政违法的恶性难以区分。另一方面,当前对行政违法性与刑事违法性的判断采取定量分析的标准,如同样类型的商标侵权行为,数额较大的是犯罪,数额较小的是行政违法。以此为依据判断违法性的不同,容易受到主观因素、市场因素的影响,有损罪刑法定原则的严肃性。

区分行政违法和刑事违法的理论标准不一,主要存在质的区别说、量的区别说、质量的区别说三种观点,其试图比较非难性程度、危险程度、法益侵害程度等。但是具体落实到知识产权侵权案件当中,在如何展开对其行政违法性和刑事违法性理论基础的考察,以及甄别二者间的理论差别方面缺乏阐释。

在司法实践中,区分行政不法与刑事不法实际上是一个区分罪与非罪的问题。[②] 宏观上的理论区分以及对原则的取舍最后都要落实到微观的判断上,而对于知识产权刑事司法保护与行政保护的区分仍应当以侵权行为为中心展开分析。

---

① 参见王圆圆:《行政执法与刑事司法衔接研究——以食品安全两法衔接为视角》,中国政法大学出版社2016年版,第47页。

② 参见陈兴良:《论行政处罚与刑罚处罚的关系》,载《中国法学》1992年第4期。

1. 以行为危害性为标准

知识产权领域，一般行政违法与刑事犯罪的界限可以通过行为的危害性程度来划定，行为的危害性可以通过两个维度来判断，在量的标准上要考虑：情节的轻重、数额的多少、后果的大小；在质的标准上对行为做类型化区分，判断哪些种类的行为应当进入刑事犯罪程序。

首先，情节的轻重是判断一个行为危害性程度的重要指标，在知识产权领域亦不例外，以侵犯商标权犯罪为例，《刑法》第 213 条明文规定："未经注册商标所有人许可，在同一种商品、服务上使用与其注册商标相同的商标，情节严重的，处三年以下有期徒刑，并处或者单处罚金……"情节严重的判断标准多数通过数字来量化，如商标犯罪中有非法经营数额、假冒注册商标的种数等标准；假冒他人专利的有非法经营数额、给专利人造成的损失、假冒专利的种数等标准。除此之外，知识产权犯罪中还多留有"其他情节严重的情形"的判断余地，此种自由裁量权的适用既可具体案件具体分析，也可结合上述所列原则进行综合判断。

其次，数额的多少在知识产权犯罪的认定中举足轻重，行政法规和刑事司法解释通过数额的多寡来区分二者的干预范围，通过数额的量变达到违法性质的质变。在对数额进行认定时也应当注意时间节点的把握，如有学者认为："在一个行为由行政违法向刑事犯罪过渡、升格的过程中，并没有不可逾越的规范界限。当同一个行为在持续实施过程中逾越某一法域跨入（甚至升格进入）其他法域，其违法程度和性质并非能够及时被确认，这也与人们认识事物尤其是开展司法追诉活动的事后溯及规律性和逆向认识规律性有着重要的关系。因此在针对同一个行为的违法——犯罪判断过程中，必须在行为最终停止的节点上，结合全部的情况进行综合判断，方才能够准确把握其违法程度和具体性质以及所需要承担的法律责任。"①

最后，不同的行为类型所造成的危害性程度也有不同，因此行政保护与刑事保护针对不同的行为类型区分各自的领域。以"假冒注册商

① 闻志强：《论"两法衔接"中行政处罚与刑事处罚的实体衔接——以规制非法集资行为为分析样本》，载《政法学刊》2016 年第 1 期。

标”为例，商标侵权行为是指行为人未经商标权人许可在相同或类似商品上使用与其注册商标相同或近似的商标，或者其他干涉、妨碍商标权人使用其注册商标，损害商标权人合法权益的行为。法条中仅直接规定“对侵犯注册商标专有权的行为工商行政管理部门有权依法查处”，未明文规定何种类型的侵权行为方可适用行政责任。因此，侵犯商标权的民事责任和行政责任事实上是不加以区分的，条文所列假冒商标的民事侵权行为类型于行政机关而言都介入有据，行政保护适用于所有种类的商标侵权行为。商标权的刑事司法保护则不同，刑法保护语境下的假冒注册商标行为，仅仅包括“未经注册商标所有人许可，在同一种商品、服务上使用与其注册商标相同的商标，情节严重”的行为，对普通民事侵权行为在类型上做了大幅度的限缩。因此，对不同行为类型的判断，也是区分刑事保护与行政保护边界的路径之一。

2. 以违法性认识的鉴别为补充

行政违法主要遵循“客观违法原则”，行政保护的目的是恢复社会秩序，对行政违法行为人的评价应该以客观行为为标准，而不对行为人的人格内容进行评价。因此，行政违法性的判断基本上属于客观判断，即只要行为人客观上违反了行政法律规范，就构成行政违法，而不必过问主观上是否有过错，除非法律另有规定。① 在知识产权的行政违法中亦是如此，对知识产权侵权行为科以行政处罚也不以违法性认识为条件。

而关于侵犯知识产权犯罪的主观违法性认识一般认为有三种观点：第一种观点认为侵犯知识产权犯罪在主观上应当有明确认识，而且应当以营利为目的。第二种观点认为侵犯知识产权犯罪在主观上是故意，包括直接故意和间接故意。第三种观点认为侵犯知识产权犯罪主观上一般是出于故意，个别情况下有可能是过失。② 综合判断，第二种观点较为合理，侵犯知识产权犯罪在主观上应该表现为故意。行为人对自己的行为侵犯他人的知识产权这一事实应该是明知的状态，同时希望或是放任这种危害结果的发生。

① 参见罗豪才主编：《行政法学》，中国政法大学出版社 1996 年版，第 319 页。

② 参见姜伟主编：《知识产权刑事保护研究》，法律出版社 2004 年版，第 25 页。

知识产权犯罪是法定犯，法定犯本是出于某种社会政策的需要而规定为犯罪行为，其所蕴含的道德可责难性远远弱于自然犯，因此要严格限定对法定犯的认定，只有在主观故意的情形下方可作为犯罪对待，出于过失而造成知识产权侵害后果的可以按照民事侵权解决或者介入行政处罚，这也是刑法谦抑性的价值要求。

二、细化知识产权案件行刑衔接移送标准

在知识产权的立法中，对于行刑衔接的规定仍然粗简，在知识产权的行刑衔接立法规定中，无论是《商标法》还是《专利法》，都以“构成犯罪的，依法追究刑事责任”为指导，但是这个简略的规定并不能担负起判断行刑衔接标准的重任。

从实体法标准来看判断构成犯罪的主要条件是“情节严重”，与知识产权的刑事追诉标准相关度最大的是违法行为涉及的数额，从某种意义上来说，数额就是这类犯罪构成的“心脏”。然而，在最高人民法院、最高人民检察院《关于办理侵犯知识产权刑事案件具体应用法律若干问题的解释》第 1 条中判断“情节严重”除却以数额多少为依据外，还规定了“其他情节严重的情形”，知识产权犯罪入罪规定的模糊性，带来了如下争议：

首先，在知识产权案件中，量上的区分决定了是构成行政违法还是刑事违法的质上的不同。量的考察是一种事实的考察，但量是否达到促使质变化的程度又是依赖人的观察和判断的。即便是数额犯、数量犯，这些所谓的单一情节犯，数额、数量的确定也可能掺杂人的主观性在里面。例如，在最高人民法院、最高人民检察院《关于办理侵犯知识产权刑事案件具体应用法律若干问题的解释》中，关于价格认定，侵权产权没有标价或者无法查清其实际销售价格的，按照被侵权产品的市场中间价格计算，其中中间价格的把握就具有一定的主观灵活性，而不存在绝对的客观。

其次，类似“其他情节严重的情形”缺乏客观的判断标准，需要凭借主观意识加以认定，行政机关与刑事司法机关长期接触不同严重程度的案件，秉承不同的执法宗旨，在认定情节严重的情形上有着观念上的

偏差，同时也为行政机关留下较大的裁量空间，这就为“以罚代刑”寻得了合理的依据。

再次，行政机关与刑事司法机关以各自为中心制定自身领域的标准，缺乏统筹的立法方式使得在标准上无法区分层次，有失科学。以著作权为例，按照著作权犯罪的现行司法解释规定，其对于何为“严重情节”在数额上列明了需要进行刑事处罚的几种情形。而国家版权局制定的《著作权行政处罚实施办法》也对“情节严重”进行了规定，同样是从违法所得数额、非法经营数额、经营侵权制品数量等方面展开，但是国家版权局所规定的“情节严重”并非行政处罚的标准，而是著作权行政管理部门可以没收主要用于制作侵权复制品的材料、工具、设备的标准。因此，行政机关和刑事司法机关在衡量标准上的不统一，可能导致在行政违法性和刑事违法性的判断上失去公正的尺度。

最后，当以谁之视野衡量入罪的标准也是立法之阙如。有学者认为应当赋予行政机关初步判断涉嫌犯罪的认定权限：“涉嫌构成犯罪的初步认定权具有司法性质如果法律不赋予行政机关涉嫌构成犯罪的初步认定权，那么行政机关就没有合法的案件交接依据。”相反，有学者坚守司法机关才具有判断是否成立犯罪的权力的立场：“在一个现代法治国家，只有司法机关能够对是否成立犯罪做出终局性判断，行政执法机关和金融监管机构至多是补充、辅助的角色而且大多数只限于事实问题和诉讼程序方面，而司法机关掌握着法律判断的专属权和判决权。”

针对此，在案件移送中，首先要解决的就是知识产权案件的“涉嫌犯罪”判断问题。

（一）定量问题

“涉嫌犯罪”判断必须解决定量问题。

刑事诉讼法在涉及“刑事案件”含义时更突出程序性特征，不要求具有“经过审判最终确认构成犯罪”这一特征。而实体法意义上的“刑事案件”，应该是实质的犯罪案件即实质构罪，主要指“经过审判最终确认构成犯罪”的案件，也包括行为实质构罪但不予追究刑事责任（如《刑事诉讼法》第16条中“犯罪嫌疑人、被告人死亡”等情形)的案件。[①] 对于权利人有证据证明的轻微的侵犯知识产权的犯罪案件(3年有期徒刑以下),行政执法机关可以建议权利人直接向人民法院提起刑事自诉,而不必移送公安机关。[②] 这实际上控制了公诉案件数量,减少了非重大案件对侦控资源的占用。行政部门决定移送案件本身是要基于案件“涉嫌犯罪”的性质,而对“涉嫌犯罪”的判断无疑就要以刑法为依据,行政机关难以判断应否移送而存在困惑。该判断过程所面临的问题是与司法机关的判断内容相似或一致,但法律性质不同。

案件行刑衔接必然需要定量这一裁量过程,这是最突出的问题。知识产权刑事门槛以下的,一概不具有可刑罚性,禁止“行(民)案刑处”除了体现罪刑法定原则下对被告人权益的保护外,同时也更符合受害人利益及刑法的谦抑原则。我国知识产权犯罪“立法抽象定量”的模式,意味着在处理知识产权违法和犯罪两类案件上,立法将个案处理权限分别授予了行政执法机关和刑事司法机关,犯罪的司法具体定量机制又将违法与犯罪的定量“界分权”集中在最高司法机关。

为了实现行刑衔接的有效性,笔者认为,在定量标准的数值设定上,移送标准应适当低于立案追诉标准。最高人民法院《知识产权刑法保护有关问题的调研报告(2002)》曾建议:只要有证据表明行政执法机关查处的侵犯知识产权案件中侵权人的行为有可能达到相应定罪标准或者涉案金额超过有关定罪金额标准的80%,就应当移交刑事司法机关查处。其实质是,希冀通过扩大可移送案件的源头范围,减少因“临界效应”带来的“以罚代刑”现象。这在后续多个关于追诉标准的司法解释中均得到了体现。

定量中的计算标准不一致问题,有时会出现“逆转”现象而给行刑有效衔接带来难题。行政执法机关因执法手段有限,难以查清侵权产品的标价和实际销售价格,只能以被侵权产品(真品)的市场中间价计算案值,即“以真论价”。如果遇到行为人在标价上故意混淆视听,或被

---

① 参见张利兆:《“刑事案件”概念的实体法意义》,载《法学》2010年第9期。

② 参见国家保护知识产权工作组组织编写:《行政执法和司法人员知识产权读本》,人民出版社2008年版,第44页。

侵权产品未形成市场价或系外国产品且未在境内销售过，就会无从执法。相反，现行司法解释对"非法经营数额"等的计算更为严格，司法机关必须以查清标价和实际销售价格为前提，"以假论价"，在穷尽侦查手段的情况下方以真品价格计算案值。因计算标准分歧而可能导致案值发生很大变化，从而影响案件能否有效立案、立案后的审判甚至裁判的最后生效。① 知识产权案件中违法所得、重大损失等计算方法也存在类似差异。这主要是行、刑两种程序中执法主体的职权（公权力内容）与职责（证明标准）不同所致。可以考虑对行政处罚与刑事处罚明确规定同样的计算方法，同时赋予知识产权行政机关更有力的调查权力；还应建立法定情形下公安机关的提前介入制度，从而防止"逆转"现象产生。

在定量的过程中，保证数额计算方式的一致性显得尤为重要。对于数额的计算，最高人民法院、最高人民检察院在《关于办理侵犯知识产权刑事案件具体应用法律若干问题的解释》第12条中有着详尽的规定："本解释所称'非法经营数额'，是指行为人在实施侵犯知识产权行为过程中，制造、储存、运输、销售侵权产品的价值。已销售的侵权产品的价值，按照实际销售的价格计算。制造、储存、运输和未销售的侵权产品的价值，按照标价或者已经查清的侵权产品的实际销售平均价格计算。侵权产品没有标价或者无法查清其实际销售价格的，按照被侵权产品的市场中间价格计算。多次实施侵犯知识产权行为，未经行政处理或者刑事处罚的，非法经营数额、违法所得数额或者销售金额累计计算。本解释第三条所规定的'件'，是指标有完整商标图样的一份标识。"由此，对于非法经营数额应该参照什么标准，办理刑事案件的司法解释已经形成了一套缜密的计算方式，但是在实践当中，行政执法机关在计算非法经营数额等方面并无详细的规定，这就使判断非法经营数额存在认定上的不一致，甚至引起当事人对于评价标准的质疑。因此，为了保证处罚的公正公平，在数额计算的基本概念上实现刑事领域与行政领域的计算规定的统一，实属必要。

① 参见叶家平：《知识产权行政执法与刑事司法衔接中若干问题研究》，载《科教文汇》2007年第10期。

（二）已被行政处理案件的再理问题

我国知识产权刑事司法解释规定了累计计算制度，如《关于办理侵犯知识产权刑事案件适用法律若干问题的意见》规定，“……多次实施侵犯知识产权行为，未经行政处理或者刑事处罚的，非法经营数额、违法所得数额或者销售金额累计计算。二年内多次实施侵犯知识产权违法行为，未经行政处理，累计数额构成犯罪的，应当依法定罪处罚。实施侵犯知识产权犯罪行为的追诉期限，适用刑法的有关规定，不受前述二年的限制”。但其中“行政处理”的法律意义不甚合理。“未经行政处理”这一限制条件，意味着“经行政处理”的就不再累计计算。但这种表面上的“一事不再理”却让“行政执法可能成为追究侵权人刑事责任的障碍，也可能使某些侵权人利用个别行政机关的插手而逃避刑事责任”，从而产生量刑不均的问题。① 比如，甲假冒注册商标，上半年非法经营额为 4 万元，被行政处罚，下半年又假冒该商标，非法经营额同样为 4 万元，不能刑罚；乙同年假冒同一注册商标非法经营额为 5 万元，却应予刑罚。可是，乙的累计数额（侵权规模）、所受法律威慑都不及甲，但最终却只有乙成为刑事司法机制所要处理的对象，及时实施的行政处罚反而有助于“反侦查”式地逃避“累计计算”法网。对此，浦东新区法院的法官开出“绝对累计，折抵罚金”的处方，即只要“未经刑事处罚”，无论是否经行政处理，都一律累计计算（绝对化），以此作为入罪或法定刑升格的情节，但经行政处理的，刑事罚金时可予折抵。应当说，这一观点具有合理性。

三、优化行刑证据衔接标准

就程序法上的标准而言，法律责任追究主体对知识产权侵权行为的追究存在衔接转化的可行性，但也不无隐忧，核心问题在于如何实现

---

① 参见陈惠珍、倪红霞、徐飞：《知识产权民事、行政、刑事程序衔接中若干问题探讨》，载丁寿兴主编：《浦东法院知识产权审判文选（2005－2008）》，知识产权出版社 2009 年版，第 134～135 页。

证据上的转化。正如有观点认为:“从法律责任追究者的角度看,行政责任和刑事责任的追究都是国家公权力机关发动的针对违法犯罪者的处罚,法律责任主体总体上表现为个人或单位等私权主体。尽管行政责任和刑事责任性质不同、追究主体不同但在被追究者行为的违法性、追究程序等方面存在很大的相似性,根本区别在于法律对公权力在不同主体间进行了分配。”①然而如何对证据法领域权力的不同分配进行衔接调和,在立法上也没有满意的答案。

首先,《刑事诉讼法》第52条规定:“审判人员、检察人员、侦查人员必须依照法定程序,收集能够证实犯罪嫌疑人、被告人有罪或者无罪、犯罪情节轻重的各种证据……”在收集证据的主体上,《刑事诉讼法》将主体限制在了审判人员、检察人员和侦查人员上,知识产权的相关行政执法机关不是刑事证据的收集主体。

其次,在证据形式上也存在较大的差异,对于行政执法中收集的哪些证据可以作为刑事证据使用颇有争议。《刑事诉讼法》第54条第2款规定:“行政机关在行政执法和查办案件过程中收集的物证、书证、视听资料、电子数据等证据材料,在刑事诉讼中可以作为证据使用。”该条明确列举了可以直接作为刑事证据使用的四种证据类型,这是由于物证、书证、视听资料、电子数据等具有客观性强、稳定性强、证明力强的特征。除此之外,条文对于列举的种类中还使用“等”字规定了兜底条款,这就说明了对于可转化的证据范围仍有拓展的空间。然而对言词证据、鉴定意见和勘验、检查笔录等没有明文规定的证据类型,依旧没有一个明确的转换思路,对于这些证据应当在何种程度上予以承认和采纳,抑或如何进行相应的补强,缺乏实质性的规定。

最后,在证据的证明能力和证明力上二者也存在差异。通常意义上刑事诉讼法规定的证据具有两层含义:一是进入刑事诉讼但未经审查的材料,其证据能力和证明力待定;二是可以作为认定案件事实根据的证据,这种证据具有证据能力和证明力。② 我国《刑事诉讼法》第54

① 王金贵:《犯罪与行政违法行为的界限及惩罚机制的协调研讨会综述》,载《人民检察》2008年第15期。

② 参见杜磊:《行政证据与刑事证据衔接规范研究——基于刑事诉讼法第52条第2款的分析》,载《证据科学》2012年第6期。

条第 2 款规定:“行政机关在行政执法和查办案件过程中收集的物证、书证、视听资料、电子数据等证据材料,在刑事诉讼中可以作为证据使用。”对于“可以作为证据使用”存在肯定与否定其证据能力和证明力两种意见,多数观点比较赞同不能够将该条理解为行政机关收集的证据材料直接具备证据能力和证明力,该条文的规定仅仅是赋予了其进入诉讼的资格,但是这种资格并不意味着具备证据能力和证明力,更不能认为可以直接成为定案的根据。因为,证据材料要具有证据能力和证明力,需要侦查机关、审查起诉机关、审判机关的层层审查,更需要在庭审过程中经控辩双方的质证。这便决定了该条证据的转化只是一种资格形式上的转化,一种材料形式转化为另一种材料形式,仍只是尚待证实的证据能力和证明力的载体。①

针对这种现象,在行刑证据衔接上要重点关注以下三个方面。

(一)划定行、刑衔接中的证据范围

《刑事诉讼法》第 54 条第 2 款对于行政机关执法办案中的证据在刑事诉讼中多大范围内进行使用作了规定,但是该条文的规定仍然有较大的模糊空间。因此,从法条本意的解释出发,以实现惩罚犯罪和办案效率二者间的平衡为宗旨有助于科学划定行、刑衔接中的证据范围。

1. 现场笔录

在行政证据的种类中,实物证据除物证、书证、视听资料、电子数据外,还有勘验笔录、现场笔录。勘验笔录是在行政程序中对与案件有关的场所、物品和现场进行勘查、检测、测量、拍照、绘图后所作的笔录,所反映的多是客观情况,因而受外界影响较小,可以直接转化为刑事证据。但对于行政诉讼法证据种类中特有的证据——现场笔录,由于刑事诉讼法并无相关规定,有必要加以明确。一般来说,现场笔录包括现场检查笔录、现场勘验笔录、现场询问笔录、现场制作的视听资料等。其中,现场检查笔录、现场勘验笔录、现场制作的视听资料与刑事诉讼法规定的几种法定证据种类存在交叉。鉴于这三类证据亦是客观性较

① 参见李容榕、林复旺:《侵犯知识产权案件行政执法和刑事司法证据转化问题探讨》,载《知识产权刑事司法保护理论研讨会论文集》2015 年 12 月,第 53 页。

强,不便于重新收集,因此,可以赋予其刑事诉讼证据资格。但对于现场询问笔录,从本质上讲,其属于言词证据,是对现场询问活动或结果的一个记载,程序是否合法决定了整个笔录的公正程度。然而,行政执法同刑事侦查在询问规则上有很大差异,尤其是执行力度不同,可能会导致公正性受质疑,不利于当事人权益的保护,因此,不宜直接赋予现场询问笔录以刑事证据资格。

2. 言词证据

对于言词证据应当重新进行收集。其中包括证人证言、当事人陈述、鉴定结论(鉴定意见)等,主要原因在于言词证据在行政诉讼和刑事诉讼中形式差异较大,进行互相承认采用存在障碍;言词证据可以进行重复收集,具有操作可行性;言词类证据受到外界的影响较大,反复性强,作为定罪量刑的依据仍然应当慎重适用。但是对于一些因为客观原因无法重新收集而对于案件又有重大影响的言词证据可以移送司法机关自由裁量,但是仍然必须经过严格质证。

鉴于言词证据受主客观因素的影响较大,无法保证真实程度,具有可重复收集性,而且行政执法证据与刑事证据收集程序的差异可能会导致该证据违背刑事诉讼的规定,因此应当从保护犯罪嫌疑人和被告人的角度出发,否定言词证据的刑事证据资格。但是,在司法实践中,不是所有的言词证据都能够重复收集,可能会出现不宜或者因客观原因无法再次收集的情形。若此证据对犯罪嫌疑人、被告人的定罪量刑有着决定性的影响,直接排除,显然会导致实体的不公正。因此,对于确实因客观原因不能再次收集的言词证据,可以作为例外在刑事诉讼中使用。当然,在使用的过程中要严格审查,不可滥用。

另外,要明确行政执法和查办案件人员出庭作证制度。我国《刑事诉讼法》第 59 条第 2 款规定:“现有证据材料不能证明证据收集的合法性的,人民检察院可以提请人民法院通知有关侦查人员或者其他人员出庭说明情况……”但该条款只规定了“侦查人员或者其他人员”出庭作证,并未明确规定“行政执法与查办案件的人员”是否适用出庭说明情况。笔者认为,行政执法与查办案件的人员作为行政执法证据的收集主体,比较熟悉证据的形成过程以及案件事实,如果出庭解释,有利于法庭质证,对于查明案件事实,发挥行政执法证据在刑事诉讼中的作用具有重要意义。那么问题是，行政执法与查办案件人员以何种身份出庭？在何种情况下须出庭？不出庭会有何后果？

关于行政执法与查办案件人员的身份问题。在刑事诉讼中，这类主体与一般出庭作证的证人不同，其出庭主要是对自己在行政执法中所收集证据的合法性进行说明。这种出庭解释或说明的行为与刑事诉讼中侦查人员出庭的性质很相似，因此，可以将《刑事诉讼法》第 59 条第 2 款中的“侦查人员或者其他人员”进行扩大解释，把行政执法和查办案件人员理解为“其他人员”，以该条款的规定对其进行规范。

关于行政执法与查办案件人员在何种情况下需要出庭说明情况。笔者认为，鉴于这类主体在刑事诉讼中身份的特殊性，可以参照行政法规中关于行政执法人员需要证明内容的规定，确定以下三种情形：一是公诉人、被告人及其辩护人就行政执法证据的合法性有异议；二是行政执法证据本身存在问题，与其他证据无法相互印证；三是在取证时证据存在瑕疵，需对其进行说明。出现上述任何一种情形，法院都应当通知行政执法或查办案件人员到庭接受询问，进行必要的解释说明。

关于行政执法与查办案件人员不出庭作证的法律后果。若经法院通知出庭，行政执法与查办案件人员在无正当理由的情况下不到庭，此行政执法证据不得作为定案的依据。不仅如此，法院还能以司法建议的方式告知行政执法或查办案件人员所在的单位，要求其所在单位对其作出处理，并将处理的结果通报法院。

3. 鉴定意见

鉴定意见属于言词证据的范畴，但又与一般的言词证据不同，它的专业性很强，是专业人士对专业性问题出具的专业性意见。这些专业人士具有相关的鉴定资质，在进行鉴定的过程中需要严格依照鉴定程序和鉴定标准，不得违反法律规定。相比而言，鉴定意见在形成的过程中受鉴定人主观影响很小，科学性很高，这种客观性与实物证据有一定的相似之处。这对于一些经济类犯罪案件尤为适用，因为这类案件的定性依赖这些鉴定意见。若重复鉴定，将会付出较高成本，浪费司法资源。当然，不可否认的是，市场上鉴定机构、鉴定人水平可能参差不齐，可能会存在误差，最终影响整个案件事实的认定，还有可能导致错案的发生。但是笔者认为，对于鉴定意见不能一概而论。因为刑事诉讼法已经规定了鉴定人出庭作证制度，如果鉴定人拒不出庭，将承担“该证据将不得作为定案根据”的法律后果。这在很大程度上减少了造成错案的可能。因此，行政执法中的鉴定意见应当可以具有刑事诉讼证据的资格。但是，鉴定意见的真实程度、证明效果，还有待公安司法机关客观、公正地进行审查、核实，确保形式、内容、程序合法合规，并能够与其他证据相互印证。

（二）衔接证据转化规则

行政执法部门收集、调取的证据在知识产权刑事程序中的效力问题，是困扰行刑衔接的一个重要问题，相应的证据规则引起了学界的重视。① 早期有的地方性文件把进入刑事司法阶段之前行政执法形成的各种笔录认定为刑事诉讼证据，并在实践中试行，如 1999 年 12 月 31 日，江苏省高级人民法院、江苏省人民检察院、江苏省公安厅、江苏省司法厅《关于刑事诉讼证据方面若干问题的会议纪要》，即肯定了此类材料在刑事诉讼中的证明价值，畅通了行刑衔接的渠道。2011 年《关于办理侵犯知识产权刑事案件适用法律若干问题的意见》在司法解释层面首次予以规范，并在第 2 条规定，在办理侵犯知识产权刑事案件时，“行政执法部门依法收集、调取、制作的物证、书证、视听资料、检验报告、鉴定结论、勘验笔录、现场笔录，经公安机关、人民检察院审查，人民法院庭审质证确认，可以作为刑事证据使用。行政执法部门制作的证人证言、当事人陈述等调查笔录，公安机关认为有必要作为刑事证据使用的，应当依法重新收集、制作”。其确立起了对不同种类行政执法证据分别采用“审查质证”式和“重新收集”式的双轨进路。《刑事诉讼法》在 2012 年修正时，一般性地规定了各类行政执法证据在刑事诉讼中的效力性质，第 52 条第 2 款（现为第 54 条第 2 款）规定：“行政机关在行政执法和查办案件过程中收集的物证、书证、视听资料、电子数据等证据材料，在刑事诉讼中可以作为证据使用。”对此，最高人民法院、最高人民检察院在后续司法解释中予以了进一步解释。

---

① 参见王敏远、郭华：《行政执法与刑事司法衔接问题实证研究》，载《国家检察官学院学报》2009 年第 1 期。

比较可知，2018 年修正的《刑事诉讼法》第 54 条第 2 款并未提及检验报告、鉴定结论（鉴定意见）、勘验笔录、现场笔录等证据种类，但与司法解释并无实质差异。首先，第 54 条第 2 款采“等”字的不穷尽列举，具有相当的包容性。其次，直到 2014 年修订前，《行政诉讼法》都未对电子证据作出规定，而《刑事诉讼法》2012 年修订时就将电子证据列为法定证据种类，时间差导致在证据类型的表述上出现措辞差异。最后，二者都区分实物证据和言词证据，分别确立不同的“证据转化”规则。对实物证据主要通过审查并补充手续完成证据转化。对言词证据则否认其刑事证据资格，公安司法机关需要重新依法取证。

行政执法证据转化实行区别对待具有正当性。实物证据是一种客观存在，有较强的稳定性和较高的证明力，受人的主观影响较小，且被行政执法机关保存后无法再次取证。言词证据受主客观环境影响较大，故刑事诉讼法从取证主体、取证场所、取证时间以及具体程序等方面，规定了严格的言词证据收集程序，以确保言词证据的真实性并防止其受到不正当的干涉，但行政执法中获取言词证据并无类似的严格取证规则。

该转化机制在实际效果上利弊兼有：其“利”在于，“证据转化”规则基本上解决了行政证据的“非法”问题，使大量的行政证据进入刑事诉讼，大大简化了公安司法机关的调查取证程序，节省了司法资源，且可消除公安司法机关重新取证存在的隐患。[①] 其“弊”在于，实践中可能存在滥用“证据转化”机制的风险。有观点认为，公安机关尚未进行刑事立案而寻求行政机关协助，以行政执法程序之“形”，变相地行刑事司法程序之“实”，因规避刑事司法程序而可能侵犯当事人权利。[②] 换言之，侦查机关可能将大量侦查行为变相“转移至”法治化要求相对较低的行政执法程序中去。因此，证据转化规则的适用应注意：

（1）从收集和审查证据角度看，以“行政优先”为原则、“刑事优先”为例外的侵犯知识产权办案程序机制，具有其合理性，故应当允许通过

---

① 参见高通：《行政执法与刑事司法衔接中的证据转化——对〈刑事诉讼法〉（2012 年）第 52 条第 2 款的分析》，载《证据科学》2012 年第 6 期。

② 参见冯俊伟：《行政执法证据进入刑事诉讼的类型分析——基于比较法的视角》，载《比较法研究》2014 年第 2 期。

行政执法和查办案件先行收集相关证据材料，再通过行刑衔接程序待需要时或案件进入刑事司法程序后，通过转化规则将其中某些证据材料转化为刑事证据。

(2)从证据的采信看，必须"经公安机关、人民检察院审查，人民法院庭审质证确认"，既要确认收集证据的行政执法的正当性，又要确认转化证据过程的正当性。因此，上述全盘否定的观点未关注到案件领域和性质的差异，在知识产权案件领域，行政执法程序远不及刑事执法程序那样对当事人有"侵犯性"，严格行政执法与行刑衔接、行政证据转化，三者叠加更有利于真正落实加大知识产权刑事司法力度。

侵犯知识产权行为呈现出典型的"行刑交叉"性质，刑事司法实践中除了"行政证据转化"外，还发展出了另一种行刑衔接即刑事侦查机关提前介入行政执法过程的做法。2012 年国务院《关于进一步做好打击侵犯知识产权和制售假冒伪劣商品工作的意见》提出，"对于情节严重、性质恶劣或疑难复杂的涉嫌犯罪案件，行政执法机关或公安机关可以联合执法打击，深挖首要违法犯罪分子，彻底摧毁产供销犯罪链条"，此时不是"行刑""先分立再衔接"，而是直接的"行刑联合"了。实践中做法各异，但立案前侦查机关应邀介入联合调查，依照刑事诉讼规定制作的调查笔录，应可作为证据使用。

(三)行政执法证据的审查程序

刑事诉讼法虽然规定了行政执法证据可以作为刑事证据使用，但并不意味着公安司法机关无须对其进行审查。一般来说，行政机关在进入刑事诉讼领域前，会对自己所收集的证据材料进行筛选，但这并不是强制性的，因此建议规定由行政机关对证据进行初步审查。待证据材料进入公安司法机关后，这些接收主体需要就证据的真实性和合法性进行审查判断。真实性主要是考察证据所表达的内容或事实是否客观真实。合法性主要是看行政执法证据的形式、取证主体、取证方法和程序是否符合法律的规定。在此，需要思考的是，行政执法证据在刑事诉讼中转化适用的法律依据问题。由于法律法规对行政执法行为和刑事诉讼行为在合法性的要求上有所不同，那么对于行政执法证据自身的合法性的审查，到底是适用行政执法法律法规还是刑事诉讼法律规定呢？笔者认为，对于行政执法证据合法性的审查应当按照行政执法法律法规。因为行政执法机关实施的是行政行为，在收集这类证据时，并不必然表示所涉案件证据要被移送。如果严格适用刑事诉讼法律规定，可能会因为刑事证据的严格性导致很多行政执法证据无法进入刑事证据的范围，因此，对于行政执法证据的合法性审查应当依据行政执法法律法规进行。

行政执法机关在行政执法和查办案件中收集的证据，如果存在瑕疵，该如何处理呢？笔者认为，行政执法证据与刑事证据在出现瑕疵的原因上具有相似性，而且行政执法证据进入刑事诉讼领域后，在衔接适用上会依据《刑事诉讼法》（2018 年修正）第 54 条第 2 款的标准去考察，那么在特定证据范围内，从最大限度保护犯罪嫌疑人、被告人的角度出发，行政执法证据是可以被视为刑事证据的。因此，可以适用瑕疵证据补正规则，对于行政执法证据中存在瑕疵的物证、书证、勘验笔录，如果其违反法定程序，但不会影响证据的实质内容，且存在补正的可能性，如手续不全、取证人未达到法定人数要求等，可以退回移送该证据的行政机关进行补正。考虑到有些行政执法证据可能会严重侵犯当事人的合法权益，如以暴力、威胁的方式进行取证，或者滥用证据转化规则，借助瑕疵证据退回补正的条件，弄虚作假、伪造证据，应当适用刑事诉讼法中的非法证据排除规则，对此类非法证据绝对排除。

四、进一步明确案件移送程序

行政执法证据要进入刑事诉讼程序中使用，就必须按照一定的程序进行，尤其是对行政执法证据的审查等方面，现行法律还存在不足之处，需要加以明确。

（一）程序优化

1. 适当降低移送标准

应使移送标准适当低于刑事立案标准，如降低定量标准的数值设立。最高人民法院《知识产权刑法保护有关问题的调研报告（2002）》

曾建议:只要有证据表明行政执法机关查处的侵犯知识产权案件中侵权人的行为有可能达到相应定罪标准或者涉案金额超过有关定罪金额标准的80%,就应当移交刑事司法机关查处。行政执法机关因执法手段有限,有时在证据收集上存在一定的困难,移送标准过高不利于案件的移送。此外,还应当赋予知识产权行政机关更有力的调查权力,并建立法定情形下公安机关的提前介入侦查制度,为行政执法机关提供咨询、建议或参与配合调查。移送门槛的合理降低有利于促进案件的及时移送,加强刑事司法保护的主导作用。

2. 刑事侦查提前介入

《关于在行政执法中及时移送涉嫌犯罪案件的意见》第10条规定:"行政执法机关对案情复杂、疑难,性质难以认定的案件,可以向公安机关、人民检察院咨询,公安机关、人民检察院应当认真研究,在七日以内回复意见。对有证据表明可能涉嫌犯罪的行为人可能逃匿或者销毁证据,需要公安机关参与、配合的,行政执法机关可以商请公安机关提前介入,公安机关可以派员介入。对涉嫌犯罪的,公安机关应当及时依法立案侦查。"

行政机关发现侵犯知识产权情形时,注重的是行政层面的处罚,至于该侵权行为是否构成犯罪,则由于非本部门的职责所在,对影响犯罪构成的证据较少考虑。此外,由于业务分工不同和专业素养不同,行政执法证据与刑事证据在收集方式、证据形式等方面存在较大差异,可能会导致行政执法案件与刑事案件无法顺利衔接。[①] 因此,刑事侦查的提前介入除了可以帮助行政执法机关保存证据,避免行政执法机关在收集证据时对证据造成无法弥补的损害之外,还可以解决收集证据主体不合法的问题,完全符合司法主导的要求。

3. 加强部门联合执法

针对执法机关比较分散的问题,应当统一或相对整合知识产权行政执法队伍。行政执法主体多元、分散,对行政执法和行刑衔接都具有直接影响。就衔接而言,容易造成移送质量参差不齐、移送效率低等问

① 参见冼天平:《行刑执法衔接中检察监督机制的构建——以打击侵犯知识产权犯罪为例》,载《法制与社会》2012年第22期。

题。因此要加强部门联合，推进综合执法，除著作权、专利、商标外，还要整合检验检疫局、农林业部门、工信部门、海关等行政机关的力量，治理地理标志（原产地名称）、植物新品种、网络域名、边境进出口中的知识产权违法侵权行为。在借鉴美、日、韩等国知识产权联合执法做法的基础上，建立高级别、权威性知识产权联合执法协调机构，建立专业高效的知识产权部门联合执法队伍，建立畅通快捷的知识产权执法信息共享机制。①

在原国家保护知识产权工作组的统一协调下，原国家工商行政管理总局、原新闻出版总署、海关总署、国家知识产权局、商务部等已经联合开展了一系列阶段性的"知识产权专项执法"活动，为日后联合执法的开展和衔接机制的优化提供了丰富的经验。

早先已有观点认为，完善我国知识产权行政执法机制应做到以下几点：一是将现有的专利、商标、版权等主要知识产权行政管理机构整合；二是将行政执法和行政管理分离，设立行政专业执法队伍。② 党的十八届三中全会通过的《中共中央关于全面深化改革若干重大问题的决定》就深化行政执法体制改革提出："整合执法主体，相对集中执法权，推进综合执法，着力解决权责交叉、多头执法问题，建立权责统一、权威高效的行政执法体制。"党的十八届四中全会通过的《中共中央关于全面推进依法治国若干重大问题的决定》提出："推进综合执法……有条件的领域可以推行跨部门综合执法。"笔者认为，知识产权"综合执法"应是今后发展的方向。它既有利于解决不同类型知识产权之间管理的协调、沟通，又符合行政机关精简、高效的改革方向。将知识产权管理与执法分离，有利于优化配置执法资源和加强行政执法。

在我国知识产权保护法律制度和司法解释体系已较为完备的情况下，未来进一步提升知识产权保护水平的关键在于建立统一高效的行政执法机构和知识产权司法保护体系。与我国原有行政执法与授权或登记机构一体、从中央垂直到地方但不同权利之间又比较分散的体系

---

① 参见武善学：《美日韩知识产权部门联合执法概况及其借鉴》，载《知识产权》2012 年第 1 期。

② 参见中国社会科学院知识产权研究中心编：《中国知识产权保护体系改革研究》，知识产权出版社 2008 年版，第 145～155 页。

比较而言，美国的授权或登记部门较为集中，只有 3 家，即 USPTO（专利、外观设计、商标、地理标志、植物专利的审批）、版权办公室（版权、集成电路的登记）和农业部（植物新品种保护办公室），且授权部门没有中国意义上的行政执法职能。然而美国有较多的独立执法部门，包括 ITC（进口贸易知识产权执法，337 调查）、CBP（边境执法）、ICE（跨境刑事调查）、FBI（刑事执法）、USTR（美国权利人的海外保护，301 调查）。即便如此，由于存在授权部门是否兼任执法的区别，美国的执法部门（5 家）仍少于中国（8 家），更为集中，其不同机构的设置系基于执法角度和功能的不同，而非权力类型的划分。韩国、印度虽有细节的不同，但总体上与美国类似。

可以考虑以我国相对集中的行政执法权改革为基础，设立统一的知识产权行政执法局，统一从事行政执法。具体来说，就是在国家知识产权局的框架下，设置统一、权威、专业的知识产权行政执法职能，撤销和整合现有的其他知识产权行政执法队伍（可以有适当例外，如边境执法仍由海关负责）。如此，衔接环节将大为简化、畅通，以“行政之轨”为出口，即统一的知识产权行政执法机关；以“司法之轨”为入口，即公安机关。

此外，还应采取更多措施，丰富和强化执法机构。例如，对于国家市场监督管理总局的行政执法机构，可赋予其警察权限，能够直接进行刑事调查并移送检察院起诉。可完善《对外贸易法》有关知识产权条款，单设准司法行政机构行使类似 ITC 和 USTR 的外贸监管职能。或令前述国家市场监督管理总局之行政执法机构拥有此等职能。作为准司法外贸监管职能的配套，可将海关监管从目前的 3 种权利扩展到所有知识产权。例如，在韩国，商标权、著作权、植物品种权、地理标志权、发明专利权、外观设计专利权 6 种权利可以向关税厅申请备案。欧盟第 608/2013 号《欧洲议会和理事会条例》扩大了知识产权边境保护范围。日本也将植物新品种、不正当竞争货物、著作邻接权纳入边境保护范畴。因此，扩大知识产权边境保护范围，并提升保护标准已是一种必然趋势。

(二)程序保障

客观来讲,目前诟病最多的就是知识产权执法过程中以罚代刑的问题。具体而言,我国刑法对侵害知识产权犯罪的入罪门槛做出了定量限制。例如,根据《刑法》第213、214、215条规定的3个涉商标犯罪罪名,刑法对其犯罪构成分别设定了"情节严重""违法所得数额较大"等定量因素。尽管相关司法解释对于"情节严重""违法所得数额较大"等进行了解释,但是,限于司法解释的有限性和执法人员对于相关情节的自由裁量,大部分知识产权违法案件在实践中被处以行政处罚而未能纳入刑事诉讼程序。为了进一步完善行政法与刑法的衔接,以及加强行政执法与刑事司法的衔接,2004年3月出台的《关于加强行政执法机关与公安机关、人民检察院工作联系的意见》,在《行政执法机关移送涉嫌犯罪案件的规定》的基础上,进一步明确细化了行刑衔接的具体程序。从操作层面上来讲,首先就要明确行政机关在查处知识产权违法案件过程中所应承担的职责,即对于涉嫌知识产权的犯罪案件,通过合理机制将案件及时转移到刑事司法机关,推动相关知识产权违法案件顺利进入刑事侦查、刑事追诉以及刑事审判程序。详言之,知识产权案件有着违法与犯罪的分水岭,执法人员在查处知识产权违法案件过程中,应当严格把握执法权限。

(三)程序补足

随着知识产权案件的日渐高发,侵犯知识产权犯罪将不再属于一种"高大上"的犯罪形式,而是可能成为关系无数普通公众的犯罪类型,允许不危害国家、社会重大利益的知识产权犯罪自诉化成为知识经济时代背景下的必然。关于知识产权犯罪的救济机制启动方式,已经开始由公诉占据绝对的主体地位的诉讼模式转变为允许自诉,即依靠自诉与公诉相结合的诉讼模式,赋予权利人选择提起自诉的权利,这种探索已经被司法解释逐步尝试。例如,最高人民法院、最高人民检察院2007年发布的《关于办理侵犯知识产权刑事案件具体应用法律若干问题的解释(二)》第5条规定,对于"被害人有证据证明的侵犯知识产权刑事案件",在其向人民法院起诉之后,人民法院应当受理。尽管这一规定仅仅是司法解释的一种探索性尝试，但也为今后程序法的完善提供了经验和思路。对于知识产权这一关涉当事人切身利益的权利，法律有必要赋予当事人充足的维权机制，保证被害人在国家救济之外存在自我司法救济的途径，对于制裁知识产权违法犯罪有着极为重要的现实意义。如此，则可以有效实现知识产权不法行为刑事处罚与行政处罚的衔接与协调，使刑法成为高悬在知识产权犯罪行为上方的“达摩克利斯之剑”。

（四）理顺“两罚”适用关系

从处理结果看，行政处罚与刑罚这“两罚”的适用关系，尚需要明确以下问题：

（1）行政机关移送前能否行政处罚及已作出的行政处罚决定应否撤销。《行政执法机关移送涉嫌犯罪案件的规定》第 11 条规定：移送前已经作出的警告，责令停产停业，暂扣或者吊销许可证、暂扣或者吊销执照的行政处罚决定“不停止执行”；已经依法给予当事人罚款的，“依法折抵”，这也包括多出的部分应当退回。[①]

（2）移送后行政机关能否再作出行政处罚。一种情况是移送后不被立案，对此《行政执法机关移送涉嫌犯罪案件的规定》第 10 条规定：“行政执法机关对公安机关决定不予立案的案件，应当依法作出处理；其中，依照有关法律、法规或者规章的规定应当给予行政处罚的，应当依法实施行政处罚。”《关于加强行政执法与刑事司法衔接工作的意见》（中办发〔2011〕8 号）确立了“行、刑”并存制度，即行政执法机关在移送案件时已经作出行政处罚决定的，应当将行政处罚决定书一并抄送公安机关、人民检察院；未作出行政处罚决定的，原则上应当在公安机关决定不予立案或者撤销案件、人民检察院作出不起诉决定、人民法院作出无罪判决或者免予刑事处罚后，再决定是否给予行政处罚；公安机关作出不立案决定或者撤销案件的，应当将案卷材料退回行政执法机关，

---

① 参见陈惠珍、倪红霞、徐飞：《知识产权民事、行政、刑事程序衔接中若干问题探讨》，载丁寿兴主编：《浦东法院知识产权审判文选（2005－2008）》，知识产权出版社 2009 年版，第 136～138 页。

行政执法机关应当对案件作出处理。另一种情况是移送后被立案，行政机关可以作出与刑罚不同种类的行政处罚。

(3)法院对“行刑”案件的移送。最高人民法院《关于全面加强知识产权审判工作为建设创新型国家提供司法保障的意见》(法发〔2007〕1号)第7条规定：“……在行政案件审理过程中发现涉嫌刑事犯罪应当给予刑事制裁而仅受到行政处罚或者行政处理的，应在向行政机关提出司法建议的同时，及时将犯罪线索移送公安机关侦查处理……”这实际上是另一种行刑衔接，是由法院进行的移送，同样表明刑事处罚位阶更高。

五、强化权力监督规范

检察机关在衔接中的职责主要包括两个部分：对公安机关的立案监督和对行政执法机关的移送监督。立案监督是指人民检察院针对公安机关就行政执法机关移送的涉嫌犯罪的案件是否及时立案所进行的监督，目的是使公安机关能够及时立案，使符合立案标准的案件进入刑事诉讼程序。移送监督是指人民检察院监督行政执法机关将其查处的涉嫌犯罪案件及时移送公安机关，以防有案不移、以罚代刑等问题，促使危害社会主义市场经济秩序的犯罪行为及时受到刑事制裁。两法衔接的主要问题体现在移送的不规范上，因此，检察机关对知识产权两法衔接的监督重点应当落在移送监督上。

在案件的移送监督上，检察机关主要采取的是查询案件情况和提出检察意见两种监督方式。在查询案件情况上检察机关事实上并无实质的权力，虽然检察机关拥有移送案件的监督权但是这种权力却没有调查权和处理权的配套保障，其所能接触的案件事实即行政机关所提供的事实，因此检察机关对案件实情只有片面的了解，不能起到有效的监督作用。而检察意见亦没有强制性效力，如果检察机关向行政执法机关提出移送的书面意见，行政机关应当移送，但是如果行政机关没有移送，并未规定相关的不利后果。

要构建知识产权保护两法衔接的有效监督，需要从三个方面着手。

(一)建立提前介入机制

在知识产权侵权案件中,如果被动启动检察监督职能,可能导致危害结果处于大范围不可控的蔓延状态,因此提前介入机制的建立可以有效应对干预不及时的问题。但是推动有效衔接并不意味着干涉所有的行政执法案件,对行政机关所查处的可能涉嫌犯罪、涉案金额大、社会影响大、群众反映强烈的知识产权侵权案件,检察机关可以提前介入,将事后监督转变为事中监督,引导行政执法机关调查取证,就证据的固定和保全等问题提供意见建议,防止证据灭失。并且,检察机关的监督介入不以行政机关或者侦查机关的请求为必要条件,是否进行检察监督由其自主决定,这样方能保障检察监督权的独立自主实施。

(二)赋予检察机关审查案件权和督促违法纠正权

介入对行政权力的监督的必要前提是检察机关有审查案件的权力,只有明确赋予检察机关调阅卷宗材料的权力,检察机关才能够对案情有全面的了解,对是否移送刑事司法机关作出客观的预判,方是正确行使检察监督权的保障。对于行政机关在移送问题中存在的问题,除却检察建议和书面意见,应当新增具有强制效力的督促违法纠正权,在知识产权侵权行为已经构成犯罪的情况下,行政机关拒不移送的,可以要求公安机关直接介入立案侦查。行政机关的行为涉嫌贪污贿赂、滥用职权、玩忽职守等职务违法和职务犯罪的,可以要求监察委员会介入调查。

(三)扩大检察机关的监督权力

检察院的监督包括移送监督、立案监督、违法责任的监督。经过多年的发展,检察机关对公安机关的立案监督已趋于完善,而对于行政执法部门的移送监督,几乎是一片空白。虽然《行政执法机关移送涉嫌犯罪案件的规定》第 14 条第 1 款明确规定:“行政执法机关移送涉嫌犯罪案件,应当接受人民检察院和监察机关依法实施的监督。”但该规定只是原则性的规定,并无任何实质上的监督权力。在行政执法证据的收集来源、收集程序、证据的转化等方面,法律亦未规定由谁来监督,如何监督。那么倘若行政机关将不齐全的证据材料移送，或者对案件不移送、不及时移送，在缺乏监督的情况下，可能会严重损害当事人的合法权益。鉴于此，有必要扩大检察机关的监督权力，尤其是在证据移送这方面的监督权。

1.加强移送监督

对于移送监督机制的建立，一方面，行政执法机关与刑事司法机关之间要通过建立数据平台，逐步实现各行政执法机关信息管理系统与公安、检察机关的信息联网共享，从而汇集各部门掌握的涉罪信息，建立跨地区、跨部门的信息合作机制，形成全面、动态的监控网络；另一方面，应当完善检察机关对部分重大行政处罚案件的提前介入制度。根据笔者的了解，当前启动上述提前介入制度的方式有主动、被动两种：其一，主动介入，即通过信息共享平台，发现需要提前介入的案件，并采取行动、主动介入；其二，行政机关、公安机关向检察机关提出介入的要求。对于主动介入，目前提前介入制度的形式有多种，主要有对证据收集与固定、当前以及未来的侦查与取证工作提出建议。此外，除对案件本身外，对于案件办理工作、办理案件的人员等的监督也属于主动介入，如可以通过法律监督机制，及时纠正行政机关的违法违规行为。

一方面，对证据收集的合法性进行监督。合法性是任何证据都必须具备的条件，也是证据能否在诉讼程序中使用的首要标准，尤其要关注证据收集的程序和方式中是否存在非法取证等违背合法性的现象。检察机关应该对行政机关在行政执法和查办案件过程中所实施的行为进行监督，对其收集的证据是否合法也需要监督。不仅如此，若作为行政执法证据收集主体的行政机关在此过程中出现违法违规的情节，检察机关可以对其提出纠正意见。情节严重的，可以提请该行政机关的上级主管机关给予其行政处分。必要时，检察机关可以直接对其进行行政处分。

另一方面，对移送证据的全面性进行监督。全面性要求行政机关必须全面调查、全面收集与案件有关的证据内容，并且在证据材料移送时也做到全面。但是行政执法机关是有权决定哪些证据要移送，哪些证据不移送的，因此，有可能存在行政执法机关不全面移送的情形。对此，接收行政执法证据的主体应当全面接收证据材料，并进行客观公正的审查。检察机关则应当对行政执法机关进行监督，以维护被追诉人的权益。

2. 加强对违法责任的监督

关于不移送涉嫌犯罪案件的法律后果。法律规范应当赋予检察机关对不移送理由的质询权和对违法不移送行为提出检察建议等，并明确实施监督的程序及相应的处罚措施。例如，通过《刑法》第 402 条徇私舞弊不移交刑事案件罪，实现严重情形下的刑事责任追究。通过对不依法移送者追究责任，可以最大限度地杜绝出现因主观原因而导致的不移送现象，从而提高侵犯知识产权行为的刑罚必定性。[①]

行刑衔接的运作不畅，部分是由于存在地方与部门利益捕获、利益驱动形成的执法不严[②]问题。曾有少数地方政府基于经济利益上的地方保护主义，对知识产权侵权和犯罪行为持纵容、包庇的态度，相关行政执法受非法律因素的影响较大，如农民工问题、城市工人下岗问题、维护社会秩序安定等，执法力度难以加大。[③] 少数行政机关遵循利益执法的思路，关注本部门实施行政处罚胜过依法移送，只是把衔接移送视为处理疑难案件不得已的出口，即只在行政处罚难以实施或难以执行时才会移送。[④] 在地方保护主义比较严重的地区，个别行政机关人为增加了许多新的程序。上述问题出现的原因不在于衔接机制本身，而是地方保护主义、利益之争等因素阻碍了法律的执行。

除了检察院的监督，还需人民法院最后把关，对合法的行政行为依法判决维持、对违法的行政行为依法判决撤销或确认违法，以有力地支持知识产权行政执法、有效控制权力和监督知识产权行政执法。

检察机关对知识产权行政执法案件移送进行监督，即“移送监督”是法律监督权介入行政权的表现，在移送公安机关后，检察机关还依法

---

① 参见贺志军、袁艳霞：《知识产权刑事司法：中国特色实证研究》，北京大学出版社 2016 年版，第 234 页。

② 参见王文利：《浅议我国加入世界贸易组织所面临的商标权刑法保护问题》，载赵秉志主编：《新千年刑法热点问题研究与适用》，中国检察出版社 2001 年版，第 549 页。

③ 参见冯军、黄宝忠主编：《版权保护法制的完善与发展：基于欧盟经验与中国实践的视角》，社会科学文献出版社 2008 年版，第 228 页。

④ 参见郭华：《行政执法与刑事司法衔接机制的立法问题研究——以公安机关的经济犯罪侦查为中心》，载《犯罪研究》2009 年第 1 期。

享有“立案监督”权。在某种意义上，“移送监督”其实也是“立案监督”的“前奏”和组成部分。行刑衔接的检察监督，从所涉范围大小看，大致包括：(1)个案的“点”上的监督。2012 年，国务院《关于进一步做好打击侵犯知识产权和制售假冒伪劣商品工作的意见》，区分了案件移送和犯罪线索移送两种不同的立案监督情形。(2)对特定行政执法系统的“线”上的监督。有针对性地选择部分重要的知识产权执法机关，将提前介入案件的人员固定化、制度常态化。(3)平台的“面”上的监督。平台监督是一种信息化带动下创新的监督形式。

无论是建议行政执法机关向公安机关移送，还是监督公安机关立案侦查涉嫌犯罪案件，抑或推动“网上衔接、信息共享”机制的建设，检察机关的行刑衔接监督“席位”都是不可或缺的。因此，我们要监督行政之轨，强化司法之轨，杜绝以罚代刑。

解决这一问题，应当从制度和机制上寻找解决方案。最重要的是，应建立和实施执法责任制度。通过行政责任和法律责任来遏制地方保护主义，切断行政执法背后的利益链条，改变和调整地方保护主义在制度上的“利益基因”，明确各行政执法机构的职责、关系，提高衔接执行积极性。具体来说：(1)国家已将“打击侵权和假冒伪劣工作纳入政府绩效考核体系”，应严格政府绩效考核。(2)各级监察部门进行查处。通过行政处分来追究相应的行政责任。(3)检察机关意图通过《刑法》第 402 条徇私舞弊不移交刑事案件罪，实现严重情形下的刑事责任追究。从全国法院审结徇私舞弊不移交刑事案件罪的数量变化看，明显呈逐年递增趋势。这与整个衔接机制的建立与运作不无关系。通过对不依法移送者追究责任，包括对徇私舞弊不移交刑事案件者追究刑事责任，可以最大限度地杜绝出现因主观原因而导致的不移送现象，从而提高侵犯知识产权行为的刑罚必定性。(4)以公开促执法责任的落实，依法向社会公开侵权假冒伪劣案件主体信息、案由、处罚情况等。2014 年全国打击侵犯知识产权和制售假冒伪劣商品工作领导小组颁行《关于依法公开制售假冒伪劣商品和侵犯知识产权行政处罚案件信息的意见(试行)》就是重要尝试。

第三节 知识产权刑事案件权利人参与程序讨论

本章最后将讨论知识产权案件刑事附带民事诉讼与刑事自诉制度中涉及的部分问题。一方面,上述两项制度是刑事诉讼中较为特殊的程序,其要解决的问题并非仅仅是定罪量刑,而且是对常规刑事诉讼程序的补充;另一方面,刑事附带民事诉讼与刑事自诉均有不同程度的当事人参与。对于知识产权刑事案件而言,当事人的参与是否,以及在多大程度上能够提升司法质量与水平,仍有待进一步讨论。二者均非常规的刑事诉讼程序,在分析讨论中也会涉及与其他诉讼程序的比较与分析。因此,本节将简要分析知识产权刑事附带民事诉讼制度中出现的问题与知识产权刑事自诉的可行性。

一、知识产权刑事附带民事诉讼制度不宜贸然推进

2018 年《关于加强知识产权审判领域改革创新若干问题的意见》提出要实现有关知识产权案件审理专门化、管辖集中化、程序集约化和人员专业化,从根本上解决知识产权裁判尺度不统一、诉讼程序复杂等制约科技创新的体制性难题。2021 年《知识产权强国建设纲要(2021—2035 年)》再次强调构建案件审理专门化、管辖集中化和程序集约化的审判体系后,程序合并成为了一个新的研究热点。[①] 对此,有观点建议用刑事附带民事诉讼模式审理知识产权交叉案件,并对这一模式做出符合知识产权案件特性的改造,即采用“民—刑—民”的审理逻辑。具体而言,刑前民事审理阶段根据民事规则判断知识产权的权利基础及侵权行为是否存在,但因其属于与刑事责任认定相关的先决性事实,故应采用排除合理怀疑的刑事证明标准。刑事审理阶段定罪量刑,当然适用刑事证明标准。刑后民事审理阶段解决与知识产权侵

① 参见林艳艳:《知识产权民刑责任聚合案件集约化诉讼程序研究》,载《海峡法学》2022 年第 1 期。

权行为有关的损害赔偿问题,完全采用民事标准审理。[①] 更为激进的观点是提倡刑民程序的实质“合并”,即由同一法院内的同一知识产权审理组织审理基于同一侵权行为的民事和刑事诉讼时,不必再机械地按刑民程序之分立而“人为”地作为两个案件、适用两类程序分别审理,而是创新地按照“合并程序”(“合程”)来审理,在对同一侵权事实的审理过程中,围绕相应的民事责任和刑事责任解决可以在民事诉讼和刑事诉讼之间进行“程序切换”,但判决仍应当根据受理的刑、民两个诉讼案件而“个别”作出,因此不同于刑事附带民事诉讼。[②]

然而,这种程序层面三合一的必要性颇值得怀疑。只要能实现法院层面和法庭层面的三合一,并且按上一部分建议的顺序审理知识产权交叉诉讼,前诉生效裁判的形成力、既判力、事实预决效力和证明效力已经可以不同程度地影响后诉中对法律关系和案件事实的认定,从而便利后诉的裁判,提高诉讼效率,实现与关联民事、刑事和行政诉讼的协调和衔接。这已经足以实现“程序集约化”的目标,再追求不同种类诉讼程序的“合并”“融合”并无必要。

更重要的是,程序层面的三合一缺乏可行性,民事、行政和刑事诉讼程序有各自特点,基本规则和基本制度上存在很大差异,难以“合并”或“融合”。[③] 由于前文已经对这些差异做了详细阐述,此处仅列举几点:在查明案件事实的权责分配上,民事诉讼和行政诉讼原则上由双方当事人负责查明案情,法庭仅在涉及国家利益、社会公共利益和他人合法权益时才会依职权调查,刑事诉讼中法庭依职权调查的分量要重得多,当事人的角色则相应弱化;举证证明责任上,民事诉讼中多由原告承担,行政诉讼中一般由被告行政机关承担,刑事诉讼中由控方也就是检察机关或自诉人承担;证明标准上,民事诉讼和行政诉讼一般为高度盖然性标准,刑事诉讼中为排除合理怀疑标准;审理期限上,民事诉讼

---

① 参见张璇、覃波:《论知识产权审判方式改革下审判权综合运行机制的构建——以“三合一”审判模式的刑民并轨为主线》,载《电子知识产权》2019 年第 9 期;林秀芹、陈俊凯:《知识产权刑事诉讼中权利人参与的制度检视及完善》,载《知识产权》2021 年第 11 期。

② 参见贺志军:《知识产权案件刑民程序关系的理论反思与规则构建》,载《湖湘论坛》2019 年第 2 期。

③ 参见沈强:《从“三审合一”到知识产权专门法院——兼论知识产权审判模式和体制的改革》,载《电子知识产权》2010 年第 8 期。

和行政诉讼一般为 6 个月，刑事诉讼一般为 2～3 个月。如果要追求程序层面的三合一，(不)侵权民事诉讼和不服行政裁决、行政处罚的行政诉讼交叉时，到底由谁承担举证证明责任就成了一个难以回答的问题，民事诉讼和刑事诉讼交叉时的情况更难处理，因为两者之间的差异要大得多，不同证明标准下对违法所得数额的认定必然不同，就高则不当加重被告人刑罚，就低则不利于被侵权人的权利保护。目前其他国家和地区都不存在程序层面三合一的制度和实践。

"程序合并"的支持者对其可行性的乐观源于《刑事诉讼法》第 101～104 条规定的刑事附带民事诉讼制度。支持者将之视为"程序合并"的实例，虽然还有一些不足之处，但都是可以通过法律解释和续造甚至修法来弥补和完善的，因此"程序合并"之路走得通。[①] 这种看法忽视了现有的刑事附带民事诉讼制度的合理性一直受到质疑这一问题。[②]

刑事附带民事诉讼制度并非我国独有，其他大陆法系国家和地区也可见到，但是制度设计有较大区别。在法国，附带民事诉讼的相关规定占了《法国刑事诉讼法典》的很大篇幅，其独立性得到充分重视和保障。受害人不仅可以针对罪犯与共犯提起附带民事诉讼，而且可以针对罪犯与共犯的继承人提起，或者针对对罪犯与共犯应当负民事责任的第三人提起，在公务员履行职务的犯罪中，还可以针对行政部门提起民事诉讼，要求赔偿的范围则包含追诉对象的犯罪事实所造成的一切损失，包括物质的、身体的和精神上的损失。只要认定被告人的可罚性对受害人来说有明显的、充分的利益，即使刑事法院并不能对其给予损害赔偿，也不妨碍附带民事诉讼的受理。此后附带民事诉讼原告人有权作为当事人参与刑事诉讼，在证据调查过程中举证质证，证据调查结束后发表辩论意见。重罪案件中，上诉法院的法官与陪审团组成的重罪法庭先做出刑事判决，然后由法官单独听取民事纠纷当事人和检察官的意见后做出民事判决，目的是确定赔偿的数额。轻罪和违警罪案

---

① 参见贺志军：《知识产权案件刑民程序关系的理论反思与规则构建》，载《湖湘论坛》2019 年第 2 期。

② 如谢佑平、江涌：《质疑与废止：刑事附带民事诉讼》，载《法学论坛》2006 年第 2 期；段厚省：《我国刑事附带民事诉讼拒斥精神损害赔偿的立场批判与制度重构》，载《政治与法律》2021 年第 12 期。

件无陪审团审理，由同一法庭做出刑事和民事判决。即使被告人被宣判无罪或者免于处罚，民事诉讼原告也可以要求赔偿因被告人被控的行为所造成的损失。当然，受害人并不是必须提起附带民事诉讼，也可以选择单独提起民事诉讼，后一种情形下，刑事诉讼还在进行中尚未最终宣判的，民事诉讼应当延期审判。① 在德国，更强调附带民事诉讼的附属性质，《德国刑事诉讼法》中与之相关的仅 8 个条文。受害人不但可以要求赔偿物质损失，还可以要求支付精神损害赔偿或者返还违法取得之物，但其只能对刑事诉讼的被告提起附带民事诉讼。② 如果刑事法庭认为，即使考虑到受害人的正当利益，仍然不适宜在刑事诉讼中处理这一民事争议，尤其是对民事争议的调查会导致刑事诉讼显著迟延的，则可以拒绝对附带民事诉讼作出裁判，此时受害人只能单独提起民事诉讼。仅当受害人在庭审开始前已经提起附带民事诉讼，且法庭尚未做出终结程序的决定时，受害人才可对法庭不作裁判的裁定提出立即抗告。③ 如果附带民事诉讼被受理了，附带民事诉讼原告人可以参与刑事诉讼，进行举证质证，发表辩论意见。④ 法庭对刑事案件和民事案件一并做出判决，民事判决被包含于刑事判决中。法庭可以只认可附带民事诉讼原告的损害赔偿请求权，但不确定具体的赔偿数额，而是交给民事法庭裁判，因为这一做法可以大大减轻刑事法官的工作压力，在司法实践中成为常态。法庭也可以只对附带民事诉讼原告人的部分请求作出判决，受害人可以就未被裁判的部分再提起民事诉讼。如果被告人被宣判无罪，法庭不会就附带民事诉讼作出裁判，受害人只能单独提起民事诉讼。⑤ 当然受害人也可以从一开始就选择单独提起民事诉讼。两国对刑事附带民事诉讼制度的不同设计产生了截然相反的效

---

① 参见[法]卡斯东·斯特法尼等：《法国刑事诉讼法精义》，罗结珍译，中国政法大学出版社 1999 年版，第 174～260 页；肖建华：《刑事附带民事诉讼制度的内在冲突与协调》，载《法学研究》2001 年第 6 期。

② Vgl. MüKoStPO/Grau，1. Aufl. 2019，StPO § 403 Rn. 16 ff.

③ Vgl. MüKoStPO/Grau，1. Aufl. 2019，StPO § 406a Rn. 1 ff.

④ Vgl. MüKoStPO/Grau，1. Aufl. 2019，StPO § 404 Rn. 5.

⑤ Vgl. MüKoStPO/Grau，1. Aufl. 2019，StPO § 406 Rn. 2 ff.

果,法国的刑事法官苦恼于大量附带民事诉讼带来的巨大工作压力,[①]德国的犯罪受害人则很少提起附带民事诉讼,附带民事诉讼几乎成为一种“边缘现象”。[②]

我国刑事附带民事诉讼制度的设计理念与德国更接近,即在犯罪受害人的利益、国家有效追究犯罪的利益与刑事被告人获得迅速、不拖沓的审判的利益之间选择了后两者,不拖累刑事诉讼的要求划定了附带民事诉讼构建的界限,只能在这一框架内考虑犯罪受害人遭受损失的弥补。我国《刑事诉讼法》第101条规定,受害人只能就由于被告人的犯罪行为而遭受的物质损失提起附带民事诉讼,而不能要求赔偿犯罪行为造成的精神损失。这一范围限定可以帮助刑事法官避开比物质损失的判断更棘手的精神损失的判断问题,不但防止个案中刑事诉讼被复杂的民事争议绊住,而且减轻刑事法官的工作负担,可以将更多精力投入其他刑事案件的审理。但令人费解的是,最高人民法院《关于适用〈中华人民共和国刑事诉讼法〉的解释》第175条甚至剥夺了受害人单独提起民事诉讼要求赔偿精神损失的机会。根据《关于适用〈中华人民共和国刑事诉讼法〉的解释》第180条的规定,附带民事诉讼的被告人可以是刑事被告人以及未被追究刑事责任的其他共同侵害人,刑事被告人的监护人,死刑罪犯的遗产继承人,共同犯罪案件中案件审结前死亡的被告人的遗产继承人和对被害人的物质损失依法应当承担赔偿责任的其他单位和个人,这一范围还是较为广泛的。我国的附带民事诉讼原告人可以参与刑事诉讼,进行举证质证,发表辩论意见,这点和其他国家的规定相同。不过附带民事诉讼原告人行使同样的诉讼权利所要达到的目标却不同。在法国和德国,确认受害人因为犯罪行为遭受物质和精神损失因而有损害赔偿请求权,与确定损害赔偿的具体数额,是两个不同步骤。法国的刑事法庭在做出刑事判决确认受害人的请求权后,会再根据民事诉讼法的规定作调查确定赔偿数额,之后方才做出民事判决;德国的刑事法庭一并作出刑事和民事判决,不过该民事

---

① 参见肖建华:《刑事附带民事诉讼制度的内在冲突与协调》,载《法学研究》2001年第6期。

② Vgl. MüKoStPO/Grau,1. Aufl. 2019,StPO § 403 Rn. 3.

判决只确认受害人的请求权,确定赔偿数额的工作交由民事法庭按照民事程序完成。这一做法的好处在于,使刑事诉讼能集中精力调查犯罪行为的有无,而不用分心考虑犯罪受害人各种损失的计算,也可以避免民事诉讼在案件事实调查原则、证明标准等方面受到刑事诉讼的侵蚀。我国并不存在这一区分。我国《刑事诉讼法》第104条规定,附带民事诉讼应当同刑事案件一并审判,只有为了防止刑事案件审判的过分迟延,才可以在刑事案件审判后,由同一审判组织继续审理附带民事诉讼,《关于适用〈中华人民共和国刑事诉讼法〉的解释》第192条规定,对附带民事诉讼作出判决,应当根据犯罪行为造成的物质损失,结合案件具体情况,确定被告人应当赔偿的数额,也就是说法庭必须在同一个程序中解决其他国家在两个程序中解决的问题,因此附带民事诉讼原告人参与刑事诉讼时除了要就自己的损害赔偿请求权努力说服法官,还要为损害赔偿的数额计算而斗争。但后者会对刑事诉讼的主线形成干扰,很可能不受刑事法官欢迎。[①] 此外,如果犯罪造成的物质损失影响到定罪量刑,刑事法官是否能在同一个程序中对同一个问题在不同场景下根据不同的证明标准作出不同认定,是非常值得怀疑的,如果不能,那么受损的只会是附带民事诉讼原告人的利益。在缺乏有罪判决时附带民事诉讼的出路选择上,我国介于两国之间。根据《关于适用〈中华人民共和国刑事诉讼法〉的解释》第197条的规定,刑事被告人被宣判无罪的,如果已经提起的附带民事诉讼无法调解达成协议,可以一并作出刑事附带民事判决,也可以告知附带民事诉讼原告人另行提起民事诉讼。检察院撤回起诉的,如果已经提起的附带民事诉讼无法调解达成协议,应当裁定驳回起诉,并告知附带民事诉讼原告人可以另行提起民事诉讼。

在制定1979年《刑法》《刑事诉讼法》时,我国还没有民事实体法和程序法,这种情况下建立刑事附带民事诉讼制度,在打击犯罪的同时对受害人所遭受的民事损失进行救济,有着充分的现实合理性。但在民事实体法和程序法较为完备的今天,我国刑事附带民事诉讼制度的缺点就凸显出来了。我国刑事附带民事诉讼制度的根本问题在于,通过

---

① 参见肖建华:《刑事附带民事诉讼制度的内在冲突与协调》,载《法学研究》2001年第6期。

抑制当事人民事实体权利和程序权利，来避免刑事诉讼效率低下、民事裁判与刑事裁判发生冲突进而损害刑事诉讼目的的实现。[①] 要解决这一问题，充分保障当事人的民事实体权利和程序权利，就不可避免地要打破刑事诉讼与民事诉讼紧密捆绑的现状，给民事争议的解决开辟一个相对独立的空间，附带民事诉讼原告人只能是刑事诉讼中的“他者”，因为刑事诉讼本不是为其设计的，但其可以在一个相对独立的民事程序中作为“主角”充分维护自己的权益。所以说，“程序合并”的支持者认为我国的刑事附带民事诉讼制度是“程序合并”的实例并没有错，但这恰恰反映出“程序合并”的弊端，刑事附带民事诉讼制度的出路正在于放弃“程序合并”，走“民刑适度分离”的道路。

目前，多数法院对知识产权案件的刑事附带民事诉讼持否定态度，但支持知识产权被侵权人可以提起刑事附带民事诉讼的法院数量在增加，如 2021 年的“STIHL”商标案是浙江首例知识产权刑事附带民事诉讼获得支持的案件。我国《刑事诉讼法》第 101 条规定，受害人只能就由于被告人的犯罪行为而遭受的物质损失提起附带民事诉讼，而不能要求赔偿犯罪行为造成的精神损失。《关于适用〈中华人民共和国刑事诉讼法〉的解释》第 175 条将之进一步细化为被害人因人身权利受到犯罪侵犯或者财物被犯罪分子毁坏而遭受的物质损失，这其实对立法者原意有所缩减。从文义上看，物质损失是相对于精神损失的概念而言的，并非专指有体物遭受的损失，知识产权侵权给权利人带来的金钱损失无疑属于这个范畴。从体系上看，《刑事诉讼法》第 101 条规定，由于被告人的犯罪行为而遭受物质损失是被害人提起附带民事诉讼的条件，国家财产、集体财产遭受损失是检察院提起附带民事诉讼的条件，“物质损失”“财产遭受损失”显然属于同义表述，知识产权侵权给权利人带来财产损失，认定为物质损失顺理成章。[②] 受害人因为侵犯知识产

---

① 参见段厚省：《我国刑事附带民事诉讼拒斥精神损害赔偿的立场批判与制度重构》，载《政治与法律》2021 年第 12 期；杨立新、刘洪林：《刑事附带民事诉讼的基础理论问题》，载《国家检察官学院学报》2013 年第 6 期。

② 参见林秀芹、陈俊凯：《知识产权刑事诉讼中权利人参与的制度检视及完善》，载《知识产权》2021 年第 11 期；童海超：《知识产权刑事附带民事诉讼的刑民之别——熊四传假冒注册商标罪案评析》，载《科技与法律》2012 年第 2 期。

权犯罪遭受的损失属于物质损失,但这一损失的产生并非因为财物被犯罪分子毁坏,而是因为犯罪分子对无形财产未经许可的利用,恰好落入《刑事诉讼法》第101条规定的情形却被《关于适用〈中华人民共和国刑事诉讼法〉的解释》第175条排除在外。从最高人民法院的这一态度背后可见对复杂知识产权民事纠纷拖累刑事诉讼的担忧,这一担忧不是毫无根据的。由于知识产权客体的无形性,民事诉讼中侵权损害数额计算已经是一大难题,若刑事附带民事诉讼中要解决同样的问题,只会难上加难。如果不想因此导致刑事诉讼的拖沓和刑事、民事判决的矛盾,只能由刑事案件、刑事程序吞噬民事案件、民事程序,只能牺牲附带民事诉讼原告人的实体和程序权利,情况甚至可能比一般的刑事附带民事诉讼更糟糕。因此,在我国刑事附带民事诉讼制度发生大的变革之前,不宜采用刑事附带民事诉讼的方式审理知识产权案件。

二、可适当注重知识产权刑事自诉建设

(一)我国知识产权犯罪的追诉模式

公诉为主、自诉为辅是我国追诉刑事犯罪的一般原则,这是综合刑事案件性质、不同类型刑事案件数量、追诉主体的能力差异等因素决定的。世界上多数国家的刑事诉讼采取的是“公诉为主,自诉为辅”的追诉模式。[①] 然而有学者根据现行法律和有关司法解释的规定,得出我国对于侵犯知识产权犯罪案件采取了“自诉为主、公诉为辅”的追诉原则的结论,并认为这一原则在某种程度上使追诉知识产权犯罪陷入程序性困境。[②]

根据我国现行《刑事诉讼法》第210条的规定,第一类自诉案件是“告诉才处理”的案件,这类案件以尊重被害人意愿为前提,只有基于被害人或利害相关人自诉才能被法院受理,也即“不告不理”,其渊源是大

① 参见罗智勇:《对我国公诉与自诉关系的理性思考》,载《中国刑事法杂志》2006年第2期。

② 参见陈岚:《侵犯知识产权犯罪案件宜纳入公诉范围》,载《人民检察》2011年第21期;朱德宏:《假冒专利罪的刑事自诉程序解析》,载《科技与法律》2008年第3期。

陆法系的“绝对自诉主义”。而第二类“被害人有证据证明的轻微刑事案件”与第一类自诉案件相区分,可以称为“相对自诉主义”,在这类案件中,除严重危害社会秩序和国家利益的以外,可以通过被害人自诉启动刑事诉讼。适用自诉模式必须满足“轻微刑事案件”这一条件。德国有关于“轻罪”(Vergehen)和“重罪”(Verbrechen)的区分,我国刑法理论上通常以3年自由刑为界限,作为观念上轻罪与重罪的界分。我国刑法分则中多数罪名的自由刑基本刑幅度为3年以下有期徒刑,同时缓刑的适用条件也以3年有期徒刑为界,如果有可能判处缓刑,将直接导致观念上被认为是轻罪。相应地,这也就排除了自诉模式在最高刑为7年的法定升格刑情形下的适用。关键问题在于,此类案件究竟是公诉为主还是自诉为主。

从当前司法数据来看,知识产权犯罪所判处的实刑以3年以下有期徒刑为主(多为轻罪),这似乎印证了“自诉为主、公诉为辅”的追诉模式。然而这混淆了自诉可能性与自诉为主的应当性之间的界限。“公诉为主”体现的是刑事法的一种制度理性和价值追求,其目的在于彰显国家对犯罪制裁的决心,强调的是公权力介入刑事案件的正当性和优先性;自诉模式则是作为鼓励私权能动性发挥的手段和出于诉讼经济原则的考量,即便自诉模式在知识产权犯罪案件中的适用可能性远大于公诉模式,也不意味着自诉模式成为刑事诉讼的主导。如果采取“自诉为主、公诉为辅”的理念,则意味着公权力失去了介入的优先性,自诉人可以依据自诉权排除公权力的介入,这无疑与立法初衷不同。

综上,我国对知识产权犯罪的追诉仍采取“公诉为主,自诉为辅”的模式。具体说来,最高刑3年以下的为轻微刑事案件,可以选择适用公诉模式或自诉模式,但公诉机关仍然保留优先介入权,这保证了当案件严重危害社会秩序和国家利益时公诉机关介入的正当性;而当法定刑升格为最高刑7年有期徒刑时只能采取公诉模式。

(二)知识产权刑事自诉的实务现状

从刑事立法层面来看,我国现行刑法共规定了8个有关知识产权犯罪的罪名,每一罪名都设置了“三年以下有期徒刑”“并处或者单处罚金”的基本刑①，符合前文论及的“轻罪”的标准，也就是说，知识产权犯罪的7个罪名都存在适用刑事自诉的空间。

从司法实践层面来看，根据“北大法宝”司法案例数据库②，知识产权犯罪实刑人次如表4-1所示：有关知识产权犯罪的一审案件（有判决书）数量共计18,170件，涉案人次共24,783人，其中涉及被判处3年以下有期徒刑（包括单处罚金和拘役）的17,920人，占比72.3%。著作权类犯罪与传播淫秽物品罪相关联，商标类犯罪与生产、销售伪劣商品罪相关联，最后判处的实刑是数罪并罚的结果，这一部分往往也是刑期较高的，排除这一部分案件，单纯的知识产权犯罪中判处3年以下有期徒刑的比例更高。另根据表4-2：在被判处3年以下有期徒刑的人次中，被执行缓刑的人数占50.3%。由两组数据可以推论，在司法实践中“轻罪”占知识产权刑事犯罪的多数。

表4-1　知识产权犯罪实刑人次统计

实刑类型	涉案人数/人	占比/%
单处罚金	893	3.6
拘役	1173	4.7
有期徒刑1年以下	5371	21.7
1年以上2年以下	7029	28.4
2年以上3年以下	3454	13.9
3年以上7年以下	6863	27.7
合计	24,783	100.0

表4-2　知识产权犯罪执行缓刑人次统计

实刑类型	涉案人次/人	缓刑人次/人	缓刑人次/涉案人次/%
有期徒刑1年以下	5371	3121	58.1
1年以上2年以下	7029	4775	67.9

① 参见《刑法》(2023年修正)第213~220条。

② 数据截至2020年11月17日。

续表

实刑类型	涉案人次/人	缓刑人次/人	缓刑人次/涉案人次/%
2 年以上 3 年以下	3454	85	2.5
合计	15,854	7981	50.3

同样根据“北大法宝”司法案例数据库数据，在 18,842 份裁判文书中，只有 42 份涉及刑事自诉，约占 0.22%，其中只有 1 个案件以判处刑罚告终①。由以上数据可以看出，知识产权刑事自诉几乎处于缺位状态。

受我国司法实践中“重实体、轻程序”传统的影响，历次关于知识产权刑事保护的司法解释都偏重实体层面，最高人民法院、最高人民检察院、公安部《关于办理侵犯知识产权刑事案件适用法律若干问题的意见》（法发〔2011〕3 号）仅仅涉及了部分程序问题②，刑事程序的不完善直接影响到刑事实体法的贯彻实施。具体来说，针对目前知识产权刑事保护力度不足的问题，我国不断降低犯罪门槛，包括降低司法实务中涉案金额（数量）标准，③在理论上探讨取消“以营利为目的”这一主观目的要件的可能性等④。然而以上努力并没有使司法实践中处理知识产权刑事案件的数量或质量得到明显提升。⑤ 降低刑事犯罪门槛是刑事实体法问题，只能在理论上扩大对知识产权刑事犯罪的打击范围。程序法缺位的另一个体现就是集中式执法，如针对侵犯知识产权的“剑网行动”“雷霆行动”等。集中式执法在短期内会增加司法机关处理知识产权刑事案件数量，但从长期来看无法形成数量的良性增加趋势。在现有知识产权犯罪处理机制（程序）不变的情况下，无论是实体法标准的降低还是集中式执法都不能提升案件处理效能。犯罪治理是一个

① 参见洪某某假冒注册商标罪案，福建省石狮市人民法院（2015）狮刑初字第 1456 号刑事判决书。

② 详见该意见第 1～4 条。

③ 参见卢建平：《知识产权犯罪门槛的下降及其意义》，载《政治与法律》2008 年第 7 期。

④ 参见谢焱：《“以营利为目的”在网络著作权案件中的刑法适用》，载《东方法学》2017 年第 4 期。

⑤ 参见 2016～2018 年《知识产权刑事司法保护白皮书》。

体系工程,单靠刑事实体法乃至单靠刑事程序法都无法解决全部问题。我国刑法学研究应当突破单向、片面、孤立和静态的思维模式,确立由在刑法之中研究刑法、在刑法之外研究刑法和在刑法之上研究刑法组成的多方位的立体思维。[①] 在刑事一体化思想的指导下,我们应该跳出过度依赖刑事实体法解决问题的单线程模式,对当前实体法与程序法搭配效能进行评估,从而有侧重地解决刑事治理不畅通之处,以达到综合治理的效果。

(三)知识产权刑事自诉的私权(效率)价值

1. 提升权利主体的诉讼参与度,缓和事实认定与法律定性的矛盾

在传统犯罪中,客观事实与法律事实之间有很强的伦理关联性,技术性犯罪则在某种程度上消解了法律与现实的天然关联性,道德直觉对专业性犯罪的认知作用下降。知识产权犯罪的专业性经由各行业不同的知识产权权利本身和侵权行为方式表现出来,对于某一事实是否构成法律所认可的侵权行为,需要凭借专门的行业知识才能判断。知识产权权利人掌握着丰富的知识产权侵权线索,也是侦破此类犯罪的重要依靠力量。刑事公诉案件虽然也少不了权利人的配合,但与刑事自诉相比权利人的参与意识是不同的。在公诉案件中,权利人虽然具有专业知识方面的优势,但对案件专业事实的证明往往要花费一定的成本,因此在案件侦查前期权利人可能会处于消极状态,依赖公安和检察机关投入更多司法资源,这一信息不对称会造成诉讼资源浪费。刑事自诉提高了权利主体的诉讼参与度,能够更好地激励权利人主动运用专业知识。

2. 提升权利人对案件的掌握度,满足知识产权价值维护需求

公诉案件中权利人的参与情况很大程度上取决于公安和检察机关的意愿,权利人不可能围绕自己的诉求参与诉讼程序环节。公安和检察机关作为国家权力机关,其在价值取向方面与权利人有属性上的差异,出于对犯罪打击效果的追求,公安和检察机关可能会忽视权利人对知识产权价值维护的需求和获得经济补偿的需求。以侵犯商业秘密罪

---

① 参见储槐植:《再说刑事一体化》,载《法学》2004 年第 3 期。

为例,法律保护的本质是保护基于秘密性所获得的竞争优势给权利人带来的经济利益,故保护对象以处于秘密状态为必要。商业秘密的这一特殊性,要求侦查人员在侦查取证中应采取适当的侦查措施,树立为当事方保守秘密的意识,防止因措施不当给权利人造成难以挽回的损失。如果走公诉路径,由于诉讼环节的增加,侦查、公诉人员介入,如果在某一个环节上把握不当,就有可能会造成对商业秘密的二次侵害,所以权利人在一定程度上有所顾虑。通过自诉,权利人能更有效地把握诉讼整体进程,采取维护知识产权与获取损害赔偿的最佳路径。

3. 实现司法资源优化分配,提升知识产权犯罪处理效能

司法资源的有限性与维权诉求的无限性之间的矛盾是我们进行司法资源配置的前提认知。在资源有限的情况下解决更多的纠纷,主要有两种思路:一是在刑事法内部对不同犯罪类型进行资源倾斜分配;二是提升单位资源的利用效能。第一种思路是治标不治本的,犯罪黑数的存在表明需要追诉的犯罪在数量上远远大于已被追诉的犯罪,①提升单位资源利用效能是实现司法高效治理的首要选择。如前文所述,在刑事公诉中存在的信息不对称使权利人将实施知识产权的成本转嫁给国家刑事诉讼系统,因此应当防止知识产权刑罚的滥用,②退一步讲,我们必须要防止犯罪追诉过程实现中的公权力滥用。诉讼经济效益意味着投入尽可能少的刑事司法资源——侦查、起诉和审判等——获取最大的案件效益产出。如今,司法机关处于诉讼爆炸的时期,经济性司法是司法机关着重考虑的问题之一。③ 以公安部门和检察机关为例:公安经侦部门负责对所有经济犯罪的侦查,警力配置与社会某一时段的突发事件相关联④,无法实现依据犯罪权重进行主动打击;地方检察院也往往将金融和知识产权合并在一个部门,分身乏术。在司法资源不变

---

① 参见吴卫军、任永芳:《刑事诉讼中的效益原理——以审前程序为视角的比较分析》,载《社会科学研究》2006 年第 3 期。

② See Geraldine Szott Moohr, *The Politics of Crime Defining Overcriminalization Through Cost-Benefit Analysis: The Example of Criminal Copyright Laws*, 54 American University Law Review 783 (2005); Frederick M. Abbott et. al., *International Intellectual Property in an Integrated World Economy*, Aspen Publishers, 2007, p. 608.

③ 参见吴小帅:《刑事自诉圈重构论》,法律出版社 2018 年版,第 53 页。

④ 例如,涉众型的非法集资、电信诈骗案件牵制了很大一部分警力。

的前提下，如果不对案件进行繁简分流，必然有损对于严重刑事犯罪的打击。在诉讼经济性原则的指引下，当轻微犯罪对社会造成的损害小于公权力介入所造成的私权损害与资源浪费时，将追诉犯罪的选择权交由被害人行使是更理性的做法。[①] 刑事自诉的开展作为解决当前诉讼资源紧张的一种尝试，与强化公诉的职能是一种并行的选择，也是实现刑事法内部实体法与程序法有机协调的一个突破口。

（四）知识产权刑事自诉的实现路径

知识产权刑事自诉制度的提倡和实现，需要依据刑事自诉的一般理论，明晰知识产权刑事自诉的主体要求、证据标准，有针对性地消除权利人自诉的障碍，同时结合知识产权保护的价值追求，解决刑事自诉与公诉的程序冲突。

1. 诉讼主体权责与能力补足

传统的刑事公诉案件受国家本位意识的灌输，认为国家利益的实现已经代表个人利益的实现，被害人的私权常常被忽视。近年来，被害人的诉讼地位逐渐受到重视，《刑事诉讼法》（2018 年修正）第 108 条第 2 项将被害人置于当事人之首，彰显出被害人在刑事诉讼程序中的重要地位，确认了被害人与案件处理结果的利害关系的不可分割性。我国刑事诉讼中的自诉人和附带民事诉讼的原告人属于完整意义的当事人，享有当事人的一切诉讼权利。根据现行《刑事诉讼法》，知识产权刑事案件的自诉人有权直接向法院提起诉讼，并有权委托代理人代理诉讼；[②]也有权根据自己的意愿撤回起诉或者同被告人和解；[③]有权参加法庭调查和法庭辩论，陈述自己的诉讼请求；[④]不服一审判决、裁定的，在法定期限内有权提起上诉[⑤]。这里的权利人包括自然人和单位，在知

---

① 参见吴小帅：《刑事自诉圈重构论》，法律出版社 2018 年版。

② 《刑事诉讼法》（2018 年修正）第 46 条第 1 款规定："……自诉案件的自诉人及其法定代理人，附带民事诉讼的当事人及其法定代理人，有权随时委托诉讼代理人。"

③ 《刑事诉讼法》（2018 年修正）第 212 条第 1 款规定："人民法院对自诉案件，可以进行调解；自诉人在宣告判决前，可以同被告人自行和解或者撤回自诉。本法第二百一十条第三项规定的案件不适用调解。"

④ 参见《刑事诉讼法》（2018 年修正）第 218 条。

⑤ 参见《刑事诉讼法》（2018 年修正）第 227 条。

识产权刑事自诉案件中，自诉人以单位为主。

刑事自诉人享有当事人的一切诉讼权利，也意味着要承担当事人的诉讼义务，其中最重要的一点是刑事自诉人需承担本属于公诉人的举证责任。[①] 犯罪行为与侵权行为的区别主要体现在所造成的损害程度上，证明侵权行为和损害事实的存在是刑事自诉过程中的主要障碍。[②] 为弥补自诉人在刑事自诉过程中能力不足的问题，可以探索刑事自诉强制代理制度。自诉强制代理包括两个方面的内容：一是必须委托代理人，二是代理人必须是律师。

刑事自诉因为没有公诉权做保障，自诉人在证据获取方面有天然弱势，进而影响刑事自诉目的的实现，因此律师代理显得尤为必要。此外，在追究犯罪的过程中，被害人不通晓法律知识和诉讼技能，其诉讼能力受到较大的限制，律师的参与是对当事人诉讼能力发挥的有效补足。律师代理的开展既有利于保障被害人自身的合法权益，也有利于法院司法审判的秩序化开展。[③] 在知识产权案件中，由于知识产权案件的复杂性和刑事自诉的高难度，权利人如果提起刑事自诉，一般都会自行聘请律师，通过掌握专业法律知识的律师来补充自诉人在专业的证据规则和诉讼技巧上的不足。当然，基于自诉主体的多样性，是否有必要规定刑事自诉强制代理制度仍有待探讨，但律师尤其是知识产权专业律师对刑事自诉的参与是一个重要开展方向，问题的关键在于如何设置相应的配套机制，使律师的作用得到充分发挥。

2. 诉讼证明标准的去同质化

在刑事自诉案件的证明标准上，应去除证据要求的同质化，在刑事自诉案件的立案证明标准、定罪量刑证明标准上体现一定的差异性和

---

① 《刑事诉讼法》(2018 年修正)第 51 条规定："……自诉案件中被告人有罪的举证责任由自诉人承担。"

② 参见黄秋华：《侵犯知识产权犯罪的刑事追究与疑难》，载《当代检察官》2005 年第 12 期；赵国玲、王海涛主编：《知识产权犯罪中的被害人——控制被害的实证分析》，北京大学出版社 2008 年版，第 110 页。

③ 参见吴卫军、肖仕卫：《刑事自诉制度研究——基于文本与实证的双重分析》，中国政法大学出版社 2014 年版，第 69 页。

递进性。我国刑事公诉案件的立案标准采取实质审查原则,[①]然而刑事公诉与刑事自诉具有本质上的不同,对刑事公诉采取严格立案标准是出于限制公权力滥用的考虑,刑事自诉本身则没有公权力作为保障,故证据是否确实、充分不应当成为刑事自诉的立案标准。证据确实、充分是自诉人胜诉的必要条件,而非实现诉权的条件。刑事自诉所要求的立案标准应参照民事立案标准[②]或行政执法中涉嫌犯罪案件的移送标准[③],体现出与审判中定罪量刑证明标准的层次性。在英美法系国家,检察官在作出起诉决定时,其对犯罪嫌疑的证明程度无论如何都不必达到法庭定罪时采用的标准。美国各州检察官通常适用"证据之形式上(prima facie)有罪"的起诉证明标准。[④] 在大陆法系国家,也并没有对提起公诉设立过于苛刻的证明标准,德国的刑事诉讼程序中犯罪嫌疑有"初始怀疑"(Anfangsverdacht)、"足够的犯罪嫌疑"(hinreichender Tatverdacht)和"重大犯罪嫌疑"(dringender Tatverdacht)三个层次,《德国刑事诉讼法》第 170 条第 1 款规定,检察官提起公诉的条件是有"足够的犯罪嫌疑",即"被指控人极有可能实施了犯罪行为并被判有罪"。[⑤] 知识产权犯罪是典型的法定犯,犯罪的认定往往基于民事侵权事实的存在,权利人能向法院提供某一特定专业领域的知识说明,并辅之以相应的证据,[⑥]按照定罪标准,也许这些证据不够充分,但如果将自诉立案标准和定罪标准予以区分,在审判过程中进一步获得公权力辅助采集证据,或许定罪证据不足的问题将不复存在。故有必要针对知识产权犯罪具体各罪确定合适的自诉立案标准,原则上应在犯罪事实

---

① 《刑事诉讼法》(2018 年修正)第 171 条规定:"人民检察院审查案件的时候,必须查明:(一)犯罪事实、情节是否清楚,证据是否确实、充分,犯罪性质和罪名的认定是否正确……"

② 参见《民事诉讼法》(2023 年修正)第 122 条。

③ 《行政执法机关移送涉嫌犯罪案件的规定》(2020 年修订)第 3 条第 2 款规定,知识产权领域的违法案件,行政执法机关根据调查收集的证据和查明的案件事实,认为存在犯罪的合理嫌疑,需要公安机关采取措施进一步获取证据以判断是否达到刑事案件立案追诉标准的,应当向公安机关移送。

④ 参见李辞:《公诉与定罪适用同一证明标准的理论反思》,载《当代法学》2015 年第 3 期。

⑤ § 170 Rn. 1, Meyer-Goßner/Schmitt, StGB (58. Aufl. 2015).

⑥ 参见陈岚:《侵犯知识产权犯罪案件宜纳入公诉范围》,载《人民检察》2011 年第 21 期。

基本明确的基础上,适当放宽数额标准,以降低自诉人的维权难度,这符合自诉权的属性特征。至于最终认定是否构成犯罪以及构成何种犯罪,仍然要求达到“犯罪事实清楚,证据确实、充分”的程度。刑事诉讼事关自由乃至生命,自诉案件亦然,纵使证明有罪困难亦不可放弃对实质真实的追求。①

3.证据获取的公权力保障

基于刑事自诉权与民事诉权性质的同一性,刑事自诉人没有公安与检察机关的“侦查权”,其必然面临着证据获取方面的权限不足,这是其诉讼便利性带来的必要牺牲。自诉人虽然不能获得与公安和检察机关同样的侦查权限,但在证据的收集方面理应获得相应的便利,至少要减少自诉人在证据获取方面遇到的不必要的阻碍。尤其当辩护律师仅凭一己之力自行调查取证存在障碍时,补足自诉人的举证能力还要仰赖公权力之有效运作。

目前最高人民法院《关于适用〈中华人民共和国刑事诉讼法〉的解释》第325条对自诉人向法院申请调取证据作了原则性规定,②至于自诉人向法院申请证据的具体流程以及人民法院如何与行政机关、公安机关和检察机关具体协调,该解释则没有明确规定,更遑论刑事自诉人与行政、公安和检察机关的直接沟通渠道。在公诉程序中,《刑事诉讼法》第197条规定了当事人可申请法庭依职权实施相关的证据收集与调查行为,但根据最高人民法院《关于适用〈中华人民共和国刑事诉讼法〉的解释》第273条规定,申请人要“提供证人的基本信息、证据的存放地点,说明拟证明的事项,申请重新鉴定或者勘验的理由”,可见对申请人提出的要求很高,实质上免除了法庭收集证据的义务。在“强化当事人自行举证,法院退居被动裁判地位”③之观点影响下,刑事自诉申请调取证据困难重重。

---

① 参见王一超:《论“告诉才处理”案件的追诉形式》,载《环球法律评论》2014年第4期。

② 该条第1款规定:自诉案件当事人因客观原因不能取得的证据,申请人民法院调取的,应当说明理由,并提供相关线索或者材料。人民法院认为有必要的,应当及时调取。

③ 肖扬:《法院、法官与司法改革》,载《法学家》2003年第1期;龙宗智:《试析我国刑事审判方式改革的方向与路径》,载《社会科学研究》2005年第1期。

相比之下，在奉行职权主义诉讼的德国，法庭负有“澄清义务”，即对一切有助于查明案件真相的证据和事实，只要具有调查的可能性，法庭原则上均应当予以调查。[①]《德国刑事诉讼法》第244～245条规定了刑事诉讼参与人向法院“申请证据权利”（Beweisantragsrecht）。根据申请内容的不同，证据申请又分为狭义的证据申请和证据调查申请，[②]前者在申请中明确了待证事实和证据获取方法，后者则未明确。法庭对于上述各种申请均应考虑，若不存在法律明确规定的驳回事由，则法庭有义务启动职权调查。为了解决知识产权犯罪举证难的问题，在刑事自诉的情形下，可以效仿德国的做法，法院对于自诉人提出的证据调查申请采取较为宽容的态度，并积极探索权利人请求行政执法机关、刑事侦查机关、检察机关和法院提供协助的多重通道，以此弥补自诉人取证能力不足的缺陷。值得注意的是，在刑事自诉中公权力机关对自诉人的配合应以不给被告人强力约束为限，避免以刑事自诉的形式行刑事公诉之实。

4. 诉讼积极冲突与消极冲突的处理

刑事诉讼的消极冲突分两种情形：一是权利人和公权力机关都没有对涉嫌刑事犯罪的侵权行为进行起诉；二是权利人一方进行了刑事自诉但是因为举证不能等原因而撤诉，由此产生司法管辖空白。

第一种情形产生的原因除了权利人放弃行使自诉权，还有不同机关对案件性质认识存在差异。适合刑事自诉的是“被害人有证据证明的轻微刑事案件”，而对于“严重危害社会秩序和国家利益”的案件必须由检察机关提起公诉。在司法实践中，司法机关在判断是否“严重危害社会秩序和国家利益”时没有统一的标准，对于同一案件，法院可能认为该案件符合“严重危害国家利益”的标准故告知被害人向公安和检察机关报案，但检察机关可能认为该案未达到危害国家利益的程度，于是告知被害人向法院提起自诉。[③] 对于此种消极冲突，应当明确《刑事诉讼法》第210条规定的第二类和第三类自诉案件的适用条件。根据相

---

① 参见孙远：《论证据申请及其裁决》，载《现代法学》2011年第5期。

② 参见[德]克劳思·罗科信：《刑事诉讼法》，吴丽琪译，法律出版社2003年版，第417页。

③ 参见陈光发、马向征：《刑事自诉制度重构刍议》，载《现代法学》2001年第1期。

应司法解释,侵犯知识产权案属于第二类自诉案件,但是严重危害社会秩序和国家利益的除外。按照字面意思,如果某一知识产权案件严重危害社会秩序和国家利益,那该案件就不符合刑事自诉权行使的条件,这也就意味着该案进入一般意义上刑事公诉案件的范围,此时如果检察机关不提起公诉,权利人完全可以依据《刑事诉讼法》第 210 条关于第三类刑事自诉案件的规定提起自诉。依照此种思路,第一、二类自诉案件与第三类自诉案件形成了有序衔接。

第二种情形产生的原因主要是自诉人因主客观原因无法继续进行诉讼。在自诉人撤诉的情况下,如果该案件严重危害社会秩序和国家利益,或者人民法院认为有继续审理的必要,此时应保证公权力机关能够及时介入。自诉担当制度可以作为一种参考。自诉担当是指被害人已经提出控诉,自诉程序已经启动,但被害人由于某种原因不能或不愿继续进行诉讼行为,改由国家公诉机关替代被害人行使控诉职能的法律制度。[①] 德国关于自诉担当或称自诉接管制度的规定对我国具有一定的借鉴意义。自诉接管制度即当出现法定事由时,由检察官接管原由自诉人进行的刑事自诉程序的制度。[②] 在知识产权刑事自诉案件中,为了弥补刑事自诉人能力的不足以及在特定情况下维护社会公共利益和国家利益的需要,宜在刑事自诉和刑事公诉之间设置衔接机制,依自诉终止产生原因及后果的不同设置检察机关的接管职责。例如,对于涉及公共利益的自诉案件在自诉终止后设定检察机关的接管义务,对于涉及自诉人个人利益的自诉案件由法院或检察机关评估是否有必要继续进行诉讼。

刑事自诉与公诉的积极冲突表现在两个方面:一是诉讼程序启动的冲突,二是对诉讼结果不同态度之间的冲突。

从诉讼程序启动的冲突来看,对于被害人有证据证明的轻微刑事案件,被害人可以主动诉诸法院,公安机关、检察机关也可以主动介入,因此难免会出现被害人自诉与检察机关公诉相冲突的局面。对于该种

---

① 参见吴卫军:《我国刑事自诉制度的反思与重构》,载《河北大学学报(哲学社会科学版)》2004 年第 4 期。

② 参见《德国刑事诉讼法》第 377 条。

情况在前文“公诉为主，自诉为辅”的追诉模式部分已经论及，虽然刑事自诉在效率层面有较大优势，但是从整体诉讼制度架构的稳定性层面考虑，当刑事自诉与刑事公诉产生冲突时，刑事自诉应让位于刑事公诉。

对诉讼结果不同态度之间的冲突指的是自诉人与其他公权力机关对案件处理结果持不同的态度，通常来说表现为公权力机关对自诉人撤诉、自诉人与被告人和解的不认可。根据最高人民法院《关于适用〈中华人民共和国刑事诉讼法〉的解释》第329条规定，判决宣告前，自诉案件的当事人可以自行和解，自诉人可以撤回自诉，但须经人民法院认可。与公诉程序中的和解协议（作为从轻处罚的适用条件）不同，刑事自诉中的和解可以作为一种终结诉讼的手段。法院对当事人之间和解的认可是以“自诉人的自愿”为唯一条件的，自诉人对自诉程序具有主导权。但是，这并不是说在自诉人与检察机关对诉讼结果的态度冲突中自诉人起决定作用，检察机关仍然可以出于维护国家利益与公共利益的需要否认自诉程序中当事人的和解，只不过此处是依据检察机关对自诉案件的介入权。此时由于国家利益和公共利益的存在该案件由自诉案件转变为公诉案件，这与“公诉为主，自诉为辅”的诉讼模式所遵循的公权优先的刑事诉讼理念是一致的。

第五章 刑事一体化视域下商标权保护问题研究

第一节 商标刑事保护概述

一、商标刑事保护的国内趋势

从国内立法来看,我国对侵犯知识产权类犯罪的打击整体上趋严趋厉。商标刑事保护主要表现为三个方面:保护范围扩大、入罪标准降低以及法定刑提高。

1. 商标刑事保护范围扩大。具体包括:(1)犯罪行为类型的扩张。《刑法》(1979 年)仅规定了假冒注册商标罪。我国加入《保护工业产权巴黎公约》和《商标国际注册马德里协定》后,为适应国内外形势,于 1993 年颁布了《关于惩治假冒注册商标犯罪的补充规定》(以下简称《补充规定》)(已失效)。《补充规定》增加了“销售假冒注册商标的商品罪”,将“伪造、擅自制造他人注册商标标识或者销售伪造、擅自制造的注册商标标识”作为“假冒注册商标罪”的一种情形纳入保护范围。《刑法》(1997 年修订)延续了《补充规定》的做法,正式确定了“销售假冒注册商标的商品罪”“非法制造、销售非法制造的注册商标标识罪”。(2)犯罪主体的扩张。《补充规定》将假冒注册商标罪的犯罪主体从工商企业的直接责任人员扩大至所有企业和个人。(3)受保护商标类型的扩张。《补充规定》将个人商标纳入保护范畴,《刑法》(2020 年修正)将服务商标纳入保护范围。

2. 商标犯罪认定标准降低。具体包括:(1)数额犯向情节犯的转变,认定标准的灵活性提高。《刑法修正案(十一)》颁布以后,"销售假冒注册商标的商品罪""销售侵权复制品罪""侵犯商业秘密罪"等罪名的成立标准由单一的"数额标准"扩展为综合考虑多种要素的"情节标准",《刑法》全面确立了评价侵犯知识产权罪的多元标准体系。知识产权犯罪"情节严重"的判断可以在权利人视角与侵权人视角之间灵活切换,也可以在其中某一种视角上采用数额评估标准或其他情节评价标准。知识产权犯罪的认定标准实现了立法上的全面扩张。(2)犯罪认定标准的基准数额降低。基准数额的降低最明显地体现在商业秘密犯罪的相关司法解释中,商标类犯罪的基准数额自 2004 年最高人民法院、最高人民检察院《关于办理侵犯知识产权刑事案件具体应用法律若干问题的解释》(本章以下简称《知识产权刑事解释(一)》)发布以来一直没有变动。然而,考虑到通货膨胀因素,商标类犯罪的入罪数额基准实际上被变相地降低了。

3. 商标犯罪法定刑提高。1979 年《刑法》假冒注册商标罪的最高法定刑为 3 年有期徒刑;1993 年《补充规定》将假冒注册商标罪的最高法定刑提高到 7 年有期徒刑,1997 年《刑法》延续了《补充规定》的做法;2020 年《刑法修正案(十一)》将商标类犯罪的法定最高刑提升至 10 年有期徒刑。总体而言,我国知识产权刑事立法设置的自由刑上限高于大多数国家,且自由刑与罚金的刑种配置较多数国家更为全面。①

二、商标刑事保护的必要性与正当性

在全球化浪潮下,一国的知识产权保护制度无法脱离国际发展环境,对商标提供刑事保护存在履行国际条约义务的现实需求。但是,基于刑罚启动的谦抑性要求和刑事制裁的严厉性,对商标权提供刑事保

① 参见元明、张建忠、余岚:《惩治侵犯知识产权犯罪渐趋"从严"》,载《人民检察》2012 年第 18 期。

护需要具备必要性和正当性。

(一)商标刑事保护的必要性

商标刑事保护的必要性所要解决的问题是,在存在民事救济、行政救济的前提下,存在刑事救济途径与刑事手段介入保护的必要性何在?民事救济是否存在不足,以及刑事救济是否能更有效地解决商标侵权问题。

1.知识产权权利客体的抽象性产生的保护需求

知识产权最本质的特征在于其权利客体的抽象性,因此,对知识产权刑事保护的必要性可以围绕这种抽象性特征进行讨论。依照法经济学的观点,法律上的财产必须具备三个条件:一是因稀缺而具有价值,二是能够归属于某一特定主体(排他性),三是可以一定价格让渡给他人(可转让性)。传统物权客体通常具备上述条件而成为法律上的财产,而知识财产在自然意义上不具有排他性(同一知识财产可同时被多人利用),也无法在自然意义上完成有形交付。为了使抽象物成为法律上的财产,必须通过制度安排补足抽象物成为财产的缺陷。

而知识产权权利客体的抽象性对知识产权保护有两个显著影响:(1)私力救济成本的上升。知识产权客体不发生有形占有,权利人不能通过现实的占有实现对权利的控制和保护。因此,相较于传统物权,知识产权权利人难以通过事前的防卫措施避免侵权的发生;[①]同时,在侵权发生以后,权利人很难完成对侵权人的识别、侵权证明等工作,从而使民事救济难以展开。(2)侵权成本低且有不断下降的趋势。随着商标在网络场景下应用的普及化,商标侵权也呈现出网络化的特征。在互联网环境下,侵权人能以较低的侵权成本实现大规模的商标侵权;凭借不同侵权环节的分工协作,极易形成商标侵权网络,进一步降低了侵权成本。综上,知识产权权利人维权成本提升,侵权人的侵权成本降低,侵权行为可能不被追究或因举证不足以及损害赔偿的不足导致救济不足。在缺乏更强威慑介入的情况下,这会成为反向激励侵权的因

---

① 尽管知识产权权利人可以采取一些技术措施来避免侵权的发生,但是侵权人相应的规避手段也层出不穷。

素之一。

2. 商标权的市场关联性与民事救济自身的局限性

商标权与传统财产权乃至著作权、专利权不同，前者本身与市场交易活动紧密关联，权利的存在与侵权的发生都不宜脱离整体市场竞争环境的框架。商标权的市场特性表现为：商标权是一种兼具私法益与公法益的权利。商标侵权以对个人商标的侵犯为前提，但是，这种对个人商标权侵权的证成并不以权利人的实际损失为必要的证明条件。只要侵权人在相同或相似的商品或服务上使用了与权利人相同或相似的商标，无论是否在实际上损害了权利人的市场利益，均推定商标侵权的成立。这种推定式的侵权证成模式在知识产权侵权证明过程中是普遍存在的，其基本逻辑就在于，商标侵权所发生的损失与市场竞争密切相关，商标侵权往往首先对市场秩序造成损害，对市场秩序的损害进一步传导给权利人，因此，脱离整体市场环境去评价单次侵权的实际损失是不切实际的。推定式的侵权证成模式通过将侵权行为定型化的方式，避免了逐一的、单独的侵权认定模式，在实现制度运作低成本的同时，实现了对权利保护与限制的平衡。

上述商标权侵权证成模式与民事救济自身的特性相结合，就会产生商标权保护的局限性。民事救济的直接目的在于填平权利人的损失，实现该目的有赖于建立一种“权利人损失—侵权人所得”一一对应的侵权关系。然而，由于权利人的损失与市场秩序也有关联，上述对应关系往往不能在个案中一一建立。一个典型表现就是，由于知识产权具有受益上的非排他性，侵权行为并不必然导致权利人损失，因而在应然层面，侵权行为的实际危害性无法完全等同于权利人损失。此外，尽管从侵权人角度来看，以侵权人获利作为计算侵权损害赔偿的依据可以在一定程度上弥补权利人实际损失计算的缺憾，但侵权人违法所得的计算方式仍不能在较长时间段上衡量实际损害。商标侵权同时造成了私法益和公法益（市场秩序）的损害，由于存在起诉成功率等误差，侵权人仍有概率受益。因此，对部分严重损害市场秩序的商标侵权行为适用刑事救济在所难免。

综上，权衡不同商标侵权的社会成本，配置差异化的救济措施是应对多样的新型商标侵权的有效举措；民事救济本身的局限性与知识财产的抽象性特征所产生的放大作用，使商标刑事救济途径不可或缺。

（二）商标刑事保护的正当性

商标刑事保护的正当性要回答这样一个问题：虽然商标刑事救济对于满足一定的政策目标具有必要性，但是以刑事处罚（常见形式为限制人身自由）为代价来实现这样一种政策目标是否具有正当性？

关于对商标权进行民事保护的正当性尽管存在多种观点的争论，但就是否值得保护本身已经基本达成共识。除了少数激进观点否认知识产权制度外，绝大多数观点认为当前知识产权制度是合理的。“创造说”认为商标要么由于其本身属于创造物而受到保护，要么由于在商标和产品之间形成一种联系并因此创造出新的含义而受到保护；“信息说”从商标帮助消费者作出决定，并产生了促使市场主体生产高品质产品的激励机制层面论证了商标保护的正当性；“道德说”从公平和正义的理念出发，认为法律应禁止一个人“不劳而获”：假冒商标通过使用他人的商标从商标所附着的商誉中受益，而该商誉是由商标所有人积累的。① 因此，现有知识产权制度的基本发展思路是在既有体系的基础上进行改进。

相较于民事保护，知识产权刑事保护的理论根基并不深厚，但是，刑事保护介入的前提（必要性）是明确的，即对某一法益的侵害损害了公共利益，②以至于产生了严重的社会危害性。对商标进行刑事保护的正当性在于，当对商标权的侵害严重到一定程度时，其所产生的危害将危及公共秩序（公共利益）；这种对公共利益的损害最终将反馈到个人身上，造成对普遍人权的损害；③而刑事处罚对个人自由所施加的束缚，相较于因严重商标侵权所产生的普遍性权利损害，被认为是可以承受的。商标的公共利益属性与侵犯商标权产生的社会危害性是一体两面的，下面我们分别从两个方面进行分析。

---

① 参见汪泽：《论商标权的正当性》，载《科技与法律》2005 年第 2 期。

② 参见李东海：《论商标权中体现的公共利益及其影响》，载《中华商标》2017 年第 2 期。

③ 参见吴汉东：《知识产权法》，法律出版社 2021 年版。

1. 商标权具有公共利益属性

首先,从知识产权的权利起源和制度原理来看,一项智力成果成为私人的排他性无形财产权源于权利的授予能够实现社会整体利益最大化并促进社会发展。知识产权的客体知识产品是一种公共产品,具有效用的不可分割性、消费的非竞争性以及受益的非排他性。基于这种公共利益性和公有产权形式,知识产品被免费消费,人们难以看到创新的收益,进而在整体上影响了知识产品总量产出。为使这种外部性内部化,激励创新、推动科技发展和社会进步,法律赋予知识产品的创造者一种排他性权利。因而,知识产权的实质是采取产权私有的形式对抗"搭便车"行为,使知识产品生产者得到正当的补偿并激励其创新。

其次,从商标保护历史来看,商标保护初始便伴随消费者利益、市场竞争秩序等公共利益。商标最早于16世纪通过反欺诈之诉获得保护。[①] 欺诈消费者的行为一方面违背了市场公平竞争原则,造成了不正当竞争,另一方面破坏了正常的市场经济秩序。反欺诈之诉对商标的保护侧重对市场竞争秩序的维护。[②] 由于反欺诈之诉的证明难度较高,19世纪60年代起英国开始尝试将商标作为财产进行保护,最终以财产权形式保护商标的模式得以确立。商标财产权植根于对市场经济秩序的维护,私权属性的确定并不排斥权利的公共利益价值。我国现行《商标法》第1条规定了立法目的,即加强商标管理,保护商标专用权,促使生产、经营者保证商品和服务质量,维护商标信誉,以保障消费者和生产、经营者的利益,促进社会主义市场经济的发展;而这正体现了商标私权与公益兼备的属性。

最后,从商标的内容和功能来看,商标凭借显著性特征能够发挥识别来源的作用,使自身具有特色的经营内容区别于其他商业主体。假冒商标行为割裂了商标和经营者之间的联系,损坏商标所有人的商誉,破坏了市场公平竞争秩序,最终导致消费者福利的减损。与其他传统知识产权不同,商标从严格意义上来说不是一种智力劳动成果,商标的公共利益性

① See Lionel Bently & Brad Sherman, *Intellectual Property Law*, Oxford University Press, 2001, p. 657 - 658.

② 参见余俊:《商标保护模式进化论》,载《法学杂志》2011年第9期。

并非体现在商标标识本身是否具有创新要素上,而在于其能够通过识别功能来构建一种有效率的市场交易秩序,成为创新的符号支撑。

2. 对商标权的侵害会产生严重的社会危害性

结合上述商标制度的公共利益性,商标侵权不仅是对商标权人私益的侵害,还涉及对消费者利益、市场竞争秩序和更为深远的经济利益的现实或可能的侵害。商标侵权案件个案中侵权情节不同,部分案件必然会波及相当数量的消费者,并直接或间接影响权利人的商业信誉与正当的商业安排等活动,严重时会明显扰乱市场秩序。此外,在经济全球化背景下,知识产权是国际贸易中最活跃的生产要素。严重的商标侵权行为不仅损害一国国内的市场经济秩序,也会影响国家之间的贸易往来与经济信任程度。上述背景加之前文所述的商标侵权实施成本低而收益高的特点,使得严重的商标侵权行为具有规模不受空间束缚、犯罪结果不可控的特征,因而社会危害性极大。

第二节　商标类犯罪的保护法益

商标刑事保护的必要性和正当性论述是从法的外部视角对商标刑事保护的逻辑所作的阐释,对商标类犯罪的保护法益的讨论则是将上述外部视角引入刑法教义学体系,从而对商标犯罪进行规范分析。

一、商标类犯罪的法益内容

大陆法系的刑法理论将保护法益视为刑法的首要目的,将特定行为犯罪化也是在保护法益的指导下展开的。[①] 在我国刑法理论的语境下,法益对犯罪圈划定的指导作用主要表现为犯罪客体的界定。[②] 知识

① 参见[德]汉斯·约阿希姆·施奈德:《犯罪学》,吴鑫涛、马君玉译,中国人民公安大学出版社、国际文化出版公司1990年版,第380~381页。

② 参见李兰英、高扬捷等:《知识产权刑法保护的理论与实践》,法律出版社2018年版,第107页。

产权犯罪的法益素来存在个人权利说和市场秩序说两种对立的观点,[1]商标类犯罪也不例外。在商标犯罪中,上述对立的观点具体体现为个人权利说、公共秩序说、复数法益说。其中,复数法益说是对前两种观点的折中。

(一)个人权利说

个人权利说认为知识产权刑事保护的法益为知识产权本身,[2]商标刑事保护的法益则是个人对商标的专用权,[3]具有私人财产权的性质。根据这一观点,商标侵权刑事救济所要保护的法益与民事救济是一致的。围绕商标的核心价值为何,商标财产权说有不同的观点:

1. 标记财产权说以符号学为基础,认为商标概念在符号学上由三大要素组成:(1)"商",即商品或服务的来源(最终指向商誉),是商标的"所指";(2)"标",即构成商标的文字、图形等,是商标的"能指";(3)对象,即商标标示的商品或服务。[4] 标记财产权说的重点在于"标",这种认识的优点在于,符号作为一个客观确定的存在,直观、明确并容易把握。缺点在于不能解释商标所承载的商誉、品牌服务形象等抽象的内在价值。

2. 商誉财产权说将重点放在"商"上,进一步认为"商"的本质就是商誉。在商标的使用取得中,以商标在公众中享有声誉为前提,声誉则是通过使用形成的。在商标的注册取得中,商标专用权的范围与商标知名度直接相关,知名度越高,标识性越强,保护范围越宽。[5] 商誉财产权说揭示了商标的价值本质;但其缺陷在于商誉的主观性,没有客观的把握标准,也就难以解释商标为什么具有可转让性,以及在转让过程中这种商誉是如何分割的。

3. 来源财产说认为,商标是由"商"和"标"构成的内外一体组成,

---

① 参见田宏杰:《论我国知识产权的刑事法律保护》,载《中国法学》2003 年第 3 期。

② 参见马克昌主编:《经济犯罪新论——破坏社会主义经济秩序罪研究》,武汉大学出版社 1998 年版,第 485 页。

③ 参见聂洪勇:《知识产权的刑法保护》,中国方正出版社 2000 年版,第 159 ~ 161 页。

④ 参见彭学龙:《商标法的符号学分析》,法律出版社 2007 年版。

⑤ 参见吴汉东:《知识产权法》,法律出版社 2021 年版。

是一种具有价值、使用价值和交换价值的财产实体：(1)“商”，即商品或服务的来源，是商标的本体。此处的“来源”不是商誉，尽管这种“来源”可能指向商誉，但是商誉是一个主观的东西，“来源”则是客观的。(2)“标”，即构成商标的文字、图形。其是作为本体的“商”的凝结和表象，是本体的躯壳。[①] 这一学说将上述两种理解角度结合起来，更进一步揭示了商标权的个人权利属性。

(二) 公共秩序说

公共秩序说认为，知识产权犯罪行为是对公共秩序的侵害。该说的基本依据在于，我国《刑法》的罪名设置中，知识产权犯罪并未划归侵犯财产权类犯罪，而是属于破坏社会主义市场经济秩序罪。尽管知识产权是私权，但是知识产权与市场经济的发展关系密切。回顾知识产权发展的历程，知识产权制度的每一次变革与改进都是对市场经济发展的反应。依照公共秩序的发生场景或参与主体的不同，公共秩序又可以分为商标管理秩序和市场经济秩序。

1. 商标管理秩序

商标管理秩序说是从公权力视角出发，认为商标类犯罪所侵害的法益是公权力在对商标进行管理过程中所产生的管理秩序。[②] 商标管理秩序包括商标的取得、商标的规范使用、商标的转让和注销等具体内容。假冒注册商标、销售假冒注册商标的商品等行为都是对公权力所塑造的商标管理秩序的损害。反对的观点则认为，违反商标管理制度的主体是商标权人而非其他社会主体，其行为类型是违背商标管理制度不规范使用商标，如无正当理由连续三年不使用商标、自行更改商标标识、转让商标未经核准等行为。无论假冒注册商标罪还是销售假冒注册商标的商品罪，针对的都是未经权利人许可的商标使用、商品销售行为，实施行为是典型的侵权行为，而不是对商标管理制度的侵害。上述否认商标类犯罪侵害的是商标管理秩序的观点缩小了商标管理制度

---

① 参见刘春田：《商标概念新解——“商”是民法学上的又一发现》，载《中国知识产权》(网络版)2021 年 9 月。

② 参见马克昌等主编：《刑法学全书》，上海科学技术文献出版社 1993 年版，第 293 页；陈兴良主编：《经济犯罪学》，中国社会科学出版社 1990 年版，第 13 页。

的内容，且割裂了商标权与商标管理制度的联系。商标专用权与商标管理制度是从公私两个方面对商标犯罪的描述，侵犯商标权的行为也必然侵犯国家的商标管理制度，这是一个问题的两个方面。①

2. 社会主义市场经济秩序

社会主义市场经济秩序是一个外延更为宽泛的概念，依照商品生产阶段可分为商品生产秩序、商品销售秩序，依照涉及主体不同可分为生产者与生产者之间的秩序、生产者与消费者之间的秩序。在商标类犯罪中，既涉及生产阶段的假冒注册商标行为和伪造、擅自制造商标标识的行为，也涉及销售阶段的销售假冒注册商标的商品的行为；既涉及作为生产主体的侵权者与权利人之间的关系，又涉及生产者与消费者之间的关系。商标犯罪行为通过对这一整体市场秩序中部分或全部环节的侵害，损害了市场经营主体和消费主体的合法权益。我们可以将这种法益总结为："通过赋予商标持有人以排他性财产权，构建有序的商标竞争制度，以促进市场经济发展的制度。"具体而言，商标搭建起经营者、商品和消费者之间的联系，进而衍生出商标的识别功能、质量保证功能和广告宣传功能，这些功能极大降低了商品的检索成本，使商品走向全球市场成为可能；同时，商标在商品、经营者之间搭建的联系使商誉得以累积，商标权人为了保持商誉而不断产出和维持高质量产品，增进了消费者福祉。商标制度是与商标有关的市场经营秩序的基本框架，是上述功能发挥的基础。

（三）复数法益说

复数法益说避免了个人权利说与公共秩序说之间的争议，认为商标犯罪侵犯的法益既有注册商标专用权，也有国家商标管理制度、消费者的利益以及商品生产和交易秩序。② 复数法益说的观点看似面面俱

---

① 参见周详：《论假冒注册商标罪——兼议刑法典第二百一十三条的修改》，载《知识产权》2002 年第 6 期。

② 参见赵秉志、田宏杰：《侵犯知识产权犯罪比较研究》，法律出版社 2004 年版，第 127 页；高铭暄、马克昌主编：《刑法学》，北京大学出版社、高等教育出版社 2011 年版，第 440 页；张明、廖勇：《知识产权及其刑法保护研究》，电子科技大学出版社 2006 年版，第 339～341 页；刘平、邓鹤：《假冒注册商标罪法律适用问题探究》，载《深圳大学学报（人文社会科学版）》2009 年第 2 期；刘远山：《论我国侵犯商标权犯罪的定罪和处罚及其刑法完善》，载《河北法学》2006 年第 3 期。

到，但是并没有厘清不同性质法益之间的适用关系。在这种观点的指导下，商标类犯罪的法益既可以扩大至整体的公共秩序，也可以细化到具体的个人权利，商标的刑事保护范围被极大地扩张了。因此，我们需要明确商标类犯罪之不同法益之间的结构关系，合理限定犯罪圈。

二、商标类犯罪的法益结构

要确定商标类犯罪的法益结构，最核心的问题是明确商标所承载的个人权利与公共秩序利益之间的关系，在此基础上，明确商标刑事保护的规范价值取向。

（一）个人权利与公共秩序的关系

1. 个人权利本身蕴含着公益属性。通常观点认为，作为私权的商标专用权与作为公法益的商标管理制度或市场秩序是截然不同的，由此产生了私权与公法益的对立。产生这种对立的原因在于，人们误将刑法对个人权利的保护等同于对私法益的保护，将对公共秩序的维护等同于对公共利益的维护。然而，就刑事救济的本质来说，刑罚的适用本身就体现着公共利益的需求。在对严重侵害生命权、财产权等私权的行为予以刑事制裁时，往往不需要证明对个人权利的损害会破坏公共秩序；这种裁判思路的基本逻辑在于，个人权利作为现代法治社会的基本构成要素之一，对个人权利的严重侵害行为本身就会动摇支撑法治社会存在的基本秩序。但是对商标专用权之性质的理解如果局限于私有权利本身，反而会影响商标刑事保护的正当性基础。在刑事保护中，应关注依赖商标专用权运转的市场秩序。商标的刑事保护是通过私权的刑事保护维护商标权所覆盖的经济秩序，个人权利本位与公共秩序本位没有价值上的冲突，其差异仅在于实现目的的手段。

2. 商标专用权与市场秩序具有互补性，二者共同决定着商标犯罪的法益结构。按照前述个人权利之性质的观点，如果将商标视为一种个人权利，严重侵害商标权的行为就会因为损害市场秩序而自然地进入刑事规制的范围。然而，知识产权作为一种具有抽象特征的新兴权利，其正当性基础并没有传统财产权那样牢固。正是基于这样一种现状,关于商标刑事保护的法益开始向公共秩序转向,也就是说,单纯对个人商标专用权的侵害并不当然地证成对公共秩序的损害,而是需要额外的证明。我们可以将公共秩序说视为对个人权利说的补强,也即只有同时满足对私人商标专用权的侵害和对市场秩序的侵害的条件,才构成商标犯罪。

(二)商标刑事保护的价值取向及其限制

1. 刑事保护的导向:对市场经济秩序的维护

知识产权犯罪的章节安排体现的是立法的整体目标倾向,而具体条文构成要件反映的是整体意旨下法益的具体保护内容以及实现手段。我国《刑法》将侵犯知识产权罪设置于分则第三章“破坏社会主义市场经济秩序罪”中,这种分类在一定程度上表明立法者将规制重点放在市场经济秩序上。如前文所述,知识产权制度的建构和变革均来自国家市场经济的发展和变化,知识产权与市场经济紧密相连,商标更是商品经济发展的产物。归根结底,知识产权制度建构具有政策导向性,其缺乏传统财产权的自然权利基础。作为私权的商标权本身体现的是商标权人对商誉以及商标使用的独占、排他的权利,而法律提供保护的基础是这种排他权行使和运转所产生的公共利益价值。因而将商标刑事保护的侧重点置于市场经济的维护是恰当的。根据这种导向,侵犯商标权的行为要构成犯罪,在满足侵犯个人商标专用权的条件的基础上,还要求这种侵权行为对整体的市场经济秩序产生威胁。

2. 刑事保护的限制:理顺“公法益”“个人法益”“公共利益”的关系

从前面关于商标法益的讨论中我们得出,社会主义市场经济秩序是一个比较抽象的概念,其仅仅为商标犯罪的证成提供了方向导引,但却无法准确限定商标犯罪的范围。“无具体清楚的法益侵害,则无犯罪行为”[①],只有当公法益与个人法益具有同质性,即能够分解成或者还原成个人法益时,才值得刑法保护介入。当行为对个人法益的影响并不局限于单个人,也波及社会系统的整体稳定时,该影响即表现为社会秩

---

① [德]Winfried Hassemer:《现代刑法的特征与危机》,陈俊伟译,载《月旦法学杂志》2012年第8期。

序的混乱。[①] 要实现对商标犯罪之范围的限制,仍需凭借与商标有关的市场经济秩序的具体构成要素。围绕商标所开展的市场经济活动是通过保证商标排他权的行使、商标功能的发挥来实现的,因此,商标犯罪行为以存在知识产权民事侵权行为为前提。此外,行政保护所提及的"公共利益"与刑事保护的"公法益"并不相同。行为仅侵害行政管理秩序时,即使在行政法上被认为侵害了公法益,只要没有最终侵害个人法益,就只是行政违法行为,而不可能成为犯罪行为。[②]

就商标侵权而言,可通过两个方面区分"公共利益"和"公法益":其一,权利人选择何种救济方式。权利人发现侵权后,其有提起民事诉讼、报告给行政机关、向公安机关报案三种救济途径可供选择。目前也有权利人会选择多条途径共同推进。站在被害人视角,其对自身的利益需求更为明确,因此,了解其利益需求对理解侵权行为的违法性有着积极意义。此时,如何做到各程序之间的衔接,以及引导权利人选择合适的救济途径就显得十分重要。其二,司法人员与行政人员的判断。其判断又有两个依据:一是有关司法解释与行政文件对数额、情节的规定;二是在理论上还可通过其他因素细化或增加考量因素[③],以更全面地理解商标犯罪所保护的"法益"。

第三节　商标类犯罪实行行为的认定

商标类犯罪主要涉及三个罪名,假冒注册商标罪、销售假冒注册商标的商品罪和非法制造、销售非法制造的注册商标标识罪。在这一部分,我们对商标类犯罪的实行行为进行分析。根据行为样态及其所处的市场交易环节的不同,可以将商标类犯罪行为作如下划分:(1)假冒注册商标罪。其规制的是在同一种商品或服务上使用与注册商标相同

① 参见李志恒:《集体法益的刑法保护原理及其实践展开》,载《法制与社会发展》2021年第6期。

② 参见张明楷:《避免将行政违法认定为刑事犯罪:理念、方法与路径》,载《中国法学》2017年第4期。

③ 本章第四节与第五节具体讨论了这一问题。

的商标,情节严重的行为,其中涉及商标“相同”的认定、同一商品或服务的认定、“使用”行为的认定。(2)销售假冒注册商标的商品罪。在明知商品属于假冒注册商标的商品的情况下,实施销售行为的,构成销售假冒注册商标的商品罪,其中涉及“明知”的认定。(3)非法制造、销售非法制造的注册商标标识罪。其规制的是非法制造注册商标标识和销售非法制造的注册商标标识两种行为。下面我们就三个罪名涉及的具体问题进行分析(见表5-1)。

表5-1　三类商标犯罪的实行行为

行为类型 市场环节 行为对象	商标+商品	商标标识
生产行为	假冒注册商标罪	非法制造注册商标标识罪
销售行为	销售假冒注册商标的商品罪	销售非法制造的注册商标标识罪

一、“相同商标”的认定

在商标民事保护中,按照商标以及商品或服务的同一性程度的不同,假冒商标行为可以分为四种类型(见表5-2)。刑法仅对在同一种商品或服务上使用相同商标的行为进行规制。依照体系性解释,在销售假冒注册商标的商品罪以及非法制造、销售非法制造的注册商标标识罪中,涉案商标同样应满足“相同”要件。因此,商标是否相同的判断是商标类犯罪的核心。

表5-2　假冒商标行为的四种类型

类别	相同商标	近似商标
同一商品或服务	在同一商品或服务上使用相同商标	在同一商品或服务上使用近似商标+造成混淆
类似商品或服务	在类似商品或服务上使用相同商标+造成混淆	在类似商品或服务上使用近似商标

按照民事保护中假冒行为的四种类型划分,受到刑事规制的仅限于商标完全相同的情形,且这种“相同”是严格意义上的形式的、客观的

相同。然而,在司法实践中,对"相同商标"的解释和理解超过了狭义"相同"的词意涵摄范围。《知识产权刑事解释(一)》第8条第1款规定,"相同的商标"指"与被假冒的注册商标完全相同,或者与被假冒的注册商标在视觉上基本无差别、足以对公众产生误导的商标"。2011年最高人民法院、最高人民检察院、公安部印发的《关于办理侵犯知识产权刑事案件适用法律若干问题的意见》(本章以下简称《知识产权刑事意见》)和2020年最高人民法院、最高人民检察院《关于办理侵犯知识产权刑事案件具体应用法律若干问题的解释(三)》在列举了部分符合"商标相同"的情形之后,在兜底条款中将"相同"概括性描述为与注册商标在视觉上基本无差别、足以对公众产生误导的商标。根据以上解释,商标刑事保护中对于"相同"的认定存在两个问题:(1)通过司法解释扩张"相同商标"的涵摄范围是否具有合理性。(2)如果承认上述扩张具有合理性,应该如何界定民事范畴中的"近似商标"与刑法意义上的"相同商标"之间的界限。①

(一)"相同商标"涵摄范围扩张的合理性

无论是民事救济还是刑事救济,都没有将保护范围局限于完全相同的商标,这是由知识产权对象的抽象性特点决定的。"物的范围是有物理边界的,是此物则是,非此物则非。而知识产权的对象是符号表达,在是与非之外,还有一种'似非而是'的状态,即实质相似……商标权的实际保护,会延伸到与商标权对象实质相似的符号……使用事实上实质相似的商标,在法律上就是使用作为权利对象的商标本身。"②因此,与其说"相同商标"存在某种程度上的扩张,不如说这是基于商标权自身特点所必须匹配的规制方式。由此看来,民事中的相似性判断与刑事中相同商标的判断并没有明确的界限,其差别仅在于,刑法为了严格限定商标犯罪的范围而采用了一种较为严格的表述。尽管该种表述严格限定了商标类犯罪的行为对象,但基于知识产权对象本身的特点,这种严格限定的重点并不是字义上的完全吻合,而是在强调这样一种

---

① 参见高扬捷:《商标权刑事保护的检视与对策》,载《人民检察》2017年第16期。

② 李琛:《商标专用权概念考辨》,载《知识产权》2022年第1期。

思想：假冒注册商标的行为若要受到刑法规制，至少需要达到实质性相似以上乃至趋近完全相同的标准。《关于办理侵犯知识产权刑事案件具体应用法律若干问题的解释(三)》具体列举了5种符合“与其注册商标相同的商标”的情形[①]，这些情形具有如下特征：(1)从侵权者的角度来看，对他人的注册商标作上述情形中的改动是轻而易举的，因而假冒行为的直接成本很低。(2)从消费者的角度来看，上述对注册商标的改动对消费者来说是微不足道的，因此消费者需要投入相当程度的注意力才能察觉到这种改动。(3)从权利人的角度来看，上述情形中被修改的要素在注册商标中不具有显著性，权利人在商标宣传中很难通过一定的预防措施使消费者知道该注册商标与假冒商标的差异。总结而言，在上述情形中，侵权者侵权成本低、消费者识别成本高、权利人维权成本高，若不加以规制，会产生大量“擦边球”行为，造成侵权泛滥。

(二)“相同商标”涵摄范围的限定

刑法意义上的“相同商标”并不要求与注册商标完全相同，而是要求“视觉上基本无差别、足以对公众产生误导”。在这一部分，我们需要对“视觉上基本无差别、足以对公众产生误导”这一要件进行分析，以限定“相同商标”的扩张范围。

1. 从文义解释出发，我们首先要明确“视觉上基本无差别”与“足以对公众产生误导”应当属于并列要件，而不是简单的同义反复，涉案商标只有同时符合该两个要件才能认定为“相同商标”。二者在犯罪判断中分别具有独立意义。例如，商标的相似性、商品的类似性，应是一种物理意义上的相似，而不是混淆可能性语境上的相似。[②]

在刑事司法实践中，不能因为假冒商品容易误导公众就忽略在假

① 具体如下：(1)改变注册商标的字体、字母大小写或者文字横竖排列，与注册商标之间基本无差别的；(2)改变注册商标的文字、字母、数字等之间的间距，与注册商标之间基本无差别的；(3)改变注册商标颜色，不影响体现注册商标显著特征的；(4)在注册商标上仅增加商品通用名称、型号等缺乏显著特征要素，不影响体现注册商标显著特征的；(5)与立体注册商标的三维标志及平面要素基本无差别的。

② 参见姚鹤徽：《论商标侵权判定的混淆标准》，中国知识产权法学研究会2015年年会论文。

冒商品上使用标识的实际情况,[1]不能以"足以对公众产生误导"解释或替代"视觉上基本无差别"。"视觉上基本无差别"虽然不要求与注册商标完全相同,但至少要求在基本的图案、色彩、排列、构成等要素上一致。在苍南县龙翔激光烫金材料有限公司、吴某鹏、蔡某龙、张某谦等非法制造、销售非法制造的注册商标标识罪案中,一审法院认为涉案的"三根烟"激光防伪标识与第 4181544 号注册商标标识相同;二审法院则认为,虽然涉案的"三根烟"激光防伪标识与第 4181544 号注册商标均由祥云图案围绕三根过滤嘴香烟组成,但"三根烟"激光防伪标识中三根过滤嘴香烟的相对位置明显与第 4181544 号注册商标不同,应认为在视觉上存在较为显著的差别,不能认定为相同商标。[2] 该案中,一审法院可能已经在对比中发现二者的相对位置有所不同,但或许因为在通常的民事裁判中对商标侵权的认定往往侧重"混淆"这一实质性标准,因而一审法院依据"足以对公众产生误导"的混淆标准作出二者相同的认定。商标的刑事保护目的与民事保护存在本质区别,因而一般不宜以民事侵权判定的实质标准"混淆"进行刑事认定。退一步而言,即便是商标民事侵权的判断采用的也是"相似性 + 混淆可能性"的模式,相似性认定也有其独立意义。

2. 在并列适用的基础上,"视觉上基本无差别"与"足以对公众产生误导"还应遵循从客观到主观、从形式到实质的递进判断逻辑。具体而言,"视觉上基本无差别"是对涉案商标客观上、形式上的认定,"足以对公众产生误导"是司法人员主观上、实质上的认定。二者同属于商标犯罪的客观方面中应考虑的要素。在商标类犯罪中,应遵循从对商标本身的客观、形式认定到司法人员对是否产生混淆的主观、实质性判断的顺序,这种递进判断逻辑展开如下:(1)对涉案商标采用客观的、形式的判断,即在视觉上是否基本无差别,由此直接决定着进入刑法审视范围的涉案商标的数量。在这一步的判断中,需要尽量排除主观要素的影

---

① 参见郑晔、林璐瑶:《刑法上相同商标的认定标准及比对方法》,载《人民司法》2019 年第 29 期。

② 参见苍南县龙翔激光烫金材料有限公司、吴某鹏、蔡某龙、张某谦等非法制造、销售非法制造的注册商标标识罪案,浙江省温州市中级人民法院(2019)浙 03 刑终 191 号刑事判决书。

响,那些可能会对公众产生误导但又在视觉上差别较大的涉案商标将被排除在刑事视野之外。(2)对通过客观的、形式的检验的商标进行主观的、实质的检验,也即判断其是否足以对相关公众产生误导。这里的"足以对相关公众产生误导"是"混淆理论"在刑事认定中的适用,在犯罪认定过程中发挥"出罪"的功能。一些在视觉上与注册商标基本无差别的假冒商标,如果结合特定的市场环境来看不会误导公众,也就不属于商标犯罪中的"相同商标"。

3. 混淆可能性理论的反证作用。根据 TRIPS 第 16 条,商标权人行使商标排他权有两个前提:一是在相同或类似货物或服务上使用相同或近似商标;二是行为可能导致混淆。这两个前提缺一不可。即便是在相同商品上使用相同商标这一情形下,行使商标排他权也应当以使用行为导致混淆可能为前提。由于在相同商品上使用相同商标这一情形下不发生混淆的概率是极低的,TRIPS 直接将这种情形推定为具有混淆可能。但是,这种法律上的推定可以被相关事实推翻。商标保护的目的是避免消费者混淆,混淆可能性是侵犯商标权的最终判断标准,是对商标保护范围的进一步限定。① 因此,"在相同商品或服务上使用相同商标"不等于"足以对公众产生误导",如有证据证明使用行为不会导致消费者产生混淆,则不属于商标排他权能够控制的范畴。

我国《商标法》在国际规则的转换过程中出现了一些变化,如第 57 条第 1 项规定的侵犯注册商标专用权的情形,即"未经商标注册人的许可,在同一种商品上使用与其注册商标相同的商标",该情形并未像其他情形一样附加"容易导致混淆"的要求,而是采用绝对混淆标准,规定在同一种商品上使用相同的商标本身就构成侵权。或许正是因为《商标法》的规定,《刑法》在衔接中也并未在假冒注册商标罪中附加"混淆可能性"要件,如此一来在无形中扩大了商标刑事保护的范围。法律推定涉及的是证明责任的分配而非对既定事实的确认,在司法实践中,"混淆可能性"作为侵权认定的标准仍具有推广适用的必要性。与此相

---

① 参见王太平、卢结华:《欧盟商标法上侵犯商标权的判断标准》,载《知识产权》2014 年第 11 期。

对应,我们需要完善侵权人反证制度,避免不合理地扩大刑事处罚的范围。

二、"同一种商品或服务"的认定

"同一种商品或服务"的认定涉及"同一种商品或服务"的认定标准是什么,以及如何将刑事中的"同一种商品或服务"与民事侵权中的"类似商品或服务"区别开来。

(一)"同一种商品或服务"的认定标准

根据《知识产权刑事意见》第5条的规定,"同一种商品"应当在权利人注册商标核定使用的商品和行为人实际生产销售的商品之间进行比较。同时,也应该考虑注册人实际使用情况,对连续三年没有在核定商品上使用的商标不予以刑事保护。① 至于采取何种方法进行对比存在两种对立的观点:客观说侧重从商品名称本身以及分类方面进行判断(商品名称相同),主观说侧重消费者对商品的一般认识(名称不同但是指代同一事物)。②

1. 商品名称是否相同的判断依据是《商标注册用商品和服务国际分类表》(以下简称《国际分类表》)和《类似商品和服务区分表》(以下简称《区分表》)。③ 但是,《国际分类表》对所有商品均是按照类、组、种三个级次进行分类,且每年都会修订调整,因此我们必须进一步明确应当以何种级次的分类条目为依据认定"商品名称相同",以及以何种版本的《国际分类表》进行商品名称的比对,以保证商品类别划分的准确性和稳定性。

(1)关于分类层级的选择,司法实践中并没有统一的参照标准。较

---

① 参见郑志:《民刑交叉视角下的假冒注册商标罪客观要件研究》,载《知识产权》2020年第5期。

② 参见郎平:《假冒注册商标罪入罪标准疑难问题再论——基于现有生效判决展开分析》,载《黑龙江省政法管理干部学院学报》2019年第5期。

③ 《国际分类表》是依据《商标注册用商品和服务国际分类尼斯协定》制定的;《区分表》是商标主管部门以《国际分类表》为基础,结合商标检索、审查、管理工作的实践经验和中国国情,进行调整、增补、删减而成的。

多案件是通过分类表的“大类”判断是否属于同一种商品，即只要属于注册商标核定商品大类包含涉案商品小类或同属一大类的情形就认定为“同一种商品”。在林某、朱某假冒注册商标案中，权利人注册商标核定使用在25类“服装”等商品上，而被告人林某、朱某在未获得授权的情况下，通过烫印商标、加挂吊牌等方式，生产标有该商标的“运动裤”，最终法院认定被告属于在“同一种商品”上使用与注册商标相同的商标，构成假冒注册商标罪。① 这说明法院认为同属于同一服装大类的“运动裤”与“服装”属于同一种商品。有的案件则否认同一大类的商品属于刑法上的“同一种商品”。在孙某强等假冒注册商标案中，法院认为虽然水饺、汤圆、羊肉片都属于食品类，但它们也只能说是“同一类商品”，而不是刑法规定的“同一种商品”。② 如果商品名称在《国际分类表》中处于同一种目，无论其类型、重量、规格、型号等如何均为同一种商品。③ 综合来看，《国际分类表》中大类的划分只是确定“同一类商品”而非“同一种商品”，至于在同一大类下但不属于同一种目的商品是否属于“同一种商品”，则需结合市场环境以及消费者的主观评判。

（2）由于《国际分类表》和《区分表》每年都会进行新种目的增补或删减，因而法院在认定“同一种商品”时很可能出现新版本中删除或改变旧版本商品名称的现象，作为判断依据的《国际分类表》会存在三个版本：一是商标注册时使用的版本；二是侵权发生时的版本；三是诉讼时的现有版本。考虑到刑事制裁的严厉性和谦抑性，对“同一种商品”的认定应当更为谨慎。《国际分类表》具有公示作用，其能够辅证侵权人实施侵权行为时的主观状态。如果在侵权时不属于同一种商品，侵权发生一段时间以后由于《国际分类表》的变更导致涉案商品与权利人的商品成为同一种商品，此时很难将行为人在《国际分类表》变更前实施的侵权行为认定为犯罪。最高人民检察院专家组认为，办案过程中不能仅仅按照最新版的内容，而是要追溯到商标注册时商标局使用的

① 参见林某、朱某假冒注册商标案，江苏省高邮市人民法院（2019）苏1084刑初298号刑事判决书。

② 参见孙某强等假冒注册商标案，载《刑事审判参考》2011年第1集（总第78集）。

③ 参见孙国祥、魏昌东：《经济刑法研究》，法律出版社2005年版，第496页。

版本。[1] 在相反的情形下,《国际分类表》变更之前可以被认定为同一种商品而现在不再被认定为同一种商品的,根据有利于被告人原则,应当适用新的版本。

2. 根据《知识产权刑事意见》,名称不同但指同一事物的商品是指在功能、用途、主要原料、消费对象、销售渠道等方面相同或者基本相同,相关公众一般认为是同一种事物的商品。这是一种客观与主观相结合的判断标准,其不仅要求行为人实际生产销售的商品与权利人注册商标核定使用的商品在客观的功能、用途、主要原料、消费对象、销售渠道等方面基本相同,而且要求二者符合相关公众在日常生活中对同一事物的认知。然而,上述标准中所提到的考量因素仍旧是开放性的,不同法院的裁量尺度具有较大不同。根据认定同一种商品所参照因素的多少可以分为下面几种观点。

(1)只要在"功能、用途、主要原料、消费对象、销售渠道"等方面满足一至两种核心要素即可认定为同一种商品。在菏泽徐某等假冒注册商标、李某非法制造注册商标标识案中,权利人山东天久生物技术有限公司的商标专用权核定使用类别为第30类,核定商品包括糖、麦芽糖、含淀粉食物等,被告人甲未经权利人授权,联系被告人丙印制带有涉案商标标识的麦芽糊精合格证标签,并与乙共同生产、销售该品牌的麦芽糊精。检察机关认为"麦芽糊精"与涉案商标中的"含淀粉食物"属于同一种商品,其主要原料都是淀粉;被告方认为虽然麦芽糊精的主要原料是淀粉,但经过加工和化学反应后成品已不再是淀粉,其用途主要是添加到食品或饮料当中增加黏稠度、改善口感,是一种食品添加剂,而不是一种食物。最终法院采纳检察机关的意见,以主要原料作为认定"同一种商品"的主要依据,判处被告人甲假冒注册商标罪。[2] 在常州市申某国际贸易有限公司等假冒注册商标案中,权利人的注册商标核定使用商品为电灯泡,行为人生产销售的商品是紫光灯管,二者在主要

---

① 参见《如何认定是否属于"同一商品"》,载微信公众号"最高人民检察院"2021年12月20日。

② 参见《【保护知识产权精品案例】菏泽徐某等假冒注册商标、李某非法制造注册商标标识案》,载山东省人民检察院网,http://www.sdjcy.gov.cn/dxal/202104/t20210427_3939979.html。

原料、销售渠道等方面基本相同，相关公众一般认为二者是同一种事物的商品，二者属于刑法意义上的“同一种商品”。[①]

（2）在“功能、用途、主要原料、消费对象、销售渠道”等方面满足全部要素才可以认定为同一种商品。这种思路要求对涉及的要素进行综合考虑。在龙某磊、龙某等假冒注册商标案中，法院认为“同一种商品”的认定应综合考虑原料、性能、用途、消费对象、销售渠道及公众认知习惯等因素，虽然该案中部分注册商标范围中不包含地暖分水器或水分配设备，但其与地暖分水器或水分配设备在原料、性能、用途、消费对象、销售渠道及公众认知习惯等方面相同或近似，具有同一性，应认定为同一种商品。[②] 在苏州洛克马丁工程技术有限公司、解某东、孙某磊、江某、王某飞犯假冒注册商标罪案中，法院认为被告单位苏州洛克马丁工程技术有限公司生产销售的“空气炮”“皮带清扫器”等虽然与被害单位生产的商品的名称不同，但是从产品的功能、用途、消费对象等方面看，应当认定为“同一种商品”。[③]

综合而言，结合多种因素进行综合判断具有合理性。多要素判断为判断的合理性提供了更多依据。例如，依照主要原料、消费对象、销售渠道等要素判定属于同一种商品，依照功能和用途等要素判断却不属于同一种商品。单一的参照要素很有可能过高估计该要素的重要性并忽视其他未被参照要素的重要程度。正如蓝牙耳机和有线耳机，不应仅以二者功能、用途的形似就认定二者为“同一种商品”，蓝牙技术是蓝牙耳机的核心，正是蓝牙技术赋予了蓝牙耳机本质内涵，因此不能简单将蓝牙耳机认定为耳塞机，二者只能认定为“同一类商品”。[④] 从这一层面看，从功能、用途、主要原料、消费对象、销售渠道等各个方面综合认定“同一种商品”才更具准确性和说服力。退一步来讲，出于节省司法成本的考虑，如果认定过程中不能满足全部要素相同，在满足了大部分要素

① 参见常州市申某国际贸易有限公司等假冒注册商标案，江苏省常州市中级人民法院（2012）常知刑初字第3号刑事判决书。

② 参见龙某磊、龙某等假冒注册商标案，山东省潍坊高新技术产业开发区人民法院（2015）开刑初字第103号刑事判决书。

③ 参见苏州洛克马丁工程技术有限公司、解某东、孙某磊、江某、王某飞犯假冒注册商标罪案，江苏省昆山市人民法院（2016）苏0583刑初945号刑事判决书。

④ 参见赵雄：《侵犯商标权犯罪中“同一种商品”怎样界定》，载《人民检察》2017年第20期。

相同后，只要未判断要素不会影响已经认定的相同的要素即可。

（二）“同一种商品”与“类似商品”的界限

与前文讨论“相同商标”范围时所遇到的问题类似，刑事中的“同一种商品”与民事中的“相同商品”不是严格对应，“同一种商品”在某种程度上涵盖了民事中部分的“类似商品”。根据最高人民法院《关于审理商标民事纠纷案件适用法律若干问题的解释》（2020 年修正）第 11 条的规定，“类似商品”指“在功能、用途、生产部门、销售渠道、消费对象等方面相同，或者相关公众一般认为其存在特定联系、容易造成混淆的商品”。从表面上看，假冒注册商标罪中的“同一种商品”更接近“类似商品”的含义，如果两种商品在功能、用途、主要原料、消费对象、销售渠道等方面相同或基本相同，在民事案件中可能被认定为类似商品，在刑事案件中反而可能被认定为同一种商品。① 为避免刑事救济与民事救济的混淆，我们需要明确“同一种商品”与“类似商品”的区别。

首先，从相关解释的文义表述上看，刑事保护中对于名称不同但指同一事物的“同一种商品”采用的是主客观相结合的标准，其既要求客观分类上的一致也要求判断主体观念上的一致；而民事案件中认定“类似商品”时，在客观分类和相关公众的认知之间用的连接词是“或者”，这说明认定“类似商品”只需要符合同一商品分类标准中的同类产品或者公众认为其存在特定联系、容易导致混淆即可。② 此外，刑事保护中

---

① 参见凌宗亮：《销售假冒注册商标的商品罪中“同一种商品”的认定——析缪银华销售假冒注册商标的商品案》，载《中华商标》2014 年第 1 期。

② 《江苏省高级人民法院侵害商标权民事纠纷案件审理指南》第 4.2.13 条规定，足以造成相关公众的混淆、误认一般包括：①商品或服务混淆，是指相关公众将两个商品或服务混为一谈。②来源混淆，是指相关公众误认为被控侵权标识与注册商标所标示的商品或服务来自同一市场主体，对商品或服务的来源产生混淆、误认。③关联关系混淆，是指虽然相关公众认为两者所标示的商品或服务来自不同的市场主体，但是误认为两个市场主体之间存在商标许可、关联企业等关联关系。该指南第 4.2.15 条规定，衡量是否造成相关公众混淆、误认的因素包括注册商标的知名度、显著性，被控侵权人的主观意图，相关标识使用的历史和现状等。《商标侵权判断标准》第 20 条规定，《商标法》第 57 条规定的混淆包括以下情形：使相关公众误认为涉案商品（服务）是由注册商标权利人生产或提供；使相关公众误认为涉案商品（服务）的提供者与注册商标权利人存在投资、许可或者合作等关系。混淆的认定只需具有混淆的可能性即可，不以实际发生为要件。

认定“同一种商品”的观念标准是判断主体认为侵权商品和注册商标核定使用的商品属于“同一种事物”，其要求具有消费者观念中对同一事物的对应性；而民事侵权中认定“类似商品”则只需要判断主体认为二者容易混淆，甚至存在特定联系即可，其范围更广，裁判空间也更大。例如，注册商标核定使用的商品类别是篮球，侵权商品是运动球衣，虽然在民事上可能认定为类似商品，但按照刑事的标准二者显然不具有观念上的对应性。

其次，《知识产权刑事意见》对“同一种商品”的定义与《商标审查审理指南》(2021 年版)的定义完全一致，即同一种商品是指名称相同的商品，或者名称不同但在功能、用途、主要原料、生产部门、销售渠道、消费对象等方面相同或者基本相同，相关公众一般认为是同一事物的商品。可以发现，刑事认定和行政审查认定“同一种商品”的标准是相同的。事实上，商标权的授予和保护是一体两面的，不同于民事保护，刑事保护的特征和目的决定商标权刑事保护应当以商标权的核心范围为界，因而在刑事认定和行政认定之间存在对应性。因此，在区别刑事“同一种商品”与民事“类似商品”，划定二者界限时可以借鉴《商标审查审理指南》区别“同一种商品”和“类似商品”的思路，即考虑商品性质，将对商品性质具有重要影响的“主要原料”作为认定“同一种商品”的主要依据，同时综合考虑涉案商品与注册商标核定使用商品在功能、用途、生产部门、销售渠道、消费对象等方面的对应性，将仅存在密切联系无法一一对应的情况剔除在“同一种商品”的范围之外。① 甚至基于刑事制裁的严厉性、谦抑性和假冒注册商标罪的危害性程度，对“同一种商品”的认定，刑事犯罪的认定标准应该高于商标行政违法。②

最后，从认定依据主要是从《商标注册用商品和服务国际分类尼斯协定》的作用看，根据最高人民法院《关于审理商标民事纠纷案件适用

---

① 根据《商标审查审理指南》(2021 年版)下编第一章第 3.4 条“同一种与类似商品或者服务”的规定，类似商品指“在功能、用途、生产部门、销售渠道、消费对象等方面相同或有密切联系的商品”，与“同一种商品”相比，“类似商品”的考量因素去除了对商品性质具有重要影响的“主要原料”并只要求二者之间具有密切联系即可。

② 参见李振林：《假冒注册商标罪之“同一种商品”认定》，载《法律适用》2015 年第 7 期。

法律若干问题的解释》(2020 年修正)第 12 条的规定,人民法院在认定商品或者服务是否类似时"应当以相关公众对商品或者服务的一般认识综合判断;《国际分类表》《区分表》可以作为判断类似商品或者服务的参考",即两表仅作为参考使用。与该规定相一致的是,在实践中存在大量突破《国际分类表》和《区分表》适用的情形。例如,在箭牌糖类有限公司诉国家工商行政管理总局商标评审委员会公司商标批准纠纷再审案中,法院认为,第 30 类"非医用口香糖"与第 3 类"牙膏"在产品实际功效和分销渠道上存在某些差异,但二者在功能效果、零售模式和消费特点方面非常接近,普通公众特别是消费者对于二者之间的差异一般难以作出清晰准确的判断,所以,综合相关公众的辨别能力以及实际市场效果考察,应当认定二者属于类似商品。[①] 在盖璞(国际商标)公司[GAP(ITM) INC.]与国家工商行政管理总局商标评审委员会等商标异议复审行政纠纷再审案中,最高人民法院认为,被异议商标指定使用的"太阳镜、眼镜框"等商品虽与引证商标主要指定使用的"服装"等商品在《区分表》中划分为不同的大类,但是商品的功能用途、销售渠道、消费群体具有较大的关联性,尤其对于时尚类品牌而言,公司经营同一品牌的服装和眼镜等配饰是普遍现象;考虑到引证商标具有一定知名度,被异议商标申请人具有"搭便车"的意图,基本相同的被异议商标与第 604714 号引证商标分别使用在眼镜和服装等商品上,客观上容易使相关公众认为商品是同一主体提供的,或者其提供者之间存在特定联系;因此被异议商标与第 604714 号引证商标已经构成类似商品上的近似商标,不应予以核准注册。[②] 但在商标刑事保护中,《国际分类表》和《区分表》对认定范围具有限定作用,不应随意打破类似群组的划分;如果要突破《国际分类表》和《区分表》的分类而认定"同一种商品",检方需要承担更重的举证责任。

---

① 参见箭牌糖类有限公司诉国家工商行政管理总局商标评审委员会公司商标批准纠纷再审案,最高人民法院(2016)最高法行再 71 号行政判决书。

② 参见盖璞(国际商标)公司[GAP(ITM) INC.]与国家工商行政管理总局商标评审委员会等商标异议复审行政纠纷再审案,最高人民法院(2012)行提字第 10 号行政判决书。

三、非法制造注册商标标识行为的认定

（一）商标标识与商标

商标标识不等于商标，商标是区分不同经营者、识别商品或服务来源的标志。而商标标识，根据原国家工商行政管理局商标局 1988 年发布的《关于商标标识含义问题的复函》的规定，"商标法实施细则中的商标标识一般是指独立于被标志商品的商标的物质表现形式，如酒商品上的瓶贴，自行车上的标牌，服装上的织带等"。根据《商标印制管理办法》（2020 年修订）第 15 条第 2 款的规定，"商标标识"是指"与商品配套一同进入流通领域的带有商标的有形载体"，这一定义包含以下几个要素：（1）商标标识是带有商标的有形载体，即商标标识可以是瓶子、罐子、包装物这类本身可以作为商品进行生产、销售的商品；（2）"商标标识"与商品配套进入流通领域，即"商标标识"和商品具有相对固定的搭配方式，这是对有形载体的限缩性解释。作为商标的物质表现形式，商标标识还可以解释为附着商标的（注册商标核定使用的商品的）包装物或者容器，以及除注册商标核定使用的商品以外和该商品具有密切联系的其他物品，[①]如带有商标的瓶子、瓶盖、纸盒等物品。问题在于，民事里商标标识的认定会不会过度扩大商标标识的定义。相较瓶贴、标牌，将商标标识理解为带有商标的瓶子、包装物等物品比较难理解，司法实践中也出现了对应的难题。原国家工商行政管理总局、原国家商标局 2002 年发布的《关于加工带有商标标识的包装物是否属于商标印制行为的批复》并未认可包装物本身不是商标标识的观点，指出北京新拓塑料包装制品有限公司镇江分公司在其生产的塑料光瓶上套上他人印制的商标标识，经热缩紧固，制成带有商标标识的饮料瓶行为，属于"制作带有商标的包装物"的商标印制行为。这一观点亦体现在刑事司法实践中，回收废旧酒瓶、包装物、相关容器和购买的假冒注册商标标识进行组装的行为被定性为非法制造注册商标标识的行为。在王某某

① 参见李某志、巫某非法制造注册商标标识罪案，广东省深圳市中级人民法院（2018）粤 03 刑终 655 号刑事判决书。

非法制造注册商标标识案中,法院认为,被告人王某某将其回收的五粮液、剑南春、水井坊、茅台、老作坊等品牌白酒的酒瓶、塑料盒及外包装与其另行购买的假冒的注册商标标识进行组装的行为属于非法制造注册商标标识的行为,构成非法制造注册商标标识罪。[①] 虽然有观点认为带有商标的酒瓶、纸盒等商品包装物更像一种商品,但从其实质用途来看,将其解释为商标标识并未超过商标标识为"商标物质表现形式"的涵摄范围。进而,将另行购买的商标标识和回收的废旧瓶子等包装物进行组合的行为事实上是对包装物这种形式的商标标识的二次制作,因而将这种组装行为解释为"印制"或者"制作"亦为合理范围内的解释。

(二)假冒注册商标行为与非法制造注册商标标识行为的区分

商标和商标标识的内涵和外延并不相同。与之相对应,假冒注册商标罪和非法制造注册商标标识罪的犯罪对象也并不相同。但是,由于商标标识是商标的有形表现形式,其以一种物质载体形式呈现,当商标通过瓶子、盖子、盒子等物品形式展现时,两罪的区别不再显著,在表现形式方面体现出极大的相似性,两罪的行为均是在某一商品上以组装、印制等方式使用了商标。因而,在此罪与彼罪的区分上,需要进一步厘清二者的区别。1988 年《关于商标标识含义问题的复函》规定商标标识一般是指独立于被标志商品的商标的物质表现形式,即商标标识本身不是注册商标核定使用的商品。非法制造注册商标标识罪和假冒注册商标罪的区别在于,非法制造注册商标标识罪的对象是商标的物质载体,假冒注册商标罪的对象是该注册商标以及该注册商标核定使用的商品。这种区别主要体现在下列情形中。

第一,构成非法制造注册商标标识罪一罪,具体细分为两种情形。(1)制造或委托他人制造带有商标的与商品相关的物品。在李某志、巫某非法制造注册商标标识罪案中,案件涉及的商标"HUAWEI""SΛMSUNG"核定使用的商品为第 9 类包括手机用液晶显示屏在内的

---

① 参见王某某非法制造注册商标标识案,江苏省宜兴市人民法院(2010)宜知刑初字第 2 号刑事判决书。

商品,被告人加工生产了假冒该注册商标的手机玻璃面板,且达到一定数量,因为手机玻璃面板并非手机用液晶显示屏,不符合《刑法》第213条假冒注册商标罪规定的在同一种商品上使用与其注册商标相同的商标的犯罪构成要件,最终法院以非法制造注册商标标识罪定罪。[①](2)将制造、回收的注册商标商品配套使用的容器、包装物与另行购买的商标标识(如贴纸、编织物等物品)进行组装。如前所述,带有商标的包装物为商标标识,将另行购买的商标标识和回收的容器进行组装的行为构成对另一种商标标识的二次制作,其与未经商标权人许可生产带有商标标识的包装物性质相同,均构成非法制造注册商标标识罪。

第二,针对同一个商标法益,构成非法制造注册商标标识罪、假冒注册商标罪数罪。典型情形为非法制造、组装带有商标的包装物,并将此包装物与注册商标核定使用的商品进行组装。在这种情形下,一方面,行为人实施了第一种情形下的非法制造注册商标标识行为;另一方面,行为人将包装物这一形式的商标标识与商品相结合,同时也构成了在同一商品上使用相同商标的假冒注册商标行为。在福建陈某虎等人假冒注册商标、非法制造注册商标标识、销售假冒注册商标的商品案中,被告人陈某虎伪造商标权人文件与另一被告人共谋印刷注册商标"南孚"贴纸,并进行销售,同时被告人陈某虎还购进光身电池(无任何商标电池),组织工人贴标生产、包装假冒南孚"聚能环"电池进行销售,最后法院判定其行为构成非法制造注册商标标识罪、销售假冒注册商标的商品罪,数罪并罚。[②]

第三,针对不同的商标法益,构成非法制造注册商标标识罪、假冒注册商标罪数罪。典型情形为,非法制作的包装物形式的商标标识(A商标)本身也是另一种商标(B商标)核定使用的商品。在这一情形下,针对A商标构成非法制造注册商标标识罪,针对B商标构成假冒注册商标罪。但是,非法制作带有B商标的包装物是为了形成A商标标识,两种行为之间具有手段、目的牵连关系,按照较重的罪名定罪处罚。

---

① 参见李某志、巫某非法制造注册商标标识罪案,广东省深圳市中级人民法院(2018)粤03刑终655号刑事判决书。

② 参见《最高人民检察院2016年度检察机关保护知识产权十大典型案例之二》,载正义网,http://www.jcrb.com/jcjgsfalk/dxal/gjc/zhishichanquan/202003/t20200320_2133123.html。

四、商标类犯罪的其他问题

(一)服务商标的入刑及其限制

《刑法修正案(十一)》将服务商标纳入刑事保护范围。但是,纳入刑事保护范围并不当然地意味着服务商标与商品商标在商标类犯罪中获得同等评价,对此有下面几个问题。

1. 服务商标是否可以成为销售假冒注册商标的商品罪、非法制造注册商标标识罪的犯罪对象?《刑法修正案(十一)》明确将服务商标作为假冒注册商标罪的犯罪对象,至于该规定能否默认推及其他商标类犯罪并不明确。首先,服务具有一定的场景依存性,无法像商品一样进行转售,因此服务商标通常不会成为销售假冒注册商标的商品罪的犯罪对象。其次,从操作可行性上来说,服务商标可以成为非法制造注册商标标识罪的对象,但问题在于,非法制造服务商标的行为是否具有足够的社会危害性而值得动用刑法保护?将非法制造注册商标标识的行为单列为一种犯罪行为的原因在于,商标类犯罪是呈产业链分布的,非法制造商标标识属于假冒商标的上游行为,在一个流动性较强的市场经济环境中,这些非法的商标标识很容易进入流通环节,成为商标侵权产业链的一部分。商品商标可以被批量地附着于假冒商品,具有较大的社会危害性;服务商标具有较强的主体依赖性,商标标识制作完成后需要一定的配套服务设施才能进入市场,因而危害性较小,没有刑事规制的必要。

2. 在假冒注册商标罪这一罪名内部,假冒商品商标与假冒服务商标是否具有同等的社会危害性?对此我们分传统服务行业与互联网服务行业进行讨论:(1)在传统场景下,由于服务业是在特定场景下开展并依赖一定的服务主体存在,因此需要投入的侵权成本高,通常不会产生规模化侵权。在这种情况下,若要将服务商标入刑,应该考虑行业的特殊性,选择性地将医疗、教育等事关公共利益的服务行业中的服务商标纳入刑事保护范围,而不是扩张到所有领域。(2)在互联网场景下,传统服务行业迅速实现网络化,由此产生的结果是,服务商标也具备了像商品商标一样在市场交易中的传播力，服务商标侵权行为的社会危害性显著增加，服务商标刑事保护的必要性凸显。

（二）商标侵权的本质以及典型行为的分析

我国刑法对商标类犯罪的规定是较为全面的，从非法商标标识的生产到非法商标标识与假冒商品的结合，再到假冒商品的销售，都设置了相应的罪名。这些罪名虽然所处的市场环节不同，但构成侵权的本质都在于对商标权人所建立的商标与商品之间联系的损害结果或危险。商标权不是一种对商标标识的排他权，而是对商标标识与商品、经营者之间建立的联系的排他权。

1. 假冒注册商标罪中商标使用行为的界定。根据《知识产权刑事解释（一）》第 8 条第 2 款的规定，《刑法》第 213 条规定的“使用”，是指将注册商标或者假冒的注册商标用于商品、商品包装或者容器以及产品说明书、商品交易文书，或者将注册商标或者假冒的注册商标用于广告宣传、展览以及其他商业活动等行为。对于通常的商标使用行为争议不大，问题在于“反向假冒”行为性质的界定。反向假冒是指擅自更换他人商品上的注册商标，并将该更换商标的商品再投入市场的行为。有观点认为该行为只是使用了他人的商品，而没有使用他人的商标，故不应该认定为本罪。如果该行为损害了他人的商业信誉、商品声誉，给他人造成重大损失和存在其他严重情节，应当以损害商业信誉、商品声誉罪论处；如果该行为符合生产、销售伪劣产品罪的犯罪构成，则以生产、销售伪劣产品罪论处。[①] 上述观点的错误之处在于，将商标权狭隘地理解为商标标志本身。反向假冒构成侵权的依据在于，该行为破坏了商标权人依据商标所建立的商业经营场域，变相地窃取了在先商标人的利益。只不过相较于正向的假冒行为，反向假冒所产生的危害性需要慢慢积累才会显现，因而将之排除在刑事规制范围之外亦为合理。

2. 非法制造注册商标标识罪中的问题。前面我们已经对非法制造注册商标标识行为与假冒注册商标行为做了对比分析，在此我们讨论一种特殊情形：将非法制造的注册商标标识用于无标志的正品商品的

---

① 参见张明楷：《刑法学》（第 5 版），法律出版社 2016 年版，第 819 页。

行为是否构成犯罪。在李某非法制造注册商标标识罪案中,被告人李某向案外人吴某进购大量无包装的真品 SKF 轴承,在未经商标权人授权情况下,委托他人制造假冒 SKF 注册商标的轴承纸质包装盒,后将委托制造的假冒包装盒包装在真品轴承上用于销售;被查扣的轴承虽系 SKF 品牌真品,但其自行分装销售的行为,侵害了商标权利人的合法权益,扰乱了市场秩序,构成非法制造注册商标标识罪。[①] 笔者不认可此种判决,理由如下:(1)该行为不会损害商标权人的合理利益。如果行为人用于组装商品的无商标标识的正品商品是从正规渠道获得的,根据“权利一次用尽”原则,这种行为不会对商标权人造成损害。退一步讲,虽然这种行为一定程度上违背了商标权人对商品二次流转的控制,但这种损害是极度轻微的。(2)行为人通过此种方式实施的商标侵权行为成本较高,其只能通过有限的市场机会获取正品商品,且获取正品商品本身需要较大成本,无法大规模实施侵权行为。(3)就非法制造注册商标标识罪来说,该罪属于危险犯的正犯化,法律推定大量非法制作的商标标识会用于制作假冒商品,而将非法制造的商标标识用于正品商品可以视为对危险的消除,是对法律推定的反证。

(三)商标犯罪中主观方面的认定

商标使用场景大多在商业活动中,因此对行为人主观方面的认定需要结合案件事实与证据进行个案分析。目前对主观方面的认定关注较少。有观点认为,参与市场竞争的商标侵权行为人对注册商标与相应商品有明确的认知和了解,对由此带来的市场利益有清晰的判断,在利益驱使下,行为人实施相关商标犯罪行为,掠夺他人市场利益,显然是一种积极追求危害结果的心理状态,符合直接故意的具体内涵,因而商标犯罪中的故意只能是直接故意。[②] 虽然将主观故意限定为直接故意,但这种方式通过犯罪结果推定行为人具有犯罪故意,并且假定行为人了解市场活动,因此会在商标犯罪的认定中产生困难。

---

① 参见《2019 宁波市法院十大知产司法保护案例》,载搜狐网 2020 年 4 月 26 日,https://www.sohu.com/a/391460816_221481。

② 参见邱润根:《商标案件刑民交叉责任的界分步骤》,载《政治与法律》2021 年第 10 期。

当前对主观故意的认定主要是通过行为人的行为、犯罪嫌疑人的供述和辩解，以及其他证人证言等证据进行判断。其中，前者是判断的重点，也是推断行为人是否具有主观故意的关键依据。

【案例】孙某犯假冒注册商标罪案①

【裁判观点】对被告是否具有主观故意的认定应结合其具体的商业行为综合判断

【案情节选】

南京宝庆首饰总公司（以下简称宝庆公司）为“寶慶”、“寶慶银楼”、宝庆二龙戏珠图案注册商标的所有权人。徐某甲与宝庆公司协议约定宝庆公司授权徐某甲在淮安市范围内独家使用“宝庆银楼”品牌，徐某甲可以将宝庆银楼品牌使用于由其投资设立的或参与投资设立的企业的企业名称中，可以在其经营活动中合法使用“宝庆银楼”作为企业名称的缩写或简称。同意并授权徐某甲在江苏淮安市范围内使用“宝庆”及“宝庆银楼”注册商标和字号设立“宝庆银楼”加盟店。徐某甲只能以加盟店形式对外经营，不能以任何其他方式对外经营。徐某甲按宝庆公司要求，视市场销售情况，按照“宝庆银楼商品配送标准”，统一到宝庆公司配货。

2011 年 12 月 28 日，被告人孙某与徐某甲签订协议，该协议约定：徐某甲授权孙某在淮安市楚州区淮安商场珠宝专柜销售使用宝庆银楼品牌，孙某每月必须到南京宝庆银楼总部进黄金饰品，进货量不得少于一公斤。后孙某登记成立“淮安区淮城镇同心珠宝店”。

从 2012 年 1 月 17 日起，被告人孙某先后从南京福麟珠宝有限公司、深圳粤豪珠宝有限公司、深圳玉器批发市场等处购进无品牌的黄金、钻石、彩金及银玉器饰品，并在当地委托他人在所购饰品上打出“寶慶”“千足金”等字样的钢印，又从南京市艾奇工艺首饰包装公司订购了带有“宝庆银楼”及二龙戏珠图案注册商标的包装盒、包装袋、吊牌等物品。后被告人孙某在安徽芜湖家中将从南京、深圳等地购进的黄金等饰品分类、称重，用电脑将产品重量、品名等信息打印到从南京订购的吊牌上，再将吊牌挂到相关饰品上，包装好后运至淮安商场同心珠宝柜

---

① 孙某犯假冒注册商标罪案，江苏省高级人民法院（2014）苏知刑终字第 00010 号刑事判决书。

台进行销售。

2012年1月17日至2013年3月19日,被告人孙某在没有取得宝庆公司授权许可的情况下,累计生产假冒宝庆公司"寶慶"、"寶慶银楼"、宝庆二龙戏珠图案注册商标的饰品共计价值人民币10,485,058.94元。其中,已生产并销售假冒上述注册商标的钻石饰品共计价值人民币935,533元,假冒上述注册商标的银玉饰品共计价值人民币817,813元;已生产但尚未销售的假冒上述注册商标的黄金饰品(1516件,重12,065.25克)共计价值人民币4,801,969.5元,假冒上述注册商标的钻石饰品(482件)共计价值人民币1,610,699.4元,假冒上述注册商标的彩金饰品(325件)共计价值人民币346,203.04元,假冒上述注册商标的银玉饰品(3883件)共计价值人民币1,972,841元。

该案的重点在于孙某是否具有犯罪故意。对此,一审法院、辩护人、二审法院提出了不同的观点:

(1)一审法院认为,徐某甲与宝庆公司签订的两份品牌使用协议并不等同于注册商标专用权转让合同,徐某甲并不能视同宝庆公司注册商标的所有权人,其即使取得了淮安市范围内的独占许可人身份,对于宝庆公司拥有所有权的注册商标,在其与宝庆公司对此并无特别明确约定的情况下,亦无权不经宝庆公司许可,擅自再许可加盟商使用。孙某在明知宝庆公司没有授权其使用本案所涉注册商标的情况下,仍擅自制造、使用宝庆公司注册商标标识并用于其所销售的货物及包装,应当认定其具有假冒注册商标罪的主观故意。

(2)辩护人对此提出不同意见,其认为孙某为一名普通商人,依据他过去一直以来的从事珠宝经营的经历和经验,对珠宝行业一般经营情况和习惯的了解,对徐某甲经营模式的了解,他不存在"明知而为之"的犯罪主观故意,即不存在明知是假冒宝庆公司注册商标的行为,而"希望或放任"该结果发生的主观故意。孙某与徐某甲早就认识,也知道徐某甲为淮安地区"宝庆银楼"品牌的独占被许可人和代理人,孙某是在与徐某甲签订了协议书及缴纳相关品牌使用费、管理费后才开始按照徐某甲原来的进货及销售模式从事经营的,所以孙某与徐某甲签订协议的目的也是取得合法授权,根本无假冒他人注册商标的故意,也无法明知自己的行为会发生危害社会的结果,对危害结果的发生不可能是抱着希望或放任的态度,若要说主观方面存在的问题,充其量是孙某存在“疏忽大意”和“过分自信”的“过错”。

(3)二审法院指出,现有证据尚不足以证明孙某在主观上具备假冒他人注册商标的故意。在本案中,孙某主观上一直希望成为宝庆公司的加盟商,由于徐某甲是淮安地区宝庆品牌的独占被许可人,即宝庆公司自身也不能在淮安地区经营宝庆品牌,故孙某才与徐某甲签订了使用“宝庆银楼”品牌的授权协议。从协议履行的客观情况上看,孙某向徐某甲、吴某支付了品牌使用费,同时,孙某与徐某甲签订的协议书约定“孙某每月必须到南京宝庆银楼总部进黄金饰品,进货量不得少于一公斤”,除此之外,对于孙某并无其他义务约定,而孙某确已按约到宝庆公司总部购进一定数量的黄金饰品,履行了合同义务。从协议履行的主观表现上看,孙某也是持积极履行协议的态度,多次催促吴某至宝庆公司办理授权备案手续。因此,虽然孙某知道其与徐某甲的协议并未获得宝庆公司的授权,其也只能以徐某甲其他三个加盟店的名义去宝庆公司总部进货,即孙某应当知道其加盟店还未被宝庆公司批准,但由于吴某承诺替孙某办理授权手续且同意他经营,孙某本人也多次催促吴某至宝庆公司办理授权备案手续,故不能认定孙某明知其未获得宝庆公司的允许却仍然继续经营,不能认定其具有假冒涉案商标的主观故意。

一般而言,对被告是否具有主观故意的认定要结合案情与证据进行推断。本案一审法院释明了宝庆公司(商标权人)、徐某甲(独家许可人)、孙某(加盟商)的关系,但对孙某是否具有主观故意的判断超出了孙某与徐某甲协议约定的加盟关系。如上所述,对犯罪嫌疑人主观目的的判断不能仅从结果出发,也不能因为犯罪嫌疑人处于相关的商业交易活动中就假定或推定其具有主观故意。虽然孙某明知或应知自己的加盟店并未被商标权人宝庆公司批准,客观上确实未经商标权人许可实施了“假冒行为”,但孙某作出行为判断的基础不能完全地由果推因。除结果外,还有其他很多因素可作为参考依据。从孙某履行合同的多种情况来看,其均无明显假冒注册商标的意图。因此,这明显不属于“直接故意”的范畴。而对于孙某是否构成间接故意,二审法院也采取了比较谨慎的认定态度。间接故意的核心是“放任”,这种放任是行为人在明知自己的行为可能发生特定危害结果的情况下，为了达到自己的既定目的，仍然决意实施这种行为，对阻碍危害结果发生的障碍不去排除，也不设法阻止危害结果的发生，而是听之任之，自觉自愿地听任危害结果的发生。[①] 本案中，二审法院也明确提到，孙某除积极履行合同外，本人也多次催促吴某替他办理授权手续。显然其希望得到宝庆公司的合法授权。这种情形并不属于间接故意所指的"对危害结果听之任之"的情形。此外，二审法院也认可行业内对于加盟商可否自行进货并贴附商标的认识不统一，做法也不一致，因此孙某的行为是否属于犯罪行为尚且存疑。

这种结合商业交易习惯、行为人商业经营行为、行业通行做法与认知判断犯罪嫌疑人是否具有主观故意的做法能够很好地弥补上述从结果推断故意的缺陷，从证据层面提高了故意证明的要求，也符合商标侵权与商业交易密切联系的特征。本案二审法院的认定思路拓宽了商标犯罪主观认定可供适用的事实范畴。

第四节　商标类犯罪情节严重的认定

除了对行为样态的定性规定外，我国《刑法》对商标类犯罪成立要件的定量表述为"情节严重"。围绕"情节严重"的认定，相关司法解释进行了细化，如表 5－3 所示。

表 5－3　商标类犯罪情节严重的认定

罪名	情节严重	情节特别严重
假冒注册商标罪	(1)非法经营数额在 5 万元以上或者违法所得数额在 3 万元以上； (2)假冒两种以上注册商标，非法经营数额在 3 万元以上或者违法所得数额在 2 万元以上	(1)非法经营数额在 25 万元以上或者违法所得数额在 15 万元以上； (2)假冒两种以上注册商标，非法经营数额在 15 万元以上或者违法所得数额在 10 万元以上

① 参见高铭暄、马克昌主编：《刑法学》，北京大学出版社、高等教育出版社 2019 年版，第 106 页。

续表

罪名	情节严重	情节特别严重
销售假冒注册商标的商品罪	(1)销售金额在5万元以上； (2)尚未销售，货值金额在15万元以上； (3)已销售金额不满5万元，但已销售金额与尚未销售的货值金额合计在15万元以上	销售金额在25万元以上
非法制造、销售非法制造的注册商标标识罪	(1)非法制造或销售商标标识数量在2万件以上，或者非法经营数额在5万元以上，或者违法所得数额在3万元以上； (2)非法制造或销售两种以上注册商标标识数量在1万件以上，或者非法经营数额在3万元以上，或者违法所得数额在2万元以上； (3)尚未销售商标标识数量在6万件以上； (4)尚未销售的两种以上注册商标标识数量在3万件以上； (5)部分销售商标标识，已销售标识数量不满2万件，但与尚未销售标识数量合计在6万件以上； (6)部分销售两种以上注册商标标识，已销售标识数量不满1万件，但与尚未销售标识数量合计在3万件以上	(1)非法制造或销售商标标识数量在10万件以上，或者非法经营数额在25万元以上，或者违法所得数额在15万元以上； (2)非法制造或销售两种以上注册商标标识数量在5万件以上，或者非法经营数额在15万元以上，或者违法所得数额在10万元以上

从表5－3中可以看出，衡量商标类犯罪情节严重的核心是“非法经营额”“违法所得额”的计算，因此，在这一部分我们将围绕上述数额计算过程中的问题进行分析。

一、犯罪数额标准的性质

假冒注册商标行为达到情节严重程度的数额标准之一是“非法经营额在5万元以上”，该5万元的性质存在争议。这是每一个知识产权犯罪认定过程中都会遇到的问题。按照该数额标准在阶层犯罪论中所处的位置来看,有“构成要件说”“犯罪行为既遂说”“刑事违法性说”三种观点。

第一,构成要件说。入罪数额标准在犯罪构成中的构成要件层面起作用,5 万元是一个构成要件要素。在以数额较大作为罪量要素时,没有达到数额较大的标准就不构成犯罪。① 这也就意味着,非法经营数额只有达到 5 万元这一标准,该侵权行为才会进入刑法规范的视野。构成要件说的好处在于可以较为客观地量化侵权行为的社会危害性,明确区分罪与非罪的界限。② 然而,采用构成要件说意味着我们对侵权数额的观察是“块状”的,行为人的犯罪数额达到一个 5 万元后进入刑法视野,再达到另外一个 5 万元后再次进入刑法视野。块状的数额认定方式存在下述缺陷:(1)只有当侵权数额达到入罪数额标准以后刑法才能对其展开判断,小于该数额的侵权数额不具有累积性,这会导致大量分散在一个较长时间段内的单次犯罪逃脱法律制裁,刑法产生了评价的空缺;(2)达到入罪数额标准以前的侵权行为只能由民事法进行评价,达到入罪数额标准的侵权行为才能由刑事规范进行评价,这相当于人为地将民事评价与刑事评价割裂为两个不相关的部分。民事侵权层面的违法性无法作为犯罪层面违法性的支撑,民事评价与刑事评价之间不再具有评价意义上的统一性。

第二,犯罪行为既遂说。与仅仅聚焦于构成要件层面的构成要件说相反,犯罪行为既遂说是从整体的犯罪行为是否完成的宏观角度来对数额标准进行评价的。按照犯罪行为既遂说的观点,若侵权数额在 5 万元以下,则该行为属于犯罪未遂。犯罪行为既遂说存在逻辑上的错误。首先,把未达到入罪数额标准的侵权行为视为未遂,混淆了与真正的未遂行为之间的区别。从行为完成与否的角度来看,真正的未遂行为是指行为人生产了相应产品、销售者购入了相应产品,但是并未实际售出获得销售收益的行为。③ 以销售假冒注册商标的商品罪为例,典型

① 参见蒋志培主编:《专利商标新型疑难案件审判实务》,法律出版社 2007 年版,第 22 页。

② 参见李兰英、高扬捷等:《知识产权刑法保护的理论与实践》,法律出版社 2018 年版,第 185 页。

③ 参见何秉松主编:《刑法教科书》(下卷),中国法制出版社 2000 年版,第 742 页。

情形为行为人已经实施假冒商品的生产行为,但假冒注册商标的商品有待销售。其次,犯罪行为既遂说会得出“没有达到数额标准的行为属于犯罪未遂”的结论,也就将原本因为达不到数额标准而不属于犯罪的行为视为犯罪行为,由此不当地扩大了刑罚的处罚范围。

第三,刑事违法性说。刑事违法性说构建了“一般违法性 + 可罚违法性 = 刑事违法性”的双层结构。[①] 一般违法性是指前置法对犯罪行为的评价,可罚违法性是指犯罪论体系中违法性层面的评价。[②] 构成要件该当性中的违法评价与违法性层面的违法评价是有区别的,前者与前置法相同,后者体现了刑法的独立判断。[③] 以商标类犯罪为例,在商标权侵权行为与构成要件中类型化的实行行为重合的范围内,依据商标法规范进行的违法性判断被刑法接受,侵犯商标权的民事违法行为等价于刑法中的一般违法行为。刑事违法性说将入罪数额标准视为“满足一般违法性的侵权行为进一步具备刑事违法性”的条件。依照此种观点,在一个侵权案件中,侵权数额虽然不足 5 万元,但该侵权行为仍然是(形式上)符合构成要件的行为,只不过因达不到标准而不符合(实质的)违法性评价。

在民事与刑事二元救济的背景下,将财产犯罪的违法性进行一般违法性与可罚违法性的划分是不可避免的,这既为民事与刑事的区分提供了可能的量化限度,也为民事和刑事的统一评价提供了一个共同的价值标准。我们在构成要件层面对侵权数额的认定与民事侵权数额的认定是一致的,在违法性层面的数额认定则与民事侵权数额的认定相异。入罪数额本身并不是刑法所要保护的法益,数额仅仅是反映前置法所保护的法益受侵害的严重程度的一种信号机制。当数额达到一定标准,刑法则依据该种信号而启动。入罪数额标准的刑事违法性说正满足了这种评价机制,实现了民事法与刑事法在违法性评价过程中同一性与差异性的辩证统一。

---

① 参见王昭武:《法秩序统一性视野下违法判断的相对性》,载《中外法学》2015 年第 1 期。

② 参见[日]大塚仁:《犯罪论的基本问题》,冯军译,中国政法大学出版社 1993 年版,第 128 页。

③ 参见陈兴良:《教义刑法学》,中国人民大学出版社 2017 年版,第 170 页。

二、实际售价、市场中间价与正品价格之间的选择

在计算商标类犯罪的违法所得额或非法经营额时，不可避免地会面临采用哪一计价依据的问题。实际售价、市场中间价和正品价格这三种依据都各有依据。为了弥合其中的分歧，我们需要结合具体的生产经营过程进行分析。正品价格是权利人立场上的一种定价机制，其所代表的是商标权人基于市场需求以及自身产品品质的价格认知。实际售价是侵权人立场上的一种价格基准，反映的是侵权人在侵权行为中的实际获利水平。恰当的计价依据应该介于实际售价与正品价格之间，既能反映权利人遭受的利益损失，也能对侵权人形成恰当威慑。市场中间价是在决策信息不充分的情况下采取的一种较为简易的折中方式。在这一部分，我们将尝试分析影响计价基准在实际售价和正品价格之间摆动的因素。

(一)商标权人为建立和维系商标所投入的成本

从填平原则的角度来说，侵权数额的计算至少要反映商标权人为建立和维系商标所投入的成本。商标权人为建立和维系商标所投入的成本越多，市场价格就越高，在计算侵权数额时就应该更趋向正品价格。理论如此，但是依据权利人的品牌建设成本对侵权数额进行调整有两点困难：(1)不同行业以及不同地域之间的品牌投入成本具有较大的差异，且不同市场主体对自身品牌的价值评估具有较强的主观性，难以进行客观衡量；(2)商标维系成本是一个企业的系统性工程，投入周期长，变动性大，对某一阶段投入成本的计算难以确定。基于长期司法实践的经验总结，我们可以将不同行业中的品牌建设成本予以类型化，确定不同细分行业的平均成本。当某一行业的品牌推广成本较高，且其行业利润率较低的时候，就应该采用趋向正品价格的计价基准。

(二)商标权人的经营能力

权利人对知识产权利益的实现存在边际交易成本，随着边际成本的增加，其实现可能性逐渐变小，直到边际成本大于边际收益，此时实

现可能性丧失。[①] 在具有实现可能性的限度之内,实现可能性越高,意味着权利人因侵权遭受损失的确定性越大,在选择计价基准时就越应该偏向正品价格。下面我们分两种不同的商业经营模式讨论商标权人经营能力对价格基准选择的影响。

1. 正品价格与市场中间价大致相当的情况下权利人经营能力对价格基准选择的影响。由于侵权人无需承担品牌建设成本,其实际销售价格要低于市场中间价。如果要采用市场中间价作为计算侵权数额的计价基准,权利人应该证明:侵权人所销售的这一部分产品,我(权利人)有足够的经营能力按照市场中间价将其转化为自身的销售收入。这意味权利人在相关市场上具有不可替代性和较小的需求弹性,由此产生的销售收入具有一定程度的稳定性。这种销售收入实现的稳定性越高,数额认定的裁判基准就越向市场中间价靠拢。"在现有证据无法证实假冒注册商标的商品售价的情况下,不应简单地以被侵权产品的市场中间价作为认定标准,而应考虑两数额之间的差距,从罪责刑一致的角度出发,合理确定销售额。"[②]此处所提到的两数额之间的差距其实就是一个裁判的弹性空间,当权利人有百分之百的可能将侵权人的销售份额转化为自己按照市场中间价计算的销售份额时,就可以按照市场中间价来确定侵权人的侵权数额。也就是说,虽然侵权人的实际售价确实低于市场中间价,但是因为侵权人实现的销售份额在权利人的经营能力范围内,因此侵权人实际违法所得额就需要提高以等价于权利人的损失。

2. 正品价格远高于市场中间价的情况下权利人的经营能力对价格基准选择的影响。正品价格远高于市场中间价尤其表现在奢侈品领域,也即某些具有较高品牌价值的商品的销售价格是远高于同类产品的,相应地这也造成了其受众群体较小。然而,受众群体小并不意味着权利人的经营能力较弱,对权利人的经营能力的衡量不应简单以消费

---

① See Wendy J. Gordon, *Fair Use as Market Failure: A Structural and Economic Analysis of the Betamax Case and Its Predecessors*, 82 Columbia Law Review 1600 (1982).

② 王利民、刘秋雨:《假冒注册商标罪中"非法经营数额"的司法认定与思考——被告单位上海祥运箱包有限公司等假冒注册商标罪案》,载张斌、单晓光主编:《知识产权案例精选(2015—2016)》,知识产权出版社2020年版,第206页。

者的群体规模为依据,而是应该结合具体的商业模式和经营策略进行分析。与薄利多销的销售模式相反,具有较高品牌价值的商品可能会采取厚利少销的策略。该种策略的实现需要一种社会氛围支撑,即消费者认可该奢侈品的品牌价值。这种社会氛围的形成是依靠高额的推广费用、较高的产品品质(尽管性价比可能不高)、较窄的销售范围和较高的价格等实现的。侵权者以较低的价格销售该种知识产品,尽管在短期内不会抢占权利人的市场份额,但是会破坏权利人在特定的区域和时间范围内培育的市场氛围,从而损害该产品的品牌价值。此时,在权利人对其品牌进行维护的经营能力范围内,依据侵权人之侵权行为对权利人的品牌价值所造成的损害程度的大小,可以适度调高侵权数额计算的价格基准。需要注意的是,该种经营模式必须是权利人在商业竞争背景下实现商业目的的一种正常商业策略,且没有损害该产品消费群体的正当利益。该产品如果缺乏相关的市场代替品,以至于使消费者被强制以高价购买,则该种品牌效应产生的收益就属于垄断收益,不应予以保护。

(三)侵权过程中产生的利益损耗

造成正品价格与侵权产品实际售价差异的另一个重要原因是行为人实施侵权过程中的损耗。具体而言,由权利人可能得到的市场收益向侵权人违法所得转化的过程中,并不是权利人损失一点,行为人就会多得一点,其中涉及利益强制转移过程中发生的损耗,这种损耗既可能表现为利益向第三人的流转,也可能表现为因经营者与消费者之间产生的不信任而造成的品牌价值减损。在侵权过程中发生的损耗,品牌价值的损耗由侵权人负责没有异议。问题在于,流向消费者的利益是否纳入侵权数额的计算范围。权利人的应得利益部分地由消费者获得,会导致消费者福利的增加,因此并不具备很强的危害性。但是以他人之可能实现的利益去满足消费者的效用并非侵权人刻意追求的结果,该结果打击了权利人的创新积极性,最终也会损害消费者的效用。从预见能力的角度来说,侵权人能够以更低的成本预见该种可能的损失,其自愿承担了市场中的这种分配性利益损失的风险,因而理应承担该部分损失。《知识产权刑事解释(一)》第 4 条对“假冒专利罪”的入罪数额标准的设置就考虑了此种损耗,具体表现为,入罪标准中的"权利人损失额"要大于"非法经营额"和"违法所得额"。也就是说,司法解释通过调低"非法经营额"和"违法所得额"降低了入罪数额标准。综上,侵权人需要对侵权过程中发生的损耗负责,损耗越大,越需采用较高的价格基准以反映其侵权行为的危害程度。

三、毛利润与净利润的选择

确定价格基准以后,另一个需要解决的问题是,在计算侵权数额时应按照侵权人获利的毛利润还是净利润。毛利润的计算不需要扣除侵权成本,对侵权人不利;净利润需要扣除成本,一定程度上会使侵权人"钻空子"。

从生产经营的角度来看,有关采用毛利润标准还是净利润标准的争议与侵权人自有投入的多少有关。自有投入越高,其净利润与毛利润的差额越大,认定中的争议也就越大。支持采取毛利润标准的观点认为,侵权产品的市场需求如果全部由权利人满足,那么当权利人扩大生产量时,一部分管理费用并不会因为产品销量的增加而产生等比例的变化,也就是说权利人并不会增加投入这些费用,因此在"利润"的计算上不应扣除这些对权利人来说没有增加的费用。[①] 这是从重复投资(浪费投资)的角度来说明计算毛利润的合理性。然而,就市场竞争而言,重复投资是不可避免的,只要该重复投资是以正当手段进行的且该种竞争产生的市场效益能够弥补该重复投资即可。并且,一味地采用毛利润的计算方式将激励侵权人涌向纯利高、前期投资低的行业,离开纯利低、前期投资高的行业。通常而言,前期投资高的行业往往是蕴含着创新潜力的行业。毛利润标准会造成一些需要高投入的行业的侵权预期成本提升,阻碍创新。解决这一问题的关键仍在于对各项成本进行区分。有学者认为,违法所得额的计算原则上应当扣除直接成本,如生产假冒注册商标商品的原材料,而人工工资、水电费、犯罪工具费用

---

① 参见张鹏:《商标侵权损害赔偿数额计算的现状与展望》,载《知识产权》2021 年第 5 期。

等不宜扣除。[①] 这从形式上对经营成本进行了区分。依据自有投入对犯罪的作用,我们可以作进一步的实质区分:(1)若该自有投入是为实现非法目的服务,则该种投入将被计算进利润(采用毛利润)。刑事数额认定是与行为人的犯罪行为及其结果挂钩的,主要功能之一是对行为人形成有效威慑,而行为人为实施犯罪所投入的成本是行为人在计算成本收益的基础上决定的,这意味着行为人实施犯罪的收益可以弥补该犯罪投入。为形成有效威慑,必须将该成本予以考虑。(2)若该自有投入有其自身的正当目的,则该部分投入不具备刑事违法性,因而不应算入刑事数额。在司法实践中也有此种裁判倾向。在采用毛利润标准的案件中,审理法院认为,如果在计算侵权人获利时将该部分产品的运营成本予以扣减,则无异于将生产涉案商品等同于正常的生产经营活动,忽略了行为本身的违法性;[②]在采用净利润标准的案件中,审理法院认为,侵权人因侵权所获得的利益一般按照侵权人的营业利润计算,对于完全以侵权为业的侵权人,可以按照销售利润计算。[③] 这里其实是对侵权成本做了一种区分,完全以侵权为业意味着侵权部分占经营比重高,侵权人为经营所投入成本很大程度上都是为侵权服务的;而不完全以侵权为业,则意味着侵权人投入的成本除了产生侵权结果,还有其他社会正效益。当然,即便因为该自有投入有其正当目的而否认刑事违法性,也不排除其计入民事损害赔偿的数额中的可能,由此实现不同部门法的区分对待。总结而言,法律所允许的风险是为正当目的而伴生的、在合理限度之内的风险,而为了实现非正当目的所产生的风险,侵权人对该风险进行包装以掩盖其非法性的行为是不被允许的。

---

① 参见李薇薇:《关于侵犯知识产权犯罪追诉标准的思考》,载微信公众号“人大版权”2021 年 6 月 27 日。

② 参见金民珍、胡嘉祺、戚继敏:《商标侵权判定的适用前提及赔偿数额认定规则——恒源祥(集团)有限公司与彪马(上海)商贸有限公司等侵害商标权纠纷案》,载张斌、单晓光主编:《知识产权案例精选(2015—2016)》,知识产权出版社 2020 年版,第 100 页。

③ 参见邵勋、袁田:《企业英文名称的司法保护——江苏天容集团股份有限公司诉湖南昊华化工有限责任公司擅自使用他人企业名称纠纷案》,载张斌、单晓光主编:《知识产权案例精选(2015—2016)》,知识产权出版社 2020 年版,第 167 页。

第五节　商标民事侵权与犯罪的界分

前文对商标类犯罪涉及的基础问题进行了分析，可以发现，在商标类犯罪的认定中，区分商标民事侵权与犯罪十分重要。在这一部分，我们将对商标侵权过程中的几个市场指标进行分析，以明确在何种情况下，对商标权的侵权行为会严重危及市场经济秩序，适用刑事救济；在何种情况下，仅仅作为普通侵权适用民事救济。

商标类犯罪属于情节犯，目前衡量情节严重与否主要依据侵权数额的多少。认定侵权数额主要有“侵权人违法所得”与“非法经营额”两种标准，前者直接计算侵权人从侵权行为中获利多少，后者则通过对整个经营过程的评估间接确定侵权数额。在商业模式较为简单的情况下，侵权人违法所得的计算仍然是可行的。然而，一旦商业模式变得复杂，违法所得额作为一种纯粹的后果评价指标不再具有对这一侵权过程的评价能力。与此相反，非法经营额不是对“侵权人获利”这一结果的直接评估，而是通过对整个经营过程的评估间接地证明侵权人违法所得的存在，相当于通过模糊化的方式将整个经营过程纳入了因果证成的过程，因而规避了“违法所得额”认定过程中因果关系直接成立的难题。在司法实践中，“非法经营额”也取代“违法所得额”成为主要的认定依据。但是，非法经营额的计算方式较为笼统，一般来说，并不是所有的非法经营额都属于违法所得，更不一定属于具备刑事违法性的违法所得。因此，《知识产权刑事解释(一)》第1条在违法所得额与非法经营额的入罪标准上设置了一个差额。然而，这种粗略的差额设置无法反映非法经营额之“非法”所在，唯有将目光聚焦于非法经营额中的“非法经营”而不是数额，非法经营额的违法性含义才能体现。下面我们从“犯罪过程中被侵犯知识产权对侵权行为的贡献率”“犯罪后侵权人对权利人的赔偿率”这两个指标来切入，明确非法经营的“非法性”所在，从而将不具有刑事违法性的数额排除在外。

一、事前角度:涉案知识产权对经营额的贡献率

有些商标侵权案件的裁判指出,应综合考量涉案标识对侵权人盈利的贡献度等因素,在严格保护的同时注重比例协调,合理确定赔偿金额。[①] 贡献率是指被侵权的知识产权对侵权人获利所起作用的大小,反过来说就是看侵权人自有投入的比率。被侵权商标的贡献度低也就意味着侵权人在经营过程中的其他投入(如自有品牌的培育)相对较高,这反映了其正常经营的意愿,也产生了正的社会效益。[②] 将贡献率较低视为限缩非法经营额的一个依据,意味着法律威慑的重点从"侵权行为"转向"侵权行为 + 侵权结果的实现",从而提升了法律威慑的精准程度。

涉案知识产权对非法经营额贡献率的大小直接体现着侵权行为在多大程度上窃取了原本属于权利人的市场利益。涉案知识产权对非法经营额的贡献率越高,越意味着该种侵权行为是一种纯粹的分配性利益的转让行为,其产生的生产性效益就越少。不具有生产性质的纯粹利益转移行为是无效率的:其一,该种利益转移本身在转移的过程中会产生损耗;其二,纯粹的利益转移行为引发了一种懒惰的社会激励,对"不合理的纯粹利益转移行为"的容忍将导致社会投资流向不会产生任何正效益的非生产领域(寻租成本),创新的环境将受到破坏甚至消失。因此,要构成刑事犯罪,要求被侵犯的知识产权对非法经营额有足够高的贡献率,这佐证了该经营行为纯粹是一种对分配性利益的窃取行为,其自身无助于生产力的提高。贡献率高意味着刑事违法性成立的可能性高,这一点没有疑问。接下来我们需要进一步思考,贡献率低是否就

---

① 参见邵勋、袁田:《注册商标与企业名称权利冲突的司法判定——上海国福龙凤食品有限公司与宁波龙凤食品有限公司、上海亿阳食品有限公司侵害商标权及不正当竞争纠纷》,载张斌、单晓光主编:《知识产权案例精选(2015—2016)》,知识产权出版社 2020 年版,第 89 页。

② 参见杜灵燕:《次商标的侵权判断及赔偿金额的认定——利惠公司诉杭州洪业服饰有限公司、坚持我的服饰(杭州)有限公司等侵害商标权纠纷案》,载张斌主编:《浦东法院知识产权精品案例集:纪念浦东法院知识产权"三合一"审判 20 周年》,法律出版社 2016 年版,第 101 页。

意味着没有刑事违法性？通常来说，贡献率低就意味着该侵权行为对权利人的影响较小，该侵权行为从权利人处攫取的知识产权价值较低。但这并不绝对，贡献率低的直接原因是在侵权过程中侵权人的自有投入比例较高，因此我们需要判断这种自有投入的性质。如果不考虑自有投入的性质，相当于对知识产权的犯罪认定采用了一种比例制数额。侵权人可能通过提高自有投入的比例来消减违法性，固定的数额标准失去威慑力。在无法精确测量侵权人自有投入的性质的情况下，当下采用固定数额的入罪标准仍是一种可行的选择。固定数额的入罪标准形成了对投机行为的威慑，当然代价是对一些创新投资形成了不恰当的打击。

二、事后角度：侵权人对权利人的赔偿率

在前文的分析中，我们通过贡献率这一指标将具备合法目的的投入排除在犯罪数额的计算之外。但是，单凭贡献率一个指标无法形成对违法性扩张的有效控制，突出表现为：在某一新事物的发展初期，其是以非法的（或至少不是法所倡导的）面目出现的。[①] 赔偿率是指侵权行为发生后，权利人诉诸私力救济、民事诉讼、行政程序以及刑事程序后，最终得以获得有效赔偿的概率。侵权人对权利人的赔偿率包括"起诉成功率"和"侵权人的赔偿能力"两部分。赔偿率这一指标可以进一步限缩刑罚的适用范围：虽然某一新事物因具备危害性而被认定具有违法性，但只要该风险处于实时可控的状态（赔偿率很高），就可以通过非刑罚手段来处理。

（一）起诉的成功率（捕获率）对违法性认定的影响

对于刑罚的适用来说，最关键的两个指标是损害的大小和捕获率。假设犯罪所得为 G，被抓获的概率为 P，刑罚严厉程度为 S，只有当 G≤

① 参见［德］尼克拉斯·卢曼：《法社会学》，宾凯、赵春燕译，上海人民出版社 2013 年版，第 162 页。

PS,也即犯罪的预期收益小于预期成本时才能促使理性犯罪人放弃犯罪。[①] 捕获率的大小往往决定着一个侵权行为是属于民事侵权还是刑事犯罪。[②] 从这一视角来看,我们可以把惩罚性赔偿统一进救济方式的选择中来。若不考虑其他因素,惩罚性赔偿的计算即在权利人实际损失或侵权人实际所得的基础上乘以侵权被发现概率的倒数。[③] 有判决指出,应高于合理使用费判定损害赔偿额,如此才能弥补因起诉概率问题带来的赔偿差额。[④] 根据现行立法,惩罚性赔偿的倍数通常是在1倍以上5倍以下。这也就意味着在惩罚性赔偿的案件中,发现侵权的概率不能低于1/5(5倍的倒数)。相应地,一个案件要构成刑事案件,在其他诸如危害性大致相当的情况下,捕获率要低于1/5。甚至为了使刑事案件与民事案件拉开差异,捕获率要求可进一步下降。

如果现有的数额认定体系不反映捕获率,则会造成司法资源的错误配置:捕获率高的犯罪更多地进入司法程序,而捕获率低的犯罪难以获得有效威慑。总结而言,刑事手段针对的是那些捕获率低的侵权行为。在公权力(刑事程序)的辅助下,侵权人获得制裁的概率恢复至与普通侵权大致相同的水平。对捕获率的判断,可以将上一步中从经营额中区分出来的非法经营投入进一步区分为"为实现侵权的投入"和"为逃避制裁的投入",如果侵权人采取了较多的措施隐蔽自身的侵权行为,则意味着捕获率的下降。此种为掩盖侵权所投入成本的多少,反映的正是侵权人对自身行为所可能招致的处罚严厉程度的预期,因而也就反映了该侵权行为的违法性程度大小。

(二)侵权人的赔偿能力对违法性认定的影响

行为人事后的积极赔偿能否作为减轻刑事违法性的依据?依通常观点,行为人对受害人的赔偿问题是犯罪完成后发生的,并不能影响犯

---

① 参见魏汉涛:《罪刑关系的反思与重构》,载《政治与法律》2019年第4期。

② 参见桑本谦:《从要件识别到变量评估:刑事司法如何破解"定性难题"》,载《交大法学》2020年第1期。

③ 参见[美]罗伯特·考特、[美]托马斯·尤伦:《法和经济学》,史晋川等译,格致出版社、上海三联书店、上海人民出版社2012年版,第247页。

④ 参见娱乐壹英国有限公司、艾斯利贝克戴维斯有限公司与北京途歌科技有限公司侵害美术作品著作权纠纷案,北京互联网法院(2018)京0491民初1045号民事判决书。

罪违法性的大小，至多只能作为量刑过程中的一个次要考量因素。也有观点认为，侵犯知识产权犯罪中受害人的主要诉求在于经济赔偿，因此，在受害人通过民事救济或行政救济获得了充分的赔偿以后可以减少刑罚的适用。[①] 笔者倾向于认为，侵权人的赔偿能力可以影响犯罪成立与否，或影响犯罪行为是否具有可罚性。若想在违法性层面让赔偿能力发生作用，该指标必须成为犯罪过程中的征表（虽然该征表是在事后体现出来的，但其已经蕴含于犯罪之时）。侵权人的赔偿能力并非一个静态的数据，而是侵权人经营状况的表现。根据功能责任论的观点，责任并非固定不变，行为人可以通过犯行前后的行为来增大或者减少责任。[②] 侵权人具有较高的赔偿能力说明：（1）侵权人并非纯粹以侵权为业（被侵犯知识产权的贡献率低），其在经营过程中有自己的正当的经营收益。若侵权人纯粹以侵权为业，其所得利益皆为违法所得，再扣除犯罪投入成本，行为人很难有完全填平权利人损失的能力。（2）获得赔偿的可能性高说明侵权人具备持续经营能力，因而其隐蔽性也相对较差，这又对应着较高的捕获率。总结而言，赔偿能力可以作为判断贡献率与捕获率的一个辅助指标，从而起到排除或减轻刑事违法性的作用。这一规则在司法实践中有较为明显的体现。就现有的假冒注册商标的刑事案件来说，完全以假冒为业的案件几乎占到了上网案例的百分之百；虽然少部分案件中行为人也对自有品牌做了一定的投入，但相较于案件整体性质而言，其正面作用是微乎其微的。

① 参见陈聪：《侵犯知识产权刑事犯罪入罪门槛问题研究》，载《法律适用》2016 年第 12 期。

② 参见冯军：《刑法中的责任原则——兼与张明楷教授商榷》，载《中外法学》2012 年第 1 期。

第六章　侵犯著作权罪专题研究

第一节　侵犯著作权罪概述

一、条文演变

我国刑事立法上规定侵犯著作权和与著作权有关权益的犯罪始于1994年的一个单行条例——《关于惩治侵犯著作权的犯罪的决定》(已失效)。[①] 该决定第1条规定了“侵犯著作权罪”,第2条规定了“销售侵权复制品罪”。其中,侵犯著作权罪明确规定了“以营利为目的”“侵犯著作权”“违法所得数额较大或者有其他严重情节”“其他作品”等要件。销售侵权复制品罪明确规定了“以营利为目的”“销售明知是第一条规定的侵权复制品”“违法所得数额较大”等要件。1997年《刑法》将上述决定的内容稍作修改,纳入《刑法》。此后直至2020年,《刑法修正案(十一)》才对两个罪名做出修改。

《刑法修正案(十一)》对侵犯著作权罪与销售侵权复制品罪作出了较大修改。其一,扩大了被保护作品的范围。侵犯著作权罪明确列举出美术、视听作品两种作品类型以及规定法律、行政法规规定的其他作品均受保

---

① 参见陈兴良:《知识产权刑事司法解释之法理分析》,载《人民司法》2005年第1期。

护。销售侵权复制品罪的作品范围与其相同。其二,增加侵权行为类型。侵犯著作权罪增加"通过信息网络向公众传播"这一侵权行为类型与"复制发行"并列,并增加"规避权利人设置的技术保护措施"这一侵权行为类型。其三,增加对邻接权的保护。这一点体现在两方面:一是主条文中指出"侵犯著作权或者与著作权有关的权利的";二是增加对表演者的复制、发行及信息网络传播权的保护。

《刑法修正案(十一)》对著作权犯罪的修改在部分国家或地区的立法中也有类似踪迹可循。例如,我国香港地区《版权条例》第118条2B款明确将音乐声音记录(a musical sound recording)与音乐视像记录(a musical visual recording)(2007年增补)作为著作权刑事保护的范畴。

从条文内容的演变来看,著作权刑事保护的范围明显扩大,而《刑法修正案(十一)》对著作权犯罪的修改也回应了知识产权刑事保护政策与实践需求。

二、罪名功能

罪名的功能直接影响对罪名的理解与对构成要件的解释倾向。关于罪名的功能,目前存在三功能说(概括功能、评价功能、威慑功能)、四功能说(评价功能、区分功能、威慑功能、教育预防功能或概括功能)等不同主张。[①] 从刑事司法的角度来看,罪名的功能主要在于评价犯罪与否、区分此罪彼罪两个方面,除此之外,对于著作权刑事案件而言,部分司法判决还有影响今后判决与司法实践,甚至行业走向的可能性。

但这并不意味着司法必然能够承担起激励创新与促进作品传播的职能。著作权刑事保护的根本目的应被限定于通过刑事手段震慑犯罪行为,进而为著作权制度的良好运行(如避免投资预期无法实现)保驾护航。短期来看,刑事手段的介入或许无法直接起到预期的激励创新、促进作品传播的效果。但这种根据效果或结果决定手段的司法策略需要进一步的细化与调整。因此,应当重新界定刑事司法保护手段的作用。

---

① 参见喻海松:《罪名司法确定的实践逻辑与理论探究》,载《法学》2021年第10期。

具体而言,一方面,刑事保护仅是司法保护的一部分。如果仅从保护效果考虑,并非只有刑事保护这一种手段可供选择。在我国民事、行政、刑事三位一体的保护格局下,如果过分强调刑事保护反而会造成"民刑倒挂"、架空行政,进而出现背离规范目的,甚至规范悖反等现象(如寒蝉效应)。著作权与作品、传播技术密切关联,作品的传播、传播技术的发展同样十分重要,但这显然不是司法实践,至少不是能够在每一起案件中都能关切到的问题。另一方面,在具体的司法实践中,法官既无法详尽了解技术问题(尤其是技术发展趋势),也无法决定具体的行业发展走向,其能做的只有依据法律对个案作出裁判。因此,侵犯著作权罪的法律目的最终依然要通过司法的能动性实现。对此有学者直言:法官们经常在促进产业发展与维持利益平衡中殚精竭虑,但又屡屡在解决由科技创新和产业发展带来的著作权难题中贡献和展现司法智慧,创造了一系列裁判的路标和丰碑,不断推动著作权保护理念创新、法理创新和制度创新。①

三、体系关联

从法律规范体系的关联来看,《刑法》第 217 条侵犯著作权罪与第 218 条销售侵权复制品罪均为著作权犯罪。在构成上,第 218 条部分以第 217 条为前提,即销售第 217 条规定的侵权复制品。这一规定自罪名出现以来就一直存在。在行为类型上,第 218 条明确规定该罪名的行为为"销售"行为,第 217 条则规定了"复制发行""出版""通过信息网络向公众传播""规避权利人设置的技术措施"四类犯罪行为。

侵犯著作权罪有可能与其他罪名产生竞合。例如,对于复制、销售有严重政治问题的非法出版物的行为不能以侵犯著作权罪论处,应根据其危害性质及其程度以非法经营罪或煽动分裂国家罪、煽动颠覆国

① 参见孔祥俊:《著作权立法与司法的产业利益之维》,载《社会科学辑刊》2021 年第 6 期。

家政权罪等定性。[①]

此外,还要明确侵犯著作权罪、销售侵权复制品罪和侵犯著作权民事侵权与行政违法之间的关系。《著作权法》第 53 条规定了有侵犯著作权行为的,应当追究民事责任;有侵权行为且同时损害公共利益的,由主管部门处理;侵权行为构成犯罪的,追究刑事责任。[②] 这是前置法中侵犯著作权罪的依据之一。同时,侵犯著作权罪中规定的"法律、行政法规规定的其他作品"并不是所谓的"兜底条款",对其他作品类型的认定并不必然掌握在刑事法官手中。因为著作权属于一种法定权利,如果一种所谓新的作品形式并不被《著作权法》《著作权法实施条例》等法律、行政法规作为一种作品类型予以保护,则不在该条规定的保护范围内。这样规定是为了依法明确作品的范围,从而准确界定罪与非罪的界限,防止刑事打击范围过宽。[③]

四、规范目的

关于侵犯著作权罪,有观点指出,最初对侵犯著作权的行为追究刑事责任的前提是侵权行为的危害性达到了一定程度,这些行为不仅侵犯了著作权人的合法权益,同时也破坏了国家对文化市场的管理秩序。一般来说,民事主体因著作权问题产生的纠纷,主要是通过民事法律调整,有一些侵犯著作权的行为,需依法追究行政法律责任,对其中一些情节严重,社会危害性大的行为,也有必要依法追究刑

---

① 参见刘志伟、田旭编著:《案例刑法》,法律出版社 2021 年版,第 391 页。

② 《著作权法》第 53 条规定:"有下列侵权行为的,应当根据情况,承担本法第五十二条规定的民事责任;侵权行为同时损害公共利益的,由主管著作权的部门责令停止侵权行为,予以警告,没收违法所得,没收、无害化销毁处理侵权复制品以及主要用于制作侵权复制品的材料、工具、设备等,违法经营额五万元以上的,可以并处违法经营额一倍以上五倍以下的罚款;没有违法经营额、违法经营额难以计算或者不足五万元的,可以并处二十五万元以下的罚款;构成犯罪的,依法追究刑事责任……"

③ 参见王爱立主编:《中华人民共和国刑法立法精解》(上),中国检察出版社 2021 年版,第 570 页。

事责任。[①] 2020年发布的《刑法修正案(十一)》对侵犯著作权罪的修改主要基于保护知识产权的政策、以刑事手段强化知识产权保护的实践特点、落实《中美经贸协议》的客观需要,以及与修改后的《著作权法》相衔接等考量。[②] 同时也有激励创新,加大知识产权保护力度,提高侵权代价和违法犯罪成本,威慑知识产权犯罪等考量。[③]

由此,可以发现规范目的的表述经历了些许变动。依据上述目的,侵犯著作权罪有了一定的管理功能,即有从《著作权法》的"保障法"成为著作权"管理法""工具法"的倾向。对侵犯著作权罪而言,将其视为民事法律与行政法律调整不能时的补充较为合理。在侵犯著作权罪诞生之初,立法上认为侵犯著作权的犯罪行为不仅侵犯了著作权人的著作权,而且破坏了国家对文化市场的管理秩序,因为社会危害性较大,所以应依法追究刑事责任。因此,较为理想的状态是侵犯著作权罪本身能够体现出有别于著作权民事侵权与行政违法的社会危害性。有学者指出,自2004年最高人民法院、最高人民检察院《关于办理侵犯知识产权刑事案件具体应用法律若干问题的解释》发布以来,著作权保护就出现了严重的刑民脱节,具体表现在对"复制发行"与"通过信息网络传播"关系界定的脱节,对"发行"与"销售"和"出租"关系界定的脱节,对出售软件序列号和破解程序行为定性的脱节等方面。[④] 在我国存在民事、行政、刑事审判诉讼规则的现实情形下,随着著作权保护的不断完善,类似刑事、民事、行政规定的衔接问题也会逐渐出现。当前对于著作权的保护呈现出较为被动的态势,即对域外规则的继受并没有很好地适配我国已有的司法体系。例如,虽然从法律条文的字面上来看,美

---

① 著作权是法律赋予作者的因创作文学、艺术和科学作品而享有的专有权利。20世纪90年代初,我国的文化事业发展很快,图书音像市场不断繁荣,出版活动十分活跃。与此同时,一些犯罪分子为牟取非法利益,侵犯他人著作权的行为也越来越严重,这些行为不仅侵犯了著作权人的合法权益,同时也破坏了国家对文化市场的管理秩序。参见黄永主编:《中华人民共和国刑法立法背景与条文解读》,中国法制出版社2021年版,第546页。

② 参见时延安、陈冉、敖博:《刑法修正案(十一)评注与案例》,中国法制出版社2021年版,第235~236页。

③ 参见黄永主编:《中华人民共和国刑法立法背景与条文解读》,中国法制出版社2021年版,第546页。

④ 参见王迁:《论著作权保护刑民衔接的正当性》,载《法学》2021年第8期。

国对著作权的刑事保护较为严格，但在著作权保护的问题上，国会一方面主要依赖一系列民事措施，另一方面则非常谨慎地对待刑事措施。[①]而在我国存在司法保护与行政保护的法律保护规则的情况下，应当处理好著作权的司法保护与行政保护、民事司法保护与刑事司法保护的关系。

同时，并非任何社会危害性较大的侵权行为都是犯罪。威慑过度有可能偏离刑法作为著作权“保障法”的定位。司法实务中较为常见的一种思路是：如果行为社会危害性较大，就寻找最契合的刑法条文进行入罪。但由于“社会危害性”这一概念极为模糊，且构成要件因为抽象又有很强的包容性，因此会导致刑事保护不当介入权利保护。对著作权犯罪而言，由于作品本身兼具社会属性与商业属性，在选择利用刑事手段“威慑”侵权行为时要注意力度，打击力度过大可能适得其反。以日本为例，《日本著作权法》将特定条件下的私人下载入刑，这一立法变动能在一定程度上起到抑制非法下载的效果，然而这不等于会促进正版的销售。对“私人下载入刑”施行近 3 年的跟踪调查表明，虽然其威慑效果较为明显，但促进产业发展的目的未能达到。[②] 因此，刑事手段与促进创新、激励作品传播之间并不具有必然的因果关系。刑事手段的关键在于拿捏分寸，尽可能避免刑事手段导致的“寒蝉效应”。就司法而言，要对“加强保护”作出更为准确、全面的理解。

第二节　“以营利为目的”的合理性探讨

一、本罪“以营利为目的”的争议

（一）“以营利为目的”的内涵不断扩充

“以营利为目的”是侵犯著作权罪的主观方面。对于主观方面的认

① 参见李明德：《美国知识产权法》，法律出版社 2014 年版，第 409 页。

② 参见何天翔、谢晴川：《日本打击侵犯著作权私人下载行为的罚则探析——兼评个人下载行为在中国入刑的可行性》，载《知识产权》2015 年第 12 期。

定主要通过行为人的行为推断。一般而言，嫌疑人的销售行为往往表明其具有“以营利为目的”这一主观意图。除销售行为外，根据行为人的其他行为也可推断其主观上是“以营利为目的”。2004 年最高人民法院、最高人民检察院《关于办理侵犯知识产权刑事案件具体应用法律若干问题的解释》第 11 条第 1 款规定，以刊登收费广告等方式直接或者间接收取费用的情形，属于《刑法》第 217 条规定的“以营利为目的”。2011 年最高人民法院、最高人民检察院、公安部《关于办理侵犯知识产权刑事案件适用法律若干问题的意见》第 10 条规定，具有下列情形之一的，可以认定为“以营利为目的”：(1)以在他人作品中刊登收费广告、捆绑第三方作品等方式直接或者间接收取费用的；(2)通过信息网络传播他人作品，或者利用他人上传的侵权作品，在网站或者网页上提供刊登收费广告服务，直接或者间接收取费用的；(3)以会员制方式通过信息网络传播他人作品，收取会员注册费或者其他费用的；(4)其他利用他人作品牟利的情形。以上是“以营利为目的”的法定内涵。

从入罪的角度来看，“以营利为目的”的内涵在逐渐拓展。一方面，除了直接营利目的外，间接营利目的、远期/长期营利目的等也包含在内。具体而言，直接营利目的是指行为人直接出售侵权复制品非法获取利益的情形；间接营利目的是指行为人通过或利用他人作品如通过插入广告、收取会员费等方式获取利益的情形。另一方面，“以营利为目的”不仅包括获取即期利益，为了之后的营利而采取的行为也可被推断为“以营利为目的”。例如，行为人虽然出于商业目的实施侵权行为，但开始阶段可能因为吸引“流量”“促销”等原因，没有实现营利，甚至“赔本赚吆喝”，但就其行为性质来看，属于为了远期营利，而以营利为目的事实侵犯他人著作权的行为，不影响其行为被认定为“以营利为目的”。①

因此可以得出结论：在立法上，侵犯著作权罪中对主观目的的评价并不要求侵权人在侵权活动中实际盈利，更侧重于对侵权人实施的经营行为的描述。

---

① 参见黄永主编：《中华人民共和国刑法立法背景与条文解读》，中国法制出版社 2021 年版，第 547 页。

（二）"以营利为目的"的存废及争议

刑法学界对侵犯著作权罪的"以营利为目的"的讨论大多在于这一构成要件的存废,并且观点比较鲜明。主张删除"以营利为目的"者从《著作权法》与《刑法》条文的协调、《刑法》规定的知识产权犯罪条文之间的协调、与TRIPS的规定保持一致、域外立法比较、诉讼时举证证明难度等角度试图论证应当删去侵犯著作权罪中的"以营利为目的"要件。主张保留"以营利为目的"者(保留派)从限制侵犯著作权罪、没有营利目的的侵权行为没有与刑事犯罪相当的社会危害性等角度主张应保留该罪"以营利为目的"的构成要件。

仔细比较可以发现,双方对"以营利为目的"的存废的争辩并没有站在对应的立场,论辩各方在各自的立场中相互回应却缺少对分歧核心的基本关注,最终形成僵局。这种思路混乱的"争辩"对于问题的解决并无积极意义。

首先,对于主张删去者而言,其应当达成的一个基本共识是:"以营利为目的"是我国刑法中对侵犯著作权罪明文规定的构成要件。因此,依照罪刑法定原则,在审理侵犯著作权罪案件时,应明确指出并论证犯罪嫌疑人"以营利为目的"。有观点指出"以营利为目的"是罪与非罪的界限①、"以营利为目的"是构成该罪在主观方面必须具备的要件②,"以营利为目的"明确规定在《刑法》第217条和第218条中表明著作权犯罪是一种目的犯。进而,诉讼时举证证明较难、与其他知识产权犯罪条文之间的关系等论证理由无法成为删去该要件的理由。对于如此关键、有着界定罪与非罪功能的构成要件,不能仅因证明困难、其他立法(包括其他知识产权犯罪条款、我国著作权法、域外立法等)没有类似规定等理由就完全删去。

其次,对于主张保留者而言,其观点的真正"对手"并非"废除侵犯著作权罪中'以营利为目的'构成要件"的主张,而是如何在保留这一构

---

① 参见黄永主编:《中华人民共和国刑法立法背景与条文解读》,中国法制出版社2021年版,第546页。

② 参见张述元主编:《刑法条文理解适用与司法实务全书》,中国法制出版社2018年版,第2206页。

成要件的前提下更好地发挥该构成要件入罪与出罪的功能。如上所述,“以营利为目的”这一构成要件的内涵已经不断被扩充:从直接目的到间接目的,从即期目的到远期目的,从积极利益(获利)到消极利益(如亏损),甚至还可包括产生于侵犯著作权行为发生之前的“营利目的”。① 总的来说,这一构成要件把与“营利”有关的大部分情形都涵盖在内。从出罪角度入手,虽然“以营利为目的”明确排除了“非以营利为目的”的侵权行为入罪,但从其内涵的演变过程来说,这一要件依然发挥着积极入罪的作用。尤其在网络环境下,作品传播形式多样、目的复杂,更为宽泛认定“以营利为目的”大开方便之门。有观点认为,进入网络时代,行为人侵犯著作权犯罪的目的趋向多样化。在网络空间中,“以营利为目的”的主观构成要件严重束缚了我国《刑法》的打击范围,对未经授权作品的非法复制、再现作品的数量和速度决定了必须废止“以营利为目的”这一主观要件。② 这一观点就是上述积极入罪惯性思维的典型体现,即直接预设网络环境下的作品传播仅导致权利人“受损”。但无论是站在刑法解释学的立场,还是站在罪名功能(或司法保护目的)的立场来讲,这种宽泛认定构成要件的态势都是值得质疑的。

二、“以营利为目的”的合理性讨论的具体展开

上述对侵犯著作权罪中“以营利为目的”的存废的讨论争论不休。从不同视角似乎各方都能给出合理的答案。如果暂时搁置以上对这一问题的混乱的讨论,可以很明显地发现,讨论视角失于规范化反而会使该问题显得格外混乱。如果站在司法的立场,上述观点中的部分理由并不必然能够成为司法论证的依据,反而会给当前的司法更多的疑惑。因此,有必要在这一问题上区分讨论层次、梳理问题性质,通过区分内部视角与外部视角的作业或许能够帮助我们更清楚地理解这一复杂的问题。

---

① 参见李兰英、高扬捷等:《知识产权刑法保护的理论与实践》,法律出版社 2018 年版,第 320 页。

② 参见王燕玲:《论网络著作权犯罪之“以营利为目的”》,载《法学杂志》2012 年第 2 期。

(一)外部证成视角下的“以营利为目的”

这一部分要回答的问题是“以营利为目的”本身的合法性问题,以及这一构成要件是否真的阻碍了规范目的的实现。

所谓“外部法律证成”,是指为司法过程中作为大前提的法律的正确性和正当性所作的说明。从法治的要求来看,只有法律有疑问或突破法律规则作出判断时才应该进行论证。[①] 而对于“以营利为目的”的正当性质疑主要包括:(1)民事、行政保护不足以遏制侵权时,作为法律“最后一道防线”的刑法应当挺身而出,将不以营利为目的的侵犯著作权行为纳入刑法调整的范围,以刑罚特有的严厉性来预防和打击这种侵权行为。(2)“不以营利为目的”的侵权行为社会危害性越来越大。(3)中国刑法有必要顺应信息技术的发展潮流,取消侵犯著作权犯罪以营利为目的的构成要件要素,以打击日益严重的不以营利为目的的侵犯著作权的行为。[②] 但上述观点由于论证过程不准确,并没有有效地论证为何要取消“以营利为目的”的要件以及该要件如何阻碍了规范目的的实现。

对于观点(1),其假设的前提是刑法的介入能够有效遏制侵犯著作权的行为。但这一假设混淆了“知识产权保护”与“知识产权司法保护”以及不同层次的规范目的之间的关系。后者只是前者的手段之一。如果将讨论范围限制在“通过严法遏制犯罪”的层面,则该假设很容易遭到质疑。例如在第一节中曾提到日本将“私人下载”入罪,但调查表明虽然威慑效果明显,但并没有起到促进产业发展的目的。此外,还会遭到诸如著作权作为知识产权不应过于严厉地保护,只有以直接危害社会公众利益的方式、社会成员普遍感到威胁的方式、极端蔑视国家权威的方式侵犯知识产权的行为才由刑法调整[③]等。对于观点(2),因该

---

① 参见张静焕:《论外部法律证成》,载陈金钊、谢晖主编:《法律方法》第 21 卷,山东人民出版社 2017 年版,第 257 ~ 258 页。

② 参见刘科、高雪梅:《刑法谦抑视野下的侵犯知识产权犯罪》,载《法学杂志》2011 年第 1 期。

③ 参见陈忠林、陈可倩:《关于知识产权刑法保护的几个问题》,载《中国刑事法杂志》2007 年第 3 期。

观点违反了本书所遵循的“知识产权保护应与本国经济社会发展相适应”的原则而无法成立。换言之，如果从国际角度入手，应该论证国际立法趋势是否适合我国的经济社会发展现状，而非仅借鉴国外立法。而上述两种观点因为仅属于从法律证成的外部视角对“以营利为目的”的构成要件是否应当存在的质疑，所以很难应用在司法过程中。对于观点(3)，该观点将“以营利为目的”与“社会危害性”挂钩，从立法论的角度入手论证其观点，且有可能影响司法实践。其基本观点是侵犯著作权行为的社会危害性变大了，就应该减少构成要件对入罪的限制(换言之，“以营利为目的”限制了入罪)。但该观点并没有很好地指出二者之间的具体关系。

侵犯著作权的行为，涉及作者、著作权人、消费者三方的利益。且三者的目标并不完全一致。对作者而言，其大多希望作品能得到广泛传播、通过创作获利；对著作权人(如果与“作者”不是同一人)而言，其希望消费者能够从自己这里获得作品，以使其营利，同时竞争对手尽可能变少；对消费者而言，其希望能够获得丰富的作品，有充足的获得作品的渠道，并愿意为获得其想要的作品支付适当的对价。而当我们提到“侵犯著作权的行为社会危害性变大”时，往往是指著作权人(有时包括作者)没有收到“合理的”回报，其正当的权益受损。如果要求侵权人必须“以营利为目的”，则意味着法律限制了潜在无营利目的的侵权人获罪，即使他们使著作权人实际受损了，也无法因此获罪。而放任这种潜在的侵权人是一种“社会危害性很大”的行为。如果仅将上述“社会危害性很大”的行为限制为对著作权人损害很大，则会面对侵犯著作权罪的合理性质疑，即侵犯著作权罪只是保护权利人的法律，是侵权责任法的升级版。显然这种观点忽视了刑法在立法目的上的独立性，将刑法归结为了侵权责任法的“特殊法”。因此，从这一角度论述删去该罪“以营利为目的”的要件的观点显然无法成立。此外，如果认为保留“以营利为目的”只阻碍了权利人的利益，那么就会面临知识产权犯罪是否只是财产犯罪而非经济犯罪的质疑，进而使得知识产权犯罪的刑法体系地位面临挑战。如果试图将“社会危害性”与犯罪构成要件联系起来，则实际上混淆了价值判断与构成要件判断的关系，后者有被架空的可能。

(二)内部证成视角下的“以营利为目的”

所谓“内部证成”,是指法律判断要按照一定的推理逻辑从相关前提中推出法律决定的过程。这涉及法律三段论的运用。在这一层面,对“以营利为目的”最常见的质疑主要为该要件难以证明。本书认为,仅因证明难就主张删除该构成要件的说法缺少说服力。司法实践真正要面对的难题是如何有效证明犯罪嫌疑人“以营利为目的”。抽象的“以营利为目的”的构成要件应选择什么样的具体的要件事实以充实证明过程。本书认为,应当在区分二者的基础上进行论证。具言之,具体事实的认定基本上是通过“证明”来完成的,它所遵循的是程序和证据规则;而构成要件符合性的认定则是通过法律解释活动完成的,其所遵循的是一系列有关法律解释的方法。①

对于侵犯著作权罪的“以营利为目的”这一构成要件而言,其可表现为多种具体的形式。如上所述,随着“以营利为目的”的内涵逐渐扩大,其可包含的情形十分丰富。目前司法实践主要通过行为推断目的是否存在,单向的“行为——目的”推断方法虽然关注具体案件事实,但并不必然完成了构成要件该当性的解释任务,进而与最后定罪仍相去甚远。进而,要认定行为人“以营利为目的”应充分关注案件事实,在遵循“排除合理怀疑”证明标准的基础上谨慎定罪。因此,应当明确以下两个问题:

1. 除现行司法解释规定的可以认定为具有主观目的的“情形”之外,还要关注非直接案件事实。一方面,遵循个案的特殊性也是司法实践要关注的内容,在个案基础上不至盲目定罪。另一方面,由于主观目的较其他构成要件确实难以说明,对该构成要件该当性的说明更为复杂。相应地,为保证司法说理的合理性乃至合法性,也应全面地对行为人的行为是否具有“营利目的”作出有理有据的分析,将非直接案件事实纳入考虑范畴。

2. 在“以营利为目的”的内涵不断扩大的基础上,应谨慎考虑“以营利为目的”的证明。该要件的存废并非问题核心,真正的问题是如何明

---

① 参见孙远:《刑事诉讼法解释问题研究》,法律出版社 2016 年版,第 135 页。

确“以营利为目的”的证明。如果一味地扩大内涵,从入罪的角度把各种直接、间接的情形纳入其中,实质上是废除了这一要件,此时该构成要件无法起到限制、筛选作用。换言之,构成要件是对生活事实的抽象,“以营利为目的”虽然难以证明,但不意味着该要件可以包罗万象。

【案例】尹某斐等侵犯著作权案①

【裁判观点】判断行为人是否“以营利为目的”不考虑其主观目的是否有所转变

【案情节选】

2018年5月至2019年10月,被告人尹某斐、张某菲伙同董某、王某(均另案处理)等人,在北京市朝阳区等地,将北京某科技有限公司享有著作权的手机游戏软件《××纪元》私自复制发行获利,非法经营数额共计人民币30余万元。

(1)关于刘某是否授权二被告人私服运营。

仲裁委员会裁决书、民事调解书及证人刘某、杨某1、杨某2的证言相互印证的部分,能够证实某公司在解散时拖欠员工工资,刘某曾让员工一起想办法找渠道回钱,但并未确定找渠道后是由员工个人私服上线自行获利,还是由公司合作营利,对于此事并无正式结论,因此不足以认定刘某授权二被告人可私服运营涉案游戏。

(2)关于二被告人的主观目的。

被告人尹某斐、张某菲均称系因公司拖欠工资,才私服运营公司游戏,但二人以侵犯他人著作权的违法犯罪手段挽回工资损失,仍应承担违法犯罪的法律责任。同时,在案裁决书、民事调解书等证据证实,张某菲被公司拖欠工资一案已经过仲裁和诉讼程序,并于2018年9月达成和解,但其仍继续和尹某斐私服上线游戏至2019年10月,尹某斐亦曾于2018年7月申请仲裁但其仲裁请求被驳回;尹某斐、张某菲在公安机关的供述亦证实,在私服上线游戏的获利覆盖公司拖欠工资后仍继续运营,是“想多挣一点儿”。因此,能够认定尹某斐、张某菲系出于营利目的私自发行游戏。

① 尹某斐等侵犯著作权案,北京市朝阳区人民法院(2020)京0105刑初1821号刑事判决书。

在本案中，被告人张某菲称自己和其他被告人上线私服游戏的最初目的是想把拖欠的工资赚回来，在覆盖被拖欠的工资后继续上线游戏是想多挣些钱。由此可知，本案中行为人的“以营利为目的”存在变化，被告人并非在侵权行为一开始就有不劳而获的“营利目的”。此外，被告人所在公司负责人曾授意员工一起想办法找渠道回钱，但并未明确找到渠道后如何运营游戏。本案的一个关键问题为被告人带着“赚回拖欠工资”的目的实施的侵权行为是否符合侵犯著作权罪中的“以营利为目的”，以及其侵犯著作权时主观目的的转变是否影响该罪“以营利为目的”的认定。

其一，在本案中，被害公司的负责人刘某作为公司法人曾在非正式场合与几个团队核心成员口头允许员工自己找渠道上线游戏私服赚回一些钱。这一事实有证人证言，并经法院审查确认。因此被告运行私服的行为不属于侵犯著作权罪所要求的“未经著作权人许可”。而法院在判决书中称被告“私自复制发行手机游戏获利”的表述有待斟酌。其二，被告在经被害人非正式允许后上线运行私服，起初其目的是“赚回公司拖欠的工资”，在赚回拖欠工资后其目的变为“多挣一点儿”。在不同的目的下实施的侵权行为应分别评价，即被害人承诺的范围仅限于“赚回拖欠工资”的部分，而不包括之后“多挣一些钱”的部分。前者并不属于“以营利为目的”，后者有明显的“以营利为目的”的意图。

第三节　“复制发行”与“通过信息网络传播作品”的认定

目前在侵犯著作权罪中，对于“复制发行”与“信息网络传播”行为的本质依然缺少必要且足够全面、客观的描述。“复制发行”与“信息网络传播”兼具财产属性与传播属性，但后者常被忽略，进而易使“激励创新”的制度本意产生偏差。同时，对于“复制发行”与“信息网络传播”行为的法律体系构建依然存在明显的矛盾，民事、行政、刑事保护缺乏必要的保护梯度，三种层次的法律事实往往被混为一谈，刑事保护有介入民事、行政保护的倾向。当前，对于著作权刑法保护，应重新整理思路,在充分描述侵权行为的多重法律本质的基础上展开研究,并明确自身定位,避免侵权行为过度入罪化的倾向。

一、问题提出

2021 年 2 月 3 日,上海市公安局举行新闻发布会,通报“人人影视字幕组”因涉嫌侵犯影视作品著作权被查,抓获犯罪嫌疑人 14 人。一般来说,值得警方公开通报的案件大都具有严重的社会危害性或具有典型意义,即严重危害了当地甚至全国正常的生产生活经营秩序。大家往往也会在犯罪嫌疑人落网后拍手称赞。然而,人人影视案却显得“不同寻常”。案情公布后,许多网民表示惋惜与质疑,有人表示:草根字幕组自发组织的对海量影视和网络学习的翻译对中国文化产生了巨大影响。也有人质疑此种做法,反问没有了人人影视,以后怎么才能看到丰富的作品?更有人将人人影视案比作文化界的“药神案”,直指“一刀切”地“斩断”这种“非法”传播作品渠道有失妥当。还有人站出来“辟谣”,称这次行动只针对管理层而没有抓捕具体参与翻译的人。人人影视管理层非法牟利,通过贴片广告、卖硬盘等方式利用翻译后的影视作品牟利。警方秉公执法,并无不妥。在官方宣传中,大多对打击行为与判决表示支持。如业内人士认为,必须遵守基本的知识产权规则,即未经授权不能演绎(翻译)他人享有著作权的作品,更不能盗版传播。[①] 唯有尊重版权,保证原创者应有的收益,才能使其葆有创作热情,大众才能看到源源不断的优秀作品。平台传播国外影视作品,不仅需要自身守好法律边界,也有责任引导用户树立规则意识。[②]

同一案件,人们站在不同的视角、立场能得出如此矛盾的观点。在不同的价值判断下,情理与法理、形式法治与实质合理的冲突十分明显。这也给著作权的刑事保护带来了疑问。著作权的刑法保护中什么样的“非法传播”行为值得刑法保护?又该如何保护?现有的表述往往

① 参见丛立先:《保护知识产权就是保护创新》,载《经济日报》2021 年 2 月 9 日,第 5 版。

② 参见吴振东、兰天鸣:《查的是“人人”警示的是众人》,载《新华每日电讯》2021 年 2 月 5 日,第 7 版。

是就罪论罪,就行为论行为,缺少对"复制—发行"与"信息网络传播"两类传播行为足够全面且客观的描述。由此导致对两类行为的特点与内涵的理解存在偏差。但此种分析路径并不能很好地应对网络环境下对由新技术带来的新型传播作品行为违法性的判断,甚至会出现刑民冲突的现象。因此,本书运用法教义学方法对"复制发行"与"信息网络传播"行为特征与行为本质进行描述,并梳理"复制权、发行权"与"信息网络传播权"行为的法律保护体系,为刑法在判断何种侵权行为应当成为刑法规制的行为时提供新的视角。

二、传播行为传播属性的法律内涵证成

从字面来看,"传播"一词是一种借由各种媒介传递信息的活动。这种表述天然地呈现了传播行为的传播属性,再重申传播行为[①]的传播属性似乎是多此一举。而在著作权法中,依据"根据受控行为界定专有权利"的方法,"复制—发行"与"信息网络传播"两类行为的共同侧重点虽均在于作品的对外传播,但其已经成为作者的一项禁止权/著作财产权,作者可据此获利。进而,在判断是否构成侵犯著作权罪时,传播中的发行行为往往是侧重点。这也是著作权人的主要获利手段。[②] 目前,对于侵权人对外传播作品的行为,尤其是网络环境下的侵权传播行为,在法律体系中依然缺乏足够完整且客观的描述。网络环境下的传播方式需被重新理解。人们常有意无意地忽视著作权法的根本目的。

---

① 不同于著作权法,侵犯著作权罪仅规制"复制""发行""信息网络传播"三类传播行为,因此本书所用"传播行为"一词特指上述三种行为。当然,目前在著作权法中,传播权体系化的缺失导致了立法和司法实践中的诸多问题,交互式传播与非交互式传播的分类只适用于部分传播权中的专有权利,并未实现传播权的体系化。参见王迁:《著作权法中传播权的体系》,载《法学研究》2021 年第 2 期。

② 随着网络信息技术的不断发展,侵犯信息网络传播权犯罪中,被诉侵权作品所包含的内容不是机械地照搬照抄,将信息传播纳入"复制"的范畴进行刑法规制的问题成了争议焦点。例如,网络环境下对于游戏的复制,出现了对游戏代码和符号作出修改的"复制"形式,不同于传统意义上的复制发行,这种复制的形式很难纳入司法解释的规制范围。于是在实践中出现了以"实质性相似"的判定作为复制发行的标准,从而契合了司法解释者试图扩大著作权保护范围的初衷。参见沈忆佳:《网文时代侵犯著作权犯罪中"实质性相似"的判定研究》,载《上海法学研究集刊》2020 年第 15 卷。

对于网络环境下的知识产权保护，有一种观点明确反对知识产权的弱保护/最低限度保护，认为知识财产给予私人企业以一种很大程度的灵活性，而这正是数字媒体的动态性和挑战性环境所需要的。[①] 也有观点认为，在网络空间，为了更有效地规制网络行为，规制者必须厘清：(1)行为人是谁？(2)行为人在哪里？(3)行为人做了什么？但由于受到互联网原先设计架构的限制，厘清这三点变得相当困难。[②] 对于网络环境下的侵犯著作权犯罪，如不能清楚地回答这些问题，则很难了解复制发行、信息网络传播等权利规制行为的深层本质。

（一）谁在创作，保护了谁

在著作权法中，"著作权人"与"作者"并非相同的概念。人人影视案中，各方评价表现出了"人企混同"的特点，即个人与组织（集体）混为一谈，具体表现为（创）作者、版权方混同，翻译者、组织者（管理层）、人人影视平台混同。前者是保护对象混同，后者的实质是行为混同。一方面，在著作权法中，"著作权人"一词并不必然指代一个个自然人作者。尽管我国《著作权法》开宗明义地提出为保护文学、艺术和科学作品作者的著作权，以及与著作权有关的权益，鼓励有益于社会主义精神文明、物质文明建设的作品的创作和传播，促进社会主义文化和科学事业的发展与繁荣，根据宪法制定本法，[③]但当前并没有对这一原则作出必要且足够充分的法规范说明。事实上，参与作品创作过程的主体大致可以分成智力和资本两类投入者。在一般原则之外，著作权法也会考虑资本提供方的需求。[④] 将创作与传播过程分开来看，一般除职务作品外，自然人作者在创作时有接受资本方帮助的可能。更为重要的是，作品的传播大多要依赖资本方的平台，而平台大多会在各类协议中规定其享有作者上传内容的全部或部分著作财产权，尤其是复制、传播

① 参见[美]罗伯特·P. 莫杰思：《知识产权正当性解释》，金海军、史兆欢、寇海侠译，商务印书馆2019年版，第429页。

② 参见[美]劳伦斯·莱斯格：《代码2.0：网络空间中的法律》，李旭、沈伟伟译，清华大学出版社2018年版，第27页。

③ 参见《著作权法》第1条。

④ 参见崔国斌：《著作权法：原理与案例》，北京大学出版社2014年版，第256页。

等权利。借此,平台方作为资本投入方将其利益与个人创作者牢牢绑定在一起,成为“创造者共同体”,以期获得其预期的投资回报。换言之,在创作与传播分离的商业合作模式下,著作权法怀揣着保护作者的目的而实际共同保护了作者与平台方(对后者的保护甚至可能更强)。另一方面,著作权赋予著作权人以“复制权”“发行权”“信息网络传播权”“广播权”等著作财产权的直接目的是允许著作权人控制自己作品的传播并从中获益。但著作权法的根本目标是促进优秀作品的创作与传播,而使创作者从对作品的利用中获得相应的经济回报是实现这一目标最为重要的手段。[①] 经著作权法转化,复制发行、信息网络传播等传播行为被视为一种财产权。因此,这类传播行为同时具备了媒介意义上的传播信息与著作权法上的赋权获益双重功能。

由此可见,著作权法的法律规范作用与财产隐喻强化了作品的财产属性,著作财产权项下的各类行为有了财产意义。这种财产意义的表现之一就是使著作权人享有适当的垄断。著作权法借此成为激励创作者(作者与平台)的一种手段。简言之,著作权人通过正当的传播行为获利进而激励创作者创作更多作品和传播者更广泛地传播作品。

但这就是“传播”行为的全部法律意涵吗?答案是否定的。法律必须依照其目的来解释,而这些目的需要从其对于社会生活的影响来探究,因此法律的理解与适用不能脱离对社会现实的社会学研究。[②] 从刑事一体化的角度出发,对法律规范的理解也不能限于法律文本本身,更要兼顾合法性与合理性,对作品保护而言尤甚。而对传播行为在法律上的财产属性的模糊强调则掩盖了传播行为的其他内涵。这种从社会事实向法律事实的转译使得著作权法保护体系不当地遗忘其自身的立法价值。而一旦立法机关权威性地将法律文本确定下来,法学的中心任务便是实现权威文本与生活事实的对接,将立法者所确定的利益考

① 参见王迁:《知识产权法教程》,中国人民大学出版社 2016 年版,第 123 页。

② 但因法学自身并非社会科学或经验科学,所以依然要坚守理性与规范性的立场。参见雷磊:《法教义学的基本立场》,载《中外法学》2015 年第 1 期。

量实现于个案之中。[①]

(二)传播行为的多重法律内涵

作品的传播并非仅有社会学意义。对于著作权而言,延长和强化保护的支持者可以将自己描绘成财产权利的持有者,而将未经授权的使用者描述为海盗或窃贼。当立法者被要求在财产所有者和窃贼之间做选择时,窃贼很少能够取得胜利。[②] 由于网络环境下参与创作主体的复杂性、创作与传播环节的二分以及传播行为的"媒介—财产"二重性,著作权法最终的激励对象有可能会发生偏移。稍有不慎,所谓"保护知识产权就是保护创新"就有可能演变为"保护知识产权就是保护垄断"。在著作权资本的过度扩张和以工业为导向对著作权法所授予权利的诠释下,著作权的私有财产权和排他性特征被强化,过度排斥了付费者之外的其他人的使用和选择权利,也因为过度追求利润或过度使用大数据技术或手机 App 软件等而使受众的隐私权被侵犯,从而引发并强化了大众权利与著作权资本权力之间的过度冲突。[③] 作品本身不同于发明创造、商标、商业秘密等其他知识产权客体,其具有的文化与信息传播属性使这种矛盾显得更加深刻。

因此,我们应当承认,尽管著作权是知识产权的一项专有权利,但这并不意味着著作权是与物权相同的纯私权。在权利最终价值上,智力成果属于公共产品,所以知识产权具有工具性质,是国家激励创新的公共政策。虽然知识产权具有私权性,但是其最终价值是促进智力成果的传播和繁荣,这说明知识产权是一种非自用权。[④] 创作需要保护,作品亦须传播。垄断权的赋予之所以是正当的是因为它符合公正的要求,并能鼓励学术和科研活动。但这一垄断权的行使应当服从一个更

---

① 参见蒋毅:《在规范与个案之间——法教义学的立场、方法与功用》,载《北航法律评论》2015 年第 1 辑。

② 参见[美]斯图尔特·班纳:《财产故事》,陈贤凯、许可译,中国政法大学出版社 2017 年版,第 43 页。

③ 参见张彦华、崔小燕:《数字信息产品著作权资本的运作逻辑、效应及其治理——基于传播政治经济学的批判性视角》,载《编辑之友》2017 年第 12 期。

④ 参见何松威:《论〈民法典〉中知识产权专有的体系功能》,载《现代法学》2021 年第 3 期。

重要的要求，即应当符合他人的自然权利。① 知识产权并没有传统财产所与生俱来的道德正当性。自然权利学说与功利主义学说也不是解释知识财产正当性的唯一理由。利益平衡往往是知识产权法在实践中的重要原则。而法律作为保护著作权方式的一种，也应当清楚，法律的核心任务依然是在公平与正义理念指导下居中裁决。

刑法是法益保护法，法益概念是一个由利益的要素和法的要保护性要素结合而成的复合概念。② 其中对于著作权刑法保护而言，利益的要素不仅是作者享有的发行、信息网络传播权带来的经济利益，同时亦包含受众对于获得作品的社会需求。尤其是当前在著作权由理性经济人假设向社会人假设转变的过程中，著作权的功能正在发生深刻的转变：在信息网络时代和创作大众化时代，至少就著作权而言，它的普遍性正在增加，不再是少部分人的权利。著作权法的社会基础不应限于追求自身利益最大化的经济人，而应囊括更为广泛的、有着不同偏好和行为动机的社会人。③ 同时，虽然"利益"是"法益"的核心概念，但"法"这一评价性要素亦不可偏废。同时，法自身的局限性使得法律有目的悖反的可能。④ 因此，简单套用财产犯罪或财产侵权的思路无法应对网络环境下复杂的著作权侵权案件。以传播行为为中心，传播价值判断多元、传播利益主体混同、创作—传播环节二分、传播行为的二重性等都为法律保护著作权提出了一个又一个问题。在传播学中，有观点认为所谓"传播"并不仅仅是将作品从 A 地传输至 B 地，那种认为人与人之间的交流是不可能的、信息的复合式传播是不存在的观点明显受到

---

① 参见［澳］彼得·德霍斯：《知识财产法哲学》，周林译，商务印书馆 2017 年版，第 49 页。

② 参见［日］关哲夫：《法益概念与多元的保护法益论》，王充译，载《吉林大学社会科学学报》2006 年第 3 期。

③ 参见吕炳斌：《著作权法的理论前提：从"经济人假设"到"社会人假设"》，载《当代法学》2020 年第 6 期。

④ 将侵犯知识产权的行为入刑，其目的在于打击不劳而获、扰乱正常市场竞争的行为，维护市场秩序。但在实施的过程中，却有不少市场主体向警方诬告其竞争对手有侵犯知识产权的行为。一旦有表面的证据，警方就要介入调查，而这种调查必然会影响竞争对手正常的生产和经营活动，也会影响其声誉。而对是否构成侵犯知识产权的判断又尤为复杂，需要专家协助，很多知识产权案件旷日持久，这就会给被告人带来无可估量的损害，结果反而扰乱了市场秩序。参见雷磊：《法理学》，中国政法大学出版社 2019 年版，第 31 页。

了唯心主义的影响。其试图构建起人与人之间的森严壁垒。[①] 传播行为的背后有着丰富的社会意义,即只有在我们将传播(交流)不只理解为讯息发送时——当然发送讯息是媒介极为重要的功能——也将其视作使用者创造的生存条件(conditions for existence)时,媒介(media)才不再仅仅是演播室、广播站、讯息和频道,同时也成了基础设施和生命形态。[②] 而这种传播行为的社会意义并不应当被法律所忽视。法教义学并不排斥对经验事实(社科知识)与价值判断的运用,[③]且价值判断要受到法教义学体系的拘束,即价值判断本身需要受到形式规则的约束。[④]

应当承认,不考虑规范的社会存在方面的实证法理论是不可能的。[⑤] 从刑事司法一体化的理念出发,知识产权制度的特殊性——公共属性——让我们在分析所有知识产权制度时都无法忽视知识产品的公共利益并提醒我们思考如何弥合知识产权制度的"物权式"理解与公共利益之间的鸿沟。著作权法保护著作权与鼓励作品创作和传播双重意义不可偏废,二者都是在制度事实中应被关注的存在。传播行为在法律上的传播属性正对应后者。著作权法的二重性投射在侵犯著作权罪中,便是对"社会主义市场经济秩序"的理解。从著作权法的双重目的到刑法上单一地维护"社会主义市场经济秩序",表面上看,著作权制度的保护范围经过民事到刑事的过滤后被收窄了。但我们认为,作品本身既是知识产品又是生产要素。前者是"私权"的,后者是"公共"的。

① 在19世纪后期英美唯心主义者的笔下,人与人之间的交流是不可能的。在他们的著作中常常会出现两个人"处于交流状态"(in communication)的情境。在这样的情境中,两人如同分别住在两个分开的房间里,彼此不能用表情、声音、体态,或其他任何体现在场或个人性格的线索进行交流。唯心主义作者们最喜欢使用的建筑比喻是"封闭的房间",里面住的人与世隔绝。参见[美]约翰·杜翰姆·彼得斯:《对空言说——传播的观念史》,邓建国译,上海译文出版社2017年版,第263页。

② 参见[美]约翰·杜海姆·彼得斯:《奇云:媒介即存有》,邓建国译,复旦大学出版社2020年版,第17页。

③ 参见雷磊:《法教义学的基本立场》,载《中外法学》2015年第1期。

④ 参见孙海波:《法教义学与社科法学之争的方法论反省——以法学与司法的互动关系为重点》,载《东方法学》2015年第4期。

⑤ 参见[英]麦考密克、[奥]魏因贝格尔:《制度法论》,周叶谦译,中国政法大学出版社1994年版,第57页。

从单线条的、静态的“侵权——受损”角度分析，著作权侵权行为确实会有损企业（不一定是作者）的生产活动。但从动态的企业家才能理论角度看，任何明显存在公共产品的情形都创造了明显的机会，使某些人可以在法律和/或技术上，通过发挥企业家的创造性，去加以发现和利用。[①] 这要求我们在知识产品上留够知识的“剩余空间”，否则，法律原意中的竞争优势将演变为信息垄断。

当我们了解了行为主体、对象与行为的法律属性后，还应弄清另一个问题，谁在以何种方式保护著作权人控制作品传播的权利？

三、著作权保护的法律体系

以著作权为对象（或者以作品的传播行为为对象），我国形成了民事、刑事司法保护与行政保护三位一体的保护格局。虽然不同部门法有不同的价值取向，但刑法在保护著作权时无法完全离开著作权法的规定。如在立法上，《著作权法》明确对“复制”“发行”“信息网络传播”三种行为给出了定义，且《刑法》并没有对此单独定义。而曾经因刑法司法解释将“信息网络传播”行为解释为“复制发行”行为带来的疑问也随着《刑法修正案（十一）》的颁布而似乎不再存在。

但对保护著作权的讨论并不会停止，由“刑民倒挂”引申出的法秩序统一问题依然没有解决。如有观点认为将“信息网络传播”行为解释为“发行”行为不是将合法行为解释为犯罪，并不违反法秩序的统一性要求。[②] 因“复制发行”一词高度概括且缺乏必要的类型本质描述而呈现的扩张态势会给侵犯著作权罪的法律适用带来新的疑问。

（一）著作权侵权行为认定的刑民冲突

我国对于著作权的法律保护存在不同路径。而当前，不同路径之间存在明显的衔接问题。最突出的表现为著作权保护在民事领域与刑

---

① 参见[西]赫苏斯·韦尔塔·德索托：《奥地利学派：市场秩序与企业家创造性》，朱海就译，浙江大学出版社2010年版，第117页。

② 参见欧阳本祺：《论网络环境下著作权侵权的刑事归责——以网络服务提供者的刑事责任为中心》，载《法学家》2018年第3期。

事领域的“违法判断冲突”问题。所谓“违法判断冲突”有两种情形：一种是“刑民倒挂”，即民法认为合法的行为，刑法却认为是违法的；另一种是原本只具备民事违法性而不具备刑事违法性的行为却被作为刑事违法行为来处理。实践中，第一种情形比较少见，第二种情形比较常见。①

在著作权法方面，我国对“复制发行”的规定最早可见于1990年的《著作权法》，其中第46条的第2、5、6项分别规定未经相关权利人许可复制发行其作品的，应当承担停止侵害、消除影响、公开赔礼道歉、赔偿损失等民事责任，并可以由著作权行政管理部门给予没收非法所得、罚款等行政处罚。2001年修正的《著作权法》第47条以列举的方式明确指出了侵犯著作权的八类行为，分别规定了未经相关权利人许可，采取复制、发行、通过信息网络传播等行为向公众传播其作品的，应当承担有关民事或行政责任。不同于1990年规定的内容，2001年《著作权法》第47条增加了“构成犯罪的，依法追究刑事责任”的表述，对侵犯著作权行为的刑事责任作出了提示性规定，并增加了对信息网络传播行为的规定。这样的规定实质上使著作权法与刑法衔接了起来，明确指出侵犯著作权的行为有可能构成犯罪，受到刑法追究。2010年修订后的《著作权法》对涉及著作权侵权行为的法条并没有做出实质性变化，仅仅是微调了条文顺序，对于信息网络传播权的内容则进行了细化。

而2020年修正的《著作权法》第10条修改了“复制”与“信息网络传播”的定义：“复制权，即以印刷、复印、拓印、录音、录像、翻录、翻拍、数字化等方式将作品制作一份或者多份的权利。”行为方式中增加了“数字化”方式的“复制行为”。“信息网络传播权，即以有线或者无线方式向公众提供，使公众可以在其选定的时间和地点获得作品的权利。”将“向公众提供作品”改为“向公众提供”；将“在其个人选定”改为“在其选定”。对于这两处变动，王迁教授认为并非实质性修改。尤其对于信息网络传播权的修改，其认为将“提供作品”改为“提供”是将深度链接行为纳入了信息网络传播权的保护中。但王迁教授同时指出：

---

① 参见夏伟：《刑民交叉的理论构造》，法律出版社2020年版，第32页。

如果认为从“提供作品”中删除“作品”两字，是为了将深层链接纳入信息网络传播权的规制范围，也就是将作品的作者可以规制的传播对象从作品扩大至作品之外的其他对象，即使先不讨论其在理论上是否能够成立，至少偏离了国际条约的明文规定。对此修改，全国人民代表大会宪法和法律委员会也不可能不作出说明。[①] 而同时亦有观点认为“信息网络传播权”定义中的“向公众提供”既包括向公众直接提供，也包括向公众间接提供，后者可以作为规制深层链接的法律工具。[②] 由此可见，民法学界目前对“信息网络传播”的具体内涵——具体表现为深度链接行为是否能由信息网络传播权规制这一问题——仍有一定分歧。

在刑事法律方面，“复制发行”等侵权行为规定的模糊性由来已久。我国于 1994 年在《关于惩治侵犯著作权的犯罪的决定》中首次规定了侵犯著作权和与著作权有关权益的犯罪。该决定第 1 条只提到“复制发行行为”包括“复制发行未经著作权人许可的作品”和“未经录音录像制作者许可，复制发行其制作的录音录像”两类。而 1997 年《刑法》在此基础上采纳了上述规定，两类行为分别规定在第 217 条的第 1 项与第 3 项，内容完全一致。但这样的规定在现在看来实在过于模糊，既不能很好地体现并适应知识产权侵权行为的复杂性，又给司法机关对有关知识产权犯罪案件的认定带来困难。如上所述，《著作权法》于 2001 年规定，未经著作权人许可，通过信息网络向公众传播其作品是一种侵权行为，构成犯罪的还应当依法追究刑事责任。但当时我国刑法在信息网络传播侵权犯罪方面还没有明确规定。“刑法规定与著作权法规定之间未能衔接，对在线盗版侵犯他人信息网络传播权的犯罪行为缺乏追究刑事责任的法律根据。”因此，最高人民法院、最高人民检察院以及公安部分别在 2004 年和 2007 年颁布三个司法解释对这一问题进行细化。这三个文件对“复制发行”与“信息网络传播”的关系作出了如下规定：其一，通过信息网络向公众传播有关作品的行为应认定为“复制发行”行为（“信息网络传播”与“复制发行”的关系）；其二，“复

---

① 参见王迁：《〈著作权法〉修改：关键条款的解读与分析（上）》，载《知识产权》2021 年第 1 期。

② 参见万勇：《网络深层链接的著作权法规制》，载《法商研究》2018 年第 6 期。

制发行”包括复制、发行或者既复制又发行的行为(《刑法》第217条规定的“复制发行”指“复制或发行”);其三,“发行”行为包括总发行、批发、零售、销售、通过信息网络传播以及出租、展销等活动(扩大解释“发行”行为)。

而随着《刑法修正案(十一)》颁布,之前对于“复制发行”与“信息网络传播”两类行为之间的关系存在的争论似乎也可以尘埃落定。《刑法修正案(十一)》在表述上区分了“复制发行”与“信息网络传播”两类行为,并将后者单独纳入侵犯著作权罪的行为要件中,规定:以营利为目的,“未经著作权人许可,复制发行、通过信息网络向公众传播其文字作品、音乐、美术、视听作品、计算机软件及法律、行政法规规定的其他作品”,“未经录音录像制作者许可,复制发行、通过信息网络向公众传播其制作的录音录像”以及“未经表演者许可,复制发行录有其表演的录音录像制品,或者通过信息网络向公众传播其表演”,违法所得数额较大或情节严重的,应按照该罪处罚。由此可以看出,在《刑法修正案(十一)》颁布之前的侵犯著作权罪中,“复制发行”是一个十分模糊而又庞大的概念。出于司法实践的需要,通过对“复制发行”行为的抽象化理解,一些复制、提供作品的行为可以被认为是刑法中的“复制发行”行为,而通过互联网传播作品的行为自然能够被解释在其中。此种解释方式实质上将著作权法的规定“置之度外”而另辟蹊径去扩大犯罪圈。

通过分析《著作权法》和《刑法》以及有关司法解释的立法演变,可以看出两部法律在理解行为人通过“复制发行”或“信息网络传播”侵犯著作权的思路上虽角度不同但有重合的部分:著作权法从行为视角严格区分“复制”“发行”“信息网络传播”“广播”四种行为,行为人未经著作权人许可复制、发行或通过信息网络传播,或以有线或者无线方式公开传播或者转播作品,以及通过扩音器或者其他传送符号、声音、图像的类似工具向公众传播其作品的,属于直接侵权行为。而侵犯著作权罪同样将未经著作权人许可而通过上述四类方式传播作品这一具有社会危害性的行为作为规制对象。二者唯一的区别在于,侵犯著作权罪要求“以营利为目的”且“违法数额较大或情节严重”。这里有两个问题值得注意:其一,二者同时将非法复制发行、通过信息网络传播作品作为侵权行为，但在立法上并没有区分民事侵权与刑事违法的界限。侵犯著作权罪中规定的“以营利为目的”在民事案件中同样有所体现。而“违法数额较大或情节严重”作为危害结果因表述含糊难以区分刑民界限。尽管多个司法解释将“违法数额较大”与“情节严重”具体量化，但存在标准的合理性、各个标准间缺乏量化的转化标准[①]等问题。同时，从危害后果的判断标准来看，我国刑法“唯数额论”的单一判断标准正是过分注重权利人的财产权利的进一步表现，不利于互联网时代下对知识产权犯罪的认定与打击。[②] 从法益理论区分刑民界限也有不够明晰之处。有观点认为刑法的目的在于保护法益，侵犯著作权罪有独立的保护法益，基于罪刑法定的要求，应以保护法益——而不是以著作权法的规定——为指导来解释其构成要件要素的真正含义。[③] 但保护法益并非刑法的“专利”，广义而言，民法、行政法的任务也是保护法益。这种论述跨越了论证层次，存在明显的逻辑漏洞。因此，单纯从法益角度很难区分民、行、刑规制侵犯著作权行为的边界。其二，刑法对侵犯著作权的行为作出了具体的规定而并非采用空白罪状的表达方式。具体来说，《刑法》第 217 条规定的侵犯著作权罪并没有将“违反著作权法规定”作为构成要件，即在法律条文中并未明确指出违反著作权法是构成侵犯著作权罪的前提。因此在司法实践中，极易忽视著作权法的规定而仅套用侵犯著作权罪的构成要件定罪。这两个问题同时造成两法衔接困难，进而导致司法实践中对于侵犯著作权罪的理解存在模糊与偏差，出现刑民冲突的现象。

(二)刑民之外：行政保护的启示

在民事、行政、刑事三位一体的保护格局下，人们往往会忽视行政手段，而仅仅关注民事与刑事司法保护。尤其在财产保护问题上，财产

---

① 参见陈志鑫：《“双层社会”背景下侵犯著作权罪定罪量刑标准新构——基于 306 份刑事判决书的实证分析》，载《政治与法律》2015 年第 11 期。

② 参见王志远：《网络知识产权犯罪的挑战与应对——从知识产权犯罪的本质入手》，载《法学论坛》2020 年第 5 期。

③ 参见贾学胜：《著作权刑法保护视阈下“复制发行”的法教义学解读》，载《知识产权》2019 年第 6 期。

侵权与财产犯罪之间的界限历来争议不断,典型如合同诈骗行为与合同诈骗罪的界限问题。但在司法中,由于公安机关找不到对应移送的行政执法部门、移送成功标准不确定、衔接责任分配不清等原因,公安机关办案人员反向移送意识不强、行政执法机关缺少统一案件接收归口,多个行政执法部门未曾收到过公安机关移送案件。

在整体法秩序保护观念下,法律对于一种具有社会危害性的行为应依次经过"民事—行政—刑事"的流水线评价。只有当民事与行政手段无法保护时刑事手段才应介入保护。然而目前对于著作权民事、行政保护不足,应由刑事保护的论证明显不足。例如,行政保护应承担起网络版权保护的重任,积极预防网络侵权行为,构建和谐网络秩序。①而在刑法领域也有学者持积极介入观点,认为民事救济已经难以有效地惩处侵权行为人,在这种情况下,刑法的介入成为必然要求。这种观念明显受到传统"刑法家长主义"的影响,通过家长—子女的形象比喻积极保护被害人。但当代刑法的家长形象并不是单向度的,它不仅面向犯罪人来保护被害人,同时,也站在家长的立场保护犯罪人。刑法的家长形象应当面对所有社会成员。② 行政与刑事同为公权介入,且都可积极介入,但二者的关系界限却少有人探讨。在处理著作权保护的刑民冲突问题时,行政保护作为介于民事与刑事司法保护之间的判断梯度,可以作为理顺二者界限的一个切入点,重新思考同样作为司法保护的民事保护与刑事保护的界限应当在哪里。

可以发现,行政保护与刑事保护的衔接既涉及实体法规定问题也涉及程序法的程序设计问题。有观点指出,从现行法出发,我国著作权行政介入市场的前提条件包括两个方面:一是实际存在著作权侵权行为或是侵权纠纷,二是相关侵权行为已经达到损害公共利益的危害程度,③即著作权的行政保护不以著作权人被侵权为足,而要同时考虑侵犯著作权行为对公共利益的影响。这种行政审慎介入著作权保护的态度值得关注并思考:以公权力主动保护为代表的行政保护与刑事保护

---

① 参见阎晓磊:《网络版权行政保护的挑战与对策》,载《人民论坛》2020 年第 2 期。

② 参见车浩:《刑法教义的本土形塑》,法律出版社 2017 年版,第 68 页。

③ 参见熊琦、朱若含:《论著作权法中的"行政介入"条款》,载《山东大学学报(哲学社会科学版)》2020 年第 1 期。

究竟应以何种姿态介入著作权保护。

对“对公共利益产生影响”的判断并非易事。我国对于著作权的刑事保护更多来自发达国家的强烈要求。但美国的知识产权刑事保护体系是建立在保护私人财产权这一立场之上的。[①] 并且类似美国刑法中的绝对责任罪,在大陆法系许多国家不是犯罪,只是可受行政处罚的违反工商行政管理或治安交通管理的违法行为。[②] 同时,从美国试图对非法实施流传播行为进行刑法规制的现状以及其历年修法的实践可以看出其未来版权法的发展方向为规制技术,可预见的路径是从规制个人行为到规制平台再到规制技术。[③] 因此,应当在美式保护逻辑之外寻求更为妥当的保护模式,在澄清基本理念的基础上建构起有别于纯私权模式的规则。

对著作权的理解不能受美国保护私人财产权的观念的影响,也不能完全借鉴物权、债权等严格意义上的私权。“复制发行”与“信息网络传播”行为同时具有媒介—财产二重属性决定了这种传播行为有着明显的社会意义。受著作权保护的智力成果是全人类的宝贵精神财富,在尊重著作权人基本权利的前提下,要促进这些作品的广泛传播,使广大公众最大限度地分享这些财富。因此,著作权是私权,但不仅仅是私权。[④] 因此,在分析侵犯著作权罪的构成要件、讨论该罪的犯罪圈时,都不能离开上述两个前提。在著作权保护这一问题上,刑事保护与行政保护有着不同于民事保护的使命。

刑法应当在何种程度上保护著作权属于价值判断问题。在具体归责时,应当对事实因果判断(侵权行为和后果)与结果归责(应受刑法处罚)分别讨论。具体而言,在网络时代,认定侵权传播行为、侵权行为与后果的因果关系以及行为应受刑法归责这三个问题应重新整理思路。在网络时代,作品的传播因互联网技术变得更加便捷迅速。客观来说,

---

① 参见王志远:《网络知识产权犯罪的挑战与应对——从知识产权犯罪的本质入手》,载《法学论坛》2020 年第 5 期。

② 参见储槐植编:《美国刑法》,北京大学出版社 1987 年版,第 85 页。

③ 参见张燕龙:《美国版权法案中刑事责任条款的修订及其启示——以美国对非法实施流传播行为的刑法规制为例》,载《法商研究》2016 年第 1 期。

④ 参见钟权:《著作权不仅仅是私权——国家版权局法规司司长王自强就〈著作权法〉修改草案相关问题答记者问》,载《中国版权》2012 年第 3 期。

著作权人的利益的确会因互联网技术加持下的侵权行为遭受更多损失。从版权人的角度来说,数字技术和互联网简直是一场毁灭商业机构利润的完美风暴。通过控制“复制品”的传播,他们能够赚取大量金钱。① 此种损失表现为非法传播行为会影响作品发行方对作品的具体定价,进而影响预期利润。因为,为规范市场秩序,强化著作权资本合理增值行为的合法性,著作权法对数字信息产品著作权及其衍生的其他合法权利提供了保护并对违规企业做出相应惩罚。此种措施及其所产生的排他性效应,为著作权人的正常获利行为提供了保障,强化了其文化创造和知识再生产的功能,因而是著作权系统正常运行的重要基石,也是推动该系统快速扩张的强大制度动力。② 并且,这种损害同时表现为一种交易机会或竞争优势的损害。认定知识产权损害的基础事实是侵权产品在市场中得到交易的事实。如果侵权人非法利用知识产权获得收益,则可以认为这一收益即原本属于权利人的市场交易机会的现实对价。③ 与此同时,互联网技术并非未给作品保护带来便利。在互联网时代,法律所面临的问题并不是如何实现保护,而是现有的保护是不是过强了。④

四、网络环境下解读“复制发行”与“信息网络传播”刑法立场:从传播行为本质出发

(一)网络环境下“复制发行”与“信息网络传播”的民刑冲突

我国著作权法中的“信息网络传播权”来自《世界知识产权组织版权条约》(WIPO Copyright Treaty, WCT)中规定的“公众传播权”。其具体含义为:作者享有通过有线或无线方式向公众传播其作品的

① 参见[美]劳伦斯·莱斯格:《代码 2.0:网络空间中的法律》,李旭、沈伟伟译,清华大学出版社 2018 年版,第 187 页。

② 参见张彦华、崔小燕:《数字信息产品著作权资本的运作逻辑、效应及其治理——基于传播政治经济学的批判性视角》,载《编辑之友》2017 年第 12 期。

③ 参见徐小奔:《知识产权损害的价值基础与法律构造》,载《当代法学》2019 年第 3 期。

④ 参见[美]劳伦斯·莱斯格:《代码 2.0:网络空间中的法律》,李旭、沈伟伟译,清华大学出版社 2018 年版,第 190 页。

权利,包括使公众能够在其个人选定的时间和地点获得作品。[①] 条文采用“伞型权利”的形式规定了广泛的公众传播权,从而使各缔约国能够根据国内的情况选择立法模式。我国国内立法对条约内容作了改动,将原条约里的“包括使公众能够在其个人选定的时间和地点获得作品”(交互式传播行为)直接改成“使公众可以在其选定的时间和地点获得作品”,删去了“包括”二字后直接限缩了权利范围,使“信息网络传播”的原意受损。

从 WCT 的原文不难推测出立法组的立法原意:其一,立法组没有明确将这一概念限制在信息网络传播或互联网传播等具体某一方面,而是将重点落在了作者享有的“向公众提供作品权”(enjoy the exclusive right of authorizing any communication to the public)上,至于是否通过有线或无线方式(by wire or wireless means)并非重点,此即“技术中立原则”;其二,这一权利的一大特点在于作者有权通过有线或无线方式向公众提供作品并且该行为的结果是使公众成员可以在其选定的时间和地点获得作品。[②] 立法组仅仅将这种“交互式传播行为”(access these works from a place and at a time individually chosen by them)作为行使权利的一种方式,并没有将其与“公众传播权”本身画等号。中国特色的信息网络传播权只指通过信息网络对作品进行交互式传播的权利,只是向公众传播的权利的一种专有权,不是全部权利,是狭义的公众传播权,其核心是交互式传播方式。[③]

我国是 WCT 的缔约国,理应遵守条约规定,按照 WCT 的立法理念,将 WCT 作为国际法渊源。随着 2020 年修改后的《著作权法》颁布,

---

① 参见 WCT 第 8 条规定:“Without prejudice to the provisions of Articles 11(1)(ii), 11bis(1)(i) and (ii),11ter(1)(ii). 14(1)(ii) and 14bis(1) of the Berne Convention, authors of literary and artistic works shall enjoy the exclusive right of authorizing any communication to the public of their works, by wire or wireless means, including the making available to the public of their works in such a way that members of the public may access these works from a place and at a time individually chosen by them.”。

② 参见刘银良:《信息网络传播权的侵权判定——从“用户感知标准”到“提供标准”》,载《法学》2017 年第 10 期。

③ 参见杨勇:《从控制角度看信息网络传播权定义的是与非》,载《知识产权》2017 年第 2 期。

这一问题通过修改“广播权”的定义得到了解决。修改后的广播权的定义为“以有线或者无线方式公开传播或者转播作品，以及通过扩音器或者其他传送符号、声音、图像的类似工具向公众传播广播的作品的权利，但不包括本款第十二项（信息网络传播权，笔者注）规定的权利”。因此，在修改广播权的定义之后，2020 年修改前的《著作权法》中的广播权无法全面覆盖所有向公众进行非交互式传播的行为，以至于法院不得不适用“兜底权利”的问题，获得了完全的解决。[①] 换言之，修改后的广播权能够全面覆盖所有向公众进行的非交互式传播行为，包括利用互联网技术的传播行为。而信息网络传播权与广播权的区别不在于是否利用了互联网技术，而在于是否是“交互式传播行为”。

在厘清这一关系后应回归刑法领域。《刑法》对于侵犯著作权罪中的“复制发行”与“信息网络传播”两类行为的定性应与《著作权法》保持一致而不再重新定义，即刑法上的“信息网络传播”行为的特征也是“交互式传播”。然而，如上所述，“复制发行”一词的模糊性足以将各种提供并获得作品的行为纳入其中。即使《著作权法》明确区分了信息网络传播与广播两类行为，也极有可能会被刑法司法实践以司法实践需要为由而将二者混为一谈。同时，从以往的司法实践与司法解释可以推测，侵犯著作权罪的扩张解释路径可能是将所有通过互联网传播作品的行为纳入其中，如将著作权法上的“广播权”解释为“复制发行”中的“发行”。实质上，这种处理与解释思路使刑法跳过著作权法的认定而自成一套侵权认定体系，即只要是利用了互联网非法传播作品，都可以被认定为（刑法意义上的）“信息网络传播”行为。此举明显与著作权法相悖，并缺少足够的论据证成刑法能够脱离著作权法的规定而“自立门户”。这样的矛盾最终表现为对于“深度链接”是否属于著作权法中的“信息网络传播”行为尚无定论时，刑法将其作为“复制发行”行为的一种直接入罪，进而导致著作权法不认为侵权的行为刑法却评价为犯罪。

（二）网络服务提供者的刑民责任模糊

实践中，所谓通过“信息网络传播”作品的行为大致有两种：其一，

---

① 参见王迁：《〈著作权法〉修改：关键条款的解读与分析（上）》，载《知识产权》2021 年第 1 期。

行为人将作品上传至服务器并开设网站、设置链接，此时行为人只有一人；其二，作品上传至服务器、开设网站、设置链接等分头进行，行为人有多个。随着网络信息技术的不断深入、渗透以及运营者控制力度的强化，在现实生活中，纯粹的接入服务提供者逐渐变少，而存储服务提供者则越来越多。充斥在虚拟空间的各种网络服务平台，多数属于存储服务提供者，甚至部分已经转型为内容提供者。此外，诸如 P2P 网络运营者、链接设置者、搜索引擎提供者这类具有争议性的法律主体的刑事义务边界却不能一概而论，应结合其提供的具体服务和不同的内部技术构造来分别认定。① 这一表述反映出刑法对于传播行为的类型化程度仍有缺陷，难以适应网络环境下的分工精细化、“复制—发行”行为二分的行为特征。在实践中，以快播案、人人影视案为代表的案件争议体现出了刑法规定难以招架新技术带来的问题。技术中立问题、深层链接、“外挂”等新技术下产生的传播行为也为刑事司法认定带来难题。而目前刑法理论上对于如何评价此类行为有不同解释路径，常见如依据共犯原理将平台方解释为帮助犯、片面共犯，或依据共犯正犯化原理将其解释为侵犯著作权罪的正犯。但无论何种解释方式，都或多或少存在一些问题。最明显的问题在于传统共犯的意思联络阻碍了侵犯著作权罪的共犯认定。对此不同学者给出了各种解决方案。例如，马文博博士提出可以对共犯的意思联络做和缓化处理：虽不存在意思联络，但有证据能够证明链接对象具有法益侵害的高度盖然性时，提供链接服务的行为属于可罚的中立行为。② 但这种方案的基点依然是先入为主地认为侵权就成立犯罪，通过改变刑事责任的证明标准以适应入罪需求。但这样的解决思路会让人质疑：为什么不用民法、行政法手段解决侵犯著作权问题，而非要强行改变刑法与刑诉理论？改变后的共犯理论只能适用于侵犯著作权罪，还是可以推而广之作为刑法基本原理？

总体概括下来可以发现，在我国，网络中立帮助行为似乎呈现出了不同的发展态势，即仍然停留在积极入罪的阶段，网络中立帮助行为的

---

① 参见王华伟：《避风港原则的刑法教义学理论建构》，载《中外法学》2019 年第 6 期。

② 参见马文博：《论新技术实践下侵犯著作权罪共犯归责的具体认定》，载《法律适用》2020 年第 21 期。

出罪之路被堵死。[1] 换言之,在"作品上传—平台方传播—消费者浏览"这一系列流程中,刑法将规制重心转向了平台方,从传播端入手入罪,并围绕平台方的各种传播行为衍生或解读出各种入罪路径,即侵犯著作权罪的入罪标准被简化为:平台方通过互联网传播作品达到一定数量标准即可被认定为构成侵犯著作权罪。显然,这样的论证缺乏足够的说服力。为应对实践需要而过于简化的入罪逻辑并不能经受法教义学的检视。

【案例】刘某、郭某侵犯著作权罪案[2]

【裁判观点】直播行为属于侵犯著作权罪中犯罪行为的一种

【案情节选】

2017 年 7 月至 2018 年 4 月,被告人刘某未经畅游公司许可,在网络上非法购得该公司发行的《天龙八部》游戏的源代码后,通过租用服务器、绑定域名等方式,私自架设"华夏天龙""巨星天龙""上古天龙"等游戏私服,并通过被告人郭某有偿提供的"虎牙直播"平台直播账号进行宣传。

非法运营过程中,被告人刘某通过游戏玩家向其控制的第三方支付平台账户充值的方式获利。经查,被告人刘某的非法经营数额为 941,452.42 元,部分用于支付郭某直播账号租金,部分用于聘请游戏主播、刷直播间礼物等,部分用于个人耗用。

被告人郭某明知刘某非法经营《天龙八部》游戏私服,仍以每周数万元的价格向刘某提供其个人掌控的直播账号用于宣传,以吸引更多的游戏玩家。其间,被告人郭某从刘某处收取的直播账号租金达数十万元,部分用于"协调"直播平台监管,部分用于个人耗用。经查,2018 年 2 月至 4 月,被告人郭某收取刘某支付的直播账号租金共计人民币 413,214 元。

法院认为,被告人刘某以营利为目的,未经著作权人许可,复制发行其计算机软件,情节特别严重,其行为构成侵犯著作权罪。被告人郭某明知刘某侵犯他人著作权,仍然提供帮助,情节特别严重,其行为构

---

① 参见刘艳红:《无罪的快播与有罪的思维——"快播案"有罪论之反思与批判》,载《政治与法律》2016 年第 12 期。

② 刘某、郭某侵犯著作权罪案,四川省成都市新都区人民法院(2018)川 0114 刑初 869 号刑事判决书。

成侵犯著作权罪。

法院认为，被告人郭某虽然既非涉案私服的架设者，也不是实际运营者，但从查明的事实来看，涉案私服是通过网络平台直播的方式吸引游戏玩家，从而提高非法经营数额的，郭某提供直播账号的行为对涉案私服的推广和运营具有较为重要的作用，不宜认定为从犯。

本案中，被告人郭某的行为为在直播平台上直播游戏吸引玩家，其所起到的是宣传推广侵权作品，进而提高非法经营数额的作用，法院将其行为认定为侵犯著作权罪的帮助行为，且并非从犯。但法院对被告郭某的行为是否单独构成侵犯著作权罪并无过多论述。这种否认帮助行为为从犯的表述体现了“帮助行为正犯化”这一思路的影响，也实质上扩大了对侵犯著作权罪中“复制发行”作品的理解。

2020年修改后的《著作权法》规定直播行为属于广播权控制的行为，不属于信息网络传播权控制的行为。而在修法之前，对于直播游戏的行为是否属于民事侵权，依然存在争议，且更倾向于将网络游戏直播认定为合理使用。例如，未经游戏著作权人许可的游戏直播对于游戏中的影视作品可构成转换性使用，且难以形成市场替代，可被认定为合理使用。这样的结论不仅符合著作权法原理，而且有利于电子竞技产业的发展。[①] 依据功利主义理论，判定游戏直播构成合理使用，更有利于促进直播产业文化的发展。[②] 虽然将网络直播游戏的行为认定为侵犯著作权罪属于个案，但从本案中可以看出早年间扩大解释“复制发行”带来的一系列影响。对于侵犯著作权罪而言，虽然允许为了入罪进行扩大解释，但与著作权法完全背离的行为认定思路也给司法保护的一致性带来了困难。因此，对目前的刑事司法而言，对“复制发行”以及“通过信息网络传播作品”的解释应从传播行为的社会属性、法定内涵等角度进行必要的限缩，而不能仅凭直观感受，看到行为人有侵权（本

① 参见王迁：《电子游戏直播的著作权问题研究》，载《电子知识产权》2016年第2期。

② 依据功利主义理论，著作权保护的根本目的并非保护著作权人的利益，而是实现社会科学文化的最大化发展。功利主义理论指出，著作权保护只需保证著作权人拥有足够的利益创作动力即可。而著作权人所拥有的游戏本身市场已是有效的利益激励。因为游戏直播实现了与游戏本身不同的功能，判定游戏直播构成合理使用，允许游戏自由直播而不受限制，更有利于促进直播产业文化的发展。参见谢琳：《网络游戏直播的著作权合理使用研究》，载《知识产权》2017年第1期。

案中郭某的直播行为可能不是侵权)且获利较大就轻易入罪。虽然从直觉上看,行为人获利较多,给人一种社会危害性较大的感觉,但入罪无法仅靠社会危害性,通过互联网传播作品达到一定数量标准即构成侵犯著作权罪的认定思路也与法定犯的内涵不符。

第四节 网络环境下侵犯著作权罪的特殊问题

一、网络空间下犯罪的特点与法律适用的变化

网络环境为侵犯著作权的认定叠加了更多的不确定性。著作权内容的更新和调整与传播技术的变化密切相关。互联网技术的运用为作品的传播带来了更多的可能性。具体而言,网络环境下著作权认定的变化可总结为以下几点:

1. 犯罪主体更多元。相较于传统著作权侵权中"作者—侵权人"的简单模式,在互联网技术的作用下,社会分工更加精细,著作权侵权往往会涉及多个主体。例如,作者这一角色分化为创作作品的人与发行作品的人,侵权人可分为直接侵权人与间接侵权人(如帮助者)。由此便会给犯罪的认定带来问题。例如,有观点认为新技术实践下侵犯著作权犯罪中,链接提供行为与侵权作品提供行为通常由不同行为人单独实施。此时,对于链接提供者而言,其行为不符合侵犯著作权罪的构成要件类型,不构成单独正犯;又因为缺乏意思联络,无法与侵权作品的提供者构成共同犯罪。①

2. 犯罪手段细化且技术性强。与犯罪主体多元相对应的是犯罪手段或犯罪行为分散或细化。例如,在网络空间中,存在大量匿名的、不特定的人群利用网络实施一般违法行为,提供网络服务者虽然对此有所预料,但在主观上持放任态度的情形。就无正犯的网络中立帮助行为类型而言,单个的违法行为对于社会的危害性,往往并不足以引起司

① 参见马文博:《论新技术实践下侵犯著作权罪共犯归责的具体认定》,载《法律适用》2020年第21期。

法和立法部门的重视,但当在网络空间中利用行为人的网络中立帮助行为实施一般违法行为的数量较多时,就会形成较强的聚合力,其社会危害性便急剧放大。①

3. 犯罪行为的社会性强。社会性是指传播技术的进步本身就意味着传播方式的简化。与犯罪主体多元和犯罪手段细化相关的一点就是互联网环境下人们的行为呈现扁平化趋势。互联网的革命性在于其信息传递的去中心化。② 这一特点是一体两面的,既会带来益处也会导致侵权变得更加容易,既涉及犯罪化过程的取舍又有(主体间)利益平衡的部分。例如有学者认为,对分散式架构的 P2P 业者来讲,虽然切断技术确实可以实现防范盗版的目的,但是从长远来看,这不仅是对技术的毁灭性打击,也是对数亿网民利益的重大伤害。因此在当前,追究 P2P 软件技术提供者不作为帮助犯的刑责从理论上讲或许可以,但在实践中应尤为慎重,特别是在作为正犯的用户被大量放纵的情况下,去处罚作为从犯的帮助犯,会显得有些不合适。③

二、制作、销售、使用“游戏外挂”与侵犯著作权罪

“游戏外挂”的出现对游戏行业的发展带来了负面影响。但目前围绕制售、使用“游戏外挂”在法律上的行为定性,并没有形成较为一致的观点。司法机关对“外挂”行为的罪名认定不一,缺乏精准的刑法评价。司法实践中,对于相同性质的“外挂”行为的司法认定会得出不同的结论。而学术界、游戏行业和司法部门之间,因各自立场不同而对“外挂”行为有不同定义,导致现阶段对“外挂”行为的规制,涉及了经营权、著作权、计算机等多种罪名。④

---

① 参见刘艳红:《无罪的快播与有罪的思维——“快播案”有罪论之反思与批判》,载《政治与法律》2016 年第 12 期。

② 参见刘艳红:《网络犯罪的法教义学研究》,中国人民大学出版社 2021 年版,第 139 页。

③ 参见杨彩霞:《P2P 软件和服务提供商著作权侵害刑事责任探究——以 P2P 技术架构为切入点》,载《政治与法律》2016 年第 3 期。

④ 参见储颖超:《网络游戏外挂行为司法认定问题的探讨——基于 134 件案例样本的分析》,载《法治论坛》2019 年第 4 期。

(一)原因分析

造成这一现象的原因是多样的。其一,对侵犯著作权罪中的犯罪行为,尤其是“复制发行”行为的理解,以及对制作、销售、使用“外挂”的行为性质的理解存在偏差。长期以来,侵犯著作权罪的“复制发行”行为在《著作权法》的规定之外被不断扩大解释,几乎任何涉及“复制作品”与“发行作品”的行为都会被认定为侵犯著作权罪中的“复制发行”。例如,有学者认为,制作并销售“外挂”是侵犯著作权罪中的复制发行行为,编制而成的“外挂”系侵权复制品,明知是“外挂”而予以销售,应分别认定为侵犯著作权罪和销售侵权复制品罪。① 其二,“游戏外挂”本身是一个技术问题,对司法人员而言,除非曾学习或有意了解过相关内容,否则在理解“外挂”技术并将其转化为法律问题时会存在一定程度的障碍。其三,不同罪名之间虽然存在竞合,但犯罪化目的与罪名体系并不相同。尤其对于法定犯而言,其与前置法的关系往往难以准确地界定。例如,有学者认为,出售软件序列号和破解程序虽然能使购买者不经软件著作权人许可运行软件,但此类行为并不涉及对他人软件中“代码化指令序列”的复制或发行,无法构成侵犯著作权罪。②

(二)“游戏外挂”的分类

“游戏外挂”是一种游戏外部辅助程序,它可以帮助玩家自动产生游戏动作、修改游戏网络数据包以及修改游戏内存数据等。③ 根据“游戏外挂”的作用方式,可将“游戏外挂”分为通过作用客户端施加影响的“外挂”、通过作用封包数据施加影响的“外挂”、辅助操作类“外挂”。④

具体而言,通过作用客户端施加影响的“外挂”的技术原理是通过修改客户端数据,由客户端将修改后的数据传送给服务器,服务区依据

---

① 参见俞小海:《网络游戏外挂行为刑法评价的正本清源》,载《政治与法律》2015 年第 6 期。

② 参见王迁:《论出售软件序列号和破解程序的行为定性》,载《法学》2019 年第 5 期。

③ 参见罗平、徐倩华:《网络游戏外挂技术及检测》,载《计算机工程与设计》2007 年第 6 期。

④ 参见喻海松:《网络外挂罪名适用的困境与转向——兼谈〈刑法修正案(十一)〉关于侵犯著作权罪修改的启示》,载《政治与法律》2021 年第 8 期。

修改后的数据对客户端给出相应的指令。通过作用封包数据施加影响的“外挂”的作用原理目前有两种表述形式：(1)通过破解网络游戏客户端程序和通信协议，截获客户端与服务器端通信协议数据包，修改并注入内容达到游戏作弊目的。[①] (2)首先，使用网络监听工具截获客户端与服务器之间的封包数据，然后通过分析搞清楚关键字节所代表的含义；其中，对于加密运算传输的数据，将密文解密为明文进行分析。其次，在前述分析的基础上，研制出“外挂”程序，生成“外挂”控制代码，通过对网络数据包的拦截、修改(或伪造)和发送等，通过虚假信息欺骗服务器修改游戏数值，实现作弊目的。[②] 而辅助操作类“外挂”往往因其并没有修改游戏数据，仅仅起到代替玩家的重复劳动的作用，所以不被认为是破坏技术措施的行为。

通过上述对“游戏外挂”的分类分析可以发现，前述两类“游戏外挂”的本质都是修改游戏预先设定的运作逻辑，进而达到“外挂”使用者想要达到的目的。在“游戏外挂”案件中，涉及游戏开发者、“外挂”开发者与销售者、玩家(“外挂”使用者)三方主体，以及游戏程序、“外挂”程序两个对象(计算机程序)。而对开发、销售、使用“外挂”的定性，离不开对各个主体以及行为性质的法律分析。

(三)制售“游戏外挂”行为的定性争议

对于制售“游戏外挂”的行为是否构成侵犯著作权罪，目前存在一定争议。现有对“外挂”行为作出定性的官方文件为原新闻出版总署、原信息产业部、原国家工商行政管理总局、国家版权局、全国“扫黄”“打非”工作小组办公室《关于开展对“私服”、“外挂”专项治理的通知》。该通知中提到：“私服”“外挂”违法行为是指未经许可或授权，破坏合法出版、他人享有著作权的互联网游戏作品的技术保护措施，修改作品数据，私自架设服务器，制作游戏充值卡(点卡)，运营或挂接运营合法出版、他人享有著作权的互联网游戏作品，从而谋取利益、侵害他人利

---

① 参见储颖超：《网络游戏外挂行为司法认定问题的探讨——基于134件案例样本的分析》，载《法治论坛》2019年第4期。

② 参见喻海松：《网络外挂罪名适用的困境与转向——兼谈〈刑法修正案(十一)〉关于侵犯著作权罪修改的启示》，载《政治与法律》2021年第8期。

益。“私服”“外挂”违法行为属于非法互联网出版活动,应依法予以严厉打击。

对于将制售“游戏外挂”定性为侵犯著作权罪存在两种观点:支持者认为,对于游戏软件而言,无论是整体复制还是部分复制,无论是同时复制源程序、目标程序、文档三者还是仅复制其中部分,都是计算机软件的复制行为。因此,制售“外挂”行为是侵犯著作权罪中的复制发行行为。据此,行为人制售“外挂”行为,在以营利为目的,且违法所得数额较大或者有其他严重情节的情形下,应以侵犯著作权罪论处。[①] 且目前实践中大多将制售“游戏外挂”的行为定性为侵犯著作权罪。尤其《刑法修正案(十一)》在侵犯著作权罪中新增故意避开或破坏保护著作权的技术措施后,有观点认为制售“外挂”的行为即属于规避技术措施的行为。而反对者的理由有二:其一,在复制内容上,大部分“外挂”软件在运行过程中并未完全复制正版软件的代码化指令序列及其文档,若其没有将正版软件中具有独创性的指令复制下来并构成实质性相似,其制作“外挂”软件的行为难以认定为著作权法意义上的复制行为;其二,“游戏外挂”的调用行为属于临时复制,对于临时复制是否属于复制发行行为本身就存在争议。[②]

无论是支持入罪还是反对入罪,其分析思路基本是对“外挂”行为进行技术分析,进而再依据相关条文,如《刑法》侵犯著作权罪及有关司法解释、《计算机软件保护条例》、《著作权法》对“复制权”“发行权”“修改权”等的规定进行解释。应当明确的是,对于著作权的刑事保护,如果其行为难以认定为相对的民事侵权或行政违法,一般将其入罪难谓正当。侵犯著作权要求复制发行作品达到一定的数量或具有严重情节。但一方面,制售“外挂”的行为不必然属于复制发行行为;另一方面,“游戏外挂”对作品的复制并没有产生对应的侵权作品,“游戏外挂”本身也难以评价为游戏的复制品。

---

① 参见俞小海:《网络游戏外挂行为刑法评价的正本清源》,载《政治与法律》2015 年第 6 期。

② 参见杨勇、张津辉:《浅谈外挂软件著作权侵权行为的行政责任》,载微信公众号“网舆勘策院”2021 年 6 月 22 日。

【案例】谌某涛与重庆腾讯信息技术有限公司等不正当竞争纠纷案[①]

【裁判观点】推广、销售"游戏外挂"(虚拟定位插件)属于不正当竞争行为

【案情节选】

(1)关于涉案游戏的事实

涉案网络游戏系重庆腾讯信息技术有限公司(以下简称重庆腾讯公司)、深圳腾讯公司开发的首款AR探索类手游。在游戏中,玩家可以通过AR功能抓捕身边的妖灵,对它们进行培养,完成游戏中对战、展示、交易等诸多功能。

(2)关于被告的侵权行为的事实

①被告销售与推广"游戏外挂"行为

原告登录微信程序并添加微信号为"g××××××4"的账号为好友。自2019年4月16日至2019年6月15日,该微信朋友圈发布92条涉及涉案虚拟定位插件的信息。

被告在哔哩哔哩弹幕网注册账号"J7兄弟连工作室的个人空间",头像显示为雄鹰和J7兄弟连图文标识,备注为:一起来捉妖钉钉打卡定位神器v:g××××××4;发布视频16个,其中10个标题中含有涉案网络游戏名称"一起来捉妖",如"一起来捉妖没时间出门路径规划摇杆控制""一起来捉妖、IOS外设。无需电脑""一起来捉妖捉妖神器足不出户来捉妖"等。

……

③被告行为的影响

2019年5月28日,上海市协力律师事务所的委托代理人在公证处公证人员的见证下,通过系统自带的应用商店搜索涉案网络游戏。搜索结果页面显示涉案网络游戏评分为4.8分,18.3万个网络评分。游戏的评论区有诸如"游戏挂太多""各种飞机让游戏失去了可玩性""虚拟定位跟工作室打击力度不够大。圈子里面的人很多都是虚拟定位……""虚拟定位辅助软件玩家的天下""放任虚拟定位不管,游戏里到处充斥着虚

① 谌某涛与重庆腾讯信息技术有限公司等不正当竞争纠纷案,上海知识产权法院(2021)沪73民终489号民事判决书。

拟定位……虚拟定位肯定会毁了这个游戏"的负面评论。

二审法院认为,上诉人(一审被告人)销售、推广的虚拟定位插件属于"游戏外挂"①,且其销售与推广行为损害了被上诉人(一审原告)的利益②、损害了其他玩家的合法权益和游戏竞争秩序③,且在一审原告在服务协议中明确提示禁止使用"外挂"、插件修改或伪造运行指令、数据等行为的前提④下,明知插件可能用于侵权用途,仍主动宣传推广销售其虚拟定位插件,有悖于诚实信用原则与商业道德⑤,因此属于不正当竞争行为。

【案例】郑某侵犯著作权罪案⑥

【裁判观点】制作并销售"游戏外挂"软件行为属于侵犯著作权罪的犯罪行为

【案情节选】

公诉机关指控,被告人郑某在未经《蓝月传奇》网络游戏著作权人上海恺英网络科技有限公司的许可、授权的情况下,制作《蓝月传奇》网络游戏的"飞扬辅助""外挂"软件并在"简单游脚本交易平台"(网址:www. jdyou. com)上进行交收。《蓝月传奇》网络游戏的"外挂"有自动

---

① 上诉人推广、销售的涉案虚拟定位插件,能够修改 iOS 系统手机的地理位置信息,使手机客户端向后台服务器发送经修改、伪造后的数据信息,导致后台服务器所接收的数据与根据游戏设置所本应接收到的真实数据不符,原理上与利用网络技术手段影响游戏客户端与后台服务器数据传输的"游戏外挂"无本质区别。

② 被诉行为使得游戏玩家通过该虚拟定位插件,可以以远低于游戏运营方所设定的金钱、时间、精力成本获得相同的游戏效果,破坏了游戏公平性,违背游戏运营方的意愿,导致其合法提供的网络产品及服务无法正常运行,损害了被上诉人重庆腾讯公司、深圳腾讯公司的利益。

③ 被诉行为损害了其他游戏玩家的合法权益,导致正常的游戏玩家流失,进而缩短相关游戏的生命周期,最终扰乱游戏市场的正常竞争秩序。

④ 被上诉人重庆腾讯公司、深圳腾讯公司在游戏服务协议中已明确提示禁止使用"外挂"、插件,修改或伪造运行指令、数据等行为,并在游戏官网及游戏中发布了打击作弊软硬件的公告。

⑤ 上诉人谌某涛在涉案网络游戏中多次测试并在微博、朋友圈及哔哩哔哩网站中宣传其插件安全稳定,足以证明上诉人谌某涛对在涉案游戏中使用其插件构成作弊行为是明知的。上诉人谌某涛在明知其插件可用于侵权用途的情况下,为谋取自身利益,通过主动宣传、推广的方式,鼓励、引诱用户在涉案游戏中不正当地使用其插件,有悖诚实信用原则和商业道德。上诉人谌某涛实施被诉行为缺乏合理理由,其提供的产品并不具有实质性非侵权用途。

⑥ 郑某侵犯著作权罪案,广东省茂名市茂南区人民法院(2019)粤 0902 刑初 486 号刑事判决书。

打怪、练级、做游戏任务等功能，该“外挂”对《蓝月传奇》游戏的程序造成破坏、修改。郑某利用“简单游脚本交易平台”自2018年开始销售《蓝月传奇》游戏“飞扬辅助”“外挂”软件至今，共非法获取人民币101,533元。被告人郑某以营利为目的，制作“外挂”软件销售，非法获利人民币101,533元，数额较大，其行为触犯了《刑法》第217条的规定，犯罪事实清楚，证据确实充分，应当以侵犯著作权罪追究其刑事责任，提请法院依法判处。

法院认为，被告人郑某无视国家法律，以营利为目的，违反国家著作权管理制度，在未经计算机网络游戏软件《蓝月传奇》著作权人许可和授权的情况下，制作“外挂”软件进行销售，违法所得人民币101,533元，数额较大，其行为构成侵犯著作权罪。

对于制作、销售“外挂”的行为如何定性，上述两个案例给出了不同的结论，也可以代表目前民事司法与刑事司法对制售“游戏外挂”行为定性的两个方向：在刑事案件中，制作销售“游戏外挂”行为一般会被认定为侵犯游戏著作权的行为，具体而言属于该罪中复制、发行以及故意避开或破坏技术措施的行为。而在民事案件中，制售“外挂”的行为更多被认定为不正当竞争行为，偶有案例会认定为侵犯计算机软件著作权的行为。因此，在刑事司法中，对于制售“游戏外挂”的行为定性需要注意以下问题：

其一，对于制售“外挂”的行为定性应当与游戏著作权结合，仅依靠行为定性无法决定行为构罪。千变万化的电子游戏作品的核心内容都可以分成两部分，游戏引擎和游戏资源库。所谓游戏引擎是由指令序列组成的单纯的计算机程序，它是“运行某一类游戏的机器设计的能够被机器识别的代码（指令）集合”；游戏资源库是指计算机游戏软件中各种素材片段组成的资源库，含有各种音频、视频、图片、文字等文件。[①] 可见，游戏中能够成为作品的为“游戏计算机程序”和“游戏资源库”。而目前对于侵犯著作权罪的认定重点大多落在了对制售“游戏外挂”的行为认定上，而对“游戏外挂”是否侵犯了游戏作品的著作权并无更多关注。

在对“游戏外挂”的分类中提到，“游戏外挂”的技术原理为通过

① 参见崔国斌：《认真对待游戏著作权》，载《知识产权》2016年第2期。

“外挂”程序作用于游戏客户端数据、客户端与服务端通信协议中的封包数据。只有客户端数据和通信协议中的封包数据两部分能够评价为游戏作品才能够认定制售“外挂”的行为属于侵犯著作权的行为。

其二,应注意侵犯著作权罪中“故意避开或者破坏权利人为其作品、录音录像制品等采取的保护著作权或者与著作权有关的权利的技术措施”与《著作权法》第49条①规定的著作权人采取的技术措施是否一致,即游戏著作权人对游戏客户端的程序采取加密等技术措施或其选用的网络通信协议有着技术保护措施的作用。但目前有关刑事案件对这一部分的论述较少,往往将制售“外挂”的行为直接定性为破坏技术措施的行为进而入罪。

其三,应当注意如何区分民事侵权与刑事犯罪的界限。对于制售“游戏外挂”的行为而言,目前既可属于不正当竞争行为,又可属于刑事犯罪。同时,由于不正当竞争法兼顾权利人利益、消费者利益与竞争利益,因此,对竞争利益的保护不仅是刑事司法的独有目的。在此基础上,应当注重对刑事司法入罪的正当性思考,避免民事司法与刑事司法之间的目的冲突。

三、“深层(度)链接”入罪的思考

目前对于深层链接行为构成侵犯著作权罪的讨论重点落在设置深层链接行为与侵犯著作权罪中的“复制发行”或“通过信息网络向公众传播作品”行为的关系的认定上。具体而言包括以下几个问题:(1)设置深层链接是否属于侵犯著作权罪中的“复制发行”或“通过信息网络向公众传播作品”两类行为;(2)设置深层链接应认定为侵犯著作权罪的实行犯还是帮助犯;(3)设置深层链接的行为达到侵犯著作权罪的犯

---

① 《著作权法》第49条规定:“为保护著作权和与著作权有关的权利,权利人可以采取技术措施。未经权利人许可,任何组织或者个人不得故意避开或者破坏技术措施,不得以避开或者破坏技术措施为目的制造、进口或者向公众提供有关装置或者部件,不得故意为他人避开或者破坏技术措施提供技术服务。但是,法律、行政法规规定可以避开的情形除外。本法所称的技术措施,是指用于防止、限制未经权利人许可浏览、欣赏作品、表演、录音录像制品或者通过信息网络向公众提供作品、表演、录音录像制品的有效技术、装置或者部件。”

罪结果时是否会构成侵犯著作权罪。但归根结底,回答深层链接是否应当入罪这一问题的关键在于对设置深层链接这一侵权行为的细致认定上。因此,需要对“设置深层链接”的行为作出具体深入的探讨。

(一)设置“深层链接”行为的定性争议

对设置“深层链接”行为的定性一直根据实践的变化与需要发生着变化。目前关于设置深层链接的行为是否属于侵犯信息网络传播权,存在以下细致的观点讨论[①](见表6-1):

表6-1　设置“深层链接”是否属于侵犯信息网络传播权学说展示

观点	判断标准	存在问题
否定说	服务器标准 判断重点在于相关内容是否存储在行为人的服务器中。被链作品如仍存储于权利人服务器中,则深层链接不构成信息网络传播行为	国内外立法、司法的新动向表明该理论存在局限,难以解释新的实践
肯定说	用户感知标准 判断时应考虑用户的感知,至于系争作品是否存储于权利人的服务器中则在所不问。如果用户在设链网站可以欣赏或下载被链作品,从而导致用户认为设链网站提供了作品,就应该认为设链网站实施了信息网络传播行为	①主观性较强以及举证难。 ②该标准在某些具体情形中可能会产生正确的结果,但在案情稍有改变时便不再适当。 ③用户感知标准在法理上难以成立,单纯以高度主观的标准去认定提供行为的实施者缺乏法律依据;该标准强调“看起来”而非“实际上”是谁在实施提供行为,并且以用户认知为判断依据,而不同用户可能有不同认知,因此,该标准天然缺乏客观性,无法确保客观事实认定的确定性。 ④用户感知标准虽然在大多数情形下能制止深层链接行为,但其没有抓住问题的本质,因为在网络用户未必误解作品来源网站的情形下,目标作品依然通过加框链接等行为传播

① 具体内容参见万勇:《深层链接法律规制理论的反思与重构》,载《法律科学(西北政法大学学报)》2020年第1期。

续表

观点	判断标准	存在问题
肯定说	实质性替代标准 从作品视角考察相关行为是否构成对作品的实质替代效果。深层链接对著作权人所造成的损害以及为行为人所带来的利益，与直接向用户提供作品的行为并不存在实质性差别，因此构成信息网络传播行为	①不是围绕信息网络传播权的定义来界定其权利范围，不从行为特征出发，违反了保护法定权利的基本逻辑，而是关注“专有信息网络传播权人分销授权的商业逻辑”以及“聚合平台经营获益的商业逻辑”。 ②实质性替代标准在对信息网络传播行为的认定中考虑损失及获益因素，这是在侵犯著作权案件中采用了不正当竞争案件的审理思路，以损害后果完全代替了侵权归责原则
折中说	新公众标准 要构成《信息社会著作权指令》第3条(1)款意义下的“向公众传播”，不仅要存在传播行为，而且传播必须指向的是“新公众”，即版权权利人在授权初始传播时没有考虑到的公众。因此，如果权利人自己或经其授权的主体在互联网上传播作品，且没有施加任何限制(例如，要求只有会员才能浏览)，则任何人对该作品设置深层链接，都不属于公众传播权的涵盖范围	—
	多因素标准 该标准中对“向公众传播”的含义和范围必须根据指令的目的以及相关条款的上下文，并结合个案的具体情况来进行分析。在针对个案进行解释时，需要考虑多项补充性因素。在不同案件中，这些因素可能以不同的形式存在，因此既要单独适用，也要考虑它们相互之间的作用。这些补充性因素包括用户是否起到了必不可少的作用，是否是故意干预，传播是否具有营利性质等	—

可见,由于利益主体、知识产权政策变动、技术传播的变化等因素,对设置深层链接的行为定性存在很大的解释空间。立法上并没有明确采用何种标准,因此司法就要发挥一定的能动性。由此可明确的是,对待此类行为无法如人身犯罪与财产犯罪那样得出唯一确定的、不变的结论。具体采用何种解释方式,往往要考虑当时的知识产权政策以及相应的规范性质与目的。

(二)司法实践差异

(设置)深层链接、信息网络传播权、通过信息网络向公众传播作品分别对应(网络)技术用语、著作权法与侵犯著作权罪对行为类型的表述。详细分析可知,技术手段的更新与细化与法律表述的涵摄范围之间并非一一对应。深层链接技术引起的法律讨论便是一例。

在司法实践中,对于上述三个词语所指代具体含义以及三个概念之间的关系的理解存在各种偏差。一方面,《著作权法》第 10 条第 1 款第 12 项所规定的信息网络传播权是指"以有线或者无线方式向公众提供,使公众可以在其选定的时间和地点获得作品的权利"。而深层链接给人的直观印象就是设链者向公众提供作品,使公众可以在其选定的时间和地点获得作品。因此,提供此类深层链接是否等同于直接将作品置于服务器中传播,即是否可能构成对信息网络传播权的直接侵权即引发了争议。[①] 另一方面,信息网络传播权与通过信息网络向公众传播作品的关系也没有随着《刑法修正案(十一)》的修改变得明确。虽然已有论者指出二者内涵相同[②],但如果将侵犯著作权罪中的通过信息网络向公众传播作品认定为著作权法上信息网络传播权所指代的行为,则基于侵犯著作权罪属于法定犯的特征,设置深层链接行为由于在民事上并不必然侵犯著作权,则对该行为入罪就失去了必然的正当性。因为绝大多数提供深层链接的行为并不构成传播行为,自然也就不构

---

① 参见王迁:《论提供"深层链接"行为的法律定性及其规制》,载《法学》2016 年第 10 期。

② 例如王迁:《论著作权保护刑民衔接的正当性》,载《法学》2021 年第 8 期;劳东燕主编:《刑法修正案(十一)条文要义:修正提示、适用指南与案例解读》,中国法制出版社 2021 年版,第 143 ~ 144 页。

成“信息网络传播行为”。[①] 但在侵犯著作权罪的犯罪行为体系中，形成了“发行”包括“通过信息网络传播”[②]，复制、发行与通过信息网络传播作品彼此并列的犯罪行为体系。由此导致设置深层链接行为的侵权与犯罪认定存在矛盾与争议。

【案例】单某某侵犯著作权案[③]

【裁判观点】设置深层链接的行为属于侵犯著作权罪中的“复制发行”行为

【案情节选】

公诉机关起诉指控，被告人单某某以营利为目的，注册名为“神马微影院”视频网站，向王某（另案处理）等人购买解析工具程序，在未经著作权人许可的情况下，利用该解析工具程序，避开权利人设置的广告及付费会员技术措施，从优酷、爱奇艺、搜狐等网站链接影视作品，以及从最大资源网等盗版视频网站链接影视作品，嵌入其租借的服务器数据库，通过上述视频播放链接向用户提供在线观看服务。经鉴定，“神马微影院”后台视频管理菜单中共存在视频 18,659 部，用户通过解析工具程序访问上述正版网站视频共计 9,817,586 次。“神马微影院”网站运行期间，被告人单某某通过“点推广告联盟”“辛巴联盟”，在网站主页设置各类广告，并通过广告推广平台收取广告费用共计人民币 404,121.28 元。

法院审理查明的事实与公诉机关起诉指控的事实相同。

法院认为，被告人单某某以营利为目的，未经著作权人许可，复制发行其影视作品，情节特别严重，其行为已构成侵犯著作权罪，应予依法惩处。

---

① 参见王迁：《论提供“深层链接”行为的法律定性及其规制》，载《法学》2016 年第 10 期。

② 最高人民法院、最高人民检察院、公安部印发的《关于办理侵犯知识产权刑事案件适用法律若干问题的意见》第 12 条“关于刑法第二百一十七条规定的‘发行’的认定及相关问题”规定：“‘发行’，包括总发行、批发、零售、通过信息网络传播以及出租、展销等活动。非法出版、复制、发行他人作品，侵犯著作权构成犯罪的，按照侵犯著作权罪定罪处罚，不认定为非法经营罪等其他犯罪。”

③ 单某某侵犯著作权案，上海市第三中级人民法院（2020）沪 03 刑初 11 号刑事判决书。

【案例】良心网文化传播有限公司与北京百度网讯科技有限公司侵害作品信息网络传播权纠纷案[①]

【裁判观点】按照信息网络传播权侵权认定的服务器标准，无论提供的是深层链接还是搜索链接，均不能被认定构成信息网络传播行为。

【案情节选】

原告诉称：在手机上打开“百度视频”App，在“影视”界面搜索栏中输入“易经的智慧”，点击第一个搜索结果“易经的智慧国语”，进入播放界面；点击“易经的智慧国语”下方的“∧”符号，可查看相关内容简介；点击“共102集”，可浏览1～102集的分集选择界面；点击选集按钮，1～102集均可在线播放，并可拖拽进度条控制视频播放，且每集播放过程中，上方均显示“http://v. pptv. com/show/……”等网址信息；播放界面下方设有“评论”“收藏”“分享”等按钮。

法院查明事实如下：

(1)北京百度网讯科技有限公司(以下简称百度公司)提供的链接服务使得网络用户在被链接的PPTV网站可以获得涉案视频。

(2)案外人上海聚力公司在其运营的PPTV网站上向网络用户提供涉案视频，使公众可以在其个人选定的时间和地点获得涉案视频的相关内容，且上述提供行为未取得良心网文化传播有限公司(以下简称良心网公司)的授权，故案外人上海聚力公司在PPTV网站提供涉案视频在线播放的行为构成了对良心网公司信息网络传播权的直接侵权。

(3)在良心网公司并未提交证据证明百度公司明确知晓PPTV网站提供涉案视频的行为系侵犯他人信息网络传播权的行为的情况下，无法认定百度公司具有“明知”的情形。

本案争议焦点之一为：良心网公司主张“百度视频”播放界面未发生跳转，百度公司提供的是深层链接；百度公司则主张百度公司仅提供搜索链接。

一审法院认为，我国法律目前并未对网络链接的概念、类型等作出

① 良心网文化传播有限公司与北京百度网讯科技有限公司侵害作品信息网络传播权纠纷案，北京知识产权法院(2020)京73民终3213号民事判决书。

明确规定,深层链接、搜索链接均为网络空间定位工具,均属于网络链接的范畴。故按照信息网络传播权侵权认定的服务器标准,无论提供的是深层链接还是搜索链接,均不能被认定构成信息网络传播行为。

二审法院认为,"百度视频"App对被诉侵权视频设置链接,但被链的PPTV网站系合法经营的从事视听内容的网站,且目前尚无证据表明百度公司对被链内容进行了编辑、修改或推荐,此时不应对其附加更高的审查或注意义务,无法认定百度公司具有"应知"的情形。故一审法院根据百度公司的链接方式、链接行为等因素,认定其对被链网站的信息网络传播权侵权行为不存在应知或明知的情形,并据此认定百度公司不应就涉案行为承担侵权责任,并无不当,二审法院予以确认。

通过上述两个案例,可以发现在不同的认定思路下,设置深层链接是否侵权或犯罪的判断方法并不相同。在刑事案件中,公诉机关并未过多纠结犯罪嫌疑人的行为是否属于"信息网络传播权"所指的行为,而是指出犯罪嫌疑人存在链接行为后,结合链接的作品数量、用户访问次数、广告收益等综合判断犯罪嫌疑人属于侵犯著作权罪中所指的复制发行作品。在民事案件中,对设置链接行为的认定存在两个层次:(1)被告设置的链接是普通链接还是深层链接;(2)被告设置链接的行为是否属于侵犯原告信息网络传播权的行为。对于第一个问题,一审法院并没有直接给出结论,而是运用服务器标准,认为设置任何链接都不属于侵犯信息网络传播权的行为。对于第二个问题,在一审法院作出定性的基础上,二审法院从被告对侵权行为不存在"明知"或"应知"的情形角度进一步否定了被告侵犯了原告的信息网络传播权。

在《刑法修正案(十一)》出台之前,司法解释通过扩大解释[①]"复制发行"行为对众多具有一定社会危害性的、(广义上)"传播作品"的行为作入罪处理,其中就包括将"通过信息网络传播"认定为"复制发行"。对这一问题的争议由来已久,后文也列举了一个在局域网内播放电影被认定为侵犯著作权罪中的"复制发行"行为的例子。但无论是设置深层链接还是在局域网内播放电影,这二者的行为性质在著作权民事侵权案件中均存在一定争议,司法实践也有不同的看法。但对于侵

① 也有论者指出侵犯著作权罪的司法解释对"复制发行"的解释已经属于类推解释。

犯著作权罪而言,长期以来对“复制发行”的扩大解释导致许多表面上有着“复制发行”作品特征的行为被认定为犯罪行为,因此在后续的司法解释以及之后的司法实践过程中,应当对行为性质的认定进一步明确,并逐渐调整司法认知。

(三)入罪难题

在明确深层链接的定性争议与司法实践的差异后,应当注意将设置深层链接行为入罪的问题,即要明确“信息网络传播权”与“通过信息网络向公众传播作品”的关系。从实体法角度入手,对于这一问题的理解,可以存在两种路径:

其一,二者完全相同。在《刑法修正案(十一)》之后,已有观点认为著作权法上的侵犯信息网络传播权的行为也成为侵犯著作权罪中的犯罪行为之一。按此逻辑,只有交互式传播行为才能入罪。同时,在法学理论存在争议与民事案件对行为性质的细致认定下,刑事司法也应当对设置链接的行为性质进行讨论,尤其在裁判文书中应当说理充分,而不能在认可侵犯著作权罪应与前置法的规定相衔接的前提下又反过来通过扩大解释“复制发行”,或忽略设置深层链接是否侵犯“信息网络传播权”等违反法秩序统一原理的方式入罪。

其二,二者所指行为并不相同。最高人民检察院副检察长孙谦指出:《刑法修正案(十一)》颁布之前,为应对网络侵犯著作权犯罪,司法机关只将“通过信息网络向公众传播他人作品、录音录像的行为”解释为刑法规定的“复制发行”行为。随着司法实践的不断发展和网络的普及将通过信息网络向公众传播的行为继续拟制为复制发行行为并适用相同的追诉标准已不合时宜且会带来一系列实践问题,通过修法对侵犯著作权中的复制权、发行权、信息网络传播权的行为分别制定立案追诉标准可以更加有效地惩治网络环境下侵犯著作权犯罪。① 虽然其指出这是“将侵犯信息网络传播权单独规定为犯罪”的举措,但从其对“信息网络传播权”的理解与解释,即“通过信息网络向公众传播他人作品、录音录像的行为”来看,其并没有采用《著作权法》中对信息网络传播权

---

① 参见孙谦:《刑法修正案(十一)的理解与适用》,载《人民检察》2021年第8期。

的定义，而是倾向于指代任何通过信息网络传播作品的行为，近似等同于著作权法中“信息网络传播权”与“广播权”二者共同指代的行为。

从当前加强对知识产权的刑事保护的政策导向、此前司法实践不断扩大“复制发行”行为，以及修正案并未直接采用著作权法中对信息网络传播权的表述这三个表现来讲，这种解释方式最有可能被司法机关采纳，也是最容易被刑事司法机关所快速理解或接受的。如果仅从行为的社会危害性角度出发，这种理解有着严密法网的作用。因为如果严格按照“信息网络传播权”所指的是交互式传播作品的行为，则一些无法使公众在个人选定的时间或地点获得作品但传播量大，如点击量大、观看量高的行为，如直播，将无法入罪。①

【案例】周某侵犯著作权罪案②

【裁判观点】在局域网内播放电影被认定为侵犯著作权罪中的“复制发行”行为

【案情节选】

2016年10月开始，被告人周某在未取得电影著作权人许可以及政府有关部门许可的情况下，在微信上向“天天影视”购买或在“爱笑聚”等网站上下载电影，然后统一存放在服务器的硬盘内（经勘查，内有1557部电影），后通过局域网在自己经营的私影咖啡馆内播放给各房间的顾客观看，并收取人民币99元、138元和238元不等的费用。

至案发2019年3月，被告人周某在上述私影咖啡馆内通过向他人播放侵权电影的非法经营数额共计人民币901,266元。

法院认为，被告人周某无视国家法律，以营利为目的，未经著作权人许可，复制发行其电影作品，有其他特别严重情节，其行为已构成侵犯著作权罪，应依法惩处。

在本案中，被告人的行为属于广播权控制下的行为。如果严格将“通过信息网络向公众传播作品”等同于信息网络传播权控制的行为，

---

① 但在网络环境下，许多传播作品的行为虽然有较大社会危害性，但也有可能进一步起到传播作品，甚至为原作引流的作用。由此，如果仅从社会危害性角度入手就直接入罪，将有可能过于严苛。

② 周某侵犯著作权罪案，广东省中山市第一人民法院（2020）粤2071刑初16号刑事判决书。

则实际上该行为可能不属于侵犯著作权罪所规定的犯罪行为。因为这种私人影院的模式究竟侵犯何种权利，在民事案件中也存在争议。就本案而言，行为人的行为有可能侵犯了电影著作权人的表演权、广播权或信息网络传播权。退一步而言，即使民事案件将其认定为侵犯信息网络传播权，也要在立法上确认信息网络传播权侵权行为入罪。事实上，本案法院也是通过司法解释对"发行"的规定为"通过信息网络传播"，再扩大解释"通过信息网络传播"的方式入罪的。但无论如何定罪，就目前刑事案件的判决而言，其关注点大都在侵权行为的后果认定而非行为认定上。显然，民事案件与刑事案件的关注点并不相同，而这种审理思路割裂了刑事法律与前置法的关系。

四、规避技术措施与侵犯著作权罪

《刑法修正案（十一）》将"故意避开或者破坏权利人为其作品、录音录像制品等采取的保护著作权或者与著作权有关的权利的技术措施"的行为纳入侵犯著作权罪的规制范畴。而当前刑事司法在法律适用中最突出的问题是如何理解"规避技术措施"。

（一）规避技术措施的内涵冲突

目前，对"技术措施"的内涵存在两种不同的界定方式：学理上，规避技术措施主要可分为两种类型："接触控制措施"与"版权保护措施"。"接触控制措施"防止未经许可"接触"作品，按其功能可分为防止未经许可运行计算机程序的"接触控制措施"和防止未经许可阅读、欣赏其他作品或其他受保护的客体的"接触控制措施"；"版权保护措施"则用于阻止未经许可实施受专有权利控制的行为，按其保护的专有权利主要可分为防止未经许可复制作品的"版权保护措施"（以下简称防复制措施）和防止未经许可通过网络传播作品的"版权保护措施"（以下简称防传播措施）。[①] 而我国《著作权法》第49条第3款将规避技术措施中的"技术措施"定义为"用于防止、限制未经权利人许可浏

① 参见王迁：《立法修改视角下的技术措施保护范围》，载《中外法学》2022年第3期。

览、欣赏作品、表演、录音录像制品或者通过信息网络向公众提供作品、表演、录音录像制品的有效技术、装置或者部件"。这一定义与2013年的《信息网络传播权保护条例》中对"技术措施"的定义完全相同。因此,如果完全按照《著作权法》的规定,侵犯著作权罪中"规避技术措施"行为的完整表述应为:行为人未经许可,故意避开或破坏权利人为其作品、录音录像制品等采取的防止、限制未经权利人许可浏览、欣赏作品、表演、录音录像制品或者通过信息网络向公众提供作品、表演、录音录像制品的有效技术、装置或者部件等保护著作权或者与著作权有关的权利的有关措施。

显然,法定定义与学理定义并不一致,由此提出一个问题:现行刑法应参照何种定义确定概念?

(二)法秩序统一原则的具体诠释

对该问题的讨论最直观的切入视角就是"法秩序统一"理论,即刑事违法性的判断是否要依赖前置法,以及在何种程度上依赖前置法。但这一理论如果运用不当则有随意入罪的嫌疑。例如,在"复制发行"的问题上选择与《著作权法》保持一致,仅限于有形复制,而在"规避技术措施"的问题上应适当扩大《著作权法》的定义。统一与否几乎在解释人的一念之间。因此,有必要进一步对该理论进行诠释,明确"法秩序统一"的理论意义而非将其作为论证工具。

在刑法学研究中,"法秩序统一"原理往往与"违法性"判断联系在一起。"法秩序统一"并不要求法律规范"一模一样",因为"统一是相对的"。若具体法规范的保护目的整体一致,则刑法原则上从属于民法、行政法;但在具体法规范对法律主体的保护或惩戒方向相反、前置法规范存在漏洞或者社会客观情势变更导致不利于实现共同的上位法规范目的时,则刑法独立于民法、行政法。① 法秩序的统一性法理要求,应当排除完全没有目的论合理性而选择手段的情形,即应当排除与实现目的发生矛盾的手段被选用的情形,以及与目的的重要性相比所选

---

① 参见于改之:《法域协调视角下规范保护目的理论之重构》,载《中国法学》2021年第2期。

择的手段成为反比例的,明显违反比例原则的情形。[①] 并且,刑事违法性的判断也具有相对性,刑法中进行一般违法判断的行为类型与其他部门法并不完全一致,刑法上的违法性判断不依赖于前置法。[②] 此外,法律体系的融贯性可包括三个层次:第一个层次的要求是在这个体系中不能存在过多有明显冲突的法律规范(最低限度要求);第二个层次要求所有的法律规范都必然是以体系化的方式被连接在一起的,它们需要彼此借鉴来理解自身,以使其有更多的内部融贯性;第三个层次是理念的融贯,任何融贯的法律体系背后都有一套成熟的政治理论与道德信念体系作为自己的支撑。[③] 这一区分从单条规范、规范联系、规范理念三个层次由具体到抽象地总结了法律体系保持融贯的层次。因此,在法秩序统一的问题上论述这一问题,需要借助"违法性""规范目的"等理论详细地论证各类"规避技术措施"的可罚性。

(三)规避技术措施的可罚性判断

一方面,规避技术措施行为本身所侵犯的法益是权利人的著作权。通过上述"规避技术措施"的定义可以发现,技术措施本身就含有限制"复制""发行""通过信息网络传播"等的功能,进而保证著作权人的"复制权"、"发行权"、"信息网络传播权"甚至是"广播权"。而上述"接触控制措施"在法律意义上是指防止他人未经许可得到作品,"接触"或"得到"作品的方式是侵权人将作品非法传播,涉及"发行权""信息网络传播权""广播权"等。因此,上述学理分类提到的"接触控制措施""防复制措施""防传播措施"都可纳入其中。进而,行为人实施上述规避技术措施本身有可能从形式认定的角度入罪。常见的规避技术措施的行为模式是:侵权人利用技术手段,避开权利人设置的各种技术措施,获得作品,并传播牟利。相较而言,侵权人传播牟利要比单纯获得作品的社会危害性更大,严重时会扰乱权利人的正常经营计划。对

① 参见郑泽善:《法秩序的统一性与违法的相对性》,载《甘肃政法学院学报》2011 年第 4 期。

② 参见陈少青:《法秩序的统一性与违法判断的相对性》,载《法学家》2016 年第 3 期。

③ 参见雷磊:《融贯性与法律体系的建构——兼论当代中国法律体系的融贯化》,载《法学家》2012 年第 2 期。

绝大部分权利人而言,其更期望作品通过正常的销售渠道传播出去。

另一方面,对于提供规避技术措施者即“间接侵权”者是否可以入罪,则同样可以从规范目的的角度入手进行论证。常见的论证方式是通过扩大解释“发行权”入罪,但由于其并没有直接传播作品,因此这种扩大解释有名不副实的嫌疑。在法秩序统一的原则下,“提供规避技术措施”与“避开技术措施”属于两种行为,前者不属于侵犯著作权罪提到的“故意避开或破坏技术措施”的行为,间接侵权人只是为“避开技术措施”提供了帮助。并且间接侵权人客观上实施了帮助侵犯著作权的行为,主观上有时仅为获利而非直接希望侵犯著作权,因此可考虑运用帮助犯理论入罪。

第七章　侵犯商业秘密罪专题研究

第一节　我国商业秘密刑事保护概述

一、商业秘密刑事保护的现实需求

我国《刑法》第 219 条规定了侵犯商业秘密罪。[①]侵犯商业秘密罪的客观方面是行为人以盗窃、贿赂、欺诈、胁迫、电子侵入等不正当手段侵犯商业秘密，情节严重的行为。因行为人侵权行为严重破坏正当竞争、违反良性的市场秩序而被认定为犯罪。侵犯商业秘密罪于 1997 年进入我国《刑法》，属于知识产权犯罪的一种。

近年来，商业秘密成为知识产权犯罪中的一个关注焦点，也是国际经济、政治交流过程中的一项重要议题。国内外市场竞争与交往持续不断，以中国和美国为代表的经济体之间的经济往来频繁。而在这一过程中，商业

---

① 《刑法》第 219 条规定："有下列侵犯商业秘密行为之一，情节严重的，处三年以下有期徒刑，并处或者单处罚金；情节特别严重的，处三年以上十年以下有期徒刑，并处罚金：（一）以盗窃、贿赂、欺诈、胁迫、电子侵入或者其他不正当手段获取权利人的商业秘密的；（二）披露、使用或者允许他人使用以前项手段获取的权利人的商业秘密的；（三）违反保密义务或者违反权利人有关保守商业秘密的要求，披露、使用或者允许他人使用其所掌握的商业秘密的。明知前款所列行为，获取、披露、使用或者允许他人使用该商业秘密的，以侵犯商业秘密论。本条所称权利人，是指商业秘密的所有人和经商业秘密所有人许可的商业秘密使用人。"

秘密作为企业竞争的有力工具自然备受关注。一方面,《中美经贸协议》对我国商业秘密的保护提出了更高的要求;另一方面,国内企业同样面临商业秘密被侵犯的风险,并存在商业秘密的保护需求。[①] 可见,企业确有加强商业秘密保护的需求。

总体而言,加强知识产权保护是以美国为代表的知识产权法律关系优势方的核心诉求之一,同时也符合中国创新驱动发展这一战略需求,并与我国企业有保护商业秘密需求的现状相符。

(一)域外压力:"强保护"应被审慎对待

目前,美、日、欧盟等国家和地区对商业秘密采取了较高水平的保护。"2017—2018 年度《特别 301 报告》基于美国企业商业秘密权利人利益最大化的保护需要,对中国商业秘密的立法与执法问题不断提出质疑和负面评价。"[②]2020 年美国《特别 301 报告》要求中国对于商业秘密保护应在程序上解决刑事保护的障碍。作为中美两国博弈的产物,2020 年签署的《中美经贸协议》(第一阶段)要求中方逐步取消启动商业秘密案件刑事程序的所有门槛。协议里中方对商业秘密刑事保护的承诺超过了 TRIPS 协定的要求。随后,我国修改立法,并在刑事政策、刑事司法等层面加强了对商业秘密以及其他知识产权的刑事保护力度。

但美国对商业秘密的保护采用的是以强民事法益而弱刑事法益为特征的法律保护体系,并且对侵犯商业秘密的刑事保护是以社会法益为重心,而并非与我国不加区分地全盘关注个人法益的刑法政策相同。[③] 可见,"高水平保护""强保护"不等于"强刑事保护"。虽然刑事

---

① 例如,格力集团董事长董明珠在 2020 年两会上提出了加大企业商业秘密保护力度的各项建议,包括调整侵犯商业秘密刑事案件立案标准,取消将商业秘密权利人的实际损失作为启动商业秘密刑事调查的前提条件,或者是用其他条件代替"商业秘密权利人的实际损失"这一条件;提高对侵犯商业秘密行为的处罚力度,引入惩罚性赔偿制度,将商业秘密侵权行为纳入企业诚信记录等。参见《董明珠:严打"专利流氓" 加大商业秘密保护力度》,载新浪财经,http://finance.sina.com.cn/china/2020-05-27/doc-iircuyvi5204328.shtml。

② 宋世勇、邢玉霞:《美国〈特别 301 报告〉商业秘密问题综述与中国对策分析》,载《法学杂志》2019 年第 5 期。

③ 参见莫洪宪、刘峰江:《法益转向:商业秘密私权确立之刑事应对》,载《电子知识产权》2018 年第 7 期。

保护的手段较民事、行政保护确实更显严厉，但单纯降低刑事保护门槛、扩大刑事保护范围，显然缺失对商业秘密法律保护的进一步思考。强化商业秘密保护后，企业的价值也可能会下降。因为商业秘密保护减少了潜在投资者了解的有关目标企业及其竞争对手的信息，增加了目标企业价值的不确定性。① 创新是一个竞争性、累积性的过程，所以通常情况是，保护一方的创新将威胁到另一方的创新。加强知识产权保护和知识产权的数量越来越多与激励创新之间并非都是正相关的。这里的关键是要审时度势，把握好度。② 因此，在面对知识产权刑事保护这一问题时，仅凭"应当加强保护"这一判断尚不足以为刑事司法积极介入提供足够的正当性。对"商业秘密强刑事保护"这一问题需要更为深入、全面、细致的思考，将刑事司法过程作为一个整体，而不应孤立、片面地对待各个环节。

（二）国内变化："一体化"应为司法导向

域外的压力是一个方面，同时国内企业也存在保护商业秘密的需求。为应对以往不了解商业秘密、不明确如何保护商业秘密等情况，有必要加强对商业秘密的保护。强化知识产权保护是促进创新与经济转型的一项重要措施。但"强保护"如何更好地落实到位并不明确。2021年9月发布的《知识产权强国建设纲要（2021—2035年）》中对知识产权的司法，尤其是刑事司法保护提出了明确的要求：健全公正高效、管辖科学、权界清晰、系统完备的司法保护体制。健全知识产权审判组织，优化审判机构布局，完善上诉审理机制，深入推进知识产权民事、刑事、行政案件"三合一"审判机制改革，构建案件审理专门化、管辖集中化和程序集约化的审判体系。统一知识产权司法裁判标准和法律适用，完善裁判规则。加大刑事打击力度，完善知识产权犯罪侦查工作制度。修改完善知识产权相关司法解释，配套制定侵犯知识产权犯罪案件立案追诉标准。加强知识产权案件检察监督机制建设，加强量刑建

---

① 参见王润华：《第四知识产权——美国商业秘密保护》，知识产权出版社2021年版，第80页。

② 参见张玉敏：《知识产权法学文选》，法律出版社2020年版，第276页。

议指导和抗诉指导。[①] 基于这一规划，当前知识产权的司法保护仍有完善余地。而在商业秘密的保护中，如果望文生义地理解"统一""加大力度"，往往会导致统一裁判标准、法律适用与加大刑事打击力度之间相抵牾。

事实上，各地各部门已经在为积极探索商业秘密保护出谋划策。2020 年 9 月 8 日，浙江省地方标准《商业秘密保护管理与服务规范》发布，该标准为全国首个商业秘密省级地方标准。浙江省高级人民法院法官陈宇表示，许多企业认识不到什么是商业秘密，或者就算知道什么是商业秘密，采取的保护手段也形同虚设。该规范等于给了企业一本"商业秘密保护手册"，按上面说的做，就可以建立一套相对完善的商业秘密保护体系。[②] 如何保护好商业秘密这一企业核心竞争力是我们在经济建设、优化市场环境、打造公平竞争的市场环境时必然要考虑的问题。江苏省高级人民法院于 2021 年发布了最新修订版本《江苏省高级人民法院侵犯商业秘密民事纠纷案件审理指南》，对商业秘密民事案件的审理思路作出了较为详细的规定，明确了"一般 + 灵活"的审理思路，细化了刑民交叉案件中诉讼双方举证责任的问题，并对防范"二次泄密"、签发保密令等问题作出了较为详细的规定。[③]

法律条文的模糊性与案情的复杂性决定了商业秘密案件在审理过程中难免需要利益平衡。知识产权法所强调的利益平衡，实际上是与一定形式的权利限制、权利利用制度相联系的。这就是说，出于公共利益目标，出于对基本人权的尊重，在一定情况下应对知识产权进行必要限制，以保证社会公众对于知识产品的合理利用。利用他人知识产品，或是基于自由表现的目的，或是基于公共健康的需求，或是基于人类生

---

① 参见《中共中央 国务院印发〈知识产权强国建设纲要（2021—2035 年）〉》，载国家知识产权局网，http://www.cnipa.gov.cn/art/2021/9/23/art_2742_170305.html。

② 参见《浙江制定全国首个商业秘密省级地方标准》，载新华网浙江，http://www.zj.xinhuanet.com/2020-09/16/c_1126497908.htm。

③ 参见汤茂仁：《〈江苏省高级人民法院侵犯商业秘密民事纠纷案件审理指南〉亮点解读》，载知产财经 2021 年 6 月 21 日，https://www.ipeconomy.cn/index.php/mobile/news/magazine_details/id/3140.html。

存或发展的必要，这些都是正当合理的。[①] 较为理想的司法状态是，对诉争双方的利益焦点作出必要的说明，进而在利益衡量的基础上作出裁判。

商业秘密不同于一般的有体、有形财产，与著作权、专利权、商标权也不同。商业秘密被公开后，原商业秘密持有人并没有失去商业秘密。同时，商业秘密无法公开权利边界，一旦被公开，价值会被严重减损，单纯的停止侵权与填平式的赔偿损失无法很好弥补被害企业本应享有的长期的竞争优势。并且"商业秘密"一词概括性极强。我国《反不正当竞争法》对商业秘密采用了提取特征的定义方式，将秘密性、价值性、保密性作为构成商业秘密的三要素，同时又依据权利对象的内容主要分为技术秘密与经营信息。但法律的普适性特征要求法律规章制度安排对于所有产业的知识资产治理无差异，这就忽视了不同产业知识结构、知识隐形等知识资产特征所带来的知识资产治理方式的不同，导致传统知识产权法律的效力在不同产业中存在较大差异。[②] 商业秘密的使用可以横跨企业技术研发与经营销售两大主要环节，同时又可以涵盖机械制造、生物化工、医疗技术、软件开发等多个行业。商业秘密这一特点会给有关侵权案件的调查取证、侵权认定等环节带来各种阻碍。因此，在运用法律手段保护商业秘密时应认识到法律手段的局限性与后发性，尤其采用刑事手段打击侵犯商业秘密犯罪时应意识到，虽然刑事制裁足具威慑力，但这种震慑要以另一种"恶"为代价。在应对经济发展带来的各种风险与危机时，刑法没有蜕变为"统治社会的工具"，调整范围仍整体呈现出"补充性、不完整性和宽容性"的基本特征。[③] 因此，应注意适度适量，守好底线，要考虑到商业秘密案件的特征。降低刑事门槛要十分谨慎。虽然刑事手段能有效打击竞争对手，但也有可能会使本不该受刑罚制裁者蒙冤。

---

① 参见吴汉东：《知识产权基础问题研究》，中国人民大学出版社 2019 年版，第 170 ~ 171 页。

② 参见魏江、李拓宇：《知识产权保护与集群企业知识资产的治理机制》，载《中国工业经济》2018 年第 5 期。

③ 参见何荣功：《经济自由与刑法理性：经济刑法的范围界定》，载《法律科学（西北政法大学学报）》2014 年第 3 期。

【案例】郭某侵犯商业秘密罪二审无罪赔偿案①

【案情节选】

经审查查明,郭某因涉嫌侵犯商业秘密罪,于2017年8月13日被羁押,同年9月19日被逮捕。北京市海淀区人民检察院于2018年6月1日向法院提起公诉,指控被告单位北京捷适中坤铁道技术有限公司、被告人郭某犯侵犯商业秘密罪。

北京市海淀区法院于2019年1月25日作出(2018)京0108刑初1207号判决,判决:(1)被告单位北京捷适中坤铁道技术有限公司犯侵犯商业秘密罪,判处罚金人民币10万元。(2)郭某犯侵犯商业秘密罪,免予刑事处罚。郭某同日被取保候审。北京捷适中坤铁道技术有限公司与郭某对判决不服,在法定期限内提出上诉,北京市第二中级人民法院于2019年12月31日作出(2019)京02刑终425号判决,判决:(1)撤销北京市海淀区人民法院(2018)京0108刑初1207号刑事判决。(2)上诉单位(原审被告单位)北京捷适中坤铁道技术有限公司无罪。(3)上诉人(原审被告人)郭某无罪。郭某在审理期间对公诉机关指控的事实和罪名均提出异议,辩称无罪,辩护人作无罪辩护。郭某被实际羁押531天。

在案件审查过程中,法院按照郭某的要求,向其工作单位的部分同事说明刑事案件的相关情况,为其消除影响、恢复名誉,并公开向其赔礼道歉。郭某对此予以认可,并表示不需要将"在侵权行为影响的范围内,为其消除影响、恢复名誉,赔礼道歉"列入赔偿决定主文。

二审判无罪的案件无疑会对我国刑事司法公信力与司法实践带来负面影响。诚然,杜绝错案发生并非易事,在知识产权犯罪领域,尤其是商业秘密犯罪这一新领域,司法人员认识方式、认识能力的有限性和差异性十分明显,认识过程的依赖性以及认识对象的特殊性导致侵犯商业秘密犯罪在套用其他犯罪,尤其是财产犯罪的认定思路时无法逻辑自洽。在司法上,更加考验司法人员的能力。而在知识产权强保护

① 郭某侵犯商业秘密罪二审无罪赔偿案,北京市海淀区人民法院(2020)京0108法赔4号国家赔偿决定书。该案的另一重要意义为对被告有侵犯商业秘密罪的"主观故意"提出了"较高"要求,下文中将再次举出该案例并从侵犯商业秘密案件的主观认定这一角度详细对该案例展开讨论。

的社会氛围下，应当认识到现阶段编织严密的知识产权刑法保护网的过程仍要审慎。换言之，加强刑事司法保护从宏观上看有可能是在尚未形成优势技术时先“圈地自牢”。应当明确，我们在研究商业秘密问题时要积极探索不同于域外的、适合我国发展情况的知识产权犯罪的认定思路。客观而言，我国对商业秘密的保护较晚，认知尚浅。在研究初期借鉴美、日、欧等国家和地区的经验本无可厚非，但应当认识到，我国刑法在侵犯商业秘密罪中将违约行为犯罪化虽然看似对企业的秘密提供了更强的刑事保护手段，有助于促进企业的创新，但从实际效果来看，却并不尽如人意，甚至走向反面，出现了动辄以刑事手段解决与保密协议和竞业禁止协议有关的商业秘密纠纷的趋势。[①] 毕竟，“知识产权制度基于创新而生，由于创新而变”，“保护知识产权就是保护创新”而非单纯保护垄断。[②] 在保护商业秘密这一问题上，同样应立足于国情建立起适当的保护体系。

二、商业秘密刑事保护现状

（一）立法梯度不明显

商业秘密保护在立法上的问题主要体现在两个方面：其一，我国缺乏统一的商业秘密保护法。目前有关商业秘密保护的各项条文散落在各部门法中。《反不正当竞争法》《民法典》《刑法》《劳动合同法》《民事诉讼法》《刑事诉讼法》等法律法规及有关司法解释在各章节分别规定了商业秘密保护的实体与程序问题。这种立法模式一方面很容易导致规则之间内容重复、冲突，另一方面也确实给司法实践带来不必要的困难。其二，立法并未存在明显的梯度差异，民事与刑事责任有时会“倒挂”。对比商业秘密保护的主要条款可以发现，条文之间的表述差异主要在责任承担上，而在侵犯商业秘密行为的认定方面，《反不正当

① 参见唐稷尧：《扩张与限缩：论我国商业秘密刑法保护的基本立场与实现路径》，载《政治与法律》2020 年第 7 期。

② 参见万勇：《保护知识产权就是保护创新》，载中国共产党新闻网，http://theory.people.com.cn/n1/2020/1203/c40531－31953337.html。

竞争法》第9条与《刑法》第219条一致。①《反不正当竞争法》分别在第17条②和第21条③规定了侵犯商业秘密的民事责任与行政责任。最高人民法院、最高人民检察院《关于办理侵犯知识产权刑事案件具体应用法律若干问题的解释(三)》中界定了侵犯商业秘密罪中的"重大损失"④,国家市场监督管理总局公开的《商业秘密保护规定(征求意见稿)》中规定了侵犯商业秘密应负行政责任的情形。⑤ 通过横向对比可以发现,同一种侵犯商业秘密的行为有可能同时符合承担民事责任、行政责任、刑事责任的条件。

---

① 包括盗窃、贿赂、欺诈、胁迫、电子侵入或者其他不正当手段获取权利人的;披露、使用或允许他人使用通过前述不正当手段获取的商业秘密;违反保密义务或者违反权利人有关保守商业秘密的要求,披露、使用或者允许他人使用其所掌握的商业秘密;教唆、引诱、帮助他人违反保密义务或者违反权利人有关保守商业秘密的要求,获取、披露、使用或者允许他人使用权利人的商业秘密(刑法中为共同犯罪)。

② 《反不正当竞争法》第17条规定:"经营者违反本法规定,给他人造成损害的,应当依法承担民事责任。经营者的合法权益受到不正当竞争行为损害的,可以向人民法院提起诉讼。因不正当竞争行为受到损害的经营者的赔偿数额,按照其因被侵权所受到的实际损失确定;实际损失难以计算的,按照侵权人因侵权所获得的利益确定。经营者恶意实施侵犯商业秘密行为,情节严重的,可以在按照上述方法确定数额的一倍以上五倍以下确定赔偿数额。赔偿数额还应当包括经营者为制止侵权行为所支付的合理开支。经营者违反本法第六条、第九条规定,权利人因被侵权所受到的实际损失、侵权人因侵权所获得的利益难以确定的,由人民法院根据侵权行为的情节判决给予权利人五百万元以下的赔偿。"

③ 《反不正当竞争法》第21条规定:"经营者以及其他自然人、法人和非法人组织违反本法第九条规定侵犯商业秘密的,由监督检查部门责令停止违法行为,没收违法所得,处十万元以上一百万元以下的罚款;情节严重的,处五十万元以上五百万元以下的罚款。"

④ 最高人民法院、最高人民检察院《关于办理侵犯知识产权刑事案件具体应用法律若干问题的解释(三)》第4条规定:"实施刑法第二百一十九条规定的行为,具有下列情形之一的,应当认定为'给商业秘密的权利人造成重大损失':(一)给商业秘密的权利人造成损失数额或者因侵犯商业秘密违法所得数额在三十万元以上的;(二)直接导致商业秘密的权利人因重大经营困难而破产、倒闭的;(三)造成商业秘密的权利人其他重大损失的。给商业秘密的权利人造成损失数额或者因侵犯商业秘密违法所得数额在二百五十万元以上的,应当认定为刑法第二百一十九条规定的'造成特别严重后果'。"

⑤ 《商业秘密保护规定(征求意见稿)》第31条规定:"符合以下情形之一的,可以认定为《反不正当竞争法》第二十一条所称的情节严重:(一)因侵害商业秘密造成权利人损失超过五十万元的;(二)因侵害商业秘密获利超过五十万元的;(三)造成权利人破产的;(四)拒不赔偿权利人的损失的;(五)电子侵入方式造成权利人办公系统网络和电脑数据被严重损坏的;(六)造成国家、社会重大经济损失,或具有恶劣社会影响的;(七)其他情节严重的行为。"

(二)司法实践难统一

立法上的问题导致司法实践中存在诸多难题。在民事司法保护门槛相对较高、刑事司法保护门槛较低的情况下,这样"一高一低"的结合,直接造成我国当前商业秘密法律保护的"先刑后民""能刑绝不民"等现象,并最终使得我国商业秘密法律保护过度刑事化。①

1. 案件受理标准乱

在侵权现实、企业需求与法律保护存在脱节的现状下,商业秘密司法保护的边界以及司法保护与行政保护的区别标准界定不甚清晰。具体而言,各地公安机关对商业秘密案件受理立案的门槛尚未形成相对统一的认识,轻重不一。例如,有公安机关要求必须提供商业秘密三性鉴定报告,即非公知性鉴定、同一性鉴定、实用性鉴定、商业秘密价值司法鉴定等。然而在实践中,大部分企业无法完整拿到三性鉴定报告,或者只有三性鉴定报告,而鉴定机构却无法出具鉴定报告确认鉴定信息是商业秘密。如果公安机关不介入调查,企业就无法了解侵权人到底销售了多少侵权产品。一些公安机关在立案时要求完整提供三性报告,而有的公安机关只要求提供非公知性鉴定报告即可立案,甚至还有的公安机关不要求任何鉴定报告,只要有立案报告书就可以立案。不同的立案标准反映出目前立法对商业秘密刑事案件的理解与规定仍较为粗疏,忽略了商业秘密案件的特点,进而导致各地方公安机关无法统一标准,认知差异较大。

在缺失立法规定,优化营商环境、加强知识产权保护这一政策性鼓励措施,以及企业加强商业秘密保护的需求等各种外界环境的作用下,各地很有可能"积极进取"地按照自己的理解将各类侵犯商业秘密案件犯罪化。凡此种种,均影响了商业秘密刑事保护手段的恰当适用与合理认定。

2. 诉讼程序衔接难

在程序上,2019 年《反不正当竞争法》修改后新增第 32 条。新法修改之初,第 32 条的理解与适用存在争议,对第 32 条的解读也并不统

① 参见宋建宝:《美国商业秘密的法律保护》,法律出版社 2019 年版,第 231 页。

一。尤其在举证责任方面,根据第32条的表述,关于原被告举证责任的转移与倒置尚不明确。这一修改又会给商业秘密民事刑事侵权案件的衔接带来挑战。而关于商业秘密案件"先刑后民"与"先民后刑"的争议仍无定论。

民事诉讼与刑事诉讼在证明标准、证明责任、认定要求、程序措施等方面存在明显差异。因此,对于同一商业秘密侵权案件在民事与刑事诉讼中的证据是否能够相互认定、在多大程度上能够采信仍存在疑问。直至2020年9月10日,最高人民法院《关于审理侵犯商业秘密民事案件适用法律若干问题的规定》出台,才对商业秘密民事案件与刑事案件的证据采信①、判决认定②、程序协同③作出了明确的规定。然而,民事诉讼与刑事诉讼两条进路在实践中会带来审判的差异、审理逻辑混乱、公权过度介入企业经营、入罪逻辑与民事侵权认定结果矛盾等问题。

例如,如果原告选择先报案后起诉这一先刑后民模式,因我国法律规定,商业秘密民事案件一审为中级人民法院,刑事案件一审为基层法院,则会出现同一类案件由不同层级审理这一现象。此外,基层法院的法官与侦查机关的侦查人员是否有足够精力充分理解专业技术较强的商业秘密及其保护要件仍是一大问题。而在先刑后民这一审理路径中,审理民事诉讼的法院一般会等待刑事判决的作出,刑事诉讼中形成的证据等材料又往往无法及时由审理民事诉讼的法院接受并审理。民

---

① 最高人民法院《关于审理侵犯商业秘密民事案件适用法律若干问题的规定》第22条规定:"人民法院审理侵犯商业秘密民事案件时,对在侵犯商业秘密犯罪刑事诉讼程序中形成的证据,应当按照法定程序,全面、客观地审查。由公安机关、检察机关或者人民法院保存的与被诉侵权行为具有关联性的证据,侵犯商业秘密民事案件的当事人及其诉讼代理人因客观原因不能自行收集,申请调查收集的,人民法院应当准许,但可能影响正在进行的刑事诉讼程序的除外。"

② 最高人民法院《关于审理侵犯商业秘密民事案件适用法律若干问题的规定》第23条规定:"当事人主张依据生效刑事裁判认定的实际损失或者违法所得确定涉及同一侵犯商业秘密行为的民事案件赔偿数额的,人民法院应予支持。"

③ 最高人民法院《关于审理侵犯商业秘密民事案件适用法律若干问题的规定》第25条规定:"当事人以涉及同一被诉侵犯商业秘密行为的刑事案件尚未审结为由,请求中止审理侵犯商业秘密民事案件,人民法院在听取当事人意见后认为必须以该刑事案件的审理结果为依据的,应予支持。"

刑诉讼衔接存在延滞，无法及时获得法律救济，通过民事诉讼制止商业秘密侵权行为，获得赔偿损失。而如果分案审理，一审法院对于商业秘密案件的侵权认定一旦出现错误的情况，将导致民事审理过程十分被动。如果以刑事判决作为民事案件的依据，将会产生两起错案；如果民事案件审理中否定刑事判决认为不构成侵权，则将与已生效的刑事判决相矛盾，对于司法公信力产生消极影响。[①] 这些问题表明商业秘密民事与刑事案件界限在理论与实践上尚不明确、亟待澄清。

【案例】音王电声股份有限公司、惠州市辉特电子科技有限公司等侵害商业秘密纠纷案[②]；郑某某、丘某某侵犯商业秘密案[③]

【裁判观点】被告侵权行为未造成实际损失，原告以刑事案件中确定的许可费主张民事案件实际损失，并主张惩罚性赔偿，不予支持。

【案情节选】

法院在判决中指出，最高人民法院、最高人民检察院《关于办理侵犯知识产权刑事案件具体应用法律若干问题的解释（三）》第5条第1款第1项规定，"以不正当手段获取权利人的商业秘密，尚未披露、使用或者允许他人使用的，损失数额可以根据该项商业秘密的合理许可使用费确定"。（2021）浙02刑初35号案件中，法院依照评估机构出具的鉴定报告以收益法确定的虚拟许可价值认定了该项技术信息的损失数额为182万元，并以此作为刑事量刑依据。而我国知识产权民事损害赔偿适用"以补偿为主、惩罚为辅"的裁判规则。本案中，原告音王电声股份有限公司（以下简称音王公司）认可该项技术使用的目标程序具有加密方式，需解密后才能使用，因被告郑某某未获取解密方式，客观上无法实施该项技术信息，加之其他条件亦不成熟，上述技术信息未实际使用；记载上述技术信息的移动硬盘已被没收，郑某某的侵权行为已被实际制止；郑某某的侵权行为也未造成涉案技术被公众知悉而致商业

① 参见冯晓青、涂靖：《商业秘密案件民刑交叉问题研究》，载《河南大学学报（社会科学版）》2020年第6期。

② 音王电声股份有限公司、惠州市辉特电子科技有限公司等侵害商业秘密纠纷案，浙江省宁波市中级人民法院（2021）浙02民初1093号民事判决书。

③ 郑某某、丘某某侵犯商业秘密案，浙江省宁波市中级人民法院（2021）浙02刑初35号刑事判决书。

价值丧失。综上,郑某某的侵权行为未造成权利人的实际损失,音王公司以刑事案件中确定的虚拟许可费损失作为依据主张民事案件中的实际损失,并以此为基数主张进行惩罚性赔偿,法院不予支持。

此外,法院对被告郑某某是否构成侵权作出了判断。被告郑某某隐瞒其暗中利用音王公司核心技术自行试验、生产音王公司同类产品且准备离职的真相,向音王公司董事长王某某及 SCC 公司法定代表人王某谎称可将卡迪克数字调音台相关技术资料放于其处备份。王某在不明真相的情况下将含有上述技术信息的资料交给本无权掌管该技术的郑某某。郑某某取得上述资料后,在辞职时未予交还,并带走存有该技术秘密的硬盘,其行为违反了我国《反不正当竞争法》第 9 条第 1 款第 1 项的规定,系以其他不正当手段获取了技术秘密,其行为侵犯了音王公司的商业秘密。因记载上述技术信息的移动硬盘在刑事案件中已被没收,郑某某也未获取该项技术使用的目标程序的解密方式,郑某某的侵权行为已被实际制止,故对于音王公司主张郑某某停止对该项技术秘密的侵权的诉讼请求,法院不再予以支持。

而在刑事判决中,法院认为对于"卡迪克调音台三项技术信息"商业秘密,被告人郑某某向音王公司董事长王某某隐瞒了其利用音王公司某技术试产侵权产品且即将离职,准备另立公司的事实,以表忠心为由要求"保管"上述商业秘密,在取得商业秘密后,随即交给丘某某筛选、备份,以备后续使用,系以不正当手段获取商业秘密的行为。

本案中,对于"获取但未披露"是否构成侵权,两份判决书提出了不同的看法。民事案件中,法院因未发生实际侵权结果而否认了原告的诉讼请求,侧重对侵权结果的考量;刑事案件中,法院因被告实施了侵权行为而认定构成侵权并按照许可费认定损失。其依据是最高人民法院、最高人民检察院《关于办理侵犯知识产权刑事案件具体应用法律若干问题的解释(三)》第 5 条第 1 款第 1 项规定,"以不正当手段获取权利人的商业秘密,尚未披露、使用或者允许他人使用的,损失数额可以根据该项商业秘密的合理许可使用费确定"。通过对比,明显可以发现"刑民倒挂"现象。

由于目前按照许可费评估损失的案件数量较少,因此缺少较为权威的司法判例可供参考。刑事判决中,法院的判决有明确的依据,以此来看刑事判决并无明显问题。该案作为一种“刑民交叉”案件，其交叉点在于同一案件事实经过了民事和刑事两次审判，背后体现了刑民对实体法律关系的判断的差异。

（三）如何理解侵犯商业秘密行为造成的“损害（结果）”

1. 民刑相关理论

在本案中，刑事判决将侵犯商业秘密罪作为危险犯，当发生侵害商业秘密的具体危险甚至抽象危险时即可入罪。在刑法理论中，结果是行为给刑法所保护的法益所造成的现实侵害与现实危险状态。① 因此，如果按照侵害结果与危险结果二分的理论，该问题就变成获取商业秘密的行为所造成的结果是“实害结果”还是“危险结果”。这将决定该罪名的性质以及刑事手段何时才能介入侵权。具体到侵犯商业秘密罪，有观点认为，在商业秘密尚未泄露时，认为权利人商业秘密的财产性价值遭受完全的损失明显不妥。商业秘密的研发费用与遭受的损失是两个不同的概念，两者基本没有等同性。所以，在那些侵犯商业秘密行为客观存在的案件中，对于权利人的重大损失无法确定的，也无法得出有罪结论。② 也有观点认为，就“获取型”侵权行为来说，其构造体现为“手段‘不正当性’+结果破坏‘保密性’”，上述意义的致损结果直接指向商业秘密“保密性”遭受破坏，从而对其存在构成刑法上的法益侵害。③ 按照此种理解方式，侵犯商业秘密罪所保护的法益是所谓的“商业秘密权”，当商业秘密三性被破坏时，即可认定存在法益侵害。

在侵权法中，则存在“侵害”与“损害”、“直接损害”与“间接损害”等的区分。其中，侵害强调的是行为的非法性或违法性，而损害是损害赔偿责任的必备构成要件，它是指具有法律上的可补偿性的受害人遭受的任何物质的或精神的利益的非自愿丧失。④ 认定加害人的行为是否构成侵害，即加害行为与权益被侵害之间是否存在因果关系，属于责任成立

① 参见张明楷：《刑法学》（第5版），法律出版社2016年版，第166页。

② 参见周光权：《“刑民交叉”案件的判断逻辑》，载《中国刑事法杂志》2020年第3期。

③ 参见贺志军：《侵犯商业秘密罪“重大损失”之辩护及释法完善》，载《政治与法律》2020年第10期。

④ 参见程啸：《侵权责任法》，法律出版社2021年版，第224页。

的因果关系,解决的是侵权责任成立与否的问题。侵害行为与损害之间的因果关系,即责任范围的因果关系,解决的是赔偿范围的问题。[①]侵害民事权益是所有的侵权责任的构成要件,损害只是侵权赔偿责任的构成要件,没有损害就没有赔偿。[②] 具体到商业秘密权益,则有观点认为,侵害商业秘密是指行为人未经商业秘密权利人的许可,以非法手段获取商业秘密并加以利用的行为。[③] 此外,也有观点认为,在缺乏使用证据的情况下,仅获取信息本身亦可推定丧失或削弱竞争优势的结果。[④]

2. 理论错位

在侵权责任法与刑法中,对侵权责任/犯罪构成、侵权结果/犯罪结果的认定都有非常清晰的逻辑,但当两者对比时(尤其是在同一案件中的对比),稍加留意即可发现二者衔接存在问题。简言之,侵权认定/犯罪构成与责任承担的关系错位。

具体而言,正如本案民事判决所言,被告的侵权行为未造成权利人的实际损失,权利人以刑事案件中确定的虚拟许可费损失作为依据主张民事案件中的实际损失,并以此为基数主张进行惩罚性赔偿,法院不予支持。但这不影响本案被告的侵权行为成立,只是不应承担赔偿责任。这与上述侵权责任法中所提到的"侵害是认定侵权责任的前提,损害是赔偿责任的前提"的原理相符。而在刑事判决中,法院提到了"虚拟许可价值"一词,即由于上述商业秘密无实际发生的许可使用费用,本案鉴定报告采取成本法和收益法对虚拟许可价值进行评估。而按照司法解释,这一虚拟出来的合理许可使用费就是侵犯商业秘密罪中所指的权利人损失数额。但通过虚拟许可使用费计算出的虚拟的损失数额与行为是否构成犯罪的关系并不明确。其构成犯罪的理由可能是"行为破坏了商业秘密的性质,该罪保护法益被破坏",也可能是"行为造成了损失且损失数额可计算,尽管数额是虚拟的"。但无论采用何种理由入罪,与民事判决中法院因被告侵权行为未造成涉案技术被公众所知悉致商业价值丧失而不支持民事赔偿相比,刑事判决的思路虽然

---

① 参见程啸:《侵权责任法》,法律出版社 2021 年版,第 224 页。
② 参见程啸:《侵权责任法》,法律出版社 2021 年版,第 224 页。
③ 参见吴汉东:《知识产权法》,法律出版社 2021 年版,第 677 页。
④ 参见黄武双:《商业秘密保护的合理边界研究》,法律出版社 2018 年版,第 82 页。

形式上合法,但违法性评价与民事判决差异过大,给人以矛盾之感。其遭受的质疑可能是:为什么侵权行为没有造成实际的损害结果(为什么不承担侵权责任)还要承担刑事责任?而背后则是对侵犯商业秘密行为所保护法益及对应的法益侵害程度的理解差异,以及如何确定侵犯商业秘密罪的惩罚依据。

问题的关键则在于如何理解"民事不认为侵权,则刑事也不应认定为犯罪"[①]这一原则。本案中,被告的行为构成侵权基本无疑问,所以问题在于在构成侵权的前提下是否要承担相应的责任。而对承担责任的依据,民事判决与刑事判决则存在不同的看法。

该案民事判决中,法院将"实害结果"作为认定构成侵权进而需要赔偿的依据。同时,将对商业秘密的"损害"理解为直接损害、积极损害。在"无损害则无赔偿"的原则下,虽然权利人持有的商业秘密的秘密性被破坏,但被告并没有真正利用非法获取的技术秘密进行生产,也没有向社会公开涉案技术秘密,这种所谓的"损害"是无法从客观上明显感知的。而在刑事判决中,法院系以被告不正当获取了商业秘密而入罪,实际上遵循了"有行为就有犯罪"这一将侵犯商业秘密罪作为通常意义上的行为犯或危险犯的定罪思路。被告的不正当获取行为实质上破坏了商业秘密本身的三性以及所关联的正常的商业秩序。因此,如果单独分析刑事判决,法院的做法似乎也无可指摘。

(四)本案存在"刑民倒挂"吗?

1.制止侵权与责任承担的目的不同

所谓知识产权请求权,也称知识产权保护请求权,是指遭受侵害或者有遭受侵害危险的知识产权人或者知识产权许可使用人,在侵害行为或违法状态持续或有实施、发生的危险时,得向侵权人或有侵害危险的人主张停止、消除已经存在的妨害或者预防妨害发生的请求权。知识产权请求权不同于侵害知识产权的损害赔偿请求权,其不以侵权人

---

① 例如,陈兴良教授等曾认为,在审判实践中,承担刑事责任,一定承担民事责任;而承担民事责任,不一定承担刑事责任。参见陈兴良等:《关于"先刑后民"司法原则的反思》,载《北京市政法管理干部学院学报》2004年第2期。

的过错和被侵权人遭受损害为要件。[①] 如果权利人不了解二者的差异，或者只了解遇到侵权行为时可以请求救济，则当权利人选择报案时，或公权机关发现侵权行为时，有可能混淆“请求保护”与“责任承担”。具言之，当只有侵权行为而权利人尚未遭受损害时，权利人可寻求诉前禁令或保全等措施尝试制止被告侵权行为；但如果想要侵权人承担民事责任，则还需要证明被告的侵权行为给权利人造成了损失。虽然《反不正当竞争法》第32条对民事案件仅要求权利人提供初步证据合理表明商业秘密被侵犯，降低了权利人的举证责任，但正如本案民事判决所言，未造成实际损失没有办法判定被告承担侵权责任。而如果被告选择报案，则由于公权机关的介入需要快速及时，往往在侵权人未造成实际损失时就会介入。此时如果严格按照民事上“无损害则无责任”的原则，会导致刑事手段的介入陷入两难困境：一方面，当发生了实际的损害结果再介入时，往往需要把握好时间，如果刚刚侵权则权利人的实际损失可能达不到入罪条件。如果达到了入罪数额条件，则侵权人可能已经形成了一定的规模，事实上对权利人的经济利益、竞争利益等造成了一定的损害。另一方面，如果在发生实际损害前介入，则虽然有效制止了侵权行为，但刑事手段的介入不可能与诉前禁令或保全那样只制止侵权行为，在刑事救济手段中必然要认定构罪与否，即是否要承担刑事责任。此时，站在入罪角度，会从理论上将“法益”抽象化，从具体的数额损失抽象为对商业秘密三性的破坏，以为入罪提供理论依据。最高人民法院、最高人民检察院《关于办理侵犯知识产权刑事案件具体应用法律若干问题的解释（三）》第5条第1款第1项就是在不存在实际损失时，为了入罪而设计的条款。但此时又会面临上述提及的“民刑倒挂”的质疑。

2. 权利人的选择与刑法目的的关系——以“可罚性”为视角

本案的一个特殊情况是，被告未来得及利用非法获取的技术秘密的原因是侦查机关介入侦查使其未能实施利用行为。但对商业秘密权利人而言，其一般并不清楚民刑责任承担的各种差异，当发现侵权行为时，其自然会想到寻求各种救济途径，其核心目的是制止侵权人的侵权

① 参见程啸：《侵权责任法》，法律出版社2021年版，第174页。

行为,使自己能够继续因商业秘密保持竞争优势。从这个角度而言,其往往会选择能最快达到上述目的的救济手段。但对刑事救济而言,其目的是否应尽于此?侵犯商业秘密罪的规范目的是否只是满足权利人制止侵权的需求?如果说权利人选择刑事救济是为了利用公权力手段实现尽快制止侵权的目的,那么刑事制裁最本质、最核心的"威慑性"对权利人而言是否功能过剩?这一问题仍值得思考。

当对侵犯商业秘密违法性的判断无法达致体系上的一致性时,可以尝试切换视角,从目的论的角度思考"未发生实际损害结果的侵害商业秘密行为"的可罚性依据。一般认为,可罚的违法性以实质的违法性、刑法的谦抑性、违法的相对性为理论基础。因此,有必要从以上三个角度对本案被告的行为做进一步讨论。

(1)实质的违法性视角。本案中,虽然原告的商业秘密被公开了,但这种公开的范围仅限于特定被告人。对于此种情形,存在判例与理论认为此时商业秘密的三性并未被破坏。如果采纳这种观点,则可否认本案中被告的行为具有法益侵害性,从"质"上否定了行为的刑事违法性,进而从实质违法性的角度否定了被告行为的可罚性。

(2)刑法的谦抑性视角。在知识产权刑事案件中,刑法的谦抑性主要表现为刑法功能的有限性以及在罪状中设置"情节""数额"等罪量要素。一方面,刑事司法手段如果把其介入的正当性放在"激励创新"这一角度上,则必然会招致众多批评。正如前述,刑事司法介入的正当性只在于提供一种"威慑的手段",至于这种手段能否带来"激励创新"的结果,则不必然是刑事司法所要考虑的问题。对后者而言,其能够做到的就是将社会问题转化为司法问题,运用法律手段解决一个个具体的案件。另一方面,在民事判决中,因缺失侵权结果而无法承担民事责任;在刑事判决中,因行为未造成损害结果,也应当否定刑事责任的承担。侵犯商业秘密罪明确规定了"情节严重的"承担相应刑事责任。此时,该罪名中的"情节严重"是否能够等同于侵权判断中的"损害结果"进而因该要素的缺失而否定被告行为的刑事违法性?有观点否定这一价值,认为如果构成要件该当性本身不能推导出可罚性,需要在该当性之外再进行积极的可罚性判断,那么构成要件又有何存在之必要?[①] 但如果具体到个案,本案中侵犯著作权罪的刑法规范及司法解释实际上完全架空了侵权责任法的原理与规定。此种背离(或者说刑法的独立性)从形式判断、实质判断、规范目的的角度而言均不一致。此时,如果不在构成要件该当性之外再进行可罚性判断实在难谓正当。

(3)违法的相对性视角。“违法的一元性”与“违法的相对性”并非泾渭分明。违法一元论思想与违法相对性观念实质上可能就同一问题得出相同的结论。[②] 反对法秩序统一原则者将“刑法违法性”的判断与民事、行政判断脱钩,试图论证刑法独立进行违法性判断的意义,对刑法进行体系解释时,根据刑法违法判断的独立性,只需在刑法内部进行,而无须顾忌是否会出现对同一行为进行不同的法律规制的情况,因为不同法律规范调整之后的不同结论本身就是合理的。[③] 但如果此种独立性造成了现实的矛盾,或者让人感到明显不合理,则独立本身的意义会被极大消解。要将通过刑罚进行的非难予以正当化,就应该以“刑法的违法性”或者“可罚的违法性”的意识可能性为必要。应该说,这种观点在司法实务中也具有实际意义。例如,在日本,曾有最高裁判所的判例判定,劳动争议等行为不具有刑法的违法性或者可罚的违法性,行为人信赖该判例而实施了行为的,就具有作为违法性的错误而予以免责的余地。[④] 在此基础上,无论是对侵犯商业秘密行为造成的“损失数额”进行所谓的“实质化解释”,还是按照司法解释的规定对“损失数额”进行虚拟化评估,抑或类比专利许可费计算“损害数额”,都难说充分具备刑法可罚性,除非存在其他特殊情形。

---

① 参见王莹:《中国刑法教义学的面向:经验、反思与建构》,北京大学出版社 2022 年版,第 97 页。

② 参见于改之:《可罚的违法性理论及其在中国的适用》,载《刑法论丛》2007 年第 12 期。

③ 参见郭研:《部门法交叉视域下刑事违法性独立判断之提倡——兼论整体法秩序统一之否定》,载《南京大学学报(哲学·人文科学·社会科学)》2020 年第 5 期。

④ 参见[日]松原芳博:《刑法总论重要问题》,王昭武译,中国政法大学出版社 2014 年版,第 203 页。

三、侵犯商业秘密罪特征

(一)客体性质存争议

对商业秘密性质的争议会影响对其进行刑事保护的理念。商业秘密是知识产权制度中的“怪胎”。而商业秘密的定位不清可能是商业秘密种类的复杂性以及其和传统的知识产权对象交叉所引起的。[①] 目前商业秘密的理论基础包括契约说、财产权说、反不正当竞争说、知识产权说等。这些理论分别从不同的角度尝试论证商业秘密的本质。其中,财产权理论的影响较为深远,对物的“直接支配”这一物权属性被直接套用在知识产权客体上。在此基础上,侵犯商业秘密民事与刑事案件的处理模式衍生出了各种“类物权”的处理思路。

一种观点认为,商业秘密不是财产权,无排他性。例如,法律对商业秘密的保护,不同于专利权,法律并不赋予商业秘密以法律上的排他性,但法律保护它的秘密状态,法律禁止任何以不正当的手段如盗窃、欺诈、抢劫等获取商业秘密,由于法律没有直接赋予其排他性,所以,商业秘密的排他性直接源于物理原因,而非法律原因。因此,该利益本质上也不是财产权。[②] 从动产和不动产,甚至从著作权和专利权的意义上来说,商业秘密并不是财产,因为它不是那种因占有人对其使用或受益而享有(或多或少)排他性权利的东西。[③] 商业秘密是通过权利人自己保护的方式而存在的权利,权利人并不具有排他的独占权。在法律上只是防止商业秘密的权利人遭受特定侵害行为,而不是如同对于物权、人格权那样,给予商业秘密权利人以全面的保护。[④] 另一种观点认为,商业秘密是财产权,有排他性。商业秘密是通过秘密性和保密性反向实现公示的,即对秘密信息采取保密措施,区隔公开信息,以彰显其对

① 参见刘春田、郑璇玉:《商业秘密的法理分析》,载《法学家》2004 年第 3 期。

② 参见王涌:《私权的分析与建构:民法的分析法学基础》,北京大学出版社 2020 年版,第 246 页。

③ 参见[美]威廉·M. 兰德斯、[美]理查德·A. 波斯纳:《知识产权法的经济结构》,金海军译,北京大学出版社 2016 年版,第 429 页。

④ 参见程啸:《侵权责任法》,法律出版社 2021 年版,第 189 页。

特定信息的占有状态。对他人而言，这就是一种权利公示的手段，其结果是让他人知道不可以未经许可而获得、使用或披露这些秘密信息，产生与其他权利的公示相同的法律效果。① 财产(property)不仅是一项可以排除原告单独占有(possession)的权利(right)，而且是一项可以限制他人获得、使用、披露由他人实际或潜在地占有的信息的权利，而这些权利常(often)通过商业秘密所有人(owner)自己的行为行使。其随后指出，在商业秘密中谈论财产权("property" right)时，不是指非公开的信息(non-public information)与动产或不动产相似，而是说知识产权应该被当作一种知识财产权(IP right)。商业秘密所有人被授予一种控制特定信息的权利的理由并不仅仅是我占有它(I possess it)，而是与著作权和专利权一样，鼓励投入更多的研发(R &D)并进而生产更多的信息。②

不同的理论界定会影响商业秘密的权利边界、保护手段与保护水平。孔祥俊教授指出，商业秘密是通过权利人自己保护的方式而存在的权利，权利人并不具有排他的独占权。但同时指出，商业秘密是一种法定的权利，它是我国《民法总则》(现参见《民法典》)明确列举的一种民事权利，尤其是只有在法律规定商业秘密保护制度时，才存在商业秘密的法律保护。③ 我国《民法典》将商业秘密列为知识产权客体的一种，而商业秘密的民事条款主要规定在我国《反不正当竞争法》中，且目前正在制定单独的商业秘密法。尽管商业秘密进入了《民法典》，成为一种知识产权客体，但其仍然是"未上升为权利的法益"④，其法益型的权利属性并未改变，且未获得绝对权意义上的、类似物权的法定对世性(排他性)。商业秘密的保护强度与力度依然只是法益型权益的程度。通过独立研发、反向工程获取与商业秘密实质相同信息是合法的。此外，商业秘密因无法公开明确的保护边界又不同于作品、发明创造、商

① 参见黄武双:《商业秘密的理论基础及其属性演变》，载《知识产权》2021 年第 5 期。

② See Lemley & Mark A. , *The Surprising Virtues of Treating Trade Secrets as IP Rights*, 61 Stanford Law Review109(2011).

③ 参见孔祥俊:《反不正当竞争法新原理 · 分论》，法律出版社 2019 年版，第 352 页。

④ 孙山:《反思中前进:商业秘密保护理论基础的剖解与展望》，载《知识产权》2011 年第 8 期。

标等客体。这一特点也给商业秘密案件的认定带来各种困难。司法实践中,商业秘密的秘密性带来的秘点认定、举证责任分配、二次泄露等问题一直存在。

(二)个案认定较关键

商业秘密在不同的行业与企业往往会表现出不同的特征。通过比较发现,在商业秘密侵权案件中,民事案件与刑事案件的审理思路较为相似,但审理结果受个案情形影响差异较大。其一,我国目前对侵犯商业秘密罪的规定与审理财产犯罪(尤其是盗窃罪)的思路十分类似。甚至有观点指出,《刑法》分则第三章第七节侵犯知识产权罪的罪名与诈骗罪、盗窃罪、侵占罪等在本质上是一致的,只不过前者伴随经济社会的发展而改变了其犯罪形态,导致这些犯罪与市场经济具有间接的关联性。[①] 然而,“盗窃一项商业秘密,与一项普通盗窃行为相比并不具有完全相同的经济学意义”[②]。财产犯罪的审理思路并不能当然地套用在知识产权犯罪案件中。其二,在侵犯商业秘密的行为分类上,《刑法》第219条与《反不正当竞争法》第9条的规定相同。非法获取、非法披露、非法使用三类行为,情节严重的,构成侵犯商业秘密罪。其三,在侵权认定上,都将数额作为认定侵犯商业秘密行为严重程度的一个重要参考因素。在侵犯商业秘密民事纠纷中,数额认定是一个非常重要的因素;而在侵犯商业秘密刑事案件中,尤其在《刑法修正案(十一)》修改之前,“重大损失”几乎是所有刑事案件中必然涉及的一个焦点。在司法实践中,无论采用何种计算方式,如权利人的研发数额、投资额、现实或预期收益、侵权人获益、使用者所获利润等,大都要进行数额认定。然而,仅通过数额是否能有效区分民事案件与刑事案件的违法性差异仍然存疑。犯罪的严重危害性作为一个需要进行价值判断的因素基本被完全具体化为可量化的数额,虽然便于司法操作,但长此以往,侵犯商业秘密罪的正当性必然受到质疑。

---

① 参见马春晓:《中国经济刑法法益:认知、反思与建构》,载《政治与法律》2020年第3期。

② [美]威廉·M.兰德斯、[美]理查德·A.波斯纳:《知识产权法的经济结构》,金海军译,北京大学出版社2016年版,第444页。

我国目前侵犯商业秘密民事与刑事案件往往只存在侵权数额区别。尤其当最高人民法院、最高人民检察院《关于办理侵犯知识产权刑事案件具体应用法律若干问题的解释(三)》降低"重大损失"的认定标准至30万元后,又会带来新的问题。例如,各省市、各地区经济水平不同而带来的标准差异问题:在经济发达地区,一些小企业甚至小门店的经营额等(数额)就很容易达到30万元。这时民事侵权与刑事犯罪的界限似乎更加模糊,甚至会导致同类甚至同样的案件,因理由不同(民事侵权与刑事犯罪)、相关权利人选择不同的纠纷解决机制而产生迥异的结果。

在财产权理论的影响下,比较数额大小是司法中自然而然会被认可的裁判方式。但对于商业秘密侵权案件而言,并不是(也不应是)数额越大越严重,否则将无法解释部分民事案件中权利人的损失数额要高于刑事案件这一现象。这种简单地比大小的区分思路是目前立法与司法不得不面对的尴尬现状。权利法的审理思路缺乏对行为规制的强调,并且走向了极端。如上所述,商业秘密不仅不同于一般的财产,其本身在知识产权中就是一类特殊存在,作品、商标、发明创造会被公开,而商业秘密本身无法公之于众,这与物权的"公示"要求相悖。商业秘密法更是兼具行为法与权利法的属性。单纯考虑数额的审理思路很明显是受到民事上的权利法与刑事中的财产犯罪的影响,却忽视了商业秘密与商业秘密法的特殊性,也忽视了民事、行政、刑事手段的应有之义。尤其在《刑法修正案(十一)》将该罪中的"重大损失"修改为"情节严重"后,也提示了成立该罪,数额认定并非决定性因素,司法实践中应当结合案情综合考虑与侵权行为相关的因素。

(三)入罪门槛变模糊

《刑法修正案(十一)》将侵犯商业秘密罪中的"重大损失"改为"情节严重",这一立法变化意味着侵犯商业秘密罪的类型发生了改变,进而会使商业秘密罪的入罪门槛发生变化,但这种变化并不明确。从结果犯向情节犯的转变意味着侵犯商业秘密罪的入罪门槛由具体的数额与特定情形(破产倒闭)①变成了范围宽泛的“情节严重”。

这一变化与2020年的《中美经贸协议》不无关系。该协议第1.7条的内容是分步取消任何将商业秘密权利人确定发生实际损失作为启动侵犯商业秘密刑事调查前提的要求。实际损失的大小将不再作为侵犯商业秘密罪的唯一门槛和前置要求,其可能会降格成为情节之一或者作为从重处罚情节。

这一修改对司法提出了较高的要求。“情节严重”作为侵犯商业秘密罪中一项非明确的变量,为该罪罪量标准的多元化认定,乃至彻底解决该罪罪量标准的认定难问题开放了空间。② 虽然刑法中“情节严重”要件显得缺乏具体标准,但以此为刑事调节阀有利于顾及个别(案)正义,有利于在认定犯罪时进行刑事政策的考量,在确定性与公平性之间倾向于公平性操作,模糊的处理方式为司法实践和今后的解释留下了余地。因此,在对“情节严重”的理解上应尽可能保持严格,避免笼统地论证侵权行为的严重性而随意入罪。

但也有观点指出,在违法性征表作用上,“情节严重”虽能体现次要法益“商业竞争秩序”的受侵害程度,但无法反映主要法益“商业秘密权”的受侵害程度。另外,在入罪效果上,情节犯也比结果犯明显缺少构成要件的定型性,因此,用“情节严重”来表达“商业秘密权”这一主要法益的受侵害程度并不可取。显然,这一观点肯定了侵犯商业秘密罪作为情节犯的必要模糊性。但其又指出,作为不公开的知识产权的商业秘密,其刑法保护比商标权、著作权更需要保持谦抑,在此意义上,“重大损失”这种特定结果要素比含义模糊笼统的“情节严重”这种整

---

① 最高人民法院、最高人民检察院《关于办理侵犯知识产权刑事案件具体应用法律若干问题的解释(三)》第4条规定:“实施刑法第二百一十九条规定的行为,具有下列情形之一的,应当认定为‘给商业秘密的权利人造成重大损失’:(一)给商业秘密的权利人造成损失数额或者因侵犯商业秘密违法所得数额在三十万元以上的;(二)直接导致商业秘密的权利人因重大经营困难而破产、倒闭的;(三)造成商业秘密的权利人其他重大损失的。给商业秘密的权利人造成损失数额或者因侵犯商业秘密违法所得数额在二百五十万元以上的,应当认定为刑法第二百一十九条规定的‘造成特别严重后果’。”

② 参见田宏杰:《强化知识产权保护的又一里程碑》,载《检察日报》2021年1月6日,第3版。

体评价要素更有利于达到谦抑要求。①

对司法而言，越具体明确的规则越便于操作，也更能减少因裁判结果产生的争议。事实上，司法人员在有具体规则的前提下，往往不愿或客观上无力主动地探索案件的更多细节，其手中的“司法权”也不同于“立法权”。但对于知识产权类案件而言，司法有时往往起到比立法更加重要的作用。规则的模糊性、案件情节的复杂性等都为司法提供了可供解释、选择的余地。就商业秘密案件而言，美国现行法律中的许多规则就是在司法裁判时，在处理一个个具体案件的过程中逐渐形成的。立法的有限与案情的无限始终是一对矛盾，而司法可能正是解决这一矛盾的关键环节。

第二节　刑事保护下的商业秘密

一、商业秘密及其构成要件概述

商业秘密的本质是信息。我国《反不正当竞争法》第 9 条第 4 款将商业秘密定义为“不为公众所知悉、具有商业价值并经权利人采取相应保密措施的技术信息、经营信息等商业信息”。由此便有了判断是否构成商业秘密的三性标准：秘密性，不为公众所知悉；价值性，具有商业价值；保密性，经权利人采取相关保密措施。三项构成要件同时具备，方可认定成立法律概念上的商业秘密。可以看出，我国法律对商业秘密的定义采用了一种类型化的思路，在抽象出共同特点与核心特征后划定基本范围。2020 年最高人民法院发布实施的《关于审理侵犯商业秘密民事案件适用法律若干问题的规定》中第 1 条指出，部分技术信息和经营信息的表现形式如符合三性标准，可认定为商业秘密。同时，将“创意”、“算法”和“数据”等首次纳入保护客体范围，旨在保护创意、鼓励创新，有利于填补在大数据、人工智能等新兴技术发展的时代下数据

① 参见贺志军：《侵犯商业秘密罪“重大损失”之辩护及释法完善》，载《政治与法律》2020 年第 10 期。

侵权类案件审理中的法律空白。此外,《刑法修正案(十一)》删除了对商业秘密的定义,由此在刑法条文中,商业秘密的定义应当与《反不正当竞争法》保持一致。删除后不单独定义更能避免出现因与前置法不同带来的解释问题,法律解释与适用的隔阂相对更小。

《反不正当竞争法》也将商业秘密定义为"商业信息"。从动产和不动产,甚至从著作权和专利权的意义上来说,商业秘密并不是财产,因为它不是那种因占有人对其使用或者受益而享有(或多或少的)排他性权利的东西。[①]"商业信息"与"财产"之间的微妙差异奠定了我们认识商业秘密的一种观念:商业秘密不是(至少不完全是)一项排他性财产,尽管《民法典》将其列为"知识产权"的一种,但"产权"二字颇具迷惑性以至于人们会在不知不觉中将商业秘密视为商业秘密持有人的私有财产。不应简单地将二者等同或类比。例如,在权利最终价值上,智力成果属于公共产品,所以知识产权具有工具性质,是国家激励创新的公共政策。虽然知识产权具有私权性,但是其最终价值是促进智力成果的传播和繁荣,这也说明知识产权是一种非自用权。[②]知识产权客体的公共属性不应被忽视。商业秘密尽管不公开,在权利外观上无法被外界感知,但因其客体的信息知识属性,也具有一定的公共属性。

二、商业秘密三性

(一)秘密性

1.秘密性的含义与证明

商业秘密是秘密信息的一种,具有"秘密性"。《反不正当竞争法》将这一特征表述为"不为公众所知悉",即"非公知性"。2007年的《反不正当竞争法》司法解释(已失效)中,秘密性是指"有关信息不为其所属领域的相关人员普遍知悉和容易获得"。2020年最高人民法院《关

---

① 参见[美]威廉·M.兰德斯、[美]理查德·A.波斯纳:《知识产权法的经济结构》,金海军译,北京大学出版社2016年版,第429页。

② 参见何松威:《论〈民法典〉中知识产权专有的体系功能》,载《现代法学》2021年第3期。

于审理侵犯商业秘密民事案件适用法律若干问题的规定》第3条和第4条第2款在此基础上增加两点:(1)认定秘密性的时间限定在“被诉侵权行为发生时”;(2)“将为公众所知悉的信息进行整理、改进、加工后形成的新信息,符合本规定第三条规定的,应当认定该新信息不为公众所知悉”。

“不为公众所知悉”这一要件本身作为一项消极事实是司法实践中的认定难点。民事案件中,关于“不为公众所知悉”这一消极事实的举证责任应由谁承担这一问题存在不同的观点。一种观点认为,如果被告以原告主张保护的信息不具有秘密性抗辩,应由被告承担相关信息已为公众知悉的证明责任,即举证责任倒置;另一种观点认为,主张权利的一方应对其享有该权利的基本事实负有举证责任。本书认为,在判断是否具备“不为公众所知悉”这一要件时应当综合多个要素作出判断:(1)被当作商业秘密的商业信息是否容易获得。如需投入一定资金、劳力、时间才能获得的商业信息,一般可认为具有秘密性。(2)商业秘密涉及的商业竞争主体、竞争行业与竞争区域。甲地商业圈、行业圈公知的信息,乙地营业圈并不知晓,则该信息在乙地不丧失非公知性。A行业公知的信息,B行业并不知晓,则该信息在B行业不丧失非公知性。(3)企业商业秘密管理制度。如需突破秘密管理体制方可获得信息,说明从公开渠道不易获得,一般不丧失非公知性(避免事后判断)。最后,非公知性和信息是否公开无必然关系,公开不等于公知。信息虽然公开,如记载于图书馆仅存一本或者几本的著作中,但在不为公众知悉的相关营业圈中,不丧失非公知性。

在“不为公众所知悉”的证明问题上,我们认为商业秘密权利人如主张权利,首先必须证明其权利存在。在证明存在权利之前,权利人只是提出权利主张的人,理论上还不是已经确定的权利人,因而不存在对其权利进行倾斜性保护问题。民事案件司法实践中常采用举证责任转移,即由原告就其主张的秘密区别于公众所知悉的信息进行初步举证,在此基础上,结合被告的抗辩以及社会公知常识、行业普遍认知等进行综合认定。例如,在技术秘密案件中,原告可以提供检索报告、工艺流程、技术人员研发说明、技术效果主张与公众信息的区别点。因为一般而言,原告能够明确商业秘密具体的范围、内容、载体,且信息的具体内容并非所属领域的一般常识，不能从公开渠道轻易获得，即可视为其已就“秘密性”尽到了初步举证责任。这种做法在适用“谁主张、谁举证”这一标准的同时，根据案件的具体情况灵活把握证明标准。然而在刑事案件中，公诉一方相较于民事纠纷中的原告一方有着明显的取证优势，能够获得诸如同一性认定、侵权产品生产销售数额等民事原告难以收集的证据。因此在刑事案件中，对公诉方的证明责任和标准的要求应高于民事纠纷中原告的证明责任与证明程度。这也与民事案件高度盖然性的证明标准（>75%）与刑事案件排除合理怀疑（>85%）的证明要求相符，即如果民事案件中对原告的要求是“证明”，在刑事案件中则要求公诉方“充分证明”，而不仅仅是“有证据表明”“初步证据合理表明”“初步证据证明”“优势证据证明”等较低程度的、仅表明一种可能性的证明标准。

【案例】唐某芳侵犯商业秘密案[①]

【裁判观点】鉴定报告能够作为认定商业秘密权利人主张的信息是否构成商业秘密、侵权同一性认定的证据

【案情节选】

被告人唐某芳于2006年2月入职富士康科技集团，2016年7月调入衡阳市富泰宏精密工业有限公司（以下简称衡阳富士康公司）担任物控管理师，并于2016年7月11日签订了保密切结书和知识产权暨保密协议书。

被告人唐某芳在工作期间对公司很多问题不满，于是利用公司计算机系统管理上的漏洞，通过办公电脑访问公司公共盘，多次非法窃取公司有关用工成本、招募规划、经营策略等机密文件，并将上述文件及其拍摄的相关照片，通过QQ邮箱发送给一名微信好友（身份不详）。

被告人唐某芳窃取的文件于2019年8月8日在美国某网站发布，标题为“亚马逊非法用工，强迫实习生加班”，后该文章被其他网站转发，给衡阳富士康公司的声誉造成严重影响。

鉴定情况：（1）是否构成商业秘密。经湖南大学司法鉴定中心鉴

---

① 唐某芳侵犯商业秘密案，湖南省衡阳市蒸湘区人民法院（2020）湘0408刑初151号刑事判决书。

定,衡阳富士康公司的经营信息文件具备了构成商业机密的全部要件。(2)权利人与被告的商业信息是否具有"同一性"。经北京京洲科技知识产权司法鉴定中心鉴定,衡阳富士康公司主张的经营信息在2019年8月8日前是不为公众所知悉的,衡阳市公安局高新开发区分局提供的信息与衡阳富士康公司不为公众所知悉的经营信息具有同一性。(3)权利人损失。经湖南兴泰会计师事务所有限公司鉴定,衡阳富士康公司因商业秘密被侵犯而调薪造成的2019年8月正式用工成本损失为人民币1,407,039元。

【案例】李某英、胡某、董某磊、黄某侵犯商业秘密案①

【裁判观点】如被告对鉴定意见产生疑问,法院经释明后可直接将鉴定意见作为裁判依据

【案情节选】

2011年至2015年,被告人李某英、胡某、董某磊、黄某先后入职某公司,李某英担任该公司采购部部长,胡某担任该公司销售部部长,董某磊担任该公司技术部部长,黄某担任该公司销售员。四被告人均与某公司签订了包含保密条款的劳动合同,明确约定李某英、胡某、董某磊、黄某对其在某公司工作期间知悉的技术类与经营类涉密信息负有保密义务,且该义务延续至离职后,直至涉密信息被某公司公开或为公众所知悉之日止。其间,经某公司综合部主管阳某授权,胡某获得了该公司技术图纸的解密权。

2016年2月,李某英从某公司离职。之后,李某英与尚在某公司工作的胡某、黄某商议成立新公司,生产气雾化制粉末设备、高温真空烧结炉设备等产品。同年4月前后,在胡某的邀请之下,董某磊同意加入李某英、胡某、黄某即将成立的湖南甲科技有限公司。同时,经胡某提议,董某磊利用移动硬盘复制了其在某公司的工作电脑中采取了加密保护措施的气雾化制粉末设备、真空烧结炉设备等技术图纸,并将硬盘交给了胡某。上述硬盘中的某公司技术图纸包含气雾化制粉末设备的气雾化筒体、旋风集粉器等结构的技术信息,经浙江省科技咨询中心鉴

① 李某英、胡某、董某磊、黄某侵犯商业秘密案,湖南省益阳市中级人民法院(2020)湘09刑终100号刑事裁定书。

定,某公司通用于10~1000kg规格气雾化制粉末设备的旋风集粉器的尺寸参数系非公众知晓的技术信息,属于某公司的商业秘密。

在二审中,法院经查,浙江省科技咨询中心浙科咨中心(2019)鉴字第25-1号、第25-2号技术鉴定报告证明旋风集粉器的尺寸参数是不为公众所知悉的技术信息。

经比对,从原审被告人董某磊硬盘中提取的5套气雾化制粉设备图纸中的旋风集粉器图纸所反映的技术信息与某公司的旋风集粉器的相应技术具有同一性。

本案认定某公司的损失数额是通过计算侵权人因侵权所得的利益来确定的,因侵犯他人商业秘密给权利人造成的损失一般为被害人的实际损失,鉴于损失计算的不确定和复杂性,依据有利于被告人原则,本案仅采信鉴定意见中某公司于2016年10月至2018年6月生产气雾化制粉末设备成本的数额。经核算,四人因本案的侵犯商业秘密犯罪行为共获利107.8万元,即认定某公司的损失数额为107.8万元。

以上鉴定报告的鉴定机构均具有司法鉴定资质,鉴定人员均具有司法鉴定人职业证,其受侦查机关委托围绕申请鉴定事项进行鉴定,鉴定过程规范、符合要求,鉴定意见科学、具有可验证性,以上鉴定报告可以作为定案依据被原审法院采纳。

在上述两个刑事案件中,对于商业信息是否属于商业秘密以及侵权信息与权利人举证的商业信息是否同一的判断基本依赖鉴定机构出具的鉴定意见。且事实上,在刑事案件中,公安机关审查人员在判断是否立案、检察人员在判断是否起诉、法官在判断是否侵权时,都无法摆脱鉴定意见。但在实践中,鉴定报告的作用可能有限。例如,江苏省高级人民法院的审理指南中提到对于非公知性的鉴定"不能仅依据科技查新报告简单做出是否不为公众所知悉的鉴定意见"①,即在民事案件中无法仅凭科技查新报告认定商业信息是否不为公众所知悉。由此便带来一个问题,在刑事案件中是否能仅凭鉴定报告得出商业信息属于(法律概念上的)商业秘密以及被害人与被告的商业信息是否具有同一性的结论。

① 《江苏省高级人民法院侵犯商业秘密民事纠纷案件审理指南》第5.2条。

司法实践中,受制于客观认知能力,并不是每个司法人员都了解各行业的技术信息,因此司法人员依赖鉴定报告只是"无可奈何"的妥协。事实上,法律人无法成为每个行业的专家。因此,如何应用好鉴定意见,把技术问题转化为法律问题,是妥善处理商业秘密案件的关键。司法人员可能不了解每个领域的精深知识,但在法律判断过程中,将法律上的那些技术合理地纳入某一个类型当中,无论运用的是法律概念的具体化、法律解释、类推还是某种价值判断的方法等都是法律上的专业要求,所以法律人必须是真正的法律专家才行。① 在实践中,已有公安机关尝试打破技术问题与法律问题的阻碍,如在立案过程中引入预审查机制,并在鉴定报告中把专业问题法律化,让普通审查员也能了解并看懂鉴定报告的内容,而并非仅凭报案人的一面之词就决定是否立案。

2. 秘密性与新颖性的联系与区别

目前对秘密性是否必然要求一定程度的"新颖性"这一问题仍存在争议。对于什么是商业秘密的秘密性、什么是"不为公众所知悉",我国的法律经历了一个逐步认识、逐步澄清的过程。我国法律最初系以是否"不能从公共渠道直接获得"来判断相关信息是否"不为公众所知悉"。此后,在审判实践中,"不为公众所知悉"除要求信息"不能从公共渠道直接获得"外,还要求信息必须具有一定的"新颖性"。② 然而,这种对"秘密性"的认识仍过于简单。两个概念存在交叉但并非完全等同。对新颖性的理解也会间接影响对商业秘密的保护程度的认识。商业秘密新颖性与专利创造性都是强调高于既有水平,二者又有明显的不同,专利要求的是"显著进步",商业秘密要求"最低限度的不同"。因为专利的垄断是对发明者的奖励,专利禁止任何人未经所有人同意使用该技术或工艺,包括开发者。但是商业秘密是对违反公平竞争和以不道德的方式取得他人商业秘密行为的谴责,商业秘密不反对其他人使用合法手段研发出产品。所以有限的保护要求较高

---

① 参见陈景辉:《算法的法律性质:言论、商业秘密还是正当程序?》,载《比较法研究》2020 年第 2 期。

② 参见姚建军:《中国商业秘密保护司法实务》,法律出版社 2019 年版,第 15 页。

的新颖性是不合适的。[①] 商业秘密非公知性和专利新颖性不同。满足专利新颖性的技术方案一般亦满足商业秘密非公知性要求；但不满足专利新颖性的要求不一定不满足非公知性；而满足商业秘密非公知性要件的技术方案一般不一定满足专利新颖性要求。因此，在商业秘密的构成要件中，所谓"新颖性"并非独立的构成要件，也不是秘密性的必要组成部分。

（二）价值性

1. 价值性的含义

商业秘密的价值体现在该信息能为商业秘密持有人带来竞争利益或竞争优势。2007 年《反不正当竞争法》司法解释规定，价值性是指"具有现实的或者潜在的商业价值，能为权利人带来竞争优势"。而 2020 年最高人民法院《关于审理侵犯商业秘密民事案件适用法律若干问题的规定》第 7 条第 1 款规定价值性是"因不为公众所知悉而具有现实的或者潜在的商业价值"；该条第 2 款强调了价值性与秘密性的关联，同时指出"生产经营活动中形成的阶段性成果符合前款规定的，人民法院经审查可以认定该成果具有商业价值"。总的来说，商业秘密价值性的判定应遵循以下规则：商业秘密的价值性标准非常低。价值性是相对的，且消极（否定性）信息也能够成为商业秘密。商业秘密的价值性与专利的实用性不同，不能混为一谈。TRIPS 协定指出，这种价值性源于其秘密性。也就是说，只要其是秘密，并且能为拥有者带来一定的经济利益或者为使用者带来一定的竞争优势，就符合价值性要求，并不要求该秘密是最先进的、最科学的或者最完整的。[②] 除消极的价值外，具有潜在价值的商业秘密也值得保护。换言之，商业秘密的价值与刑法对商业秘密的保护不因其积极或消极、现实或潜在、存续长或短为转移。商业秘密的价值性，既没有定量的要求，也没有时间的限制，无论能够带来的经济利益大小，能够持续使用还是只能使用一次，均不影

---

① 参见阮晓慧：《论商业秘密的认定标准》，中南财经政法大学 2019 年硕士学位论文，第 22 页。

② 参见姚建军：《中国商业秘密保护司法实务》，法律出版社 2019 年版，第 27 页。

响对该信息是否具有商业价值的判断。换言之，价值性的认定更多是企业的主观判断，只要企业认为该秘密对自身具有价值即可。这赋予了企业极大的自主性。

2. 价值性受损的表现：商业秘密价值的范围是否被扩张？

刑事保护并不因商业秘密价值大小、积极消极而有不同取向。但在具体案件中，商业秘密的价值性受损如何体现？

在下文提到的刘某某侵犯商业秘密罪案中，被害人实际遭受的损失是因被告窃取商业秘密行为而带来的设备维修损失。美国法院也有类似的判例，即排除了有实际损害结果才能认定为侵权的要求。在奥克伍德实验室有限公司诉塔努案（Oakwood Laboratories LLC v. Thanoo）中，美国第三巡回法院明确了“侵占/盗用即损害”（Misappropriation is harm）的原则，即原告不必在盗用之外单独指控损害，因为“盗用即损害”。当竞争对手擅自获取和使用该信息时，原告商业秘密的“经济价值会因为丧失保密性而贬值或完全消失”。因此，第三巡回法院在该案中推断，即使被告“尚未推出竞争产品，也并不意味着原告没有受到损害”，只要商业秘密权利人失去对商业秘密信息的专有使用权，就造成了实际上的损失。[①] 而在上文提到的郑某某、丘某某侵犯商业秘密案中，法院在刑事判决中也在没有造成实际损失的前提下认定了“损失数额”。三起案件中，被害人或无实际损失，或损失都不来自（至少并非确定来自）商业秘密被公开后造成的损失，并且在案件诉讼过程中都对商业秘密权利人是否真正遭受损失作出讨论，但法院最终都判决被告构成侵犯商业秘密罪。由此让人产生困惑，商业秘密价值性的范围是否有被扩张的趋势？

3. 价值性与入罪数额标准的争议

侵犯商业秘密的入罪数额是一个历经理论激烈论辩与实证反复检验仍毫无定论的难题，各种学说与计算方法都有各自的道理与缺陷。一般而言，商业秘密有无价值性这一问题并无太大争议，但商业秘密

---

① See Oakwood Laborarories, Appellant *v.* Dr. Bagavathikanun Thanoo; AuroMedics Pharma LLC; Aurobindo Pharma U. S. A. Inc.; Aurobindo Pharma Ltd. 999 F. 3d 892 (United States Court of Appeals, Third Circuit. 2021).

“价值几何”却是见仁见智。

在刑事犯罪中，与价值性最密切相关的问题即为犯罪数额的认定。虽然商业秘密能为持有人带来的竞争优势不只是经营额，但在实践中，数额却是认定侵犯商业秘密行为能否入罪的重要判断标准。侵犯商业秘密罪成立的条件之一为行为人侵犯商业秘密“情节严重”，而“情节严重”的最主要情形即为给商业秘密持有人造成损失。在《刑法修正案（十一）》修改之前，侵犯商业秘密罪的入罪标准即为“重大损失”，一般认为这是一种数额标准。2020 年发布实施的最高人民法院、最高人民检察院《关于办理侵犯知识产权刑事案件具体应用法律若干问题的解释（三）》中也修改了对“重大损失”的规定，数额由 50 万元降至 30 万元。而在《刑法修正案（十一）》将“重大损失”修改为“情节严重”后，要重新考量何种侵犯商业秘密价值的行为能够入罪，即侵犯商业秘密罪中列举的行为破坏的是商业秘密的哪些价值。然而，在经济发达地区，30 万元的数额往往很容易达到。对稍有规模的经营组织而言，其投入资本、研发金额、侵权损失等可能任意一项就超过 30 万元，因此司法解释设置 30 万元的入罪门槛有模糊民事侵权与刑事犯罪的可能。对于侵犯商业秘密罪而言，“唯数额论”并不可取，经济损失是侵权行为的结果，结果是情节的一种，情节的范围很广，侵权过程很严重也可能构成商业秘密犯罪。刑法设立定量因素的目的是综合评判某一行为的社会危害性是否已经达到犯罪的程度，并决定到底是适用刑事制裁手段还是对其予以行政处罚。但定量因素并不是单独起作用的，仅仅某一个具体的情节，如数额、结果等都不能最终决定行为的社会危害性程度。[①] 常用的“销售数额说”，即根据侵权人的销售数额认定商业秘密持有人的“重大损失”的方式。这一方式在明确说明权利人的销售利润的减少与侵权行为之间的因果关系上存在困难。即使排除侵权行为的干扰，处于正常经营状态下的权利人之市场份额也会受到国家政策、国际国内经济形势、性价比更高的同类产品等因素影响而出现波动，直接以销

① 参见王政勋：《定量因素在犯罪成立条件中的地位——兼论犯罪构成理论的完善》，载《政法论坛》2007 年第 4 期。

售额的减少作为重大损失的认定依据，显失公平。①

(三)保密性

1. 保密性的含义

保密性是指权利人为防止泄露而对商业秘密采取保密措施的事实状态，其所体现的是权利人的保密意思。《反不正当竞争法》表述为“采取相应保密措施”。2007 年《反不正当竞争法》司法解释(已失效)规定保密性是指权利人为防止信息泄露所采取的与其商业价值等具体情况相适应的合理保护措施。人民法院应当根据所涉信息载体的特性、权利人保密的意愿、保密措施的可识别程度、他人通过正当方式获得的难易程度等因素，认定权利人是否采取了保密措施。2020 年最高人民法院《关于审理侵犯商业秘密民事案件适用法律若干问题的规定》将保密性的认定时间限定在“被诉侵权行为发生以前”。对保密措施合理性的考量因素增加“商业秘密的商业价值”“保密措施与商业秘密的对应程度”，细化了保密措施的具体形式，更强调保密措施这一行为的“对应性”。

由此可见，保密措施的适当性判断是一个主客观相统一的过程，既要体现权利人对相关信息进行保密的主观意愿，同时客观上也需要实现阻却他人通过合法手段获得的客观结果。但现实中，许多权利人误以为只要举证了一项或几项保密措施，即可被认定采取了保密措施，而忽略了结合商业秘密及其载体的性质、保密措施与商业秘密的对应程度，来进行判断。

2. 保密性的具体内涵

(1)保密措施的类型

常见的保密措施包括对涉密信息或载体采用物理隔断、加密上锁、设置保密标识、签订保密协议等方式。最高人民法院《关于审理侵犯商业秘密民事案件适用法律若干问题的规定》强调了保密措施的对应性(适应性)，即在判断保密措施是否达到合理性时要综合商业秘密持有人的主客观等多个标准：主观性，即权利人主观上应有保护该项信息的

① 参见王志远：《侵犯商业秘密罪保护法益的秩序化界定及其教义学展开》，载《政治与法律》2021 年第 6 期。

意愿,具体表现为为了达到防止信息泄露的目的而采取了相应措施;客观性,即权利人所采取的措施在正常情况下足以防止涉密信息泄露;适应性,体现为权利人所采取的措施应具有“合理性”和“相应性”,即保密措施要与信息的商业价值等具体情况相适应;区别性,即权利人对待及处置涉密信息的手段应与一般信息有明显区分。

(2)保密措施应适当

我国最高人民法院司法解释中对保密性树立的原则是:权利人已经尽到合理努力(合理的保护标准)、在正常情况下足以防止涉密信息泄露。“合理努力”原则并不要求保密措施万无一失,但要求权利人采取的保密措施是“与其商业价值等具体情况相适应的”,“达到足以防止信息泄露的程度”。而北京市高级人民法院《关于审理反不正当竞争案件几个问题的解答(试行)》第1.2条也指出,保密措施要件要求权利人必须对其主张权利的信息“对内、对外均采取了保密措施;所采取的保密措施明确、具体地规定了信息的范围;措施是适当的、合理的,不要求必须万无一失”。保密性对商业秘密持有人本身提出了一定的要求,即保密措施要合理,否则其难以被认定为商业秘密。在实践中,企业常在劳动合同中规定保密条款或保密协议,而在侵犯商业秘密民事案件中,这种格式化劳动合同并不必然达到合理标准。要考虑到保密措施与商业秘密的“对应性”,在劳动合同中规定保密协议不等于采取了合理的保密措施。

【案例】唐山玉联实业有限公司与玉田县科联实业有限公司、于某侵犯商业秘密纠纷案①

【裁判观点】民事案件中,保密措施要与当事人的保密意愿相符,仅签署保密协议不等于尽到了适当的保密义务

【案情节选】

本案中最高人民法院认为:公司《关于保密工作的几项规定》仅有4条,且内容仅原则性要求所有员工保守企业销售、经营、生产技术秘密,上述规定无法让该规定针对的对象即所有员工知悉唐山玉联实业有限公司作为商业秘密保护的信息范围即保密客体,仅此不属于切实可行的防止

① 唐山玉联实业有限公司与玉田县科联实业有限公司、于某侵犯商业秘密纠纷案,最高人民法院(2017)最高法民申2964号民事裁定书。

技术秘密泄露的措施，在现实中不能起到保密的效果。《劳动合同协议书》为原劳动人事局等部门制定的格式合同，其中规定乙方要保守甲方的技术经营机密，该规定同样不能认定为构成符合规定的保密措施。

该案作为民事案件已经在审判中关注到了保密义务人的意愿。而在刑事案件中，对权利人是否采取了保密措施、尽到了保密义务的判断同样不能局限于权利人的行为，应实质性地作出判断，被告人的视角对判断保密义务是否成立同样具有意义，即对《刑法》第219条第1款第3项中"违反保密义务或者违反权利人有关保守商业秘密的要求"的理解应注重保密措施的实质合理性。保密措施的合理性要求商业秘密权利人承担"约定保密义务的义务"、"商业秘密可识别的义务"以及"限制接触商业秘密的义务"。[①] 判断是否尽到保密义务是一个综合各种因素分析考虑的过程。一方面，不应对保密义务提出过高的要求，如在劳动合同或保密协议中对商业秘密范围有明确界定，且与其在诉讼中所主张的秘密范围相符，应当认定采取了合理保密措施。另一方面，如果在劳动合同或保密协议中未对商业秘密范围进行界定，或是界定过于宽泛，则不宜仅凭劳动合同或保密协议就认定已采取合理保密措施，还应结合所涉信息的载体、重要性、与所属行业和主营业务相关程度、是否有其他辅助措施，以及被告的具体情况等因素综合判断、充分说理。

【案例】俞某侵犯商业秘密罪案[②]

【裁判观点】判断权利人是否采取保密措施不应限于签署保密协议，可以包括制定保密制度并公告、签订保密协议、加强保密手段、进行保密培训等措施

【案情节选】

关于涉案技术是否采取了保密措施的问题。经查，法院认为，本案在案证据可以证实以下事实：(1)新和成公司、山东新和成公司均制定保密制度。保密制度中均明确保密范围、保密措施以及违反保密制度应当承担的后果。其中2002年、2008年新和成公司保密协议规定下属分(子)

---

① 参见李兰英、高扬捷等：《知识产权刑法保护的理论与实践》，法律出版社2018年版，第391～394页。

② 俞某侵犯商业秘密罪案，浙江省绍兴市中级人民法院(2015)浙绍刑终字第874、875号刑事判决书。

公司参照执行。(2)俞某于不同时段与新和成公司签订了保密协议。俞某在山东新和成公司工作期间,山东新和成公司要求公司各部门、车间严格执行保密制度,相应文件由俞某传阅签字。(3)山东新和成公司与诚泰公司、中控公司签订的购销合同中均有技术保密的约定与要求。(4)新和成公司、山东新和成公司为了贯彻保密制度,对车间电脑、纸质文档均采取了加密措施。平时公司经常组织保密知识的宣传、培训、教育,俞某也多次参加保密知识的培训。由此可见,新和成公司、山东新和成公司已经对涉案技术采取了合理的保密措施,且所采取的保密措施足以使俞某知晓公司的保密制度,意识到涉案技术是需要保密的技术信息。

三、非法商业秘密是否应受刑法保护——对商业秘密合法性的思考

(一)问题提出

反不正当竞争法仅规定了商业秘密的“秘密性”、“价值性”与“保密性”,并未对商业秘密合法与否作出明确要求。在商业秘密民事案件中,一般要求保护合法的权利。在司法审判中已有法院认为,尽管法律规定的商业秘密构成要件中并不包括合法性要件,但民事法律保护的是合法权益,商业秘密需具备合法性应为应有之义,若其信息(案件中为原告主张的商业秘密,笔者注)本身、形成过程或获取手段违反了法律规定,自不应受法律保护。[①] 而在商业秘密刑事案件中,由于侵犯商业秘密罪属经济犯罪的一种,其行为最终侵犯的是国家、社会与市场主体的经济利益,进而使得对案件讨论的焦点大多落在商业秘密的价值上。一般在刑事案件中仅审查被害人的商业秘密是否具备三性,如果认为被泄露的信息符合商业秘密的定义,就应当对其进行保护,而对商业秘密自身的合法性考虑较少。在民事司法已支持不保护非法商业秘密这一前提,以及侵犯商业秘密罪删除商业秘密定义这一立法修改背景下,侵犯商业秘密刑事案件中能否将“商业秘密自身非法”作为甚至单独作为犯罪阻却事由?

① 参见戈光应:《非法商业信息不构成商业秘密》,载《人民司法》2020年第32期。

(二)非法商业秘密

1. 何谓"非法商业秘密"

所谓"非法商业秘密",是指对商业信息的获取、使用涉及违法犯罪、行政违法或民事侵权的商业信息。对于涉及违法犯罪,具有严重社会危害性的,应当直接否定其权利属性。对于涉及行政违法的,则要根据相关行政法律法规的具体规定来判断,违反效力性规范的,一般也需要否定其权利属性,而违反管理性规范的,则不宜。对于涉及民事侵权的,则不应直接禁止其成为权利客体。[①] 因此,所谓"非法商业秘密"是指生成、形成过程中就存在违法因素的商业信息,是通过非法手段、侵犯他人权利或违反相关法律法规的方式生成的商业秘密,即自带"原罪"的商业秘密。

2. 非法商业秘密与保护法益

商业秘密合法与否牵涉到侵犯商业秘密罪的保护法益判断。如果认为侵犯商业秘密罪仅保护个人法益,那么一个在民事上无法被承认合法的权利不可能通过刑事手段获得保护。此时,商业秘密的合法性是刑事保护的前提。商业秘密的合法性是对"有行为就有侵权"这一判断原则的限制。如果侵犯商业秘密罪要保护社会秩序法益,则商业秘密自身的合法性与否不必然影响商业秘密刑事保护的正当性,商业秘密是否有价值才是应当主要考虑的内容。

(三)构成要件视角下的非法商业秘密

认定一个行为是否构成犯罪,需要根据罪名的构成要件检验。由于《刑法修正案(十一)》删去了对商业秘密的定义,在侵犯商业秘密罪中,一般认为被害人所主张的商业信息是否构成商业秘密应当按照《反不正当竞争法》中的规定进行判断。[②] 如上所述,《反不正当竞争法》并未将合法性作为明确的构成要件,认为商业秘密应当合法是以商业秘

---

① 参见戈光应:《非法商业信息不构成商业秘密》,载《人民司法》2020 年第 32 期。

② 有观点指出:鉴于《刑法》第 219 条已然删去关于"商业秘密"的定义,今后刑事裁判中将会直接援引前置法中关于商业秘密的界定。参见汪东升:《论侵犯商业秘密罪的立法扩张与限缩解释》,载《知识产权》2021 年第 9 期。

密属于“专有权利”，且民法不保护非法权利为依据的。换言之，在侵犯商业秘密罪中，是否存在“商业秘密”与“商业秘密权”是以《反不正当竞争法》为依据的，侵犯商业秘密罪对该要件没有作出特殊判断。根据侵犯商业秘密罪的构成要件，其是指行为人未经商业秘密权利人允许，实施披露、泄露、允许他人使用权利人商业秘密的行为，情节严重。其中，该罪的客体是商业秘密权，客观方面是商业秘密。① 但对于构成要件的理解也有形式解释与实质解释之分。前者认为，构成要件是为犯罪行为提供形式上的界限，构成要件符合性的判断是形式的、抽象的、类型的判断，排除法官实质的、价值的判断。后者认为，应当从处罚的合理性和必要性出发，实质地解释刑罚法规尤其是构成要件，构成要件的判断不可能是形式的、价值无涉的，而是应从处罚的必要性和合理性的角度来判断某种行为是否符合构成要件。② 由此，虽然判断一个行为是否构成犯罪应该依据罪名的构成要件，但需要恰当地对构成要件作出解释。

在列举两种构成要件解释方法以及商业秘密合法性的民事属性后，会衍生一个问题：商业秘密的合法性是侵犯商业秘密罪的形式的构成要件还是实质的构成要件？在民事上，虽然没有在反不正当竞争法中明确规定商业秘密要有合法性，但由于商业秘密的民事权利属性，其作为民事权利具有合法性应当是必然的、不言自明的。我国《民法典》第 3 条规定，民事主体的人身权利、财产权利以及其他合法权益受法律保护，任何组织或者个人不得侵犯。这里特别强调了民事合法权益受法律保护的属性。③ 民事权利之所以受到法律保护，就是因为它是依法产生的，而且凡是权利都具有合法性。④ 同时有观点认为，民事权益受法律保护的属性，不仅反映为对民法自身的要求，也反映为其他立法的要求，包括宪法和其他法律都应当在自己的职责范围内担当保护民事

---

① 参见高铭暄、马克昌主编：《刑法学》，北京大学出版社、高等教育出版社 2019 年版，第 440 页。

② 参见吴允锋：《经济犯罪规范解释的基本原理》，上海人民出版社 2013 年版，第 50～52 页。

③ 参见龙卫球主编：《中华人民共和国民法典总则编释义》，中国法制出版社 2020 年版，第 9 页。

④ 参见徐国栋主编：《民法总论》，厦门大学出版社 2018 年版，第 72 页。

权益法律的任务,特别要警惕其他法律消极对待民事权益的保护要求甚至以法律之名任意否认民事权益的保护要求。[①] 而在刑事上,商业秘密(权)是构成要件中的客体与客观方面。如果按照形式的构成要件说,则由于《民法典》的明确规定,非法商业信息不构成商业秘密,也就不存在商业秘密权,最终在罪名中缺少了犯罪客体与客观方面这一要件,因此不应认定为构成侵犯商业秘密罪。

(四)法益保护视角下的非法商业秘密

刑法是法益保护法。对于侵犯商业秘密罪所保护的法益,存在个人法益观与秩序法益观的争论。按照个人法益观,通过非法手段获取的商业秘密专有权利不具合法性,因此所谓商业秘密持有人的个人权利并不受民法承认,侵犯商业秘密罪所保护的商业秘密持有人的商业秘密权也就无法可依,没有保护依据。这一观点也从另一侧面表明刑法要与前置法相衔接的观点,实质发挥法益理论的出罪功能。按照秩序法益观[②],由于商业秘密具有价值性,能为权利人带来竞争优势,而行为人非法披露商业秘密的行为破坏了这一竞争优势,使权利人受损,甚至可能会破坏正常的市场秩序,因此极有可能得出非法商业秘密应予以保护的结论。这一观点认为刑法应独立于前置法进行判断,侧重商业秘密的价值。对于非法商业秘密是否值得保护,两种法益观分别从不同角度得出了完全相反的结论。

1.审慎对待商业秘密权这一个人法益

在个人法益保护视角下,商业秘密权是商业秘密持有人的一项专有权利。但这种权利并不同于物权或债权。"商业秘密权"的形成主要源于反不正当竞争法的规定。加之商业信息的公共利益属性,因此即使是个人法益,商业秘密权也不仅仅是权利人的"私事"。相反,因商业秘密的公共利益属性,在商业秘密权中实际上存在对社会公共利益的

---

① 参见龙卫球主编:《中华人民共和国民法典总则编释义》,中国法制出版社 2020 年版,第 9 ~ 10 页。

② 例如,有学者认为从形式上看秩序法益应当是该罪保护的法益,至少应当是该罪的主要法益。参见王志远:《侵犯商业秘密罪保护法益的秩序化界定及其教义学展开》,载《政治与法律》2021 年第 6 期。

关注,这一点并不难理解。事实上,民事关系中大量存在以公共秩序为表征的民事利益,这类利益无法通过完全个人化的私人权利表现出来,但仍应通过侵权责任等民事救济手段来获得保护,理论上将此大多纳入"法益"的范畴。[①] 商业秘密权不同于专利"用公开换垄断"的思路,其并不需要权利人公开什么就能独占商业信息并获得司法与行政保护。在其付出较少的情况下,更要强调所谓商业秘密权的公共属性以平衡利益,并审慎对待诉争案件中的商业秘密。此时,如果将侵犯商业秘密权的法益界定为"对商业秘密权利人"所谓"独占权"或者"三性"的破坏,则实际上混淆了"权利"与"利益"、"权利"与"合法权利"的关系。

对合法商业秘密的保护,不仅要符合反不正当竞争法,更要符合民法,甚至专利法、著作权法、商标法,至少应对近似内容进行比较考虑。尤其在知识产权有可能受到多部门法重叠保护的背景下,对待商业秘密除反不正当竞争法规定的三性外,更要从合法性的角度对商业信息进行审查。这是司法审慎对待商业秘密的必然要求。

2. 对(独立的)秩序法益观的反思

支持秩序法益观者指出,保护商业秘密权利人的合法权益不受侵害是国家维护公平自由的市场竞争秩序所追求的目的,这正是此种秩序能够作为刑法保护客体的价值基础所在,但这种秩序并非仅仅着眼于某个具体权利人的权益,而是为了使社会公众的市场竞争利益普遍不受损害。[②] 但非法商业秘密的持有人使用非法的商业秘密依然会形成一定的竞争优势。如果忽视对权利人商业秘密合法性的审查,是否意味着非法形成的商业秘密不能受到民事法律保护,却能受到更为严厉的刑事法律保护?

在财产犯罪中,一切有价值的物品,包括违禁品,都可以成为财产犯罪的客体。例如,从财产秩序角度出发,虽然行为人没有占有毒品等违禁品的权利,但盗窃、诈骗、抢劫他人毒品的,也应当成立盗窃罪、诈

① 参见梅夏英:《民法权利思维的局限与社会公共维度的解释展开》,载《法学家》2019年第1期。

② 参见王志远:《侵犯商业秘密罪保护法益的秩序化界定及其教义学展开》,载《政治与法律》2021年第6期。

骗罪、抢劫罪。[①] 按照这一思路，虽然非法商业秘密的持有人没有占有非法商业秘密的权利（在民事上不被承认），但为了保持商业秘密财产秩序的稳定性，即使行为人用不正当手段获取了非法商业秘密，也应当认定为侵犯商业秘密罪。可以发现，这一论断存在诸多令人质疑之处。并且，如果按照秩序法益观的观点，法院审理的重点仅放在市场竞争利益是否受损上，反而会忽视双方争议的商业秘密本身是否正当，是否能够被法律承认。毕竟对企业而言，无论其商业秘密是否合法，只要泄露则必然会导致其市场竞争利益受损。但仅凭此尚不足以认定行为人必然构罪，从与民事侵权衔接及商业秘密的制度价值的角度而言，都不必然对非法商业秘密进行保护。

第三节　侵犯商业秘密罪保护法益诸问题探析

一、侵犯商业秘密罪保护法益的争议与原因分析

法益是限制入罪、划定罪名规制界限的重要工具。法益作为指导构成要件实质解释与实现限定刑法处罚范围与出罪的工具[②]，是划定犯罪圈的重要依据。目前，对侵犯商业秘密罪所保护的法益存在不同观点。

（一）关于侵犯商业秘密罪保护法益的争议

目前对知识产权犯罪法益的研究，大多从个人法益与集体法益、一元论与二元论、刑法与前置法的关系等角度着手，并站在经济刑法的宏观视野去俯视经济刑法中各个罪名所保护的法益。具体而言，当前存在集体法益的一元论与二元论：一元论是指集体法益自身具有单独的价值而不必还原为个人法益，二元论是指集体法益应当被还原为个人法益。

---

① 参见张明楷：《刑法学》（下），法律出版社 2021 年版，第 1216 页。

② 参见刘艳红：《实质出罪论》，中国人民大学出版社 2020 年版，第 181 页。

1. 一元论与二元论之争

一元论者强调集体法益、秩序法益等超个人法益的存在价值。这一观点遭到大规模的批判。首先，在“秩序”的界定上，持秩序法益观者大多将其界定为“经济管理秩序”；其次，“秩序法益”具有模糊性。秩序法益观要求简化犯罪化标准，只要违反经济秩序，均可归入经济刑法，而忽略秩序违反的后果与性质，以及主要法益与次要法益损害的关系，导致经济刑法与刑法其他法域的关系紊乱。[①] 而在更早之前，储槐植教授曾经指出，通过经济刑法维护市场秩序有很大问题，因为无法否认有市场经济就有犯罪。

反对一元论的学者不在少数。有观点将知识产权犯罪等同于财产犯罪，认为侵犯知识产权犯罪是直接侵犯个人法益、间接侵犯市场经济法益的犯罪，属于广义的经济犯罪。这些罪名与诈骗罪、盗窃罪、侵占罪等在本质上是一致的，只不过前者伴随经济社会的发展而改变了其犯罪形态，导致这些犯罪与市场经济具有间接的关联性。而广义的经济犯罪实质上侵犯的只是个人法益，双重法益论的观点混淆了不同类型经济犯罪的区别，导致立法、司法对于部分罪名的法益保护重心存在误解，影响了部分案件的合理认定。[②] 另有观点指出了集体法益的抽象性带来的入罪泛化危机，其认为集体法益具有政治功能，因而有沦落为纯粹政治工具的潜在危险。集体法益使立法者以保护抽象的社会秩序为名扩张刑法处罚范围，从而弱化了法益的犯罪化限制机能。尤其是在中国的社会环境下，特别强调个人与他人及社会的相互依赖，存在生长集体法益的肥沃土壤，如果又缺乏立法的自我约束机制，集体法益非常容易“野蛮生长”。因此，刑法保护的集体法益应当以个人的利益为基础和目标，这是防止集体法益刑法保护变异的最主要门槛，[③]即所谓集体法益也应当依附于个人法益，二者的关系表现为“此消彼长”。还有观点认为，刑法规定社会法益和国家法益的犯罪，其目的往往在于维护某种制度或者秩序。虽然我们可以认为这种制度和秩序的构建最终

---

① 参见魏昌东：《中国经济刑法法益追问与立法选择》，载《政法论坛》2016 年第 6 期。

② 参见马春晓：《中国经济刑法法益：认知、反思与建构》，载《政治与法律》2020 年第 3 期。

③ 参见孙国祥：《集体法益的刑法保护及其边界》，载《法学研究》2018 年第 6 期。

是为了每个国民的生活利益,但它与国民具体利益之间的连接非常间接与曲折,是经过多次提炼与抽象的结果。如果一味主张将集体法益还原成个人法益,那本质上还是在否定集体法益的价值,而仅将其视为个人法益的累积。① 这一观点肯定了集体法益的单独价值。而在承认集体法益独立价值的基础上,又有学者指出对于侵犯商业秘密罪的法益应当注重利益保护。利益平衡原则是商业秘密的刑法保护中关键性的原则和机制。近年来,网络环境下商业秘密的刑法保护过于偏袒商业秘密权益人一方,以致公众合理使用的利益连带地受到了不恰当的限制。因此,法律应当确立社会公益优先的原则,在个人商业秘密权与社会公共利益发生冲突时,对商业秘密权作出适当限制。②

2. 抽象与具体之争

上述一元论与二元论之争的本质可以归结为关于具体法益与抽象法益的争论。商业秘密法益的损害认定上,受大陆法系具体化思维的影响,实践中已有司法人员对如何衡量侵犯商业秘密的法益损害提出了具体的标准。例如,就对侵犯商业秘密罪中的"情节严重"的理解,有学者已指出"情节严重"是一种综合考量标准,根据司法实践的经验总结,主要包括以下要素:行为主体(主要是指负有保密义务或要求的特殊身份),犯罪动机(主要是指因报复或泄愤毁损商业秘密),犯罪手段(主要包括侵权次数、持续时间、传播范围、商业秘密自身的性质等),犯罪后果(是否威胁到国家经济安全和经济利益等,以及是否造成了破产、停产、清算等非物质性损害后果)。③ 对此有观点认为,上述总结的判断要素细致而全面,但因为未结合该罪的保护法益进行分析,可能会导致司法实践中不当扩大该罪的适用范围,将未严重侵犯公平自由市场竞争秩序的行为纳入犯罪圈。因此,在认定"情节严重"时,应当特别注意多元化的入罪标准的设定,不应脱离该罪保护的法益。④ 商业秘密

① 参见陈家林:《法益理论的问题与出路》,载《法学》2019 年第 11 期。

② 参见付玉明、姜盼盼:《商业秘密刑法保护的制度困境与应对方案——以侵犯商业秘密罪的法益保护为视角》,载《刑法论丛》2015 年第 4 卷。

③ 参见潘莉:《侵犯商业秘密罪:如何界定"情节严重"》,载《检察日报》2020 年 11 月 25 日,第 3 版。

④ 参见王志远:《侵犯商业秘密罪保护法益的秩序化界定及其教义学展开》,载《政治与法律》2021 年第 6 期。

保护的“财产权说”并不能全面准确地说明商业秘密受到法律保护的正当根据。侵犯商业秘密罪的实行行为本质上仍然是一种不正当竞争行为，适用该罪时不得不考虑商业秘密法律保护的立法目的，即鼓励保护公平自由竞争，保障社会主义市场经济健康发展，将市场竞争秩序作为该罪的保护客体符合上述立法精神。[①] 该观点本质上又重新强调了秩序法益的独立价值，但依然存在部分问题。

这种法益观比较表象而并未深入法益理论的本质。换言之，仅以竞争秩序作为侵犯商业秘密罪的保护法益并不能区分商业秘密民事保护与刑事保护的界限，市场竞争秩序并非刑法保护的“专利”。这种法益观陷入了一个误区：民事法律保护私人利益，刑事法律（在私人利益的基础上）保护相对抽象的社会利益。但在民事案件中，法官也会考量竞争利益的诸要素，如信赖利益秩序、交易主体对正常商业秩序的信任、潜在市场份额等，[②]即商业秘密的制度法益并非此法益（个人法益）与彼法益（集体法益），而是法益的内部价值层次问题。

可以发现，无论是具体的经济损失还是抽象的竞争秩序，都是把损失的表现形式作为侵犯商业秘密后的利益损失，进而使前者对应民事保护，后者对应刑事保护。即使承认了竞争秩序法益的独立价值，也并没有起到对民事与刑事违法性的界分作用，反而导致商业秘密的民事保护与刑事保护更加混乱。因此，单一的竞争秩序或个人损失均无法阐明商业秘密侵权与犯罪的真正内涵。

【案例】刘某某侵犯商业秘密罪案[③]

【裁判观点】法院、检察院对被告的行为是否对商业秘密持有人造成损失存在分歧

【案情节选】

明阳公司、远景公司互为竞争对手。远景公司副总工程师刘某某

① 参见王志远：《侵犯商业秘密罪保护法益的秩序化界定及其教义学展开》，载《政治与法律》2021年第6期。

② 参见青岛市公用建筑设计研究院有限公司与北京大成华智软件技术有限公司等侵害商业秘密纠纷案，北京知识产权法院（2018）京73民终1249号民事判决书。

③ 刘某某侵犯商业秘密罪案，广东省惠来县人民法院（2020）粤5224刑初129号刑事判决书、广东省揭阳市中级人民法院（2020）粤52刑终203号刑事裁定书。

伪装成明阳公司机器设备部分基础组件的供应商,以维修之名进入明阳公司施工中的巨型机械设备,拍照3小时,离开时被安保人员盘问,遂案发。生效判决认定刘某某侵犯商业秘密罪罪名成立,判处有期徒刑3年,并处罚金100万元。

值得注意的是,在本案中,检察机关与法院对同一事实作出了截然相反的判断:检察机关在起诉书中认为,刘某某偷拍的资料并未泄露出去,也未给明阳公司造成损失,应当认定为犯罪未遂,可以从轻或减轻处罚。而合议庭经过充分研究后认为,刘某某实施了窃取商业秘密的行为,给明阳公司造成维修检测和延误工期等直接损失71万余元,已构成犯罪既遂。且被告人刘某某身为同类风电企业的专业技术人员,对窃取行为将给对方造成的严重损害应当有清晰的认识,其事先经过精心准备和谋划,犯罪意图明显、犯罪动机卑劣、社会危害性大。此外,合议庭还认为,虽然刘某某未给明阳公司商业秘密的价值造成减损,不计入本案犯罪数额,但应当作为衡量其社会危害性的重要考量因素,应该对刘某某予以严惩。①

本案中,合议庭与检察机关的观点差异很大。这种差异即源于对侵犯商业秘密罪保护法益与罪名性质的理解存在不同。检察机关认为虽然刘某某已经窃取到了商业秘密,但这种盗窃商业秘密的行为并没有给明阳公司造成损失,明阳公司并非因商业秘密泄露受损,从商业经营上看,明阳公司的经营并未因此受阻。而法院认为刘某某窃取商业秘密的行为本身已经给明阳公司带来损失,虽然并未给商业秘密的价值造成减损,可以不计入本案犯罪数额,但仍然是衡量社会危害性的重要因素。

分析法检双方的办案逻辑可以发现,本案中检察机关倾向于从受害方的经营活动是否因窃取商业秘密行为受影响入手去分析刘某某的行为性质;法院则倾向于将商业秘密理解为受害方明阳公司的一种财产,类比盗窃罪的思路定罪量刑。这一案例的典型之处在于法检双方的观念差异正反映了目前侵犯商业秘密罪的认定难题。从体系上看,

① 参见《风电塔顶的罪与罚》,载微博2020年6月29日,https://weibo.com/ttarticle/p/show?id=2309404521192760410509#_0。

商业秘密在《民法典》中被归为知识产权的一种客体,但又不像著作权、专利权、商标权那样具有很强的排他性。而对于商业秘密究竟是一种财产权利还是法律保护的一种法益这一问题,学术观点仍不统一;同时,在《刑法》中,侵犯商业秘密罪位于分则第三章"破坏社会主义市场经济秩序犯罪"之下,据此可以认为该罪所保护的主要法益应当为市场经济秩序。法理、民法、刑法对商业秘密的理解并不统一。而当民法上的财产属性与刑法上的经济秩序属性无法有效衔接时,在刑事案件中对侵犯商业秘密罪案件的理解便会出现类似明阳公司一案中的认知对立。为此,我们应当从理论上进一步分析讨论侵犯商业秘密罪所保护的真正法益,从而帮助司法机关在个案中厘清思路,实现侵犯商业秘密罪的立法目的。

(二)争议原因分析

1. 商业秘密法律规范与法益内涵的不确定性

商业秘密法的表达通常包括很多不精确和可延展的术语。而提供一致和连贯内容的唯一途径是制定一个强有力的政策框架,从而准确地指出哪些利益值得保护,以及为什么需要保护。商业秘密法的基本理论要求比较容易阐明。然而,在没有充分政策指导的情况下,法院很难在特定事实的文本中赋予其具体内容。①

法益理论作为一种"一般性"理论,貌似与司法实践格格不入。民事权益种类太多、范围广泛且不断变化,不能实行法定主义,除列举典型的情况外应当给予概括保护。而且,随着社会发展进步,需要保护的权益越来越多,新类型的利益应当及时纳入保护范围,民事法律必须体现开放性、灵活性和适应性,以及时满足经济、社会和文化的发展需求。这既是历史经验,又是现实需求,还是普遍的做法。② 难怪有学者直言,"法益"概念恶意地表示的话是一个内容空虚的概念,善意地说是"柔和

---

① 参见王润华:《第四知识产权——美国商业秘密保护》,知识产权出版社 2021 年版,第 93 页。

② 参见孔祥俊:《反不正当竞争法新原理 · 总论》,法律出版社 2019 年版,第 295 页。

并富有弹性”的一种存在。[①]

但不应就此把法益概念贬低得一无是处。法是现实生活的需求所创造的产物,法的理论需要依托现实生活的实践来提炼得出。因此,在研究法的“一般理论”时,需要研究者着重分析作为理论基础的法律现实,把握法治实践的规律与特征,从而根据类型化的法律实践状况、主客体互动关系与因果机制进行复杂而严谨的理论建构,并依靠实践中体现出的价值和应然性来解答现实中法律“是如何”“应如何”的问题,而非仅仅把纯粹的语词和表述当作现实的存在。[②] 虽然法益概念自诞生之初就带有批判“国家权利”的自由主义与个人主义色彩,但依据从抽象到具体、理论指导实践的思路,这种宏观的集体法益认知究竟能否指导、应用于知识产权犯罪理论和司法实践,尤其是商业秘密这类特殊的知识产权中?日本学者关哲夫曾对“法益”一词进行解释,其指出:正如“法”和“利益”这两个词汇的记述所表明的那样,法益是一个由利益的要素和法的要保护性要素组成的复合概念。利益的要素是与法益存在本身相关的中心要素,是原本存在于社会现实生活中的社会生活上的利益。在这个意义上,利益的要素是社会现实生活中具有实在性的概念。与之相对,法的要保护性要素是与法益的性质相关的属性要素,是指其得到了值得刑罚保护的评价。而且这个法的要保护性要素是刑事立法者基于立法政策的衡量而进行的法的价值判断的产物,在这个意义上,它是赋予利益以价值、评价的概念。[③]

同时,商业秘密制度涉及众多利益主体。因此,尽管商业秘密作为财产有着纯粹的私人性,但这并不意味着其不受社会公共利益的限制。在商业秘密制度中,雇员、职工、消费者、同业竞争者等都会受到商业秘密权利人的影响。这种影响不同于传统私权意义下不影响他人的自我处分、自主决定。这种社会基础的变化意味着一些人(雇员、打工者、房屋承租人)的生存与发展越来越依赖另外一些人(雇主、老板、房屋出租人)

① 参见[日]伊东研祐:《法益概念史研究》,秦一禾译,中国人民大学出版社 2014 年版,第 342 页。

② 参见杨子潇:《经验研究可能提炼法理吗?》,载《法制与社会发展》2020 年第 3 期。

③ 参见[日]关哲夫:《法益概念与多元的保护法益论》,王充译,载《吉林大学社会科学学报》2006 年第 3 期。

的财产,从而使后者的财产权可能受到更多的限制,在传统社会可能根本无法影响他人的个人支配私有财产的举动,在现代社会,却可能造成他人生活的巨大困扰,尽管保障个人的财产自由仍是财产权的核心内容,但无论如何,财产权规范都开始承担社会利益分配与协调的功能,也就是"形塑社会秩序的功能"。这意味着,财产权固然仍然是私人的,仍然为个人利益而使用,原则上个人对其财产权标的仍然有自由使用、支配、处分的权限,但财产权的行使,同时也需要有助于公益。① 而商业秘密制度无论是从其财产属性本身还是从知识产权角度出发,都需要兼顾私益与公益、具体利益与抽象利益的平衡。

从英美法系中诞生的商业秘密法,其规则形成大多依赖具体判例。而在评析我国是否妥适保护商业秘密时,更重要的观察点其实是反不正当竞争法对商业秘密的保护是否周延,以及司法是否能妥适兼顾保护商业秘密的各种政策需求。② 如果一味否定集体法益中的价值判断,或者对此做过多限制,是否无法适应商业秘密法自身的特征。巧合的是,在杜邦公司诉克里斯托夫的判决中,美国第五巡回上诉法院引述了得克萨斯州最高法院在另一个判例中所宣告的一句话:"商业秘密法不容置疑的旨趣是认可和实施商业活动中较为高尚的商业道德准则。"此外,美国联邦最高法院在 1974 年的凯文尼一案中也指出:"维护商业道德准则和鼓励发明,是广泛认可的商业秘密的原则。"根据这些判决,商业秘密法的宗旨应是维护商业活动中的道德准则。③ 对商业秩序、商业道德等抽象要素的判断是无法回避的。但应当承认的是,过于宽泛的概念可能会给裁判者留下很大的自由裁量空间。因此其可取之处在于一定程度上允许的宽泛的司法裁量,而非过于宽泛的法律原则。

2. 商业秘密案件司法难以兼顾司法外复杂因素

有实证分析对商业秘密法的适用进行了调研,认为商业秘密法的适用与目标达成之间存在诸多不同影响因素。例如,有学者对美国

---

① 参见张翔:《财产权的社会义务》,载《中国社会科学》2012 年第 9 期。

② 参见李治安、刘静雯:《由普通法观点论对商业秘密和机密信息的保护》,载《交大法学》2020 年第 4 期。

③ 参见李明德:《美国知识产权法》,法律出版社 2014 年版,第 211 页。

商业秘密法环境进行实证研究后指出，与授予专利相比，雇主友好型(employer-friendly)的商业秘密法可能会阻碍创新。而许多公司和企业管理者希望通过游说加强商业秘密保护的做法可能会给发明家层面的专利产出带来不利影响。[①] 除此之外，还有研究通过对比生物企业与软件企业在技术布局中对商业秘密的使用差别得出结论：在生物企业，商业秘密与专利制度一起有效地延长了企业的首发优势(first-mover advantage)从而使企业在市场中维持竞争优势(supra-competitive profits)，但在软件行业商业秘密的强保护并不必要。[②] 更有直言者指出：盗窃一项商业秘密与一个普通盗窃行为并不具有完全相同的经济学意义，要求对商业秘密扩大保护的观点并没有任何令人信服的理由。[③]

因此，如果想要让司法起到激励创新这一层面的作用，"区别化"研究进路在商业秘密法的法益研究中应当被认真考虑。对于商业秘密法的关注重点不应当是具体与抽象、一般与个别的有无，而应当关注在商业秘密法内部达成何种层次的"一般性"法益认知。达成准确的一般性原理能够起到锚定司法观点并相对稳定司法实践的作用，而不至于过分受到政策影响，或对政策的理解流于表面。

二、个人法益：应坚持有别于财产犯罪的认定思路

侵犯商业秘密罪应当保护商业秘密持有人的合法权益，但不以此为限。商业秘密权利人所享有的个人法益是基于其掌握商业秘密这一竞争优势所能够合理预期获得的商业机会，[④]而不仅仅是对商业秘密的占有。商业秘密虽在《民法典》中被归类为一种知识产权，但具体规定

---

① See Contigiani A., Hsu DH & Barankay I., *Trade secrets and innovation: Evidence from the "inevitable disclosure" doctrine*, 39 Strat Mgmt J. 2921(2018).

② See Levine, David S. & Ted Sichelman., *Why Do Startups Use Trade Secrets*, 94 Notre Dame Law Review 751 (2018).

③ 参见[美]威廉·M. 兰德斯、[美]理查德·A. 波斯纳：《知识产权法的经济结构》，金海军译，北京大学出版社2016年版，第444～445页。

④ 参见李兰英、高扬捷等：《知识产权刑法保护的理论与实践》，法律出版社2018年版，第407～408页。

则在《反不正当竞争法》中。《反不正当竞争法》的初衷是通过遏制不公平商业行为而维护市场竞争的公平性，也即维护公平竞争是制止不正当竞争的立足点。① 未来虽可能颁行单独的商业秘密法，但也无法完全抹平商业秘密与其他知识产权的差异。

在民事案件中，法院大多采用"权利式"的审判思路逐段审理。例如，《江苏省高级人民法院侵犯商业秘密民事纠纷案件审理指南》(2021 年版)第 1.2 条"审理思路概述"指出："侵犯商业秘密民事纠纷案件一般遵循逐段审理的思路：第一步：在原告明确其主张的商业秘密内容的前提下，审查和认定原告是否有权就该内容主张权利、该内容是否符合商业秘密构成要件，以及被告的抗辩理由；第二步：在商业秘密成立且原告有权主张权利的前提下，审查和认定侵权是否成立，以及被告不侵权的抗辩理由；第三步：在被告侵权成立的情况下，审查和认定被告应当承担的民事责任……"②可以看出，在侵犯商业秘密民事案件中，传统的审理思路并没有将论证存在"损害竞争秩序"的结果作为一项值得单独思考的要件。对商业秘密而言，竞争损害是门槛要件。造成竞争损害是构成不正当竞争的重要因素，无竞争损害即无不正当竞争③，即使未来商业秘密单独立法，也无法忽略对竞争秩序造成损害这一侵权后果，因为商业秘密单行法除具备无形财产权利法的特征外，还兼有市场行为规制法的性质。④

在刘某某侵犯商业秘密罪一案中，检察机关正是考虑到这一点，认为刘某某的行为即使未给明阳公司造成实际的损失(指不存在因泄露商业秘密而造成的损失)，也应当认定为犯罪未遂。检察机关所指的损

---

① 参见孔祥俊：《反不正当竞争法新原理 · 原论》，法律出版社 2019 年版，第 127 页。

② 《江苏省高级人民法院侵犯商业秘密民事纠纷案件审理指南》第 1.2 条。但第 1.2 条在列举三步审理方法后也指出，根据《反不正当竞争法》第 32 条的规定，在原告提供初步证据，证明其已经对所主张的商业秘密采取保密措施时，被告侵权可能性较大的，应当由被告举证证明原告主张的信息不构成商业秘密、被告不存在侵犯商业秘密的行为。在审理过程中，应当综合案件事实，合理确定原告提供初步证据的证明标准，降低原告的举证难度，及时运用举证责任转移，解决原告维权难、审理难、周期长等问题。同时，如果根据原告提供的现有证据，侵权明显不成立，也可以直接驳回原告的诉讼请求，无须按照上述一般思路审理。

③ 参见孔祥俊：《反不正当竞争法新原理 · 原论》，法律出版社 2019 年版，第 74 页。

④ 参见马一德、郑友德：《我国商业秘密专门立法的必要性》，载微信公众号"知识产权家"，2019 年 4 月 23 日。

失即明阳公司因持有商业秘密而带来的“竞争优势”。同时,(也许)受民事案件权利式审理思路的影响,在刘某某侵犯商业秘密罪案中,法院一方的观点则采用了类似盗窃罪的审理思路。《刑法》第219条第1款第1项明确规定盗窃是侵犯商业秘密的一种行为,并且《关于办理侵犯知识产权刑事案件具体应用法律若干问题的解释(三)》第5条第1款第1项中明确提到“以不正当手段获取权利人的商业秘密,尚未披露、使用或者允许他人使用的,损失数额可以根据该项商业秘密的合理许可使用费确定”。仅有盗窃行为不足以构成该罪,盗窃且情节严重才符合该罪的成立条件。刘某某侵犯商业秘密罪案是典型的纯获取型侵犯商业秘密犯罪,唯一的特殊之处在于被害方明阳公司的损失并非被告刘某某泄露商业秘密造成的,而是因被告的盗窃行为使明阳公司不得不重新检修设备产生额外支出。然而,该案法院的观点以及对应司法解释的规定值得进一步探讨:有观点认为,从盗窃罪的角度出发,商业秘密并不能成为盗窃罪的对象,所谓“盗窃”技术秘密的实质在于它侵犯了技术秘密的发明人或利用人对该秘密的专有性。① 这种专有性并不等同于物权上的绝对权,也与财产权的排他性特征相异。若将有形财产权的基本理论毫无保留地嫁接到知识产权领域,将知识产权的专有性与有形财产权的排他性一概等同,并以此强调知识产权专有性所涵摄的独占性效力和排他性力量,则会存在明显的逻辑错误。② 并且,与专利相反,商业秘密的拥有者并不要求垄断资讯,也没有组织他人从独立来源获得资讯。“商业秘密的拥有者只是要求保护针对使用和传递从他的控制下不公平地被移交。”③退一步而言,就算商业秘密能够成为盗窃罪的对象,单纯的占有也并非盗窃罪的构成要件,或者只是盗窃罪的隐形构成要件。占有是一个只有在犯罪对象为物的场合才具有专门意义的概念,只有那些在外部物质形态上可以被人所控制和支配的物,才可能被人“占有”。而在以利益为犯罪对象的场合,并不适合与占

① 参见陈新亮:《技术秘密不能成为盗窃罪的对象》,载《现代法学》1988年第2期。

② 参见杨涛:《知识产权专有性特质的理论阐释》,载《法制与社会发展》2020年第3期。

③ 刘春田、郑璇玉:《商业秘密的法理分析》,载《法学家》2004年第3期。

有概念组合,占有并不适用于那些看不见也摸不着的利益。[①] 对商业秘密而言,虽然商业秘密能够被许可,可以被定价,但这种价值远不同于持有者因独享商业秘密而带来的竞争优势。并且从商业秘密的性质上来看,商业秘密绝非纯私人财产,其同时具有私有产权属性与知识的公共属性,二者共存于商业秘密这一客体上。而在刑法上,我国《民法典》将商业秘密作为知识产权客体予以保护,并不意味着商业秘密权与知识产权相等同。我国《民法典》第123条的规定更多是宣示性的,并未根本改变商业秘密的反不正当竞争利益性质。[②] 并且商业秘密的保护并不单纯局限于对财产的保护和对个人利益的保护,从更广泛的意义上讲,它具有维护竞争秩序的共同原理。[③] 因此,在对侵犯商业秘密罪所保护的个人法益的理解上,不应参照盗窃罪保护个人财产的思路将其狭隘地理解为商业秘密持有人的私产,而应当是商业秘密持有人因持有商业秘密而享有的竞争优势。否则也无区分盗窃罪与侵犯商业秘密罪的必要。

三、秩序法益:避免泛化

秩序法益是一个比较空泛的概念,因此还原论者往往将"市场竞争秩序"还原为相对具体的利益。一元个人法益说与二元法益说的根本分歧在于对还原论理解上的差异,即前者认为超个人法益必须能够还原为个人利益才具有正当性,行为人的行为只有现实地对个人法益造成侵害或危险才能够以犯罪论处;后者则主张超个人法益能够还原为社会公众的普遍利益就具有保护的正当性,并不要求必须有个人利益实际受损,应将集体利益作为秩序犯罪的主要目的。[④] 侵犯商业秘密罪

---

① 参见车浩:《占有不是财产犯罪的法益》,载《法律科学(西北政法大学学报)》2015年第3期。

② 参见王志远:《侵犯商业秘密罪保护法益的秩序化界定及其教义学展开》,载《政治与法律》2021年第6期。

③ 参见谢晓尧:《论商业秘密的道德维度》,载《法律科学(西北政法学院学报)》2002年第3期。

④ 参见王志远:《侵犯商业秘密罪保护法益的秩序化界定及其教义学展开》,载《政治与法律》2021年第6期。

目前仍规定在破坏社会主义市场经济秩序罪一章中，因此，在讨论该罪时离不开秩序法益。但如何理解“市场经济秩序法益”是一个值得讨论的问题。

经济刑法法益在实定法层面是独立于个人法益的集体法益，它既是经济刑法所保护的客体（社会主义市场经济），同时也体现了经济刑法规范有效运行的状态（市场经济秩序）。[①] 一方面，商业秘密单行法兼具市场行为规制法的性质；另一方面，侵犯商业秘密罪规定在破坏社会主义市场经济秩序罪中，单纯的私权保护并不足够。因此，商业秘密管理制度本身并非侵犯商业秘密罪所保护的秩序法益，其背后所维护的市场竞争秩序才是该罪所要保护的法益。[②] 同时，在商业秘密单行法兼具权利法与市场规制法带来变动后，亦应考虑刑法介入保护私权与秩序的必要性与保护程度。

应当注意，对“市场经济秩序”的理解不能泛泛而谈，这种抽象的、泛化的集体法益很容易成为积极入罪的有力依据，进而使侵犯商业秘密罪从结果犯变为抽象危险犯。刘某某侵犯商业秘密罪一案中法院的观点就有此种倾向。经济刑法所保护的集体法益所指向的内容相较于个人法益更为抽象，因此立法者与司法者在解释、适用时应谨慎推敲，根据个案作出相对精确的解释，防止该概念被泛化使用。在侵犯商业秘密罪中，“集体法益”应立足于“竞争秩序”，不同于个人法益所指的商业秘密持有人所享有的竞争优势，秩序法益所保护的“竞争秩序”是对市场及相关行业的运行规则以及商业道德的违背。

四、侵犯商业秘密罪法益的理解思路

（一）“风险刑法观”与“商业秘密制度价值”的张力

当前我国知识产权保护面临着国际压力与国内需求，知识产权对

---

① 参见马春晓：《中国经济刑法法益：认知、反思与建构》，载《政治与法律》2020 年第 3 期。

② 参见李兰英、高扬捷等：《知识产权刑法保护的理论与实践》，法律出版社 2018 年版，第 406 页。

于我国经济建设与创新发展有着重要意义。与此同时,在实践中存在大量侵犯商业秘密的情形但无法解决,大量的隐形案件无法进入司法程序,加上国际上不断要求降低商业秘密刑事保护门槛,由此,风险刑法观、积极刑法观等观念应运而生。

从《刑法修正案(十一)》将侵犯商业秘密罪中的"重大损失"修改为"情节严重"也能体会些许观念变化。在风险刑法观的影响下,越来越多的(抽象)危险犯、情节犯进入刑法中。由于现代社会发展导致法益侵害风险增加,刑法不再耐心等待损害结果的出现,越来越多刑法规范着重于行为的非价判断,以制裁手段震慑带有社会风险的行为。[①] 但刑法对商业秘密保护的不当膨胀有偏离刑法的谦抑性与商业秘密的本质属性的趋势。

以美国为例,《美国法典》第 1831 条与第 1832 条分别规定了商业间谍罪(economic espionage)与窃取商业秘密罪(theft of trade secrets),其中都将具有侵犯商业秘密的犯罪意图(attempt to commit any offense)作为一种单独的犯罪行为,并且分别规定了不少于 15 年与不少于 10 年的刑罚。刑事上的入罪标准配合民事领域的诉前禁令、单方民事没收程序等制度,美国对商业秘密的保护力度极大。而美国调整商业秘密保护制度的原因之一可能在于技术秘密对落在空白领域的技术构思提供了一种法律保护形式。特别是对受保护对象作宽泛的解释后,几乎适合对各种类型的技术成果进行保密。对商业秘密法进行调整,使其对技术成果的保护更加有效,有助于促进美国前沿技术领域的创新和发展。[②] 技术秘密不同于专利,权利人采取保密措施并无期限限制。尽管允许独立研发与反向工程,但过强的商业秘密保护可能破坏专利制度构建的公开与保护之间的平衡,进而使相关主体过度依赖技术秘密保护而抛弃专利保护。且商业秘密制度虽然能够补上专利制度无法保护的短板,但从社会整体这一相对宏观的角度来看,专利制度要求必须公开,相较于商业秘密,其对于增进社会福利、促

---

① 参见何荣功:《社会治理"过度刑法化"的法哲学批判》,载《中外法学》2015 年第 2 期。

② 参见徐瑄:《对价视角下的技术保密制度——福利分析、国际趋势与中国应对》,载《知识产权》2021 年第 1 期。

进知识沟通也许更为有利。因此,在思考、构建商业秘密保护体系时,不能仅从权利人的视角出发加强商业秘密保护而忽视社会公众的潜在利益。

风险刑法观以抵御社会风险为己任,以追求人类安全为目标,对于危害社会安全的行为,即使其没有出现法益侵害的结果,也主张动用刑罚处罚。[①] 对于侵犯商业秘密犯罪而言,《刑法修正案(十一)》将原先的"重大损失"修改为"情节严重",从结果犯变为情节犯,正是这种观念的体现。然而,风险刑法理论自身存在诸多缺陷并招致许多批评,如"风险"与"危险"的区别不清导致对"危害"的评价主观化[②],"风险刑法不能动摇刑法谦抑主义"[③]。风险刑法观与积极刑法观的理念极易动摇罪刑法定原则、违背刑法的谦抑性。[④] 我们认为,从法益论的角度来看,侵犯商业秘密罪的法益是抽象的经济安全,而对于是否侵犯了安全只有通过实际的损害才能加以评判,所以侵犯商业秘密罪不应是抽象危险犯。[⑤] 而风险刑法观的基本观点为刑法在应对各种不确定性时应积极作为:在社会风险日趋增多且不确定的时代背景下,风险刑法观应当受到重视[⑥],实现刑法从居中裁判向社会管控的功能转变。商业秘密自身犹如一个装满了宝藏的黑箱,企业视其为命根,生怕秘密被公开,而商业秘密又是侵权人日夜觊觎的对象。由此给商业秘密持有人带来的不安感是风险刑法理论根基的完美例证。

受风险刑法观与积极刑法观等观念、商业秘密持有人因侵权风险带来的不安感与保护诉求、国家对创新与知识产权的重视、国外等的

① 参见刘艳红:《实质出罪论》,中国人民大学出版社 2020 年版,第 37 页。

② 参见陈兴良:《风险刑法理论的法教义学批判》,载《中外法学》2014 年第 1 期。

③ 刘艳红:《实质出罪论》,中国人民大学出版社 2020 年版,第 37 页。

④ 但积极刑法观的理念本身并非绝对错误。从宏观层面来讲,如果不及时增设轻罪,对某些实务上认为有处罚必要性的行为,就往往通过类推解释的方式去处理,这样不仅刑法谦抑性原则被突破,连罪刑法定原则也被动摇,更是得不偿失。参见周光权:《论通过增设轻罪实现妥当的处罚——积极刑法立法观的再阐释》,载《比较法研究》2020 年第 6 期。只是这种观念缺少必要的体系,有因人设罪、因事设罪、主观设罪的嫌疑。在定罪量刑的过程中应注意不能教条地、僵化地受此种观念的影响。立法与裁判本身即设置罪刑、定罪量刑的技艺,无时无刻不考验着立法者与裁判者的本领。

⑤ 参见谢焱:《知识产权刑法法益分析》,载《北方法学》2017 年第 4 期。

⑥ 参见姜涛:《为风险刑法辩护》,载《当代法学》2021 年第 2 期。

综合影响，司法实践极有可能会以积极入罪为导向，降低入罪门槛。例如，公安机关可能会将侵犯商业秘密案件的移送起诉率作为考核标准，鼓励多立案。这种做法从行政考核的角度来看或许无可指摘，但从刑事入罪的角度而言难谓正当。犯罪与否本应是一个从客观事实出发延伸至价值判断的过程，理应遵循一套完整而又严谨的入罪逻辑，而非因一时的政策变动而修改。加强知识产权保护是一项良举，但如何理解"强保护"的含义、如何理解并做到"宽严相济"、强保护是不是必然等同于用刑法保护等均是在知识产权刑事保护中应当考虑的问题。且不论在加强知识产权保护的诸多举措中，刑事法律并非唯一手段，即使刑法应当保护知识产权也应当以民事、行政手段无法保护为前提。任何一种行为，如果需要动用刑罚惩罚，必须社会广泛认同此种行为构成犯罪。比如故意杀人，社会成员即普遍强烈反对此种行为。[①] 对于社会危害性不大，甚至不具有严重社会危害性的行为，不应当动用刑罚处罚。同时，在把握犯罪这一现象时，不能仅仅依刑法评价这个单一的思维定式处罚，应当较为全面而又深刻地认识和把握犯罪的现象与本质，才有可能惩治真正的犯罪，而将那些没有实质危害的行为从犯罪概念中解放出来。[②] 显然，在侵犯商业秘密案件中，目前法官的认知差异与主观要素作用较多，要求积极入罪有造成刑法法规失当、违背罪刑法定原则以及民刑责任失衡的风险。[③] 在刘某某侵犯商业秘密罪一案中，法院很明显不当扩大了侵犯商业秘密罪所要保护的法益，而将该案中刘某某的盗窃这种仅具有侵犯商业秘密危险，却没有造成实质后果的行为评价为侵犯商业秘密罪所规制的"给被害人造成损失"的行为。在该案中，法官的判决使侵犯商业秘密罪成了抽象危险犯，导致公权过早地介入纠纷。

---

① 参见刘艳红：《实质出罪论》，中国人民大学出版社2020年版，第81页。

② 参见陈正云：《刑法的经济分析与伦理价值》，载《法学研究》1999年第6期。

③ 我国刑法改革的核心不是犯罪化与非犯罪化，而是轻刑化与非刑化，这既是实现严而不厉的刑事政策的要求，也是刑罚现代化的必由之路。参见刘艳红主编：《刑法学》（上），北京大学出版社2014年版，第24页。

(二)法益还原论存在明显缺陷

在经济刑法中,法益二元论将有关罪名所要保护的法益划分为个人法益与集体法益/超个人法益/秩序法益,而在解释后者时会按照还原论将其做具体化处理。然而,这种二分法并不能够完美地套用在所有经济犯罪中,且事实上,存在部分犯罪所侵犯的集体法益无法(完全)还原为个人法益的情况,如侮辱国歌罪、环境污染犯罪、受贿罪等,但对此类犯罪不能因无法还原或具体化就置之不理。

侵犯商业秘密罪作为一项知识产权犯罪,也属于广义的经济犯罪。有观点认为,广义的经济犯罪实质上侵犯的只是个人法益,双重法益论的观点混淆了不同类型经济犯罪的区别,导致立法、司法对于部分罪名的法益保护重心存在误解,影响了部分案件的合理认定。[①] 侵犯商业秘密犯罪不同于民事侵权,刑事领域不以保护个人法益为足。如果经济违法行为只是侵犯了被害人的经济利益或者人身权益,可以用民事上的经济赔偿等恢复原状,就没有动用刑法的必要,唯有当其损害到公共秩序时才有公法出动的可能,而行政执法因其不同于司法程序而具有建议性,因此不能"委以重用",只能对一般的危害社会秩序行为作出制裁,而具有严重危害性即威胁到经济安全的才有刑法的用武之地。[②] 刑法介入保护的一个重要前提是民事与行政手段无法充分有效地保障权利人的权益,同时犯罪行为侵害到了该罪名所保护的社会公共秩序。该罪是破坏社会主义市场经济秩序罪,不是侵犯财产罪,其法益侵害性不能仅仅以被害人的财产受损程度予以评价。[③] 同时,在《刑法修正案(十一)》将"重大损失"修改为"情节严重"后,数额不再是法律上明确规定(要求)的入罪要件。将商业秘密权利人的损失作为定罪标准,有入罪门槛太高的嫌疑,导致实践中出现取证难、定罪难的局面,权利人

① 参见马春晓:《中国经济刑法法益:认知、反思与建构》,载《政治与法律》2020 年第 3 期。

② 参见谢焱:《知识产权刑法法益分析》,载《北方法学》2017 年第 4 期。

③ 参见周光权:《刑事立法进展与司法展望——〈刑法修正案(十一)〉总置评》,载《法学》2021 年第 1 期。

寻求刑法保护障碍重重。[①] 可用“情节严重”代替“重大损失”又会导致实践中难以把握,摸不着头脑的情况出现,甚至有可能导致入罪门槛过低。因此,除对“情节严重”本身需要进行解释外,该罪所保护的法益也是限制入罪的一个门槛。以民事领域无法准确计算数额为由降低入罪门槛并没有正面回答刑法介入保护的正当性。因为商业秘密的本质是信息,其具有公共属性而非纯粹的私权。且商业秘密法兼具行为法与权利法的双重性质,过强的刑事保护,如刑事过早介入会影响公有领域的信息增量。在入罪时应当考虑避免过强的保护损害信息公开与传播以及商业秘密作为“类知识产权”(未上升为权利的法益)的激励效果。而将侵犯商业秘密罪的法益限制为个人的竞争优势与市场竞争秩序能够从逻辑上限制将纯获取商业秘密的行为纳入刑法规制。

尽管《反不正当竞争法》将以盗窃、贿赂、欺诈、胁迫、电子侵入或者其他不正当手段获取权利人的商业秘密作为侵犯商业秘密行为的一种,但刑法并不必然应当与前置法保持一致,且除不正当获取行为外,侵犯商业秘密罪的罪状中还有“情节严重”的要求。此外,还原论认为集体法益可以还原为个人法益,但侵犯商业秘密行为所破坏的抽象的集体法益无法完全还原为个人法益,[②]即知识产权的公共利益属性是自身固有的,如果试图将抽象利益(公共利益)还原(具体化)为私人权益,则实质上是将知识产权的利益完全私人化,这与知识产权的制度特征不符。

在经济犯罪中,根据集体法益是否可以还原为个人法益,大致可以将犯罪分为两种类型:一种可以完全还原为个人法益,行为人的犯罪行为从表面上看作用于集体法益,但实质为个人法益。例如,“生产、销售

---

① 参见周光权:《刑事立法进展与司法展望——〈刑法修正案(十一)〉总置评》,载《法学》2021 年第 1 期。

② 事实上,即使是著作权、专利权、商标权这种狭义上的知识产权,也不完全是纯粹的私权。有形财产权更关注个人权利和利益,但知识产权制度所设定的目标更为偏重社会福利,而不是单纯的权利保护。从法哲学角度来看,以权利为基础的知识产权独占论隐藏在知识产权扩张的背后,成为威胁消极自由的一种价值观。参见杨涛:《知识产权专有性特质的理论阐释》,载《法制与社会发展》2020 年第 3 期;[澳]彼得·德霍斯:《知识财产法哲学》,周林译,商务印书馆 2017 年版,第 290 ~ 291 页。

假药罪中市场经济秩序抽象集体法益之所以能够还原为不特定人的人身健康与公共安全,主要原因在于药品本身就是要通过'吃'来具体作用于人身的,因而药品本身就具有直接与个人法益发生关联的可能性"。另一种则无法还原为个人法益,集体法益为个人法益的实现创造外部条件。例如破坏环境、违反金融管理秩序、违反国家安全规则的犯罪往往与具体的个人之间尚存在一定的距离,其并没有直接与人发生关联关系。这类犯罪中集体法益之所以能够与个人法益相关联,是经过诠释、推导后技术处理的结果。[①] 侵犯商业秘密的行为作为一种不正当竞争手段,首先破坏了正当的市场竞争秩序,进而侵犯了个人商业秘密。在这一过程中,集体法益(市场竞争秩序)是条件,而个人法益(个人竞争优势)是目的。因此,侵犯商业秘密罪的实行行为本质上仍然是一种不正当竞争行为,适用该罪时,不得不考虑商业秘密法律保护的立法目的,即鼓励保护公平自由竞争,保障社会主义市场经济健康发展,将市场竞争秩序作为该罪的保护客体符合上述立法精神。[②] 因此,还原论在适用于侵犯商业秘密罪的法益时有其局限。

综上所述,侵犯商业秘密罪的保护法益兼具个人法益(竞争优势)与集体法益。在司法实务中,不仅应考虑商业秘密权利人个人法益的具体内容来分析商业秘密权利人遭受的"损失"是否属于该罪保护的法益,而且不能忽视其背后的秩序法益,以使其有别于单纯的财产犯罪。进而应当明确虽然还原论能避免秩序法益流于空泛,但将秩序法益完全还原为个人法益其实是矫枉过正,集体法益能够被类型化处理,市场竞争秩序依然是判断是否构成侵犯商业秘密罪时应被考虑的因素。最终实现侵犯商业秘密罪从私权法益保护转向社会化法益保护。

---

① 参见孙继科:《法益论视野下法定犯出罪的反思与完善——兼谈集体法益的类型》,载《山西警察学院学报》2021 年第 1 期。

② 参见王志远:《侵犯商业秘密罪保护法益的秩序化界定及其教义学展开》,载《政治与法律》2021 年第 6 期。

第四节　侵犯商业秘密罪中的“情节严重”探析

2020 年签订的《中美经贸协议》第 1.7 条的内容是分步取消任何将商业秘密权利人确定发生实际损失作为启动侵犯商业秘密刑事调查前提的要求。实际损失的大小将不再作为侵犯商业秘密罪的唯一门槛和前置要求，其可能会被降格为犯罪情节之一或者作为从重处罚情节。最高人民法院、最高人民检察院《关于办理侵犯知识产权刑事案件具体应用法律若干问题的解释(三)》已于 2020 年 9 月 14 日正式施行，《刑法修正案(十一)》也于 2021 年 3 月 1 日生效施行，两者对侵犯商业秘密罪都有重要修改。其中最高人民法院、最高人民检察院《关于办理侵犯知识产权刑事案件具体应用法律若干问题的解释(三)》第 4 条第 1 款对侵犯商业秘密罪中的“重大损失”作出解释：“实施刑法第二百一十九条规定的行为，具有下列情形之一的，应当认定为‘给商业秘密的权利人造成重大损失’：(一)给商业秘密的权利人造成损失数额或者因侵犯商业秘密违法所得数额在三十万元以上的；(二)直接导致商业秘密的权利人因重大经营困难而破产、倒闭的；(三)造成商业秘密的权利人其他重大损失的。”而随后的《刑法修正案(十一)》将“重大损失”修改为“情节严重”。从罪状表述上来看，侵犯商业秘密罪从“结果犯”变成了“情节犯”，这种变化给侵犯商业秘密罪的理论研究与司法实践带来诸多变化。

一、立法视角与司法视角下该罪“情节严重”的适用困境

(一)立法：形式上的一致

在法律规范中使用“情节严重”一词表述违反法律规定的程度在许多部门法中有体现。就侵犯商业秘密而言，在《反不正当竞争法》、《刑法》及其他相关法律法规中均有体现(见表 7－1)。

表7-1 商业秘密违法"情节严重"在主要法律规定中的不同表述

《反不正当竞争法》	《刑法》及相关司法解释	《商业秘密保护规定(征求意见稿)》
第九条　经营者不得实施下列侵犯商业秘密的行为: (一)以盗窃、贿赂、欺诈、胁迫、电子侵入或者其他不正当手段获取权利人的商业秘密; (二)披露、使用或者允许他人使用以前项手段获取的权利人的商业秘密; (三)违反保密义务或者违反权利人有关保守商业秘密的要求,披露、使用或者允许他人使用其所掌握的商业秘密; (四)教唆、引诱、帮助他人违反保密义务或者违反权利人有关保守商业秘密的要求,获取、披露、使用或者允许他人使用权利人的商业秘密。 经营者以外的其他自然人、法人和非法人组织实施前款所列违法行为的,视为侵犯商业秘密。 第三人明知或者应知商业秘密权利人的员工、前员工或者其他单位、个人实施本条第一款所列违法行为,仍获取、披露、使用或者允许他人使用该商业秘密的,视为侵犯商业秘密。 本法所称的商业秘密,是指不为公众所知悉、具有商业价值并经权利人采取相应保密措施的技术信息、经营信息等商业信息。	《刑法》第二百一十九条 有下列侵犯商业秘密行为之一,情节严重的,处三年以下有期徒刑,并处或者单处罚金;情节特别严重的,处三年以上十年以下有期徒刑,并处罚金: (一)以盗窃、贿赂、欺诈、胁迫、电子侵入或者其他不正当手段获取权利人的商业秘密的; (二)披露、使用或者允许他人使用以前项手段获取的权利人的商业秘密的; (三)违反保密义务或者违反权利人有关保守商业秘密的要求,披露、使用或者允许他人使用其所掌握的商业秘密的。 明知前款所列行为,获取、披露、使用或者允许他人使用该商业秘密的,以侵犯商业秘密论。 本条所称权利人,是指商业秘密的所有人和经商业秘密所有人许可的商业秘密使用人。	第三十一条　符合以下情形之一的,可以认定为《反不正当竞争法》第二十一条所称的情节严重: (一)因侵害商业秘密造成权利人损失超过五十万元的; (二)因侵害商业秘密获利超过五十万元的; (三)造成权利人破产的; (四)拒不赔偿权利人的损失的; (五)电子侵入方式造成权利人办公系统网络和电脑数据被严重损坏的; (六)造成国家、社会重大经济损失,或具有恶劣社会影响的; (七)其他情节严重的行为。

续表

《反不正当竞争法》	《刑法》及相关司法解释	《商业秘密保护规定（征求意见稿）》
第十七条　经营者违反本法规定，给他人造成损害的，应当依法承担民事责任。 经营者的合法权益受到不正当竞争行为损害的，可以向人民法院提起诉讼。 因不正当竞争行为受到损害的经营者的赔偿数额，按照其因被侵权所受到的实际损失确定；实际损失难以计算的，按照侵权人因侵权所获得的利益确定。经营者恶意实施侵犯商业秘密行为，情节严重的，可以在按照上述方法确定数额的一倍以上五倍以下确定赔偿数额。赔偿数额还应当包括经营者为制止侵权行为所支付的合理开支。 经营者违反本法第六条、第九条规定，权利人因被侵权所受到的实际损失、侵权人因侵权所获得的利益难以确定的，由人民法院根据侵权行为的情节判决给予权利人五百万元以下的赔偿。	最高人民法院、最高人民检察院《关于办理侵犯知识产权刑事案件具体应用法律若干问题的解释（三）》 第四条　实施刑法第二百一十九条规定的行为，具有下列情形之一的，应当认定为“给商业秘密的权利人造成重大损失”： （一）给商业秘密的权利人造成损失数额或者因侵犯商业秘密违法所得数额在三十万元以上的； （二）直接导致商业秘密的权利人因重大经营困难而破产、倒闭的； （三）造成商业秘密的权利人其他重大损失的。 给商业秘密的权利人造成损失数额或者因侵犯商业秘密违法所得数额在二百五十万元以上的，应当认定为刑法第二百一十九条规定的“造成特别严重后果”。	—
第二十一条　经营者以及其他自然人、法人和非法人组织违反本法第九条规定侵犯商业秘密的，由监督检查部门责令停止违法行为，没收违法所得，处十万元以上一百万元以下的罚款；情节严重的，处五十万元以上五百万元以下的罚款。	—	—

以上涉及“侵犯商业秘密”与“情节”、“情节严重”关系的法律法规规定总结如下：

(1)民事责任

①恶意侵犯商业秘密+情节严重=民事赔偿(1倍到5倍赔偿)；

②侵犯商业秘密+权利人的实际损失、侵权人因侵权所获得的利益难以确定=法院依据情节判决500万元以下赔偿。

(2)行政责任

侵犯商业秘密+情节严重=行政责任(罚款)。

(3)刑事责任

侵犯商业秘密+情节严重(《刑法修正案(十一)》出台之前为“重大损失”)=刑事责任。

由此发现，目前立法上对于侵犯商业秘密罪的“情节严重”以及相关法律责任的规定不甚明确，虽然在形式上均设置了情节作为参考因素，但不同法律责任(民事、行政、刑事)项下哪些情形属于“情节严重”并不明晰，进而导致侵犯商业秘密行为的违法、犯罪情形规定不够清晰，立法上的不明确如果缺少必要的指引会导致司法实践混乱。

(二)司法：实质上的差异

目前并无相关司法解释对侵犯商业秘密罪中的“情节严重”作出具体解释。司法实践中已有实务人员对该罪修改前的“重大损失”、修改后的“情节严重”作出了解释，以及对于如何应对刑事罪名中“情节严重”的不明确性提出了自己的思考。例如，姚建军法官指出，司法工作者需要确定的是，面对不同的具体案件事实(尤其是犯罪嫌疑人从事涉案行为的程度及权利人商业秘密的状态不同时)如何决定“重大损失”是否存在及其具体数额的确定。因此讨论“重大损失”的确定及运用时，要以具体的案情假设为切入，并在每一种案情假设中讨论一个核心问题。[①] 潘莉检察官根据司法实践的经验总结，认为“情节严重”主要包括以下要素：行为主体(主要是指负有保密义务或要求的特殊身份)，犯罪动机(主要是指

① 参见姚建军：《中国商业秘密保护司法实务》，法律出版社2019年版，第233页。

因报复或泄愤毁损商业秘密），犯罪手段（主要包括侵权次数、持续时间、传播范围、商业秘密自身的性质等），犯罪后果（是否威胁到国家经济安全和经济利益等，以及是否造成了破产、停产、清算等非物质性损害后果）。[①] 陆建强检察官指出，在司法实践中，司法人员对于“情节严重”类综合性要件的具体内容必须作出判断，在该判断过程中除了以一般民众的价值观为基础外，其中一项非常重要的方法就是对相关分则条文罪状中的单一性要件的内容进行归纳和整理，以此可以有效地明确相关综合性要件的内容。而在我国目前的司法实践中，对于罪状中的综合性构成要件内容的确定在许多情况下还依赖于立法、司法解释和一些地方性的规定。这是在我国目前司法环境下不得不接受的现实情况，但陆建强检察官认为对于该综合性要件的具体内容，通过最高司法机关发布的一些典型的、有指导意义的判例进行明确，也不失为一种较好的方式。[②]

（三）该罪“情节严重”的适用困境

《刑法修正案（十一）》将侵犯商业秘密罪中的“重大损失”修改为“情节严重”后，在立法层面实现了形式上的统一，但给司法实践带来一定困难。目前有关情节的研究中，围绕“情节犯”这一犯罪类型展开研究的文献较多，而对侵犯商业秘密罪中的“情节严重”专门进行研究的较少，对侵犯商业秘密罪中的“重大损失”、该罪法益的研究较多。以上研究方向并非毫无关联。在立法层面上，从“重大损失”变更为“情节严重”后，并不意味着情节严重不需要考虑“重大损失”，相反，“重大损失”的认定思路也会影响之后对“情节严重”的认定。在理论研究上，“重大损失”作为危害结果一般包括在情节当中，而“情节严重”与该罪保护法益共同归属于违法性要件，二者研究角度不同但并非毫无关联。

对“情节”作出具体的界定本就是一件困难的事情。虽然《刑法修

---

① 参见潘莉：《侵犯商业秘密罪：如何界定“情节严重”》，载《检察日报》2020 年 11 月 25 日，第 3 版。

② 参见陆建强：《刑法分则条文中“情节严重”类综合性犯罪构成要件研究——以司法实践将综合性要件转化为单一性要件的需求为视角》，载《政治与法律》2012 年第 8 期。

正案(十一)》第22条将侵犯商业秘密罪中的“给商业秘密的权利人造成重大损失”修改为“情节严重”,为该罪罪量标准的多元化认定乃至彻底解决该罪罪量标准的认定难问题开放了空间,①但由此带来“情节”如何确定的问题:应当具体列明还是模糊处理?如果列明具体情形,又如何与民事、行政法中的“情节严重”区分开来,以及在具体列明之后是否还能适用兜底条款“其他严重情形”?如果不具体列明,又该如何限制司法过程中的主观判断?对于侵犯商业秘密罪的“情节严重”,可能会陷入理解与适用的困境。

二、侵犯商业秘密罪中“情节严重”的差异化思考

(一)从“重大损失”到“情节严重”的变与不变

“重大损失”并不是完全具体明确的要件,而“情节严重”也不完全排斥损失计算,二者并非毫不相干。在《刑法修正案(十一)》之前,就如何理解侵犯商业秘密罪中的“重大损失”也有过一些讨论。例如,有观点认为“重大损失”的数额计算不能完全依照民事上计算专利损失赔偿额的规则。无论是计算方法还是每种方法的具体参考因素,都应当从商业秘密的非排他性、价值的市场性、行为的法益侵害性角度予以衡量。商业秘密的非排他性主要限制了权利人损失计算方法的适用范围及其参考因素;商业秘密价值的市场性表明研发成本不能计入商业秘密价值或权利人实际损失;行为的法益侵害性表明侵权产品未进入市场时不能认定为侵犯商业秘密罪,对侵权人获利的计算不能采用侵权利润等。②

可见,貌似具体明确的“重大损失”也并非无懈可击。这一方面与商业秘密的知识产权属性有关,另一方面也与立法和司法上缺少更深入的思考有关:其一,商业秘密本身是非常笼统的概念。《反不正当竞争法》的规定只说明了商业秘密的一些基本特征,但在具体的行业以及

---

① 参见田宏杰:《强化知识产权保护的又一里程碑》,载《检察日报》2021年1月6日,第3版。

② 参见王文静:《论侵犯商业秘密罪中“重大损失”的认定原则》,载《法学评论》2020年第6期。

具体的案件中,个案认定的特征十分明显。许多商业秘密的规则是在一个个具体的案例中逐渐形成的。其二,司法实践受制于立法规定的缺失与个人认知差异,对侵犯商业秘密的情形与相应后果的理解会产生差异。这一困境并没有随着刑法修正案的改变而被解决,相反可能更加模糊了司法的边界。从表面上看,侵犯商业秘密罪从结果犯转变为情节犯好像并没有明确给出犯罪的情形,但并不意味着这一改变毫无意义:其一,侵犯商业秘密犯罪是知识产权犯罪的一种;其二,从限缩犯罪圈的角度而言,情节犯这一犯罪类型也有限缩犯罪圈的功能。仅从刑事保护的立场而言,思维惯性很容易将人引导至如何入罪的思维定式中去,似乎任何情节都有可能属于"情节严重",但应当明确的是,"情节严重"作为罪名构成要件,反而会加大入罪的论证负担。换言之,如有必要,应当说明为何侵权人的行为属于该罪名中的情节严重而非民事侵权中的情节严重。

(二)差异化的前提

1. 无法完全列举的"情节"

从司法实践的角度来看,理想的状态应当是明确不同责任的责任边界,防止"民刑倒挂"、责任模糊等现象的出现。应当承认的是,目前刑法分则所表述的"情节严重"中的"情节"一词是一个十分广义的概念。张庆立博士通过梳理我国刑事立法和司法解释,按照大致的分类,得出"情节严重或情节恶劣"共包含 20 个方面的构成要素。[①] 除留有余地的抽象要素(司法解释规定的"其他"情形)以外,情节犯之情节所包含的 19 个要素大致可以划分为事前、事中和事后三类要素。可以发现,在立法层面,"情节"可能"无所不包",各类与定罪量刑有关的主客观事实都有可能成为一种"情节"。目前可以肯定的是,"情节严重"中的"情节"

---

① 司法解释将我国刑法中的"情节严重(恶劣)"解释为数额、手段、后果、对象、次数、损失、再犯、主观、伤害、影响、拒不、时间、主体、自伤、用途、人起次、条件、危险等 20 个要素。所谓事前要素是指存在于犯罪实行行为之前的要素。从目前司法解释来看,其只包括再犯要素。所谓事中要素是指存在于犯罪实行行为过程中的要素。根据目前司法解释,其包括行为、后果、主体、主观四个方面的要素。所谓事后要素是指存在于犯罪实行行为之后、立案之前的要素,主要包括拒不改正、条件要素、用途要素。参见张庆立:《"情节严重(恶劣)"的法律解释》,载陈金钊、谢晖主编:《法律方法》第 33 卷,研究出版社 2021 年版,第 332 ~ 335 页。

具有主观性与客观性统一、社会危害性与人身危险性及其程度统一、法定性与酌定性统一、概括性与具体性统一、单一性与多样(元)性统一等基本特征。[①] 即使对严重“情节”能够作出列举,也往往以“其他严重情节”条款作为兜底以保持“情节严重”的开放性与可解释性。[②]

2.“情节严重”带来的刑事诉讼难题

在何谓“情节严重”尚不明确的前提下,如何在刑事诉讼的各环节中明确行为人是否有罪便成了一个问题,进而给刑事司法实践中各环节的推进带来一定困惑。以立案环节为例,立案需要具备两个条件:(1)有犯罪事实;(2)需要追究刑事责任。其中,“有犯罪事实”包括两层含义:①需要立案追究的只能是依照《刑法》的规定构成犯罪的事实;②犯罪事实必须有相关的证据材料证明。立案阶段对证据的要求是现有证据能够证明犯罪事实已经发生,并且这些证据经审查属实。[③] 最高人民检察院、公安部《关于修改侵犯商业秘密刑事案件立案追诉标准的决定》对侵犯商业秘密罪案件的立案标准作出了具体规定。[④] 其内容与

---

① 参见李翔:《情节犯研究》,北京大学出版社2018年版,第35页。

② 例如,2021年3月2日,最高人民法院发布的《关于审理侵害知识产权民事案件适用惩罚性赔偿的解释》第4条规定:“对于侵害知识产权情节严重的认定,人民法院应当综合考虑侵权手段、次数,侵权行为的持续时间、地域范围、规模、后果,侵权人在诉讼中的行为等因素。被告有下列情形的,人民法院可以认定为情节严重:(一)因侵权被行政处罚或者法院裁判承担责任后,再次实施相同或者类似侵权行为;(二)以侵害知识产权为业;(三)伪造、毁坏或者隐匿侵权证据;(四)拒不履行保全裁定;(五)侵权获利或者权利人受损巨大;(六)侵权行为可能危害国家安全、公共利益或者人身健康;(七)其他可以认定为情节严重的情形。”

③ 参见陈光中主编:《刑事诉讼法》,北京大学出版社2021年版,第293~294页。

④ 最高人民检察院、公安部《关于修改侵犯商业秘密刑事案件立案追诉标准的决定》规定:“……侵犯商业秘密,涉嫌下列情形之一的,应予立案追诉:(一)给商业秘密权利人造成损失数额在三十万元以上的;(二)因侵犯商业秘密违法所得数额在三十万元以上的;(三)直接导致商业秘密的权利人因重大经营困难而破产、倒闭的;(四)其他给商业秘密权利人造成重大损失的情形。前款规定的造成损失数额或者违法所得数额,可以按照下列方式认定:(一)以不正当手段获取权利人的商业秘密,尚未披露、使用或者允许他人使用的,损失数额可以根据该项商业秘密的合理许可使用费确定;(二)以不正当手段获取权利人的商业秘密后,披露、使用或者允许他人使用的,损失数额可以根据权利人因被侵权造成销售利润的损失确定,但该损失数额低于商业秘密合理许可使用费的,根据合理许可使用费确定;(三)违反约定、权利人有关保守商业秘密的要求,披露、使用或者允许他人使用其所掌握的商业秘密的,损失数额可以根据权利人因被侵权造成销售利润的损失确定;(四)明知商业秘密是不正当手段获取或者是违反约定、权利人有关保守商业秘密的要求披露、使用、允许使用,仍获取、使用或者披露的,损失数额可以根据权利人因被侵权造成销售利润的损失确定;(五)因侵犯商业

最高人民法院、最高人民检察院《关于办理侵犯知识产权刑事案件具体应用法律若干问题的解释(三)》的规定基本相同。

而相较于立案标准这一客观标准,立案条件则既要考察犯罪的客观方面是否达到规定的犯罪数额、是否具备相应的犯罪情节和结果,又要考察犯罪的主体及主观方面的内容,以及是否属于不予追究刑事责任等情形。①

如果按照这一立案标准,在存在侵犯商业秘密行为时,行为人是否有罪以及是否需要追究刑事责任均难以确定,行为人的证据是否属实也非权利人能够说明,进而在立案环节许多案件可能就无法进入刑事诉讼程序。事实上,在司法实践中,的确存在一些公安机关对于侵犯商业秘密行为不立案或无法立案的情况。

(三)可能的质疑:是否有违"罪刑法定"原则

在罪名中设置"情节严重"作为具体要件,这一立法方式的最大质疑就是其是否与"罪刑法定"原则相冲突。对此有着不同态度:持否定态度者认为,情节犯的构成要件"情节严重"和"情节恶劣"表面上看好似十分明确,然而其内容却是不确定的,因而其实际上是一种模糊、笼统的概念。②而支持者认为,情节犯的出现有着一定的合理性,规定情节严重是由于人类认识能力客观上有限;规定情节严重由法律一定程度上的模糊性特征决定;规定情节严重更能维护刑法的稳定性;情节严重

秘密行为导致商业秘密已为公众所知悉或者灭失的,损失数额可以根据该项商业秘密的商业价值确定。商业秘密的商业价值,可以根据该项商业秘密的研究开发成本、实施该项商业秘密的收益综合确定;(六)因披露或者允许他人使用商业秘密而获得的财物或者其他财产性利益,应当认定为违法所得。前款第二项、第三项、第四项规定的权利人因被侵权造成销售利润的损失,可以根据权利人因被侵权造成销售量减少的总数乘以权利人每件产品的合理利润确定;销售量减少的总数无法确定的,可以根据侵权产品销售量乘以权利人每件产品的合理利润确定;权利人因被侵权造成销售量减少的总数和每件产品的合理利润均无法确定的,可以根据侵权产品销售量乘以每件侵权产品的合理利润确定。商业秘密系用于服务等其他经营活动的,损失数额可以根据权利人因被侵权而减少的合理利润确定。商业秘密的权利人为减轻对商业运营、商业计划的损失或者重新恢复计算机信息系统安全、其他系统安全而支出的补救费用,应当计入给商业秘密的权利人造成的损失。"

① 参见肖琼:《经济犯罪案件立案、定罪、量刑标准解读与适用》,法律出版社2020年版,第4页。

② 参见叶高峰、史卫忠:《情节犯的反思及其立法完善》,载《法学评论》1997年第2期。

给司法官员留下足够的裁量空间，更能维护公平公正；规定情节严重契合我国刑法定性加定量的立法模式。①

虽然出于保障人权的目的，刑事法确定了“罪刑法定”原则。但在知识产权类案件中，非典型案情往往更加常见。因此，对司法而言，“情节严重”的设置为司法的操作留下了更大的空间。换言之，在没有明确规定的情形下，反而更应关注“情节严重”作为犯罪化的依据以及价值评价手段的意义。继而在审判中应当注重对行为的“社会危害性”的诠释，而非避而不谈或一带而过。司法的核心在于“裁判”“判断”，判断的过程需要做出必要的论证。对侵犯商业秘密犯罪化的论证重点之一就在于对“情节严重”的解释。

【案例】北京捷适中坤铁道技术有限公司等侵犯商业秘密罪案②

【裁判观点】行为人构成侵犯商业秘密罪的故意应被充分证明

【案情节选】

2010 年，上诉人郭某入职青岛捷适铁道技术有限公司（以下简称青岛捷适公司）任技术员，工作地点在北京，并于同年 12 月 1 日签订劳动合同、保密协议和竞业禁止协议。

2011 年 3 月 4 日，青岛捷适公司申请成立北京捷适中坤铁道技术有限公司（以下简称北京捷适公司）。

2011 年 12 月 24 日，齐某（齐某是一审被害人青岛捷适公司的工作人员，也是涉案技术秘密的研发人员之一——笔者注）作为甲方，尹某作为乙方，北京某科技开发有限公司作为丙方签署三方合作协议。该协议主要内容包括：(1)三方同意将甲方拥有的纵向轨枕和减振轨道系统技术（以下统称纵向轨枕技术）及与之相关的所有技术资源和项目资源统一整合到一个新的企业平台上进行市场开发和运作，用较快的速度将技术成果转化为经济价值和企业利润。(2)甲方投入新企业平台的资源为现有的、但不限于纵向轨枕技术专利和其他技术项目的所有、商标、科研资质、试验段业绩、在履行合同（以下统称技术项目）。这些

---

① 参见余双彪：《论犯罪构成要件要素的“情节严重”》，载《中国刑事法杂志》2013 年第 8 期。

② 北京捷适中坤铁道技术有限公司等侵犯商业秘密罪案，北京市第二中级人民法院(2019)京 02 刑终 425 号刑事判决书。

资源经估价后按协议的约定享受权利和承担义务。(3)协议签订后甲方转让的技术项目等各项权属变更至目标公司名下,为目标公司所有。(4)协议签订后,除目标公司外任何一方不得从事有关纵向轨枕技术经营活动。(5)甲方青岛捷适公司由于其全部技术和业务已转归目标公司,因此它的去留以有利于目标公司利益最大化为前提而由三方共同商议决定。

2011年11月,包括青岛捷适公司在内的3家公司联合申报北京市科委课题"轨道交通纵向轨枕关键技术研究与工程示范",后因青岛捷适公司将全部轨枕技术和轨枕业务转给北京捷适公司,北京捷适公司代替青岛捷适公司承担了该课题的后续工作。北京捷适公司方课题组负责人为齐某,课题研究人员包括郭某等人,研究成果由北京市科委和课题研究方共有。为完成该课题,郭某于2013年向北京捷适公司提出用涉案模具技术申请专利,后北京捷适公司在未征求涉案模具技术的主要研发人齐某等青岛捷适公司原员工的意见的情况下,于2013年4月26日向国家知识产权局申请"一种用于模制纵向轨枕的模具"实用新型专利。同年10月9日国家知识产权局将该专利授权公告公开,发明人为商某、徐某、岳某、郭某,专利权人为北京捷适公司。经评定,该专利内容的5个核心秘点技术信息中有一个与青岛捷适公司设计的模具的核心秘点技术信息具有同一性,另有一个虽同一,但属于该领域内的公知常识或行业惯例。经鉴定并估算,青岛捷适公司为研发上述模具投入资金共计人民币80余万元。

一审过程:北京市海淀区人民检察院指控原审被告单位北京捷适公司、原审被告人郭某犯侵犯商业秘密罪。

北京市海淀区人民法院判决认定:被告人郭某于2010年年底入职被害单位青岛捷适公司,担任公司技术人员,同公司签订了保密协议,工作职责包括绘制用于模具生产的图纸,并负责保管、经手模具研发相关图纸。被告人郭某绘制、保管的相关图纸可以体现出模具的秘点技术信息。

2012年年初,被告人郭某就职于被告单位北京捷适公司,担任公司技术人员。

2013年,被告人郭某提议将上述模具技术申请为专利,并提供专利申请所需材料。后北京捷适公司于2013年4月26日提出“一种用于模制纵向轨枕的模具”专利申请，上述专利于2013年10月9日公开（公告）。该项专利内容与青岛捷适公司设计的模具中的核心秘点技术信息具有同一性。

一审法院认为：被告单位北京捷适公司及其直接责任人员被告人郭某违反权利人有关保守商业秘密的要求，披露其所掌握的商业秘密，给商业秘密权利人造成重大损失，其行为已构成侵犯商业秘密罪，应予惩处。

被告人郭某、北京捷适公司上诉。

北京市人民检察院第二分院的意见为：（1）涉案模具技术是商业秘密。相关民事裁判文书及在案证据证明该模具技术归属于青岛捷适公司，且具有重大实用价值，青岛捷适公司通过与员工郭某等人签订劳动合同、保密协议、竞业禁止协议等采取了足够的保密措施；涉案模具技术申请专利成功，说明该技术在该领域具有独创性，不同于其他已公开的技术。（2）相关证据证明涉案模具并没有转让给北京捷适公司；北京捷适公司主张该模具技术是通过反向工程获得的，郭某主张该模具秘点具有公知性，能反证上述情况。（3）郭某作为专业技术人员，与青岛捷适公司签订过保密协议，后因业务整合转至北京捷适公司，对原知悉的商业秘密应持审慎处理的态度，在案没有任何证据显示，北京捷适公司和郭某在将涉案模具技术申请专利前与青岛捷适公司进行过协商，征询过齐某等人的意见；该专利发明人中没有齐某亦可反证该情况。（4）郭某提议将该模具技术申请为专利，披露该商业秘密，北京捷适公司对此持放任态度，因此应认定北京捷适公司、郭某有侵犯商业秘密的故意。综上，建议驳回上诉，维持原判。

北京市第二中级人民法院审理认为：虽然生效民事裁决已经确认依据三方协议，涉案模具技术并未转移给北京捷适公司，但三方协议关于“三方同意将甲方拥有的纵向轨枕和减振轨道系统技术及与之相关的所有技术资源和项目资源统一整合到一个新的企业平台上进行市场开发和运作，用较快的速度将技术成果转化为经济价值和企业利润”的约定中有关“与之相关的所有技术资源”的约定，存在词语外延不明确的问题，易出现不同的理解。涉案模具技术虽独立于纵向轨枕技术，但涉案模具技术是用来生产模制纵向轨枕模具的技术,纵向轨枕是产品,模具是生产产品的工具,二者之间又存在一定关联,那么对“与之相关”是否包含此种关联可能会有不同理解,由此对“与之相关的所有技术资源”是否包含此种关联下的模具技术也可能存在不同理解。故现有证据不能排除北京捷适公司、郭某认为涉案模具技术已经转让给北京捷适公司的可能性,认定北京捷适公司、郭某明知涉案模具技术属于青岛捷适公司商业秘密而故意将之申请专利予以公开的证据不足。鉴于郭某作为青岛捷适公司原员工与公司签订有保密协议,郭某及北京捷适公司主要领导知道齐某等青岛捷适公司原员工是涉案模具技术的主要研发人,其在将涉案模具技术申请专利时,不征求齐某等主要研发人的意见,体现出北京捷适公司、郭某对技术研发人的劳动成果的不尊重,对他人知识产权权益保护的漠视,但这种不尊重研发人意见的主观故意与侵犯商业秘密罪中的未经商业秘密权利人许可的主观故意不同,未达到犯罪所需的主观故意程度。

综上,北京市第二中级人民法院认为认定北京捷适公司、郭某具有侵犯商业秘密罪的主观故意的证据不足,北京捷适公司、郭某均不构成侵犯商业秘密罪,相关人员认为北京捷适公司、郭某不具有犯罪故意、不构成侵犯商业秘密罪的上诉理由及辩护意见成立,法院予以采纳。

本案呈现出以下特点:(1)主体关系复杂。本案中,涉及被害人青岛捷适公司和被告人郭某、北京捷适公司三方主体。其中,郭某曾是青岛捷适公司员工,后又调至北京捷适公司;且青岛捷适公司与北京捷适公司就涉案技术做出过类似于技术转让的三方协议,因此又存在合作关系。(2)涉及合同认定。侵犯商业秘密刑事案件无法完全脱离民事关系。本案二审法院最终认定上诉人无罪的理由也来自对上述三方协议中相关条款的解释,进而认定被告无侵权故意。

我国刑法中的侵犯商业秘密罪,除对间接侵权人要求“明知”外,并没有对直接侵权人的主观故意作出规定。可以预知,作为情节犯的侵犯商业秘密罪有可能会要求行为人具备一定的主观故意。对于主观故意应包括什么内容,如何证明,该案提供了一个较好的思路。

其一,在本案中,上诉人虽然将涉案技术申请专利,实质上披露了涉案技术信息,但二审法院依据三方协议的相关条款,认定上诉人申请专利的行为不属于侵犯商业秘密罪中披露技术信息的故意。具言之,三方协议的表述有可能会让上诉人认为,被害人青岛捷适公司已经将相关技术转让给上诉人一方,进而无法排除对上诉人不存在故意披露的合理怀疑,因此最终判定上诉人不构成侵犯商业秘密罪。

其二,在本案中,二审法院相较于一审法院,对上诉人是否具备侵犯商业秘密罪的主观故意的认定,体现了审判机关的能动性与克制性。一方面,二审法院对上诉方提出的上诉人无犯罪故意的辩护意见进行审查,并最终通过三方协议约定,结合正常的生活经验,认为上诉人无犯罪的主观故意。另一方面,该案是少有的侵犯商业秘密罪被认定为无罪的案件。大多数侵犯商业秘密刑事案件的审理过程基本与该案的一审过程相同,对涉案商业信息是否构成商业秘密、涉案商业信息的价值、行为人是否事实上披露了信息、是否给权利人造成“重大损失”进行评价,进而认定行为人构成侵犯商业秘密罪。但本案二审通过进一步审理,发现了案情中的更多细节,进而作出了无罪判决。对转变为情节犯的侵犯商业秘密罪而言,这种更加细致的审理方式能够发挥“情节严重”的真正功能。

当下,加强知识产权法律保护已成为法学研究和制度建设的共识,但当具体地讨论“知识产权刑事司法保护”问题时,则会发现当前有关这一问题的研究陷入了一个尴尬的境地:一方面,知识产权学者较少关注知识产权的刑事保护问题,刑事保护似乎并不能引起前者的兴趣;另一方面,知识产权犯罪在刑法学中仅是经济犯罪的一部分内容,知识产权犯罪的特殊性并未得到足够关注。与此同时,在知识产权法律制度建设过程中,刑事保护既是无法回避的一部分,也是相关国际条约、贸易协议以及中美贸易谈判中经常被提及的议题。因此,无论是在学理研究上还是在司法实践中,都确实存在一些或大或小的问题可供分析讨论。事实上,当前对知识产权刑事保护的研究依然处于起步阶段,泛化的、观念性的法律居多,法律制度依然以借鉴为主,切合本国国情的理解与适用不充分,整体上对知识产权刑事保护的地位与作用的认识较为简单化。这些在相关刑事政策、法律构建、法律适用等方面都有所体现。因此,本书尝试借用“刑事一体化”的理念与方法,对知识产权刑事保护的问题展开研究。

结 语

一、立场与实证

“刑事一体化”意味着一种避免简单化理解罪刑关系的态度，其基本观点包括“刑法和刑法运行处于内外协调状态才能实现最佳社会效益”“以犯罪率作为评估刑法价值的唯一尺度是把刑罚理想化，对犯罪原因理解简单化”“刑罚前从严比刑罚从重更利于控制犯罪”“犯罪化是刑事政策从重的一种表现，但不能把从重单一地理解为增加刑罚量”“防止出现犯罪增长刑罚加重，犯罪再增长刑罚再加重这种使国家和社会的包袱越背越重的恶性循环”①等。按照李斯特的论述，利用法制与犯罪作斗争想要取得成效，必须具备两个条件：一是正确认识犯罪的原因；二是正确认识国家刑罚可能达到的效果。现代刑事政策研究的一个重大成就是最终达成了这样一个共识：在与犯罪作斗争的过程中，刑罚既非唯一的，也非最安全的措施。对刑罚的效能必须批判性地进行评估。② 通过上述内容，我们可以得出刑事一体化思想的基本立场。

---

① 储槐植：《建立刑事一体化思想》，载《中外法学》1989 年第 1 期。

② 参见[德]弗兰茨·冯·李斯特著，[德]埃贝哈德·施密特修订：《李斯特德国刑法教科书》，徐久生译，北京大学出版社 2021 年版，第 13～18 页。

(一)立场

刑事一体化首先代表着一种尽可能全面认识罪刑关系的态度。在此基础上,要从真实的社会实践出发适用法律,知识产权法律制度建设也不例外。如果说"加强刑事保护"是一种对外的表态,那么相关法律制度的构建与实践总要回归本土实际。事实上,知识产权刑事保护的发展有着明确的国内外背景与利益需求:在国内,党的十九大报告提出"强化知识产权创造、保护、运用",司法保护发挥了主导作用,其中刑事保护既是"最后一道屏障"也是"最有力的屏障"。从世界范围来看,从TRIPS、《反假冒贸易协定》(ACTA)到《跨太平洋伙伴关系协定》(TPP)以及《全面与进步跨太平洋伙伴关系协定》(CPTPP),知识产权章节走上了泛刑化道路,刑事犯罪门槛一再降低,刑事处罚范围一再扩充。可见,对知识产权加强保护已在全球达成"共识"。此种共识是基于知识产权能够激励创新展开的,知识产权的刑事保护也不例外。但按照刑事一体化的理念,泛泛地得出刑事保护的"强弱"与否的结论对知识产权刑事保护的意义并不大。此外,如果将知识产权制度视为"舶来品",则要明确中国知识产权法律的变迁,首先是对外来制度进行"内化"和"吸收",实现外来法律与本土国情的契合。① 除此之外,"刑事一体化"与"刑事政策"和"刑法教义"的关系也颇为密切。梁根林教授等指出,刑事政策学的学科定位使其在研究方法上必然是一种跨学科、多维度、多层次、多方法的一体化的系统研究,而刑事政策学的深入研究也必然会推进刑事科学的科际整合,从而推动刑事科学一体化趋势的发展。② 此外,车浩教授认为,法教义学的当代发展,已经从过去那种科学面向的、唯体系化的、纯粹依靠概念和逻辑推理构建起来的法教义学,转向实践和经验面向的、融合了多学科知识且包含了目的、利益和价值判断的法教义学。③

① 参见吴汉东:《中国知识产权法律变迁的基本面向》,载《中国社会科学》2018 年第 8 期。

② 参见梁根林、吉莉娅:《"刑事政策与刑事一体化"学术研讨会综述》,载《中国法学》2004 年第 1 期。

③ 参见车浩:《刑法教义的本土形塑》,法律出版社 2017 年版,第 34 页。

基于上述立场，在本书第一章中，主要梳理了我国知识产权刑事司法保护的发展状况。在我国明确知识产权保护“以司法为中心”的前提下，对刑事司法保护的政策态度简要地进行了梳理。总体而言，在刑事政策方面，我国知识产权刑事保护经历了从“一刀切”地加强保护到强调协同配合、融贯协调的变化，进而对刑事手段在知识产权法律保护中的作用的认识也发生了深刻变化。罗克辛教授认为，刑法是最为严厉的国家制裁，只有更为缓和的国家手段[像民事制裁、公法上的禁令、运用违反秩序(法)或其他社会政策性措施]无力维护和平和自由的时候，才允许刑法的介入，即辅助性的法益保护才是刑法的任务。① 循此思路，在刑事政策上，单方面地强调加强保护，如过分突出并依赖刑罚的威慑作用、将罪名所保护的法益“私人化”、未经充分论证即主张删除构成要件、忽视不同诉讼类型之间的关系、不当扩张犯罪对象的范围等均缺乏必要性与正当性。

在刑法教义学层面上，也同样不能忽视“体系化”这一价值取向。由于目前知识产权刑事保护问题大多被放在刑事司法框架下讨论，因此刑法教义学作为理论之一也可为知识产权刑事司法建设提供理论资源。在此值得注意的是，狭义的刑法解释并不等同于刑法教义学。前者仅指以现行法为对象，运用各种解释方法进行解释活动，其仅是法教义学运用的方法之一。法教义学主张的基本立场是：法律是一种规范或者说具有规范性的事物。法教义学背后之法哲学的核心议题或者说范畴即规范性。② 明确这一点后，我们可以得出两个讨论方向：其一，知识产权法律问题应有别于纯粹的、单一的政治、经济、社会等宏大命题讨论。知识产权制度关联着(国际)贸易、文化建设、经济发展、政治策略等，但如果在法律层面讨论该问题，则以法律规范为重心。其二，知识产权规范的设计与推动需要更加精细。这一点无论是在实体法上还是程序法上都是如此。在实体法层面，解释力强并不代表体系化程度高，二者虽并不矛盾，但需要作出权衡取舍。知识产权法律规范具有抽

---

① 参见[德]克劳斯·罗克辛：《刑事政策与刑法体系》，中国人民大学出版社 2011 年版，第 71 页。

② 参见雷磊：《法教义学的基本立场》，载《中外法学》2015 年第 1 期。

象性强的特点，部分用语在法学领域和其他学科领域中内涵并不相同，同一用语通过不同的解释方法也可得出在法律上都合理的解释。进而，除单纯地采用文义解释、目的解释、体系解释等方法外，更要丰富法律解释的运用场景。此外，在刑事司法程序方面，体系化的程序制度建设也要相继展开。一方面，要关注各个程序之间的交叉与衔接。这不仅涉及实体法规则，更与证据移送、证明标准与责任设计、沟通机制建设、前后诉讼关系等密切相关；另一方面，要明确各刑事手段之间的关系，刑事诉讼、刑事附带民事诉讼、刑事自诉、刑事和解、刑事附带民事诉讼制度、简易程序、速裁程序等的关系也要明确。从知识产权权利人发现侵权行为后选择报案开始，其可采用什么救济途径，以及各个救济途径在何时能被适用、彼此之间的关系及是否进入刑事阶段就必然要对犯罪嫌疑人处以自由刑等问题都有讨论余地。

（二）实证

在明确应从本国国情出发，并抛弃单纯“一刀切”的“强保护”立场后，仍需要对上述立场进行更为丰富的诠释。其中可供选择的方式之一即为实证研究。只有当概念、理论命题转换为可度量的变量、指标以及可检验的工作假设时，才可能实现刑法教义学与实证研究之间的无缝对接。① 通过实证分析，可以从另一个侧面了解知识产权刑事案件的特殊性，也是对单纯教义学解释研究的必要补充。如果完全忽视司法实践的态度，可能并不能很好地实现预期目的。通过将上述抽象的问题与概念细化，能够更加直观地了解真实的司法状况，进而调整方向。第二章就是在知识产权刑事司法保护实证研究方面的一次尝试，简言之，该章通过数据分析与问卷调研两种方式尝试对我国知识产权刑事司法保护的现状进行尽可能客观的描述与分析。其中，第一节主要对目前公开的知识产权刑事司法官方数据进行处理，对案件收案数量、审结数量、批捕率、判决基本情况进行了分析，描述了近几年知识产权刑事案件的整体状况与发展趋势。第二节以李克特量表形式对实务人员进行问卷调查，主要目的是了解实务人员对知识产权刑事强保护倾向

① 参见白建军：《论刑法教义学与实证研究》，载《法学研究》2021 年第 3 期。

(必要性)和当前保护力度的看法、实体规范与程序规范的发展方向等问题,了解其基本的态度与看法。

立法的效果要通过司法进行检验,进而反馈给立法以便及时调整。通过实证研究可以发现,当前司法实践中出现一个比较矛盾的现象:观念上认同加强保护,操作上选择保守行动。这种矛盾的根源可能在于法律规定的模糊、知识产权法律规范具有利益平衡特征、不同时期的刑事政策导向差异,以及司法人员对行政相关(监督、考核、晋升)因素的考虑等。但笔者认为,最为核心的依然是法律适用及相关的权责关系不明确,这里的"法律适用"中的"法律"既指实体法又指程序法。例如,对于案件刑事诉讼程序,理论上我国建立了所谓公检法"流水线作业"的刑事诉讼流程,但现实问题是不同机关之间常对某个案件的法律问题有不同认识,无论是实体法上对构成要件的解释、对前手判决的认同程度,还是程序法上的权责机制分配如证据收集与移送、证明标准设置、举证责任分配等,其实都会给实务人员带来困惑。此时该如何解决这一问题,是自发行动还是依靠明确的规定行动,可能有待进一步明确。

可见,知识产权刑事保护问题远比理论上的假设更为复杂,也从另一个侧面印证了简单化处理知识产权刑事保护问题、宣示性呼吁加强知识产权刑事保护的局限性。

二、理论与方法

刑事一体化既是刑事法的方法论,又是刑事法的实践观。通过前两章的分析,目前知识产权刑事保护的基本状况被较为明确地呈现:长期以来,孤立、被动地对待知识产权刑事司法保护问题确实存在不容忽视的缺陷,即论证与实证研究方法的双重不足。[①] 上文的内容也为重新审视我国知识产权刑事保护的发展提供了可供选择的进路。只有更为深刻地理解我国知识产权刑事保护的来路才能更好地明确其归处。那么,为何要在知识产权刑事司法保护上提出"刑事一体化"这

① 参见王平:《倡导一体化的论证与实证研究》,载《中国检察官》2018 年第 3 期。

一命题、知识产权刑事司法的"一体性"究竟该如何实践、其理论内涵又能为知识产权的刑事保护提供什么样的依据，第三章便尝试回答这一问题。

如上所述，"刑事一体化"理念反对简单化理解刑法与刑法运作。这一研究成果因承认了现实的复杂性而更加真实可靠，凸显了"一体化"的价值，但也从反面呈现了缺失"一体化"理念对理论研究和司法实践的危害。除此之外，还需要从正面对"刑事一体化"的内容进行论述。对此，储槐植教授曾有相关论述：(1)实现刑法最佳效益是刑事一体化的目的。(2)刑事一体化的内涵是刑法和刑法运行内外协调，即刑法内部结构合理(横向协调)与刑法运行前后制约(纵向协调)。[①] 所谓内部协调主要指刑法结构合理，外部协调实质为刑法运作机制顺畅。(3)刑事一体化观念倚重动态关系中的刑法实践。刑事一体化作为方法，强调"化"(深度融合)，刑法学研究应当与有关刑事学科知识相结合，疏通学科隔阂，彼此促进。[②] 如果抽象地说，刑事司法一体化理论的基本思路是：通过方法的刑事一体化("平抑偏执达至适中")达到观念的刑事一体化(刑事法内部结构合理与刑事法运行内外协调)，其根本目的是控制犯罪和追求刑事司法和谐。上述"一体化"思想的背后是一种"折中"与"避免偏执"的理念。类似地，知识产权法律制度也充满了各种各样的"利益平衡"。[③]

当然，这样泛泛的论述仍然较为空洞。"一体化"理论背后的价值考虑需要结合具体的法律制度展开论述。实体法与程序法的二分[④]是一个较为妥当的路径，二者都有现实的法律规范依据可作为抓手，以方便对"刑事一体化"所追求的"最佳效益""内外协调""知识融合"作出诠释。

---

① 参见储槐植：《建立刑事一体化思想》，载《中外法学》1989 年第 1 期。

② 参见储槐植：《再说刑事一体化》，载《法学》2004 年第 3 期。

③ 这一点在著作权与商标权中表现较为明显：现代著作权法的宗旨在于保护创作者的合法权益，促进知识信息的广泛传播。这种二元价值目标，是以权利保障的激励机制为基础，以利益平衡的调节机制为手段来实现的；商标法所秉持的利益平衡精神，主要是通过权利配置和权力限制的规范制度来实现的。利益平衡是商标法的基本要求。参见吴汉东：《知识产权法》，法律出版社 2021 年版，第 233、556 页。

④ 这里的二分仅仅是论述上的一种选择，并不代表本书认为实体法与程序法在研究上毫不相关。

(一)实体法规则适用的几个困境

在实体法层面,最为核心的问题就是法律的适用问题。而解释力强并不代表体系性高,由此,需要超越原有的单纯的法解释路径,寻找其他可供参考的资源,这也与刑法教义学的发展目标①相契合。具体而言,可从以下几个方面展开:

其一,知识产权刑事保护的基础理论,如刑事手段介入的必要性、权利保护的正当性、各类救济途径的关系等供给不足。一方面,常见的思路是通过"社会危害性"或"法益"概念论证刑法保护的正当性,或者通过强调知识产权的重要性佐证"应当加强刑事保护"的观念。但上述理念并未有效地实现刑民界分:即使是知识产权民事案件,其社会危害性或法益侵害性也不必然都小于知识产权刑事案件。例如,民事案件中存在对情节严重者的惩罚性赔偿制度,民事案件中给权利人造成的损失数额有时高于类似情形的刑事案件,等等。另一方面,在知识产权民事案件中,我们无法否认被告的行为损害了"法益"。此时,"刑法是法益保护法"的论断因"法益"概念缺失了刑法理论上的独特性而解释力有限。并且,"法益"理论因无法有效说明"法益""利益""权利"的关系与区别而显得空洞。但如果权利就是在保护个人的利益,那么个人的利益的重要性必须匹配权利所提供的重要性,否则就会出现利益与权利在规范力上的落差,从而给利益论制造巨大的困难。② 知识产权刑法条文所保护的法益与刑法强保护之间的关系并没有被合理论证。

但如果暂时抛开实体规范,将"权利人"这一主体引入,即可发现,一个案件的走向中,权利人往往起到了方向性作用。此时,权利人的态

---

① 从刑法注释学(或狭义上的刑法解释学)向刑法教义学的转变,在方法论层面上,意味着超越法条注释,创造法理概念,从而丰富法之形态,拓展法之范围。在研究方法上,法教义学以法律文本为出发点,包括狭义上的解释,但是不止于解释。在没有法律明文规定之处,它更加依靠学者创造出能够在逻辑上被包含于法律规定之中的概念和理论。法教义学始于对法律概念的逻辑分析,再将这种分析概括成为一个体系,还要将这种分析的结果用于司法裁判的证立。它通过与现行法的关联和自己的方法,区别于刑法史学、比较刑法学和刑事政策学。参见车浩:《刑法教义的本土形塑》,法律出版社 2017 年版,第 8 ~ 9 页。

② 参见陈景辉:《权利的规范力:一个对利益论的批判》,载《中外法学》2019 年第 3 期。此处的"利益论"指"权利的规范力来自个人利益"这一观点。

度与选择有可能直接决定了侵权人最终要承担民事赔偿、惩罚性赔偿、行政处罚抑或罚金、自由刑。此时，各个诉讼程序之间的关系，以及刑事程序内部各个救济途径之间的关系需要被明确。显然，目前对于这一问题的研究依然不够。此外，即使仅在实体法范畴讨论，现有的理论依据对于知识产权侵权与犯罪的区分依然十分匮乏。例如，法益的具体化与抽象化之间似乎非此即彼，但如果暂时抛弃具体与抽象的二分，我们可以发现在刑事保护的过程中似乎忽视了其他利益主体的存在，法益通常被狭隘地等同于权利人的“利益”，法益理论本身也存在“私权化”的倾向。申言之，当前在知识产权刑事保护“法益”问题的解释上缺乏能被全体社会成员（不同利益团体）共同认同的公共标准。

其二，（纯粹的）解释学在知识产权问题上存在局限。狭义的法学基本等同于法解释学，法律解释是法律适用的核心。而在刑法解释中，主观与客观、形式与实质的“冲突”尤为突出，围绕刑法解释所展开的讨论也大多与上述两对概念相关。具体到知识产权刑事保护中，这种冲突也比较明显：以侵犯著作权罪为例，对该罪名中的“复制发行”“信息网络传播”“规避技术措施”三类行为的内涵与关系该作何解释在解释学上存在争议。在《刑法修正案（十一）》出台之前，相关司法解释将信息网络传播行为解释为发行行为。这种解释方式招致了批评，核心的反对意见是，该解释违反了罪刑法定原则，属于类推，有越权之嫌①等。此时，反对意见倾向于形式解释、客观解释，因为网络传播行为与发行行为在《著作权法》上是两个不同的行为。当然，这一问题在《刑法修正案（十一）》出台之后已经基本被解决。而之后，对于刑法该如何理解“规避技术措施”的问题，有观点认为对于2020年《刑法》第217条第6项规定的“未经著作权人或者与著作权有关的权利人许可，故意避开或者破坏权利人……的技术措施”，完全可以进行广义解释，使之涵盖提供规避手段的行为，从而可以避免仅将“直接规避”纳入可入罪范围所带来的各种问题，并且可以在保护技术措施方面实现“刑民衔接”。②

---

① 参见王迁：《论著作权法中“发行”行为的界定——兼评“全球首宗BT刑事犯罪案”》，载《华东政法学院学报》2006年第3期。

② 参见王迁：《立法修改视角下的技术措施保护范围》，载《中外法学》2022年第3期。

此时,解释的倾向是主观解释、实质解释,因为《刑法》第217条的立法原意"不可能是只规制直接提供规避措施的行为"。此时可以发现,上述三类行为的关系并没有随着法律解释而变得明确。上述两种解释方式单独来看似乎并无不妥,在各自的语境下都有很强的解释力,但如果对比来看,可以发现在解释问题上确实存在奇怪的现象:如果承认司法的客观性与中立性,则无法解释为何上述类似问题会存在不同的解释倾向;如果承认司法具有人为选择存在的余地,司法的权威性又从何体现?显然,这是一个使理论和司法实践都会产生困惑的问题。出现这一现象自然有立法考虑不周的原因,但如果解释的存在是为了解决无法随时改变立法的不足,那么解释时又该遵照什么原则选择什么样的解释方法?

对此,本书(在知识产权刑事保护这一讨论范畴下)持以下两个基本观点:(1)刑法有自身的独立价值,因为民事侵权与刑事犯罪不能等同,刑法是保障法,但刑法不是侵权责任法的特殊法。对于刑法的地位与作用,需要在理解上述知识产权刑事保护的背景下进一步讨论。(2)实质解释是刑法解释常用的方法,但在应用过程中应当避免陷入实质—形式的二分。形式解释往往因规则明确而更具指引性和可操作性。因此,需要再次强调的是,所谓实质与形式、主观与客观只是方法选择上的问题,但在知识产权刑事保护问题上,有时各种分歧的背后往往是不同观点所对应的价值理念存在冲突。正如拉伦茨所言:"没有一个解释可以主张它是终局并且——可以适用于任何时间的——绝对正确的解释……解释始终都与该当法秩序的整体及其基础的评价准则密切相关","法律解释的最终目标只能是:探求法律在今日法秩序的标准意义(其今日的规范性意义),如此才能确定法律在法秩序上的标准意义"①。进而,如果错误地理解当前的"法秩序"状况,则极有可能作出错误的解释。

其三,应避免权利人单方面保护的倾向。人为制造稀缺、保护稀缺的方式是否必然会带来创新以及以此为基础的司法导向的有效性依然

① [德]卡尔·拉伦茨:《法学方法论》,陈爱娥译,商务印书馆2003年版,第195、199页。

存在疑问。例如,马克·A. 莱姆利(Mark A. Lemley)教授指出了知识产权理论与侵权法理论的区别。其认为,侵权法倾向于关注被告的行为,更加注重惩罚故意侵权的侵权人而非激励原告创新。其担心(在知识产权问题上)过度类比侵权法理论,将会促使法院关注被告如何获利,而非赔偿权利人的必要性。① 如上所述,如果认为刑法只是侵权法的特殊法,则在刑事保护中也会陷入此种逻辑而过分强调权利人的利益。除法益理论外,对构成要件的解读、删改也要避免上述逻辑。在构成要件问题上,除了对构成要件的解释外,还有一个常被忽略的构成要件:主观方面/主观要素。我国知识产权犯罪的 8 项罪名中只有侵犯著作权罪和销售侵权复制品罪规定了"以营利为目的",其余罪名均未在罪状中加入主观要件的表述。本书通过 United States v. Shiah 案、孙某犯假冒注册商标罪案、郭某侵犯商业秘密罪二审无罪赔偿案,以及对知识产权案件行刑衔接标准、侵犯著作权罪"以营利为目的"的存废的讨论,认为主观构成要件是应当被保留且应当被重视的构成要件。

(二)程序法规则适用问题

由于下文会专门对程序问题进行论述,在此只以"警检法关系"为切入点简要讨论刑事诉讼程序规则的解释与适用问题。

我国刑事诉讼法对立案、侦查、移送审查起诉、审判的证据标准作出了明确的规定。《刑事诉讼法》第 162 条第 1 款规定:公安机关侦查终结的案件,应当做到犯罪事实清楚,证据确实、充分,并且写出起诉意见书,连同案卷材料、证据一并移送同级人民检察院审查决定;同时将案件移送情况告知犯罪嫌疑人及其辩护律师。此时,"证据确实、充分"和"案卷材料、证据"的范围如何界定,则是一个需要具体解释的问题。例如,相关确权类证据是否需要收集移送(商标类、商业秘密类案件中比较常见),著作权、商业秘密确权类证据又需要确定到何种程度(涉及鉴定问题)。又如,报案人所提供的材料是否属于著作权法意义上的作

① See Mark A. Lemley, *Property, Intellectual Property, and Free Riding*, 83 Texas Law Review 1031 (2005).

品由谁确定[1](涉计算机软件类作品、实用艺术品案件较为常见)。此外还有上述材料是否属于刑事诉讼过程中需要收集的"案卷材料、证据","证据确实、充分"是否在侦查阶段与移送审查起诉阶段完全一致,如果达不到上述标准是否必须承担相应责任。显然,由于责任划分不明,公检法并未明确相关诉讼事项的操作主体、相关刑事诉讼法规定该如何理解与适用,进而导致"流水线式"的诉讼流程没有流动。

三、程序与实体

上文从一般性与普遍性的角度对我国知识产权刑事保护的发展背景与"一体化理论"在知识产权刑事保护问题方面的内涵进行了较为详细的阐释。从第四章开始,就是对知识产权刑事司法规则的具体解读。第四章对相关程序的关系进行讨论,第五章至第七章则分门别类地对实体法相关规则展开解读。

(一)讨论程序关系

当在程序层面谈论司法一体化问题时,需要区分程序法的法律规则适用和程序关系两个概念。前者仍是法律适用范畴,属于"刑事诉讼法解释"问题,后者是对各类诉讼关系的讨论,二者不能被混为一谈。第四章主要是对后者进行讨论。具体而言,知识产权各类诉讼之间的关系存在三种可能:其一,同一案件相关法律事实开启了不同类型的诉讼程序,即"交叉";其二,同一案件在不同类型的诉讼之间的转换,即"衔接";其三,在刑事诉讼程序中,刑事附带民事诉讼、刑事自诉、刑事和解等制度的关系与作用。三种类型都与实体法有关,都涉及不同诉讼类型的运用,但背后的理念却并不相同。

如果说"刑事一体化"需要"动态"地关注刑法运作体系,那么各类

---

① 例如,在吴某林侵犯著作权案中,法院认为作品著作权权属仍然存疑。虽然有版权登记,但除此之外的作品转让协议(转让的是"使用权"还是"著作权")、公司负责人的证言(与其他公司对作品著作权权属的规定)、知识产权无偿提供使用协议等均说明作品的著作权权属依然存疑,且上述证据分别在侦查阶段通过相关人员的证言弥补或在二审阶段详细论述。参见吴某林侵犯著作权案,江苏省高级人民法院(2014)苏知刑终字第0003号刑事裁定书。

诉讼程序之间的关系则是“刑法动态运作体系”最真实的体现。所谓“动态”之所以重要,是因为它能够反映一国在具体的程序规则之外对法律运作体系这一复杂问题的掌控程度。换言之,有法律规范不等于有成熟的运作体系。这是(在知识产权法律保护问题上)对法治建设的一个更高层面的要求。第四章对此展开一些讨论。具体而言,第一节在“交叉”的范畴下主要讨论知识产权确权诉讼和民事侵权诉讼、刑事诉讼的关系,以及知识产权民事、刑事、行政诉讼前后诉之间的关系。第二节主要讨论知识产权的行刑衔接问题。行刑衔接的本质是在两类不同司法程序之间建构起关联关系,以保证侵权人能够“罚当其罪”。其要做的是保障具体的衔接程序,如证据标准衔接与(双向)移送、违法性判断、建立相关工作机制的可能性等。第三节主要讨论权利人参与刑事程序的可能性问题,主要依据是刑事附带民事诉讼与刑事自诉制度。权利人在知识产权刑事案件处理过程中的意义与作用需要进一步被明确。虽然在理论上,权利人适当参与案件审理流程能更好地体现知识产权的“私权”属性,也有助于适度弱化公诉制度的“国家惩戒”意味,但相较于常规的刑事诉讼,上述制度设计因缺乏可操作性而容易被搁置。因此,在当前的制度设计下,仅对上述制度落地的可能性与未来可能的发展方向展开些许探讨。

(二)解读实体规则

在实体部分,则是围绕商标犯罪、侵犯著作权罪、侵犯商业秘密罪三类主要罪名展开。在商标犯罪部分,更为强调“商标”的特殊性,即商业属性;在侵犯著作权部分,除著作权人外,也一并关照作品的传播属性与社会属性,整体讨论以著作权制度的“利益复杂性”为前提;在侵犯商业秘密罪部分,则主要围绕商业秘密的本质属性以及法律规定和适用的复杂情形展开。

1. 商标犯罪部分

商标并非智力成果权,商标法的立法目的也与鼓励创作或创造并无关系,商标权被认为是与著作权、专利权相并列的知识产权,并不是因为商标与作品和发明创造一样,是智力活动的成果,而是因为商标权也是一种排他性的无形财产权利。① 进而,商标的本质属性表现为三个方面:一是区别标志,即以符号为“标”、商品为“体”,具有区别性和识别性的自然属性;二是私权客体,商标所凝聚的价值和商誉,决定了其作为无形资产的财产属性;三是竞争工具,表现了企业竞争力获取、市场竞争秩序维系的社会属性。② 上述内容详细阐述了商标的商业属性。简言之:(1)商标与商品相关联;(2)商标的直接功能是区别商品;(3)商标也是企业的竞争工具。

在此基础上,通过刑事手段介入商标侵权应避免将其简单地类比为商标权人的“财产”。例如,当具体讨论商标犯罪的法益时,我们可以将公共秩序说视为对个人权利说的补强,也即只有同时满足对私人商标专用权的侵害和对市场秩序的侵害,才构成商标犯罪。对司法而言,其谨慎定罪也有了充足的论据可供说理。此外,“相同/近似商标”与“同一种/类似商品”的认定也是司法实践中的难点之一。例如,在“相同商标”的认定过程中,“视觉上基本无差别”与“足以对公众产生误导”应当属于并列要件,先进行客观的“视觉上基本无差别”的判断,再对主观的“足以对公众产生误导”进行判断,其中,后者需要运用商标的“混淆理论”。又如,对商标犯罪“情节严重”的认定也需要新的思路,对此,本书认为,入罪数额本身并不是刑法所要保护的法益,数额仅仅是——反映前置法所保护的法益受侵害的严重程度的——一种信号机制。当数额达到一定标准时,刑法则依据该种信号而启动。再如,对于商标犯罪的刑民界分问题,可以从事前与事后两个角度分别加以探讨:事前通过考察涉案商标对经营额的贡献率判断侵权行为对商标权利人的影响状况,事后通过捕获率、侵权人的赔偿能力判断侵权人刑事违法性程度。

2. 侵犯著作权罪部分

著作权的保护围绕作品展开,侵犯著作权罪也不例外。但围绕作品本身则存在诸多利益主体,具体而言,侵犯著作权罪主要涉及对作品未经许可传播的规制。由此便涉及著作权的立法目的“鼓励作品的创

① 参见王迁:《知识产权法教程》,中国人民大学出版社 2021 年版,第 499 ~ 500 页。

② 参见吴汉东:《知识产权法》,法律出版社 2021 年版,第 488 页。

作与传播”。① 在侵犯著作权罪的范畴下讨论著作权保护，也与此相关（法律目的与单个规范的目的之间的关系）。

通过对罪名的发展状况进行梳理，本书认为对著作权的刑事保护亦应当保持谦抑性，刑法的威慑性与促进作品传播和创作并无直接关系。而刑事手段介入的关键问题在于掌握“分寸感”，具言之，依然是对构成要件进行解释的合理性与合法性问题。首先，本书否定了应当删除“以营利为目的”的主观要件的观点。其次，在对“复制”“发行”“通过信息网络传播”的行为的认定中，本书认为要从传播行为的本质出发展开解释，否定了对《著作权法》相关规定应在字面上保持一致的观点。最后，对制售“外挂”和规避技术措施问题进行了探讨。

3. 侵犯商业秘密罪部分

在商业秘密刑事保护部分，则主要关注商业秘密的特性对刑事保护的影响。商业秘密的财产属性本身就面临着各种质疑。在商业秘密制度发展过程中，财产权理论、侵权理论、合同理论、保密义务理论、不正当竞争理论等都曾发挥解释作用。对于刑事保护而言，不稳定的理论基础确实会影响刑事认定的态度与倾向。这也是目前商业秘密刑事保护所面临的突出问题。

对于商业秘密，如果将其界定为有别于“财产权”的“知识产权”，则对侵犯商业秘密罪的解读也要有别于一般的有形财产与财产犯罪。首先，商业秘密三性的认定依赖鉴定，因此，鉴定意见的作用十分重要。本书认为，鉴定意见本身仅代表鉴定机构的意见，实质上更为核心的问题是将鉴定意见所反映的内容转变为法律问题。例如，商业秘密的秘密性鉴定与“新颖性”的关系问题可能在鉴定意见中因密点选择或比对对象的不同而产生关联，侵权行为对商业秘密“价值性”的损害能在多大程度上通过数额表现出来，等等。其次，对于侵犯商业秘密罪所保护的法益应避免空泛地谈论“社会主义市场经济秩序”，而应围绕“竞争秩序”展开，同时，对“竞争秩序”的理解不能仅从商业秘密持有人单方面

① 《著作权法》(2020 年)第 1 条规定：“为保护文学、艺术和科学作品作者的著作权，以及与著作权有关的权益，鼓励有益于社会主义精神文明、物质文明建设的作品的创作和传播，促进社会主义文化和科学事业的发展与繁荣，根据宪法制定本法。”

入手。最后,对“情节严重”的理解也应当从限制入罪的角度入手而不应架空“情节严重”。此外,由于无法完全列举所有情节,因此实质上依然是由司法通过解释在个案中适用“情节严重”,但实践中往往会将情节严重限制在数额上,从而使该罪名成为实质上的“数额犯”。

四、可能的质疑与回应

(一)法律适用之体系解释与“一体化”的关系

所谓体系解释,是指以法律条文在法律体系上之地位,即依其编章节条款项之前后关联位置,或相关法条之法意,阐明规范意旨之解释方法。① 体系解释作为一种解释方法,本身内涵就十分丰富,也是一种较为成熟的解释方法。但由此引申出来的问题是,如何理解“体系解释”与本书所指的“一体化”的关系。

就知识产权刑事保护问题而言,体系解释的方法会遇到诸多困难。因为这一方法主要涉及如何理解刑法与知识产权相关前置法的关系这一问题。有的问题可能只有依靠立法修改才能解决,而有的问题则离不开对体系解释的运用。具体而言,体系解释的要求有两个:一个是要避免采取和其他法律规定相矛盾的解释,另一个是要尽量采取和其他法律规定在价值上相容乃至相互支持的解释。前者是对连贯性的要求,即一种逻辑上的要求,后者是对融贯性的要求,即一种价值上的要求。② 这种“连贯性与融贯性的矛盾”往往是很多问题背后的矛盾点。

在知识产权刑事保护的问题上,由于我国并没有采取附属刑法的形式,因此许多问题依然主要是在刑法理论的框架下进行讨论。例如,上述对侵犯著作权各类行为的解释问题,商标犯罪中的双相同问题,对“情节严重”的理解,如何解释各类知识产权罪名所保护的法益,以及程序问题

① 参见杨仁寿:《法学方法论》,中国政法大学出版社 2013 年版,第 143 页。

② 参见雷磊:《法理学》,中国政法大学出版社 2019 年版,第 171 ~ 172 页。连贯性的论证形式为:对法律规范 N_1 采取 I 的解释,会导致与另一法律规范 N_2 相矛盾的结果,因此,不应该采取解释 I;融贯性的论证形式为:对法律规范 N_1 有两种可能的解释 I_1、I_2,对法律规范采取解释 I_1,将比采取解释 I_2 更能够和另一法律规范 N_2 产生相互支持的效果,因此,应当采取解释 I_1。

中各类诉讼的交叉、衔接、作用等分歧，往往缺少的是对法律体系的融贯性的考察。这种优先从价值上进行解释的方向正是一体化思想的关键切入点，也是有别于狭义的体系解释(字面上的、纯逻辑的解释)的关键点。尤其在知识产权刑事方面缺少独特理论，以及强调知识产权“强保护”的背景下，“一体化”的理念与方法对司法应对各种价值上的分歧而言更加重要。司法对于知识产权保护的重要性在于其直面价值分歧。在面对价值分歧时，“一体化”理念选择以复杂的社会现实为导向去理解刑法问题而非通过单纯的规范关系去对应具体事件，暂时搁置解释学方面的冲突，在解释学具有多元且(有时)不可化约的特性的前提下，多加沟通比争夺唯一更有意义。进而，本书认为，刑法的概念不是必然与知识产权前置法保持一致(或者说这一问题的意义有限)。采取这一立场的优势是能够保留刑事手段在选择是否介入知识产权保护时的自主性，同时也能够为刑事保护介入的必要性增加论证上的“负担”(需要独立地、全面地判断入罪问题)以避免贸然降低入罪门槛、抛弃谦抑性。

(二)如何区别“折中”与“和稀泥”

一体化的目标为“打破隔阂”，这是一种偏向“折中”的思考范式。对此，极易遭到其是否是“和稀泥”或“骑墙派”的质疑。对此，本书的基本观点是：应尽可能避免陷入无助于分析或解释问题的二元对立，且过度的、预设的立场与方法对立或笼统调和反而会给问题本身蒙上一层阴影。

例如，知识产权刑事保护问题可被归为广义的“刑民交叉”问题。对于“刑民交叉”问题，有观点认为：一方面，不能过分强调刑法理论与民法理论的联系，而对民法理论的现有观点生搬硬套；另一方面，不能过分强调刑法理论和民法理论的区别，而将民法理论中现有的概念和术语完全弃之不顾。[①] 如果在知识产权刑事保护问题中笼统地抛出上

① 参见田宏杰：《刑民交叉问题的实体法立场与分析方法》，载《政治与法律》2021 年第 12 期。在论述不能生搬硬套民法理论时，其指出：“违法与责任的区分是现代刑法的基本支柱，这意味着违法性必须有独立的判断标准，而不能以责任的有无来反推违法性的有无。”在论述不能过分强调区别时，其指出：“刑法在调整的过程中不能过于恣意，以至于完全无视民法的基本立场和基本逻辑。这一问题鲜明地体现在刑法学者对‘占有’概念的理解上。”

述观点,必然会被人质疑“大而无当”。事实上,关于“刑民交叉”或“刑民界分”的讨论可以有更多的角度。例如,马克斯·韦伯指出,单是“民法上的”请求权追索以及志在求取“刑罚”的公诉提起,两者在针对不法犯行的“赎罪”(Sühne)这个统一的概念里,之所以没有被分开,其实与原始的法律和法程序里所见的两大特征相关联:一是毫不顾虑“罪责”(Schuld)的问题,因此对于反映“意图”(Gesinnung)的罪责程度也未加以考虑。渴望复仇者对于激起其复仇欲的他人行为,所在意的并不是其主观动机,而是客观结果。他的愤怒,无论是针对无意中伤到他的无生物,还是针对出乎意料使他受伤的动物,抑或不知不觉中因为过失甚至故意伤害到他的人,都是一样暴怒不已。二是“判决”的“法律效果”,即我们所说的“执行”的方式,也使得这种未加区分的情形持续下去,因为执法的方式并未因其为土地的争端或杀人事件而有所不同。① 相较于简单的概念对立,韦伯从被害人的态度以及法律效果入手对民法刑法不加以区分的原因分析,为刑民界分提供了新的思路,也更深刻地体现了刑法与民法界分这个问题的复杂性。

此外,从法律规范本身的逻辑出发分析法律规范适用的方向,并进一步在该领域构造出规范体系与价值体系,也是较为自然顺畅的分析与建构路径。对知识产权刑事保护而言,其整体的发展目标当然是鼓励创新,但当具体讨论该问题时,不能仅以此为由提出加重刑罚等各种要求。此时,本国发展需求与对外压力、整体目的与具体问题之间的关系需要理顺。例如,在 2007 年中美知识产权争端中,美方仅针对我国《刑法》关于假冒商标和盗版两类犯罪的规定提出指控,称中国知识产权刑事程序和处罚的数量要求使那些达不到数量的假冒商标和盗版行为免于承担刑事责任,不能对此类行为构成威慑,不符合中国在 TRIPS 协定下承担的义务。但专家组经审理认为,某种假冒或者盗版行为是否具有商业典型性只能由特定国家根据本国市场的具体情况决定。因此,只要一国对本国典型的故意假冒或盗版行为处以刑罚,就满足了 TRIPS 协定第 61 条规定的刑事追诉知识产权犯罪的义务,对美方的申

① 参见[德]马克斯·韦伯:《法律社会学 非正当性的支配》,康乐、简惠美译,上海三联书店 2021 年版,第 15 页。

诉不予支持。[①] 这一论述，从法理上将知识产权刑事保护问题拉回了国内视角，也符合知识产权的地域性原则的具体要求[②]，是一种较为妥帖的分析方式。

五、完善与发展

知识产权刑事保护在法学研究中确实是一个小众的交叉领域，且面临着理论方法青黄不接、司法实践疑惑重重等问题。相较于其他知识产权制度优势国，我国知识产权刑事保护确实存在发展空间。但这并不意味着完全丧失本土研究的话语权。尤其对于知识产权制度建设后发国家而言，不生搬硬套发达国家的法律规范，才是保持长久发展的必要条件。知识产权刑事保护的重点，也在于基于本国经验梳理问题、总结理论方法。"刑事一体化"相关理念的引入，在方法上有意识地突破实体法与程序法、部门法之间、学科之间的界限，将更多研究与理论资源引入刑法研究中，同时注重法律规范的体系性建设与适用，具有一定的理论与实践价值。在知识产权刑事保护的问题上，一体化理论能够为相关研究的发展、问题的解决提供新的范式与路径，如避免各种无谓的二元对立、兼容知识产权发展的价值目标、注重相关规范的逻辑梳理、保持理论建构与论证的开放性等。知识产权制度后发的历史现实决定了上述一体化的研究方式，不仅需要更多地吸收相关经验，也应当抛弃那种"先严厉了再说""严厉总比不严好"的认知。

最后，本书受制于研究能力与现实，对部分问题的探讨仅起到抛砖引玉的作用。希望本书提出的"一体化"理论在应对知识产权刑事保护带来的种种挑战，以及背后更为深刻的法律的"稳定性"与"流动性"之间的矛盾时能够有些许帮助或启示。

---

① 参见杨帆：《知识产权的国际保护》，中国人民大学出版社2020年版，第257～258页。

② 此处的"知识产权的地域性"（the dorctrine of "territoriality"）包括三个方面内容：(1)一国知识产权法律仅在其领土范围内适用；(2)一国可对其领土范围内的案件行使司法管辖权；(3)礼让原则（principles of comity），即任何国家在适用其知识产权法律时不能干涉其他国家的主权利益。See Peter S. Menell, Mark A. Lemley & Robert P. Merges, *Intellectual Property in the New Technological Age*: 2021, Clause 8 Publishing, 2021, p. 914.